# 家族法学の
# 過去・現在・未来

Droit de la famille:
un passé, un présent, un avenir

大 村 敦 志
窪 田 充 見
久保野恵美子
石 綿 は る 美 編

有斐閣

## はしがき

　家族法学に関わる平成初期の大きな出来事として，法制審議会・身分法小委員会から答申された1996（平成8）年婚姻法改正要綱に基づく改正提案の国会提出が断念されたことが挙げられる。しかし，平成後期以降，2011（平成23）年の親権法改正から，2018（平成30）年の相続法改正，2019（令和元）年の特別養子法改正，2022（令和4）年の実親子法・親権法改正，そして，2024（令和6）年の家族法改正まで改正が続き，家族法は大きく姿を変えた。その結果，1996年の婚姻法改正要綱で提案されていた事項のうち，未改正の重要事項は選択的夫婦別姓と離婚原因（いわゆる5年別居条項）だけとなっている。

　これらの一連の家族法改正が一段落した現時点において，これまでの家族法改正及びそれを支えた家族法学を振り返り，現在の到達点を確認したうえで，今後の家族法改正及び家族法学の発展を展望する作業を行うことが必要であり，有益であろう。

　このような構想は，水野紀子先生のお名前をあげることなしに実現することはできない。先生は，1996年の婚姻法改正要綱を策定した法制審議会以来，上記の改正に関わる全ての法制審議会に参画され，一連の家族法立法に多大なご貢献をなさってきた。また，母法フランス法研究及び明治初期からの日本の戸籍制度の研究を基礎とする「親子関係存否確認訴訟の生成と戸籍訂正(1)・(2)」名古屋大学法政論集134号41頁，136号87頁及び「フランスにおける親子関係の決定と民事身分の保護(1)～(3)」民商法雑誌104巻1号2頁，3号306頁，105巻1号25頁はじめ，多くの卓越した論稿を著し，家族法学を牽引してこられた。そのご研究は，日本法の構造的な欠陥を鋭く指摘するとともに，子どもや女性・高齢者といった家庭・社会における弱者の法的保護の実現を目指すものであり，学説のみならず立法にも大きな影響を与えている。

　水野紀子先生は2025年2月19日に古稀をお迎えになる。私たちは，このおめでたい節目において，家族法学の過去・現在・未来を描き出すべく様々な観点から検討を行うことで，先生から賜った学恩に感謝申し上げたいと考えた。そこで，論文集の刊行を企画したところ，学会，研究会などにおける交流を通

じて水野先生を敬愛する多くの方々から賛同をいただき，それぞれにお忙しい中，力作をお寄せいただいた。執筆者の皆さんに心から感謝申し上げる。

　水野紀子先生の古稀をお祝いし，今後ともご指導を賜ることをお願い申し上げると共に，より一層のご健勝とご活躍を祈念し，ここに本論文集を献呈させていただく。

　最後に，出版事情の厳しい中，本論文集の刊行に理解を示してくださった株式会社有斐閣の高橋均さん，また，粘り強く編集を行ってくださった藤本依子さんに，心からお礼を申し上げる。

2025 年 2 月吉日

大　村　敦　志
窪　田　充　見
久保野　恵美子
石　綿　は　る　美

この論文集の企画に当初から参加されていた窪田充見教授が，昨年2月に逝去された。ここに併せて，同教授のご冥福をお祈りしたい。

大　村　敦　志<br>
久保野恵美子<br>
石　綿　はる美

## 執筆者紹介（掲載順）

| 氏名 | 所属 | 氏名 | 所属 |
|---|---|---|---|
| 小粥 太郎（こがゆ たろう） | 東京大学教授 | 山野目 章夫（やまのめ あきお） | 早稲田大学教授 |
| 森山 浩江（もりやま ひろえ） | 大阪公立大学教授 | 大島 梨沙（おおしま りさ） | 青山学院大学教授 |
| 池田 悠太（いけだ ゆうた） | 東北大学准教授 | 中原 太郎（なかはら たろう） | 東京大学教授 |
| 大村 敦志（おおむら あつし） | 学習院大学教授 | 木村 敦子（きむら あつこ） | 京都大学教授 |
| 幡野 弘樹（はたの ひろき） | 立教大学教授 | 羽生 香織（はぶ かおり） | 上智大学教授 |
| 石綿 はる美（いしわた はるみ） | 一橋大学准教授 | 米村 滋人（よねむら しげと） | 東京大学教授 |
| 浦野 由紀子（うらの ゆきこ） | 神戸大学教授 | 宮本 誠子（みやもと さきこ） | 金沢大学教授 |
| 久保野 恵美子（くぼの えみこ） | 東北大学教授 | 常岡 史子（つねおか ふみこ） | 横浜国立大学名誉教授 |
| 横山 美夏（よこやま みか） | 京都大学教授 | 齋藤 哲志（さいとう てつし） | 東京大学教授 |
| 金子 敬明（かねこ よしあき） | 名古屋大学教授 | 小沼 イザベル（こぬま イザベル） | Professeure des universités, Institut national des langues et civilisations orientales |
| 垣内 秀介（かきうち しゅうすけ） | 東京大学教授 | | |
| 小池 泰（こいけ やすし） | 九州大学教授 | 足立 公志朗（あだち こうしろう） | 神戸学院大学教授 |
| 山口 亮子（やまぐち りょうこ） | 関西学院大学教授 | ローツ マイア | 東北大学准教授 |
| 杉山 悦子（すぎやま えつこ） | 一橋大学教授 | 合田 篤子（ごうだ あつこ） | 金沢大学教授 |
| 川 淳一（かわ じゅんいち） | 成城大学教授 | 櫻井 博子（さくらい ひろこ） | 国士舘大学准教授 |
| 阿部 裕介（あべ ゆうすけ） | 東京大学教授 | 渡辺 達徳（わたなべ たつのり） | 東北大学名誉教授 |
| 荻野 奈緒（おぎの なお） | 同志社大学教授 | 青竹 美佳（あおたけ みか） | 大阪大学教授 |
| 冷水 登紀代（しみず ときよ） | 中央大学教授 | 森田 宏樹（もりた ひろき） | 東京大学教授 |
| 山下 純司（やました よしかず） | 学習院大学教授 | 今津 綾子（いまづ あやこ） | 東北大学准教授 |

# 目　次

## I　家族法学の礎と家族法の過去

家族法の論証作法——水野法学の一端……………………小粥太郎　3
水野法学における解釈論と母法研究……………………森山浩江　19
中川善之助の家族法学に関する一考察…………………池田悠太　41
ギュスタヴ＝エミールの親子関係
　　——親子と身分証書・戸籍……………………………大村敦志　59
ジェンダー概念の法的概念への移行に関する一考察………幡野弘樹　75
選択的夫婦別氏制度における子の氏についての検討序説
　　——平成8年要綱の再検討……………………………石綿はる美　93
裁判離婚制度の改革
　　——平成8年改正要綱が示した方向と課題……………浦野由紀子　111
離婚給付——1996年改正要綱から2024年改正へ…………久保野恵美子　127

## II　家族法の現在——平成・令和の大改正時代

所有権の放棄に関する覚書
　　——相続土地国庫帰属法の制定を契機として…………横山美夏　147
親子関係の否認の訴えにおける提訴制限…………………金子敬明　165
嫡出否認訴訟に関する令和4年改正をめぐって…………垣内秀介　181
「推定の及ばない子」法理と無戸籍者問題………………小池　泰　199
2011年民法等改正における親権制限と親子の関係継続……山口亮子　219
養育費の実効的な回収のための手続的課題………………杉山悦子　237

令和 3 年法改正による遺産共有および法定相続分の意義の変容
　　または明確化——最高裁昭和 41 年 5 月 19 日判決との関連で … 川　　　淳　一　259
遺産分割における遺産の再構成について ………………………… 阿　部　裕　介　277
配偶者短期居住権の位置づけ——フランス法からの示唆 ……… 荻　野　奈　緒　295
家族による介護と特別の寄与の意義 ……………………………… 冷　水　登紀代　309

## Ⅲ　家族法の将来

意思表示にかかる意思決定支援 …………………………………… 山　下　純　司　333
モーリス・ラベルの遺産 …………………………………………… 山野目　章　夫　349
「婚姻中自己の名で得た財産」の再検討序論
　　——不動産および有体動産の裁判例の分析を通して ……… 大　島　梨　沙　367
離婚慰謝料の行方 …………………………………………………… 中　原　太　郎　395
第三者提供精子を用いた場合における法的親子関係について
　　——同意の意義に関する検討を中心に ……………………… 木　村　敦　子　425
実親子法の再構築か再創設か ……………………………………… 羽　生　香　織　455
子どもの医療における「同意」に関する基礎的検討 …………… 米　村　滋　人　467
死亡危急者遺言の抱える問題——その現代化を見据えて …… 宮　本　誠　子　483

## Ⅳ　家族法学のさらなる広がり

アメリカの婚姻尊重法と「婚姻の地位」………………………… 常　岡　史　子　501
「個人財産制」と家族——フランス法における夫婦共通財産・
　　個人企業者事業資産・尊厳資産 ……………………………… 齋　藤　哲　志　515
フランス法における AMP（生殖補助医療）と親子関係 ……… 小沼イザベル　537
フランスの養子縁組における公証人の機能
　　——養子となる 13 歳以上の者の同意を中心として ……… 足　立　公志朗　551

別居親の再婚と養育費の取決め
　　──カナダ法及びオーストラリア法からの示唆…………………ローツ　マイア　565
ドイツ世話法改正後の親権者による財産管理権への規制について
　　……………………………………………………………………合　田　篤　子　587
アメリカ法における遺言の自由をめぐる一考察
　　──近時の議論を中心に……………………………………櫻　井　博　子　603
低年齢化する消費者の契約トラブル抑止と家庭の役割・国家の介入
　　……………………………………………………………………渡　辺　達　徳　617
財産分与と詐害行為取消権──被保全債権としての財産分与請求権
　　……………………………………………………………………青　竹　美　佳　633
遺産分割協議・相続の放棄と詐害行為取消権
　　──詐害行為取消権の効果論からの分析……………………森　田　宏　樹　651
請求異議手続における「子の拒絶」の考慮可能性…………今　津　綾　子　695

# I
# 家族法学の礎と家族法の過去

# 家族法の論証作法──水野法学の一端

小粥 太郎

　　I　はじめに
　　II　箴言集
　　III　おわりに

## I　はじめに

　中川善之助（1897-1975）は，日本家族法学の父ともいわれ[1]，その理論は，長く家族法分野の主要な地位を占めていた。彼の身分行為理論[2]につき，とくにその方法論の次元で徹底的な批判を試み，「実定法学・法解釈学」として大

---

1) 内田貴・民法IV〔補訂版〕（東京大学出版会，2004）4 頁。もっとも，水野「家族観と親族を考える」法学教室 489 号 107 頁（2021）は，「日本家族法の父」の名を穂積重遠（1883-1951）に冠し，中川には「現代家族法の父」という名を冠している。西原道夫も，穂積を「日本家族法学の父」とし（西原「穂積重遠」法学教室 181 号 96 頁〔1995〕），泉久雄「中川善之助・身分法学の誕生」法セミ 300 号（1980）124 頁もまた，穂積を「身分法の父」とし，中川が「土台を固め，身分法学の大輪の花を咲かせた」という。
2) 端的な整理として，平井宜雄「いわゆる『身分法』および『身分行為』の概念に関する一考察」加藤一郎＝水本浩編・民法・信託法理論の展開（弘文堂，1986）256-261 頁。平井は，実体法レベルでは，財産法に対する親族法・相続法の特殊性はない（269 頁）としつつ，手続法レベルでは，財産法が法的決定モデルに支配されているのに対して親族法・相続法は目的＝手段決定モデルが進出している（「子の引渡請求」，「面接交渉権」を例にする。271 頁）という違いがあると主張していた（これに対する水野の批判として，水野「親族法・相続法の特殊性について」能見善久ほか編・民法学における法と政策〔有斐閣，2007〕760 頁以下。平井が，方法論レベルでは，大きな哲学から制度論・解釈論を正当化する議論をすること，実質論レベルでは，社会的インフラ不備のなかで守られるべき当事者が守られないという犠牲の上での弥縫策ともいえる家族法にかかわる司法とくに家裁実務を温存することになることを批判する）。平井論文においては，親族法が相続の要件規定としてのみ，その法としての存在意味をもつ，とさえいえる，と述べる鈴木禄弥説を肯定的に引用する箇所からも察せられるとおり（264 頁），今日の家族法の重要諸課題が視野の外にあったのではないかという印象を禁じえない。

いに問題があると主張したのが，水野紀子「中川理論――身分法学の体系と身分行為理論――に関する一考察」[3]であった。

水野は，中川の「良識」を高く評価しつつも――「中川理論や中川博士の『良識』は，戦前の家族制度に対する勇敢で気高い抵抗」(300頁) だった――，中川理論において，「良識」が「解釈論と直結」(288頁) し，あるいは，「法規よりも条理を優先させる」(同) ため，「各条文の解釈を体系の中で位置づけて矛盾のないように解釈する」(同) ことにおいて弱く，安定した裁判への配慮に欠けたとみる。さらに，「習俗」や「社会内在的規範」を重視した中川の解釈論――事実主義などともいわれる――についても，一定の評価を与えるものの，日本国憲法の男女平等条項などを引き合いに出しつつ，「習俗」や「社会内在的規範」ではなく，「法規」によって家族関係の規律を行うことの意義を語った (299頁)。中川理論においては，民法のなかでも，家族法（身分法）は，財産法とはそれぞれ別々の体系を構成しており，両者において実践されるべき法学の作法が異なるとされていたけれども，水野は，家族法も民法の重要な構成部分であることを強調し，両者とも共通の（財産法と同じような）実定法学の基本的な作法に従うべきこと――水野が，我妻栄『親族法』(有斐閣，1961) のはしがきから，身分法研究に対する物足りなさとして，「研究の成果に関連・統一ができていないこと」と「理論的な構成が弱いこと」を指摘し，結果的に，研究が，「あるいは一貫性のない人情論に堕し，あるいは近視眼的な当面の解決に満足することになり易い」との懸念を表明する部分を引用しつつ共感を表明しているのも，この文脈で理解できよう (285-286頁)――を述べている。そうだとすれば，これ自体に対して民法学内部からの異論は出にくいように思われる。

ところが，近時，水野の方法論を批判的に検討する注目すべき論稿が現れた。木村敦子「家族法学と法解釈方法論・法学方法論」法律時報95巻1号 (2023) 139頁である。木村によれば，水野論文に示された「法解釈方法論のあるべき型の骨子」は，「第一に，家族法原理論の構築・提示に対する消極的・否定的評価，第二に，母法研究 (・外国法研究) の重視」である。しかし木村によれ

---

[3] 山畠正男先生・五十嵐清先生・藪重夫先生古稀記念論文集刊行発起人編・民法学と比較法学の諸相Ⅲ (信山社，1998) 279-311頁。以下，水野「中川理論」という。

ば，水野の法解釈は，母法研究と民法内在的な価値判断を重視するといいつつ，実際には，「当事者の権利・利益の内容付与及びそれらの衡量判断プロセスが明瞭さを欠き，解釈の正当化が必ずしも十分でな」く，また，「歴史的蓄積の観点から，普遍的な家族制度の目的・意義を追求しようとする姿勢」が強すぎるために，生殖補助医療関連の親子法の規律などの現代的課題への適切な対応ができていない（142頁）。さらに，水野が嫌った家族法原理論についても，木村は，「考慮される利益・価値の捉え方や衡量判断の仕組みを枠づける基礎理論，法原理論を整備・提示することが求められる」（143頁）という。

この木村からの批判に対して，水野が，すぐさま応答している。まず，具体的なところでは，生殖補助医療関連の自説を断固維持することが表明されている[4]。さらに，「家族法の原理論の構築に対して消極的であったという評価は，私にはそれができていなかったという意味では甘受せざるをえない」としつつも，「その作業は簡単でない」という。方法論として原理論を構築すべきなのかに関して，水野は，「日本家族法は，原理論を構築するのが困難」と言葉を重ね，「現行の条件下でもっとも妥当な結論が導ける理論を構築するのが，実定法学者の重要な任務であることは間違いないだろう」と結んでおり[5]，これをどのように受け止めるべきかは迷う——原理論が必要であるとする木村の意見を肯定しているようにもみえるが，言葉の上で鷹揚に対応しているだけで，結局のところ，水野自身が原理論構築に向かうつもりはないという考えが揺らいでいないようにもみえる——ところである[6]。

本稿は，水野法学の，ごく一端について考察を試みるものである。結論を先取りするならば，水野法学は，水野自身の言葉とはうらはらに，ある種の家族法の原理論を語っているようにみえるのであり，さらにその手法は，（水野が主張するような）普遍的な実定法学の方法論（があるとしてそれ）とも，考慮すべ

---

4) 生殖補助医療に対する消極姿勢の理由は，他人の生殖子や生殖器を利用して子を持つ権利はないという考えに由来するという。水野「扶養を考える，そして将来へ」法学教室510号90頁（2023）。
5) 水野・前掲注4）90頁。
6) 水野「比較法的にみた現在の日本民法——家族法」広中俊雄＝星野英一編・民法典の百年Ⅰ（有斐閣，1998）670頁（注18）は，中川理論と同様に家族法の法原理を求めて体系化する努力が「成果を上げうるかという点について，基本的に懐疑的な立場に立つ」とし，「少なくとも実定法学としての統一的な法原理の探索は，個々の条文や制度の特徴や理念から積み上げていく作業をするほうが生産的」であると述べる。

き諸価値を把握した上でそれらを衡量する枠組みを構築する木村流の方法論とも，異なる，というものである。抽象的に論じていては実際のところはわからない。水野の具体的な主張をいくつかみていこう。

## II 箴 言 集

### 1 婚姻とは子を育てる繭である

　日本法における婚姻の意義については，いくつかの見方がある。すなわち一方では，「婚姻の本質は，両性が永続的な精神的及び肉体的結合を目的として真摯な意思をもって共同生活を営むことにある」（最大判昭和62・9・2民集41巻6号1423頁）として，婚姻をカップル間の法律関係を中心に把握するものがある[7]。これに対して，「男女間に認められる制度としての婚姻を特徴づけるのは，嫡出子の仕組み（772条以下）をおいてほかになく，この仕組みが婚姻制度の効力として有する意味は大きい」。「現行民法下では夫婦及びその嫡出子が家族関係の基本を成しているとする見方が広く行き渡っているのも，このような構造の捉え方に沿ったものであるといえるであろうし，このように婚姻と結び付いた嫡出子の地位を認めることは，必然的といえないとしても，歴史的にみても社会学的にみても不合理とは断じ難く，憲法24条との整合性に欠けることもない」（最大判平成27・12・16民集69巻8号2586頁における寺田逸郎裁判官の補足意見）として，婚姻と親子関係との結びつきを重視するものがある[8]。この見方の相違は，理念的なレベルにとどまらず，父子関係をいかなる要件の下で認めるか，同性カップルの法的処遇，などに関する解釈論・立法論のあり方にも影響する実際的な問題でもある。

　第2次大戦後の西欧法の展開――嫡出子と非嫡出子の区別をドイツ（1998年），フランス（2005年）は廃止した――をも想起すれば，日本でも，時系列的

---

[7] この見方は，たとえば，札幌地判令和3・3・17判時2487号3頁（同性愛者に対して婚姻の効果の一部すら享受する法的手段を提供しないことが憲法14条1項に違反すると判示して注目された）において踏襲されている。

[8] 本文所掲の最大判の多数意見には，「婚姻の重要な効果として夫婦間の子が夫婦の共同親権に服する嫡出子となるということがある」との件りが，同日付のもう1つの大法廷判決（民集2427頁）には，「婚姻は，これにより，配偶者の相続権（民法890条）や夫婦間の子が嫡出子となること（同法772条1項等）などの重要な法律上の効果が与えられるものとされている」との件りがある。

には，婚姻制度と嫡出推定制度を結びつける見解が先行し，両者を切り離すかのような見解に移行しつつある，ということかもしれない[9]。このような流動的な状況のなかで，現行日本法の解釈論としてはともかく，立法論を視野に入れつついかに基本姿勢を定めるかは難しい。

ところが，水野の基本姿勢は明瞭であり，揺るぎがない。それは，いわゆる法学的な論理とは異なる文法で綴られている。

水野いわく，「家族は，財とケアを持ち寄って，生活を維持し合う関係である。乳飲み子は，わずかな期間でも放置されれば死んでしまう虚弱な存在で，その生命を維持するケア労働の負担は，並大抵のことではない。しかし母性本能は，健康に発現すれば，その労働を喜びに転化し，子の心身の健康な成長を担保する。母性の健康な発現のためには，彼女が幸福に安心して生活できる環境が必要である」[10]。

「私は，性別役割分業を肯定するわけではなく，育児も孤立した家族ではなく群れによる育児が，現代にも再構築されるべきだとは思う。また育て方の下手な親でも育児できるように育児支援のケアの社会福祉は，日本の現状よりはるかに充実することが必要であろう。また結婚は，もとより子を産み育てるカップルにのみ認められるものではない。しかしそれでも，はるかな昔から次世代を育む社会制度として，婚姻は，子を育てる繭を構築する機能を果たしてきたし，今後もその役割を果たし続けるだろう」[11][12]。「繭」という比喩によって，

---

[9] 窪田充見「実子法」ジュリスト1384号22頁（2009）では，「婚姻の有無から子の身分（親子関係）を考えるという構造」（23頁）がきしみを生じているとの認識が示されており，この移行が想定されていたように想像される。同・家族法〔第4版〕（有斐閣，2019）163-164頁は，端的に，「親子法の全体像をどのように描くか」について，「婚姻関係を出発点とする見方」と「母子関係と父子関係を出発点とする見方」とを対置し，後者の立場を前提にすると述べる。カルボニエ CARBONNIER の教科書は，1955年の初登場（Jean CARBONNIER, Droit civil 2/La Famille, Les incapacités, PUF, 1955）以降，婚姻 le mariage を前提に親子 la filiation を論じていたが，1999年の第20版に至り（Jean CARBONNIER, Droit civil 2/La famille: L'enfant, le couple, 20e éd., PUF, 1999），日本流にいうなら，婚姻→親子という叙述の順序を，子 l'enfant→カップルへと変更した（20e éd., p3）。婚姻概念はカップル概念より狭く，また，親子概念は養育の枠組みを示すにすぎないから子の概念が望ましい。プランの順序の逆転は，近年の家族法に徐々に表れた様相の変化を反映したものとされる（20e éd., pp71-72）。

[10] 水野「婚姻の意義を考える」法学教室490号93頁（2021）。

[11] 水野・前掲注10）94頁。婚姻，結婚ないし家庭が子を育む「繭」である，という表現は，水野の著作において，しばしば用いられている。水野「団体としての家族」ジュリスト1126号76頁

婚姻を単にカップル間の関係とはみず，子との関係をも不可分のものとする制度観が示されている[13]。

---

(1998)，水野「比較法の視点からみた日本家族法」落合恵美子編・親密圏と公共圏の再編成（京都大学出版会，2013）274 頁等。
12) 水野は，嫡出家族（嫡出子・妻）の利益を重視する。それは，前世紀終盤以降，非嫡出子の相続分を嫡出子のそれの 2 分の 1 と定める民法規定（2013〔平成 25〕年改正前の民法 900 条 4 号）について，水野が，多くの憲法学説に抗して，裁判所が違憲判断をすることに対して消極姿勢を維持したことにも表れていた（水野「非嫡出子の相続分格差をめぐる憲法論の対立」法学セミナー 662 号 5 頁〔2010〕）。被相続人が非嫡出子の父であり，生存配偶者が被相続人の妻であるケースを想定しよう。遺産分割時に，共同相続人たる嫡出子には生存配偶者の居住保護への配慮がおのずと期待できるが，それが非嫡出子でありかつその相続分が増えると，かかる配慮が実現されにくくなる（非嫡出子は生存配偶者の住居を処分する遺産分割を主張する可能性が高い）として，夫婦財産法制等における配偶者の居住保護制度の不備が露呈する可能性が危惧されていた。単純に司法が非嫡出子の相続分を平等化するだけでは済まないのが法の世界だ，ということであろう。民法旧 900 条 4 号の廃止を契機として開始された相続法改正（2018〔平成 30〕年に成立）において，配偶者居住権制度が新設されたのは，上記の水野のような思考回路も影響しているとみられる（「相続法制検討ワーキングチーム報告書」法制審議会民法（相続関係）部会参考資料 1 の 1-2 頁）。
13) 婚姻を，子を育む「繭」とする比喩は，子の養育につき，基本的に父母が担うべきであるとの主張にもつながろう。たとえば，水野は，離婚後の親権のあり方につき，比較的早い時期（2006 年）から立法論として共同親権を志向していた（内田貴ほか「特別座談会 家族法の改正に向けて（下）」ジュリスト 1325 号 160-161 頁〔2006〕〔水野発言〕）。その後，家庭内暴力対策等が極めて貧弱であることなどに注目して，離婚後の共同親権の立法提案に対して不安（水野「家族をめぐる観念と法手続に関する一考察」山元一ほか編・憲法の普遍性と歴史性〔日本評論社，2019〕169 頁），消極論（水野「民法・家族法から見た離婚後共同親権」日仏文化 90 号 67 頁〔2021〕）が示されたが，実体法上，共同親権を志向するところに揺らぎはないように思われる。実際，水野は，最近でも，マーサ・A・ファインマン〔上野千鶴子監訳〕・家族，積みすぎた方舟（学陽書房，2003）を引用し，「アメリカ社会には社会福祉によって生活する母子家庭が多いことを反映してか，家族をカップル単位ではなく母子単位で組み直し，シングルマザーにスティグマを与えない社会にすべきであるという理論」を紹介しながら，これを退けている（水野・前掲注 10）94 頁）。母だけでなく父母が子の養育に責任を持つべき理由については，たとえば，家庭と社会との相似性を前提に，家庭での他者との共生経験を肯定的に受け止め，社会でも他者との共生を実現すべきとの哲学からの語りがある（東浩紀「交論──家族って何だろう」2022 年 1 月 8 日朝日新聞朝刊 13 頁）。水野の背景には，科学的知見（児童虐待と脳への影響に言及する，水野「DV・児童虐待からみた面会交流原則的実施論の課題」梶村太市＝長谷川京子編・子ども中心の面会交流〔日本加除出版，2015〕113 頁），保守主義（「限られた情報という人間に不可避の環境の下でこれに対処する一般的な方法は，ある程度の成功が保証されている既存のやり方を踏襲するという保守主義を採用することである」，嶋津格「進化論的契約論素描」千葉大学法学論集 8 巻 1・2 号 137-138 頁〔1993〕。法制度の存在理由の論じ方を論じる）も垣間見える。なお，水野は，非嫡出子についても，「子の出生後できるかぎり速やかにその養育に責任を持つ父と母とを子に与えることが，子の法的保護の第一歩である」と述べる（水野「最判平成 8・3・26 評釈」民商法雑誌 116 巻 6 号 98 頁〔1997〕）。

## 2 血縁上の真実とは「燃えている石炭」である

　法律上の親子とは何か。水野はいう。「ひるがえってわが国の議論の現状を考えると，法律上の親子関係という存在について，実は十分には認識されてこなかったのではなかろうか。戸籍上の親子関係とは，公開された家族関係の公簿上の記載であり，そこで法的な効果をもたらす親子関係として認識されていたのは，かつては誰が家督相続人であるかということであった」[14]。「法律上の親子関係は血縁上の親子関係とは異なるものであり，それは扶養の責任を負わせ，相続権を与えて，法が子として扱う関係である」[15]。

　こうした認識は，水野の重厚な戸籍制度研究[16]にも裏付けられたものである。当事者間の合意によって，簡便に戸籍記載を変更して親子関係を整えようとする考えを示す者に対しては，それがたとえ，戸籍事務を所掌する法務省民事局の長を経て後に最高裁判所長官となる村上朝一であったとしても，「根本的に，身分関係訴訟についての基礎的理解に，疑問がある」[17]と切り捨てる。

　それでは，子の養育の責任を負う親子関係（以下，父子関係を想定する）は，どのように確立されるべきなのだろうか。1983年，加藤一郎は，「民法上の解釈は一般にどうかというと，真実〔血統ないし血縁：引用者注〕を尊重しようという考え方が強くなってき」ているとの認識を示していた[18]。これに対して水野は，血縁主義を批判し，婚姻関係にある女性が出産した子は，血縁関係にかかわらず，その夫の嫡出子とする，という命題を強力に打ち出した。血縁関係の不存在を理由として事後的に親子関係を否定する可能性に対しては，消極的な態度がみられ，それが行われるとしても，その方法は，基本的に嫡出否認の訴えに限られるべきであり，出訴期間の制限等のない親子関係不存在確認訴訟という方法についてはきわめて消極的な評価が下されていた[19]。これによって，

---

14) 水野「実親子関係と血縁主義に関する一考察」中川良延ほか編・日本民法学の形成と課題（下）（有斐閣，1996）1162頁。
15) 水野・前掲注14）1163頁。
16) 水野「戸籍制度」ジュリスト1000号163頁（1992）。
17) 水野「戸籍の虚偽記載と訂正等をめぐる問題」法律時報88巻11号43頁（2016）。
18) 加藤一郎「自然の親子と法律上の親子（下）」法学教室31号73頁（1983）。中川善之助・民法大要下巻〔全訂〕（勁草書房，1954）87頁が，「血清鑑別の結果，夫の子ではありえないと確定された場合には」「嫡出推定はうけない」としていた。
19) 水野・前掲注14），水野「嫡出推定・否認制度の将来」ジュリスト1059号115頁（1995）。

早期に子に対して養育責任を負う父が確保されることになる。

この血縁主義批判は，かなりの影響力を持った。事実上の離婚状態にある夫婦の子は嫡出推定を受けないとして，いわゆる外観説を前提とするかのような最判昭和44・5・29民集23巻6号1064頁以降，下級審裁判例・学説では血縁説が有力化しつつあったなかで，水野は，嫡出否認の「空洞化」に警鐘を鳴らし続け[20]，最高裁を，外観説にふみとどまらせるについて，大きな影響を及ぼしたとみられる[21]。

親子関係が争われる場面で，安易に鑑定（遺伝子検査）をしないように，また，鑑定結果によって直ちに法的親子関係が決まるのではないことを主張する際に，水野がしばしば援用するのが，ピエール・エブロ Pierre HÉBRAUD による警句――「真実とは，燃えている石炭のようなもので，この上ない慎重さがなければ扱いえない」――である[22]。そこでは，フランス法が参照されているとはいえ，母法としてのフランス法というよりは，むしろフランスの学説から発想を得たというのが近いだろう[23]。しかし，水野自身によるそれまでの戸籍法研究等を通じて明らかにされた日本的親子法批判とあいまって，提示された図式は，非常な説得力を醸し出した。

もっとも，この考え方が単純化され，さらに強調された結果，いくつかの論点が浮上する。第1に，出生時点で子の養育者を確定することに固執する必要

---

20) 水野「東京高判平成6・3・28評釈」判例評論435号48頁（1995），水野「わが国における嫡出推定の空洞化とその問題性」民事研修480号13頁（1997）。

21) 水野自身による評価として，水野「実親子関係法の展開と位置づけ」高翔龍ほか編・日本民法学の新たな時代（有斐閣，2015）987頁。前田陽一「民法772条をめぐる解釈論・立法論に関する2，3の問題」松原正明＝道垣内弘人編・家事事件の理論と実務［第1巻］（勁草書房，2016）210頁（注24）は，水野説に加えて伊藤昌司「実親子法解釈学への疑問」法政研究61巻3＝4号1041頁（1995）の影響を注記する。

22) 水野・前掲注14) 1138頁。「燃えている石炭」という表現は，水野の著作において，しばしば用いられている。水野「わが国における嫡出推定制度の空洞化とその問題性」前掲注20) 27頁，水野「実親子関係を考える」法学教室503号80頁（2022）等。

23) Gérard CORNU, Droit civil, La famille, 9e éd., Montchrestien, 2006 は，嫡出子と非嫡出子の区別を廃したフランス法の2005年改正にきわめて批判的であり（n198, p328），いわば守旧派とも目されるが，そこにおいてさえ，親子関係の確立にあたっては，まず，真実の親子関係の探求がとりあげられ（抑制的ではあるけれども制度上許容される遺伝子鑑定の解説も行われる），そのつぎに，諸要素を考慮して生物学的真実が法的親子関係に反映されない場面がとりあげられている（nos199-201, pp331-337）。

はなく，嫡出否認の訴えによる事後的な親子関係否定の可能性も考慮し，その際には，出生後の養育状況等も考慮して子の利益の観点からより柔軟に親子関係を確定させる必要があるという問題への関心が相対的に増大しているようである[24]。第2は，外観説の具体的適用に関するものである。最判平成26・7・17民集68巻6号547頁〔いわゆる札幌ケース〕は，外観説によって嫡出推定を肯定した事案であったが，「夫婦関係が破綻して子の出生の秘密が露わになっており，かつ，生物学上の父との間で法律上の親子関係を確保できる状況にあるという要件を満たす場合に」は，例外的に嫡出推定を外すべきだとする金築誠志裁判官の反対意見にも，説得力がある[25]。第3は，性同一性障害者の性別の取扱いの特例に関する法律3条1項の規定に基づき男性への性別の取扱いの変更の審判を受けた者の妻が婚姻中に懐胎した子に嫡出推定を及ぼすべきかという問題である。法律論として，嫡出推定を及ぼすことを否定することは難しいように思われ，さらに，水野流の血縁主義批判は，父との間に血縁が存在しようがない子であってもその子を嫡出子とする結論を後押しするように思われる。この第3の論点については，項を改めることにしよう。

---

[24] 水野は，親子関係不存在確認訴訟に強く反発する余り，事後的な嫡出否認の訴え（加えて親子関係不存在確認訴訟）の時点での親子関係の修正？ に対する配慮が相対的に弱かったのかもしれない（伊藤昌司「親子法学100年の誤解と躓きの石」佐藤進＝齋藤修編・現代民事法学の理論〔下巻〕〔信山社，2002〕455頁における，嫡出推定によって親子関係が「成立」するという水野に対する批判——嫡出否認や親子関係不存在確認訴訟にはいったん「成立」した親子関係を変更するという観点が強く出てしまう——も，この配慮不足に対する批判を含意したと解される）。近時，山本敬三監修・金子敬明ほか著・民法7家族（有斐閣，2023）54-55頁〔金子執筆部分〕は，父子関係を定めるにあたって考慮すべきこととして，子の出生時における「身分関係の早期確定の要請」と，嫡出否認の訴え時における「身分関係の安定の要請」という2つの要請を掲げるに至った。背景には，木村敦子「『推定の及ばない子』に関する検討——平成26年判決が残した課題を中心として」道垣内弘人＝松原正明編・家事法の理論・実務・判例1（勁草書房，2017）47頁，同「法律上の親子関係の構成原理（16・完）」法学論叢187巻6号49頁（2020）「小括」の考察があろう。2022（令和4）年の親子法改正（嫡出否認制度の改正を含む）後の水野の解釈論が注目される（常岡史子「嫡出否認権者の拡大の意義——親子法全般にもたらす影響」民商法雑誌159巻1号52頁〔2023〕が本稿の関心事にふれる）。
[25] 札幌ケースのような事案については，水野「父子関係を考える」法学教室504号80頁（2022）も，「日本人の一般的感覚にある程度譲歩する」態度を表明する。ただし，水野は，金築反対意見が，簡単にDNA鑑定を許すかのようなところにはもちろん反対である（その点については山浦善樹補足意見を高く評価する。水野「DNA鑑定による血縁関係否定と摘出推定」法学教室411号46頁〔2014〕）。

## 3　出生はこの世への強引な拉致である

　最決平成25・12・10民集67巻9号1847頁は,「特例法4条1項は, 性別の取扱いの変更の審判を受けた者は, 民法その他の法令の規定の適用については, 法律に別段の定めがある場合を除き, その性別につき他の性別に変わったものとみなす旨を規定している。したがって, 特例法3条1項の規定に基づき男性への性別の取扱いの変更の審判を受けた者は, 以後, 法令の規定の適用について男性とみなされるため, 民法の規定に基づき夫として婚姻することができるのみならず, 婚姻中にその妻が子を懐胎したときは, 同法772条の規定により, 当該子は当該夫の子と推定されるというべきである」。「性別の取扱いの変更の審判を受けた者については, 妻との性的関係によって子をもうけることはおよそ想定できないものの, 一方でそのような者に婚姻することを認めながら, 他方で, その主要な効果である同条による嫡出の推定についての規定の適用を, 妻との性的関係の結果もうけた子であり得ないことを理由に認めないとすることは相当でないというべきである。」とした。寺田逸郎裁判官の補足意見は,「民法が, 嫡出推定の仕組みをもって, 血縁的要素を後退させ, 夫の意思を前面に立てて父子関係, 嫡出子関係を定めることとし, これを一般の夫に適用してきたからには, 性別を男性に変更し, 夫となった者についても, 特別視せず, 同等の位置づけがされるよう上記の配慮をしつつその適用を認めることこそ立法の趣旨に沿う」とまで述べている。ここに, 血縁主義を批判する水野理論は勝利を収めたようにみえる。

　ところが, 水野は, 出自についての苦悩を必然的に抱えるAID子を誕生させることに対する消極的評価を理由に, この決定の結論に反対である[26]。水野による血縁主義批判に説得力がありすぎたのかもしれない。あるいは提示した命題の射程が広すぎたということになる。最高裁決定に反対する根底的な理由と解されるのが,「拉致」に擬えられる出生観である。水野いわく,「新しい生命にとって, 出生はこの世への強引な拉致である。自己の生殖子を用いて自らが生命の危険を冒して妊娠出産することは, たしかに権利である。実親に育てる力がない, すでに産まれた子を養子にすることも, もちろん子の福祉にかな

---

[26] 水野「最決平成25・12・10評釈」ジュリスト1479号84頁 (2015)。詳しくは, 水野「性同一性障害者の婚姻による嫡出推定」松浦好治ほか編・市民法の新たな挑戦 (信山社, 2013) 601頁。

う正義である。しかし親希望者の欲求のために，代理懐胎という母胎の搾取を利用したり，他人の生殖子を用いて新しい命を誕生させることは，たとえその欲求がどれほど強い望みであったとしても，権利とはいえないと私は考える」[27]。

その姿勢には揺るぎがない[28]。「強引な拉致」だとすれば，それは，議論の余地なく，否定されるべきことになりそうである。

「繭」「燃えている石炭」「拉致」などの比喩を用いて——もちろん水野の議論が比喩だけで構成されているなどということでは決してないけれども——，論争の場に，水野が強力な影響を及ぼしてきたことは間違いない。こうした論法の是非については，平井宜雄による痛烈な批判があった[29]。しかし，水野の主張や論法が揺らぐこともあるまい。星野英一・平井宜雄による第二次法解釈論争が，どこまで水野に影響しているかは，判然としない。

## 4　未だ実現されていない夫婦家族を改めて意識的に引き受ける[30]

水野は，スケールの大きな比較法的視座を背景として，フランスを中心とす

---

27) 水野「婚姻の意義を考える」前掲注10) 92頁。「この世への強引な拉致」という表現は，水野の著作において，しばしば用いられている。水野「人工生殖における民法と子どもの権利」湯沢雍彦＝宇津木伸編・人の法と医の倫理（信山社，2004) 209頁，水野「生殖補助医療を契機に日本実親子法をふりかえる」法曹時報61巻5号30頁（2009）等。

28) 公共哲学領域での学際的な研究会の場で，水野「生殖補助医療における親の自己決定と子の福祉」鈴村興太郎他編・公共哲学20 世代間関係から考える公共性（東京大学出版会，2006）118頁は，「ドナーの生殖子や死者の細胞を用いても子をもちたいという望みは，どれほど痛切な強い希望であっても，それは『権利』とはいえない，単なる欲望に過ぎないと私は思います」と述べる。同旨は，日本学術会議主催の講演会でも（水野「人工生殖と家族と法」神奈川大学評論32号72頁〔1999〕），産科医療分野の媒体でも（水野「〔体外受精〕民法上の問題点」臨床婦人科産科53巻8号1048頁〔1999〕，水野「人工生殖子の家族法上の身分——出自を知る権利はあるか」産婦人科の世界2000春季増刊号・Bioethics 医学の進歩と医の倫理180頁〔2000〕)，繰り返されている。

29) 平井宜雄・法律学基礎論の研究（有斐閣，2010) 167頁，237頁。議論による問題解決に照準を合わせた法律学を構想する平井にとって，反論可能性が小さい「比喩」を用いた言明は，悪い法律論である。ここでは，法の世界における比喩の豊かさが語られてきたこと（松浦好治・法と比喩〔弘文堂，1992〕）も思い出しておきたい。

30) この表現（正確には「引き受けようとする」）は，大村敦志「民法典の改正——後二編」広中俊雄＝星野英一編・民法典の百年Ⅰ（有斐閣，1998）176-178頁における水野理解である（家族法改正をめぐる議論状況を，①一旦は家族を個に解体する立場（ポストモダン），②未だ実現されていない夫婦家族を改めて意識的に引き受けようとする立場（プロトモダン），③「日本的福祉社会」を支える家族の役割を再評価しようとする立場（アンチモダン），の三つ巴状況とみる）。これを，

る西欧法の姿からあるべき近代家族法を見い出し（プロトモダン），これとの対比で日本法——法制度・実務・学説——を厳しく批判する[31]。いわく，「母法の親子関係法は，子を育てる義務者を確保するとともに民事身分の根幹である親子関係を安定的に子に与える法的親子関係の設計であった。また母法の婚姻制度は，婚姻しているすべての男女間に生涯の絆にふさわしい権利義務を課すことによって家庭を守り，例外的に婚姻を解消するときには当事者の法益が害されないようにまんべんなく公的秩序が介入する制度であったし，介入にあたっては民事訴訟手続で裁判官に可能な公平な判断を保障する観点から離婚原因などを法定していた」。「これに対し，独自の日本的解釈とは，一言でいえば，実親子法では，血縁と異なる法的親子関係の存在意義を理解しないために嫡出推定制度などの法的親子関係を争う手段を空洞化する解釈であり，婚姻法では，民法が婚姻制度を保護することの内容とその手段を理解しないために法的婚姻を空洞化する解釈であった」[32]。あるいはいわく，「強調すべきなのは，フランス民法の家族法規定が，一貫して実効的な弱者保護機能を持っていたことである」。「日本民法最大の欠点は，この弱者保護機能の弱さにあった」[33]。

　水野において，家族法は弱者保護法である。一方で，夫（父）が，家族内の弱者とされる妻・子に対して責任を負うことの必要が（妻に対しては離婚給付など，子に対しては父母の確保とその養育責任等が重要になる），他方で，DV・虐待防止等を含めて弱者保護が実効的に機能すべき必要が説かれる。家督の承継を中心に据えた明治以来の日本家族法の問題性を明るみに出し，「繭」「燃えている石炭」「拉致」などの言葉とともに，家族法にとって１つのあるべき姿——実効性ある弱者保護——を明確にした功績の大きさは，いくら強調しても足りない。しかし，疑問も残る。とくに，家族法（以下ではとくに婚姻法）を弱者保護法とすることと，水野の内縁準婚理論批判との関係をどう理解すべきかは悩ましい。

---

　　水野も受け容れている（水野「日本家族法——フランス法の視点から」早稲田大学比較法研究所編・日本法の中の外国法——基本法の比較法的考察〔成文堂，2014〕100頁）。
31)　水野「比較法的にみた現在の日本民法」前掲注6) 651頁，水野「家族」北村一郎編・フランス民法典の200年（有斐閣，2006年）159頁，水野「日本家族法」前掲注30) 99頁。
32)　水野「比較法的にみた現在の日本民法」前掲注6) 676頁。
33)　水野「家族」前掲注31) 161頁。その後，水野「家族への公的介入」法律時報90巻11号4頁（2018）等に展開されている。

水野は，中川善之助の持論[34]たる内縁準婚理論を批判するのであった。その批判には少なくとも 2 つの側面がある。

　第 1 は，中川が当事者の自己決定を尊重しない，というものである。水野は，婚姻意思には婚姻法規範が適用されることを選択する自己決定が含まれており，事実婚には婚姻意思すなわちその自己決定がない。にもかかわらず事実婚に婚姻法規範を適用（準用）するなら，それは，事実婚当事者に対する過剰な介入になり，国家権力に対抗する私人の自由確保の観点から望ましくない，とみているようである[35]。しかし，当事者の自己決定によって，弱者保護を目指す婚姻法の適用の有無を選択できるとすれば，恒常的に婚姻法の適用回避行動とその制約という課題が目立つことになろう。婚姻法による弱者保護も，婚姻法を利用する意思ないし自己決定も，いずれも重要であるだけに，難問が残される[36]。

　第 2 は，いわゆる「事実主義」批判である。水野は，婚姻法適用のための主要な要件として当事者の婚姻意思があるにもかかわらず，婚姻意思を欠く事実婚に対して——事実上の夫婦であることを理由に——婚姻法の規範を適用する——そこで行われていることはもはや法の解釈適用ではない——中川を批判し

---

34) 青山道夫「中川善之助博士を悼む」法律時報 47 巻 6 号 87 頁（1975）は，中川の解釈論のうち，「もっとも特徴的」であるものを，内縁理論と，扶養義務（生活保持義務と生活扶助義務の区別）であるとする。

35) 水野「事実婚の法的保護」石川稔ほか編・家族法改正への課題（日本加除出版，1993）78 頁。水野「中川理論」前掲注 3）290 頁には婚姻当事者の自己決定権保障への言及はないが，水野「内縁準婚理論と事実婚の保護」林信夫・佐藤岩夫編・法の生成と民法の体系（創文社，2006）626 頁には「婚姻と事実婚という選択肢の内容を同じものとしないと自己決定権が保障されない」との記述がみられる。

36) 事実婚の法的処遇のほかに，水野が当事者の自己決定を重視していると思われる問題領域として目につくのは，選択的夫婦別氏制の立法論（水野「夫婦の氏」戸籍時報 428 号 15-16 頁〔1993〕），そして，不貞行為の処遇である（いささか乱暴な読み方かもしれないが，水野は，法的な貞操義務を創出するには当事者は婚姻を選択すべきである（婚姻外の合意によっては法的な貞操義務を創出できない）。その配偶者に貞操義務を負う者であっても，成人間の合意による性交渉は基本的に当事者間でも不貞行為の相手方（婚姻当事者にとっての第三者）との関係でも慰謝料請求を基礎づけるような法的違法評価に値しない（問題解決は離婚給付で），と考えているのではないか。水野「最判昭和 54・3・30 評釈」法学協会雑誌 98 巻 2 号 291 頁〔1981〕，水野「最判平成 8・3・26 評釈」前掲注 13），水野「最判平成 16・11・18 評釈」ジュリスト 1291 号 78 頁〔2005〕，「不貞行為の相手方に対する慰謝料請求」円谷峻＝松尾弘編・損害賠償法の軌跡と展望〔日本評論社，2008〕133 頁，水野「不貞行為の相手方への慰謝料請求——最判平成 31 年 2 月 19 日民集 73 巻 2 号 187 頁の評価」法学 84 巻 3・4 号 184 頁〔2020〕）。

た[37]。この批判の射程は，内縁に一律に婚姻法を準用する中川に対してのみならず，事実としての内縁の多様性に応じて段階的に法的効果を付与すべきであるとする鈴木禄弥[38]らの所説に対しても及ぶ[39]。もっとも，水野は，婚姻外カップルの関係をすべて非法領域に追いやるわけではなく，たとえば，財産分与に相当する問題については，財産分与の類推適用ではなく，契約法理による解決を提案する[40]が，個別問題の具体的解決についてはなお課題が残るだろう。

　予想される水野の応答は，民法そのものが「多様でアンビバレントな価値に調和を保たせ，複雑系の社会を運営する手段」[41]なのだ，あるいは，「民法は，これらの対立し矛盾する正義の間に一定の線を引いて解決することを任務とする法です。正義や利益が錯綜した複雑な社会に細かく線を引くのですから，必然的に複雑な法体系になります。単純な言葉の正義，たとえば自由や平等という憲法の正義は，もちろんそれはそれで大切な原則ですが，自由と平等そのものが相互矛盾するように，人々の共存のルールとしては，実際には民法のように役に立ちません。民法は，市民間のもめ事，紛争の利害調整を行う基礎となる基本法です。そして，民法には，問題を分析して解決する道具立てがいろいろ備えられています。まったく新しい事象でも問題点の抽出をきちんとすれば，適用するにふさわしい類似ルールがあり，微妙な修正を加えるだけで全体とのバランスをとりながら解決するルールを見出すことが可能です」[42]，などとい

---

37) 水野「中川理論」前掲注3) 290-291頁。
38)「今日の内縁問題は，内縁を準婚姻として取り扱うことにではなく，具体的なその結合のあり方に即して，いかなる法的効果をどの程度与うべきか，という問題なのである。この問題は，結局，内縁をも男女の結合ではあるが法的には婚姻として扱われないものの一つとして見て，かかるもののうちその結合が強固で社会的には結婚というに値するものをどう処理すべきか，という観点から，取り扱われるべきである。」(鈴木禄弥・親族法講義〔創文社，1988〕88頁)。
39) 水野「事実婚の法的保護」前掲注35) 71頁，84頁。ここでは，平井宜雄による，「事実主義」批判(「われわれは，『現実の社会関係の観察・分析』それ自体からは決して何物をも導き出すことはできない。」平井・前掲注29) 120頁)，「利益考量論」批判(同121-122頁)と共鳴する。
40) 水野「事実婚の法的保護」前掲注35) 84頁。ここでの契約法理は，(夫婦間で彼らの財産に関する)契約を締結する意思がなくても適用されるべきだと考えられているのだろうか。
41) 水野「日本における民法の意義」信託法研究36号108頁(2011)。同旨の内容が，水野「日本家族法」前掲注30) 131頁に，フランソワ・テレFrançois TERRÉの言として引用されている。
42) 水野「家族概念の科学と民法」本堂毅ほか編・科学の不定性と社会——現代の科学リテラシー(信山社，2017) 90頁。本文引用箇所と共通項を含む表現は，水野の著作において，しばしば繰り

うものである。

## Ⅲ おわりに

　数多ある水野の論考のごく一部を慌ただしく行き来した限りのことではあるが，水野法学の一端が，すなわち，あるべき近代家族法イメージを起点に日本法の諸局面を批判してゆく，1つの思想体系が，ある程度は浮上したことを期待したい。印象的な箴言とともに，婚姻とは何か（Ⅱ1），親子とは何か（Ⅱ2），生殖補助医療とは何か（Ⅱ3），家族法の存在理由，さらには民法の意義（Ⅱ4）について，やや抽象的な次元で，非常に強い主張がみられた。

　水野自身は，普遍的な実定法学の作法の重要性を説くようであったけれども，その思想体系は，本稿でみた限り，必ずしも，この作法に従って形成されておらず，それに準拠して語られているわけでもない。この思想体系はほとんど水野紀子そのものである。木村敦子は，水野に対して，その思想体系を法学的に正しいものとして主張する理由を問うたのかもしれない。しかし，水野の思想体系は，そのような問いを超越した次元に存在するように思われる。少なくとも，人々は，この思想体系を，1つの羅針盤——これも比喩である。羅針盤は進路を決めるための道具でありそれ自体が進路を決めるのではない——として，現行日本法に対して批判的に思考を進めてきたし，今後もそれが可能であろう。役に立つ法学説が，作法に則って形成・展開されるとは限らないのではないか。

---

返されている。たとえば，水野「家族の法と個人の保護」後藤玲子編・福祉＋α ⑨ 正義（ミネルヴァ書房，2016）45頁，水野「家族をめぐる観念と法手続に関する一考察」前掲注13）170-171頁等。

# 水野法学における解釈論と母法研究

森山浩江

Ⅰ　はじめに
Ⅱ　水野家族法学における解釈論
Ⅲ　法と非法という視点がもたらすもの
Ⅳ　結びに代えて

## Ⅰ　はじめに

　戦後の日本の家族法学において，最も大きな影響力を持った家族法学者を二人挙げよと問われれば，答える者はほぼ例外なく，中川善之助と水野紀子の名前を挙げるであろう。

　そして，中川家族法理論の主要な部分が水野により根本的に批判されていることもまた，周知に属する事柄である。このような中川理論の批判は，とりわけ「中川理論——身分法学の体系と身分行為論——に関する一考察」[1]（以下，「中川批判論文」と記載する）において鮮明であった。

　近時，中川批判論文は，木村敦子により改めて紹介・検討の対象とされている（「家族法学と法解釈方法論・法学方法論」[2]。以下，「木村論文」と記載する）。

　木村論文は，中川批判論文を通じて「家族法学・法解釈論のこれまでのあり方を見つめ，今後を探ること」を目的として（木村論文139頁），検討を進める。中川批判論文で示された水野の法解釈方法論のあるべき型の骨子は，「第一に，家族法原理論の構築・提示に対する消極的・否定的評価，第二に，母法研究

---

1) 民法学と比較法学の諸相Ⅲ（山畠正男・五十嵐清・藪重夫先生古稀記念）（信山社，1998）所収，279頁以下。
2) 法時95巻1号139頁（2022）。この論文は，法律時報において，「平成民法学の歩み出し」と銘打った企画連載（趣旨につき吉永一行「企画趣旨」法時93巻8号91頁（2021）参照）の一環をなすものである。

（・外国法研究）の重視」とまとめられる（同142頁）。

　木村論文はこれに続いて，水野の家族法解釈論について多岐にわたる分析を行う。そのうちのひとつは，母法・比較法研究の意義に関するものである。個別具体的なテーマに関してみれば，水野の解釈論における正当性は母法研究に求められているわけではなく，むしろ利益衡量が行われており，現代的問題に直面した場合に衡量判断プロセスは明瞭さを欠き，解釈の正当化が必ずしも十分でないとする（同143頁）。そして，家族法学の今後に関し，「水野が示した，戦後家族法学の克服に挑んだ家族法解釈論のステージにとどまることなく」さらなる法解釈論の充実化とその実践に早々に着手しなければならないという，今日の日本家族法の課題を指し示している（同144頁）。

　しかし，水野のいう母法研究の重視とは，どのように行われるものと考えられていたのだろうか。また，そもそも日本の家族法は条文が乏しく，とりわけ戦後の家族法改正後，それほど具体的な解釈論のイメージが形成されてきたともいえない中で[3]，水野家族法において解釈論はどのようなものと捉えられていたのであろうか。先に歩を進める前に，まずは立ち止まってもう少しそれらを解き明かし，進むべき方向を確認する必要があるだろう。

## II　水野家族法学における解釈論

### 1　家族法領域における比較法的検討

　水野家族法学が繰り返し唱える母法からの学びと解釈学重視は，もしかすると，これに倣おうとするほどその具体的なあり方に悩み，立ち止まる者が少なくなかったのかもしれない。木村論文もまた，水野家族法学に一般論としては共感を覚えつつも，その解釈学の具体像の見えにくさを感じ，その理由を分析しようとしたかにも思える。

　日本の民法学において，法解釈にあたり母法ないし外国法を参照することは，ごく一般的な手法であるといえよう。もっとも，財産法の領域においては，西

---

[3] 我妻栄・親族法（有斐閣，1961）はしがきにおいて示された戦後の身分法研究への批判，およびこれに関する水野紀子「比較法的にみた現在の日本民法——家族法」広中俊雄＝星野英一編・民法典の百年I（有斐閣，1998）651頁以下の記述を参照。

洋法の継受を基盤とし，要件事実およびその効果が画一的に定まるような形式に拠る——法規範である以上当然のことであるが——明確な条文が，細部にわたり規律しているのが通常であるのに対し，家族法の領域においては，日本ではそもそも条文の数は限られ，戸籍や家庭裁判所の審判という固有の制度を前提とし，裁判官の裁量または当事者の合意に委ねられるところも多く，規範内容の具体性を欠く等，日仏（あるいは日独）の民法典の間には，そもそもかなりの隔たりがある。そうすると，財産法の解釈論において一般的に採られるような，条文および判例という具体的なレベルでの比較には困難が多く[4]，とりわけ彼我の違いの大きい事柄に関しては，母法または外国法の参照は，その紹介により立法論に資することには繋がりやすいものの，「母法を重視した家族法の解釈論」となると，なかなか明確な像を結ばないようにも思える。

## 2 水野家族法学の示す解釈論のあり方

水野家族法学によれば，以上のような困難を抱える日本家族法の解釈学はどのようにあるべきなのか。この点については，中川批判論文と同時期に公表された水野の論文「比較法的にみた現在の日本民法——家族法」（前掲注3）参照。以下，「水野比較法論文」と記載する）に，その手掛かりの1つを求めることができそうである。

水野比較法論文は，中川理論以後の学説の傾向の1つとして，家族法の人倫的側面を法の領域に取り込むことを避け，家族財産法の部分のみを法として扱おうとする方向があったとする（また，優れた財産法学者が少なからずこの立場をとったとされる。同論文665頁)[5]。そして，このような家族財産法以外の家族法に対する消極性の理由として，この領域における法的介入は困難あるいは不可能であるという考え方，加えて，家族に対する法の消極性が伝統的に肯定されてきたことが挙げられる（同666頁以下）。

---

[4] 水野・前掲注3）においては，日本の家族法において解釈学よりも家族社会学等に相対的に研究が集中した理由として，財産法と異なり，条文が母法の規定をかなり換骨奪胎して変形されたものになっていたことが挙げられている（658頁）。
[5] このような方向の存在は，中川批判論文においても挙げられており（同論文294頁），この方向は家族財産法以外の家族法を法の外の領域へと位置づける考え方に近いといえるかもしれないとする（同295頁）。

この方向に対して水野は，家族財産法部分のみを法として扱おうとすると，「家族法が家庭内弱者の法益を守る力は著しく削がれてしまう」という。家族財産法以外の家族法においては，その力を発揮できる実効的規定が欠落しているが，「家族財産法以外の領域での解釈論は，それでは，立法の実効的規定の欠落を補う解釈努力をしてきたであろうか」と疑問を呈する（同 667 頁）。
　具体例として，親権者の財産管理権に関しては，親権行使を実効的に制限する規定を欠いていたが，「もし親権者が子の財産を恣にしてはならないという認識が学説に十分に共有されていれば，解釈論としての限界や具体的な立法提案まで議論が煮詰まっていたはずであった」とする（同 667 頁以下）。また，親権については，明治民法もすでに親権が子の保護のためであるという前提を承認していたのに，戦後も親権概念をめぐる抽象的な議論が行われてきたことを指摘し，「問題は，親の親権行使が子のためにならない場合に，子の保護のために親の親権行使の態様にいかに介入するかということであり，法解釈学が力を注がなければならないのはその介入の具体化の方策であるべきではなかったろうか」，さらに，「解釈問題としては，親権喪失制度がしかるべき場合に実効的に機能するかどうかが論じられるべきではなかったか」と述べる（同 668 頁以下）。その視点からドイツ・フランスには参照可能な制度が存在していたが，必要な介入の制度の欠陥が学説によって問題とされることはなかったとも指摘されている（同 669 頁）。
　これらの例は確かに，母法を参照し，日本の制度に欠けているものを発見し，それを補うための解釈学として，一つのあるべき姿を示すもののように思われる。またそれは，以上の例から抽出し敷衍するならば，次のようにまとめられそうである。
　日本の家族法の解釈論においては――日本法には母法との比較によれば欠けているところが存するため――，「立法の実効的規定の欠落を補う解釈努力」〔下線は引用者〕が求められる。
　より具体的には，その問題に関して――おそらく母法との比較において――進むべき方向性あるいは目的を見定め，そのための解釈論とその限界，そして具体的な立法提案へと，議論を煮詰めるべきである。
　そして，その目的に向けた具体化の方策を――おそらく母法との比較において――見出すことに注力し，制度を実効的に機能させる術を提示していくべき

である。

　これらが，日本の家族法の解釈論に求められる具体的な使命として，示されているようである。

　もっとも，上記のように日本民法典においては，家族法領域の条文が乏しく，規範内容の具体性を欠くところもある。そのような条文の「解釈」としてなしうることには，限界が大きい。

　この点につき，水野比較法論文は次のように述べて，当面の対応策を示す。「白地規定の多い日本民法の家族法には，直接的にはそのような基準〔それがはっきりしていればはるかに当事者の権利は守られる，という文脈においての「基準」〕は望みえないし，立法的解決も至難であるとはいえ，しかしそのような共通の基準を解釈法学や実務が設けることの理念的根拠を求めることはできる。当分は，解釈法学や実務が指針となるようなはっきりした基準を設けて，白地規定の内容を固めていくしかないであろう」（同 668 頁）。

　以上のように水野比較法論文を辿ってみると，水野家族法学における法解釈方法論のあるべき姿とされているところは，少しずつ具体的に見えてくるようにも思われる。

## 3　家族法における「母法に学ぶ」ことの困難

　上記のように抽出した，あるべき家族法解釈学の使命を抽象的に眺めていると，これらは財産法の領域においては当然のように比較法研究として行われてきたことであり，ごく当たり前のことにも思える。しかし，上記のように日本民法は家族法の条文がそもそも乏しく，「欠落」の大きさとレベルには，財産法領域とは格段の違いがある。財産法領域においては，条文およびその運用のための制度について日本法と西洋法が有する共通の基盤は，家族法領域に比べて格段に広く厚い。家族法領域においてこの欠落を補うことは，時として根本的な違いにまで立ち返った検討を必要とし，困難も非常に大きなものとなる。そうであるからこそ，水野もこれに言及し，またその具体像を示そうとしているのであろう。

　もともと家族法は，比較法において対象とすることに困難の多い領域であるとも言われていた[6]。その 1 つの理由は，条文等の具体的な制度の差違よりももっと前提にある彼我の隔たりの大きさであろう。家族法は特に，当地の文

化・慣習による違いが大きい分野である。比較して差違を示してみても，文化の違いに帰されることは，しばしば生じることである[7]。そして，確かに，そもそも母法との違いがあるからといって，価値の優劣が定まっているわけではない。

しかし，比較法学においては，差異を文化的要因あるいは国民性と結び付けることに対し，慎重さが求められてきた[8]。また，差異については，その確認にとどまらずに，評価をもなすべきと説かれてきたことを想起すべきであろう[9]。そうであれば，母法との差違のうち，何を正すべきであり何が維持されるべきなのか，という評価の軸を持ち，それを可視化していくことも，家族法の解釈論において重要な作業ということになる。そうでなければ，母法との差違は，文化の違い，背景の違いという一言に吸収され，欠落を補う懸命な解釈努力も，僅かな条文の文言から多くを引き出そうとする——無理のある——「解釈」の1つとして聞き置かれるのがせいぜいということにもなりかねない。

そして，家族法の比較における差異の評価すなわち価値判断は，時として，財産法の比較においては一般的な，ある程度の共通基盤を前提とするいわば詰めの解釈における具体的なレベルのものにはとどまらないようにも思われる。特に，条文あるいは制度の違いが大きい事柄に関しては——そういう場合こそ，差違は文化の違いに帰されがちである——，根本的なレベルに立ち戻っての価値判断の軸が必要になりうるからである。

---

6) 滝沢正・比較法（三省堂，2009）34-35頁および182頁，五十嵐清「比較法とはなにか」札幌法学20巻1・2号105頁（2009）。
7) 梶村太市「中川家族法学の今日的意義——ジェンダーの視点も加えて」水野紀子編・家族——ジェンダーと自由と法（東北大学出版会，2006）354頁以下が，水野による中川理論批判に対し，「母法は所詮母法」であって，「実態調査を前提とした日本人の常識的感覚による直感的修正で，なぜいけないのだろうか」とするのは，たとえばその一例といえよう。
8) 広渡清吾「法の比較についての方法的考察——『比較法社会論』のために」比較法学の課題と展望（大木雅夫先生古稀記念）（信山社，2002）41頁以下，大木雅夫・比較法講義（東京大学出版会，1992）133-134頁。
9) 大木・前掲注8) 111頁以下は，比較法は，比較される法制度の異同の確認をもって終わるのではなく，それに対する評価をもなすべきとする。比較法は相対的に良い解決を獲得するための道であり，そこに評価は不可避的に介入するという。そして，比較法における評価がその目的に依存し，評価基準が課題によって異なりうることが示される。Konrad Zweigert and Hein Kötz, Introduction to Comparative Law, 3rd edition (Oxford, 1998), pp. 46-47. また，評価の重要性につき，山内惟介・比較法研究第一巻（中央大学出版部，2011）26頁以下参照。

## 4　比較における価値判断の基底にあるもの

　このような視点を持ちながら，中川批判論文および水野比較法論文を読むとき――そして，水野の手になる他の多くの家族法総論的問題に関する論稿についても同様なのであるが――，何度も繰り返される表現や文言が浮かび上がってくる。それは，法とは何か，民法とは何か，解釈とは何か，といった，まさに根本的なレベルの記述である。以下にそれらを概観する。

### (1)　民法あるいは家族法について

　たとえば，中川批判論文においては，「民法としての家族法，実定法解釈論としての家族法学を，確立することこそが，日本の家族法学の急務」であると述べるくだりにおいて，「民法そのものをどのようなものと認識するのかということが問題になる」（同論文292頁）とある。そして，家族法に道徳を積極的に取り込む方向性も，逆にこれを排する方向性も，「家族法が何を為すべきか，また家族法に何ができるのかという点において，前提となる近代民法の性格や実態を」理解していないと批判する（同295頁）。

　それでは，水野家族法はこのような意味での民法あるいは家族法を，どのように認識しているのだろうか。

　同論文の続きをみるに，資本主義社会における家族法の抽象的な定義に専心するかつての家族法の傾向と対照させる形で，「家族員の関係を規律し家族間紛争を解決する『法／不法のコード』[10]の蓄積として」の家族法（同294頁）という言葉がみえる（水野比較法論文では665頁に同旨）。水野比較法論文でも，近代民法を，「有史以来の長年にわたる『法／不法のルール』の蓄積としてはじめて成立しえたもの」（同論文688頁）と述べている。

　そして，フランスにおける議論を参照し，「民法は，家族間の権利義務を規律することを通じて国家が家族に対して介入するが，家族間の権利義務を強制するにあたっては，道徳が法の領域に入り込みすぎないように謙抑的に規制し，国家が強制できる権利義務を自覚的に制限している。しかし介入すべき権利義務については，確実に介入することによって，家族生活を守る」（中川批判論文

---

[10]　「法／不法のコード」について，中川批判論文（注30）は，これに関して西洋と日本を対比させる村上淳一・〈法〉の歴史（東京大学出版会，1997）11-12頁を引用する。

298頁）と述べる。これと同様の文章は，水野比較法論文の末尾近く（同論文689頁）にもあり，ここにはさらに，「家庭が子の幼い日々を守る暖かい繭としての機能を果たすためには，法が家庭を守らなければならない」という文章が付け加えられている。

ここには，有史以来の蓄積としての民法，そして，家族法領域における国家と家族との関係を意識した叙述が見られる。前者は財産法・家族法領域に共通するが，後者においては，家族法領域に固有の民法の一側面が説かれている。

**(2) 法解釈学のあり方に関する記述**

こういった民法，あるいは家族法について，法解釈学はどのようなものであるべきか。

水野比較法論文は，我妻栄を引きつつ[11]，実定法学の重要な作業のひとつは，「『研究の成果に関連・統一』を付けて『理論的な構成』を明らかにすること」，「いいかえれば，個々の問題や条文の解釈を体系の中で矛盾のないように位置づけて制度化していくこと」と述べる（651頁）。また，「具体的な事件を妥当に解決できるように条文を解釈することと同時に，その条文の適用によりさえすれば具体的な事件が不当には解決されないような安定性を条文にもたせるように解釈すること，その両者の解釈が両立する解釈を目指す法解釈学を追究することも，実定法学の任務」と記す（651-652頁）。

おそらく，財産法領域の解釈学に取り組む民法学者は，これらの表現を見ても，それほど注意を留めることがないのではないか。ここに書かれていることは，法律家による解釈作業の説明文とも言えそうな，ごく当然の内容だからである[12]。

しかし家族法領域においては，それ自体，容易なことではない。日本の家族

---

[11] 我妻・前掲注3）のはしがきは，戦後の身分法研究の成果はおびただしい量に上るが，研究の成果に関連・統一ができていないこと，そして理論的な構成が弱いことを指摘する。他方でこれに続き，この分野において理論的構成を与えることの困難さにも言及している。

[12] もっとも，木村論文は，水野の解釈論に関する主張内容を，法解釈論・法学方法論論争の影響を受けたものと評価する（同論文142頁）。なお，本稿では，法解釈とは何かという点には立ち入らない。従前の法解釈に関する膨大な議論（山本敬三「日本における民法解釈方法論の変遷とその特質」山本敬三＝中川丈久編・法解釈の方法論――その諸相と展望（有斐閣，2021）27頁以下参照）は，本文で述べる家族法領域の状況ゆえに，この領域で直接に参照することには困難がある。

法は，その特徴に関する水野の表現を借りれば，以下のような状況にあるためである。

日本の家族法は，戦後の改正後さらに当事者の協議に委ねる領域が増加し，白地規定性がより顕著となった（同 655 頁）。このような家族法は，「家族間の権利義務を定めて権限行使が濫用にわたらないように制限するとともに婚姻や親子という身分関係に従った法的効果を家族員に保障する法」とはならず，「戸籍の登録基準を定める法と堕してしまいがち」である（同 655 頁）。そこには，「当事者の協議に委ねた場合に不当な内容の合意がなされることへの警戒」，「協議の結果がまとまらなかった場合に決定権限を定めておかなければ客観的な基準を定める法となりえないという意識」，「裁判官の判断に委ねた場合に，その裁判官が当事者の主張の対立を判定するためには客観的なルールが必要であり，それがなければ裁判の公平は保たれないという認識」はない（同 657 頁）。

このような状況においては，上記（(1)）のような，「民法」「家族法」があるべき姿を維持できる基盤は極めて弱く，条文の体系の中に解釈を位置づけていく作業，妥当な解決と条文の安定性を両立させる解釈学の追究を可能とする前提もまた，見出すことが難しい。このような，財産法におけるのとは明らかに異なる困難を前提として，上記の「実定法学の任務」は書かれているのである。

そして，「民法」「家族法」とは何かを上記のようにふまえたうえでの解釈のあり方については，次のような表現で示されている。

「民法が家庭を十分に守らないときには，放置された弱者の人権や生活が脅かされるのみならず，むしろ国家がその必要な謙抑性を失い，抽象的な短い言葉の秩序を強制することによって，個人の侵害してはならない領域まで侵入してくる事態を招くおそれがある。家族法学は，……各条文や各制度ごとに，制度趣旨を理解すると同時に現代社会の要請との調和をはかって築き上げる，文章による規範の集積を構築する作業でなくてはならないであろう」（同 689 頁）。

### (3) 比較法における価値判断と家族法解釈論のあり方

上のように示された，民法・家族法および法解釈学についての見方は，比較法における価値判断において，どのような意味を持つものであろうか。

家族法における解釈論として示された親権の例においては，方向ないし目的

を見定めて解釈(場合により立法提案)を詰めるべきこと,そして,具体化の方策を見出し,制度を実効的に機能させる術を提示すべきことが示されていた。

この点につき母法を参照し比較するとしても,単純な比較では彼我の優劣は決まるとは限らず,解釈の方向性も然りである。日仏の法や制度を並列してみたとして,たとえば,日本のように,国家が家族の問題に介入することのより少ない制度のほうを評価する視点もありうる。進むべき方向を見定め,それに向かう解釈,方策を詰めるためには,上記のように,比較における価値判断の基準を要する。

ここで,民法とは何であり家族法学は何をすべきかという観点から記述された上記のような内容は,立ち戻って参照すべき軸でありうるように思われる。すなわち,上記のように,国家は家族に介入するが,道徳が法の領域に入り込みすぎないよう謙抑的に規制する。しかし介入すべき権利義務については,確実に介入することによって,家族生活を守る,といった法のあり方の把握そのものが,介入・非介入のいずれかの極のみに寄らないようバランスをとりつつ,そこで何をすべきかという見極めにおいて,参照すべき枠組となり,制度比較における価値判断基準,そして解釈の方向性を決定づけうるものとなる。

この枠組を,道徳と法との関係について言及されている部分を参照しつつ敷衍するならば,道徳を積極的に法に取り込むべきでもなければ完全に排するべきなのでもなく,「実際に問題にすべきであるのは,どのような道徳をどこまで家族法が取り入れるかということ」である。そして,「個人の尊厳を守ることがなにより重要な原則であるという現代の前提に立てば,実際にどのような家族生活を送るかという側面について民法は極力謙抑的でなければならない」(中川批判論文296頁)。他方,弱者の保護のために必要な措置に関しては,むしろ「確実に介入する」べき側面であるということになろう。

このような枠組をふまえての検討によれば,親権の例に関しては後者に当たる問題として,介入の方向,すなわち母法に倣うべき事柄と判断されることになる。これは,単に子の利益という単一の価値だけを取り出し,これを基準に判断するという検討とは異なるものであろう[13]。そして,継続されるべき営み

---

[13] 大村敦志・家族法〔第3版〕(有斐閣,2010) 306頁においては,「法=権利思考の基底性」という考え方から,当事者の関係調整が必要であることは否定しがたいとしても,「調整はあくまでも

の一環としての法解釈のあり方として参照しうるものでもある。

　このような視点に立って水野による様々な指摘をふり返ってみるとき，繰り返し注意が向けられているのは，弱者の保護のための国家による家族への介入の必要性，そして他方で，介入に対する警戒の必要性である。

　中川批判論文において，このことは，「道徳と法的規律の限界づけがよほど自覚的に行われないと，法的規律は無意味なものとなるか，実際に施行・適用すると人権侵害を生じてしまうほど弊害の多いものとなる」(296頁) という文章に表れていた。戦前・戦中の日本においては，特に家制度を通じ，家族法は国家による家族への強力に過ぎる介入の道具ともなった。その反省は，戦後の家族法の有力な1つの方向付けとして，家族財産法を除く家族法の分野における法の撤退を強調する流れを生じたが，これは非法ならぬ「無法」を生みもした[14]。このような状態を，なんとか速やかに，法として正常に機能する状態へと正さなければならない。家族法，そしてその解釈論のあり方を説き続ける水野の諸論稿には，そのような，焦りにも近い思いがにじみ出ているようにも感じられる。

## III　法と非法という視点がもたらすもの

### 1　日本法とフランス法との差違としての「非法」

　以上に見てきたように，「道徳と法的規律の限界づけ」は，家族法において法解釈を行うにあたり，またそのために母法を参照するに際しても，重要な留意点のひとつといえる。

　しかしこれもまた，具体的に考えると大変に難しい問題である。介入は，ど

---

『法』にもとづく権利配分を前提としたものでなければならない」と述べ，また，「さらに進んで，たとえば，『子の利益』を基準に掲げるだけで，その適用については家裁に大きな裁量権限を与えている現行法のあり方に，全く問題がないかどうかも，問題として考えてみる必要があるだろう」と述べられている。これもまた，法とは何かという根本に立ち戻りながら，具体的な解決や制度設計における方向性を見定めるという意味において，本文において示した判断枠組との共通点を有する見方であるように思われる。

14) 中川批判論文は，注62 (309頁) において，日本家族法の学説についての記述において「非法」という用語を用いなかったことを説明する。日本の家族法の議論では，家族法の領域に部分的に非法を取り込むのではないため，カルボニエの用いる「非法」ではなく「法の外」という表現を使ったが，「いわば無法といったほうがよいのかもしれない」とも述べる。

のような場合であれば否定され，どのような場合であれば逆に推奨されるのか。もちろん，個々の事柄について細やかな検討がそこには求められるのであろうが，家族法学において共有される理解の土台が未だ存在しないようにも思われ[15]，そうすると結局，具体的な限界づけにはつながらず，お題目として唱えるだけに終わりかねないことすら危惧される。

　この問題をもう少し具体的に可視化できないか。このような関心から本章では，日仏法学会編『日本とフランスの家族観』（有斐閣，2003）において見出される日仏の間の「ズレ」，またこれに関してなされた指摘を，本稿の関心に沿って取り出し，一つの手掛かりとしたい。同書は，2001年9月に「家族の観念と制度」をテーマとして開催された第6回日仏法学共同研究集会（以下「研究集会」と記載する）の成果をまとめたものである。

　ここでは，日仏の家族法における様々な違いが取り上げられた。そして，しばしば言及されたのが，両国における「法と非法（droit et non-droit）」のあり方の違いであった。同書の出版後すでに20年以上が経過し，また，その後日仏の家族法には，とりわけフランスにおいては，いくつもの大きな変化があった[16]。しかしながら同書は，日仏法学者の直接の対話において認識できる違い——単一のテーマに関して両国の法を比べただけではなかなか見え難いそれ——を追体験できる，貴重な記録である。約20年前の「ズレ」をまず確認し

---

[15] この点の困難は，水野の瀬木比呂志判事（当時）との対談「離婚訴訟，離婚に関する法的規整の現状と問題点——離婚訴訟の家裁移管を控えて」判タ1087号（2002）4頁以下において示された，瀬木の水野に対する次のような疑問とこれに続く対話にもよく現れている。「私には一つよくわからないところがあって，それは，国家の役割ということなのです。国家が直接前面に出るのは謙抑的であったほうがいいとおっしゃる。例えば裁判の場面では，かなり裁量性を厳しくチェックしていこうという指向がある。ところが，協議離婚の規制といった部分になると，今度はかなり国家が出張ってきて後見的に保護してしてやってもいいというお考えなのですね。その辺がどういうふうに統合されるのかなと疑問に思ったのです」（同28頁）。

　また，近時の家族法の概説書においても，国家と家族の関係について，それほど記述はみられない。窪田充見・家族法〔第4版〕（有斐閣，2019）8頁は，財産法との違いとして僅かに触れるが，介入に関しての記述があるわけではない。

[16] フランスは，後述するように，「裁判官なしの離婚（divorce sans juge）」や同性婚の容認等，大きな変化を経ている。このような動向について，ユーグ・フルシロン（柳迫周平訳）「フランスにおける家族法の脱裁判化」日仏法学32号105頁以下（2023）参照。日本はそれに比べれば微少な変化とはいえ，嫡出子と非嫡出子の相続分の差違を解消した改正をはじめ，いくつかの法改正は行われてきた。最近に至ってようやく，最低限のものではあるが，法定養育費制度の導入が決まった段階にある。

てみることは，今日においても意味のないことではないだろう。

## 2 非法の概念

非法については，北村一郎「《非法》(non-droit) の仮説をめぐって」(1996)[17]における紹介と日本法に関する卓越した分析が存在する。これに拠りつつ概略を述べると，フランスの著名な民法学者・法社会学者であるジャン・カルボニエが，「社会の中には法の空白が存在する」とし，この空白への着目から「非法 (non-droit)」の仮説を構成した。非法とは，「法が現在すべき理論的な使命を有するような一定数の人間関係における法の不存在」である。すなわち，法が規律していた状況または規律してしかるべき状況において，それを放棄し，法的でない他の社会的行為規範（倫理・習俗・宗教など）に管轄を移転するような現象を狙ったものであり，本質的に，法の撤退ないし退役のメカニズムを念頭に置いた概念である，と説明される（同論文5頁）。

家族法もその一例であり，「法律のあてがう夫婦の権利義務だけでは貧困な婚姻にしかならず，実際，家族法の諸制度は，法と習俗，法と道徳との複合物として表象されるのが常である」。日常においては，大多数の者は「普段は恰も法が存在しないかの如くに生活しているのであって，法は時たま——例えば，婚姻のためには市役所における挙式が必要とされるからとか……のために——行うだけのものにすぎない」(同12-13頁)。

そして，カルボニエは，関与した家族法の立法において，謙抑と多元主義の手法を重視する。ここでの謙抑は，法の謙抑であり，立法規制の断念と他の機関または規範への管轄移転として表現されている (同17-18頁)。

これに対し，日本においては，もともと非法社会だったものが徐々に法化したという前提があり (同28頁)，そもそも非法，あるいは非司法の余地が広く，上のように法の撤退が唱えられるフランスとは逆の状態ともいいうる。たとえば，「主要な身分変動……のほとんどすべてが戸籍行政への届出のみによって，……いかなる司法的コントロオルもなしに可能であるということは，即ち，身

---

17) 北村一郎「《非法》(non-droit) の仮説をめぐって」中川良延ほか編・日本民法学の形成と課題（星野英一先生古稀祝賀上）(有斐閣，1996) 3頁以下。家族法の概説書に関しては，大村・前掲注13) 26頁以下，304頁および377頁以下。

分変動の決定および実行に関しては当事者と家族との自律，およびこれに影響する習俗の作用が最大限に尊重されていることを意味する」（同31頁）。また，示談・協議に紛争解決を委ねるという，習俗の自律の尊重による非司法といえる状況も存在する（同33頁）。以上が，北村前掲論文により示されたところの概略である。

　上記の研究集会において取り上げられた日本の「非法」の広範さは，フランスではカルボニエが提唱した「非法」という法の撤退が，日本においては「進んでいる」と評されるかにも見える。しかし，特に，早川眞一郎が家族法における人的関係に関する対照報告（前掲『日本とフランスの家族観』82頁以下）において明確に指摘するように，「日本の家族法が，当初から現在まで，いわゆる『非法（non-droit）』の性格を非常に色濃く有している」とはいえ，「日本とフランスとでは，そもそもの出発点がまったく違う」のであり，「日仏が同傾向であるというような過度の単純化は危険」である（同書85頁）。

　それでは，同研究集会においては，日仏のどのような違いが明らかになったのか。『日本とフランスの家族観』はその隅々まで，今日においても非常に示唆に富む結果を多く含むものであるが，ここでは本稿における関心に即して，日仏の「ズレ」を示すところを拾い出してみることにする。

## 3　日仏の「ズレ」
### (1) フランスの登壇者の驚き

　同研究集会では，特に，日本の報告に対するフランスの実務家による対照報告において，日仏の違いへの率直な驚きが示されたようである。

　　(a)　家族の人的関係（特に離婚および親子関係）について　　日本における人的関係を説明した滝沢聿代報告（同書87頁以下）の対照報告において，裁判官であるニコル・コシェは，日本法への驚きを禁じえなかったようである。

　日本法が強い印象を与えるのは，「もちろん……，家族という制度の規制において法律と裁判官が関与することの少なさ」であり，離婚，婚姻，親権等に関しては「ほんの少ししか条文がない」こと，「裁判所による関与という考え方は極めて薄弱」であることが挙げられ，離婚手続の簡易さは，「婚姻の関係と同様に親子の関係が監督されているフランス法とは対照的」と述べる。そして，「家族のように重要な領域は，……われわれは大量の法律を用意するのに

なれているので，それがこのように放置されているような状況をみると驚かされる」と，率直に驚きの念を示している（同書 106-107 頁）。

　もっとも，コシェが挙げるのは，日本法の消極的な面だけではなかった。裁判官が介入するとなると，「裁判官は非常に保守的な態度で介入しているように見受けられる」という。民法 770 条 2 項の裁判官による離婚の裁量棄却について，「裁判官は，事情が理不尽と思われる場合に，とりわけ子どもがいるという事実故に」，「離婚を拒む裁量的な権限を欲しいままにしている」が，この権限は，婚姻関係を監視する立場として受け止められている。フランスではそのような傾向は消滅し，「基本的には当事者の意思を法的に確認し，そこから結果を導く」ことがなされている。フランスにおける調停は，「請求者を離婚しないように説得する試みの場ではなかった」し，離婚請求においては裁判官による有責性の評価はあり，請求を棄却することもあるが，「いかなる場合でも裁判官は，十分理由がある請求を棄却するために，子どもがいるというような事情を援用する権限はない」と述べる（同書 108-109 頁）。

　そして，「フランスの立法者と裁判官にとっては，家族は常に非常に重要ではあるけれども，もはやある一定の制度的モデルを守るということでも，かくかくのタイプの家族を応援するということでも」ないとし，「本質的には，基礎となる教育的な細胞すなわち親権が行使される場としてなのである」という（同書 109 頁）。

　なお，親権の判断に関しては，「子の利益」の用いられ方も異なるようである。裁判官は，「まず第一には当事者の合意を取り付けることにより，また，それができなければ家事実務の先例を参照し，そうでなければ子の利益に基づく決定をすることになるが，その利益は裁判官が何とかして決めなければならない」。そして，日本で重要視される「子の意思」に関しては，「多くの場合において両親の一方の支配的な影響力の表明にすぎないところを確認するだけならば，裁判官の関与は何を意味するだろうか」と述べ（同書 110-111 頁），むしろ裁判官自身による判断が重要視されていることがうかがわれる。

　(b)　家族の財産関係について　　日本における家族財産法についての大村敦志報告（同書 180 頁以下）については，公証人であるダニエル・エックが対照報告を行っている（同書 194 頁以下）。

　印象的なこととして示されたのは，第一に，この問題に関する法律の規定が

少ないということ，第二に，日本においては，習俗と伝統が最も重要であるということである。

そして，この領域での裁判官の態度は注目に値すると述べ，「それは，できる限り介入を避けるというものである」という（同書195頁）。

そして，日本の現状について次のように慮る。「『近代』……というモチーフのために，異なる文明に属する他者から着想を得た法律を導入しようと欲する……一つの国が直面する典型的な困難を目の当たりにしているのではないか」。そして，個人として人間をとらえるのではなく，「むしろ家族の一つの歯車としてとらえる」（同書199頁）という東洋的な特徴に着目し，日本の法律について，「単にこの『形式法』を研究するだけでは，現実を理解するのに不十分であることは確か」であり，「それは一種の『近代的な装飾』であり，背後にはアジアに特有の問題解決が控えているのではないか。そう問うことさえできる」とまで述べている（同書200頁）。それほどに，日本における「非法」の大きさは，衝撃的なものであったのだろう。

家族の財産関係に関するフランス法の報告への対照報告を担った原田純孝も（同書161頁以下），扱ったテーマに関し，「日本には『法の不足』あるいは『法の不十分さ』と言うべき現象があることは明らか」と述べ，「そして，このことは，日本の立法者が——フランスの立法者と比べれば——この家族財産法の領域において，ものごとを分析的な観点から論理的に規律し，かつ，十分に明確な基準を伴った法律的諸効果（または当事者間の権利義務）を法律中に詳細に規定しようとする意思も，立法態度も有してこなかった，という事実を示している」とも述べている（同書176頁）。

(2) 日本における総括

同書は，同研究集会後に日本の研究者により行われた総括座談会「家族の観念と制度」を収める（225頁以下）。本稿の問題関心からは，この座談会も非常に示唆に富むものである。

(a) 日本の「非法」について　同研究集会におけるフランスからの指摘としては，以上にもみたように，日本の規律の少なさという点がまず第一に挙げられた。

この点について，本座談会においても当然ながら，言及が多くなされている。

たとえば原田純孝は，「家族法に関する日本の法状況を即，ノンドロワと言うかどうかには，私はやや疑問を持っております。しかし，少なくとも家族財産法の領域における『法の不足』，法的規律の不十分さは指摘して間違いないと思います」(同書252頁)と述べる。大村敦志も，家族の財産関係については，法の不足というのが，日本法の一つの特色であり，「この点を，非法によって説明するかどうかはともかくとして」，大きな量的な差があることは確かであるとする(同書253頁)。

上記のように非法の概念に関して造詣の深い北村一郎も，同研究集会において，「フランスでは『制度』が軸となり，対照的に日本ではノンドロワが優越するという特徴づけがなされた」と発言する。フランスでは堅い枠組を1960-1970年代の改革で柔軟にしたという経緯があり，グリマルディからは，現代のフランス法はむしろ「柔軟な法」で，日本法もそれに近いものとして理解できるのではという指摘もあったが，やはり日本法は「柔軟な法」にはとどまらず「ノンドロワと言うべき部分が非常に大きい」(同書265-266頁)と評している。

水野は非法に関して，次のような発言を残している。「日本家族法は，……ノンドロワで決まったものをそのまま法にするという法ばかりですが，フランス法はすべてを詳しく法で決めていてその隙間にかろうじてあるノンドロワの話ですから」，そもそも前提が違いすぎるとし，「大村さんが日本法について「法源が足りない」といわれ，原田さんも「論理的・分析的な視点から緻密に積み上げていくことを志向しない日本の立法者の基本的姿勢」について触れておられましたが，この点こそが最大の違いなのではないでしょうか」(同書258-259頁)。

　　(b)　弱者保護の視点について　　非法に関しての星野英一の発言は，弱者保護に関して踏み込んでいる。星野は，「至る所で出てきたように，日本は規定が緻密でない」のであり，裁判所の介入も意外に少なく，「弱者保護という観点からの介入は少ない」。これに対し，「フランスでは弱者のことを考えた規定が緻密にできており，その見地からの裁判所の介入もかなり多い」(同書261頁)。日本では，「家」制度を叩くことに熱心だったが，「もう少し法律を細かく規定して弱者保護を考えたらどうか。法律家も，最近まで弱者保護のための家族法という発想は，比較的少なかった」。フランスでは，「家族法は，ナポレ

オン法典以来，ポルタリスの言うように，家族内の弱者を保護するものだという思想が強く流れていました。例えば，かつての弱者は妻でしたし，今後永久に続く弱者は未成熟子です。今後老人がどうなるかはよく分からないのですが，とにかくそういう観点から作られた民法典を持っているのです。日本の民法学者はそれを意識することが少なかった」（同書 262 頁）とも述べている。

水野は，日本における解釈論の問題に触れ，「保守的な家意識に復帰するつもりは毛頭なく，ただ，家族内部での弱者保護をもっと実質的に確保できる解釈論を立てたい」と述べている（同書 264 頁）。

　　（c）　国家からの介入について　　この点に関しては，原田は次のように述べている。1970 年代からヨーロッパには，「家族に関する立法の中立性の原則」という考え方があり，これは，「狭義の家族法の法規範はもとより社会保障関係の制度も含めて，国家法は，家族のあり方についての個人の選択に余分の影響を与えるようなものであってはならないという考え方」であると指摘する（同書 275-276 頁）。

他方で原田は，フランスにおいて，家族法上の権利義務の規定が非常に複雑になっていることを挙げ，「日本人としては，そこまで家族法というのは詳しくなければならないのかという感じを持つ側面もなきにしもあらず」とし，日本の場合，「〈そういう細かい点の処理は，その場その場の必要に応じてやっていってください。そのほうが家族円満にいきますよ〉という立法態度もあるわけですね。他方で，……日本の立法は必ずしも分析的で緻密な構成になっていないということを批判的な形で指摘しましたが，その両方の接点をどこに求めるかという問題もあるのかなと，いま思っております」という（同書 276-277 頁）。

国家からの介入に関して，水野は，日本ではなかなか理解を得られないことを述べ，「法律婚だから法的な根拠があるので，その根拠に基づいてはじめて国家権力が当事者に効果を強制できるのだという考え方の筋道の重要性が，日本人にはよくのみこめていない」とし，「事実婚に法律婚効果を平気で準用してしまう判例・通説に典型的に現れているように，市民の自由と国家権力との緊張関係に無神経なのではないでしょうか」と指摘する（同書 278 頁）。

### (3) 小　　括

　以上では，同研究集会およびその後の総括座談会において，日本とフランスの違い（ズレ）はどのように認識され，捉えうるのかを見てきた。とりわけ，日本法に接したフランスの登壇者の驚きの対象は，その差違の大きさがそれほど大きかったことを示して興味深い。

　ここでは，国家との介入の関係という観点から，いくつかの点をとりあげておきたい。

　　(a) 日本における介入の不足　　まず指摘されているのが，日本における法律の規定の圧倒的な少なさであった。これは，フランスの登壇者らが指摘し，また総括座談会でも確認されているように，法的な規律の「不足」であり，これ自体が，必要な介入の不足，あるいはそれに繋がる状況といえよう。フランスではむしろ肯定的な意味で用いられる「非法（non-droit）」という言葉を用いるべきかは留保されるが（(2)(a) 参照），「不足」の現状認識，そして非常に大きな日仏の差違として挙げられる点である。

　そして，裁判所の関与，すなわち司法による介入の少なさも同様に指摘された点である。これは，北村によってすでに「非司法」という言葉で示されてきた点と共通するが[18]，コシェは，「裁判所による関与という考え方は極めて薄弱」と述べ，エックも，家族財産に関して，日本では習俗と伝統が最も重要であり，裁判官はできる限り介入を避けるという点が注目に値すると述べていた。

　このことは，弱者保護のための介入の薄さの問題をも含意するものであろう。この点については，星野が総括座談会において，日本においては弱者保護という観点からの介入は少ないが，フランスでは弱者のことを考えた規定が緻密にできており，裁判所の介入も多いことを述べる。思想としても，フランスでは家族法は家族内の弱者を保護するものだという思想が強く流れているが[19]，日本の民法学者はそれを意識することが少なかった，という違いがあることに触れる。そして水野は，Ⅱ2でもみたとおり，家族内部での弱者保護を実質的に

---

18) 北村・前掲注17) 31頁以下。
19) フルシロン・前掲注16) 106頁においては，脱裁判化が非常に重要な変化であることに関して，「フランスでは裁判官が家族において中心的な役割を果たしてきた」，「社会の代表者として，裁判官は，子どもや年齢，健康状態を理由に脆弱な状態にある者，女性といった最も弱い立場の人々の利益の保護に当たってきた」ことが挙げられている。

確保できる解釈論を立てたいという思いをここでも示している。

　(b)　日本における過剰介入　　フランス側から示された驚きは，他方で，裁判官の大胆な介入にも向けられた。コシェは，民法770条2項の裁判官による離婚請求の裁量棄却において，子どもの存在が考慮されることについて，「非常に保守的な態度で介入している」と捉えた。この点は，子どもがいる場合に離婚を控えさせることが子の保護とは捉えられてはいない，という捉え方も可能であろうが，ここでの驚きはむしろ，離婚する意思がある個人を，離婚原因が存するにもかかわらず（あるいは，破綻が確認されたにもかかわらず），裁判官の判断により離婚させないでおくことができ，さらにその判断において，子がいる場合は夫婦は離婚しないほうがよいという価値感，あるいは個人の生き方の選択を国が強いる，という「介入」が是認されていることへの驚きであろう[20]。原田は，「狭義の家族法の法規範はもとより社会保障関係の制度も含めて，国家法は，家族のあり方についての個人の選択に余分の影響を与えるようなものであってはならないという考え方」がヨーロッパにあることを指摘した。しかし日本においてはそもそも，国家からの介入という視点の理解を得ること自体が難しい[21]。前述したとおり，総括座談会において水野は，「法律婚だから法的な根拠があるので，その根拠に基づいてはじめて国家権力が当事者に効果を強制できる」という考え方の筋道の重要性が理解されていないと述べ，市民の自由と国家権力との緊張関係への無神経さを指摘する。

　(c)　介入・非介入の判断　　以上のような日仏比較の経験から，介入はどのような場合であれば否定され，どのような場合であれば逆に推奨されるのか，という点についてのフランスの考え方が浮かび上がってくるのではないか。「国家法は，家族のあり方についての個人の選択に余分の影響を与えるようなものであってはならないという考え方」（(2)(c)）に逆行するような裁判官の介入へのフランス側の驚き，そして他方で，弱者の保護が必要とフランスで考

---

20) フルシロン・前掲注16) 106-107頁では，フランスにおいて，私生活に社会を代表して裁判官が介入することは，ある種の警戒心を持って見られ，保護を口実として裁判官が社会による家族を監督する装置とならないかという懸念が持たれていたとされている。「しかし，紛争の場合，つまり誰かしらが他の家族構成員に対する義務を果たさない場合，裁判官の介入は必要的なものとして課されていたように思われる。つまり，そこでは，裁判官は家族の外部から仲裁者となり……，最も弱い立場にある者の保護者となり，一定の『家族秩序（ordre familial）』を守る者となった」。

21) 前掲注15) 参照。

えられている場では，日本の裁判官はできるだけ介入しない態度を明らかにとっていることへの驚きが，日仏の実態としての違いを雄弁に物語っている。

このような比較の結果に対し，価値判断はどのようになされうるのか[22]。この点について，上に述べたように，制度比較における価値判断基準として，法とは何かという観点からみるならば，「国家は家族に介入するが，道徳が法の領域に入り込みすぎないよう謙抑的に規制する，しかし介入すべき権利義務については，確実に介入することによって，家族生活を守る」という法のあり方の把握そのものが，制度比較における価値判断基準，そして解釈の方向性を決定づけるために参照すべき枠組となりえよう。その観点からみたときの価値判断について，細かい線引きのしかたは措くとしても，答えは明らかであるように思われる。

そしてそこには，Ⅱ4（3）で確認した水野の著作に見られた，「道徳と法的規律の限界づけがよほど自覚的に行われないと」法的規律は無意味あるいは弊害の多いものとなるという認識，「実際にどのような家族生活を送るかという側面について民法は極力謙抑的でなければならない」という考え方（中川批判論文296頁），他方で，子の保護のための介入には積極的な解釈論を推し進めようとする方向性と通底する視点が見出される。裏を返せば，水野家族法学は母法から何をなぜ学ぶべきだと述べているのか，その答えがそこにある。

同研究集会からは，20年以上が経過した。フランス法はその間，同性婚の容認[23]，生殖補助医療における変化（単身女性にもこれを認める改正等）[24]，それのみならず，司法の介入しない離婚（divorce sans juge）の制度までが設定される[25]という大きな変化を経てきた。ここではまさに，法から非法への動き[26]，

---

22) この点について，原田の示した視点は興味深い。原田は本文で示したように，「日本人としては，そこまで家族法というのは詳しくなければならないのかという感じを持つ側面もなきにしもあらず」とも述べる。前述のように，日仏の比較において，その優劣が絶対的に決まっているものではない。原田は，日本の立法は必ずしも分析的で緻密な構成になっていないという批判を述べつつも，接点をどこに求めるかという問題もあるのかな，とバランスを考える視点を示している。重要なのは，本文で示すように，価値判断の枠組に則りながら，「自覚的に」「道徳と法的規律の限界づけ」の線引きを行うことであって，他国に盲目的に倣うことではもちろんない。
23) 2013年5月17日の法律第2013-404号。
24) 2021年8月2日の法律第2021-1017号。
25) 2016年11月18日の法律第2016-1547号および同法による改正後のフランス民法典229条。
26) フルシロン・前掲注16）105頁では，「脱裁判化（déjudiciarisation）」として，これが今日フラ

また，個人の選択による自由を付与する方向への動きを見て取ることができる。日本では，相続法，親子法，親権に関する改正を経て，嫡出子と非嫡出子の法定相続分の差違がなくなり，つい最近になって離婚後の最低限の法定養育費制度の制定にようやくたどり着くという変化があった。

しかし，上に見てきたような日仏の違いは解消されたであろうか。確かに，同研究集会におけるテーマに関していえば，フランスにおいて，弱者保護の観点から反対されながらも離婚の簡易化が部分的脱司法化にまで至ったという変化は，相当に大きい。それでも日本の離婚制度との違い，司法の介入の度合いや法制度の緻密さにおける違いのほうが，圧倒的に大きいことに変わりはない。同研究集会の記録を読んで，日仏の違いは過去のことだと考える日本の学者・実務家は，果たして存在するだろうか。

## Ⅳ　結びに代えて

本稿でなしえたのは，水野家族法学としてすでに示されていること，また，日仏の研究集会の記録として示されたことをかき集め，本稿の関心から再構成して示したものに過ぎない。その作業すら，非常に不十分なものにとどまっている。

とはいえ，水野家族法学において，急務であるとされ続けてきた諸課題は，どれほど果たされてきたであろうか。20年以上も前の日仏の研究集会で，フランスの実務家を唖然とさせたであろう日本の家族法および実務の当時のありようは，どれほど変わったであろうか。

そのことを考えると，質の悪いコピー編集に過ぎないとしても，本稿の冒頭で示した問いに対する答えの部分をかき集めただけの本稿も，多忙な現代の研究者・実務家にとっては手短な復習教材として役に立つことがあるかもしれない。水野家族法が示した課題は，今日の日本においても——残念なことであり，家族法研究にごく僅かながら従事してきた者にとって情けないことでもあるが——，ほとんど変わることなく重大な課題であり続けているようにしか，筆者には思われない。

---

　　ンス家族法における特筆すべき現象の1つであると位置づけられている。

# 中川善之助の家族法学に関する一考察

池田 悠太

　Ⅰ　は じ め に
　Ⅱ　中川の家族法学の概観
　Ⅲ　中川の家族法学への批判の検討
　Ⅳ　中川の家族法学の再検討
　Ⅴ　お わ り に


## Ⅰ　は じ め に

　中川善之助（1897-1975）[1]が，親族法及び相続法を対象に，財産法と対比される「身分法」の概念や，特殊な法律行為としての「身分行為」の概念によって構成される理論（以下「中川理論」という）を用いて家族法学を展開したことは，現在でもよく知られている。そして，中川の家族法学は，日本の家族法学において大きな影響力を持つとともに，日本の家族法学の特徴を示すものでもあった[2]。

　もっとも，現在の家族法学において中川の家族法学が占める地位は，微妙である。すなわち，一方で，中川の家族法学に対しては，後続世代によって断続的に批判が加えられており，批判され尽くした観さえある。1986年の時点で既に，「中川理論は，その歴史的役割を果たし終えた」と指摘されており，2011年の時点では，「身分法という言葉はほとんど死語に近くなったように思われる」とも言われ[3]，程度の差はあれ，中川の家族法学に対する批判は共有

---

[1] 生没年は家族法大系Ⅰ（中川善之助先生還暦記念）（有斐閣，1959）巻末及び現代家族法大系1（中川善之助先生追悼）（有斐閣，1980）はしがきによる。
[2] 水野紀子「比較法的にみた現在の日本民法——家族法」広中俊雄＝星野英一編・民法典の百年Ⅰ（有斐閣，1998）658-670頁参照。
[3] 平井宜雄「いわゆる『身分法』および『身分行為』の概念に関する一考察」同・民法学雑纂（有

されているようにも見える。しかし他方で，現在も「わが国の家族法の通説としての地位を占め続けている」[4]かどうかはともかく，中川の「身分法理論」は「総体においていまだに命脈を保って」いるという認識[5]もまた，現時点でも少なからず当てはまるように思われる。少なくとも，中川の『新訂親族法』[6]や『相続法』[7]が，現在でも学説において「古典的な見解（多くの場合に通説）としてしばしば参照される」[8]のみならず，たとえば，判例において示されている「実質的生活関係を重視する身分関係の本質」[9]といった理解は中川の家族法学が示す理解と共通するものであると言えるところ[10]，判例を前提とする以上，現在でも家族法学がこれを避けて通ることはできない。

このような状況認識のもと，本稿では，一方で中川の家族法学に対する批判の側から（Ⅲ），他方で中川の家族法学それ自体の側から（Ⅳ），中川の家族法学が現在において持つ意味を検討する[11]。たしかに，批判を経て中川の家族法学は「過去」のものになったようにも見えるが，そこには「現在」見るべきものはないのか。この問題は，中川の論旨のみならず家族法学のあり方を問うものでもあり，「家族法学」の「未来」を考えるうえで検討に値するものと思われる。本稿は，平井論文や水野論文に続くささやかな「一考察」たろうとするものであるが，「概念」（平井）や「理論」（水野）を手がかりとしつつも，より広く「法学」のあり方にも及びたい。もっとも，検討対象たる「中川善之助の家族法学」の意味を明確にするために，これらの検討に先立って，テクストの分布を概観する必要がある（Ⅱ）。

---

斐閣，2011）〔初出 1986〕306 頁（本文）・311 頁（追記）。
4) 水野紀子「中川理論——身分法学の体系と身分行為理論——に関する一考察」民法学と比較法学の諸相Ⅲ（山畠正男先生・五十嵐清先生・藪重夫先生古稀記念）（信山社，1998）279 頁。
5) 水野・前掲注4) 279 頁。
6) 中川善之助・新訂　親族法（青林書院新社，1965）。
7) 中川善之助＝泉久雄・相続法〔第4版〕（有斐閣，2000）。
8) 大村敦志・新基本民法7（有斐閣，2014）3 頁，同・新基本民法8（有斐閣，2017）3 頁。
9) 最判昭和47・7・25民集26巻6号1263頁。
10) 池田悠太「判批」別冊ジュリスト264号9頁（2023）参照。
11) このような状況がもたらす疑問は，水野・前掲注4) が提起した問題に他ならないが（同280頁），水野論文が直ちに中川理論自体の側の検討に向かうのに対して，本稿では，その水野論文によるものを含めて，中川理論批判の側の検討も行う。

## Ⅱ　中川の家族法学の概観

　一口に中川の家族法学と言っても，家族法について中川が残したテクストは数多い[12]。テクストの分布を概観して構造を分析する作業は，これまで必ずしも行われてこなかったが，議論の対象を明らかにするためにまず必要であると思われる。中川の家族法学のテクストは，以下の構造をなすものとして捉えることができよう。

　ここで検討できるのは主要な単著に限られるが，まず，教科書としては，『法学』(1966) や『民法入門』(1955) のほか，【1】親族法・相続法の双方を対象とする概説書として，[1]『略説身分法学』(1930，改訂版 1936)[13]・[2]『民法Ⅲ』(1933)・[3]『民法大要下巻』(1950，全訂版 1954，改訂版 1963，新版 1975) が，【2】親族法を対象とする概説書として，[4]『親族法』(1937)・[5]『日本親族法』(1942)・[6]『親族法』(初版上巻 1958・初版下巻 1958，初版合本 1959，新訂 1965) が[14]，【3】相続法を対象とする概説書として，[7]『相続法』(1925)・[8]『相続法』(1964，新版 1974) がある。これらの教科書が，実定法の解釈論として中核をなすとして，一方で，【4】より基礎的なものとしては，[9]『身分法の基礎理論』(1939)[15] と [10]『身分法の総則的課題』(1941)[16] がある。他方で，より応用的なものとしては，【5】親族法・相続法の双方を対象とする判例評釈集として [11]『親族相続判例総評』(第 1 巻 1935・第 2 巻 1937・第 3 巻 1940) が，【6】親族法・相続法の双方を対象とする論文集として [12]『家族法研究の諸問題』(1969) が，【7】相続法を対象とする論文集として [13]『相続法の諸問題』(1949) がある。そして，【8】その他にも論文や随筆があるほか，中川の編集にかかる注釈書，講座もの，演習書なども多数ある。

　しかるに，中川によれば，「身分法の理論的体系を組織立てるという仕事」を行ったものが [1][9] であり，「その地盤の上に建てらるべき解釈論の検

---

12) 主要著作目録として，法学セミナー臨時増刊 253 号 189-190 頁 (1976)，前掲注 1) 家族法大系Ⅰ巻末 5-19 頁がある。
13) 中川善之助・略説身分法学〔増補版〕(岩波書店，1930)。
14) このほか，谷口知平との共著『親族法』(1949) もあるが，中川の担当箇所は「新民法経過規定」に限られる。
15) 中川善之助・身分法の基礎理論 (河出書房，1939)。
16) 中川善之助・身分法の総則的課題 (岩波書店，1941)。

討」のうち，「原理的部分を取扱った」ものが［10］，「個々の適用問題を研究した」ものが［11］，最後に残った「解釈学的な教科書風の体系」のうち「中核部たる民法親族編の解説」が［4］［5］である（［5］「序」）。そして，［5］の延長線上に，［6］が位置付けられる（［6］「序」）。

この説明が示すように，中川の家族法学の中核をなすのは親族法学であると言えるところ，親族法の教科書である［4］［5］［6］はいずれも，「序論」と「本論」とから成るものであり，「序論」において，「身分関係」「身分法」「身分行為」「身分権」「日本親族法」が扱われ，「本論」において，戦前の［4］［5］では「親族」「家」「婚姻」「親子」「後見及び保佐」「親族会」「扶養義務」が，戦後の［6］では「親族」「婚姻」「親子」「後見及び保佐」「扶養義務」「氏」が，それぞれ扱われる。

このうち「序論」においては，いずれにおいても，「身分法及び身分関係」を副題とする［9］及び「身分権及び身分行為」を副題とする［10］が（［4］では初出論文が），「序論」の全体に関わる「別稿」として冒頭に掲げられている。そのため，上述の説明によれば［4］［5］［6］の基礎ないし源流にあるとされる［1］［9］［10］［11］のうち，とりわけ［9］［10］を，［4］［5］［6］と一体をなすものとして捉えることができる[17]。この［9］［10］は，［10］では「日本の現行民法といふメカニズムに於ける原理」を主題とするのに対して［9］では「そのメカニズムの更らに基礎をなす原理」を主題とするという違いがあるものの，いずれも「成法を超越してゐるのではな」く，「身分法の解釈適用を考へる」にあたって欠くことのできない作業を行うものとして「表裏一体」の「姉妹編」をなす，と捉えることができる（［10］「はしがき」）。ただし，［9］［10］と［4］［5］［6］との関係については，このあと見る通り，前者の内容が全て後者で要約されているわけではないことにも，注意を要する。

こうして，いずれにせよ［6］が中川の家族法学の集大成として位置付けることができるものであり，既に述べたようにその最終版である『新訂親族法』（1965）がしばしば参照の対象となることにも，理由がある。中川の家族法学

---

[17] ［11］は，体系化とは独立に解釈論を行うものとして位置付けられようが，［1］の位置付けは微妙であり，［5］の「序」は［5］［6］の基礎として［1］を位置付けるようであるが，［6］の「序」は［1］を［6］の前身と位置付けているようにも見える。

の基礎を形成したのは［9］［10］であると言うことができるので，その時点での概説書である［1］を加えて（もっとも，その時点においても，略説である［1］にいわば詳説である［4］をさらに加える余地があろう），［1］［9］［10］に中川の家族法学を代表させることも，たしかに考えられる[18]。しかし，現在から見れば，まず関心の対象となるのは［6］であり，それに加えて，［6］で明示的に参照されている［9］［10］が，［6］と一体をなしうるものとして，特に関心の対象となる[19]。

## III　中川の家族法学への批判の検討

以上の準備作業を踏まえて，まず，中川の家族法学に対して過去に加えられた主要な批判を取り上げて，そこにおいて何に対していかなる批判がなされており，いかなる問題が残っているのか，を検討する。ここでは，現在代表的と目されている総論的な批判であるところの[20]，鈴木禄弥（1）・平井宜雄（2）・水野紀子（3）による批判を，時系列に沿って取り上げる。

### 1　鈴木禄弥——身分法から親族法への限定

鈴木による中川批判としてよく知られるのは，『相続法講義』におけるそれである[21]。批判の内容は割愛せざるをえないが，批判の対象とされているのは，「相続法は，親族法と一体不可欠なものとされ，財産法と対立するものと，考えられている」ことと，相続法に「財産法とくに民法総則の諸原則は適用され

---

18) 水野・前掲注4）300頁注1参照。
19) 平井・前掲注3）298頁注8参照。
20) 平井・前掲注3）300-301頁，水野・前掲注4）280頁，大村敦志・家族法〔第3版〕（有斐閣，2010）142-145頁（「鈴木221頁」は，鈴木禄弥・相続法講義（有斐閣，1968）221頁の誤記だと思われる），前田陽一「日本家族法の特殊性と身分行為論」二宮周平編集代表・現代家族法講座　第1巻（日本評論社，2020）30頁・54-55頁。
21) 鈴木・前掲注20）221-224頁。注20）に掲げた文献はいずれも特にそれを取り上げる。ただし，鈴木禄弥・親族法講義（創文社，1988）54-57頁・275-278頁はそれぞれ身分行為・身分法について親族法との関係で論じており，梶村太市「中川家族法学の今日的意義」同・家族法学と家庭裁判所（日本加除出版，2008）〔初出2006〕8-9頁・15-16頁は特にそちらを取り上げる。そこで鈴木は，平井や水野と同様に身分行為概念の有用性を否定して個別的な考察の必要性を説くが，身分法の特殊性は留保を付しつつも承認している（鈴木・前掲注20）223頁も参照）。

ない」という考え方である。したがって，ここでの鈴木の指摘はあくまでも相続法の位置付けに関するものでしかなく，親族法に及ぶものではない。

## 2　平井宜雄——中川理論の換骨奪胎

　平井は，自らの論旨も鈴木「の論旨を敷衍するものにすぎない」と述べるが[22]，平井の論旨は，鈴木のそれに尽きるものではない。平井は，今や「身分行為」の概念は「『本質社会的意思』や『事実の先行性』等々の『中川哲学』」から切り離されて「純粋な法技術概念として」扱われており，「『身分行為』とは単に親族法上の効果を生じる法律行為と同義になった」のであり，そうである以上，「それは法技術的に見れば届出という形式を要求されるところの要式行為であるという点において共通性を有し，そしてその点においてのみ財産法上の法律行為と対比できる特色をもつことになる」，と指摘する[23]。

　しかしながら，身分行為の概念をもっぱら法技術的な観点から捉えるという前提を導いているのは，あくまでも，第一に，「いわゆる『身分行為における届出と意思』に関する判例の準則が，『身分行為』の概念から演繹的に結論を導いていない」ことであり，第二に，「『身分行為』の概念を採用する学説においても，判例の準則の動向を承認する動きが有力化しつつある」ことである[24]。第一点について，平井自身が示唆する通り，「これは判例理論すなわち実務の問題であるから，『身分行為』という理論の関知するところではないといえる」[25]のみならず，第二点についても，判例を前提にした後続の学説の問題であるから，中川理論の関知するところではない，と言えるのではなかろうか。平井の指摘は，あくまでも，後続の学説によって「いわば換骨奪胎され」[26]た中川理論に対するものでしかないと思われる[27]。もちろん，中川理論が換骨奪胎される必要があることを前提にするならば，間接的に中川理論に対する批判となるのであり，判例を前提にするならば，換骨奪胎の必要があると言えよう

---

22)　平井・前掲注3）301頁。
23)　平井・前掲注3）305頁。
24)　平井・前掲注3）304-305頁。
25)　平井・前掲注3）304-305頁。
26)　平井・前掲注3）305頁。
27)　さらには，そのような対象に対する批判としても，果たして「身分行為」という概念の含意は届出という形式を要求されるところの要式行為である点に解消されるのか，という疑問は残る。

が，中川理論が換骨奪胎されるべきことが積極的に基礎付けられているわけではない。

## 3　水野紀子

以上に見た鈴木と平井による批判と異なり，中川理論の後継学説ではなく中川理論自体を批判するものであるのみならず，中川理論の射程を限定するのではなく中川理論の論旨自体に反対するものであるのが，水野による批判である。

### (1) 超成法的性質について

そこで第一に批判の対象とされるのは，「身分法の『超成法的性質』とも表現される」ところの，「身分法の領域においては，法規よりも習俗や条理が優先的に支配するというテーゼ」である[28]。水野は，「解釈の基準から法規を放逐したときに，かわりに基準として現れるものは，実は，中川博士の『良識』ではなかったろうか」としたうえで，「体系的な構造や条文解釈による安定した裁判への配慮のなさ」が，「我妻博士のいう『あるいは一貫性のない人情論に堕し，あるいは近視眼的な当面の解決の〔池田注：水野論文の原文のまま〕満足することになり易い』危険をもたらすであろう」と批判する。

この「超成法的性質」にかかるテーゼは，身分法の解釈の方法に関するものとして取り上げられているところ，たしかに，水野が典拠とする『身分法の基礎理論』（[9]）においては，「成法として定ったものを超越する」という「超成法的性質」「の考慮を」「法規の解釈適用に当っても」「忘れないことが身分法に於て特に重要」なのだとされており，実際に，「判例の自由なる活躍」の例が挙げられている[29]。そして，「超成法的性質」と名付けることのできる性質は，『新訂親族法』（[6]）でも，「形成的身分行為の宣言的性質」との関係で示されている[30]。

しかしながら，まず，検討対象を『新訂親族法』に限るならば，そこで述べられているのは，「身分法が何等かの理想に基いて身分の形態をある型に決め

---

28) 水野・前掲注4) 286-290頁・291頁。
29) 中川・前掲注15) 156頁・157頁・170頁。
30) 中川・前掲注6) 25-26頁。

て見ても，人々は合理的に身分の形成をするのではなく，習俗に従って自生する身分を確認宣言して行くだけであるから，習俗に反する法定の型には容易に嵌まって来ない」ということでしかない。習俗と成文法との齟齬がある場合にそれをどう扱うかは述べられておらず，むしろ，あくまでも「身分の形態が法律によって定められ，個人の恣意的な形成を許さないということ」は，確かに認められている。「超成法的性質」は，解釈方法論としては示されていないのである。立法方法論としては示されているが，そのようなものとして「超成法的性質」を認めることは十分に可能であり，適切でもあると思われる[31]。

たしかに，水野のいう「超成法的性質」を，解釈方法論としても，解釈論の総体から帰納的に導く余地はあり，『新訂親族法』の「本論」においてそれを行う余地もあろう（後記Ⅳ2(3)参照）。しかし，少なくとも水野が「超成法的性質」のテーゼの問題性を示すものとして挙げる例は，水野も自覚している通り[32]，『新訂親族法』とは別のテクストであり，しかも随筆としての性質を持つと言えるところの，『赤いベレー』（【8】）から引かれたものである。

次に，『身分法の基礎理論』は，たしかに解釈方法論を含んでいる。しかし，一方で，「超成法的」とされる「身分法関係」は，実定法としての「成法」と区別される「社会関係」[33]として語られているものであり，単に「身分関係」[34]とも言われる。そのような「身分法関係」が成文法を超えて自生するという意味において「身分法の領域においては，法規よりも習俗や条理が優先的に支配する」ということを，法規の解釈において考慮する，ということは，成文法の文言から離れた柔軟な解釈を要請することはあろうが，「解釈の基準から法規[35]を放逐」するということを，必ずしも導くわけではない。実際に，中川の挙げる例は，解釈の限界も示唆している。

---

[31] 水野のいうように，たとえ解釈論における習俗の重視が日本的なのだとしても，少なくとも，立法論における家族法学の社会学的性質は，特殊日本的なものではなく，少なくともフランスでは広く語られている（v. Dominique FENOUILLET, *Droit de la famille*, 5$^e$ éd., Dalloz, 2022, n° 37 et s.)。もっとも，内縁のような事実状態を立法者が考慮に入れることをも法秩序の攪乱と見る見解もある（Laurent LEVENEUR, *Situations de fait et droit privé*, LGDJ, 1990, p. 308 et s.）。

[32] 水野・前掲注4）306頁注37。

[33] 中川・前掲注15）157頁。

[34] 中川・前掲注15）171頁。

[35] 法規は解釈の対象であると同時に基準であるとすると趣旨が判然としないが，「法規」は文言を意味すると解すべきであろうか。

他方で,「良識」による解釈は否定されるべきなのか,という問題もある。それに代えて水野が示唆するのは,体系的な構造を考慮することや,母法に遡って制度の趣旨を理解することである[36]。たしかに,「良識」のみによる解釈は不安定性を孕むものであり,これらの作業は,前提的な作業として有益であり,必要ですらあろう。しかし,それだけで解釈は完結しないとも言える。この問題は,法解釈一般に関わる問題として,利益考量論などを視野に入れた検討を要するものであり,少なくとも,現在において決着済みと言える問題ではない。

**(2) 事実主義について**

この第一点とも関連するが,第二に批判の対象とされるのは,「中川理論の重要なテーゼである『事実の先行性』という事実主義」である[37]。それを水野は,「婚姻法においても親子法においても家族法の規定を無力なものにするという結果をもたらした」と述べて批判する。具体的に言及されるのは,婚姻法については「事実上の離婚」理論と内縁準婚理論であり,親子法については実親子法に関する血縁主義である。

この「『事実の先行性』という事実主義」は,婚姻法における事実上の生活関係の重視と,実親子関係の成立における血縁の重視とを導くものとして取り上げられており,たしかに,『身分法の総則的課題』([10])において中川は,著名な「事実の先行」という語句を,「身分行為」によるものに限らず,「(基本的)身分権」「身分法関係」の変動全般について,語っている[38]。

しかしながら,まず,『新訂親族法』([6])に限って見ると,「事実の先行」という表現そのものは用いられなくなっている,ということには注意を要する。「身分権の変動の理論」なる項目は存在せず,「身分行為の無効取消」との関係でも,「事実の先行」はもはや語られない[39]。それに代えて語られるのは「形

---

36) 水野・前掲注4) 287頁。
37) 水野・前掲注4) 290-291頁。
38) 中川・前掲注16) 15頁(身分権変動の理論)・195-196頁(身分行為の無効)。「身分法関係」「身分権」「基本的身分権」の定義については同1-2頁・4頁・13頁参照。
39) 主に『(新訂)親族法』に拠って中川の論旨を要約する(平井・前掲注3) 298頁注8) 平井も,「事実の先行性」については『身分法の総則的課題』に拠っている(同295頁)。もっとも,各論の分析の結果,「事実の先行性」の考え方に基づくと考えられる解釈論が列挙されている(同296頁)。

成的身分行為の宣言的性質」であるが[40]，その射程は「形成的身分行為」をはじめとする「身分行為」にしか及ばない。もっとも，認知も「形成的身分行為」に含まれるのだとすると[41]，この相違を過大視すべきではなかろう。また，『新訂親族法』の「本論」に見られる個々の論旨を「事実主義」の現れとして捉えることができるのみならず[42]，『新訂親族法』の「序論」でも語られる「身分関係」の「ゲマインシャフト的」特質や「身分法」の「本質社会的」特質[43]を，「事実主義」を含むものとして解することもできる。

そのうえで，次に，「『事実の先行性』という事実主義」は否定されるべきなのか，という問題もある。というのは，事実主義が「家族法の規定を無力なものにする」という評価は，当然のものではないからである。少なくとも，実際に現在も水野のいう事実主義に基づくと解される判例があり，それを前提とした学説も少なくないのだとすると，決して決着済みの問題とは言えない。

### (3) 身分行為の共通性について

以上が水野によって「中川理論の問題点」として述べられていることであるが，このほかにも，「中川理論がなぜ衰えなかったか」の検討には，「身分行為概念の有用性は，主に婚姻・協議離婚・養子縁組・協議離縁という 4 種類の身分行為について生き残っている」ところ，「これらの身分行為について共通した解釈論をたてることは，その行為をまともに考察すれば不可能であることはあきらかであ」る，という批判が含まれている[44]。

平井の指摘する通り，中川以後の学説や判例は，これらについて個別に考察する傾向にあることは確かである。しかしながら，共通点を見出すことも，その共通点を有意と見ることもありうるのであって，少なくとも，「あきらかであ」るとは即断できないのではなかろうか。もちろん別の形においてではあるが，意思の内容に関するいわゆる形式的意思説や法律的定型説は，これらの行為に共通した解釈論の可能性を示しているとも言える。

---

40) 中川・前掲注 6) 28-29 頁。
41) 中川・前掲注 6) 22 頁。
42) 中川・前掲注 6) 330-348 頁・280-291 頁・362-363 頁など。
43) 中川・前掲注 6) 6-7 頁・14 頁。
44) 水野・前掲注 4) 283-284 頁。

## Ⅳ　中川の家族法学の再検討

　以上の通り，中川の家族法学に対しては，既にさまざまな観点から問題が提起され，検討が加えられてきたと言える。もっとも，検討の対象とされた部分についてなお検討の余地があるのみならず，検討の対象とされずに残された部分も多い。特に，『新訂親族法』（［6］）は，必ずしも検討の対象とされていないのである。鈴木による批判は相続法に関するものであり，平井による批判は後続学説に対するものであった。水野による批判は中川の親族法学に対してなされたものではあるが，一方で，検討は必ずしも『新訂親族法』を対象に捉えたものではなく，他方で，『新訂親族法』には検討の対象とされていない部分も多く残っている。本稿の限られた紙幅で十全に論じることはできないが，まず，「序論」において示される中川理論について（1），次いでそれに限らず中川の家族法学について（2），問題の所在を示したい。

### 1　中川理論が提起する問題

　過去の家族法学において中川の家族法学が全体として批判の対象とされるときに，特に批判の対象とされてきたのは，［6］の「序論」において，あるいはそれと一体をなすと見うる［9］［10］において，示された中川理論である。もっとも，批判は中川理論の論拠ないし出発点に遡ってなされるわけではなく，その帰結ないし到着点が直接的に批判されてきたように見受けられる。たしかに，到着点に対する批判は，背理法的に，出発点に対する批判にもなりうるが，出発点自体も，検討に値するように思われる。

　議論の出発点をなすのは，人間生活には「経済生活」すなわち「財貨の生産・再生産のための活動」と「保族生活」すなわち「生殖・哺育のための活動」という2つの側面があるという図式[45]である。そして，保族生活関係が「身分関係」，保族生活の構成員であるという法的地位が「身分」と呼ばれるのだとされ[46]，身分関係を規律する法が「身分法」なのだとされ[47]，身分関係上

---

45) 中川・前掲注6) 3-4頁。
46) 中川・前掲注6) 4頁。
47) 中川・前掲注6) 14頁。

の法律的地位が「身分権」なのだとされる[48]。身分と身分権との区別は曖昧であるが，根幹的身分権が身分，そこから派生したより具体的な権限又はその集合が身分権とされる[49]。

このような前提のもとで，まず，「身分関係の特質」として，それが「ゲマインシャフト的」なものであり，「人が有機体として本質上必然的に結び合わされた全人格的な，従って自己目的的な関係」であり，「人間性情の本質的結合」であるということが述べられる[50]。具体的には，計算的でなく愛著的・超打算的・非計算的であり，形成的ではなく自生的であり，意思的ではなく感情的・性情的・習性的であるとされる。

しかるに，以上の論旨は，先に見た批判において，それ自体として検討の対象とはされていない。沈黙は否定を意味するとも考えられるのであり，たしかに，財産関係と身分関係との対比としては，相対的ないし量的な対比でしかないとも考えられる。しかし，あるいは家族法の規律対象の性質を考えるうえであれ，あるいは財産関係と身分関係との区別とは独立にであれ（たとえば，財産関係についても，中川が念頭に置く典型は売買であるが，売買にもさまざまなものがあるだけでなく，雇用はどうか，組合はどうか，といった問題がある），上記の2つの理念型の区別は，民法の規律対象の性質を考えるための手がかりとして有益であり，なお総合的な検討の余地が残されているように思われる[51]。

次に，「身分法」には，「習俗と性情に従って集結する不自由集合人の法」であるという「本質社会的特質」と，「統一ある組織体の一体的規律」であり「統体を構成する肢体的非独立人の統制規律」であるという「統体法的特質」との2つの「特質」があるとされる[52]。ただし，「身分法の特質」とされるこれらの性質は，法の性質というよりも法が規律する対象の性質であって，「身分関係の特質」と言うべきものである。実際に，身分法の特質とされる「本質

---

48) 中川・前掲注6) 38頁。
49) 中川・前掲注6) 38頁。
50) 中川・前掲注6) 6-8頁。
51) 「取引民法」と「生活民法」とを区別する構想（大村敦志「研究対象の多様性」同・法典・教育・民法学（有斐閣，1999）〔初出1997〕286-287頁）に通じるものがある。
52) 中川・前掲注6) 14-15頁。両者の関係は必ずしも明示されていないが，「本質社会結合は，自然の愛情に基づいて，結合自体の中に目的を蔵しているのであるから，結合と支配とは表裏をなしている」という一節（同39頁）がある。なお，中川・前掲注15) 37-38頁も参照。

社会的特質」と，身分関係の特質とされる「ゲマインシャフト的特質」とは，内容において一致する。このように中川の家族法学において法とその規律対象との区別が明確でないということは，法が集団に内在するという法の捉え方を示唆するものとして，それ自体として注目に値する。

　規律対象である身分関係の特質と区別された，狭い意味での身分法の特質としては，「統体法は常に統体の安定を目的とする」ということが示されていると言える[53]。このような内容を含む「統体法的性質」からは，未成年者の婚姻についての父母の同意に関する規定の存在（①）が説明されるとともに，身分法の効果が定型的・一括的であり大部分が強行法であるということ（②）が導かれる[54]。客観法としての身分法の性質は主観的には身分権の性質に反映することになるのであり，まず，身分権の「支配権的本質」も，統体の概念から説明されており，親による子の監護養育や夫婦の協力扶助（③）が例に挙げられている[55]。また，身分権に「義務性」があることと権利濫用の理論が当てはまることも，統体法の概念から導かれており，親権や夫婦の同居義務（④）が例に挙げられている[56]。

　しかるに，この部分もほとんど論じられていない。しかし，①の問題は2018年改正によって消滅したとはいえ，②③④は現在でも当てはまる。これらは，婚姻は制度か契約か，親権の性質，といった形で論じられてきた問題に重なるが，中川理論は，契約法や団体法，物権法も視野に入れて検討する可能性を潜在的に示唆している。統体法という概念は『身分法の基礎理論』に由来するものであり，田中耕太郎による組織法と行為法との区別とも共鳴するものであるが[57]，どのように外延を画し，どのように表現するかはともかく，組織の存続のための法があることは確かであり，必ずしも婚姻や家族に限ることなく，組織という観点から，その特徴について検討する余地はなお残されているように思われる。

---

53) 中川・前掲注6) 15-16頁。
54) 中川・前掲注6) 16-17頁。
55) 中川・前掲注6) 38-39頁。
56) 中川・前掲注6) 17頁・40-41頁。
57) 中川・前掲注15) 20-29頁。田中耕太郎「組織法としての商法と行為法としての商法」法学協会雑誌43巻7号（1925）が引用されている。

## 2 中川の家族法学が提起する問題

以上のように，中川理論にはその出発点において検討に値する問題がなお多く残されていると考えられるのに加えて，中川の家族法学は，中川理論に尽きるものではない。ここでは，方法の観点から問題の所在を示したい。

### (1) 中川の家族法学における法学と社会学

まず，既に多くの指摘がある通り，中川理論は，特に身分関係の本質社会的特質を説く点において，テンニースの社会学に依拠したものである[58]。したがって，中川の家族法学には，社会学に基づいて基礎理論を構築し，そこから立法論や解釈論を導く，という作業が含まれていると言える。

もっとも，一方で，基礎に据えられる社会学の成果は，実証的というよりも理論的に，現実そのものというよりも理念型として，用いられていると言うべきであろう。他方で，そうして構築された中川理論の性質にも，以下の通り，検討の余地がある。

来栖三郎は，『新訂親族法』（[6]）の前身たる『日本親族法』（[5]）についてではあるが，「この序論は本論に入って個々の問題の解釈に際し常に適用され，各章ときに各節の初にある巧みな歴史的叙述と相俟って，整然たる親族法の解釈学的な教科書風の体系を成している」と述べており[59]，たしかに，解釈論を導くという「法技術的意味」[60]を持つ理論として中川理論を見る余地はある。『新訂親族法』の「序論」において，「身分法」の「本質社会的特質」から導かれるのは，主として，「直接に身分の創設・廃止・変更に向けられた法律行為」[61]であるところの「形成的身分行為」の「宣言的性質」であり[62]，そこから，一方では，「形成的身分行為」及びその「附随的身分行為」にあっては行為能力が意思能力に一致すること（⑤）が導かれるとともに[63]，「形成的身分行為は……いつも定型行為……である」こと（⑥）が導かれる[64]。他方で，

---

58) 中川・前掲注6) 10頁注2など。
59) 来栖三郎「中川善之助『日本親族法』〔紹介〕」同・来栖三郎著作集Ⅲ（信山社，2004）〔初出 1943〕141頁。
60) 平井・前掲注3) 304頁など。
61) 中川・前掲注6) 22頁。
62) 中川・前掲注6) 23-24頁。
63) 中川・前掲注6) 24-25頁・27-28頁。

「財産的身分行為」を除く「純粋な身分行為」にあっては「財産法的の無効取消の理論がそのままに適用せられてはならない」こと（⑦）が導かれ[65]。この身分行為の無効及び取消しの特殊性から、「わが民法総則の無効取消の規定は、殆どその大部分が身分法には適用すべからざるものである」こと（⑧）が導かれる[66]。

しかし、⑥は否定し難いのみならず、⑤⑦⑧に関しては、解釈の余地もあるとはいえ、民法典に特別法として明文の規定が多く存在する問題である。このように、「序論」において導かれる具体的な帰結が限定的であるのみならず、「本論」において「序論」の内容に言及されることはほとんどない。たとえば婚姻意思に関する実質的意思説にせよ内縁にせよ、たとえ内容的に「序論」から導かれうる解釈論であっても、「序論」への言及や、「序論」で示された概念への言及は、なされない[67]。無効な身分行為の追認可能性という問題は、『身分法の総則的課題』（［10］）においては、中川理論の主要な適用場面であったにもかかわらず、『新訂親族法』（［6］）においては、「序論」においても「本論」においても、中川理論は現れない[68]。

そうすると、中川理論を、あくまでも「序論」であって総論ではなく、法あるいは社会の概観を与えるものとして捉える、ということが考えられる。「身分法には財産法と異なる特徴が相対的にある」という指摘であっても、それは、必ずしも「ごく当たり前の」ことではなく、「正当」かつ有益な指摘たりうる[69]。一般に、現在の教科書において、概観は希薄になっており、そのぶん正確になっているとも言えるが、全体の概括的な見通しを得ることは容易でない。「法技術的」でない「理論」の存在意義という問題は、一般に学説や教科書の役割に関する問題として、検討に値するであろう。

---

64) 中川・前掲注6) 25-26 頁。⑥は②に重なるが、ここでは別の基礎付けがなされていると言えよう。
65) 中川・前掲注6) 28-31 頁。
66) 中川・前掲注6) 33-36 頁。あくまでも「無効取消の規定」に関する命題であることには注意を要する。民法総則といっても、たとえば、代理の規定は積極的な適用が説かれている（同 518-520 頁など）。民法典を大きく財産法と身分法とに区別して、第1編は財産法でしかないとする、というような粗雑な議論ではない。
67) 中川・前掲注6) 160-161 頁・330-348 頁。
68) 中川・前掲注6) 441 頁参照。
69) 水野・前掲注4) 282-283 頁参照。

## (2) 中川の家族法学における実定法と比較法

テンニースの社会理論やそれに依拠する中川理論に代えて,『新訂親族法』の「本論」において目立つのが, 過去や外国の法に関する記述であり, 時にそれらが現在の日本の法との比較に供され, 論拠あるいは補強材料とされる[70]。そのような記述として, 親子法の指導理念の変遷に関する記述がよく知られているが[71], それに限らない。

もっとも, 常に歴史や外国法が援用されるわけではない。そして, 比較法に基づく立法論や解釈論には, とりわけ進化論的なそれには, たしかに方法論的な疑問の余地がある。しかし, たとえ立法論や解釈論に直結しないのだとしても, 各部分の冒頭においてなされる「概説」は, 読者が, 現在の日本の実定法を大きな文脈の中に位置付けることや, 一般に法の理解を深めることを, 可能にしていると思われる。このような記述は, 現在の教科書から姿を消しつつある。歴史や外国法の認識は常に批判され更新される必要があるのはもちろんであるが, このような営みは, 現在においても, あるいは現在においてこそ, 意義があるように思われる。

## (3) 中川の家族法学における事実認識と価値判断

このように, 解釈論において, 社会学に基づく中川理論や比較法が必ずしも論拠となるわけではなく, むしろそのような場面は少ない。解釈論を基礎づけているのは, 水野の表現によれば「良識」に照らした, 価値判断であり,「私は……思う」とだけ述べられることさえ多く見られる。

翻って, 現在の教科書では, 判例や学説の状況が描写されるにとどまり, 客観性を増す反面, 著者自身の解釈論が示されないことが多いように思われる。しかし, 学説が解釈論を担い, 解釈論は最終的には価値判断なくしてありえないのだとすれば, 価値判断を示すことはむしろ必要なことである。もちろん別様の価値判断はありうるが, 一つの価値判断を示し議論を喚起するものとして,

---

70) 過去や外国に存在する法を認識し現在に存在する法と比較することを広い意味での「比較法」と呼ぶことができよう。池田悠太「事実的基礎としての意思とその法的構成(10・完)」法学協会雑誌 138 巻 7 号 1303 頁 (2021) にいう「比較法」もこれと同義である。
71) 中川・前掲注 6) 351-353 頁・371-377 頁・408-411 頁・433-434 頁・454-458 頁・472 頁・496-497 頁・504 頁・511-513 頁・519-520 頁・532-533 頁・535-536 頁参照。

中川の家族法学は現在もなお意義を持ち続けていると言えよう。

## V　おわりに

以上の通り，中川の家族法学におけるテクストの広がり（Ⅱ）のなかで，中核をなすと思われる『新訂親族法』は，過去の家族法学において，必ずしも総合的な批判の対象とはされてこなかった（Ⅲ）。このことが，一方で，序論で見た，現在の家族法学において中川の家族法学が占める微妙な地位（Ⅰ）を説明するように思われる。他方で，このことは，中川の家族法学において，現在も検討に値する問題が残されていることをも意味する（Ⅳ）。批判を経てもなお検討の余地のある問題（Ⅲ）とあわせて，未来の家族法学に，そしてより広く法学に，残された課題である。

＊本研究はJSPS科研費JP22K01247・野村財団・末延財団の助成を受けたものである。

# ギュスタヴ＝エミールの親子関係
## ——親子と身分証書・戸籍

大　村　敦　志

　は じ め に
　Ⅰ　フランスのギュスタヴ＝エミール——事実に即して
　Ⅱ　日本のギュスタヴ＝エミール——妄想の中で
　おわりに——現行779条をめぐって


## は じ め に

　2023年はボワソナード（Gustave-Emile Boissonade de Fontarabie, 1825-1910）の来日150周年の年にあたる[1]。旧民法の財産法部分（財産編・債権担保編・証拠編と財産取得編第1章〜第12章）が彼の起草によるものであることは広く知られているが，家族法部分（人事編・財取得編編第13章〜第15章）もまた彼と全く無関係ではなく，その意向が影響を及ぼしていると推測されてきた[2]。

　旧民法の家族法と明治民法や現行民法の家族法の異同については，制度ごとに精査を要するが，一見しただけで大きく異なることがわかる点も少なくない。編成原理（前者は「人事編」，後者は「親族編」）の違いは，冒頭に，「私権ノ享有及ヒ行使」（第1章），「国民分限」（第2章）という順で個人に関する規定を置くのか，「総則」（第1章）という形で親族一般に関する規定を置くのか，あるいはまた，「戸主及ヒ家族」に関する規定をどこに置くか（前者では禁治産の後の第13章，後者では総則に続く第2章）といった相違をもたらしている。

---

1) ボワソナードについて概観を与える最近の業績として，池田眞朗・ボワソナード——「日本近代法の父」の殉教（山川出版社，2022）がある。
2) 明治文化資料叢書刊行会編・明治文化資料叢書第3巻法律編上（風間書房，1959）所収の「民法草案人事編理由書」に付された「解題」（石井良助）には，「民法編纂局において，ボワソナードは人事編および獲得編の起草こそ行わなかったが，日本人委員の起草した草案は，ボワソナードと討議し，協定した上で，ボワソナードが成稿となす定めだったのである」との指摘がなされている。

もうひとつ，旧民法の家族法の末尾には「身分ニ関スル証書」と題した章が配置されているのに対して，明治民法・現行民法では身分証書に関する規定は廃止され，代わりに戸籍制度に大きな役割が付与されるに至っているという点もまた，編別のレベルで見出される重要な違いであろう。

　本稿は，ボワソナードその人の親子関係に着目することにより，この身分証書から戸籍へという変化が親子法にどのような影響を及ぼしているのかという問題について，ささやかな検討を加え，そのことを通じて，親子法の構造を把握する上で留意すべき一，二の視点を抽出することを試みるものである[3]。具体的には，まず，来日前に，ギュスタヴ＝エミールにつき適用された（当時のフランスの）親子法の内容を明らかにする（Ⅰ）。そこでは，ギュスタヴ＝エミールは主として「子」として現れることになる。続いて，来日後のギュスタヴ＝エミールに適用された（されえた）親子法の内容を取り上げる（Ⅱ）。この場面では，「親」として現れるギュスタヴ＝エミールにはフランス法が適用されるものの，その子に関しては日本法が適用されるため，（当時の日本の）親子法が問題になる[4]。

---

[3] こうした観点は，初期の一連の論文（「親子関係不存在確認訴訟の生成と戸籍訂正（1-2）」名大法政論集134号，136号〔1990-91〕，「フランスにおける親子関係の決定と民事身分の保護（1-3）」民商104巻1号，3号，105巻1号〔1991〕）以来，水野紀子教授の大きな関心事の一つであり続けたと言えるだろう（そこから導かれる提言をまとめたものとして，「戸籍制度」ジュリ1000号〔1992〕，「嫡出推定・否認制度の将来」ジュリ1059号〔1995〕があるが，本稿はこれらではなく，むしろ前記の2論文と密接に関連する）。また，同教授の立論においてはしばしば，母法としてのフランス法の特色が指摘され，その理解の必要性が強調されている。こうしてみると，同教授の古稀にあたり，ボワソナードを舞台廻しとして，身分証書から戸籍への変遷を取り上げるというのは，アプローチの視点は必ずしも同一ではないものの，一つの祝意の示し方になりうるのではないか。そう考えて小文を草した次第である。

　なお，本文で述べた「一，二の視点」と対応する水野教授の論文の一節を予め掲げておこう（いずれも水野・前掲〔名大法政論集134号〕からの引用。括弧内は頁数）。①「フランス法では，自然血縁上の親子関係は法律上の親子関係の基礎になるものではあっても，法的なたてまえにおいては，あくまでも親子関係とは法律上の親子関係であり，民法が定める実親子関係の要件によって決定されるものである。このような親子関係のたてまえがフランスに形成されるにあたっては，親子関係の効果の制限のみならず親子関係の成立すら制限されるという，非嫡出子の低い法的地位の歴史が影響しているかもしれない」（46頁），②「民法の親子関係に関する規定の立法過程で，当初存在した身分証書に関する規定はほとんど削除されていったため，フランス法のように戸籍が直接的に親子関係決定における法定証拠となる規定が民法に残ることにはならなかった」（47頁）。①と②とは密接に関係するが，本稿のⅠは主として①を，Ⅱは主として②を念頭に置いている。

[4] 旧法例（明治23年・1890年）3条は「人ノ身分及ヒ能力ハ其本國法ニ從フ／親屬ノ關係及ヒ其關

## I フランスのギュスタヴ＝エミール——事実に即して

### 1 認知前の親子
#### (1) 現実の推移

(a) 今世紀になってから刊行された『フランス法律家歴史事典』[5]のギュスタヴ＝エミールに関する項目の冒頭には，「彼は，母がジャン＝フランソワ・ボワソナード＝ドゥ＝フォンタラビーと後に結婚することによって準正されるまでの 31 年の間，母の氏ブートリー Boutry を称していた」という文章が置かれている[6]。より古く日本語では，大久保泰甫『日本近代法の父ボワソナアド』[7] において，「私生子ギュスタアヴ・ブウトリイ」という節が設けられ，次のような詳しい説明が与えられている（下線は原文では傍点）。

「1825（文政 8）年 6 月 7 日夜 9 時，パリの東の郊外にある古都ヴァンセンヌ市テリエ街（現在レイモン・デュ・タンプル街）1 番地で，一人の男児が生まれた。その子は将来，パリ大学法学部教授となり，そればかりか，遥かなる国の法律顧問として招かれ，凡人が夢想もしないような波乱万丈の生涯を送ることになる。このような数奇な星の下に一生を送るべき運命の子にふさわしく，かれはスタアトから，両親の揃った普通の子としてではなく，私生子としてうぶ声をあげた。現在ヴァンセンヌ市役所に保存されている戸籍台帳〔出生証書台帳を指しており，日本の戸籍とは異なる―大村注〕には，次のように記載されている。

1825 年 6 月 8 日午前 11 時。ギュスタアヴ＝エミイルの出生証書。性別，男。昨日午後 9 時，その母の住所で出生。母マリイ＝ロオズ＝アンジェリク・ブウトリイの息子。彼女は金利生活者，41 歳，法律上の住所は，パリ市パラディ街 12 番地，事実上の住所は，ヴァンセンヌ市テリエ街 1 番地。父の名は申告されず，子供の性別を確認した後，余，当市長は……この証書

---

係ヨリ生スル権利義務ニ付テモ亦同シ」と定めていた。それ以前に明文の規定はなかったが，日本の裁判所で処理すべき紛争が生じた場合には，当時のフランス民法（3 条。現在と同じ）に従い，本国法主義によっていたものと推察される。

5) Araveyre (P.), Harpelin (J.-L.) et Krynen (J.) (dir.), *Dictionnaire historique des jurists français. XIIe-XXe siècle*, PUF, 2007.
6) *Supra* note 5, (écrit par N. Hakim), p. 100.
7) 大久保泰甫・日本近代法の父ボワソナアド（岩波書店，1977）。

を作成した。〔後略〕

　かれは，のちに日本で『ボワソナアド博士』という名で広く知られるが，ボワソナアドは父の姓であり，はじめのうちは私生子としてギュスタアヴ＝エミイル・ブウトリイ（Gustave Emile Boutry）という母方の姓を名のっていたのであった。／ギュスタアヴが，父母の正式の婚姻によって認知・準正（嫡出子とすること）されて嫡出子になり，ギュスタアヴ・ボワソナアドと称するのは，1856年，かれが31歳の時である。父母が何故初めから正式の結婚をしなかったのか，その理由は今のところよく分からない」[8]。

　このように述べた上で大久保は，「何よりも際立った事実は，父と母の出身階層の非常な違いである。父は貴族，母は肉体労働を職業とする家庭の生まれ，父が最高級の知識人なら，母は初等教育も満足に受けたかどうかも分からぬ境遇にあって育った」ことを指摘した上で，「このような高名なギリシャ学者〔ギュスタヴ＝エミールの父は，今日でもパリの街路にその名が残る高名なギリシャ学者であった－大村注〕と，貧しい庶民の娘であるギュスタアヴの母とは，一体どこでどのように出会ったのであろうか。残念ながら，史料はそれについて何も語ってくれない。ありきたりの想像力は，マリイ＝ロオズは，ギリシャ文学者の家に小間使いまたは女中として奉公したのではなかろうかと推測する」としている[9]。

　(b)　興味深いのは，これに続く次の部分である。「そしてこの頃には，すでにギュスタアヴの母と同居していたのは間違いない。というのは，この二人の間には，ギュスタアヴが生まれるより3年前の1822年に，すでにポオル＝フランソワ＝アンジュという男の子が生まれており，ギュスタアヴは2人目の子どもだったからである。〔その後の調査で，ギュスタアヴには，二人の兄がいることが判明した[10]－大村注。〕／したがって，ギュスタアヴは私生子として誕生したが，実際上は――少なくともある段階からは――父の家で成長し教育されていったと考えられる。かれが，いわば父の後を継いで学者となったこと，しかもラテン語にきわめて堪能でロオマ法の深い知識をもっていたばかりではなく，

---

8）大久保・前掲注7) 8-9頁。
9）大久保・前掲注7) 9頁，12頁。
10）この点は，大久保泰甫「ボワソナードに関する若干の新資料」東西法文化の比較と交流（野田良之先生古稀記念）（有斐閣，1983) 209頁で新資料に基づく訂正がなされている。

ギリシャ語，インド法，ヘブライ法などにまで関心をもち研究をした背後には，父の教育と影響とが存在したといわなければならない」[11]。

ギュスタヴ＝エミールの博士論文『夫婦間の贈与の歴史，およびナポレオン法典における同制度にかんする試論』は 1852 年に提出されているが，上記の経緯からして当然であるものの，そこには著者の名は「ボワソナード」ではなく「ブートリー」と記されている。なお，この博士論文につき大久保は，「ギュスタヴは，この博士論文を実父である『J・F・ボワソナアド氏に』捧げており，そこに子と父のあいだの心と血のつながりを見ることができる」としている[12]。その少し後，「1856 年 7 月 22 日，81 歳の学士院会員と，72 歳の永年連れ添った内縁の妻とは，パッシイの役所に出頭し，お互いに結婚の意思表示をすると同時に，二人の間にできた二人の息子を法的に認知し，準正した[13]。この日から，氏名は，法的にギュスタヴ・ボワソナアドに変わったのであった。それから 1 年後の 9 月に，父ジャン＝フランソワはこの世を去った。さらに 1 年後には，母マリイ＝ロオズ＝アンジェリクが天に召された」[14]。この経緯を大久保は，「自分の死を予期したかれ〔ジャン＝フランソワ―大村注〕は，今まで――いかなる理由によるにしても――法的に冷遇して来た自分の家族に，晴れてその所を得させる決心をした」[15]と説明している。

(2) 可能性の探究

(a) 大久保の名著の読者にはよく知られている事実を，長い引用によって示したのには理由がある。ここに述べられた親子関係は，次のように整理されるのではないかと考えるからである。

重要なのは次の諸事実である。①ギュスタヴ＝エミールの父と母とは長年にわたり内縁関係にあった。②ギュスタヴ＝エミールが 31 歳に達するまで，父は，子を認知することなく，しかし同居して養育していた。③父は死を目前に

---

11) 大久保・前掲注 7) 13 頁。
12) 大久保・前掲注 7) 15-16 頁。
13) それ以前（1849 年）から，父は遺言書を作成し，遺産を 3 人の子どもたちに包括遺贈していたという（大久保・前掲注 10) 209 頁）。
14) 大久保・前掲注 7) 18-19 頁。
15) 大久保・前掲注 7) 18 頁。

控え，ギュスタヴ＝エミールの母と結婚し，子たるギュスタヴ・エミールに嫡出子の身分を付与した。

　大久保も強調するように，そこには確かに，父と母とが作る平穏な家庭と，父母によって育てられた知的な息子の姿がある。しかし，父はその息子を認知すらしていない。内縁の妻と未認知の子との家庭が平和裡に営まれた後に，死を前にして，子の法的地位は母のそれとともに「準正 légitimer」（正統化）されているのである[16]。

　ここでは，平穏な「自然家族 famille naturelle」から，準正による「正統家族 famille légitime」――「法定家族 famille civile」と呼ぶこともできる――への転換という事態が生じている。これは民法典が想定していた事態ではある。だからこそ，「準正 légitimation」という制度が用意されていたのであった。注意したいのは「自然家族」の存在感，あるいは恒常性である。（望ましくない）「自然家族」を（望ましい）「正統家族」へと転換させるために，「準正」が用意されていると説明するだけでは，この恒常性，換言すれば，自然家族と正統家族／法定家族の構造的二層性に注目することが難しくなってしまう。

　(b)　なお，あわせて注意すべきなのは，（婚姻なき）「認知」による「自然家族」のもうひとつのヴァージョンである。すなわち，（法的効果を伴わない）純・事実上の「自然家族 α」のほかに，（民法が一定の効果を与えた）認知による父子関係を基軸とする半・事実上／半・法律上の「自然家族 β」（民法の世界に組み込まれたという意味では「法定家族 β」でもある）があるということである。しかし，ギュスタヴ＝エミールの父は，この選択肢をとらず，あえて「自然家族 α」の状態にとどまり，そして，あるとき「法定家族 α」へと転じたのである。繰り返しになるが，ここでは「自然家族」と「法定家族」とは異なる層に併存しており，前者から後者への飛躍がなされているのである。

　ここで念のため，当時ありえた「自然家族 β」の内実，すなわち，当時の認知による父子関係の効果についても触れておく。まず，認知は可能であるが，

---

[16] フランス民法331条（当時）は，乱倫子 enfant incestueux，姦生子 enfant adulterin（いずれも現在は廃止された用語）を除き，婚姻による準正を認めていた。また，同333条（当時）は，準正がなされると，嫡出子と同じ権利を持つと定めていた。なお，これらの規定を含む準正に関する規定は，民法典第7章父子関係 De la paternité et de la filiation の第3節自然子 Des enfants naturels の第1節に置かれており，認知に関する規定は，これに続き第2節に置かれていた。

当時は強制認知は認められていなかった[17]。次に，効果であるが，自然子は嫡出子と同様の権利を持たないとされ，その権利については相続に関する特則に委ねられていた[18]。具体的には，自然子は相続人でないが，認知されたときのみ父母の財産に対する権利を持つとされた上で（ここでは，自然家族αと自然家族β〔＝法定家族β〕とが明確に区別されている），その他の相続人の地位に応じて相続分が定められていた（たとえば，他に卑属がいる場合には3分の1となる。ただし，他に相続人がなければすべての財産を相続する）[19]。なお，父権 puissance paternelle については，一定の規定は自然親子関係についても準用されていたが，子の財産の収益権・管理権に関する規定は準用されていなかった[20]。

## 2 親子と身分証書

ギュスタヴ＝エミールの準正は，どのような手続に従ってなされたのだろうか。当時のフランス民法には，①認知が先になされ続いて婚姻がなされるというタイプの準正と，②婚姻が先行するタイプの準正とがあった。二種の準正があるという点では日本と変わらないが，やや異なる点もある[21]。まず，①には，出生証書において認知がなされる場合と後に公署証書によって認知がなされる場合とがあった。次に，②は，婚姻と同時に，婚姻証書において認知がなされるべきものとされていた。いずれの場合にも証書による点は共通である。ギュ

---

[17] フランス民法334条（当時）は，認知を認めていた。ただし，同335条は乱倫子・姦生子を除いていた。また，同340条は，父の探索は許さずと定め，強制認知を禁じていた（この規定は1912年に改正される）。
[18] フランス民法338条（当時）。ここでいう特則は，フランス民法756条（当時）以下を指すが，これらの規定は「不正規相続 successions irrégulières」という節題の下にまとめられていた。
[19] フランス民法756条〜758条（当時）。なお，1896年改正によって，認知された自然子は相続人としての資格を持つとされた上で，その相続分（卑属とともに相続する場合）は3分の1から2分の1に引き上げられている。
[20] フランス民法383条（当時）は，376条〜379条を準用していたが，法定収益権に関する384条以下は準用の対象外であり，反対解釈により準用されないと解されていた（Planiol, *Traité élémentaire de droit civil*, tome 1, 5e éd., 1908, nos. 1648-49, 1689）。この点は1907年改正によって改められている。なお，扶養に関しては，当時は，（親族扶養については）認知されていない場合も含めて議論されているほか，（監護費用については）子に財産がある場合とない場合とに分けた議論がされており，今日の観点からも興味深い（Planiol, *op. cit.*, no. 664, no. 1701）。日本法につき，この点を論ずるものとして，池田悠太「親権者による未成年の子の養育の費用に関する民法典の諸規定について」東北ローレビュー10号（2022）がある。
[21] フランス民法331条・334条（当時）。

スタヴ＝エミールの場合には，②の形で，すなわち婚姻証書において認知がなされたものと思われる。

このように，自然親子関係（β）においては，証書の存在は決定的な意味を持つ。この点は，嫡出親子関係についても同様である。当時のフランス民法は，嫡出親子関係は出生証書によって証明されるとしていた[22]。いずれの場合にも，証書がなければ親子関係は確立されない。もっとも，証書なき自然親子関係（α）に全く意味がなかったわけではない。当時のフランス民法には，姦生子・乱倫子には，相続財産に対して単純な自然子が持つ権利が認められず，扶養料だけが与えられると定めていたが[23]，姦生子・乱倫子の認知は認められていなかったので，これは（単純自然子も含めて）扶養料 aliments は認知なしでも認められることを意味していたと解されよう[24]。もっともここでは，父が任意に支払うことが前提になっていると思われる。任意の支払がない場合には，認知の訴えが認められていなかったことからすると，請求の手段がないことになりそうである[25]。以上の効果もまた法的効果であると考えるならば，自然親子（α）もまたごくわずかにではあるが，法定親子（γ）としての面を持っていたというべきことになる。

---

22) フランス民法 319 条（当時）。ただし，同 320 条（当時）は，嫡出子については，身分占有 possession d'état によることもできるとしていた。さらに検討してみたい。
23) フランス民法 762 条（当時）。
24) Planiol, *supra* note 20, no. 664. もっとも著者自身は，ここでの問題は自然親子関係が法的に認められている場合を想定している。証拠が欠けている場合には，この親子関係は法的には存在しないのと同じだから，としている。しかし，姦生子・乱倫子については法的親子関係は存在しないという前提のもとで扶養料が認められていたとすれば，本文のような帰結になるのではないか。
25) 1972 年改正によって，父子関係が立証されない場合にも，援助金 subsides の請求を認める明文の規定が置かれている（フランス民法 342 条。現行法にも引き継がれている）。それ以前には明文の規定はなかったが，認知の訴えが認められていなかった時期（1912 年改正以前）においても，判例は，扶養料の支払を約束した者（父）に対して，自然子の母が訴えを起こすことを認めていたという（Malaurie et Fulchiron, *Droit de la famille*, 7e éd., 2020, no. 1027）。これと符号する叙述は，Planiol, *supra* note 20, no. 1530 にも見出される。

## Ⅱ 日本のギュスタヴ＝エミール――妄想の中で

### 1 認知前の親子

　ギュスタヴ・エミールは，1873 年から 1895 年まで日本に滞在した。彼には二人の子がいたようだが，いずれも来日前にフランスで生まれており[26]，その親子関係にはフランス法が適用される。また，そのため，ギュスタヴ・エミール自身の親子関係と日本法との間には，実際には接点はない。しかしながら，もし彼が日本で婚外子を設けることがあったとすれば，その子に適用される当時の日本の親子法はいかなるものであったのか，という仮想の問いを立てることは不可能ではない。より率直に，彼自身が生きた（その適用を受けた）当時のフランス法と比べて，彼がその制定に尽力した旧民法の親子法はどのような特色（偏差）を持っていたのかと言い直せば，この問いが成り立ちうることは容易に理解されよう。

### (1) 旧民法人事編草案

　(a) 1888 年にできたとされる旧民法人事編草案の第 6 章「親子ノ分限」は，第 1 節「正親子ノ分限」，第 2 節「庶親子ノ分限」，第 3 節「親子ノ分限ヨリ生スル効果」に分けられていたが，前 2 節の冒頭の款はいずれも「正親子（庶親子）ノ分限ノ証拠」と題されていた。もっとも，第 1 節第 1 款には，母子関係は出生証書で証明され，父子関係は嫡出推定によるとする規定が置かれていたのに対して[27]，第 2 節第 1 款に置かれていたのは，母子関係の証明は出生証書によるという規定（および身分占有に関する規定）だけであり[28]，父子関

---

[26] ルイーズ＝アンリエット（Louise Henriette, 1850 年生まれ）とポール＝ルイ＝アンリ（Paul Louis Henri, 1853 年生まれ）であり，このうちルイーズはギュスタヴ・エミールとともに来日しており，「『ボワソナアド博士』の家の主婦兼秘書として大きな役割を果たすことになる」とされている（大久保・前掲注 7））14-15 頁。なお，日本でのルイーズの様子の一端は，クララ・A. N. ホイットニー著（一又民子ほか訳）・勝海舟の嫁 クララの明治日記〈上〉〈下〉（中央公論新社，1996）に描かれている。
[27] 旧民人草 148 条，149 条。150 条から 152 条は嫡出推定に関する細則であるが，続く 153 条以下に身分占有に関する規定が置かれていた。なお，草案では，出生証書に関する規定は，出生証書による証明ができない場合には身分占有によるという形で，間接的に書かれていた（旧民人草 153 条）。この規定は，旧民法では人事編 93 条となるが，その前に「嫡出子ハ出生証書ヲ以テ之ヲ証ス」と定める 92 条が設けられた。

係に関する規定は「庶出子ノ認知」と題された第2款に置かれていた。その理由は，認知は「親子ノ分限ノ自認」であるが，出生証書（あるいは身分占有）は「必スシモ子ニ身分ヲ与フルノ意ニ出ズルヲ要セス」という点に求められていた[29]。その上で，認知については「身分取扱人若クハ公証人ノ作リタル証書ヲ以テ之ヲ為ス事ヲ要ス」[30]とされていた。ここでも証書が必要とされているが，証書によらない限り「不成立トス」と説明されていた点が注目される[31]。

(b) なお，旧民法人事編草案は，「親子ノ分限」の章に第3節を設けて「親子ノ分限ヨリ生スル効果」を定めていたが，そこでは，「父母」は「其子ヲ養成シ訓戒シ及ヒ教育スルノ義務」を負うとした上で，「教育宗旨及ヒ職業」を定める権限は親権者に属するとしていた。また，その費用については，正出子の場合には夫婦財産契約に従って，庶出子の場合には父母の資力に応じて負担すべきこととしていた[32]。前者の規律に関しては，当時のフランス民法では，養育の義務は婚姻から生ずるとして庶出子については規定を設けていなかったが，この義務について正出子・庶出子を区別する理由はないとの説明が付されているのが興味深い。もっとも，この理由づけは認知されていない子にも及ぶのかという点については，特に何も述べられていない。

ところで，財産取得編草案に置かれた相続に関する規定の中には，親子関係と連動するものはなかったのか。普通相続（明治民法の遺産相続にほぼ対応する）に関してはフランスとは異なり，正出か庶出かでの差は設けられておらず，財産を平分するものとされていた[33]。また，姦生子・乱倫子も排除されていなかったので，相続人にはならないが一定の利益を享受するといった扱いがされることもなかった。フランスには存在しない家督相続に関しては相続人は一人であるとされ，正出が庶出に優先するとされていたが，庶子だからと言って相続できないわけではなかった[34]。

---

28) 旧民人草173条，174条。
29) 旧民法人事編理由書，第6章第2節第2款「理由」（明治文化資料叢書刊行会編・前掲注2）明治文化資料叢書第三巻法律編上〔風間書房，1959〕145頁）。以下，「理由」は条数，頁数のみで引用する。
30) 旧民人草175条。
31) 第175条「理由」145頁。
32) 旧民人草190条，191条。
33) 旧民財取草1557条，1115条，1117条2項。

## （2）旧民法から明治民法へ

　（a）　1890年に公布された旧民法においては，草案の規定は一部改められている。たとえば，「親子ノ分限ノ証拠」に関する規定は，嫡出・庶出を問わず第1節にまとめて置かれ，嫡出子については嫡出推定の規定に加えて，「出生証書ヲ以テ之ヲ証ス」，庶子については「父ノ届出ニ基ク出生証書」によると定められた[35]。あわせて「父ノ知レサル子」が「私生子」として登場し，「出生証書ヲ以テ之ヲ証ス」，「父之ヲ認知スルニ因リテ庶子ト爲ル」とされた[36]。そのほかにも改められた点はあるが[37]，いまは立ち入らない。ここでは，証拠としての証書の意義，私生子（自然親子$\alpha$に対応）と庶子（自然親子$\beta$に対応）との対比が，より明確になったことを確認しておく。

　では，これらの規定は，1898年の明治民法ではどうなっただろうか。ギュスタヴ・エミールの帰国後に公布・施行された明治民法の規定は，本稿が設定した課題の圏外にあるように見える。それにもかかわらず，明治民法の規定を検討する理由についてはひとまず措くとして，まずは明治民法の関連規定を確認しておきたい。この点は広く知られているので簡単に済ませよう。

　非嫡出子について言えば，「私生子ハ其父又ハ母ニ於テ之ヲ認知スルコトヲ得／父カ認知シタル私生子ハ之ヲ庶子トス」[38]という規定が置かれていた。この規定中の「私生子」は昭和17年（1942年）改正によって「嫡出ニ非サル子」に改められるが，それでも「私生子（嫡出ニ非サル子）」と「庶子」とは異なる語で表されており，両者が異なることは明瞭であった。他方，「私生子ノ認知ハ戸籍吏ニ届出ツルニ依リテ之ヲ爲ス」[39]とされ，あれほど重視されていた「証書」は民法典から姿を消した。この点は嫡出子についても同様で，嫡出推定に関する規定は維持されたが[40]，「証書」に関する規定は削除されている。

---

34）旧民財取草1535条，1542条。
35）旧民人92条，95条。
36）旧民人96条〜98条。
37）草案では例外的に認められていた「分限捜索ノ訴権」（認知の訴え）に関する規定が削除されたり，遺産相続（普通相続を改めた）においても庶子は嫡出子に劣後するものとされるなどの点で（旧民取313条，314条，295条），庶子の地位は後退した。また，嫡出・庶出に共通の親子関係の効果に関する規定も削除されている。
38）明治民法827条（改正前規定）。
39）明治民法829条（改正前規定）。
40）明治民法820条1項。

なお，相続に関しては，男子たる庶子は女子たる嫡出子よりも優先するという規定が置かれていたことを付言しておく[41]。

(b) 「証書」の消滅については項を改めて検討することとして，「私生子」と「庶子」との区別について，もう少し説明を補っておこう。「私生子」は法的に何らかの権利を持つことがあるかというのが，ここでの関心事である。この点については，旧民法も明治民法も明文の規定を持っていない。では，「私生子」とその「父」との間には，法的な意味ではいかなる関係も生じないのか。正面からこのように問えば，その通りである，ということになるだろう。しかしながら，明治民法に関する概説書の中には，これと異なるニュアンスの叙述も散見される。

たとえば梅謙次郎は，遺言による認知につき次のように述べている。「生前ニ在リテハ仮令認知ヲ為ササルモ実際其子ヲ鞠養，教育スルコトヲ得ルト雖モ一旦死亡シタル後ハ自己ニ代ハリテ其教養ヲ為ス者アラサルコト稀ナリトセス」[42]。また，傍系親族間の扶養義務に関するものであるが，次のような叙述もある。「法律上ノ義務トシテハ傍系ハ二親等ニ限リ他ハ純然タル徳義上ノ問題トセリ。蓋シ我邦ノ慣習ニ於テハ苟モ徳義ヲ重スル者ハ自己ノ叔姪ニシテ貧困ニ陥ル者アリ而モ自己ハ相当ノ資産ヲ有スル以上ハ必ス之ヲ救助スルナルヘシ」[43]。以上からすると，ギュスタヴ・エミールの場合のように，少なくとも事実としては，父が私生子を養育している例がありうることが前提とされていることがわかる。明治民法の時代には，平穏な自然家族から嫡出家族への転換はなお想定されていたといえよう。

また，穂積重遠は，母の認知のない子には母子関係は当然には発生しないとしつつ，扶養義務を認めた判例（大判昭3・1・30民集7巻12頁）につき，「親子関係中親権関係相続関係等と扶養関係とを引離し，其子が扶養されることが差当りの急務だから，法律上の親子関係が確定せぬものにも扶養義務を負はせ，又扶養義務を負つたからとて必しも法律上の親子関係が確定せぬとすることは，私生子制度としては面白い目の付け所であつて，右判例の結論は必ずしも悪く

---

41) 明治民法970条1項4号。この規定は，庶（男）子の地位を優遇するものであると言えるが，昭和17年（1942年）改正の際に改められている。
42) 梅謙次郎・民法要義巻之四（和仏法律学校・明法堂，1899）261頁。
43) 梅・前掲注42）532頁。

ない」[44] としている（ただし，明治民法の解釈としては，扶養義務が生ずる「直系血族」とはやはり法律上の血族だろうとしている）。

　最後の点に関しては，父の認知のない子についても同様の問題と解決策がある。この点につき，中川善之助は「私生子に父の相続権を与へることは不必要であらうが，独立しうる程度に成人するまでの扶養は父から得られるようにしてやるべきではなからうか」[45] としていた。なお，中川は「父性確定と扶養義務とを分別した」ベルギーの例（ベルギーの1908年4月6日法律では，懐胎期間中に性関係があったことを前提に，扶養料の請求を認める訴えを認める）を紹介していたが，同様の立法はフランスでは，親子法を改正する1972年1月3日法律によって認められるに至っている。

## 2　親子と戸籍

　すでに一言したように旧民法においては，「嫡出子」は「出生証書ヲ以テ之ヲ証ス」，「庶子」は「父ノ届出ニ基ク出生証書ヲ以テ之ヲ証ス」とされていた[46]。明治民法においてはこれらの規定は削除され，代わりに新戸籍法（明治31年戸籍法）には，「嫡出子出生ノ届出」は「父ヨリ之ヲ為（ス）」，「庶子出生ノ届出」は「父ヨリ之ヲ為シ」，「私生子」の「出生ノ届出ハ母ヨリ之ヲ為スコトヲ要ス」という規定が置かれた[47]。これらの届出は，人ごと・事項ごとの身分登記簿に登記されており，戸籍はこれをまとめる形で作成することとされていた。戸籍法の編成を見ても当時はまだ，身分登録に関する規定に続く形で戸籍に関する規定が置かれていた。その意味では，身分登録簿は身分証書の延長線上にあると言える[48]。この限度では，明治民法は旧民法の延長線上にあると言ってもよい。

　また，「認知」は「戸籍吏ニ届出ツルニ依リテ之ヲ為ス」と定められており[49]，届出がない限り認知の効力が生じない点は，旧民法の場合と同様であっ

---

44) 穂積重遠・親族法（岩波書店，1933）450頁。
45) 中川善之助・日本親族法―昭和17年（日本評論社，1942）294頁。
46) 旧民人92条，95条。
47) 明治31年戸籍法71条。なお，大正3年戸籍法では，そして「父カ庶子出生ノ届出ヲ為シタルトキハ其届出ハ認知届出ノ効力ヲ有ス」（83条）という規定が加えられた。
48) 大正3年戸籍法の制定に至り，身分登記簿は廃止された。
49) 明治民法829条。現行781条も同旨。

た。非嫡出子に関する限り，「証書」の語は消えたものの，それは「身分登録」（そして「戸籍」）に置き換えられたと見ることができる。これに対して嫡出子に関しては，届出は義務づけられているものの，届出の有無（その結果としての身分登録ないし戸籍記載の有無）に父子関係をかからしめる規定はもはや見当たらない。その結果，出生届がなくても嫡出推定が及ぶ限り父子関係は存在していると解さざるを得なくなった。つまり，嫡出子については，（証書に代えられた）戸籍記載と父子関係とが切断されることとなった[50]。明治民法の規定まで視野に入れる必要があったのは，このことを確認するためであった。

　繰り返しになるが，「自然親子関係β」は，認知証書に代わる認知届出によって「自然親子関係α」とは区別されており，この点は従前と変わらなかった。ところが，婚姻証書と出生証書によって明確に「自然親子関係」とは区別されていた「嫡出／法定親子関係」については，出生届出の法的な意味が失われた（確認的届出とされた）ことによって，（婚姻証書に代わる）婚姻届のみで生ずると解さざるを得なくなった。見方を変えるならば，出生証書・出生届出によって完成された「嫡出親子関係α」とは別に，こうした証書・届出を伴わない「嫡出親子関係β」が存在することとなったのである。

## おわりに——現行779条をめぐって

　(a)　ここまでの錯雑した話をひとまずまとめよう。

　ギュスタヴ・エミールの在仏時のフランス法においては，「自然家族」と「嫡出家族／法定家族」とは区別されており，「自然家族」が一定の法的手続を経て「嫡出家族／法定家族」に転換するという観念が存在していたと見ることができる。ギュスタヴ・エミールの父母が作り出した家族は，まさにこのような見方が当てはまる家族であった。そして，この法的手続の中核をなすのは，証書であった。もっとも，「自然家族」は婚姻によって準正されないとしても，認知（証書による）によって一定程度の効果（その効果は徐々に強化された）を獲得することができた。その意味で，自然家族は広義の「法定家族」に包摂され

---

50) もっとも旧民法においても，嫡出推定による場合と証書による場合とは，別個独立に定められていたと解する余地もある。

たと見ることができるが，それでもなお，家族の重層性と証書の必要性が揺らぐことはなかった。

これに対して，ギュスタヴ・エミールの滞日中の日本法においても，「自然家族」に関しては，家族の重層性と証書の必要性は保持されていたと見ることができる。ただ，証書の作成が届出に置き換えられ，身分登記簿が廃止されて戸籍への一元化が実現する過程で，証書の必要性に対する認識は希薄化した。とりわけ（生来の）「嫡出家族」について，婚姻による嫡出推定という実体ルールが維持されたにもかかわらず，出生届が創設的な意味を持たなくなったのに伴い，法的には出生届が出されていなくとも嫡出推定は働くと解せざるを得ない一方で，一般の意識のレベルでは出生届を出さなければ嫡出推定は働かない（父子関係は生じない）という観念が残存することになったものと思われる[51]。

その結果，何が生じているのか。次の事例に即して考えることによって，この点を検討してみよう。① （X男と婚姻関係にある）Y女が生んだ子Zが，（婚姻関係にない）B女の子として届け出られた。この場合に，（Zの生物学上の父である）CはZを認知できるか？ ② （婚姻関係にない）Y女が生んだ子が，（A男と婚姻関係にある）B女の子として届け出られた。この場合に，（Zの生物学上の父である）CはZを認知できるか？ 明治民法・現行民法のもとでの理論上の帰結は，① （嫡出子としての届出はないが）ZはXYの嫡出子なので，Cは認知できない，② （嫡出子としての届出があっても虚偽の届出であるので）Cは認知できる，となるはずである。しかし実際には，①の場合には「嫡出でない子」（現行779条）であることがわからないので，認知できてしまうのに対して，②の場合には「嫡出でない子」には当たらないように見えるので，認知はできないという帰結になりそうである。

その意味では，現行民法の規定の帰結とは異なり，出生届（およびこれに基づく戸籍記載）は出生証書と同様の機能を果たしているようにも見える。ただし，①の場合，ZがXYの嫡出子であること（XYが婚姻関係にあり，ZがYの子であること），が証明できれば，認知の効力は覆ることになろう。また，②の場合，ZがABの嫡出子でないこと（Bの子でないこと）が証明できれば，認知できる

---

51) あるいは，戸籍制度の確立に伴って新たに生じた（眠っていたものが復活した？）と言うべきかもしれない。

ということになるだろう。そして，このような証明は嫡出否認の訴えによらなくとも可能であろう。この点，(フランス法はさておき)旧民法の下では，嫡出否認の訴え(ないしこれに比すべき——要件に制限が設けられた——訴え)によることが必要であると解されていたのではないかと思われる。少なくともそう解することは可能であったように思う。現行法を理解し運用していく上で混乱を避けるには，証書による証明の排除が，こうした差異(あるいは差異が生ずる可能性)を産み出したということを意識することが有益であろう。

(b) 最後に，現行779条の文言について，次の点を付言しておきたい。

それは「嫡出でない子」を認知できるのは「その父(又は母)」であるとしている点である。ここでの「父(又は母)」は文字通りに読めば「生物学上の父(又は母)」であるが，民法に現れる「父」(あるいは「母」)は法律上の「父」(あるいは「母」)であり，生物学上の「父」(あるいは「母」)ではない。この用語法を堅持しようとすると，現行法の規定は，「認知した者」が「父」(あるいは「母」)となる旨を定めたと解することになる。文言に即して言えば，「父たるべき者(又は母たるべき者)」が認知できると読むことになる。

私はかつては，このように読むべきだろうと考えていた。しかし，いまでは条文の文言通りに，「父(又は母)」が認知できると読めばよいと考えるに至っている。本稿で用いた用語に即して言えば，「自然家族」のレベルで「父」たる者が，その父子関係を「法定家族」のそれに改めるためには認知が必要であると解している。では，なぜ「法定家族」だけに着目し，自然家族の存在をあえて捨象するような読み方に固執したのか。換言すると，本稿で述べてきた「自然家族」と「法定家族」の二元性を「法定家族」の側にウエイトを置いて捉えようとしたのはなぜなのか。この点に関しては，「自然家族」から「法定家族」への飛躍ないし転換を簡単に認める考え方に対する警戒感がそうさせた，と答えておきたい。

この考え方がいかなる出自を持つものであり，今日，これをどのように受け止めるべきかという点についてはなお述べるべきことがあるが，ここでは問題を掲げるにとどめ，この点に関する考察は別稿において行うこととしたい[52]。

---

52) 本稿と対をなす別稿として，中川善之助「婚姻ノ儀式(1〜5完)」法学協会雑誌44巻1〜5号(1926)を出発点として，中川の家族法理論の一側面を検討する小稿を予定している(あわせて，中川理論を厳しく批判する諸見解，とりわけ伊藤昌司教授の興味ある見解についても言及したい)。

# ジェンダー概念の法的概念への移行に関する一考察

幡 野 弘 樹

Ⅰ　序　　論
Ⅱ　ジェンダーと EU 法・フランス法
Ⅲ　ジェンダーの定義
Ⅳ　法の外の概念の法的概念への移行
Ⅴ　結　　語


## Ⅰ　序　　論

　水野紀子教授は，「家族とジェンダー問題は，きわめて密接に関連し，重複して存在している」[1]と述べる。性別役割分業をはじめとしたジェンダー構造が家庭に及ばないわけはないが，その家庭においても，日本の民法には家庭内の弱者を守る公序としての機能が十分ではないために，ジェンダー構造のもたらす弊害を緩和する措置を取ることができなかった。水野教授は，これまで日本家族法のこの弱点を克服することを目指してきた[2]。

　近時，LGBTQ といったさまざまなジェンダーアイデンティティを持つ人々の多様性の保護が主張されるようになり，ジェンダーと家族の問題も新たな様相を呈しつつある。とりわけ，令和 5 年に性的指向及びジェンダーアイデンティティの多様性に関する国民の理解の増進に関する法律が制定される中で，「ジェンダーアイデンティティ」概念が，法的な概念として日本法に導入されるに至っており，そのことの持つインパクトを検討することが求められている。そしてそれは，最判令和 6 年 6 月 21 日裁時 1842 号 1 頁において，「嫡出でな

---

[1]　水野紀子「家族法とジェンダー」水野紀子編・家族──ジェンダーと自由と法（東北大学出版会，2006）70 頁。
[2]　水野・前掲注 1）75 頁。

い子は，生物学的な女性に自己の精子で当該子を懐胎させた者に対し，その者の法的性別にかかわらず，認知を求めることができると解するのが相当である」と判示されたことにより，ジェンダーアイデンティティの尊重の問題が親子関係法にも影響を及ぼすことが明らかにされた家族法学にとっても無視しえない問題である。

　本稿では，まさに令和5年法律により問われている問題，すなわちジェンダーという法の外の概念が法的概念とされるときに，元の概念にどのような影響を及ぼすのかという問題を検討するものである。

　この点，近時フランスにおいて，ジェンダーという法の外にあった概念が法の世界に入るという問題を客観的かつ分析的に取り組むピエール・ミシェル (Pierre MICHEL) 氏 (現在リュミエール・リヨン第2大学准教授) による博士論文が現れた[3]。フランスでも主にEU法の影響により，ジェンダーアイデンティティ概念が国内法にも導入されている。もっとも，ミシェル准教授は，ジェンダーアイデンティ概念に限らず，より広く政治社会的 (sociopolitique) 概念であるジェンダー概念の法への移行という問題に取り組んでいる。それにより，ジェンダーが法に影響を与えるだけでなく，法がジェンダーに影響を与えていることを明らかにしている。本稿は，ミシェル准教授の，ジェンダーが法的概念となることによりジェンダー概念の側に変容をもたらすという主張に着目し，日本法への示唆を導くことを目指すものである。

　ミシェル准教授の所説を理解するには，まず前提として，EU，そしてフランスにおいてジェンダー概念がどのように法的世界に影響を及ぼすようになったのか，実定法の状況を概観する必要がある (Ⅱ)。次に，そもそもジェンダー概念とはどういうものであるのか，その分析を行いながら，ミシェル准教授の提示した問題提起の意味を示すこととする (Ⅲ)。その上で，ジェンダー概念が法的概念へ移行する際に経る変容とは何なのかを示し (Ⅳ)，最後に結語を述べることとしたい (Ⅴ)。

---

[3] P. MICHEL, *Le transfert des concepts sociopolitiques dans le droit : le cas du genre*, Mare & Martin, 2023.

## II　ジェンダーとEU法・フランス法

### 1　前　史

ヨーロッパにおけるジェンダー政策は，EC・EUのイニシアティブにより進展してきている。雇用分野における男女平等は，1957年のローマ条約制定当初から，男女同一報酬規定を定める旧119条（現141条）を根拠として，欧州社会政策の目的として掲げられてきた[4]。

性的指向に関しては，EUを創設して1993年の欧州連合条約を改正するアムステルダム条約（1997年10月採択，1999年5月発効）2条により欧州連合条約6A条を新設し，性的指向に基づく差別と闘う目的で必要な措置を行う権限をEUに認めている。

もっとも，その後もEUレベルでトランスアイデンティティの人々を保護する規範が不在であったため，ジェンダーアイデンティティ概念の導入の必要性が意識されていた。

2006年11月に，包括的なLGBTIQの権利保障原則とされるジョグジャカルタ原則が採択され，そこにはジェンダーアイデンティティ概念が明記されている。そして，2007年に国連人権理事会は，ジョグジャカルタ原則を承認している[5]。ジョグジャカルタ原則前文において，ジェンダーアイデンティティ概念の定義が付与されている。それによると，「ジェンダーアイデンティティは，出生時に割り当てられた性別に該当するかどうかに関係なく，身体についての個人的な意識（自由に同意した場合には，医学的，外科的，またはその他の手段による外見や身体機能の修正を伴う場合もある）を含む，個人の性に関する親密で個人的な経験を指すとともに，服装，スピーチ，行動様式を含むその他の性表現を指す」としている。

ところで，EUでは，ジョグジャカルタ原則に沿う形で，2010年代初めにジェンダーアイデンティティ概念を導入する2つの指令を採択した。

---

4)　関根由紀「EUジェンダー政策の発展と展望」嵩さやか＝田中重人編・雇用・社会保障とジェンダー（東北大学出版会，2007）285頁。
5)　三成美保ほか・ジェンダー法学入門〔第3版〕（法律文化社，2019）60頁。ジョグジャカルタ原則に関しては，https://yogyakartaprinciples.org を参照。

## 2　庇護権

　ジェンダーアイデンティティ概念がEU法で最初に出現したのは，難民保護体制を強化する場面においてであった[6]。

　2011年12月13日に欧州議会および欧州理事会により採択された難民の地位の保護および取得に関する指令（2011/95/UE）において，ジェンダーアイデンティティ概念が3度にわたり用いられている。とりわけ，その前文において，ジュネーブ条約第1条A項にいう難民と認められるための要件として，「特定の社会的集団の構成員」であることによる迫害があることを求めている[7]が，前文30段落において，「申請者のジェンダーに関する問題——とりわけ申請者のジェンダーアイデンティティおよび性的指向」もそこに含まれることが明確にされている。その後，国際的保護の付与と撤回のための共通手続に関する2013年6月26日の欧州議会および欧州理事会の指令（2013/32/UE）においてもジェンダー概念が導入されている。同指令の10条（3）（d）および15条（3）（a）では，保護のための考慮要素にジェンダーを含めている。

　上記2つの指令は，フランスにおいては，庇護権の改革に関する2015年7月29日の法律第2015-925号と同年9月21日のデクレ第2015-1166号により国内法化されている。2015年7月29日法律により改正された外国人の入国・滞在および庇護権法典（Code de l'entrée et du séjour des étrangers et du droit d'asile）L. 711-2条2項では，難民の要件に関する部分で，「迫害の理由に関しては，特定の社会集団の一員であることを認定したり，そのような集団の特徴を特定したりする目的で，性別，ジェンダーアイデンティティ（identité de genre），性的指向に関する側面が適切に考慮される」と規定している。この規

---

[6]　P. MICHEL, *op. cit.*, p. 192 et s., n° 184 et s.
[7]　国連難民の地位に関する1951年の条約第1条A項
「A　この条約の適用上，「難民」とは，次の者をいう。
(1)　略
(2)　1951年1月1日前に生じた事件の結果として，かつ，人種，宗教，国籍もしくは特定の社会的集団の構成員であることまたは政治的意見を理由に迫害を受けるおそれがあるという十分に理由のある恐怖を有するために，国籍国の外にいる者であって，その国籍国の保護を受けることができない者またはそのような恐怖を有するためにその国籍国の保護を受けることを望まない者及びこれらの事件の結果として常居所を有していた国の外にいる無国籍者であって，当該常居所を有していた国に帰ることができない者またはそのような恐怖を有するために当該常居所を有していた国に帰ることを望まない者。(以下略)」

定が，フランスの国内立法において，ジェンダー概念が用いられた最初の例となる[8]。その後，同法典は，2020年12月16日のオルドナンスにより改正され，旧L. 711-2条2項の規定は，改正後L. 511-3条に受け継がれている。さらに，面接の実施条件を定めるL. 531-15条においてもジェンダーアイデンティティ概念が用いられている。

### 3 刑法におけるジェンダー概念の導入

その後，刑法においてもジェンダーアイデンティティ概念が導入されることになる。

2012年10月25日の欧州議会および理事会の指令（2012/29/UE）は，犯罪被害者の権利，支援，保護のための最低基準を確立する理事会枠組み決定（2001/220/JHA）に代わる指令である。この指令では，犯罪被害者のサポート体制を確立することが目的の1つとされているが，その支援の対象にジェンダーに基づく暴力の被害者が含まれている（たとえば，9条(3)(b)）。また，同指令23条(2)(d)においても，ジェンダーに基づく暴力の被害者に対し，刑事手続についての特別な配慮を求めている。

もっとも，フランスの立法府は，この指令を国内法化するに際し，ジェンダー概念を導入することはなかった。実際，刑事手続を欧州連合法に適合させる2015年8月17日法律第2015-993号においても，被害者の権利に関する2016年2月26日デクレ第2016-214号においても，ジェンダー概念は導入されていない[9]。

しかしながら，21世紀の司法の現代化に関する2016年11月18日法律第2016-1547号により，ジェンダーアイデンティティは，刑法上の保護の対象とされるに至っている。同法律86条により刑法典225-1条が改正されることとなり，現在では，ジェンダーアイデンティティを根拠とする自然人間，あるいは法人間で行われるあらゆる区別は差別を構成することとなる（同条1項および2項）。

---

8) P. MICHEL, *op. cit.*, p. 201, n° 194.
9) ミシェル准教授は，これを意図的な省略，つまり，立法府のジェンダー問題に対する無関心の表れと評している（P. MICHEL, *op. cit.*, p. 205, n° 199.）。

さらに，平等と市民権に関する 2017 年 1 月 27 日の法律第 2017-86 号により，ジェンダーアイデンティティ概念が別の分野でも導入されることとなる。同法律 170 条は，報道の自由に関する 1881 年 7 月 29 日法律 24 条を改正し，ジェンダーアイデンティティを理由に，個人または集団に対して憎悪または暴力を扇動した者に対して処罰することとした。2017 年法律 170 条は，同じく 1881 年法律 32 条，および 33 条も改正し，ジェンダーアイデンティティを理由とする名誉毀損や侮辱も処罰の対象に含めている。さらに，2017 年法律 171 条は，刑法 132-77 条の改正も行い，重罪，軽罪の前後にジェンダーアイデンティティを理由に被害者あるいは被害者に属するグループのメンバーの名誉や配慮を損なう行為をした場合に，刑の加重を認めることとなった。同じく 2017 年法律 171 条は，刑法 222-13 条の改正も行い，被害者のジェンダーアイデンティティを理由として暴行が行われ，8 日以内の就労不能をもたらした場合に 3 年以下の懲役刑を科すこととしている。2017 年法律 171 条の改正による 2 つの刑法の条文の改正前の規定には，いずれも「性的指向あるいは性同一性（orientation ou identité sexuelle）」という用語が用いられていたのに対し，改正後は，「性別，性的指向あるいはジェンダーアイデンティティ」としている。この改正は，性別を理由とするものを刑罰の加重事由とするとともに，性的指向の問題をジェンダーアイデンティティの問題と明確に区別するものであるといえる。ミシェル准教授は，2017 年法律 171 条を，女性と LGBTQI＋ の人々にとっての真の前進といえると述べている[10]。2017 年法律 207 条は，刑法の規定と調和せさせるために，刑事訴訟法においてジェンダーアイデンティティに基づく差別と闘う団体が私訴当事者に認められている権利を行使する可能性を認める（2-6 条，807 条）とともに，スポーツ法典において，ジェンダーアイデンティティを理由とする憎悪や暴力の扇動を禁止する規定をもうけている（同法典 L. 332-18 条および L. 332-19 条）。

　この 2017 年法律については，憲法院 2017 年 1 月 26 日判決[11]で合憲性についての裁定が行われており，1881 年法律 24 条，32 条，33 条の改正について

---

10) P, MICHEL, *op. cit.*, p. 210, n° 206. ただし，後にⅣで述べるように，ミシェル准教授自身はジェンダーアイデンティティ概念を性別二元論に基づいて理解する立場を採用する。

11) Cons. const., *Loi relative a l'egalite et la citoyennete*, 26 janv. 2017, n° 2016-745 DC, cons. 89.

は合憲判断がなされている。その際，ジェンダーアイデンティティにつき「民事身分登録簿に記載されている性別に一致するか，あるいは男性または女性の性別に属するさまざまな表現に一致するかどうかにかかわらず，人がアイデンティティを感じるジェンダー」という定義がなされている。

## 4　ジェンダーアイデンティティ概念の導入の消極性

もっとも，その後，フランスにおいてジェンダーアイデンティティ概念の法文化が進んでいるかというとそういうわけではない。たとえば，性暴力および性差別的暴力対策の強化に関する2018年8月3日法律においては，ジェンダーアイデンティティ概念の導入が見送られている。そのため，ミシェル准教授は，ジェンダーアイデンティティ概念は，ヨーロッパ法との調和のために一部の法律において分散的に導入されているに過ぎないという評価をしている[12]。

## III　ジェンダーの定義

ミシェル准教授は，ジェンダーという法の外にあった概念が法の世界へ移行することによる影響を論じているが，その際に，ジェンダーという概念がそもそも何であるかを論じる必要がある。定義の問題について論じる前に，この概念がどのような役割を果たしているかを確認しておこう。

### 1　性別との関係

ミシェル准教授は，定義の問題を論じるに先立って，ジェンダーは性別という概念と密接な関係を持つことを強調する[13]。すなわち，ジェンダーと性別は，人のアイデンティティという同じコインの両面であり，1つの全体に属するものであるとしている。性別が生物学に属しているように見えるのに対し，ジェンダーは社会的な側面から生じるものであるといえる。

性別とジェンダーの主たる区別は，ジェンダーは，性別と比べると解剖学との相関関係がない点にあるといえる。さらに，性別は男女二元論を前提として

---

12) P, MICHEL, *op. cit.*, p. 215, n° 211.
13) P, MICHEL, *op. cit.*, p. 33-34, n° 14.

いるが，ジェンダーは二元的なものにとどまるものではない[14]。ジェンダーは，社会が男性性と女性性の間で極端に分極化していることを説明し，そこから自分自身をより解放すべきであるとする。そして，生物学的な性別への割り当てから切り離された人々のアイデンティティの多様性を承認する。ジェンダーによる性別二元論の克服は，可能性の領域を広げる意味を持っており，ジェンダーが女性に与える影響の問題を，伝統的な異性愛規範を回避するトランスアイデンティティ，同性愛者，またはインターセックスの人々の状況にまで拡大する。

## 2　ジェンダーの機能

ジェンダー概念については，次のような機能があるとされている。

第1に，ジェンダーアイデンティティという形で用いられる[15]。これは，人が心理的・社会的性別を持つという個人的かつ親密な経験を指す。身体的，法的性別と一致する場合もあれば，そうでない場合もあり，女性らしさ，あるいは男性らしさに近づくこともあるし，両者を併せ持つ場合もあれば，両者とも持たない場合もある。たとえば，ブッチ（男性的）とフェム（女性的）は，一部のレズビアン女性が自分自身を定義する2つのジェンダーアイデンティティである。シスジェンダー（cisgender）は，出生時の性別に対応するジェンダーアイデンティティを持っていると考える人々を指す。

第2に，ジェンダー役割という形で用いられる[16]。ジェンダー役割は，ある人が女性または男性としての地位に適合的に行う行動と事柄の総体として定義される。大多数の人々は，生物学的性別に割り当てられたジェンダー役割に準拠しているが，非定形的な行動をとる者もある。ジェンダー役割は，性別，ジェンダーアイデンティティ，性的指向，年齢に基づいて，各人の行動と規範を規定する。

第3に，ジェンダー・ステレオタイプという形で用いられる[17]。ミシェル准教授は，ディアン・ロマン教授の「生物学的・性的基準と男性と女性に特有の

---

14)　P, MICHEL, *op. cit.*, p. 34, n° 15.
15)　P, MICHEL, *op. cit.*, p. 36-37, n° 19.
16)　P, MICHEL, *op. cit.*, p. 37, n° 20.
17)　P, MICHEL, *op. cit.*, p. 37-38, n° 21.

社会的機能に基づいて男性と女性を区別する社会的および文化的構造」[18]という定義を採用する。これらは時折性差別的で，子ども時代から内面化されていると表現されることもある先入観である。

　第4に，ジェンダー表現という形で用いられる[19]。それは，態度（服装，化粧，マナーなど），身体性（筋肉，脱毛，髪の毛など），言語を通じて性を表現する社会的慣習を指す。トランスジェンダーや異性装が，しばしばジェンダー表現の問題を可視化する。

　第5に，ジェンダー違反（transgression de genre）という形で用いられる[20]。これは，その者が属するはずの性別役割の社会的慣習に準拠していない人の行動を指す。異性装は，性別への順応，社会的慣行，ジェンダーの性別による割り当てに対する違反となる。ジェンダー違反は，トランスアイデンティティ，性的指向の場面だけで問題となるわけではない。たとえば，家庭生活よりも職業生活を優先する女性を，軽蔑的に「キャリア主義者」と表現することがあり，それは母親や生殖といったものへと促すジェンダー規範に対する違反をしているといえるが，男性が同様の行為をしてもジェンダー規範に違反することにはならない。

## 3　ジェンダーの強い定義と弱い定義

　以上のようにジェンダーにはさまざまな用法があり，統一的な定義を与えることはできないが，ミシェル准教授は，弱い定義と強い定義という2つの主要な定義を提示する。

　弱い意味で，または個人の次元において，ジェンダーは，人が社会的に女性あるいは男性に属していること，つまり，人の解剖学的および法的な性別に関係なく，ある性別，あるタイプの性的行動や性的な（または非性的な）態度に属しているという感情を意味している[21]。性別と並んで，ジェンダーは個人の他

---

18) D. ROMAN,«Les stéréotypes de genre:"vieilles lunes" ou nouvelles perspectives pour le droit?», in S. HENNETTE-VAUCHEZ, M. MÖSCHEL, D. ROMAN, dir., *Ce que le genre fait au droit*, Paris, Dalloz, À droit ouvert, 2013, p. 94.
19) P. MICHEL, *op. cit.*, p. 38, n° 22.
20) P. MICHEL, *op. cit.*, p. 38, n° 23.
21) P. MICHEL, *op. cit.*, p. 35, n° 17.

の記述要素に補完的な方法で追加される。
　強い意味で，または社会構造の次元において，ジェンダーは，社会的および心理的な性別を与えるという特徴を持ちながら，人，物，行動，規範に付された刻印（marque）として理解される[22]。この意味でのジェンダーの概念は，法律で再生産される社会の男性中心的，異性愛規範的な構造を指し，この概念を通じて，性別に基づく人々の間の不平等の持続性，および／または女性らしさと男性らしさの実践モデルへの人々の敬意を明るみに出している。

### 4　ミシェル論文のテーマ
　このような意味を与えられたジェンダー概念は，法の外で生み出された概念であり，ミシェル准教授は，政治社会的概念（concept sociopolitique）と呼んでいる。ミシェル准教授の関心そのものは，政治社会的概念が法の世界に移行するという現象を客観的に分析することにある。その1つの例として，ジェンダー概念が法の世界に移行する現象を分析している。

### 5　2つのジェンダーと法
　構造的な次元という意味での強いジェンダー，個々人の次元という意味での弱いジェンダー，それぞれが法とどのように関わってきたかについて，ミシェル准教授は次のような見方を示している。
　まず，構造的な次元でのジェンダーに関して[23]は，1950年代にジェンダーの概念が発明される前から，法的なルールの中に，暗黙のうちに隠れた形で存在していたため，法に明示的な形では導入されなかった。その後，ジェンダー概念は，社会の家父長制的な概念から発展した法の構造を解体するためのツールとなり，さらにはこの男性優位的な意味を持つ起源から切り離され，さらなる法の再構築を促している。したがって，法におけるジェンダーの考慮は，ジェンダーに基づく差別的行為に対する保護の確立，ジェンダーに基づく正当化できない取扱いの相違を行う法規範の廃止，またはジェンダー平等の推進という形で実現されてきている。法におけるジェンダーの考慮は，その表れが多様

---

22) P, MICHEL, *op. cit.*, p. 36, n° 18.
23) P, MICHEL, *op. cit.*, p. 221-222, n° 216.

であることと，ジェンダーそれ自体が改革の目的となるというよりも，むしろ法を改革するための無名のツールにとどまっているという特徴を有している。

個々人の次元の側面でのジェンダーは，ジェンダーアイデンティティの承認を通じて実定法に導入されてきた[24]。この点は，実定法の節で確認をしたとおりである。もっとも，法の外の世界でのジェンダーアイデンティティ概念は，個々人の属性であるが，性の二元性に還元されるものではない[25]。この点で，しばしば二元性を前提とする性別概念とは異なる。ジェンダーアイデンティティという語の下では，さまざまなアイデンティティの形態がありうる。たとえば，性自認と身体的性別が一致するシスジェンダー，性自認を男性，女性のどちらにも当てはまらない，あるいは当てはめることを望まないノンバイナリー，自身のジェンダーをはっきりと定義せず流動的なジェンダーフルイド，自己の認識するジェンダーがないAジェンダー，トランスジェンダー，既存の性のカテゴリーに当てはまらない者の総称としてのクィア，法律上の性とは異なる装いや振る舞いをする性のあり方であるトランスヴェスタイト，身体的性が一般的に定められた男性・女性の中間もしくはどちらとも一致しないインターセックスといった言葉が，ジェンダーアイデンティティの下に語られている。

## 6　ミシェル論文の問題意識

しかし，法の世界に取り込まれたジェンダーアイデンティティ概念に対しては，懸念が示されている。フランスでトランスジェンダー解放運動に取り組む団体であるOUTrans協会のメンバーである，アリ・アグアド氏，イアン・ズダノヴィッチ氏へのインタビューによると，「私たちには，自然化され，非政治化されたジェンダーのビジョンに基づいて法律を構築することは非常に不満足に思える」，ジョグジャカルタ原則をはじめとした，法律上採用された「深く親密で個人的な経験」としてのジェンダーの定義は，「フェミニスト運動でのジェンダー問題の長年の考察と政治化，そしてこの運動から生まれた理論を一掃する」と批判する[26]。

---

24) *Ibid.*
25) 以下に関して，P, MICHEL, *op. cit.*, p. 225-227, n° 218.
26) A. AGUADO, I. ZDANOWICZ, «L'usage du droit dans le mouvement d'émancipation trans», *Cahiers du genre*, vol. 57, 2014/2, p. 87.

つまり，個々人の次元のジェンダー概念に還元された法律上のジェンダーアイデンティティ概念を採用することは，構造的次元での強いジェンダーを捨象し，運動の分断を招いてしまうという危惧を抱かせていることが分かる。

さらに，構造的な次元のジェンダー概念は，法的概念としては明示的に表れてこないことも併せ考えると，ジェンダーの政治社会的側面と法的側面にはギャップがあることが分かる[27]。

ミシェル准教授の研究は，まさに政治社会的概念であるジェンダーが法概念に移行する際にジェンダー概念が変容するのはなぜかを問うものである。この問いに対し，ミシェル准教授は，実定法的なアプローチではなく，法哲学的・法理論的なアプローチを採用する。

## Ⅳ　法の外の概念の法的概念への移行

### 1　ミシェル准教授の仮説

政治社会的なジェンダーという概念が法的概念に移行する際に，概念の変容が生じるのはなぜかを検討するにあたり，ミシェル准教授の提示する仮説は，次のようなものである。

フランスにおいて政治社会的概念と法的概念の相違は，政治的に物議をかもしているジェンダー概念を活用することに対する立法者の躊躇ということによる説明も可能であるが，それがフランスにおけるジェンダーの影響の低さの主たる原因ではない。法は，法の外部にある対象を統合する際に，その対象を変更する傾向がある。すなわち，法の外の対象は，法が持つ特有の性質に対応するために変更されるというのが，政治社会的概念と法的概念の相違の原因である。

そこで，法的概念に移行する先の法とは何かという問いが，ミシェル准教授の仮説にとって重要な意味を持つこととなる。

### 2　法の定義とジェンダー概念の関係

ジェンダー概念がどのように法的概念になるのかを知るには，何が法的なも

---

[27]　P. MICHEL, *op. cit.*, p. 225-227, n° 218.

のであるかを知る必要がある[28]。そして，この点でどの立場を採用するかによって，ジェンダー概念の法的概念への移行の意味も変わってくる。たとえば，法を政治的決定とみなすという立場からすれば，法の世界へのジェンダーの導入という事実は，EUの立法機関が加盟国に課した決定と分析される[29]。もっとも，このような法の定義を採用する場合には，法と政治を同質なものとみなすため，政治的な性質を含むジェンダー概念が法の世界に移行した際の，先に述べたような概念の変容を説明することが難しくなる。

## 3 法哲学における法の定義に関する定説の不在

もっとも，法の定義について，法哲学界においては定説がない状況にある[30]。この状況は日本でも共有されており，たとえば田中成明教授も「法の概念・定義をめぐる論争は，法と道徳や強制との区別・関連，法システム・法規範の構造的・機能的特質，権利・義務・法的妥当性などの基本的概念，法源理論，裁判理論などをめぐる理論的・実務的争点に関する見解の対立と密接に関連している。しかも，以上で素描した見解の対立状況をみると，法の概念論争や関連争点について，何らかの統一的な最終的結論を導き出すことは，かなり難しいだけでなく，絶望的なようにも思われる」[31]と述べているところである。

## 4 法的性質概念による法の特性の境界画定

その中で，ミシェル准教授は，フランス民法学界の泰斗カルボニエおよびパリ・パンテオン＝アサス大学で長年法哲学の教授を務めたアムスレックの見解に依拠する。両者とも，法的性質（juridicité）という概念を用いて法の輪郭を確定しようとし，法の本質はその内容ではなく，その形式に見出されるべきであると考える。この点につき，アムスレックは，特定の内容が法的性質の本質であるとすれば，私は，同じ典型的な内容を含む倫理規範や戒め，あるいは推奨事項，すなわち法的でない社会規範を見つけることができるとして，内容に法的性質を求めるアプローチを批判する[32]。この形式に着目した法的性質概念

---

28) P, MICHEL, *op. cit.*, p. 228–229, n° 221.
29) P, MICHEL, *op. cit.*, p. 238–239, n° 233.
30) P, MICHEL, *op. cit.*, p. 230–231, n° 225.
31) 田中成明・現代法理学（有斐閣，2011）33頁。

は，政治的・社会的・道徳的なものから法的なものを区切る境界を指す概念である[33]。

## 5 カルボニエ：容器としての法

カルボニエにとって，法的性質というものは法の特殊性であり[34]，それは容器としての性質に現れており，それが何を含んでいるかには現れない[35]。カルボニエは，法規範は社会規範が入れられる「透明な瓶」のようなものであると考えている[36]。よって，法という形式のみが，法と非法の間の境界線を引く適切な基準となるという考えであるといえる[37]。

カルボニエは，「非法（non-droit）の仮説」を問うことにより，法的性質概念を構築している。この仮説は，法がすべての社会関係に存在するわけではないという考えを指す。カルボニエは，「非法」を，「理論的には法が存在することを意図していたであろう特定の人間関係に法が存在しないこと」と定義する[38]。法と非法の二分法は，法と法の否定，すなわち「反法（anti-droit）」ではなく，法と法の欠如・撤退という考えを前提としている[39]。カルボニエは，法的性質概念によって社会規範と法規範を区別することを望んでいるといえる。

## 6 アムスレック：法の本質

アムスレックは，法の本質を検討すべく，法的性質をどのように探究するかについて論じる。アムスレックは，フッサールの『現象学の理念』を引用しながら次のような例を提示する[40]。座るための座席や道具を類型化したい場合に

---

32) P. AMSELEK, *Cheminements philosophiques dans le monde du droit et des regles en general*, Paris, éd. Panthéon-Assas, 2022, p. 231.
33) P, MICHEL, *op. cit.*, p. 241, n° 236.
34) J. CARBONNIER, *Sociologie juridique*, Paris, Armand Colin, coll. U, 1972, p. 126-127.
35) J. CARBONNIER, *Essai sur les lois*, Paris, LGDJ, Anthologie du droit, 2$^e$ éd., 2013, p. 149-150.
36) *Ibid.*, p. 150.
37) P, MICHEL, *op. cit.*, p. 241-242, n° 237.
38) J. CARBONNIER, *Flexible droit. Pour une sociologie du droit sans rigueur*, Paris, LGDJ, 10$^e$ éd., 2001, p. 25-26.
39) J. CARBONNIER, *Flexible droit, op. cit.*, p. 26.
40) P. AMSELEK, *op. cit.*, p. 233-234. なお，難解なアムスレックの紹介部分は，ミシェル論文の紹介（P, MICHEL, *op. cit.*, p. 243-244, n° 239-240）には依らずに，本論文の筆者によるアムスレッ

は，座席の色や材質などで区別してはならない。この場合，座るための道具を区別するのではなく，色の種類や座席の材質を区別しているに過ぎないからである。座るための道具の真の類型を確立するには，特定の有用性に応じて区別することが必要となる。つまり，肘掛け椅子など，背中と肘をもたせかけながら座るための座席，椅子のように背中をもたせかけるための座席，スツールのように背中もひじももたせかけない座席といった形で形式的な専門化を進めることになる。

　法規範と他の社会規範を分ける法の本質を分析するためにも，法規範に特有の形式的な一般性を探求することが必要であるとする。すなわち，「法的な」行動規範に割り当てられる特定の機能，道具的な目的は何かという探究が必要となる。そして，それがすべての法規範に共通する一般的な形式的特徴となると論じている。座席の色の種類や材質を区別するアプローチは，法の内容に着目して法の本質を見出そうというアプローチであるといえよう。

　その上で，アムスレックは，法，法規範は，公的機関，すなわち我々の行動を規律する，当局により発せられた倫理的な道具として我々に意識させるものであると論じる[41]。

## 7　形式化と変形

　ミシェル准教授自身も，カルボニエやアムスレックとともに形式主義に依拠しつつ，形式主義を「社会関係を制御し，紛争が発生した場合にはそれを解決するために，規範，カテゴリー，制度，法的概念を通じて社会関係を形式化すること」と定義する[42]。法規範は，最大多数の人々に適用されることを意図しており，人間の生活の固有性を抽象化する必要が生じる。そしてそれは，現実をゆがめることにつながる[43]。

　ジェンダーアイデンティティ概念のように，法の外部の概念を法的概念にする際には，法的性質の要請を満たさなければならない[44]。では，法的性質を有

---

　クの理解を示している。
41)　P. AMSELEK, op. cit., p. 235.
42)　P. MICHEL, op. cit., p. 245-246, n° 243. この定義は M. -A. HERMITTE, «Le droit est un autre monde», Enquete, vol. 7, 1999, p. 17. に依拠するものである。
43)　P. MICHEL, op. cit., p. 248-249, n° 245.

するためには，どのような要請を満たす必要があるのかが次の問題となる。

## 8　正義の規範

ミシェル准教授は，法の外部にある概念が法的概念となるためには，正義の規範（règle de justice）およびそこから導き出される形式的な要請を満たす必要があるとする。

ミシェル准教授は，正義の規範を「似たようなケースを同じように扱い，異なるケースを異なるように扱う」とする格言に見出す[45]。この正義の規範には，3つの主要な特徴がある。第1が，一貫性の要請である。アリストテレスは，「なにものも同時にあり且つあらぬことは不可能である」と述べている[46]。一貫性とは，無矛盾性と言い換えることもできる。ミシェル准教授は，この哲学的な公理から生じる一貫性の原則は，法律の世界においては同じ法制度内部での適用の一貫性に求められるとしている[47]。第2が，分類の要請である。正義の規範から，類似するものと異なるものを区別することが導かれるとする[48]。第3に，正当化が命じられるとしている。正当化は，恣意性に対する防止手段であるという意味で，正義の規範の必須事項であるとしている[49]。

## 9　ジェンダーアイデンティティ概念の縮減

法の外にある概念が，法的性質を獲得するためには，正義の規範の要請に合致する必要性がある。そこでジェンダーアイデンティティ概念が法的性質を獲得するためにも，この要請が働くことになる。もっとも，フランス議会は，ジェンダーアイデンティティの定義を提示しないままフランス法に導入した[50]ために，その概念の内実は必ずしも明らかではなく，先に紹介した憲法院の定

---

44) P, MICHEL, *op. cit.*, p. 250, n° 248.
45) この格言は，アリストテレス・ニコマコス倫理学第5巻を起源とすると一般的にいわれているが，アリストテレス自身は正義の規範の存在に言及していない。もっとも，彼の配分的正義の考えから正義の規範を導き出すことができる（P, MICHEL, *op. cit.*, p. 253-254, n° 253）。
46) アリストテレス（出隆訳）・形而上学（岩波文庫，1959年）第4巻第4章。
47) P, MICHEL, *op. cit.*, p. 261-262, n° 265.
48) P, MICHEL, *op. cit.*, p. 262-263, n° 266.
49) P, MICHEL, *op. cit.*, p. 263-264, n° 268. K. I. WINSTON, «On Treating Like Cases Alike», *Cal. L. Rev.*, vol. 62, n° 1, 1974, p. 36 を引用する。
50) P, MICHEL, *op. cit.*, p. 281-282, n° 292.

義によっても不明確な部分は残る。とりわけ，いくつもの種類の言及がある法の外のジェンダーアイデンティティ概念は，性別二元論と抵触する可能性がある。そのため，法概念としてのジェンダーアイデンティティ概念は，性別二元論との一貫性を維持するために，二元論を前提としても説明可能なトランスジェンダーの人々に限定されるというのが，ミシェル准教授の理解である[51]。

## V 結　語

　以上のように，ミシェル准教授は，法の外にある概念が法的概念となるためには，法的性質（juridicité）を備える必要があり，それに伴い，法の外にある概念は変容を被るとしている。法的性質を備えるには，一貫性を備える必要があり，それによりジェンダーアイデンティティ概念も性別二元論を前提としたトランスジェンダーに対象が縮減されるとしている。性別二元論と相容れないジェンダーアイデンティティを差別などの刑法上の保護の対象にするためには，それが既存の刑法上の保護の対象と矛盾しない形で一貫性を保つことができるのかが問われることになる。具体的には，各種性犯罪の保護の対象は性別二元論を前提としているように思われるが，そこでの性別二元論を克服せずに，ジェンダーアイデンティティの多様性を保護できるのかをミシェル准教授は問うている。

　一貫性の要請の背後にある「似たようなケースを同じように扱い，異なるケースを異なるように扱う」という正義の規範は，公平・中立を目指すものである。これは政治的運動であるジェンダー運動とは必ずしも相容れないものである。したがって，ミシェル准教授の示した理論は，構造的な次元でのジェンダーのレベルでは，法の世界においてジェンダー概念を用いることなく変容が進んだことの分析としても有用であるように思われる。

　いずれにせよ，法の外の世界のジェンダーと法的な世界でのジェンダーとい

---

51) P. MICHEL, *op. cit.*, p. 292-293, n° 308. 三成美保「LGBT理解増進法の成立と今後の課題——トランスジェンダーの尊厳保障を中心に」ジェンダー法研究10号5頁（2023）では，「『性自認』でも『性同一性』も『ジェンダーアイデンティティ』（Gender Identity）の日本語訳であって意味に決定的違いはな」いとしており，ミシェル准教授と基本的には同様の理解をしているものと思われる。

うものにギャップがあるというミシェル准教授の指摘自体が重要であり，これまでほとんど論じられてこなかったこのような観点からの研究がさらに必要であることが仮に共有されるのであれば，本稿の目的は十分果たしたものと考えている。

　端緒的な考察ゆえにさらなる検討を行うことを約束しつつ，ここで本稿をいったん閉じることとし，謹んで水野紀子先生に捧げることとしたい。


＊本研究は，科学研究費基盤研究（c）課題番号 24K04649 の研究成果の一部である。

# 選択的夫婦別氏制度における子の氏についての検討序説――平成 8 年要綱の再検討

石綿はる美

I　はじめに
II　平成 8 年要綱まで
III　子の氏をめぐる議論の整理
IV　おわりに


## I　はじめに

　1996（平成 8）年 2 月，法制審議会総会で「民法の一部を改正する法律案要綱」（以下，「平成 8 年要綱」という）が決定された。平成 8 年要綱は婚姻制度全般にわたるものであったが，特に選択的夫婦別氏制度の導入に対して，家族の崩壊をもたらす等という反対論が示され，国会で審議されることなく現在に至っている[1]。

　その後，2011（平成 23）年の親権法改正以降，親子法を中心として家族法分野の改正が相次ぎ[2]，一連の改正は，離婚後の共同親権を導入した 2024（令和 6）年の民法改正により一段落としたとも評されている[3]。平成 8 年要綱の中で，未だ改正に至っていない主たるものは，選択的夫婦別氏制度である。

　夫婦同氏を定める民法 750 条の合憲性を巡っては，複数の最高裁の判断が示されたが，いずれも，民法 750 条を違憲だとは判断していない[4]。学説では，

---
[1] 野村豊弘「平成 8 年改正要綱を読み直す」ジュリスト 1336 号 2 頁（2007）等。その後も含め夫婦の氏をめぐる動きについては，二宮周平編・新注釈民法（17）（有斐閣，2017）172 頁以下［床谷文雄］，二宮周平「夫婦別姓（選択的夫婦別氏制度）」ジュリスト 1336 号 14 頁以下（2007）。
[2] 概観するものとして，窪田充見「家族法をめぐる問題」法律時報 92 巻 8 号 25 頁（2020）。
[3] 法制審議会・家族法制部会第 37 回会議議事録 21 頁［大村敦志部会長発言］。
[4] 最判平成 27・12・16 民集 69 巻 8 号 2586 頁，最決令和 3・6・23 判タ 1488 号 94 頁，最決令和 4・3・22 裁判所ウェブサイト LEX/DB 25572056。

最高裁が国会にボールを投げたものと言え，国会は早急に法改正すべきであるとも指摘されている[5]。

仮に，選択的夫婦別氏制度の導入を検討する場合，社会の変化があり，家族に関する法改正がなされた中で，平成8年要綱の内容をそのまま実現することが適切なのだろうか。実際，学説においては，平成8年要綱とは異なる内容の立法提案もなされている[6]。

選択的夫婦別氏制度の導入に際しては，子の氏をどうするかが最も重要な問題になるとも指摘されている[7]。本稿は，子の氏について，平成8年要綱をめぐる議論等を踏まえ，今後の検討事項を整理するものである。

本来，この問題の検討においては，氏の性質・機能等，氏自体に対するさらなる検討が不可欠ではあるが[8]，本稿はその問題は扱わず，子の氏に関して議論が分かれる問題について，各見解の論拠等を整理し，今後の検討課題を示すことにとどまる。また，氏については，初婚家族を典型とする固定的・自己完結的な婚姻家族を中心に検討がなされてきたとの指摘もあり[9]，家族の在り方の変化も踏まえ，本来であれば養子の氏についての検討も不可欠ではあるが，本稿は問題の整理のための第一歩として，実子の氏のみを扱う。なお，子の氏・夫婦の氏は，父（夫）又は母（妻）の氏の他，第三の氏を定めることも理論的には考えられるが，父母（夫婦）のいずれかの氏とすることを前提とする。

## II 平成8年要綱まで

### 1 現行民法の規定

1947（昭和22）年の民法改正により「夫婦は，婚姻の際に定めるところに従い，夫又は妻の氏を称する」と規定する民法750条が成立し，夫婦同氏の原則が明示された[10]。子の氏については，嫡出である子は父母の氏を，嫡出でない

---

5) 水野紀子「夫婦の氏を考える」法学教室495号92頁（2021）。
6) 犬伏由子「婚姻法」戸籍時報751号7頁以下（2017），常岡史子「婚姻の（一般的）効力」家族〈社会と法〉33号110頁以下（2017）。
7) 水野・前掲注5) 92頁。
8) 木村敦子「夫婦の氏と婚姻の自由」法律時報94巻6号56頁（2022）。
9) 古賀絢子「夫婦同氏制による『子の利益』」法学研究91巻2号339頁（2018）。
10) 現行制度までに至る氏の変遷については，犬伏由子「選択的夫婦別氏（別姓）制度導入の意味」

子は母の氏を称すると定められる（民790条）[11]。その結果，子の氏は，親のいずれか又は双方と同一となるが，それが共同生活を送っていることが多い親子にとって便利であり，社会の感情にも合致すると説明される[12]。

氏の性質については学説において様々に議論されており[13]，最大判平成27年12月16日民集69巻8号2586頁では個人の呼称と家族の呼称としての意義があるとされている。

## 2 法制審議会における審議の経過

昭和50年代に入ってから夫婦別氏制度の導入に対する要望が有力となったこと等から[14]，1991（平成3）年1月から，法制審議会民法部会において婚姻等の制度に関する民法の見直しの審議が行われた[15]。以下では，子の氏に関する提案について，子の氏の決定時期・決定方法，子の氏の統一の要否，子の氏の変更可能性の3点を中心に紹介する。

### (1) 第一次中間報告

1992（平成4）年12月に公表された「婚姻及び離婚制度の見直し審議に関する中間報告（論点整理）[16]」（以下，「第一次中間報告」という）では，夫婦が別氏を称する考え方として，a.婚氏と婚姻前の氏の併存を認めるもの，b.夫婦の同氏別氏の選択を認めるもの，c.婚姻時に氏の定めがないときは夫婦別氏とするもの，d.夫婦別氏を原則とし，婚姻時に届け出ることで夫婦同氏とできる

---

二宮周平編代・現代家族法講座第2巻（日本評論社，2020）61頁以下，唄孝一「選択的夫婦別氏制（1）～（3・完）」ジュリスト1127号103頁・1128号60頁・1129号96頁（1998）等。

11) 氏を人格権として把握する立場から，親子同氏の原則自体に疑問を示すものとして，二宮周平「子の氏（名）の変更」民商法雑誌111巻4=5号655頁以下（1995）。
12) 能見善久＝加藤新太郎・論点体系・判例民法10〔第3版〕（第一法規，2018）318頁〔家永登〕。
13) 青山道夫＝有地亨編・新版注釈民法(21)（有斐閣，1989）〔黒木三郎〕346頁以下，水野紀子「夫婦の氏」戸籍時報428号6頁以下（1993）。
14) 法務省民事局参事官室「婚姻制度等に関する民法改正要綱試案」ジュリスト1050号220頁（1994）等。
15) 審議経過の概要について，小池信行「選択的夫婦別氏制の論点について」戸籍時報654号56頁以下（2010）。
16) 法務省民事局参事官室「婚姻及び離婚制度の見直し審議に関する中間報告（論点整理）」ジュリスト1015号305頁（1993）。

とするもの，の4つが提案された。

子の氏については，具体的な提案はなされていないが，検討課題として，子の氏の決定時期（出生時に当然に定まるものとするか出生後か），別氏夫婦の子の決定方法，子の氏の統一の要否，別氏夫婦の子の氏の変更の可否・その具体的な方法が挙げられていた。

### (2) 要綱試案

1994（平成6）年7月には，「婚姻制度等に関する民法改正要綱試案」（以下，「要綱試案」という）が公表された[17]。要綱試案は，夫婦別氏を容認する方向で3つの案を示した。

A案は，婚姻時に夫婦の氏を定めない夫婦には，夫婦別氏を認め（第一次中間報告cに相当），別氏夫婦が婚姻後に同氏へ転換することを認める。別氏夫婦は，婚姻時に，子の氏を定めなくてはならない。別氏夫婦の子は，父母の婚姻中には自己と氏を異にする父又は母の氏を称するための氏の変更ができない。子の氏の変更が認められるのは，自己と同じ氏を称していた父又は母が氏を改め，その父又は母と氏を異にするに至った場合，別氏夫婦が同氏夫婦となった場合等に限定される[18]。この案は，子の氏については，現行法の基本的な枠組みを維持するものである[19]。

B案は，婚姻時に定めがなければ夫婦別氏とするが，婚姻時に夫婦の氏を定めることを認め，婚姻後の同氏夫婦・別氏夫婦間の転換を認めない（第一次中間報告dに相当）。別氏夫婦の子の氏は，子の出生時の協議で定めるが，父母の協議が調わない場合又は協議をすることができない場合における子の氏の定めの具体案は明示されていない。別氏夫婦の子の氏の変更は，成年に達した時から2年以内に，家庭裁判所の許可を得ないで，届出により，成年に達した時に称していた氏とは異なる父又は母の氏を称することができる点以外は，A案

---

[17] 法務省民事局参事官室・前掲注14）214頁以下。
[18] 身分法小委員会の審議では，A案のように父母の一方の氏を子に承継させる途を閉ざすと，子を祖父母の養子とするという弊害の多い事態が生ずるとの指摘があったことも紹介されている（法務省民事局参事官室・前掲注14）237頁）。同様の指摘として，水野紀子「夫婦同氏を定める民法750条についての憲法13条，14条，24条の適合性」家庭の法と裁判6号20頁以下（2016）。
[19] 法務省民事局参事官室・前掲注14）233頁。

と同様の内容である。なお，B案では，子の間で氏が異なる可能性があるが，その氏を統一する方向での氏の変更を認めるかどうかは，なお検討するとされている[20]。

　C案は，夫婦同氏制を維持しつつ，氏を改めた配偶者が相手方の同意を得て，婚姻の届出と同時に届出を行うことで，婚姻前の氏を自己の呼称とすることを認めるものである（第一次中間報告aに相当）。この案では，子の氏は問題にならない。

　立案担当者が，夫婦の氏についての考え方が，婚姻後の夫婦の氏の転換，子の氏の定め方，子の氏の変更に対する考え方にも微妙な影響を与えると指摘するように[21]，夫婦別氏の容認の趣旨として，婚姻によって氏を改めないという利益の保護に加えて，「自己の氏を次の世代に承継させることができる利益」[22]の保護まで認めているB案は，より踏み込んだ内容になっていよう[23]。

### (3) 第二次中間報告

　1995（平成7）年9月に公表された「婚姻制度等の見直し審議に関する中間報告」（以下，「第二次中間報告」という）は，要綱試案のA案に修正を加えた提案をしている。立案担当者は，要綱試案に対してはB案への支持が最も多く，理論的にも一貫しているが，氏の個人的性格を重視するB案のような考え方を制度化することは時期尚早であり，民法750条の枠組みの中で夫婦別氏制度を導入しようとしたと説明する[24]。

　具体的には，夫婦は婚姻時に夫婦同氏あるいは夫婦別氏を選択し，婚姻中の同氏夫婦・別氏夫婦間の転換は認めない。別氏を選択する夫婦は，婚姻時に子の氏を定める[25]。A案からの修正点は，夫婦の氏の転換を認めない点，別氏

---

20) 子相互の氏が異なることが子の福祉に悪影響を及ぼす場合（子がいじめに遭うなど）があり得るとの配慮に基づくものである（法務省民事局参事官室・前掲注14）239頁）。
21) 法務省民事局参事官室・前掲注14) 230頁。
22) 法務省民事局参事官室・前掲注14) 237頁。
23) 両案を詳細に比較するものとして，犬伏由子「夫婦別姓」民商法雑誌111巻4＝5号583頁以下（1995）。
24) 以上，法務省民事局参事官室「婚姻制度等の見直し審議に関する中間報告」ジュリスト1077号173頁以下（1995）。
25) その結果，子の氏を統一することになるが，その方針に大きな影響があったのは世論調査の結果であるという（小池・前掲注15) 43頁）。世論調査の詳細は，法務省民事局参事官室・前掲注24)

夫婦の子は，父母の婚姻中は，特別の事情があるときに限り，家庭裁判所の許可を得て自己と氏を異にする父又は母の氏を称することができるという条項が追記された点である。

### 3 平成8年要綱の概要

以上の経緯を経て成立した，平成8年要綱の内容は，第二次中間報告と基本的に同内容である[26]。主たる内容は次のようなものである。

まず，「夫婦は，婚姻の際に定めるところに従い，夫若しくは妻の氏を称し，又は各自の婚姻前の氏を称するものとする」(第三・一)。別氏を選択する場合には，「夫婦は，婚姻の際に，夫又は妻の氏を子が称する氏として定めなければならない」(第三・二)。そして，「子が父又は母と氏を異にする場合には，子は，家庭裁判所の許可を得て，戸籍法の定めるところにより届け出ることによって，その父又は母の氏を称することができるものとする。ただし，子の父母が氏を異にする夫婦であって子が未成年であるときは，父母の婚姻中は，特別の事情があるときでなければ，これをすることができない」(第四・三(1))。

学説では，婚姻時に子の氏を定め，子の氏を統一するという平成8年要綱の原則には批判もありながら，子の氏の変更の可能性が開かれていること等から，一定の評価がされている[27]。上記2(3)の立案担当者の説明からも示されるように，平成8年要綱は，「当時の社会状況の下で，個人の氏に対する人格的利益（婚姻によって氏を改めないという利益）を法律上保護するという理念を守りつつ，氏の社会的機能や子の氏に対する国民の意識との調整も図る提案だった[28]」のであろう。

---

172頁以下。

[26] なお，子の氏の変更については，別氏夫婦の子が成年に達した後の氏の変更の要件の緩和（第四・三(1)本文）と，子の出生後に婚姻をした父母が別氏夫婦である場合の規律が追加されている（第四・三(3)）。後者の点については，唄・前掲注10) ジュリスト1129号98頁以下。

[27] 二宮・前掲注1) 18頁，水野・前掲注5) 92頁。また，篠原永明「夫婦同氏制と憲法24条」法学セミナー799号51頁（2021）も参照。

[28] 二宮・前掲注1) 12頁。

## Ⅲ　子の氏をめぐる議論の整理

Ⅱでの検討からもわかるように，選択的夫婦別氏制度の導入に際しては，子の氏について，1　子の氏の決定時期と決定方法，2　子の氏の統一，3　別氏夫婦の子の氏の変更の可否が問題になる。子の氏を統一するという考え方が，子の氏を婚姻時に決定するという考え方に親和的である等，これらは相互に関連する面もあるが，各論点の関係は論理必然ではない[29]。以下では，Ⅱで紹介した平成8年要綱に至るまでの各案についての説明や学説での議論を紹介するとともに，若干の検討を行う。

### 1　子の氏の決定時期と決定方法

子の氏の決定時期は，(1)　婚姻時，(2)　子の出生時が考えられる。(2)の場合，第一子出生時に第二子以降の氏も決定するか，子の出生ごとに決定するかのいずれかが考えられよう。(2)を採る要綱試案B案以外は，(1)の立場に立つ。

#### (1)　婚姻時とする見解とその検討

別氏夫婦の子の氏を婚姻時に決定するとする見解の積極的な論拠としては，①複数の実子の氏を，その出生時において確定的に，かつ画一的に定めるには最も簡明な方法であることが挙げられる[30]。また，②現行法において，婚姻時の夫婦の氏の決定は，潜在的に子の氏の定めでもあると考えられることから，別氏を選択する夫婦に，婚姻時に子の氏を定めることを求めても，婚姻要件の加重とはならない，③婚姻において子をもうけることは自然の成り行きであるから，婚姻の際に，将来生まれる子の氏を定めることを要求するのは不合理ではなく，子をもうける意思のない者や高齢者などにとっても，子の氏の定めは養子の氏の定めになることから，意味がないものではないという点も挙げられる[31]。さらに，消極的な論拠としては，④子の氏を出生時に父母の協議で決定するという案では子の氏が定まらないおそれがあるという点もある[32]。

---

29) 法務省民事局参事官室・前掲注24) 176頁以下。
30) その他，子自身の氏に関する利益からこの立場を支持するものとして，高橋朋子「夫婦の氏」東海法学13号221頁 (1994)。
31) 以上，法務省民事局参事官室・前掲注14) 234頁以下，同・前掲注24) 176頁。

平成8年要綱のように子の氏を婚姻時に決定する立場に対しては，学説では批判が大きい。批判の論拠は，㋐子の氏につき合意がなければ婚姻することができなくなる[33]（子の氏の決定が新たに婚姻の実質的な要件となる），㋑不妊・高齢などで子をもうけることができない人，ライフスタイルとして子をもうけない人に子の出生を前提とする規定は抑圧的である，㋒㋑について，立案担当者は養子の氏も同様に決定されることを根拠の一つとするが（上記③），実子の氏の定め方を養子縁組に及ぼす必然性はない，㋓氏の人格権としての尊重の必要性などである[34]。

特に，㋐については，新たに要件を加重するものではないという立案担当者の見解（上記②）が成り立ち得るとしても，子の氏の決定が，別氏を選択する夫婦にとっては，婚姻の実質的な要件となることは否定できない[35]。この点について，水野教授は，子の氏の決定が婚姻の実質的な要件となるからといって，直ちに婚姻の自由を侵害するとまではいえないが，両親の合意が成立するときに複数の子どもたちに両方の氏を継承できる可能性がない場合には，婚姻時に子の氏を決定することは，自分の氏を子に伝えられない決断をすることを婚姻の要件とすることになり，婚姻の自由との衝突が生じかねないとする[36]。これは，立法段階における妥協点を見据えた指摘とも思われる。もっとも，婚姻時に子の氏を決定する制度下で，一方の氏しか子に伝えることができないことは，夫婦の一方についての権利の重大な侵害になるのか[37]，仮にそのような権利があるとして，子の利益（もっとも，その内容が子の氏の早期決定・安定なのか，それ

---

32) 子の氏の決定について氏を異にする父母の家同士の紛争を招き，子の福祉を害するおそれがある等と指摘もある（法務省民事局参事官室・前掲注14) 231頁，同・前掲注24) 176頁以下）。

33) 憲法24条に反すると指摘するものとして，唄・前掲注10) ジュリスト1129号98頁。

34) 以上，犬伏・前掲注23) 585頁，二宮編・前掲注1) 176頁〔床谷〕，床谷文雄「選択的夫婦別氏制度案の検討」ジュリスト1059号47頁（1995)，二宮周平・家族法〔第5版〕（新世社，2019) 53頁，唄・前掲注10) ジュリスト1129号98頁。

35) 篠原・前掲注27) 51頁以下。現行法下では，夫婦の氏の決定が実質的に婚姻成立の要件の一つになっていると整理できるが，選択的夫婦別氏制度を導入し，子の氏を婚姻時に決定するという制度の場合，別氏を選択する夫婦にとっては，子の氏の決定が婚姻成立の要件の一つとなろう。

36) 水野・前掲注5) 92頁。水野教授は，子の出生の度に子の氏を決定できる制度の導入は必須ではなく，出生後に他方の氏に変更できることを認めれば，事実上，父母それぞれの氏を子に伝える権利を確保したのと近い結果が得られると解しているといえよう。

37) 関連して，夫婦同氏制について夫婦間の不均衡という視点からの分析の必要性を指摘するものとして，木村・前掲注8) 54頁が参考になろう。

にとどまらないものなのかを明確にする必要がある）より重視されるものなのか，親の権利の保護は子の氏の変更の可能性が担保されていることで十分なのか，それが夫婦の権利についての適切な調整方法なのか[38]についての検討は必要であろう。

### （2）子の出生時とする見解とその検討

学説では，子の氏の決定を子の出生時とする見解が主張されることが多い[39]。その論拠は，子の氏の決定を婚姻時とする見解への批判とも通ずるものがあるが，ⓐ婚姻時の決定は婚姻の要件の加重となり憲法 24 条に抵触するおそれがあること，ⓑ婚姻時にまだ生まれていない子の氏を決定させることは実際上困難な場合があること，ⓒ婚姻時に決定すると婚姻後に事情が生じた場合の対応が難しいこと[40]など消極的なものに加えて，ⓓ氏の人格面等からの必要性を挙げるものもある[41]。

この見解に対する主たる批判は，父母の協議が調わない場合又はできない場合に子の氏が決定できないというものである[42]。子の氏が定まらないことは，子の利益を害する，氏が個人の同一性識別という社会的機能を有していることに照らし許されない等とされる[43]。

子の氏の決定を子の出生時とする場合，当事者の合意により子の氏が決定できないときの対応策の検討が必要となる。具体的な方法としては，不一致があった場合には，（ⅰ）父母いずれかの氏と法定すること，（ⅱ）家庭裁判所が決定すること，（ⅲ）くじ，（ⅳ）父母の協議が調わない場合に備えて婚姻の際に

---

38) 父母による子の氏の変更を容易に認めることは，子自身の氏に対する権利を侵害する可能性があるともいえよう（髙橋・前掲注 30) 222 頁）。
39) 立法提案として，内田貴ほか「特別座談会・家族法の改正に向けて（上）」ジュリスト 1324 号 60 頁（2006）。常岡・前掲注 6) 112 頁，犬伏・前掲注 6) 9 頁もこの見解に含み得ようか。その他，水野・前掲注 5) 92 頁。
40) 以上，法務省民事局参事官室・前掲注 14) 231 頁。
41) 子のアイデンティティという「子の利益」からの議論の必要性を指摘するものとして，篠原・前掲注 27) 52 頁注 39)。
42) 法務省民事局参事官室・前掲注 24) 177 頁。これに対しては，親の子に対する愛情からすれば，子の氏について別氏夫婦間に協議が調わないということはほとんどあり得ないとの見解も示されている（法務省民事局参事官室・前掲注 16) 310 頁）。
43) 法務省民事局参事官室・前掲注 24) 177 頁。

いずれかの氏を子が称する氏と届け出ておくこと，（ⅴ）判断能力取得後の子による自己決定，さらに（ⅵ）外国法で見られる父母双方の氏を組み合わせる複合氏の作成等が考えられる[44]。（ⅰ）については，学説では，嫡出でない子の氏が母の氏となること（民790条2項）との平仄等から，母の氏とすることが提案されている[45]。

これらの方法に対して，（ⅰ）は男女の平等に反する，（ⅱ）は子の氏を決定する合理的・客観的な基準の設定が難しい，我が国の体制にあわない[46]，（ⅲ）は納得が得られるものではない，（ⅳ）は婚姻の際にその定めを義務付けるまでの規制をすることが適当であるか疑問が残るなどの批判がある[47]。もっとも，平成8年要綱後の法改正を踏まえると，（ⅱ）の家庭裁判所による決定は，従前よりは選択肢となり得る可能性が高くなったのではないだろうか。この点については，次項で簡単に検討する。

**（3）子の氏について父母の意見の不一致がある場合の裁判所の関与の可能性**

従前の議論は，民法に父母間の意見の不一致がある場合の調整規定がないことを前提としていた。これは民法の欠陥であり，立法的な対応が必要であることは古くから指摘されていた[48]。令和6年民法改正により，父母が共同して親権を行使しなければいけない事項について，父母間に協議が調わず，父母の請求がある場合，家庭裁判所は，子の利益のために当該事項に係る親権の行使を父母の一方が単独でできる旨を定めることができる（親権行使者の指定）との規定（民824条の2第3項）が新設された。

仮に子の氏の決定を子の出生時とした場合，同制度を用いる，あるいは類似の制度（子の氏の決定の審判等）の新設を検討することは考えられないだろうか[49]。

---

44) 以上，法務省民事局参事官室・前掲注16) 307頁，同・前掲注14) 238頁等。複合氏については，唄・前掲注10) ジュリスト1129号98頁。複合氏は日本の慣習になじまない（大森政輔「夫婦別姓選択制試案」判例タイムズ772号71頁〔1992〕），それに加えていずれの氏を先にするかという問題が残り根本的な問題解決にならない（高橋・前掲注30) 221頁）との指摘もある。
45) 床谷・前掲注34) 47頁，二宮周平「選択的夫婦別氏制度実現の方向性（2・完）」戸籍時報769号12頁（2018），犬伏・前掲注6) 9頁，常岡・前掲注6) 112頁等。後二者は，法的親子関係に基づいて親の氏を取得することから，原則として母の氏を称するとしている。
46) 滝沢聿代・選択的夫婦別氏制（三省堂，2016) 407頁。
47) 以上，法務省民事局参事官室・前掲注16) 310頁，同・前掲注14) 238頁。
48) 我妻栄・親族法（有斐閣，1961) 326頁。

①親権行使者の指定と子の氏の変更　　令和6年民法改正の国会の審議においては，子の氏の変更と家庭裁判所による親権行使者の指定の関係が問題になった[50]。

現行民法791条は，一定の場合に，家庭裁判所の許可を得る等して子の氏が変更できるとする。子が15歳未満の場合は，法定代理人が子の氏の変更についての審判の申立て・届出をする（民791条3項）。この場合の法定代理人の権限は，実務上は，子の申立権を代理するものと解されていると整理される。また，法定代理人としての権限行使であることから，父母の共同親権に服する場合には，父母が共同して行う必要がある[51]。

そのため，例えば，離婚後も父母双方が共同して親権を行使する場合等に，子の氏の変更について父母の意見が一致しないときに，家庭裁判所が，子の氏の変更につき親権行使者を指定できるかが問題になる。この点について，国会審議では，家庭裁判所が親権行使者を指定できると説明されている。

②子の出生時の父母の意見の不一致への対応の可能性　　以上の整理を前提にすると，令和6年改正民法の施行に伴い，子の氏の変更について，親権者である父母の意見が一致しない場合に，家庭裁判所は，「子の利益」に基づき子の氏の変更についての親権行使者を指定することになる。（審理に時間がかかると子の氏が早期に決定しないという問題が生ずる可能性はあるが）同様の枠組みを，子の出生時に（親権者である）父母の子の氏の決定についての意見が一致しない場合に，利用できないだろうか。

その前提として，子の氏の決定は，親権行使に係る事項あるいはそれに準ず

---

49) 現行法の下では，婚姻をしたいという意向はありながら，氏の決定について一致ができない場合に，婚姻の届出をすることができないということになるが，「夫婦については，これで支障はないとも言える」と評されている（大村敦志・民法読解・親族編〔有斐閣，2015〕53頁）。もっとも，合意ができない場合に法律婚を断念して事実婚をすることは看過できないとの指摘もあり（常岡史子「戸籍制度と氏をめぐる問題」法律時報88巻11号47頁〔2016〕），特に，嫡出でない子となることによる子の利益をどう考えるかという問題もあろう（篠原・前掲注27）49頁以下）。仮に選択的夫婦別氏制を導入し，子の氏を婚姻の届出時に決定するとした場合に，別氏を望む男女が子の氏についてのみ一致できない場合の調整規定は現行法と同様に不要と考えるのか。あるいは，以下で検討するように，裁判所が事後的に子の氏に関与する余地があることから，事前の介入を検討する可能性も理論的にはあり得るのだろうか。

50) 第213回国会衆議院法務委員会議録第10号1頁以下。

51) 以上，中川善之助＝米倉明編・新版注釈民法（23）（有斐閣，2004）635頁〔梶村太市〕。

る事項にあたるといえるかの整理が必要となろう。現行法の下では，Ⅱ1で確認したように，子の氏は自動的に決まることから（民790条），婚姻時に潜在的に子の氏の決定をしているとの指摘はあるものの（Ⅲ1(1)②参照），子の出生時の氏の決定の法的性質についての議論はほとんどないように思われる[52]。

選択的夫婦別氏制度の下，子の出生時に子の氏を定める案に関して（要綱試案B案），立案担当者は，成年に達した時から2年間，届出による子の氏の変更を認める根拠として，子は仮に自ら子の氏の決定に参加することができるならば，父母のいずれの氏を選択するか，兄弟姉妹と同じ氏を選択するかを決定することができたはずであると説明する[53]。この見解は，父母が子に代わって氏の決定をしていると解しているとも理解できよう。その理解を前提にするならば，現行法における子の氏の変更の場合と同様に，親権者が子の氏の決定について子に代わって権利を行使していると解することになり[54]，令和6年改正で新設された親権行使者の指定を用いることができるようにも思われる。

もっとも，現行法において子の氏の変更が認められているのは，子が嫡出でない場合や父母が氏を改めたことで子の氏が父母の氏と異なる場合である。それに対して，要綱試案B案のように子の出生時に子の氏を決定する制度を採用する場合，子の氏の決定について親権者間で意見の不一致の問題が生ずるのは，父母の婚姻中であると考えられ，問題が生ずる場面が異なっている。そのため，親権行使者の指定という制度及びそれを用いる子の氏の変更に関する判断基準があったとしても，子の氏の決定に関して，親権行使者を指定する判断基準の設定は困難であるとの指摘も考えられよう。

いずれにしても，平成8年要綱の提案時とは異なり，親権者の意見が一致しない場合に家庭裁判所が関与する調整のための制度が新設されたため，親権行

---

[52] 立法論も含め検討するものとして，二宮周平＝山田徹「氏名・戸籍・国籍と子の権利」二宮周平編代・現代家族法講座第1巻（日本評論社，2020）256頁。なお，氏の性質に関する議論との関係も含め，子の氏の性質については，中川＝米倉編・前掲注51）593頁以下〔梶村〕。

[53] 法務省民事局参事官室・前掲注14）238頁以下。

[54] 子の氏の決定は，親権行使の一部と考えることもできようか。子の氏の決定の法的性質の検討については，子の命名についての議論が参考になろう。子の命名権については，親権行使の一部とする説や，子の人格権等の固有の権利を親権者が代行する説等がある。詳細は，河上正二「『子の命名権』について」民事法学への挑戦と新たな構築（鈴木禄弥先生追悼記念）（創文社，2008）847頁以下，二宮＝山田・前掲注52）264頁以下。

使者の指定あるいは類似の制度の利用可能性（後者を新設する場合は，親権行使者の指定との関係の整理も必要であろう），その前提として子の氏の決定の法的性質の検討を行うことが，議論の深化のために不可欠であろう。

## 2 子の氏の統一
### (1) 各見解の論拠

子の氏の統一を必要としないのは，要綱試案 B 案のみであり，他の案は子の氏の統一を必要とする。

学説では，子の氏の統一を必要としない見解が多い[55]。その論拠は，①夫婦の氏が異なることを認める以上，子の氏についても夫婦の判断等に委ねられるべきであり，子の氏の統一を図るのは矛盾である，②父母がそれぞれの氏を子に伝えたいと望む場合にこれを認めるべきである，③子相互間で氏が異なることを認めないと子の氏が家族の氏となる[56]，④別氏夫婦の子の氏の変更を認めるのであれば，子の氏の統一は保つことができない[57]，⑤父母の氏が異なる中で子の氏の統一を認めるほどの重要性はない[58]等である。

それに対して，子の氏を統一すべきという見解[59]は，次のような点を論拠として挙げる。㋐養育過程における兄弟姉妹の同一呼称による一体感の重視[60]，㋑子の福祉，㋒社会生活上の便宜，㋓子の氏が異なることで父方・母方の親戚を巻き込む形で兄弟間に格差が生じるおそれ，㋔子が両親・祖父母の愛情が一方に偏っているのではないかと疑心暗鬼になる危険等である[61]。

---

[55] 床谷・前掲注34) 47 頁，文献も含め，二宮・前掲注1) 18 頁。犬伏・前掲注6) 9 頁，常岡・前掲注6) 112 頁も参照。

[56] 現行法において夫婦の氏が家族の氏であるのに対して，夫婦の氏に代わって子の氏が家の氏を示すことになるとの指摘もある（大村・前掲注49) 57 頁）。大村教授は，関連して，選択的夫婦別氏制度の下では，別氏夫婦に呼称としての「家族の氏」が必要ではないかとも指摘する（同 58 頁，内田ほか・前掲注39) 69 頁［大村敦志発言］）。

[57] 以上，法務省民事局参事官室・前掲注14) 231 頁。

[58] 犬伏・前掲注10) 84 頁以下，床谷・前掲注34) 47 頁以下等。

[59] 学説においてこの見解に立つとも思われるものとして，平田厚「夫婦同氏・別氏の現状と法的課題」法の支配183 号 76 頁（2016）。

[60] 一体感は抽象的概念であり実体がない，一体感の強調は子の親への従属意識を生み出す，夫婦・親子の一体感を国が強制すべきでない等の反論があり得るとも整理されている（法務省民事局参事官室・前掲注14) 230 頁）。

[61] 以上，法務省民事局参事官室・前掲注14) 231 頁以下。立案担当者は特に㋐㋑を重視しているよ

## (2) 検　　討

上記の各論拠は事実の評価に関わるものが多いが，特に法的な視点から検討が必要なものとして②・④を取り上げたい。

父母それぞれが子に氏を伝える利益は（②），氏の法的性質とも関連する問題である。要綱試案 B 案が前提としたように，婚姻によっても氏の変更を強制されない自由・自らの氏を引き続き呼称する権利に加えて，自分の（家系の）氏を子に伝える権利（あるいはそれに類する権利）があるのだろうか。自らの氏を子に伝える権利を主張する論者は，「家族の形成や維持については，夫婦が生まれた子に自分たちの伝統や価値観を伝えていくことも重要な問題としてかかわってくるものであり，親が子に氏を伝えるということもその一環[62]」であることや，氏の所有権的理解[63]等を論拠として挙げる[64]。親が氏に関して有する権利の性質をより明確にすること，仮に自らの氏を子に伝える権利が認められるとして，子の間の氏を同じくする子の利益よりも重視されるものなのか，どのような形で保障されることが求められるのかが，今後の検討課題になろう（1 (1)も参照）。

子の利益のための氏の統一の必要性（④）という論拠に関しては，想定されている子の利益が何かを明らかにする必要があろう。家族の統一感は氏によって形成されるものでは必ずしもないにしても，兄弟姉妹の氏が異なることで何らかの不利益が生ずる可能性がないのか[65]。また，兄弟姉妹を同じく扱うことが可能である中で，（親の権利のために）異なる扱いをすることが正当化できるのか，個別の事案において子を異なって扱う明確な理由が説明できないことは子の利益を害することがないのかは，検討が必要であると思われる[66]。

---

うに思われる（同 235 頁）。
[62] 犬伏・前掲注 23) 585 頁。
[63] 水野・前掲注 5) 92 頁。
[64] 他に，滝沢・前掲注 46) 364 頁以下。
　これに対して，高橋教授は，子の氏を統一しない場合，それは父母の子の氏についての共同決定から説明できるとする（高橋・前掲注 30) 225 頁注 62))。また，本文のような考え方は，家制度等復古的な思想に通ずるとの指摘もある（内田貴・民法Ⅳ〔補訂版〕（東京大学出版会，2004）52 頁。高橋・前掲注 30) 222 頁，村上一博「明治以降における妻の氏」法学セミナー 799 号 44 頁〔2021〕も参照）。
[65] 一例として，前掲注 20) 参照。
[66] 大村敦志・新基本民法 7 家族編（有斐閣，2014）72 頁は，兄弟姉妹の権利から子の氏の統一を

## 3　子の氏の変更の可否とその方法

別氏夫婦の子について，その父母の婚姻中に子の氏の変更を認めるか，認める場合にいかなる範囲で認めるかも重要な問題となる。

### (1) 子の氏の変更の可否について

平成8年要綱は，子が未成年の場合でも特別の事情[67]がある場合には，別氏夫婦の婚姻中にも子の氏の変更を認めるものである。また，要綱試案B案は例外的に成年に達した子について，家庭裁判所の許可を得ずに氏を変更することを認める。なお，平成8年要綱は成年に達した子自身による氏の変更も可能であることを念頭に置いていると考えられる[68]。

子の氏の変更を広く認める理由について，立案担当者は，次のように説明する[69]。①別氏夫婦の子についても，自己と氏を異にする親の氏を称することが子の利益に適うような事情があるときには，現行民法791条による氏の変更の制度の枠組みの中で変更を認めるのが相当である，②子の出生後に，家庭環境等の変化が生じ，氏を変更する方が子の利益に適う場合があり得る，③家庭裁判所の許可の介在により安易な氏の変更による子の不利益や氏の社会的機能が損なわれる危険を回避できる，④家庭裁判所は，民法791条による氏の変更に関する審理・判断の枠組みで対応可能なこと，⑤結果として，別氏夫婦のそれぞれの氏を次の世代に承継することが可能になることである。

---

主張する。大村教授は兄弟姉妹の権利として，父母の離別により兄弟姉妹が別々にならないことにも言及しており，監護者指定等における兄弟姉妹の扱いを検討する際の子の利益についての考え方等も参考になろうか。

67)「特別の事情」は，「特に子の氏変更を必要とするような家庭又は親族間の事情」をいうが，より具体的には，「子の氏統一の原則」を破っても，なお氏の変更を必要とする事情，また，現行民法791条の枠組みの中で処理するために，この規定が前提として予定している身分行為に相当するような事情という2つの側面があると整理されている（法務省民事局参事官室・前掲注24）177頁以下）。

68) 現行民法791条において，成年に達した子による氏の変更の申立ては認められると解されている（松川正毅＝窪田充見・新基本法コンメンタール親族〔第2版〕〔日本評論社，2019〕159頁〔窪田〕）。

それに対して，成年に達している場合に，父又は母と氏を同じくしその戸籍へ入籍することにこだわること自体が，氏の個人の呼称性を弱くして，家意識に通ずるとの指摘もある（山川一陽「夫婦の氏，親子の氏」石川稔ほか編・家族法改正への課題〔日本加除出版，1993〕109頁）。

69) 以下，法務省民事局参事官室・前掲注24）177頁以下。

子の氏の変更を認めない見解の論拠は，㋐氏は個人を特定するものであり，みだりに変更を認めると，社会生活上の呼称秩序の混乱を招くなどの氏の社会的機能に反する，㋑別氏夫婦の婚姻継続中に子の氏のみを変更しなければならないような事態を想定し難い，㋒氏に対する人格的利益の尊重は子についても認められる，㋓子の氏の定めは実質的には現行法における夫婦の氏の定めの一部に相当するもので，安易に変更されるべきではない，㋔家庭裁判所が，父母の婚姻中に子が父又は母のいずれの氏を称することが適当であるかを判断する合理的・客観的基準を見出すことが困難である等というものである[70]。

各見解の論拠は，別氏の父母が婚姻中である場合に家庭裁判所が子の氏の変更の許否を適切に判断できるのか（④㋔），子の氏の変更を必要とする場合があるか（②㋑）等の実態の評価に関するものもあるが，父母の婚姻中に子の氏の変更が必要な子の利益とは何か（①②）については，より明確にすることが必要となろう。また，既に繰り返し言及している，自己の氏を子に伝える利益を実質的に保障することも子の氏の変更を認める論拠とされているが（⑤），その権利が子の利益（氏の安定）より重視されるべきかも検討が必要であろう。

子自身が自らの氏に対する権利を有しており（㋒），家庭裁判所の関与があるとはいえ，子の氏の変更が認められることで，子自身の氏の個人識別機能や氏を変更しない権利が害されるという側面を重視するのであれば，子の氏の変更については，回数及び期間（子の出生から一定の期間等）の限定をすることも考えられよう[71]。

### (2) 子自身による子の氏の変更

子自身が，裁判所の許可などを得ず氏を変更することを認めるべきとする見解（要綱試案B案参照）は，学説において根強い[72]。その論拠は，ⓐ子の意思の尊重，ⓑ子の福祉や社会生活上の必要性等である[73]。

---

70) 法務省民事局参事官室・前掲注14) 235頁以下。
71) 高橋・前掲注30) 222頁以下。子の否認権を親権者である母等が代理行使する場合（民774条2項）のように，親権者等が子の氏の変更について権限を行使できる要件・期間を限定し，子が一定の年齢に達した後に，自らが権限を行使できるとする制度設計もあり得よう。
72) 要綱試案B案について，法務省民事局参事官室・前掲注14) 238頁以下。犬伏・前掲注6) 8-9頁，常岡・前掲注6) 112頁は，要綱試案B案と同様の提案をする。他に，大村・前掲注66) 72頁。批判的な見解として，滝沢・前掲注46) 365頁以下。

ここでいう「子の意思」や自己決定とは一体何を意味するのだろうか。立案担当者は，要綱試案Ｂ案について，子の氏を出生時に父母が協議により定める場合には，本来，子自身が自らの氏を選択できたが，それをすることができなかったことになると整理した上で（1(3)も参照），子が十分な判断能力を取得した後に，自らの判断で，父母が定めた氏を変更できる余地を認めようとする趣旨だと説明する[74]。学説で子自身による氏の変更を認める見解は，平成 8 年要綱等のように父母の婚姻時に子の氏を決定する場合も，同様に，子の氏の決定については本来は子に決定権があり，父母による子の氏の決定はそれを代わりに行使したものであり，それゆえに，一定の年齢に達した後に，自らの意思で氏を変更することを認めるべきだと解しているとも考えられよう。子の氏の決定の法的性質が，子の氏を子の出生時に決める場合と婚姻時に決定する場合で同じなのかという点も含めて，1(3)②でも言及したように，その法的性質を明らかにした上で，これらの考え方が成り立ち得るかの検討が必要であろう。

また，上記のような，本来は子の氏の決定権は子自身にあるという考え方に立つと，同氏夫婦の子の氏や子の名前についても，子が一定の年齢に達した場合には変更を認めるべきであるという見解も，理論的には成り立ち得よう[75]。子自身による氏の変更を別氏夫婦の子に限定するのであれば，その理由を，理論面において明確にすることも必要であろう。

# Ⅳ おわりに

以上の検討から，選択的夫婦別氏制度における子の氏を検討する際には，氏の性質に加えて，親が氏に対して有する権利の具体的内容，子が氏に対して有

---

73) 大森・前掲注 44) 71 頁，二宮編・前掲注 1) 176 頁〔床谷〕。これに対しては，子の意思を尊重するようで，子に無理を強いることになりかねないとの指摘もある（内田・前掲注 64) 52 頁）。
74) なお，氏の変更の成年に達してから 2 年間という期間制限については，氏変更の期間制限であるとともに，氏の変更という重要な事項について慎重を期すための熟慮期間であるとされる（法務省民事局参事官室・前掲注 14) 239 頁）。
75) 立法論としてそのような考え方があり得るとするものとして，氏について二宮＝山田・前掲注 52) 256 頁以下，名について谷口知平・戸籍法〔第 3 版〕（有斐閣，1986) 125 頁。それに対して，子は出生時にいかなる氏と名を取得するかの選択肢を持つことはあり得ないとするものとして，滝沢・前掲注 46) 366 頁以下。

する権利，氏に対する子の利益の具体的内容を明らかにした上で[76]，両者の均衡をどのように図りながら制度設計をするかを考えていくことが必要となろう[77]。その際には，子の氏の決定の法的性質を明確にすることも不可欠である。

本稿は，従前の議論を整理し，以上のような今後の検討事項を示すにとどまる不十分なものであり，先行研究における上記各事項についての検討を踏まえた上でのさらなる検討は今後の課題である。

また，子の氏をめぐる各論点の論拠の中には実態に対する評価に関わるものもある。平成8年要綱の作成に向けた審議経過からも明らかなように，氏に関する制度は，社会的に受容されるものでなくてはいけない。そのため，平成8年要綱以降の家族に関する変化も踏まえた上での検討も必要となろう。

---

76) 古賀・前掲注9) 339頁。
77) 憲法学において，子の氏の決定について選択肢を検討するものとして，篠原・前掲注27) 51頁以下。

# 裁判離婚制度の改革
―― 平成8年改正要綱が示した方向と課題

浦 野 由 紀 子

　I　はじめに
　II　平成8年改正要綱の背景――現行離婚法の何が問題とされたのか
　III　平成8年改正要綱の意義と課題
　IV　平成8年改正要綱の公表後の状況と今後の展望

## I　はじめに

　戦後の日本国憲法制定に伴う家族法改正に象徴されるように，草創期の家族法が「家」的な拘束や家族観から国民を解放し，家族形成における個人の自由と平等を促進するものであったのに対して，これにつづく隆盛期の家族法立法及びその試みは，昭和40～50年代に生じた社会経済情勢と生活形態の変化を背景に，個人の価値観の自由化・多様化をふまえた社会の要請によって後押しされた側面をもつものであった[1]。隆盛期の始期は，社会の自由化・流動化・多様化が進む時代の中で生を受け，戦後の価値観を身につけて育った国民が，自己の家族を形成しはじめた時期とも重なる。

　こうした隆盛期の家族法を象徴する出来事の一つが，平成3年に始まった法制審議会民法部会における婚姻制度等の見直し作業であり，その成果としての平成8年の「民法の一部を改正する法律案要綱」[2]（以下，「平成8年改正要綱」という）の公表であった。平成8年改正要綱は，法改正にこそ至らなかったものの，とりわけ離婚法に関して隆盛期における家族法学と実務の到達点を示し，今後の立法論の軸になるものであると評されてきた[3]。そこで，本稿では，平

---

1) 大村敦志「もうひとつの基本民法　第13回」法教277号68頁（2003）。
2) https://www.moj.go.jp/shingi1/shingi_960226-1.html （2024年5月28日アクセス）
3) 二宮周平編・新注釈民法（17）親族（有斐閣，2017）441-442頁〔神谷遊〕。

成8年改正要綱が扱ったさまざまな立法的課題のうち，裁判上の離婚における離婚原因（夫婦の一方から他方に対して訴えを提起して離婚することができる事由）をめぐる問題に着目し，平成8年改正要綱が何を実現しようとし，何を課題として残したのか，また，その後の社会や実務にどのような影響を与えたのか等について，概観する。

## II 平成8年改正要綱の背景
### ——現行離婚法の何が問題とされたのか

### 1 現行離婚法の構造

　明治民法における離婚法は，有責主義を根幹とする離婚原因と離婚阻却事由を絶対的・限定的に列挙していたが，戦後の民法改正（昭和22年法律第222号）により大きく改正された。改正によって成立した現行法は，民法770条1項1号〜4号において4つの具体的離婚原因を列挙しつつ，同項5号において「その他婚姻を継続し難い重大な事由があるとき」を抽象的（相対的）離婚原因として挙げることにより，離婚原因を相対化した。すなわち，民法770条1項1号〜4号の具体的離婚原因は有責的事由とそうではない事由の両方を含むが，すべて同項5号の「婚姻を継続し難い重大な事由」を例示する趣旨で列挙されたものと位置づけられた[4]。また，民法770条2項に裁量棄却条項を置き，同条1項1号〜4号に定める具体的事由がある場合でも，裁判所が「一切の事情を考慮して婚姻の継続を相当と認めるとき」は，離婚の請求を棄却することができることとされた。

　現行法が明治民法における有責主義・絶対的離婚原因から脱却し，相対的離婚原因を採用した主たる目的は，離婚の原因となる事情が夫婦ごとに異なることをふまえて，離婚原因を拡大し，裁判離婚制度をさまざまな離婚原因に柔軟に対応できるものにすることにあった。民法770条1項5号及び同条2項の抽象的・一般的な規定ぶりは，この目的を達成するために，離婚原因の存否や離婚請求の可否を裁判官の裁量判断に全面的に委ねることを，最初から積極的に織り込むものでもあった[5]。

---

4) 我妻榮編・戦後における民法改正の経過（日本評論社，1956）146頁，151頁。

民法770条1項5号が「婚姻を継続し難い」場合を離婚原因として定めたことをもって，現行法は破綻主義を採用したものとして理解された。もっとも，現行法の構造は，《婚姻関係が客観的に破綻したことのみをもって離婚が認められるもの》ではなく[6]，また，破綻主義を採ることの意義として当時力点が置かれたのは，《相手方に有責事由がなくても離婚できること》であり[7]，むしろ「無責離婚主義」としての理解が前面に出ていたといえる。

## 2　現行離婚法をめぐる実務の動向
### (1) 相対的離婚原因主義が離婚訴訟にもたらしたもの
　このような現行法の構造を前提として，民法770条1項1号～4号に基づく離婚請求の可否は，各号に定める具体的離婚原因の存否のみでは定まらず，同条2項の適用の有無にも関わり，具体的離婚原因とは無関係な事情も広く考慮したうえでなければ判断できないものとなった。同様に，同条1項5号に基づく離婚請求の可否についても，婚姻の破綻の有無に限らず，その他あらゆる事情を考慮して総合的に判断されることになった。こうして，「裁判例においては，婚姻破綻以外の事情を考慮に入れて『婚姻を継続し難い重大な事由』を認定する，あるいは『婚姻を継続し難い重大な事由』の存否は破綻の有無により判断しつつ，条文上の根拠を必ずしも明らかにしないまま破綻以外の何らかの事情に基づいて離婚請求を棄却するという解釈運用が見られ」[8]るようになったとされる。民法770条1項5号にいう「婚姻を継続し難い」場合（これと同条2項にいう「婚姻の継続を相当と認める」場合はおおむね表裏の関係に立つ場合と思

---

5) 最高裁判所事務総局家庭局・民法改正に関する国会関係資料 (1953) 197頁〔奥野政府委員発言〕。
6) 法務省民事局参事官室・婚姻制度等に関する民法改正要綱試案及び試案の説明 (1994) 83頁は，「婚姻関係が客観的に破綻していれば，理由の如何を問わず離婚を認める」とする立場を「徹底した破綻主義」と定義したうえで，現行法の規定は「破綻主義を採用したものと理解されている」が，そのような徹底した破綻主義を採るものであるとまでは解されていないとする。
7) 例えば，最高裁判所事務総局家庭局・前掲注5) 197頁〔榊原千代委員発言〕。また，学説においても，高橋忠次郎「目的主義と有責主義」家族法大系Ⅲ　離婚（中川善之助教授還暦記念）（有斐閣，1959）117頁は，現行法の破綻主義を「無責離婚原因を採用したもの」と説明し，我妻栄・親族法（有斐閣，1961）155頁は，「破綻主義は，一方の配偶者に責任のない場合にも離婚を認めるというだけ」であると述べる。
8) 久保野恵美子「破綻主義離婚における破綻の意義と裁量棄却」野田愛子ほか編・新家族法実務大系第1巻　親族1　婚姻・離婚（新日本法規出版，2008）425頁。

われる）について，すなわち婚姻の「破綻」の意味内容について，一義的で明確な定義がないこと，及び，裁判官の裁量を広く認める解釈運用により，離婚裁判は，結果についての予測可能性が極めて低いものとなった[9]。離婚請求の可否につき明確な法的基準を見出し難く，裁判官がどのような事実をどのような重みで考慮するかが分からないために[10]，訴訟当事者は，婚姻生活において生じたあらゆる事実（各自の認識した「婚姻史」）を主張することになり，このことが争点整理を妨げ，審理を長期化させる原因ともなった[11]。

さらに，破綻主義（無責離婚主義）を貫くわけにはいかなかった社会的事実も，こうした解釈運用を支持した。昭和期にあった「永久就職」という言葉に含意されるように，当時の婚姻は，多くの女性にとって，生計の手段としての現実的機能を有した。したがって，破綻主義（無責離婚主義）が社会的弱者たる「無責な」妻からこの生計の保障を奪う方向に働く場面では，とりわけ破綻につき有責な夫が民法770条1項5号に基づいてする離婚請求によってそれがもたらされるときは，破綻主義の貫徹は社会正義に反し，正当性を欠くものと捉えられた[12]。そこで，最判昭和27・2・19民集6巻2号110頁（踏んだり蹴たり判決）は，離婚が無責配偶者にもたらす負の効果を考慮して，有責配偶者からの離婚請求を認めない立場（消極的破綻主義）を採り，原告の有責性を離婚請求における絶対的な棄却事由としたのである。もっとも，消極的破綻主義が，離婚訴訟における夫婦間のプライバシーの暴露合戦や，これによる夫婦対立の激化をはじめとするさまざまな弊害をもたらしたことは周知のとおりである。

### (2) 家裁の調停・審判実務の動向

婚姻の効果に関わる調停・審判事件（同居申立事件や婚姻費用分担申立事件等）

---

[9) 離婚法の予測可能性の低さを指摘するものとして，例えば，久保野・前掲注8) 423-424頁，大村敦志ほか編・比較家族法研究（商事法務，2012）103頁〔森山浩江〕。
10) コンメンタールやいわゆるハウツー本では，裁判例で離婚が認められた事由が類型化されて紹介されているが，事案の類型化も，離婚当事者の予測可能性を高めるものとはならない。裁判官の裁量を前提とするあらゆる事実の総合判断の下では，同じ事実関係について，裁判官によってまったく異なる捉え方がなされることはままあるからである。そのような例として，東京家判平成30・6・20判時2427号20頁（第一審）と東京高判平成30・12・5判時2427号16頁（控訴審）参照。
11) 水野紀子「破綻主義的離婚の導入と拡大」ジュリ1336号19頁以下（2007），阿部潤「離婚訴訟の審理と運営――初めて離婚訴訟を担当する裁判官のために」家月59巻12号22頁，24頁（2007）。
12) このことを明確に指摘するものとして，東京高判平成26・6・12判時2237号47頁。

は，離婚訴訟の前哨戦の場になることが多いが，これらを扱う家裁実務は，消極的破綻主義の影響をふまえつつも，以下のような破綻主義的な動きを見せた。

　第一に，昭和30年代以降，婚姻費用分担審判事件は著しい増加傾向を示した[13]。これは，前掲最判昭和27・2・19により，同意しない限り離婚されないことを保障された妻が，「離婚同意を牽引力にして」[14]，夫からの婚姻費用の支払を確保しようとしたことによると思われる。しかし，審判例には，法律上の婚姻が継続している限りは婚姻費用分担義務があることが原則であるとしながら[15]，婚姻の破綻を理由に婚姻費用分担義務を軽減するものも多く見られた[16]。このことは，消極的破綻主義が有責配偶者からの離婚請求を棄却することによって破綻した婚姻を継続させても，相手方（たる妻）は減額された不十分な婚姻費用しか得られないという状態を生じさせるものであって，（離婚させないことによる）妻の経済的保護という消極的破綻主義の目的は必ずしも十分に実現されないことを意味した。

　第二に，昭和20～30年代の同居審判事件における審判例は，申立人の同居請求権の存在を当然の前提としつつ，同居を拒否できる正当な事由が相手方にある場合は請求を認めないこととし，そのような正当事由として，別居についての当事者の帰責性の有無と程度を重視するものが散見された[17]。しかし，最大決昭和40・6・30民集19巻4号1089頁の登場を機に，この傾向は変わる。以後の審判例では，破綻した夫婦間にも抽象的な同居義務が存することを前提にしつつも，同居義務の具体的内容を形成することが不相当であると思われる事情がある場合には具体的同居義務を形成しない（同居請求を認めない）との判断をするものが多数になった。そのような具体的事情としては，婚姻の破綻とその回復可能性（同居を命じた場合の実効性）が専ら考慮され，破綻・別居の責

---

13) 最高裁判所事務局・昭和60年司法統計年報（3家事編）6頁以下によれば，婚姻費用分担審判事件の新受件数は，昭和30年に6件，昭和35年に97件，昭和42年以降は200件台に上り，昭和60年には435件となった。
14) 水野・前掲注11) 21頁。また，島津一郎「最近における離婚法の動向」判タ289号59頁（1973) も参照。
15) 大阪高決昭和33・6・19家月10巻11号53頁。
16) 例えば，東京家審昭和47・9・14家月25巻11号98頁，長崎家審昭和54・6・4家月32巻3号108頁，東京高決昭和57・12・27判時1071号70頁など。
17) 広島家審昭和31・6・3家月8巻7号33頁，鳥取家審昭和35・3・5家月12巻5号151頁など。

任の所在はほぼ考慮されなくなった[18]。この背景には，破綻した（愛情や信頼関係という婚姻共同生活の前提を失い，円満な同居生活の実現を期待できない）夫婦に同居を命じても，互いの人格を傷つけ，個人の尊厳を損なう結果を招来するだけである，という破綻主義的理解があった[19]。以上のような審判実務は，離婚訴訟実務と実質的な齟齬を来し，「同居義務なき法律婚が維持されるという奇妙な結果」[20]を生じさせた。もともと，同居審判事件は，婚姻が破綻状態にあり，相手方が強い離婚意思を有している（離婚の調停申立てや訴訟提起をしている）事案が大半であり，申立人の目的も，同居そのものではなく離婚請求に対する攻撃防御のためであることが多かったが[21]，否定例[22]が増え，同居請求が離婚請求に対する攻撃防御にならなくなった結果，同居審判事件の申立件数は，昭和40年代以降顕著に減少した[23]。

このように，家裁の審判実務においては，法律上の婚姻が存続していてもその実態が破綻していれば，実態に即した（すなわち事実上の離婚に近い）処理が志向された。配偶者としての権利が十分に保障されるとは限らない状態のなかでの消極的破綻主義＝離婚制限は，場合によっては（離婚を望むのが妻側の場合は，離婚すれば得られるはずの公的支援へのアクセスが妨げられうるという意味で），弊害の方が大きいこともあったろう[24]。家裁の審判実務と消極的破綻主義との

---

[18] 小田島真千枝「妻による同居請求の許否」家族法判例百選〔第3版〕33頁（1980），吉村正「同居に関する判例と破綻主義」家族法の理論と実務（別冊判例タイムズNo.8）185頁（1980）。

[19] 京都家審昭和48・1・25家月25巻10号67頁。

[20] 野田愛子「離婚原因法と家事事件」鈴木忠一＝三ケ月章監修・新・実務民事訴訟講座8（日本評論社，1981）493頁。

[21] 野田愛子「同居審判の対象と実体的同居請求権の存否」ジュリ408号122頁（1968），吉村・前掲注18）184頁。

[22] 東京家審昭和43・6・4家月21巻1号105頁，札幌高決昭和51・11・12家月29巻5号65頁など。とくに，有責配偶者に対する同居請求につき，これを却下・棄却した例として，高松高決昭和43・11・5家月21巻2号168頁，新潟家長岡支審昭和44・3・24家月21巻11号136頁，大阪高決昭和49・6・28家月27巻4号56頁，東京家審昭和44・8・20家月22巻5号65頁（別居を命ずる処分をした例）など。

[23] 最高裁判所事務局・昭和60年司法統計年報（3家事編）6頁以下によれば，夫婦の同居・協力扶助審判事件の新受件数は，昭和39年に160件，昭和41年には66件と激減し，昭和60年には31件となった。

[24] 消極的破綻主義は，「離婚したくない妻」を想定した場合は妻の保護に資するが，「離婚したい妻」を想定した場合は必ずしも妻を保護するものとならないこと（そして，離婚したい妻も多く存すること）を指摘するものとして，「〈鼎談〉無責離婚法の動向」判タ493号56-57頁（1983）〔野

齟齬を背景に，離婚調停では，消極的破綻主義をむしろ離婚の成立条件を調えるためのツールとして用い，有責配偶者たる申立人が相手方（たる妻）の提示した慰謝料を相手方に支払うのと引換えに離婚を成立させるという，消極的破綻主義の本来の趣旨とは異なる解決を採る例も見られた[25]。この点で，調停離婚は厳格な裁判離婚を緩和するものとして機能した[26]。かたや，離婚訴訟においても，夫婦が長期別居している事例では，有責配偶者からの離婚請求でも，子の福祉や相手方配偶者の経済面を考慮しつつ，破綻の事実を直視して離婚を認める裁判例が現れるようになった[27]。

### (3) 最大判昭和 62・9・2 の意義

そのような中で登場した最大判昭和 62・9・2 民集 41 巻 6 号 1423 頁（以下，「大法廷判決」という）は，有責配偶者からの離婚請求につき，民法 770 条 1 項 5 号の文言からはこれを許容すべきでないという趣旨まで読み取ることはできないとし，信義則にかなったものならば許されうるとの考え方（消極的破綻主義の制限）を示した。大法廷判決の意義についてはさまざまな評価があるが[28]，平成 8 年改正要綱への連続性や影響という観点からは，次の三つを挙げることができる。一つは，離婚原因（破綻主義）の具体化・明確化である。民法 770 条 1 項 5 号にいう「婚姻を継続し難い重大な事由」を，「夫婦が婚姻の目的である共同生活を達成しえなくなり，その回復の見込みがなくなった場合」と言い換えることで，同号が「婚姻の破綻」を離婚原因として定めるものであるとの理解を明確にした。そして，「破綻」とは，夫婦の一方または双方が「両性が永続的な精神的及び肉体的結合を目的として……共同生活を営む」真摯な意思を確定的に喪失し（主観的側面），「夫婦としての共同生活の実体を欠くようになり，その回復の見込みが全くない状態」（客観的側面）であると述べて内容の具体化を試みた。もう一つは，離婚原因の存否の問題と離婚の結果との切り

---

田愛子発言〕，内田貴ほか「〈特別座談会〉家族法の改正に向けて（上）——民法改正委員会の議論の現状」ジュリ 1324 号 70 頁（2006）〔水野紀子発言〕。
25) 中川良延「有責配偶者の離婚請求と調停」判タ 550 号 111 頁（1985），中川良延「離婚調停のメカニズム」望月礼二郎ほか編・法と法過程（創文社，1986）669 頁。
26) 当時の離婚調停の破綻主義化を指摘するものとして，野田・前掲注 20）496 頁。
27) 東京高判昭和 55・5・29 判時 968 号 62 頁，仙台高判昭和 59・12・14 判時 1147 号 107 頁など。
28) 学説における評価の概観については，大村敦志「判批」法協 111 巻 6 号 137 頁（1994）以下参照。

分けである。離婚の可否は離婚原因の存否のみから判断されるべきこと，また，離婚が他方当事者にもたらす（不当な）結果（及び，これに対する他方当事者の保護の必要性）は，基本的に離婚の可否を左右する要素にならず，財産分与等の離婚の効果面で配慮されるべきことを，明確にした。最後に，離婚請求が信義則違反となる場合についての判断基準の明確化である。最高裁は，有責配偶者の離婚請求の場面に限定してではあるが，いわゆる三要件――長期間の別居，未成熟子の不存在，相手方配偶者が離婚により苛酷な状態に置かれる等離婚請求を認容することが著しく社会正義に反するといえるような特段の事情の不存在（苛酷条項）――を提示し，具体的かつ明確な判断基準を立てた。

## Ⅲ　平成 8 年改正要綱の意義と課題

　平成 8 年改正要綱は，基本的には，以上のような大法廷判決の趣旨と方向性を盛り込むものであった[29]。平成 8 年改正要綱は，第七で裁判上の離婚について次のように定める。

　一　夫婦の一方は，次に掲げる場合に限り，離婚の訴えを提起することができるものとする。ただし，（ア）又は（イ）に掲げる場合については，婚姻関係が回復の見込みのない破綻に至っていないときは，この限りでないものとする。
　　（ア）配偶者に不貞な行為があったとき。
　　（イ）配偶者から悪意で遺棄されたとき。
　　（ウ）配偶者の生死が 3 年以上明らかでないとき。
　　（エ）夫婦が 5 年以上継続して婚姻の本旨に反する別居をしているとき。
　　（オ）（ウ），（エ）のほか，婚姻関係が破綻して回復の見込みがないとき。
　二　裁判所は，一の場合であっても，離婚が配偶者又は子に著しい生活の困窮又は耐え難い苦痛をもたらすときは，離婚の請求を棄却することができるものとする。（エ）又は（オ）の場合において，離婚の請求をしている者が配偶者に対する協力及び扶助を著しく怠っていることによりその請求が信義に反すると認められるときも同様とするものとする。

　平成 8 年改正要綱の意義は，以下のようにまとめることができる。第一は，

---

29) 小池信行「『民法の一部を改正する法律案要綱』の概要」ひろば 49 巻 6 号 13 頁（1996）。

離婚原因の「破綻」への純化であり，これによる離婚原因と離婚の結果の峻別である。第1項本文ただし書が挿入されたこと，第1項（エ）で客観的な指標である「5年以上の別居」が離婚原因に加えられたこと，及び，第1項（オ）が「婚姻関係が破綻して回復の見込みがないとき」と規定され，民法770条1項5号の文言よりも客観性が高められたこと等が示すように，平成8年改正要綱は，離婚原因を「破綻」に純化することを明確にするとともに[30]，「破綻」の内容を具体化・客観化した。離婚原因の存否は，破綻を示す客観的事実の有無のみによって判断され，破綻とは無関係な事情（とりわけ，離婚を認めた場合の結果等）は考慮されないことになる。そして，離婚請求の可否は，原則として離婚原因（破綻）の有無によって定まる。これが平成8年改正要綱の基本的な考え方である。平成8年改正要綱は，「何を立証すれば離婚できるか」を当事者に明示し，離婚訴訟の結論について予測可能性を持たせることを意識した。

　第二は，棄却事由の存置とその明確化である。平成8年改正要綱は，破綻＝離婚原因がある場合であっても離婚請求が棄却される可能性を残した。「離婚が配偶者又は子に著しい生活の困窮又は耐え難い苦痛をもたらす」場合，または，第1項（エ）・（オ）に基づく請求に関して「離婚の請求をしている者が配偶者に対する協力及び扶助を著しく怠っていることによりその請求が信義に反すると認められる」場合に，離婚請求は棄却されうる。前者はいわゆる苛酷条項であり，婚姻の効力（婚姻の存続）によって相手方配偶者を保護するという消極的破綻主義と同様の効果を，「相手方又は子が離婚によって著しく苛酷な状態に置かれる」ときに限り用いるものである。後者はいわゆる信義則条項であり，第1項（エ）・（オ）の離婚原因は請求者が自ら作出することができるものであるところ，別居期間中においても扶養義務や婚姻費用分担義務を誠実に履行したかどうかを問うことで，信義に反する離婚請求を抑止することを意図したものである。もっとも，すでに指摘されているように，棄却事由の存在は，《離婚原因（破綻）があれば離婚は認められる》という平成8年改正要綱の上記基本方針との矛盾を孕み，離婚訴訟の予測可能性を低下させかねない側面をもつ[31]。そのため，平成8年改正要綱は，上記の二つの場合に棄却事由を限定

---

30) 法務省民事局参事官室・前掲注6) 83頁。
31) 久保野・前掲注8) 422-423頁。

し，かつ，例外的な場合にのみ適用されるものとした。

　平成 8 年改正要綱の公表に至るまでの間，法務省は，二度にわたる中間報告の発表と国民への意見照会を行い，国民の意見をできるかぎり反映させようとした。家族法の改正においてこのような慎重な手続がとられたことは，それ以前はなかったという[32]。そこには，どんなに理論的に考え抜かれたものであっても，国民の意識から乖離した制度改革・運営は困難である[33]という冷静かつ現実的な認識があったのだろうと思われる。事実，客観的な破綻をもって離婚を認める平成 8 年改正要綱に対しては，(消極的破綻主義が阻止してきた) 経済的弱者たる無責の妻の追い出し離婚が可能となる点で，国民の間でも反対意見や懸念が強く示された。苛酷条項及び信義則条項は，こうした懸念を払拭するために導入されたものであったが，国民を納得させることはできなかった[34]。

　離婚の可否が離婚の結果の当不当に関係なく判断され，棄却事由も例外的にしか適用されないとすれば，離婚による不利益を補償する制度が整備される必要がある。平成 8 年改正要綱は，第六の二で，財産分与に関して実体ルールの見直し (財産面での夫婦の公平という観点に立った，いわゆる 2 分の 1 ルールの導入) 等を行ったものの，どんぶり勘定的にその内容を裁判官の裁量判断に委ねる仕組みそのものは維持され，財産分与の内容を具体化・明確化したり，離婚と離婚給付の一括解決を制度的に保障したり[35]，離婚給付の確実性を高める新たな仕組みを提案したりすること[36]はなかった。もし平成 8 年改正要綱が立法化されていれば，離婚原因の存否が客観的なメルクマールで判断されるため，離

---

32) 石川稔「婚姻法・離婚法改正の意義と課題」法時 66 巻 12 号 2 頁 (1994)。
33) 水野・前掲注 11) 22 頁。
34) 平成 8 年改正要綱の際の状況をふまえ，法改正において国民的な理解を得ることの重要性を指摘するものとして，法制審議会家族法制部会第 19 回会議 (令和 4 年 8 月 30 日開催) 議事録 4 頁 (https://www.moj.go.jp/shingi1/shingi04900001_00153.html)〔水野紀子委員発言〕(2024 年 5 月 28 日アクセス)。
35) 例えば，大法廷判決の補足意見は，離婚請求と離婚給付の同時解決のために，有責配偶者からの財産分与の付帯申立てを認めて，離婚判決と同一の主文中で相手方配偶者に対して財産分与の給付を命じることができるようにすべきである旨を論じている。もっとも，大阪高判平成 4・5・26 判タ 797 号 253 頁は，分与義務者からの財産分与の付帯申立ては許されないとする。
36) 例えば，「破綻主義を可能な限り完成度の高いものとすること」を目ざすための手直しとして，滝沢聿代「民法改正要綱試案の問題点 (下)」法時 67 巻 1 号 68 頁 (1995) は，裁判上の離婚と民法 768 条を結合し，離婚裁判の中で職権により財産分与を行えるようにすることを提案している。

婚の成否については審理が円滑化する（あるいは争訟性が薄まる）結果，審理の重点を離婚の効果に移すことが可能になっただろう[37]。破綻主義が破綻した婚姻から人生を再出発させることを保障するものである以上，離婚の自由の保障という点からも，離婚による不利益に対する補償の必要性という点からも，破綻主義には離婚給付を充実させ確実に実現できる方策（とりわけ離婚後扶養としての給付や養育費の確保が重要となろう）が伴走しなければならなかった。国民を納得させられるような方策を提示できなかったことは，平成8年改正要綱が残した大きな課題であったと言える。

## Ⅳ 平成8年改正要綱の公表後の状況と今後の展望

### 1 その後の状況

民法770条1項5号に基づく有責配偶者からの離婚請求について大法廷判決が示した立場は，以後の裁判例において踏襲された。すなわち，信義則違反に関する判断については，いわゆる三要件アプローチによるか総合判断アプローチによるかをめぐり，裁判例の立場はさまざまであるものの[38]，離婚の可否の判断構造そのものについては，離婚原因の存否は破綻の事実の有無で判断され，それ以外の（有責性などの）諸事情は請求が信義則違反であるか否かに関して考慮される，という明確な枠組み[39]を採るものが増えた。

さらに，婚姻の破綻（民法770条1項5号の離婚原因）については，一定期間の別居の事実があればこれが認定される傾向が強まった[40]。実務上，有責でな

---

[37] 小林愛子「離婚訴訟事件担当裁判官から家事調停に望むこと」ケース研究315号40-41頁（2013）によれば，離婚原因の存否で争いがあり調停不成立となった事案では，第1回口頭弁論期日において「原告が主張する離婚の原因をいったん横において，この段階で，離婚はやむを得ないとお考えですか。」と尋ねると，「原告の主張は争うが，離婚自体はやむを得ない」との回答が返ってくることが多いという。こうした事案では，調停段階では離婚原因で対立するのみで離婚の条件は検討されず，訴訟になって和解勧告がなされた際に初めて，離婚の条件についての合意に向けた検討がなされることになるというが，もし平成8年改正要綱のように離婚原因を破綻主義に純化すれば，調停段階において，双方が「離婚はやむを得ない」という前提をとる場合が増え，離婚原因や有責性をめぐる争いに時間を消費することなく，真に必要な離婚の条件に関する合意形成に注力することができると考えられる。

[38] 裁判例の動向について，二宮編・前掲注3) 434頁以下〔神谷〕参照。

[39] 久保野・前掲注8) 427頁。

い配偶者からの離婚請求では，3±1年の別居期間で破綻が認められるのが実情に即した合理的なガイドラインであるとされている[41]。

積極的破綻主義への接近を示した大法廷判決が国民の離婚行動に与える影響については，追い出し離婚が可能になるために財産分与が行われにくくなったり財産分与額が減ったりするのではないかという予想[42]と，むしろ十分な財産分与を行わなければ離婚できないという意識が生じるのではないかという予想[43]が示されていた。後者の予想は，大法廷判決が言及する苛酷条項の影響を念頭に置くものであるが，前者の予想は，裁判所の関与しない協議離婚と，当時の調停実務の状況を念頭に置くものであったと思われる。というのは，大法廷判決前における調停実務では，消極的破綻主義が「相手方に慰謝料請求権を行使させ，その額を相手方に有利に決定させるために一定の役割を果たして」[44]いたからである。これについて，大法廷判決後は有責配偶者の男性が財産分与等を支払おうとしない傾向が強くなったという印象を示す実務家もみられるが[45]，大法廷判決の前後で，調停等における財産分与の取決め率や額に大きな変化は見られず[46]，ブラックボックスである協議離婚の場合も含めると，国民の離婚行動に与えた影響を推し量ることは難しい。もっとも，近年では，離婚訴訟における紛争の実態として，離婚そのものが争点ではなく，子の親権・監護権の帰属や財産分与など，離婚の効果に関わる事項が争点となる事例が多く見られるようになっているといい，こうした変化の背景として，大法廷判決による積極的破綻主義への移行の影響や，平成8年改正要綱の考え方の先取りが見られることが指摘されている[47]。

---

40) 阿部・前掲注11) 25頁は，「通常，『婚姻破綻』の評価根拠事実の中核は，相当期間にわたる別居であ」るとする。
41) 安嘉人「控訴審からみた人事訴訟事件」家月60巻5号17頁 (2008)，稲田龍樹「控訴審からみた離婚事件の基本問題」判タ1282号11頁 (2009)。
42) 星野英一＝右近健男「〈対談〉有責配偶者からの離婚請求大法廷判決」法教88号18頁 (1988)〔星野英一発言〕。
43) 星野＝右近・前掲注42) 18頁〔右近健男発言〕。
44) 中川・前掲注25)「有責配偶者の離婚請求と調停」判タ550号111頁。
45) 梶村太市・新家事調停の技法 (日本加除出版，2012) 149頁。
46) 昭和61年，平成3年及び平成8年の最高裁判所事務局・司法統計年報 (3家事編) によれば，「離婚」の調停成立又は24条審判事件のうち，財産分与等の取決めがある件数の割合は，昭和61年は53％，平成3年は57％，平成8年は56％となっている。

大法廷判決と平成8年改正要綱は，追い出し離婚への対応として苛酷条項を用意したものの，これによる請求棄却はあくまでも例外的なものと位置づけていた。その後の有責配偶者からの離婚請求に関する公表裁判例を見るかぎりは，苛酷条項の適用はごく例外的にしかなされておらず[48]，苛酷条項の抑制的な運用については実務において一定のコンセンサスがあるように思われる。こうした運用実態に加え，充実した離婚給付による解決こそが本則であるという観点からは，苛酷条項について削除論も唱えられている。他方で，平成8年改正要綱が設けた信義則条項に関しては，その必要性をうかがわせるような事例も登場している[49]。

　平成8年改正要綱の公表から30年弱が過ぎた今日，国民の意識にも変化が生じている。総理府「家族法に関する世論調査」（平成8年6月調査）[50]では，裁判上の離婚原因について，「一定期間夫婦としての関係がなくなっている場合は，原則として，離婚を認めてよい」と答えた者の割合は54.7%，「一定期間夫婦としての関係がなくなっていることだけで，原則として離婚を認めるということはよくない」と答えた者の割合は18.0%であったが，内閣府「家族の法制に関する世論調査」（令和3年12月調査）[51]では，「一定期間夫婦としての関係がなくなっている場合は，原則として，離婚を認めてよい」と答えた者の割合は61.3%，「一定期間夫婦としての関係がなくなっていることだけで，原則として，離婚を認めるということはよくない」と答えた者の割合は14.7%となり，破綻主義的な考え方が増していることが分かる。また，離婚を認めるための期間として適当だと思う期間についても，上記令和3年12月調査では，「2年未満」が29.3%，「2年以上4年未満」が28.5%，「4年以上6年未満」が12.2%であって，現在の実務において破綻が認定される別居期間（3±1年）は，国民の感覚ともかけ離れていないことが分かる。なお，内閣府「離婚と子育て

---

47) 西岡清一郎「最近の地方裁判所における離婚訴訟の実情と家庭裁判所への移管について」判タ1031号5頁（2000）。
48) 高松高判平成22・11・26判タ1370号199頁，東京高判平成19・2・27判タ1253号235頁など。いずれも，介護を要する重い障害を負う成年子がおり，介護費用の増加が予想されたり，重い介護負担のために相手方（妻）の就労が困難であったりする事案である。
49) 前掲注10）東京高判平成30・12・5。
50) https://survey.gov-online.go.jp/h08/family.html（2024年5月28日アクセス）
51) https://survey.gov-online.go.jp/r03/r03-kazoku/（2024年5月28日アクセス）

に関する世論調査」（令和3年10月調査）[52]によれば，こうした破綻主義的傾向は，年配の世代（70歳以上）よりも若い世代（とくに30～39歳代）に顕著であるが，他方で，離婚後扶養の必要性を肯定する者の割合も若い世代のほうが高い。例えば，「離婚した夫婦の一方が生活に困窮するときには，いかなる場合でも，生活費の一部を負担する責任を負うべきである」または「場合によっては，生活費の一部を負担する責任を負うべきである」と答えた者の割合は18～29歳代で最も高く，反対に，「いかなる場合でも，生活費の一部を負担する責任を負う必要はない」とする者の割合は，70歳以上の男性で最も高い。このことは，国民の夫婦観に変化が生じているかもしれないことをうかがわせるものである。

## 2　今後の展望

　離婚給付（離婚による不利益に対する補償）の充実と確保という平成8年改正要綱が残した課題に対しては，その後，家事債務の履行確保に関する平成15年民事執行法改正や，平成15年人事訴訟法制定，平成16年年金法改正による離婚時の年金分割制度の導入など，関連する法制度が徐々に整備されてきた。また，養育費に関しては，平成15年に東京家庭裁判所と大阪家庭裁判所の裁判官が養育費算定表を作成・公表したことが，請求権の実質化に大きく寄与したと言われる[53]。

　さらに，令和6年5月には，「民法等の一部を改正する法律」が成立した。この改正では，子の監護の費用によって生じた債権を有する者に，債務者の総財産について先取特権を認めることによりその実効性を向上させるとともに（改正後民306条3号），養育費を定めずに離婚した場合にも政省令で定める養育費を請求できる「法定養育費」制度が導入されたほか（改正後民766条の3），財産分与について，平成8年改正要綱でも提案された「2分の1ルール」が規定され（改正後民768条3項後段），考慮要素について，「家庭裁判所は，離婚後の当事者間の財産上の衡平を図るため，当事者双方がその婚姻中に取得し，又は維持した財産の額及びその取得又は維持についての各当事者の寄与の程度，

---

[52] https://survey.gov-online.go.jp/r03/r03-rikon/ （2024年5月20日アクセス）
[53] 水野紀子「離婚法の変遷と特徴を考える」法教497号81頁（2022）。

婚姻の期間，婚姻中の生活水準，婚姻中の協力及び扶助の状況，各当事者の年齢，心身の状況，職業及び収入その他一切の事情を考慮して，分与をさせるべきかどうか並びに分与の額及び方法を定める」と規定されて（改正後民768条3項前段），明確化された。考慮要素の明確化を通じて，可能なかぎり給付内容が具体化・明確化され，給付の予測可能性が高められることが期待される。なお，この改正により，離婚後の父母の共同親権制度も導入されたところ（改正後民819条），今後は，離婚後の父母の協力関係の確保のために，離婚調停や離婚訴訟において夫婦対立を激化させない仕組み（離婚原因や有責性が過度に争われることによる弊害の防止）がとくに重要となるだろう。こうした観点からも，国民の意識のほか，家族法の改正状況や社会経済事情をふまえつつ，平成8年改正要綱の示した離婚原因における破綻主義への純化の趣旨と方向が，これを機に改めて検討されてもよいと思われる。

# 離 婚 給 付
## ——1996 年改正要綱から 2024 年改正へ

久保野恵美子

 Ⅰ 序
 Ⅱ 課 題 の 所 在
 Ⅲ 検 　 討

## Ⅰ　序

　離婚給付については，いわゆる 1996 年改正要綱[1]で提案されていた民法 768 条 3 項の改正条文案がほぼそのままの内容を保って 2024 年の民法改正によって現実化した[2]。この条文案は，財産分与について，「離婚後の当事者間の財産上の衡平を図る」ことを目的・理念とし，「実質的共有財産の清算」と「婚姻中の稼働能力の低下・喪失に対する補償ないしは離婚後の扶養」を要素とすることを示すものと説明されていた[3]。このことからすれば，今日におい

---

1) 平成 8 年 2 月 26 日法制審議会総会決定「民法の一部を改正する法律案要綱」(https://www.mojgo.jp/shingi1/shingi_960226-1.html。最終アクセス 2024 年 9 月 15 日)。
2) 1996 年改正要綱の第六の二の 3 では民法 768 条 3 項の改正について「家庭裁判所は，離婚後の当事者間の財産上の衡平を図るため，当事者双方がその協力によって取得し，又は維持した財産の額及びその取得又は維持についての各当事者の寄与の程度，婚姻の期間，婚姻中の生活水準，婚姻中の協力及び扶助の状況，各当事者の年齢，心身の状況，職業及び収入その他一切の事情を考慮し，分与させるべきかどうか並びに分与の額及び方法を定めるものとする。この場合において，当事者双方がその協力により財産を取得し，又は維持するについての各当事者の寄与の程度は，その異なることが明らかでないときは，相等しいものとする」と提案されていた。令和 6 年法律第 33 号による民法改正においては，上記引用部分内の下線部の協力による取得を他の部分との重複を避ける趣旨で婚姻中の取得と改めた（法制審議会家族法制部会資料 30-2，第 6 の 1（補足説明））以外には，この案を踏襲した規定内容とされた。
3) 1996 年改正要綱の試案について，ジュリ 1077 号 180-181 頁（1995）参照。また，「当事者間の財産上の衡平を図る」との文言は，「婚姻によって喪失した稼働能力に対する『補償』又は婚姻によって減退した所得能力の回復に必要な費用の『補償』という要素が含まれると解すべきであるとす

て，財産分与に清算的要素以外の要素が含まれること及び財産分与の拡充により離婚によって不利益を受ける一方配偶者の保護を図ろうとしてきた有力学説の意図が実現されていることはより一層明らかになったものとも思える。しかし，学説・実務を概観すれば，実質的共有財産の清算[4]の要素以外に，どのような考え方によってどのような給付がなされるべきか，なお探求を要するといえる。なぜなら，本稿で後に確認するとおり，実務及び学説を通じて，それを認めるべきでないという批判から免れ，かつ，なぜそれを認めるのかという説明が与えられているのは，当事者の具体的な貢献に応じて実質的共有財産から分与を受けるという内容の給付（本稿ではこれを「現実貢献分給付」という）のみであり，それ以外の要素の考慮による給付については，実務及び学説において，それを認めるとの結論及びそれを支える考え方が安定的に成り立っているとはいえないからである。

そこで，本稿では，法的名目にかかわらず[5]，離婚給付として何が認められるべきかという実質的な観点から，現実貢献分給付を超える内容を認める可能性について，課題の所在及びその解決の方向性を探ることとする。

## II 課題の所在

### 1 実務・学説の概観

離婚給付については，判例が財産分与の性質として示した清算，慰謝料，扶養の三つの要素に従って考察がされることが通例である。そこで，以下では，課題を明らかにする前提作業として，実務及び学説においてそれらの要素についてどのような議論が存するかを概観する。

#### (1) 裁判所の実務

(a) 清算的要素　裁判所の実務では，婚姻中に形成，維持された財産を

---

る有力説を念頭に」おくものであると説明されている（ジュリ1050号248頁〔1994〕）。
[4] 後述のとおり，これをどのような内容のものと解すべきかについても議論の対象となる。
[5] 実務において，「離婚による慰謝料」と「財産分与」という名称が，給付の内実と関係なく使用されており，いわゆる清算，慰謝料，扶養の三要素にあたる部分の区別は実際にはあいまいであることが指摘される（瀬川信久「判批」法協91巻1号176頁〔1974〕）ことを考慮してのことである。

夫婦双方の貢献又は寄与（以下では便宜上「貢献」と記す）の程度に応じて清算する考え方が採用されており，そこでいう貢献は現実のものが前提とされているといえる。すなわち，「双方の財産形成に対する経済的貢献度，寄与度を考慮し，実質的に公平になるように分配するというのが清算的財産分与の基本的考え」とされ[6]，対象となる財産は「名義の如何を問わず，婚姻中に夫婦の協力によって取得又は維持した財産」であるとされる[7]。貢献の割合の認定については，「専業主婦である妻の寄与を夫と同等に見るという考え方が主流となって」おり，「家事を分担している共稼ぎの夫婦においても同様であって，基本的に，普通の平均的な家庭を前提とすれば，特段の事情のない限り，双方の寄与を平等と推定するという考えが現在の実務の主流である」[8]とされ，1996年要綱で提案されていたいわゆる2分の1ルールの考え方の影響が見られる。しかし，注意すべきは，貢献を平等と見るのは，あくまでも推定にとどまるということである。すなわち，同ルールの適用について，「夫婦の一方が特別な才能や努力によって，一般家庭からみて多額の収入を得ているような場合では，この配分ルールを変更する可能性」があるとされる[9]。

　財産分与による清算の対象となる財産（財産分与対象財産）は，夫婦が基準時（原則として別居時）に有する共有財産及び実質的共有財産とされる。夫婦が婚姻前から有する財産や婚姻中に相続によって得た財産は，財産分与対象財産に含まれないこととなる[10]。

　(b) 慰謝料的要素　　裁判実務では，財産分与の一要素としての考慮又は別途の損害賠償請求として，他方配偶者の有責行為により離婚をやむなくされたことによる精神的苦痛に対する損害賠償（離婚慰謝料）が認められる[11]。学説上は反対説も有力であるが（後出），実務上は，離婚原因から離婚にいたる一体的なものとして捉えた慰謝料を認める立場が維持されている（後出）。

---

6) 秋武憲一＝岡健太郎・離婚調停・離婚訴訟〔四訂版〕（青林書院，2023）175頁。
7) 東京家事事件研究会・家事事件・人事訴訟事件の実務（法曹会，2015）108頁。
8) 秋武＝岡・前掲注6) 175頁。
9) 秋武＝岡・前掲注6) 175頁。「推定」に言及せず衡平の原則に触れる解説であっても，「2分の1ルールは原則にとどまるものであり，必ず2分の1の割合で分与しなければならないわけではない」と念押しがされている（東京家事事件研究会・前掲注7) 113頁）。
10) 東京家事事件研究会・前掲注7) 107-108頁。
11) 東京家事事件研究会・前掲注7) 114頁。

(c) 扶養的要素　　清算的要素と慰謝料的要素の他に，それらの給付によっては離婚後の配偶者の保護が十分ではない場合に，当事者の能力・資力など一切の事情を考慮して，補充的に離婚後の扶養のために認められる財産分与である[12]。

(2) 学　説
　(a) 各要素について　　① 清算的要素　　学説には，一方で，現実の貢献の程度に応じた配分との論理によることなく，2分の1を原理的な割合と位置づけて離婚時の現存財産の平等分割をすべきことを主張する有力学説がある[13]。この学説は，裁判実務の考え方によれば高額の賃金を得る夫の専業主婦が2分の1よりも低くなる可能性があることについて，不適切であると批判する。夫婦平等の観点に立脚するならば清算割合に関しては法的に同等と評価するべきであり，夫婦という社会共同体をあたかも債権者債務者間の関係であるかのようにとらえるべきではないと指摘される。貢献の程度に基づく清算という発想においては実務と共通するが，現実の貢献ではなく，法的な評価を通じた原理的な割合での貢献としての平等に基づく財産の分配を志向するものである。

　これに対し，2分の1ルールの背景に専業主婦の婚姻形態における妻の保護を図る目的があったことを重視し，実務における同ルールの適用を批判的に評価し，より謙抑的な適用を主張しているように思われる学説も現れている。この学説は，「さまざまな婚姻形態が認められる現在の状況の中で，当然にこうした2分の1ルールが維持されるのか」を問い，「特に，夫婦の双方が高収入を得ているパワーカップル型の婚姻においても，こうした2分の1ルールが当然に妥当するのかは問題として残されている」と指摘する。この指摘は，2分の1ルールを多様な婚姻形態に当てはめる発想自体に疑問を提示し，現実の貢献度に基づく分配という論理と裁判実務で採られている認定・算定方法とが不整合である可能性を示唆するものといえそうである。この学説は，次のように，

---

12) 東京家事事件研究会・前掲注7) 114頁。
13) 同説への着目は，山下純司「離婚の効果」大村敦志他編著・比較家族法研究――離婚・親子・親権を中心に（商事法務，2012）128-130頁に負っており，以下での同説の説明も同書に依拠している。なお，同書で引用される注釈民法における犬伏説はその後も維持されていることが確認できる（二宮周平編・新注釈民法（17）〔有斐閣，2017〕416頁〔犬伏由子〕）。

清算対象とされる財産の範囲の認定の仕方も批判しているからである。

　同学説は，2分の1ルールによる清算の対象となる財産が「実質的夫婦共有財産」であるとされることにつき，「実質的夫婦共有財産を夫婦の協力によって得た財産だと定義しても，それを具体的に認定することは容易ではない」と指摘したうえで，相続や無償で得た財産を除くという実務で採られている消極的範囲画定の方法に疑義を呈し，除外対象がこれに限定されるということを当然に意味するものではないというべきだと主張する。そして，「婚姻中に得た財産は全部，夫婦共有財産としてしまえばいいではないかという考え方もあるかもしれない」と留保を示しつつ，これに対して，「夫婦別産を基本とする現行民法の思想とは異なるものであり，裁判所による法形成の範囲を超えるものだと思う」と明確に批判する[14]。

　②　慰謝料的要素　　まず，離婚原因慰謝料と離婚自体慰謝料とを区別し，前者は，本来は民法709条に基づく損害賠償の問題に純化しうるものと位置づけられるものであって離婚給付とは区別できるとしつつ，後者を前者と別に観念することを否定する説が有力である。

　離婚に至る原因が，それ自体として損害賠償の成立要件に該当する場合に，そうした原因を理由とする慰謝料が認められるということについては，異論がないのであって，この場合には，離婚に至っていることは慰謝料請求権の成否のレベルでは重要でない[15]。離婚に至っていることは，いわゆる相当因果関係の問題として扱われることになるにすぎない[16]。そして，夫婦の双方に離婚の原因となった有責な不法行為が存在しないが法律上の離婚原因を満たすものとして離婚が認められる場合には，離婚それ自体を不法行為として評価することはできないというのである[17]。この指摘は，離婚自体を理由とする不法行為に基づく損害賠償請求において，被侵害利益は何なのかという問題とも関わる。多数説が，同居協力扶助等の権利義務によって守られている婚姻の永続性に対

---

[14]　窪田充見・家族法〔第4版〕（有斐閣，2019）120-121頁。
[15]　窪田・前掲注14）123頁。
[16]　窪田・前掲注14）124頁。
[17]　窪田・前掲注14）126頁。二宮周平・家族法〔第5版〕（新世社，2019）108-109頁，常岡史子・家族法（新世社，2020）115頁も同旨と解される。離婚を不法行為と捉えることに対する批判説（川島武宜）が以前から存したことについて二宮編・前掲注13）401頁〔犬伏〕も参照。

する期待，配偶者としての地位などと論じてきたのに対し[18]，離婚それ自体は不法行為として評価することはできないのではないかとの批判が有力であるということである。このような有力説によれば，離婚それ自体に基づいて不法行為の成立を認めて慰謝料請求権発生の効果が認められることはないことになる。

　このような否定説とは別に，離婚慰謝料として認められている請求は，慰謝料ではなく財産分与の内容として認めるべきとする学説も多い[19]。離婚による精神的苦痛の内容は，離婚後の生活の不安や安定的地位を失ったことによるものであって，そうだとすれば，清算的・扶養（補償）的財産分与でカバーすべきであり，離婚慰謝料を認める必要はないというのである。慰謝料と財産分与とのこのような機能的な重なりについては，離婚慰謝料の理論的位置づけを明確にしたうえで，次の段階でその財産分与への吸収の可能性を探り，最終的に離婚慰謝料の機能を代替しうる離婚給付上の理論の確立が目指されるべきものと主張する学説があることが注目される[20]。

　③　扶養的要素　　1996 年改正要綱では，扶養又は補償の考え方に基づく離婚給付を認める有力な学説の立場を容れた改正条文が提案されていた。離婚給付として扶養的要素を考慮することについては，一方で，婚姻の事後的効果との説明をもってしても離婚した当事者間に扶養義務があるということを婚姻から直接的に説明するのは困難であると批判されているが，解消後にも当事者が相互に配慮することが求められる関係として婚姻を捉えるなどによって説明しようとする見解も有力である[21]。また，扶養的要素を，特に，女性が婚姻によって専業主婦となった場合等において，妻の所得能力が減少するといった状況を踏まえて正当化するという主張もあり，これは，1996 年改正要綱の説明において補償として言及されていた内容と重なる。清算によっては性別役割分業から生じた所得能力の格差が十分に是正されない場合に，離婚から生ずる不公正な結果を防ぐために，離婚後扶養としての財産分与が認められるとして，

---

18) 二宮編・前掲注 13) 401 頁〔犬伏〕。
19) 二宮編・前掲注 13) 401 頁〔犬伏〕。
20) 成澤寛「離婚慰謝料と不貞慰謝料に関する理論的考察」岡山商科大学論叢 17 号 131 頁（2009）。水野紀子「離婚給付の系譜的考察（1）」法協 100 巻 9 号 1632 頁（1983）も参照。
21) 中田裕康編・家族法改正——婚姻・親子関係を中心に（有斐閣，2010）〔大村敦志〕45 頁。また，扶養ではなく配慮義務として考える方が適切であると指摘する法制審議会家族法制部会第 10 回議事録〔沖野眞已委員発言〕も参照。

これを，所得能力を回復させることを目的とし，これによって離婚後の自立を援助するものと考えるものである[22]。この見解によれば，扶養又は補償としての給付の範囲を画する指標として，所得能力の回復に必要な教育訓練費と生活費との視点が示されることとなり，これに基づいて，子が小さくて就労できない場合は就労できるまでの生活費，年齢的に所得能力を回復することが不可能な場合は再婚または死亡までの生活費などと給付内容が具体化できることになる[23]。

　(b) 立法案　　離婚給付については，二つの学会の立法提案の作業の中で立法案が示されており[24]，両者には，基本的に共通の方向性が見られる。

　まず，財産分与のうちの清算的な側面は夫婦財産制の問題に解消し，離婚給付には清算以外の目的及び機能を割り当てる方針が採用されている。

　離婚給付の清算以外の目的及び機能については，財産分与の扶養的要素に積極的な正当化を与えることが目指されている。大村案では，離婚後の扶養あるいは補償について，端的に，一種の扶養義務があると考えるべきだとされ，扶養義務の説明として，親族扶養とのアナロジーによって説明するのか，それとも，それ以外の考え方（例えば予後効的な配慮義務など）によって説明するのかという問題がなお残されると整理される[25]。成澤案では，破綻主義の理念と適合的で，離婚後扶養に代わり，かつ，清算的な要素と並ぶ独自の目的を見出すことが目指され，離婚をある意味で正当な行為とし，離婚給付は一方配偶者に生じる損失に対する塡補と捉える学説を参照したうえで，離婚給付による調整が必要なものとして，喪失した所得能力の回復，子の養育の継続のための費用，離婚後の生活水準の不均衡に対する調整，所得能力を回復しえない場合の生活保障等[26]が掲げられる。扶養，塡補との用語の違いが見られるが，両者において離婚給付に期待されている目的は基本的に重なっているように思われる。

　なお，成澤案では，実務上認められている離婚慰謝料は離婚給付に含め，こ

---

22) 二宮・前掲注17) 106頁。
23) 二宮・前掲注17) 106頁。
24) 2009年の日本私法学会と2016年の日本家族〈社会と法〉学会の各シンポジウムで提示された案であり，以下では，提案された内容をそれぞれ大村案（中田編・前掲注21) 44頁〔大村〕)，成澤案（成澤寛「財産分与の役割」家族〈社会と法〉33号164頁〔2017〕参照）と記す。
25) 中田編・前掲注21) 45頁〔大村〕。
26) 成澤・前掲注24) 162-163頁，165頁。

れと別途には認めないことが提案されている。離婚慰謝料請求という構成には，有責性を追及することのデメリットがあること，離婚慰謝料を認める裁判例は実質的には扶養的要素に対する調整機能を有し，結局のところ収入能力の低下や将来の生活の不安が考慮の中心とされているから，やはり財産分与の拡充により対応可能な問題といえるからという理由による[27]。

## 2  実務・学説の概観に基づく課題意識

実務及び学説の概観を通じ，まず確認できることは，離婚給付として認めることについて批判を免れているという意味で最低限の範囲の離婚給付として確立しているのは，具体的貢献に基づく清算と捉えられる限りでの清算的財産分与，本稿でいう現実貢献分給付だけであるということである。現実貢献分給付については，それ自体を消極視する見解はなく，最低限の範囲の離婚給付として確立しているといえる。学説には，貢献を現実的なものとして捉えることに批判的な見解もあるが，当該見解は，現実的な見方による場合を上回る給付を認めようとするものであり，現実貢献分の範囲で清算的な給付が認められることを否定するものではない。

離婚給付に現実貢献分給付を超えるものを含める学説の主張は，実務に容れられるには至っていない。まず，清算的要素について，いわゆる2分の1ルールの裁判実務上の適用の結果だけを見れば，現実に2分の1以外になるケースは限られているとされ[28]，同割合を原理的に捉える学説の主張内容に近い取り扱いがなされる状況であるともいえるが，そこで清算を支えている論理は，前記のとおり，あくまでも現実的な貢献である。2分の1という割合は，貢献度を推定するものであって，現実の貢献度が同割合を下回るときであっても2分の1の割合を原理的に捉えて財産を分与することを積極的に認める学説とは隔たりがある。また，学説上は扶養又は補償の考え方に基づく離婚給付について，様々にその正当化や具体的な給付内容を考えるための基準等が主張されているが，実務的に採用されうる形に収束し確立するに至っているものとはいえない。

---

27) 成澤・前掲注24) 168頁。
28) 牧真千子「実務の現場（家庭裁判所）における夫婦財産をめぐる紛争の現状と対応」家族〈社会と法〉35号31頁（2019）。

先述のとおり，裁判実務においては，扶養的要素は補充的にのみ考慮されるにとどまっており，限定的な機能しか果たしておらず，協議離婚や調停離婚においても，離婚後扶養を考慮して財産分与がなされることは少ないといわれる[29]。

それでは，裁判実務は基本的に現実貢献分給付を超える離婚給付を認めることに消極的であると総括し，その実現の可能性を検討する必要はないと考えることで十分であろうか。たしかに，現実貢献分給付は夫婦が実質的に共有する財産について各自が有する潜在的な持分を取り戻すとの論理によって正当化可能であるのに比べ，それ以外の離婚給付については十分な正当化がなされているものはない。また，実質的な価値判断としても，専業主婦の婚姻形態の救済との目的の説得力が低下している現在において，現実貢献分給付を超える離婚給付をあいまいな根拠によって認めようとすることは不適当であるとも考えられる[30]。

しかし，現実貢献分給付を超える離婚給付を認める根拠がないと速断することには疑問がある。なぜなら，裁判実務上，かねて離婚慰謝料が認められており，学説における消極論の優勢にもかかわらず，近時の最高裁判例においても維持されていることが注目されるからである。丁寧な理由づけがされているわけではなく，その内実は必ずしも明らかではないが，判例が慰謝料の名目で認めている現実貢献分給付以外の給付が，学説において現実貢献分給付を超える離婚給付として主張されてきたことと実質的に重なる可能性がないか，検討することに意味がありそうである。

## III 検　　討

### 1　裁判実務における離婚慰謝料
#### (1)　令和 4 年判決
最高裁は，令和 4 年に離婚に伴う慰謝料として夫婦の一方が負担すべき損害

---

29) 二宮・前掲注17) 106頁。
30) 補償又は扶養という根拠を具体化する必要性を指摘し，対等なパートナーシップ関係との構成による不均衡の是正というアメリカの学説を参考として紹介する学説を参照（常岡史子「離婚給付と離婚慰謝料」二宮周平＝犬伏由子編・現代家族法講座第 2 巻婚姻と離婚〔日本評論社，2020〕274頁）。山下・前掲注13) 133頁も，理念ではなく内容の具体化が必要であると指摘する。

賠償債務が遅滞に陥る時期は離婚の成立時であると判断した（最判令和4・1・28民集76巻1号78頁）。判決は，「離婚に伴う慰謝料請求は，夫婦の一方が，他方に対し，その有責行為により離婚をやむなくされ精神的苦痛を被ったことを理由として損害の賠償を求めるものであ」ると性質づけ，「離婚をやむなくされた精神的苦痛」という損害は「離婚が成立して初めて評価されるものである」ことから，その賠償を求める請求権は「夫婦の離婚の成立により発生するものと解すべき」とした。そして，遅滞に陥る時期について，不法行為による損害賠償債務は，「損害の発生と同時に，何らの催告を要することなく，遅滞に陥る」との従前の判例を参照すれば，離婚に伴う慰謝料の損害賠償債務は，離婚の成立時に遅滞に陥ると判断された。判決は，事案へのあてはめを行う際に，まず，「婚姻関係の破綻を生ずる原因となった……個別の違法行為を理由とする」慰謝料請求に言及し，原告の請求する慰謝料はこれには当たらないと判断している。これに対し，「婚姻関係の破綻自体による慰謝料」については，それが離婚に伴う慰謝料とは別に問題となる余地はないと断言する。このことからすれば，判決は，離婚に伴う慰謝料の請求とは別に，婚姻関係の破綻を生ずる原因となった個別の違法行為を理由とする慰謝料請求がありうることを認めるが，婚姻関係の破綻自体によって精神的苦痛を被ったことを理由とする慰謝料請求は認めない立場を示すものといえる。

### (2) 令和4年判決の解説

学説では，離婚原因慰謝料と離婚自体慰謝料とを区別したうえで，後者の慰謝料請求権を否定する見解が有力となっていた状況の中で，上記最高裁は，両者の区別がありうることを前提としつつ，後者を正面から認めたものといえる。同判決が，何をもって，離婚の原因となる個別の行為によって被る精神的苦痛とは別に観念することができる精神的苦痛と捉え，どのような考慮に基づいてその賠償請求を認めているのかに関心が惹かれる。判決は詳細な理由を付していないため，同判決を扱う実務家による解説に基づいて，読解を試みる。

同判決の調査官解説は，離婚慰謝料は戦前から判例上離婚給付として認められてきたものであることを確認したうえで，判決は，実務上の通説である一体説，つまり，「相手方の有責行為から離婚までの一連の経緯を1個の不法行為として捉え」る説に基づくものという。「一連の経緯」を全体として捉えるこ

とから，離婚慰謝料には，離婚に至ったときに発生する精神的苦痛（離婚自体慰謝料）だけでなく，相手方の有責行為，例えば暴行・虐待，あるいは不貞などといった行為が離婚へと発展する契機となる精神的苦痛（離婚原因慰謝料）も含まれることになる。ただし，暴行・虐待，不貞行為等の有責行為自体から生じる通常の精神的苦痛は，少なくとも理論上は，離婚原因慰謝料と区別ができる。離婚自体慰謝料は，離婚へと発展する契機となる精神的苦痛（離婚原因慰謝料）を生じさせる暴行・虐待等の不法行為による侵害の蓄積によって離婚に至ったときに，新たな精神的苦痛として発生する「配偶者たる地位の喪失」を捉える概念としての意義を与えられている[31]。一連の経緯といっても，指標として取り上げられているのは相手方の有責行為と離婚という二種の事象だけであることが特徴であり，離婚という婚姻の法的解消と区別できる「婚姻関係の破綻」自体は慰謝料請求との関係において意味のある事象として捉えられていない。判決自体は，離婚慰謝料が配偶者たる地位の喪失による精神的苦痛に対するものと明示してはいないが，「婚姻関係の破綻自体による慰謝料が問題となる余地はない」と説示していることからすれば，破綻とは独立した婚姻関係の法的解消を重視しているとはいえるであろう。

　このような婚姻関係の破綻と法律上の離婚との区別については，離婚の形成判決の確定によって離婚自体慰謝料が急に発生するのは技巧的にすぎるとの批判がありえ，両者の間にどの程度差異があるのかが問題となりうる。この点について，法律上の離婚によって配偶者の地位が失われることになるのに対し，「婚姻関係の破綻とは，身分関係や法律関係の変動を意味するものではなく，一定の事実に対する総合的な評価にすぎない」という差異に着目し，いわゆる一体説は，「相手方の有責行為からの離婚までの一連の経緯を，1個の，配偶者たる地位を侵害するもの」としての「離婚に関する不法行為」による慰謝料の請求を認めるものであると説明する判事による判例解説が存する[32]。配偶者たる地位を侵害する不法行為によって生じた損害の賠償請求なのであれば，「（形式上とはいえ）離婚の法的判断がされる時点において初めて精神的苦痛の

---

31) 家原尚秀・判例解説・ジュリ1586号97-98頁（2023）。
32) 島戸純「判例解説」現代民事判例研究会編・民事判例26 2022年後期（日本評論社，2023）90頁以下（92頁）。判例タイムズ2533号6頁（2022）の匿名解説も同旨であると解される。

程度を評価することができ，慰謝料の算定が確定できる」ということになる。ここには，配偶者たる地位の侵害という構成はあくまでも形式論であるとの問題意識も示されている。判決が離婚慰謝料請求を判示内容のように構成したことの背景としてありうる実質的な考慮として，「実務上，離婚慰謝料については，財産分与と併せ，離婚に伴う財産関係その他の諸関係の整理，調整を総合的に行う機能も有して」いることが指摘される[33]。このような機能に着目することは，「離婚時に請求権が発生し，遅滞に陥ると見ることと整合的」であり[34]，同判決の実質的考慮の理解として説得的である。

### (3) 小　括

かねて裁判上認められてきた離婚慰謝料が「離婚をやむなくされた精神的苦痛」を損害として賠償するものであることが令和4年の最高裁判決において確認され，同判決では，当該損害が離婚の成立時に発生し，損害賠償請求権がその時点に成立して遅滞に陥るとの構成が明示された。このことは，現実貢献分給付以外の離婚給付として機能するものが形式的には慰謝料として認められていることを意味する。この給付は，離婚に至ったことによって生じる精神的苦痛，配偶者の地位が失われたことによる不利益に対してなされるものであると解説される。しかし，配偶者の地位が失われることによる損害又は不利益とは具体的にどのようなことかは明らかではない。そこで，先行学説によって示唆されていたとおり[35]，現実貢献分給付以外の離婚給付の要否を検討し，必要に応じてその理論化を行うためには，離婚慰謝料の内実の具体化が要請されると考えられる。

## 2　離婚慰謝料の具体的内容についての学説による検討
### (1) 先行学説による整理

最高裁では，既に昭和46年の段階で，「離婚をやむなくされ精神的苦痛を被ったことを理由としてその損害の賠償を求める」請求権が成立しうることを前

---

[33] 実質的な考慮として，他に「時効起算点をめぐる本質的でない争点の防止の趣旨」も考えられるとする（島戸・前掲注32) 92頁）。
[34] 島戸・前掲注32) 92頁。
[35] この学説については，前掲注20) に対応する本文で紹介した。

提として，その消滅時効の起算点について判示した判決が現れていた（最判昭和 46・7・23 民集 25 巻 5 号 805 頁）。同判決は精神的苦痛の具体的内容を明らかにしなかったが，同判決を評釈する論稿の中で，当該慰謝料の算定に際して裁判実務上参照されている事情を参照して，具体的な内容として考えられる要素を次のａからｄのように整理した実務家による実証的研究の結果が紹介されていた[36]。

　ａ　離婚による社会的評価の低下（原告の学歴，原告家の社会的地位が参照されていることから）

　ｂ　結婚生活に対する期待感が侵害されたこと（原告の初婚再婚の別が参酌されていることから）

　ｃ　将来の生活不安（今後の生活・再婚の難易が参照されていることから）

　ｄ　子を手放すことによる心痛など

　この整理は，離婚慰謝料の具体的内容を判例に即して整理した貴重な先行学説である[37]。今日ではこれを批判的に再検討して認められる要素を絞ったうえで離婚自体の慰謝料は本来財産分与によるべきとする説や異なるアプローチから離婚慰謝料の意義を探る新たな傾向が見られる。

### (2) 判例の離婚慰謝料を再検討する新たな学説の傾向

　　(a)　財産分与に解消する説　　平成 31 年の最高裁判例[38]を契機に，上記(1)の離婚慰謝料の具体的内容の整理を現代的な価値観に基づいて再評価し，財産分与に解消する学説が現れている。この学説は，上記ａ～ｄについて，ａは，現代の価値観では必要ではなく，ｂは，婚姻破綻による苦痛であるから離婚に伴う慰謝料として考慮する必要はない（婚姻破綻を理由とする慰謝料として認められるものとする）とし，ｃは，財産分与で考慮する事柄であり，ｄは，親権・監護権は子の福祉のための制度であるから，不適任とされた親がそれを取得できなかったことを理由とした賠償を認めるべきではないという。離婚慰謝料としてではなく財産分与としてではあるが，ａからｄまでの要素のうちｃの

---

36）瀬川・前掲注 5) 169 頁以下，177 頁の注 1 で示されている整理である。
37）水野紀子「離婚給付の系譜的考察（二・完）」法協 100 巻 12 号 2209 頁（1983），二宮編・前掲注 13）401 頁〔犬伏〕等で紹介されている。
38）最判平成 31・2・19 民集 73 巻 2 号 187 頁。

「将来の生活不安」を離婚給付の考慮要素とすることを肯定している点が注目される[39]。「将来の生活不安」を考慮しての給付は，本稿でいう現実貢献分給付を超えるものであると考えられるからである。

　(b) 財産分与と独立した構成を示唆する説　　離婚慰謝料の請求を改めて積極的に支持した令和4年判決を前提として，その性質又は機能について説明を試みる新たな学説の傾向も見られる。これらは，判例が認める慰謝料請求が通常の不法行為による損害賠償請求権とは異なるものであることに着目し，令和4年判決を評釈する。

　ある評釈は，同判決を踏まえるなら，「単独では不法行為を構成しない複数の行為，あるいは特定の不法行為に加えてその後の事情を一連の加害行為として，離婚原因を構成するに至った場合に不法行為の成立を認めるという，特殊な累積的不法行為（類似）の類型を考えることになる」と指摘する[40]。別の評釈は，同判決には，離婚慰謝料請求権には「婚姻という特殊な身分関係の継続中に生じた相互の有責行為を公平性の観点から，最終段階で調整するという特殊な性質」があるとの考慮を見出すことができると指摘する。そのうえで，「特殊な性質」の具体化として，離婚慰謝料請求権を調整請求権であると分析した学説から示唆を得て，同判決について，離婚慰謝料が「離婚の時点でその時点までの相互の行為による損害を清算するという役割を果たす」ものとの考慮が働いているのではないかと分析する[41]。

## 3　試　　論
### (1) 現実貢献分給付を超える拡充に対する障壁
　現実貢献分給付で汲みつくせない内容を離婚給付に含めることに対し学説は

---

[39] （離婚という事実自体による損害の）「主な内容は，離婚によって現在と将来の経済的地位が悪化したこと……原則としてそれに限られるべき」と主張する水野説（前掲注37）2209頁）も，ｃの要素だけを離婚慰謝料又は離婚給付の内容とすべきという考え方を示すものと理解できる。

[40] 金丸義衡「判批」令和4年度重判70頁（2023）。長野史寛「判批」道垣内弘人＝松原正明編・家事法の理論・実務・判例4（勁草書房，2020）135頁も，一体型の特殊な不法行為と捉える。ただし，長野は，婚姻という抽象的な法律関係それ自体を権利として措定することを批判する。

[41] 髙木隆文「判批」一橋法学22巻2号978頁（2023）。ここで示唆されているように，離婚慰謝料の内実を具体化し，その理論化を図るには，裁判実務で離婚慰謝料が認められた時期の前後に学説が様々な法律構成を主張していたこと（島戸・前掲注32）93頁の注4）が注目される。

否定的立場に固まっているわけではないと思われるが，離婚給付の拡充を図ることについては，なお障壁が存在する。財産分与の清算的側面が現実貢献分給付と構成されることの限界を克服する機能を果たしうる離婚慰謝料請求権という法律構成には，不法行為責任の成立が認められる場合である必要があり，効果は精神的苦痛を慰謝する損害賠償となるという限界がある。また，現実貢献分給付だけでない離婚給付を認めようとする方向性の議論に対し，その目的が専業主婦救済にあったと評価し，当該目的意識によって離婚給付の拡充を目指すことへの疑義が示されていることにも留意が必要である[42]。

### (2) 障壁を越えるための視点

(a) 精神的苦痛から配偶者の地位の喪失へ　　効果を慰謝料の請求とする構成においては，離婚に伴う様々な想定しうる不利益を「精神的苦痛」と評価できる限りで捉えるしかない。ところが，判例法理については，「配偶者の地位の喪失」による不利益についての判断であるとの解説がされており，喪失の不利益が賠償による塡補の対象となっていると解することができる。「配偶者」つまり法律上の婚姻をしている者の，事実状態ではない法的な「地位」が考えられていることに特徴があり[43]，このことが，判例が果たしているといわれている現実貢献分給付では足りない分の離婚給付を補完する機能を具体化する手がかりとなるように思われる。

配偶者の地位は，婚姻が成立することにより婚姻当事者に生じる権利義務の総体であり，権利義務の中には，同居協力扶助義務，婚姻費用分担義務又はいわゆる扶養に関する生活保持義務が含まれる。このことに着目し，離婚時に現実貢献分給付を与えるだけでは足りない理由があるか否かを考えてみよう。現実貢献分給付の算定において，算定の基礎とされる財産分与対象財産には夫婦各自が婚姻前から有していた財産及び婚姻中に相続又は贈与によって取得した

---

42) 当該目的を私人間関係の規律の問題として解決しようとすることに疑問を呈するものもある（松田和樹「婚姻とそうでないものの境」法律時報94巻6号61頁〔2022〕）。
43) このような形式的な婚姻関係の有無の観点からの判例理解への批判（長野・前掲注40）については，夫婦が別居する状態における婚姻に基づく義務のあり方と関連づけつつ（鈴木禄弥・親族法講義〔創文社，1988〕42頁，大村敦志・民法読解親族編〔有斐閣，2015〕78-79頁参照）検討を続けたい。

財産は含まれないとされる。これらの財産分与の対象に含まれないとされる財産は，しかし，婚姻継続中は，夫婦が相互に負う上記義務に従って夫婦の共同生活のために供されるべき財産の範囲から除外されるわけではない。つまり，婚姻は，当事者双方が有するすべての財産を元手として物質的・精神的な共同生活を形成する法律関係である。夫婦は，夫婦別産制のもとで各々が自己の財産を有しつつも，自己の財産だけでなく他方の財産をも相互に当てにして物質的・精神的な生活の必要を満たすことが想定されている。離婚は，このような意味での共同生活関係を失わせるものであるから，共同的な関係が各自の個別の関係に分解された結果として，財産分与対象財産から現実貢献分給付を受けたとしても将来の生活不安が残ることがありうる。離婚慰謝料の内容として学説によって抽出され，本来的には財産分与によるべきものと指摘されてきた将来の生活不安という要素は，以上のようなものとして理解できるように思われる[44]。

　(b) **相互的包括的に依存し合う継続的関係の解消のリスク**　婚姻共同体の崩壊によって生じる将来の生活不安という不利益を当事者のどちらがどのように負担するかについて，婚姻という対等な当事者関係であることを重視すれば，自己責任であるとの見方も生じよう。夫婦は，収入のための稼働，家事及びケア等の分担によって婚姻共同生活を維持する方法について，様々な態様を選択する。その際，婚姻関係は永続性を保障されたものではないことから，婚姻当事者は関係解消の可能性を織り込んで各自の投資方法を決定し，合意すべきだとの考えもありうるだろう。

　しかし，人格と財産を含む包括的な関係であり，かつ期間の定めのない継続的な関係である婚姻関係について，そのような決定及び合意に任せることには限界があるように思われる。婚姻関係という継続的な法律関係下にある当事者は，その継続中は二人の労務及び金銭等を共同して利用して生活を維持すれば足りるため，一方が賃金労働に従事し，他方は家事労働に専従するなど，関係性の特性に依存した不均衡な形態での投資をすることも不合理ではない。しか

---

[44] 「婚姻共同体」の概念（水野・前掲注20）1633頁，同・前掲注37) 2195頁，鈴木・前掲注43) 42頁）を精査のうえ関連づけつつ，水野論文以降のフランス民法の補償給付制度の改正内容（幡野弘樹ほか・フランス夫婦財産法〔有斐閣，2022〕31頁以下）を参照しての考察が有益であろう。

し，ひとたび婚姻関係が解消し，依存先との関係がなくなれば，一方当事者に偏って不利益が生じることとなりうる。そうだとすると，関係依存的な投資を行った後に婚姻共同体が破綻したとき，そのような関係から自由になる権利を保障するためにも，共同体の破壊による不利益を塡補する必要があるということになるのではないか[45]。また，仮に崩壊したときに現実化するリスクに対して強行法的な手当てがされることが，夫婦が，個別の事情に応じた共同生活維持の協力の形態を選択し実行していく基盤となるのではないだろうか[46]。

　（c）リスク回避のための継続を強いられずに離婚できる権利の確保　学説の中には，離婚慰謝料について，離婚を余儀なくされたからこそ相手方に賠償を請求できるのであって，自ら離婚することを選択した当事者が賠償請求できるのはおかしいと指摘するものがある[47]。しかし，婚姻のような財産及び人格の両面を包括する関係については，それを継続して協力扶助を受け続けることによって不利益を回避するのか，不利益を被ることを覚悟して関係を解消するのかのどちらかの選択が保障されればよいという考え方は適当ではない[48]。婚姻共同生活が破綻したのであれば，それをうけて離婚を決断した配偶者であっても，そのように決断をすることとなった原因を作った相手方配偶者に給付を求めることができるというべきである[49]。相手方の有責無責にかかわらず，夫婦共同生活関係が実質的に破綻しているのであれば，離婚給付を授受することで離婚が実現できるという意味での，離婚をする権利を実効化するという発想への転換がありうる方向性ではないかと考える[50]。

---

[45] 継続的契約の解消場面における関係依存的投資を行った一方当事者の不利益の救済法理を参照しての発想であるが，婚姻関係を「当事者双方が様々な投資を行うプロジェクト」と捉える成澤案（前掲注24）163頁）との関係など，なお詰めるべき点が多く残されている。
[46] 法制審議会家族法制部会第10回において，補償的な財産分与を用意することが婚姻中の平等に影響する可能性が論じられていることが注目される〔水野紀子委員発言・小粥太郎委員発言〕。
[47] 若林三奈「判批」新・判例解説Watch2023年4月（日本評論社，2023）69-70頁。
[48] 水野・前掲注37）2226頁が，「経済的理由で離婚の自由を奪われたまま，愛情を喪失した結婚生活をつづけることは，人間性の冒瀆である」と明快に指摘していたところである。
[49] 不法行為法理に即してであるが，被害配偶者が離婚を自ら選択したとしても請求権の成立が妨げられないことについては，長野・前掲注40）142-143頁において説得的に論じられている。
[50] 水野は，離婚慰謝料を有責性と切り離して財産分与の内容として承認することをかねて主張していた（前掲注37）2209-2210頁）。また，大村案（中田編・前掲注21）44頁〔大村〕に掲げられる財産分与の条文案（B-2）の③の［　］内）でも，成澤案（前掲注24）165頁）でも，離婚後の扶養あるいは補償の性格を有する離婚給付の請求は相手方の有責無責を問わずに請求できるものとし

### (3) ま と め

　離婚給付には，現実貢献分給付を超える内容が含まれるべきであり，1996年改正要綱を踏襲した2024年改正民法の条文は，そのように理解することができる。現実貢献分給付を超える部分は，将来の生活不安という不利益を塡補するための給付と考えられる。この不利益を塡補することの正当化に当たっては，継続的な相互依存的関係である婚姻の解消時における規律のあり方につき，解消する，つまり離婚する権利の保障という観点から検討することが有用だと思われる。


　＊本研究はJSPS科研費JP22K01238，JP24K04619の助成を受けたものです。

---

　　て提案されている。関係が破綻した状態にある夫婦の裁判離婚の可否を離婚給付の充実と関連づけて論じる最大判昭和62・9・2民集41巻6号1423頁の趣旨にも沿うものと考える。

# Ⅱ
## 家族法の現在
平成・令和の大改正時代

# 所有権の放棄に関する覚書
## ――相続土地国庫帰属法の制定を契機として

横 山 美 夏

　Ⅰ　はじめに
　Ⅱ　土地所有権の放棄をめぐる議論状況
　Ⅲ　法制審議会の審議過程
　Ⅳ　若干の検討
　Ⅴ　おわりに


## Ⅰ　はじめに

　「相続等により取得した土地所有権の国庫への帰属に関する法律」（令和3年法律第25号。令和3年4月21日成立，同月28日公布。令和5年4月27日施行。以下，「相続土地国庫帰属法」または「新法」という）により，相続等によって取得した土地所有権を，一定の要件の下で，国に移転することを認める制度（以下，「相続土地国庫帰属制度」または「新制度」という）が定められた。

　新制度の創設は，平成30年6月15日，所有者不明土地対策推進方策の1つとして，「土地を手放すための仕組み」を検討する旨閣議決定されたことを端緒とする（「経済財政運営と改革の基本方針2018」）[1]。「民法及び不動産登記法の改正に関する諮問第107号」（平成31年2月14日）[2]を受けて審議を開始した法制審議会民法・不動産登記法部会（以下，「法制審議会」という）は[3]，当初，民法

---

1) 相続土地国庫帰属法制定の背景については，山野目章夫＝佐久間毅編・民法・不動産登記法（所有者不明土地関係）改正のポイント（有斐閣，2023）467-470頁〔松尾弘〕参照。
2) その内容の1つとして，「土地所有権の放棄を可能とすること（中略）等により，所有者不明土地の発生を抑制する方策」が挙げられている。
3) 法制審議会における審議過程につき，田處博之「土地所有権の放棄：再論――所有者であり続けることは，所有者の責務か？」札幌学院法学37巻1号1-155頁（2020），小柳春一郎「土地所有権の放棄：法制審議会の承継取得制度提案」土地総合研究2020年秋号88-102頁，七戸克彦・新旧対照解説　改正民法・不動産登記法（ぎょうせい，2021）284-323頁，山野目＝佐久間編・前掲注1)

の物権編のなかに，土地所有権の放棄について定めることを目指した。しかし，最終的には，民法ではなく特別法である相続土地国庫帰属法に，相続または相続人に対する遺贈により取得された土地を対象とする，相続土地国庫帰属制度が創設された。また，新制度は，土地所有権の「放棄」という法形式を採用せず，それとはまったく別の，国による当該土地所有権の「承継」取得という法律構成をとることとなった。

このように，新法が特別法として定められたことおよび，放棄とは異なる法律構成を採用したことからすれば，新法と，民法による土地所有権放棄の可否ないしあり方との間に影響関係は存在しないようにみえる。一方，新法の立案担当者は，土地所有権の放棄の可否は引き続き解釈に委ねられるとしつつ，今後の民法解釈について，次のように述べている。すなわち，新制度は，「土地の所有者には土地を適正に管理する責務があるのであり（土地基本法6条参照），その責務を一方的に放棄して他者に転嫁することは基本的に許されないことを前提に，一定の要件の下で土地所有権の国家帰属を認めるもの」であるため，新制度の創設を踏まえると，「今後は，所有者の一方的な意思表示により土地所有権を放棄することはできないという解釈が有力になるように思われる」[4]。なぜ，そのような見立てがされるのか，民法との関係で新法をどのように位置づけるべきかは，相続土地国庫帰属法の立案過程に照らして理解する必要があろう。また，学説にも，新法の成立によって民法上の土地所有権放棄論の帰趨が決まるわけではないとの指摘があるところ[5]，土地所有権の放棄の可否ないしあり方については，なお検討すべき課題が残されているように思われる。

本稿では，土地所有権の放棄をめぐるこれまでの議論および，相続土地国庫帰属法の立案過程をふりかえることにより，民法における所有権の放棄について今後検討が必要であると思われるいくつかの視点を記すこととしたい。

---

476-483頁〔松尾〕参照。
4) 村松英樹＝大谷太・Q&A 令和3年改正民法・改正不登法・相続土地国庫帰属法（きんざい，2022）347頁。
5) 七戸・前掲注3) 289頁，吉田克己・物権法Ⅰ（信山社，2023）358頁注214。

## Ⅱ　土地所有権の放棄をめぐる議論状況

1　東日本大震災を契機として土地の維持管理不全の問題が顕在化するまで，所有権の放棄は，民法206条の定める「処分」に該当するとの考え方が一般的であった[6)7)]。それによれば，所有権の放棄は所有者の権限であって，それを行使するか否かは所有者の自由に委ねられる。もちろん，206条自体が定めるとおり，所有者の自由は「法令の制限内において」認められる。そして，動産に関しては，廃棄物の処理及び清掃に関する法律（廃棄物処理法）16条が，「何人も，みだりに廃棄物を捨ててはならない。」と定めるほか，特定家庭用機器再商品化法（家電リサイクル法）6条によって，消費者は，特定家庭用機器廃棄物の収集若しくは運搬をする者または再商品化等をする者に適切に引き渡し，その求めに応じた料金の支払いに応じるべき責務を負う。また，ゴミの廃棄については自治体の規律に従うべきこととされ（廃棄物6条の2第4項），公道にゴミを捨てるなど一般利益を害する行為は禁止されている。法令が存在しない場合であっても，他人の権利を害する場合には，権利濫用により放棄は許されないほか，公序良俗違反により放棄が無効となることもある。その結果，動産所有権の放棄の自由は相当に制約されるが，それによって所有権放棄の自由が否定されていると考えられてはいなかった[8)]。

他方，不動産に関しては，かねてから，少数説ながら，所有権の放棄を認めることについて疑問を呈する見解が存在した[9)]。たとえば，広中俊雄は，不動産を無主物とするような放棄を認める必要はないとする[10)]。しかし，当時は，

---

6) 学説について，堀田親臣「土地所有権の現代的意義——所有権放棄という視点からの一考察」広島法学41巻3号81-82頁（2018）参照。
7) なお，民法典の起草者である富井政章及び梅謙次郎は，ともに，財産権一般の問題として，法律上の処分の1つである放棄ができると解するとともに，所有権の放棄も認められると考えていたことにつき，堀田・前掲注6) 80-81頁参照。また，梅が，民法398条との関係で，不動産所有権については，これを放棄する者はきわめて稀であることを理由に，特に規定を設けていないと述べていることにつき，梅謙次郎・民法要義巻之二物権編〔訂正増補〕（明治44年版復刻，有斐閣，1984）593頁，吉田克己・現代土地所有権論（信山社，2019）256頁注19参照。
8) 新版注釈民法（6）〔補訂版〕（有斐閣，2009）783-784頁〔德本鎮〕，新注釈民法（5）物権（2）（有斐閣，2020）470頁〔秋山靖浩〕参照。
9) 堀田・前掲注6) 85頁参照。
10) 広中俊雄・物権法〔第2版〕（青林書院，1982）134頁は民法287条の適用ないし類推適用によ

それ以上に，不動産所有権の放棄の可否ないし制約につき，具体的に議論されることはなかった。それは，不動産所有権を放棄する者は稀であるとの認識を前提として，規律の必要性に直面していなかったためと推測される。

2　その後，いわゆる所有者不明土地問題の顕在化・深刻化に伴い，その所有が所有者にとって負担となる場合を念頭において，土地を中心に，所有権放棄の可否が議論されるようになった[11]。以下では，土地所有権の放棄に関する最近の代表的な見解として，放棄を認めることに肯定的な田處博之，慎重な吉田克己の見解をみる。

(1)　まず，田處博之[12]は，所有者による所有権放棄と，所有者がすでに負担している責任を分離することにより，土地所有権の放棄の自由を認めつつ，所有者の責任を問うことを提唱する[13]。具体的には，国には国土を保全し，土地の有効利用を図るべき責任があること，所有者にとって利用の見込みもなく引き取り手を見つけることもできない土地を，所有者に所有させ続けることは無意味であり，それよりは，国のもとで有効利用の途を探るのが適切と考えられること，土地は，その性質上，動産や建物とは異なり，費用を出しても処分することができないところ，新所有者になってくれる人が現れるまで所有し続けること[14]を現所有者に強いるのは，未来永劫責任を負わせるものであって所有者に酷であることなどから，土地所有権の放棄は，基本的に自由に認めてよいとする[15]。また，不動産の所有権放棄によって，所有者がその義務や負担を免れ，それが国に転嫁されることに対する懸念については，所有者が当該不動産についてすでに妨害除去等の責任を負っている場合には，所有者は放棄に

---

　　る相対的放棄とは別に，不動産を無主物たらしめるような絶対的放棄を認める必要はないとする。
11)　不動産の放棄に関する最近の議論状況について，田處・前掲注3) 4-19頁参照。
12)　田處・前掲注3) 1-155頁のほか，同「土地所有権の放棄は許されるか」札幌学院法学29巻2号169-196頁（2012），同「土地所有権は放棄できるか——ドイツ法を参考に」論ジュリ15号81-89頁（2015），同「所有権放棄とはなんであるか——不動産所有権放棄の可否をめぐる議論の前提として」札幌学院法学32巻2号1-35頁（2016），同「土地所有権の放棄——所有者不明化の抑止に向けて」土地総合研究2017年春号112-129頁参照。
13)　田處・前掲注12)「土地所有権の放棄——所有者不明化の抑止に向けて」120頁。
14)　田處・前掲注12)「土地所有権の放棄——所有者不明化の抑止に向けて」126頁は，この状態のわかりやすい比喩として，トランプの「ババ抜きのババ」にたとえる。
15)　田處・前掲注12)「土地所有権の放棄——所有者不明化の抑止に向けて」126頁。

よってもその責任を免れることはないとする解決を提唱する[16]。そして，不動産についても，動産における廃棄物処理法と同様，「捨てる」場合のルールを定めた上で，それに従って「捨てる」ことができるようにすべきであるという[17]。

田處の見解は，すでに発生している土地所有者の義務違反の効果と，所有権放棄の可否とを切り離す可能性を示唆していること，土地所有権の放棄を制限することは現所有者に過大な負担を強いる可能性があり，問題の解決にもつながらないことを指摘している点で興味深い。

（2）つぎに，吉田克己は，権利一般の問題として放棄の自由が原則であるとしたうえで[18]，所有権の放棄については，所有権の目的が有体物であって外部性を伴うことから，独自の考慮が必要であるとする。それによれば，まず，法主体とその客体との関係である権利の帰属関係において，法主体は，物権であれ債権であれ，自己に帰属する客体への権利に関して処分権限を認められるべきであるから，所有権を含めた権利一般につき，原則としての放棄の自由が等しく妥当する[19]。

しかし，権利の放棄自由の原則は，第三者の権利利益を不当に侵害する場合には制約されるとする[20]。この点，所有権は，放棄によって権利が消滅してもその客体である有体物は残ることから，他の権利とは異なるかたちで他者の権利利益に影響を与えるという。たとえば，動産の放棄は，それが他人の土地に投棄された場合，投棄された有体物の存在により，その土地の所有権を侵害する。したがって，第三者の権利利益を害する放棄はできないとの権利一般の制

---

16) 固定資産税については，所有者でなくなれば支払義務がなくなるのは当然であって，そのことを不当として所有者であり続けることを求めることはできないという。田處・前掲注12)「土地所有権の放棄――所有者不明化の抑止に向けて」127頁。
17) 田處・前掲注12)「土地所有権の放棄――所有者不明化の抑止に向けて」127頁。
18) したがって，所有権の放棄について民法206条を根拠とするだけでは不十分であるという。吉田・前掲注7) 258頁。
19) 吉田・前掲注7) 259頁。
20) たとえば，債権につき，①債権自体が第三者の権利の目的となっている場合，②債権の存続を基礎として第三者の権利が存立している場合（賃借地上の建物に抵当権が設定されている場合など）。また，物権につき，存続期間の定めがある有償の地上権においては，地代を得る土地所有者の利益を考慮して地上権の放棄は原則として認められないこと（民法266条1項による同法275条の準用が認められる場合がその例外である），永小作権においても同様の考慮から放棄は原則として認められないこと（例外として民法275条）などが挙げられている。吉田・前掲注7) 252-256頁。

約の原理に照らして，所有権放棄の自由が制限される。また，公道への動産の投棄については，所有権の放棄を認めて道路管理者による除去請求を否定するのは不当であるから，所有権の放棄は否定される。同様に，放棄された不動産は国庫に帰属する（民239条2項）から，土地所有権の放棄は，国の利益を害する形では認められないという。そして，実際には，放棄が生じるのは多くの場合，土地所有に伴う利益よりもそれに伴う負担が大きい状態を前提にしていると考えられることから，土地所有権の放棄は通常は国の利益を害するものとして，原則的には認められず[21]，「原則と例外が逆転」する[22]。ここで，不利益を受けるのが私人である場合と国である場合とを同視することにつき，吉田は，国庫の不利益は国民の不利益であるから，国庫は私人と異なり負担の転嫁を甘受すべきことにはならないという[23]。

もっとも，吉田によれば，「国として価値を認めれば，私人の土地所有権放棄に伴う所有権取得を認めることに問題はない」[24]。したがって，放棄ができるかどうかは，最終的には，国が当該不動産に価値を認めるかどうかの判断による[25]。そして，国が同意しない放棄は公序良俗に反して無効であるが，所有者不明土地対策という政策的観点からは，国は，放棄を積極的に受け入れるのが望ましいとされる[26]。

吉田の見解は，第1に，所有権放棄の自由を権利放棄の自由と関係づけて論じている点，第2に，有体物の所有権放棄に特有の考慮要素として，その「外部性」に着目する点，が注目される[27]。「外部性」とは，「外部への影響」[28]とされており，有体物が存在することに起因する他人への物理的ないし事実上の

---

21) 吉田・前掲注7) 269頁。
22) 吉田・前掲注5) 355頁。
23) 吉田・前掲注7) 269頁注（51）。
24) これは，吉田が，財産の価値がなく商品となり得ない物を「負財」とよび，かつ，その物に価値を認める者が現れない「絶対的負財」に限ってその放棄ができないと解することによる。吉田克己「財の多様化と民法学の課題」吉田克己＝片山直也編・財の多様化と民法学（商事法務，2014）22-23頁。
25) 吉田・前掲注7) 274頁。
26) 吉田・前掲注5) 355頁。
27) 同様に，所有権の放棄に対する例外的制約が課される根拠として，負の外部性を挙げる見解として，山城一真「放棄」法時95巻4号51頁（2023）参照。
28) 吉田・前掲注7) 232頁。

影響を指すものと解される[29]。

　ところで，不動産の放棄による国庫への帰属は，法律（民239条2項）がそれを定めているのであるから，それ自体は国の権利を侵害する性質をもつものではない。また，とくに土地については，放棄それ自体により他者に直ちに物理的な影響が生じることはないから，吉田のいう「外部性」として問題になるのは，主として有体物として存在し続けることに伴う近隣への物理的影響およびそれを回避するために国が負うべき経済的負担であると考えられる。

　なお，吉田の議論が，負財ではない土地についても妥当するのかは明らかではない。また，用語法の問題であるかもしれないが，例外が現実に多いことは，所有権放棄の自由の理論的な原則性を覆すものではないだろう。そのような見方からすれば，吉田が土地所有権の放棄は原則として無効であると述べるとき，それは，結果として多くの場合に放棄が無効となる趣旨と理解すべきことになろうか。

## Ⅲ　法制審議会の審議過程[30]

1　相続土地国庫帰属法は，民法における土地所有権の放棄についてどのような考え方を基礎としているのか。その根拠は何か。以下では，この点に関する法制審議会における審議の経緯から，相続土地国庫帰属法と民法による土地所有権の放棄との関係についてみることとする。

2　(1)　法制審議会では，まず，第2回会議（平成31年4月23日）において，土地所有権の放棄に関する現在の法状況につき，「土地所有権の放棄の可否は判然としない」と説明されている。その理由としては，民法に規定がなく，最高裁判所判例も存在しないこと，学説も，土地所有権の放棄は可能であるとの

---

29) これに対し，動産の所有権放棄は，他人の不動産所有権の侵害というかたちで，必然的に他人の所有権を侵害する結果をもたらすから，債権の放棄や他物権の放棄の場合と同様，他人の権利の消長に影響を生じさせる。
30) 民法・不動産登記法（所有者不明土地関係）等の改正に関する中間試案（令和元年12月3日）（以下，「中間試案」という）までの審議状況の詳細につき，田處・前掲注3）19-81頁，小柳・前掲注3）88-102頁参照。

見解がある一方で，それを否定する見解もあることが挙げられている（部会資料 2・1-2 頁）。そのうえで，「所有者不明土地の発生を抑制する方策として，土地を所有し続けることを望まない所有者による土地所有権の放棄を認め，土地を適切に管理することができる機関に土地所有権を帰属させることを可能とする制度の創設」（部会資料 2・2 頁）を検討することが必要とされた。と同時に，「所有権の放棄が一般に認められるとしても，『土地所有権の放棄』を認めることは，土地の所有に伴う義務・責任の放棄をも認めることになるから，〔中略〕その要件を慎重に設定する必要がある」とされた（部会資料 2・4 頁）。そして，そのためには，所有権の放棄が権利濫用に該当しない場合を類型化することが考えられるとして，具体的に，次のいずれかまたは複数の事情がある場合に放棄を認めることが提案された。①所有者が土地の管理に係る費用を負担するとき，②帰属先機関が負担する管理に係る費用が小さく，流通も容易なとき[31]，③所有者に責任のない事由により，土地が危険な状態となり，所有者の負担する土地の管理に係る費用がが過大となっているとき，④土地の引受先を見つけることができないとき[32]，⑤帰属先機関の同意があったとき。この時点では，所有権放棄が権利濫用にならない場合が，土地の管理コストに限らず多角的な観点から検討されていた。また，これらの要件は，1 つでもあてはまれば土地の所有権放棄が認められる可能性のあるものとして定められていた。

　(2)　ところが，第 10 回会議（令和元年 11 月 19 日）の提案（部会資料 20）では，土地の放棄は多くの場合が権利濫用に該当するとされ，かつ，権利濫用になるかどうかは，もっぱら管理コストの不当な転嫁およびモラルハザードの発生の防止の観点から捉えられることとなった[33]。また，土地所有権の放棄を認

---

[31] 例として，（ア）土地に建物や有害物質が存在せず，（イ）土地の権利の帰属に争いがなく，（ウ）隣接地との境界が特定され，（エ）第三者に対抗することのできる権利が設定されていないとき，が挙げられ，これらの要素は，相続税の物納の要件（相税 41 条 2 項，相税令 18 条）を参考にしたとされる（部会資料 2・6 頁）。

[32] その理由について，「所有者不明土地の発生を抑制するためには，〔中略〕土地の流通を促進することが重要であり，土地所有権の放棄は最終的な手段と考えられることから，所有者が所有を望まない土地については，まずは，利用意欲のある者に土地の所有権を取得する機会を与え，それでも引き取り手が現れなかった場合にのみ，土地所有権の放棄を認めることが望ましい」とされた（部会資料 2・8 頁）。これは，土地所有を望む私人がいる場合には国庫帰属に優先して私人がこれを取得すべきであるとの趣旨と理解できる。

[33] 吉田・前掲注 5）356 頁参照。

める趣旨も,「現在適切に管理されている土地が将来管理されなくなることを防止する」こととされた(部会資料20・4頁)。

　部会資料20の補足説明は,まず,つぎの2点を指摘する((a)・(b)の記号は筆者による)。(a)「土地の所有者は,相隣関係や不法行為において一定の義務や責任を負い(第216条,第709条等),それに伴って管理コストを負担する立場にある。したがって,土地所有権の放棄により土地を国庫に帰属させることは,土地の所有に伴う義務・責任や管理コストを国に転嫁し,最終的には国民が負担することを意味する」。(b)「土地所有権の放棄を認めると,所有者が,将来的に土地の所有権を放棄するつもりで土地を適切に管理しなくなるモラルハザードが発生するおそれもある」。そのうえで,「土地所有権の放棄は多くの場合が権利濫用(民法第1条第3項)に該当する」との認識の下,「土地所有権の放棄を認める要件を設定するに当たっては,放棄が権利濫用とならない場合,すなわち,土地の管理コストが不当に転嫁されず,モラルハザードも生じない場合を類型化する必要があると考えられ,土地所有権の放棄を認める趣旨も,現在適切に管理されている土地が将来管理されなくなることを防止することが基本になる」こととされた(部会資料20・3-4頁)。

　同時に,土地所有権を放棄するための要件も,国による土地の管理コストの負担抑制の観点から,すべてを満たすべき要件として次の5つを定めることが提案された。❶土地の権利の帰属に争いがなく筆界が特定されていること,❷土地について第三者の使用収益権や担保権が設定されておらず,所有者以外に土地を占有する者がいないこと,❸現状のままで土地を管理することが容易な状態であること,❹土地所有者が審査手数料及び土地の管理に係る一定の費用を負担すること,❺土地所有者が,相当な努力が払われたと認められる方法により土地の譲渡等をしようとしてもなお譲渡等をすることができないこと[34]。一方で,土地所有権放棄の要件として,第2回会議において挙げられていた要件のうち,③は外された。この点につき,所有者が負担する管理費用が過大な土地については,所有権放棄の対象にするのではなく,所有者に対する公的支援等により危険を除去すべきとの意見があったと説明されている(部会資料

---

[34] 第2回会議における要件④と異なり,土地の取得を希望する私人がいるか,ではなく,土地所有者が譲渡の努力をしたかどうかが基準となっている。

20・4頁，6頁)。

　上記の提案が，現在適切に管理されている土地を，その放棄が権利濫用に当たらない土地と同視しているのかは明らかではない。しかし，上記 (a)・(b) の観点からみて両者が同一である必然性はないことからすると，この提案は，土地所有権の放棄が権利濫用に当たらない場合のうち，現在適切に管理されている土地について予防的に放棄を認める制度を創設する趣旨と解される。

　(3)　中間試案（令和元年12月3日）は，第10回会議の提案内容を承継しつつ，土地所有権の放棄はそれが権利濫用にならない場合に認めるとは説明していない。そうではなく，「土地所有権の放棄については，基本的には認めるべきではない」とする。その補足説明では，まず，第10回会議で挙げられた (a)・(b) に言及される。すなわち，「土地の所有者は，民法の相隣関係や不法行為の規定によって一定の義務や責任を負い（第216条，第709条等），それに伴って管理コストを負担する立場にある。したがって，土地所有権の放棄により土地を国庫に帰属させることは，土地の所有に伴う義務・責任や管理コストを国に転嫁し，最終的には国民がその管理コストを負担することを意味する。／また，土地所有権の放棄を認めると，所有者が，将来的に土地の所有権を放棄するつもりで土地を適切に管理しなくなるモラルハザードが発生するおそれもある。／したがって，土地所有権の放棄については，基本的には認めるべきではないと考えられる。」そのうえで，現在は適切に管理がされているのに，所有者がその土地への関心を失って管理しなくなると，新たな管理不全土地を生じさせるおそれが生じることなどから，「現在適切に管理されている土地が将来管理不全状態となることを防ぐとともに，相続による所有者不明土地の発生を抑制するために，一定の要件を満たす場合に限定して，所有権の放棄を認める制度を創設する必要がある」とされた（中間試案の補足説明148-149頁）。

　ところで，管理コストの国への転嫁（(a)）およびモラルハードの防止（(b)）から，土地所有権の放棄は基本的には認めるべきではないとの結果を導き出すことには，論理の飛躍があるように思われる。所有者が法令上その土地について義務を負うのは，土地所有権を有していることの効果であって，所有権放棄の可否とは論理的に別の問題であると考えられるからである。放棄ができるのであれば，所有者が以後，土地の管理費用を負担しないことに問題はない。(a) および (b) の観点は，土地所有権の放棄の要件を設定する際に考慮しな

ければならないとしても，そこから，土地所有権の放棄は基本的に認めるべきではないとの結論が論理必然的に生じるものではない。問われているのは，土地の所有者が土地を放棄することができず，その土地を所有し続けることを強いられるのはなぜか，である。言い換えれば，中間試案において，「土地所有権の放棄については，基本的には認めるべきではない」との判断の根拠が示されているとはいえない。

(4) しかし，それ以降，土地所有権放棄の制約根拠とされているのは，もっぱら上記（a）および（b）となる。さらに，パブリックコメントを承けた第16回会議（令和2年8月4日）では[35]，「不動産は，法令に特別の定めがある場合を除き，その所有権を放棄することができないものとする規律を民法に設け」る旨の提案がされた（部会資料36・1頁）。そのうえで，相続により土地の所有者となった者は，「相続を契機として土地をやむを得ず所有していることが類型的にあり得るため，一定の限度で，土地の管理の負担を免れる途を開くことが相当である」とされた（部会資料36・4頁）。

この提案では，土地所有権の放棄に関する原則と例外が今までと逆転しているが，この点に関する事務局の説明はつぎの通りである。中間試案の内容は，相当厳しい要件の下で放棄を認めることとなっており，「結局のところ，所有権の放棄というのは自由にできないという方向に近い内容になっていた」こと，実際に放棄が認められた例はあまり聞かないので，基本的にはできないという方向で整理をした上で，放棄ができる例外的な場合を新たな仕組みとして作るものである[36]。要するに，例外が多いことが，原則の転換の根拠とされている。

第16回会議では，不動産所有権の放棄は原則としてできない旨の条文を民法に定めることにつき，賛成意見もあった一方で，慎重な意見が多く出された。具体的には，原則と例外が逆転したのを元に戻すべきであるとの意見[37]，原則として不動産の所有権の放棄を認めないよりも，厳しい要件の下で認めるほうがよいとの意見[38]，民法に土地所有権の放棄は基本的に認められないと定めを

---

35)「土地所有権の放棄は，土地の所有者に伴う義務・責任や管理コストの国への転嫁や，所有者が将来の放棄を見越して土地を適切に管理しなくなるモラルハザードを生じさせるおそれがあることから，基本的には認められるべきではない。」と説明されている（部会資料36・4頁）。
36) 第16回会議議事録5頁。
37) 第16回会議議事録6頁。

おくと、動産については放棄できると解釈される可能性があるのでおくべきではないとの意見[39]、そのような定めをおくのであれば不動産所有権の放棄ができない理由づけを明確にする必要があるとの意見[40]などである。最後の点については、不動産所有権の放棄を認めない根拠として、民法206条の「処分」には放棄が含まれないとすること、不動産は物理的に滅失させることができないこと、が考えられるものの、前者は動産にもあてはまり、後者は建物や土地の定着物、立木法による立木には妥当しないのでいずれも説明としてうまくいかないこと、可能性としては民法239条2項と関連付けることが考えられる旨の意見が出されている[41]。

また、相続または遺贈を取得原因とする土地所有権に限って土地所有権の放棄を認める制度とすることについては、法制審議会民法・不動産登記法部会の使命は土地所有権の放棄を可能にすることによって所有者不明土地の発生を抑制する方策を審議することであるから、所有権を放棄することのできる土地の取得原因には制限を設けるべきではないとの意見[42]が出された。一方で、提案の趣旨は、所有者不明土地問題として一番大きな発生原因であると思われる相続を契機とする土地の放置を何とかしようとすることにあること、最初は少し控えめな出発をするのがよいことから提案に賛成する意見も出されている[43]。

(5) 結局、不動産所有権の放棄を認めない旨の原則を民法に定める提案は、第19回会議（令和2年10月6日）では撤回された。事務局は、その理由として、動産の所有権放棄の可否についての議論にも影響を及ぼす可能性があることなどから反対する意見が複数あったことを挙げている（部会資料48・4頁）。

また、第19回会議の提案では、土地の国への帰属の法律構成は、それまでと異なり、土地所有権の放棄ではなく、国への所有権移転とされた。その理由は、「最終的に土地を国に帰属させることが目的なのであれば、行政処分によって土地所有権が国に移転するとした方が直截である」ことおよび、土地所有

---

38) 第16回会議議事録13頁。
39) 第16回会議議事録12頁。
40) 第16回会議議事録12-13頁。
41) 第16回会議議事録13頁。
42) 第16回会議議事録6頁。
43) 第16回会議議事録12頁。

権の放棄という構成をとると,「不動産の所有権放棄についての規律を置くことになり,そうすると,動産の所有権放棄についての規律の在り方が問題となるが,動産にはその大きさや価値において様々なものが存在するため,適切な規律を設けることは難しい」と説明されている（部会資料48・4頁）。

こうして,最終的には,民法に土地所有権の放棄に関する規定を置くのではなく,特別法として,土地所有権の国への移転を認める制度が創設されることとなった。

3　さて,新法が,土地所有権の放棄につきどのような考え方に基づくのかについて,学説の見解は分かれている。一方では,民法上土地所有権の自由な放棄が可能であるなら,一定の要件を設けて国庫帰属を「認める」発想にはならないとして,新法は,民法では土地所有権の放棄はできないとの認識を前提とするとの見方がある[44]。同様に,新法の制定が選択されたのは,放棄という法律構成を採用するのが迂遠であることおよび,動産所有権の放棄に対する影響を考慮したに過ぎないとして,新法が,土地の所有者がその所有権を手放してこれを国庫に帰属させることを認めるために一定の評価に基づいて要件や手続を定めている以上,今後は,土地所有権の放棄は,相続土地国庫帰属制度に関するルールの基礎に据えられている評価と矛盾する限り,認められないとの見解もある[45]。

他方では,新法が,土地の所有権放棄と国庫によるその原始取得ではなく,土地所有権の国庫への移転という法律構成を採用したことなどから,新法の立場は,原則として土地所有権の放棄は認められるが,例外的にその要件を限定するものか,原則として土地所有権の放棄は認められないが,例外的にそれを可能とする立法をしたものか,判断し難いとの評価もある[46]。さらに,特別法による,国庫への帰属を「承認」する新制度は,民法の「放棄」とは異次元の法律構成をとることから,新制度の成立によって土地所有権の放棄は認められない,あるいは放棄についても新法と同様の要件が必要であるとの立論は成り

---

44）吉田・前掲注5）356-357頁。
45）潮見佳男＝木村貴裕ほか・Before/After民法・不動産登記法改正（弘文堂，2023）185頁〔水津太郎〕。
46）山野目＝佐久間編・前掲注1）480頁〔松尾〕。

立たないとの指摘もされている[47]。

　相続土地国庫帰属制度が，当初の予定と異なり民法ではなく特別法に定められたこと，民法に不動産所有権の放棄を原則として認めない規定を設けることが途中で断念されたこと，その際，土地所有権の放棄を制限すべき理論的根拠は示されず，それが容易でないことが認識されていたこと，新制度が，「放棄」とはまったく別の，「承認」を通じた土地所有権の国への移転という法律構成を採用したこと，新制度の対象となる土地は，もっぱら国による土地の管理コストの節減およびモラルハザードの抑止の観点から限定的に定められたことなどからすれば，相続土地国庫帰属法の成立は，民法における土地所有権の放棄について一定の立場を前提とするものではなく，所有権放棄に関する民法の解釈に影響を与えるものではないと考える。新法が民法206条の「法令の制限」に該当することは疑いないが，新法は，むしろ，民法に基づく土地所有権の放棄とは別に，所有者不明土地問題への対応の1つとして，相続を取得原因とする特定の土地について，国への土地移転可能性を認めるものであると解される。立案担当者による，「所有者の一方的な意思表示により土地所有権を放棄することはできない」との説明も，法制審議会における立案過程に照らせば，権利濫用にあたる場合をはじめ例外があることを念頭に，土地所有者の意思表示さえあればつねに放棄が認められるわけではない，との趣旨と理解するのが合理的であろう。

## Ⅳ　若干の検討

　1　法主体が，所有する財との排他的帰属関係を解く自由を有することは，法主体と財との排他的帰属関係における基本である。法主体が自然人であるときは，財の排他的帰属から解放されうることは，人格の自由の1つでもあると考えられる。人は，財をもつことを強いられない。この点において，吉田が，法主体への権利の帰属関係に関する処分の自由として放棄の自由を原則と理解することは説得的である。

---

[47] 七戸・前掲注3) 289頁は，現実にも，本法律による承認申請ができないが，土地の放棄を認めるべき土地所有者については民法の放棄によって対応する必要があるとする。

そして，所有権の放棄は，譲渡と並ぶ法律上の処分として，民法206条によって根拠づけられる。もちろん，206条が定めるとおり，所有権者の自由の行使は法令の制限に服するし，その権利の行使によって他者の権利を侵害することはできない。したがって，所有権の放棄が権利濫用に当たるときはその効力は否定され，放棄が公序良俗違反により無効となりうることは，動産についても不動産についても異なることはない。

　また，民法は，相続人不在の場合における残余財産の国庫帰属（民法959条）とは別に，民法239条2項を定めていることから，それ以外の場合に不動産が無主物になることを想定している。自然現象によって新しい土地が生まれたときなど特殊な場合を除けば，放棄がその典型例のようにもみえる。

**2**　では，土地所有権の放棄に固有の制約があるのだろうか。あるとすれば，それは何か。

（1）　相続土地国庫帰属法の立案過程では，土地の所有者が民法上一定の義務や責任を負い（216条・709条等），それに伴って管理コストを負担する立場にあること，および，モラルハザードの防止が，土地所有権の放棄を制約する理由とされた。また，立案担当者は，土地基本法6条による土地所有者の責務を根拠として挙げる。このうち，土地所有者の責務については，土地の所有者が土地を適正に管理する責任を負うことと，土地所有者がその土地を処分できるかどうかは，論理的には別の問題なのではないか，との疑問があることは，すでに述べたとおりである。また，土地基本法によれば，土地の適正な管理は，その土地が所在する地域の自然的，社会的，経済的および文化的諸条件に応じて定まること（土地基3条参照），土地は希少な自然資源であってその価値は商品としてのみ捉えられるべきではないこと，そして，土地の受益者には現在のみならず将来の国民も含まれること（同法1条・2条参照），などを考慮に入れるならば，土地基本法6条により，現時点における土地の所有者が果たすべき責務がその商品価値の維持を意味するのか，その内容が何かは，それ自体議論の対象となりうる。さらに，時間とともに多くの所有者を経て漸次的に累積された土地の管理コストの増大および管理不全の責任を，その土地を自ら取得したとの一事によって，放棄の否定というかたちで，現所有者に全面的に負担させることが正当なのかも議論の余地があろう。仮に，それを認めるのであれば，

土地の物理的状況および管理コストについて，その取得時に，譲渡人から譲受人に対して的確かつ十分な情報が提供されることが前提となるのではないだろうか。

　この点，田處が指摘するとおり，土地所有者は，土地の処分によってそれ以降の管理責任を免れるとはいえ，民法709条等による義務違反が生じていた場合，すでに発生した責任を免れることはない。そのことは，土地の処分が放棄によろうと譲渡によろうと同じである。処分に対する相手方の同意は，すでに発生した責任を免責的に引き受けるのでない限り，前主の責任を免れさせるものではない。その意味で，土地の適正な管理に対する違反の責任と放棄の可否とを分けて考えることは，検討に値するように思われる[48]。

　さらに，モラルハザードの防止については，土地の放棄が容易であるために所有者が土地の適正な管理を怠るインセンティヴが働くことは回避されるべきであるが，モラルハザードを理由に土地所有権の処分に対する制約が過大となることも正当化されるものではないだろう。

　(2)　所有権の放棄に固有の特徴としては，吉田が指摘する，有体物の「外部性」を考えることができる。すなわち，所有権の放棄については，他人の権利を消滅させるなど他人の法的地位に影響を及ぼす場合に加え，目的物の物理的存在により他人の権利に事実上の物理的・経済的な影響を及ぼす可能性を考慮する必要がある。そして，土地については，その放棄が他人の法的地位に直ちに影響を与えないことも多い一方，目的物が外界に与える影響が大きいために，事実上の物理的・経済的な影響による問題が重大になりうる。もっとも，目的物の存在が他人の権利に物理的・経済的な影響を及ぼすことは，土地の放棄のみならず利用にも当てはまる。実際，土地の利用方法について法令上多くの制約があることは，他人の権利に対する物理的・経済的な影響によって正当化されうる。反対に言えば，土地の利用方法について法令上多くの制約があっても土地所有者は土地を自由に利用することが原則であるのと同様，土地の放棄の方法について制約が多いことは，その自由を否定することを意味しないと

---

48) このほか，土地の管理費用の負担と，土地所有権の放棄の可否とを分けるべきであるとの見解として，張洋介「土地所有権放棄の場面における土地所有者の自由と責任——広島地裁松江支部平成28年12月21日判決を手がかりに」法と政治69巻2号下151頁（2018）参照。

考えられる。

　土地の存在が他者に与えうる物理的・経済的影響を考慮するならば，土地所有権の放棄の方法は制約されざるを得ないし，所有者が放棄に伴って一定の費用を負担すること，あるいは，放棄後も新所有者による管理が開始するまで管理を継続する義務を負うことを認める必要もあろう。しかし，これらのことは，人が他者の同意なしに財の帰属関係から解放されうるという，放棄の自由に関する原則を覆すものではない。

　（3）　このほか，所有権の放棄によって物理的・経済的な影響を受けるのが私人である場合と，国庫である場合とを同様に考えることができるかについては，なお検討を要する。この点，吉田が両者を同視するのに対して，田處は，国には国土を保全し，土地の有効利用を図るべき責任があるとして，両者は別異に考えるべきであると主張する。国は，土地基本法により，土地に関する施策を策定し，それを通じて土地所有者等による適正な土地の利用及び管理を確保するために必要な措置を講じるよう努める責務を負う（土地基7条1項・2項）立場にあることからすれば，国と私人とを同一に扱うことができるかは自明でない[49]。また，土地基本法に定められた国の責務に照らせば，国には，土地の利用に関する施策の策定にあたって，将来における，所有者も含めた社会全体の管理コスト増大を予防すべき手立てを打つことが求められるのではないだろうか。

## V　お わ り に

　相続土地国庫帰属制度の創設は，放棄によらず，法主体が土地の排他的帰属関係から解放される方法を認めた点に意義がある。今後は，他の方法と並んで，土地所有権の放棄の方法についても検討が進むことが期待されよう。

---

49) このほか，国が土地に対してどのような権利を有しているか，土地をめぐる国家の権限・責務と私人の権利・義務との関係が土地所有権の放棄の規律に影響を及ぼすとする見解として，山野目＝佐久間編・前掲注1) 474-475頁〔松尾〕参照。松尾は，日本における地券制度の導入後における土地をめぐる国家の権限・責務と私人の権利・義務との関係には，この点につき曖昧な事情があり，そのことが日本における土地所有権の放棄に関する規制のしかたを明確化することの困難さの根源であるとする。

# 親子関係の否認の訴えにおける提訴制限

金 子 敬 明

I　はじめに
II　2013 年以前の裁判例
III　均衡性の統制
IV　親子関係の否認の訴えにおける均衡性の統制の展開
V　おわりに

## I　はじめに

　実親子法[1]における血縁関係（遺伝上の関係）は，触るのに非常に気を付けなければいけないという意味で「燃えている石炭みたいなもの」であり，「フランス法は，燃えている石炭を触るのに，身分占有というトングを持っていて，この身分占有というトングで上手に配置をしている」といわれる[2]。本稿の筆者もかつて，フランス民法典 333 条（以下，条数のみの場合はフランス民法典の規定をさす）における身分占有（possession d'état. 311-1 条・311-2 条）に検討を加えたことがある[3]。本稿はある意味でその続編であり，具体的には，現代フランスにおける，法的に確立されている親子関係の否認を目的とする訴え（actions en contestation de la filiation）の提訴を制限する諸規定（333 条はその一翼をなす）の運用を紹介しようとするものである。
　予め，提訴制限に関係するフランス民法典の諸規定と，本稿で頻出するヨー

---

1) 本稿では自然生殖の場合をもっぱら想定する。
2) 法制審議会民法（親子法制）部会第 9 回会議議事録 PDF 版 24 頁〔水野紀子委員発言〕。同旨の表現は水野紀子「実親子関係と血縁主義に関する一考察」日本民法学の形成と課題（下）（星野英一先生古稀祝賀）（有斐閣，1996）1138 頁にみられる。
3) 金子敬明「身分占有と訴訟要件」千葉大学法学論集 27 巻 4 号 143 頁（2013）。なお，身分占有が親子関係の確立の方向で作用する場合もあるが（317 条・330 条），本稿では扱わない。

ロッパ人権条約（以下では「条約」とする）8条の訳を掲げておく[4]。

・320条
「法的に確立された親子関係（filiation）は，裁判で否認（contester）されていない限り，それと両立しない別の親子関係の確立（établissement）を妨げる。」
・321条
「親子関係に関する訴訟は，法律での別段の定めがない限り，確立が請求されているところの身分がその人から奪われた日または否認が請求されているところの身分をその人が享受し始めた日から10年間の時効にかかる（se prescrire）。子との関係では，未成年のあいだ時効は停止する（suspendu）。」
・333条[5]
「身分占有が titre[6] と一致している場合には，子，父母の一方，真実の親と主張する者だけが，親子関係の否認の訴えを提起することができる。この訴権は，当該身分占有が止んだ日，または親子関係の否認が請求されているところの親の死亡の日から，5年の経過によって消滅する。

出生，または認知が出生後にされた場合には認知以降に，少なくとも5年間，titre に一致する身分占有が継続したときには，検察官を例外として，誰もその親子関係を否認することができない。」
・条約8条
「すべての人は，私的家族的生活，住居および通信の尊重を求める権利を有する。

---

[4] 本稿での事案の紹介（Ⅲで扱う近親婚の事案を除く）では，Cを子，B女をCの母，A男をCの父であることが争われているところの男性，D男をCの遺伝上の父であると主張されているAでない男性とする。また，本稿では，取り上げる裁判例（①〜⑩）の評釈（裁判例の紹介が主でコメントが一言付されているにすぎないものから本格的なものまでを含む）を，評釈者および評釈対象裁判例の記号，ページ数によって示すことにする（例：「Fulchiron ④評釈 p. 153」）。
[5] 同条2項の5年間は時効（prescription）ではなく除斥期間（délai de forclusion）であるとされ，訴えの提起による中断はありうるものの（2241条），時効の規定による中断や停止（2234条）はないとされ，子が未成年のあいだには時効は進行しないというルールも（同条1項についてとは異なり）適用されない（Philippe Malaurie et Hugues Fulchiron, *Droit de la famille* (8e éd., 2022, LGDJ), no. 998 note 31)。なお，333条については事後的違憲審査（QPC）が申し立てられたが，破毀院第1民事部2011年2月24日判決（no. 10-40068. D. 2011.1587, obs. Granet-Lambrechts; AJ fam. 2011. 213, obs. Chénedé; RTD civ. 2011. 334, obs. Hauser; RJPF 2011-6/41 p. 30, obs. Garé)は憲法院への移送を否定した。
[6] 333条（2項も含む）にいう titre とは出生証書または認知証書を意味する（拙稿・前掲注3）157頁注3参照）。かくして，333条2項は，公的に登録された身分に一致する社会的事実が5年間継続して存在した場合（訴えの時点で現存している必要はない）に，当該身分を否認する訴えの提起を検察官以外には認めない旨の規定である。

公権力によるこの権利の行使への介入は，法律で規定されており，かつ，国防，公共の安全，国の経済的福利，秩序維持，犯罪防止，健康の保護，道徳の保護または他者の権利自由の保護のために，民主的社会において必要である場合を除いて，されてはならない。」

## II　2013年以前の裁判例

Iで紹介した提訴制限にかかる諸規定は，2005年の親子関係法改革によって成立したものであるが[7]，制定の当初は規定の通りに適用されていた。3つ事例を紹介しておく。

①は，5年間継続した身分占有という333条2項の定める要件を単純に適用し，そのために，$C_3$ だけでなく $C_2$ も遺伝上は D の子であったのかもしれないが，とにかく $C_2$ と $C_3$ とで正反対の扱いとなった事例である[8]。②③はいずれも，成年になってまもない子Cが訴えを提起したが，333条2項が適用されたため，遺伝上の関係の存否の実質判断に入らなかったという点で共通する。

　①　Aix-en-Marseille 控訴院 2009年9月24日判決[9]

A 男と B 女が 1988 年に婚姻し，子として $C_1$（1991年生），$C_2$（1997年11月生），$C_3$（2001年9月生）の3人がいる。AB について 2004 年に第1審で離婚判決が出され，控訴院も 2005 年6月にその判断を維持した。D 男は，2006 年7月に，A および B を被告として，$C_2$ および $C_3$ のそれぞれについて，A が父であることを否認し自分こそが父であると認めてもらうべく，訴えを提起した。

2008年2月28日の第1審判決は，$C_2$ にかかる訴えは時効にかかっており，$C_3$ に関しては不受理とした（詳細は不明）。Dが控訴したところ，本判決は，$C_2$ については，出生から少なくとも5年間（2002年11月まで），出生証書に合致した身分占有を享受してきたとして，訴えを不受理としたが，$C_3$（Dの訴え提起時には4歳10か月）についてはそうでないとして訴えを受理し，血液鑑定を命じた。しかし $C_3$ は，弁護士の立会いのもとでされた裁判所の聴聞において血液鑑定に対し明確な拒否の態度を

---

7) 立法の経緯について，ごく簡単ではあるが拙稿・前掲注3) 157頁注2を参照。なお，同改正法の経過規定の適用のされ方が重大な論点となっている裁判例も多いが，本稿はその点を一切捨象する。
8) Murat ①評釈 p.25 は「落ち着きの悪さ（malaise）」を強調している。Fulchiron ③評釈 p.2959 note 5 は，①を「333条の論理を極限まで推し進めた判決」と評している。
9) RG no. 08/07265. Dr. fam. 2010. 59, note Murat; RTD civ. 2010. 539, note Hauser.

崩さず，結局，血液鑑定は実施されないこととなった。なお，その後，同控訴院2011年5月5日判決[10]は，$C_3$について，血液鑑定が実施されなかったとはいえ，Dと定期的に会っていた等のさまざまな事情（詳細は割愛）を総合して，Aと$C_3$の父子関係の否認を認め，$C_3$の父はDであると宣言した。$C_3$の父についての判断に対してAが破毀を申し立てたが，破毀院第1民事部2012年10月24日判決[11]はAの破毀申立てを排斥した。

② Dijon控訴院2012年1月12日判決[12]

Cは1991年2月に生まれ，同年3月にB女がCを認知した。1993年4月にA男がCを認知し，同年6月にABは婚姻してCは準正子となった。しかし2001年4月にAは婚姻住居を去り，新住所を知らせることすらしなかった。2006年にABの別居判決が下され，2008年に，もっぱらAの責めによる離婚が認められた。

2010年にCはAを被告として，Aがした認知の無効などを求める訴えを提起した。第1審判決（2010年12月17日）は，2001年4月にCがAの子であるという身分の占有が止んだとし，Cはその時から5年以内に訴えを提起しなかったとして，Cの訴えを不受理とした。控訴院は，2001年4月に身分占有が止んだのであり，Cは認知から5年以内に身分占有が止んだことを何ら基礎づけていないとして，第1審判決を是認した[13]。

③ Douai控訴院2013年6月6日判決[14]

A男とB女は1988年10月に婚姻し，同年12月にBはCを出産した。ABにつき2003年3月に離婚判決がされた。

2010年にCはAを被告として，ACの親子関係を否認する訴えを提起したが，第1審判決（2012年6月12日）は333条2項によりCの訴えを不受理とした。Cの主張によれば，Cは13歳までABと暮らしていたが，その後はBのみと暮らし，Aと会うことはなかった（ただし，裁判所は，ABの離婚後にCがAと会っていないということは証明されておらず，Aは実の父ではないとCがA本人から聞き知った21歳のときまで，少なくとも21年間の身分占有があった，という）。Aは，自分がCの遺伝

---

10) RG no. 08/07265.
11) no. 11-22202.
12) RG no. 11/00097. D. 2012. 1435, obs. Granet-Lambrechts.
13) 第1審は333条1項の方の5年を考えているようであるが，同項の問題であるならば，本件ではCが成年になってから5年以内に提訴しているので，Cの訴えは受理されるべきであったはずである。控訴院は一見すると第1審の判断をそのまま是認しているようでもあるが，333条2項の方の5年を考えていると思われる。
14) RG no. 12/05184. D. 2013. 2958, note Fulchiron; D. 2014. 852, obs. Galloux et Gaumont-Prat; Dr. fam. 2013 Comm. 140, obs. Neirinck; RTD civ. 2014. 101, note Hauser.

上の父でないことは，BがCを懐胎した当初から知っていたと述べている。

Cが控訴したが，控訴審は，父母の一方の系統だけよりも両方の系統に属する方が子の利益になる[15]以上，333条2項による提訴制限はCの私的家族的生活の尊重を求める権利の行使に対する均衡を失した侵害（atteinte disproportionnée）にはあたらないと述べて，第1審の判断を維持した。

## III　均衡性の統制

法律の規定を単純に適用するだけという傾向に変化が加わったのは，161条[16]の近親婚の禁止に関する2013年の破毀院民事部判決を契機とする（1）。同様の変化はほどなくして親子関係法にも及んだ（2）。それぞれをやや詳しくみてみよう。

### 1　近親婚の禁止に関する事例

④　破毀院第1民事部2013年12月4日判決[17]

P男とQ女が1969年に婚姻し，子Rを1973年にもうけたが，PQは1980年に離婚した。その後Qは，Pの実父であるSと1983年に婚姻した。Sは1990年にRへの生前贈与をした。Sは2005年に死亡してPが相続人となったが，Qは遺言で包括受遺者に指定されていた。2006年になって（相続目的での訴えであることを示唆する），Pは，184条[18]に基づいて，QSの婚姻の無効を求める訴えを提起した。

ところで，ヨーロッパ人権裁判所は，2005年9月13日の判決[19]において，男性と，その息子の元配偶者の女性との婚姻を禁じる，161条と類似した内容のイングランド法の規定により，婚姻を認められなかった男女について，連合王国に条約12条[20]違反があると判断していた。

Aix-en-Provence 控訴院2012年6月21日判決は，上記判決の存在を意識しつつも，

---

15) もちろん，この認識に対しては大いに疑問の余地がある（Fulchiron ③評釈 p.2962）。
16) 「直系の尊属，卑属および姻族との婚姻は禁止される。」
17) no. 12-26066. 評釈は多いが，ここではD. 2014. 153, note Fulchiron のみを挙げる。
18) 184条は，161条を含む婚姻障害の諸規定に違反してされた婚姻について，挙式から30年のあいだ，一方配偶者，利害関係を有するすべての者および検察官が無効を主張できる旨を定めている。
19) *B. et L. c/ Royaume Uni*, no. 36536/02.
20) 「婚姻適齢の男女は，その権利の行使を規律する国内法に従って，婚姻し，家庭を形成する権利を有する。」

諸事情（詳細は割愛）を考慮して，QSの婚姻無効を認めた。Qが破毀を申し立てたところ，破毀院は，Qが主張しなかった破毀申立て理由を両当事者に通知のうえ職権で取り上げ，「QSの婚姻が異議なく挙行され，20年以上も続いたことに鑑みると，QSの婚姻の無効を宣言することは，私的家族的生活の尊重を求めるQの権利の行使に対する正当化できない介入（ingérence injustifiée）としての性質を有する」と述べて，条約8条のみを参照条文として，原判決を破毀し，婚姻の無効を認めなかった（自判）。

このように，2013年判決は，本来適用されるはずの法律の規定を，当該事案限りで適用しないことにしたという点で衝撃的なものであった[21]。この判決でおさえておくべきことは，法律の規定自体の抽象的な人権条約適合性（conventionnalité）ではなく，当該具体的事案のもとで，条約8条の権利に対する介入が，その介入の目的との関係で，均衡のとれたものになっているか（proportionnalité）の統制（contrôle）が問題となっていることである[22]。

ところが，同じ161条の適用が問題となったその後の⑤において，破毀院は，婚姻の無効を宣言したAix-en-Provence控訴院2014年12月2日判決[23]の判断を維持した。

⑤　破毀院第1民事部2016年12月8日判決[24]

P男（1925年生まれ）は，3人目の妻であったQ女（1949年生まれで，1984年にPと婚姻したが2000年に離婚した）の連れ子であったR女（1975年生まれ）と，2002年に婚姻したが，Pは2010年4月に死亡した。2010年5月に，Pの子らがRを被告として，PRの婚姻の無効を求める訴えを提起した。

---

21)「小さな革命」(Fulchiron ④評釈 p. 153) とか「一種のクーデター」(Marguénaud ⑥評釈 p. 825) とも呼ばれ，立法府との関係における裁判所（判事）の役割や破毀院の伝統的な役割との関係で激しい議論をひきおこしたが，本稿では紙幅の都合上扱わない。たとえば，Victor Deschamps (Préface de Dominique Fenouillet), *Le fondement de la filiation* (LGDJ, 2019), nos. 1083-1107 を参照。

22) Fulchiron ④評釈 p. 153（もっとも，contrôle de proportionnalité という言葉はまだ用いられていない）。均衡性の統制は，条約適合性の統制（contrôle de conventionnalité）の一部分にすぎず (Deschamps, *supra* (note 21), no. 1098. Fulchiron ⑥評釈 p. 2367 でもこのことは認識されていた)，両者を対立的に表現することは事態の正確な把握とはいえないが (Fulchiron ⑩評釈 p. 31 では conventionnalité *in abstracto / in concreto* という対比表現が用いられている)，あまりにもよく用いられるので「均衡性の統制」という表現のままで用いることにする。

23) RG no. 13/17939. RTD civ. 2015. 361, obs. Hauser.

24) no. 15-27201.

破毀院は，Rによる条約8条関係の主張について次のように判断した。直系姻族間での婚姻を無効とするという，私的家族的生活の尊重を求める権利の行使に対する介入は，161条および184条で規定されており，家族の完全性（intégrité）を保つとともに家族構造の変動から生じる帰結から子を守るという正当な目的（but légitime）を追求するものである。しかしながら，判事に付された事件において具体的に，これらの規定を適用することが，上記の追求された正当な目的に照らして，人権条約の保障する私的家族的生活の尊重を求める権利に対する均衡を失した（disproportionné）介入となっていないかどうかを評価することは，判事の任務に属する。控訴院は，Rが，後にRの配偶者になったとはいえ，幼少の頃には少なくとも象徴的な意味において父性を体現する者（une référence paternelle）であったところのPと，9歳のときから成年になった18歳までの9年間，生活を共にしていたことを認定し，PRの婚姻関係は原告らが訴えを提起するまでで8年しか続かなかったことを確認し，PRの婚姻からは子が生まれなかったことを指摘している。控訴院は，これらの認定および言明から，PRの婚姻の無効を宣言することが，上記の追求された正当な目的に照らして，私的家族的生活の尊重を求めるRの権利に対する均衡を失した介入にはあたらないと結論付けることができた。

## 2 親子関係の否認の訴えに関する事例

具体的事案における均衡性の統制は，その後，親子関係の否認の訴えでも行われた。

⑥　破毀院第1民事部2015年6月10日判決[25]

C（1992年9月生）の母はB女であり，Cの父は身分登録上，Bの夫であったA男とされている。ABは2006年に離婚し，BはD男と2010年6月に再婚した。Bは，ACの身分占有が5年以上継続したため検察官以外にはACの父子関係を否認することができない（333条2項）ことから，2011年に，検察官に対し，ACの親子関係を否認するよう求めた。その際にBは，遺伝的検査へのA，Cおよび自分の同意書を添付した。そのすぐ後にDは死亡したが，Dも生前に，Cの遺伝上の父は自分であると宣誓し，遺伝的検査への同意も与えていた。

検察官はA，B，CおよびDの娘らを被告として，AC間の親子関係の否認の訴えを

---

25) no. 14-20790, inédit. D. 2015. 2365, note Fulchiron; D. 2016. 862, obs. Granet-Lambrechts; D. 2016. 1966, obs. Gouttenoire; RTD civ. 2015. 596, obs. Hauser; RTD civ. 2015. 825, obs. Marguénaud; Dr. fam. 2015 comm. 163, note Neirinck; RJPF 2015-09/21 p. 40, obs. Garé; JCP G 2015. 982 p. 1650, obs. Murat; GP 2015. 3220, note Anger.

提起し，彼らの DNA 検査を命ずるよう裁判所に求めた。

　Aix-en-Provence 控訴院 2014 年 5 月 15 日判決は，検察官の訴えを受理可能であるとしたが[26]，本案としては，検察官は 336 条の事由の存在を主張しておらず[27]，また，親子関係の否定は私的家族的な利益にしか関わらないので，公益に係る場合の検察官の提訴権限を定める民訴法典 422 条・423 条に基づくこともできない，として請求を棄却した。

　ABC が破毀を申し立て，条約 8 条にいう私的生活の構成要素である祖先について知る C の権利は確立された親子関係を覆す可能性を制限する民法典の規定に優越する旨の主張につき，控訴院が応答しなかった，と主張したところ，破毀院は次のように述べて，原判決を破毀した。ABC は，人権条約 8 条の適用にあたり，遺伝上の関係に合致した法的親子関係を確立するという C の権利と，C が D を相続することに拒絶を示す D の娘の利益[28]とのあいだの公正な均衡（juste équilibre）が調達される必要があると主張していたところ[29]，その主張への応答を示さなかった点において，控訴院は民訴法典 455 条違反（理由不備）である。

　この事案の特徴は，ABCD の全員が，遺伝的事実の解明に積極的であったという点である。もっとも，破毀院は理由不備を理由に原判決を破毀しているのであり，差戻し後にどのような解決がもたらされるべきかは，明確に示唆されていない[30]。

---

26) Neirinck ⑥評釈 p. 57 は，ABCD の誰かが訴えたならば 333 条 2 項により訴えは不受理とされたはずであり，にもかかわらず B の要請を受けてされた検察官の訴えを受理可能とした判断には，異論の余地があるとする。

27) 336 条は，「検察官は，証書自体から引き出される徴表からその親子関係がありそうにない（invraisemblable）と思われる場合，または法律の潜脱（fraude à la loi）がある場合に，法的に確立された親子関係を否認することができる」と規定している。333 条 2 項に基づいて検察官が訴える場合にも，336 条の要件を満たす必要があると理解されている（Fulchiron ⑥評釈 p. 2366 note 4）。

28) Deschamps, supra (note 21), no. 1092 は，C の権利に対立するのは，法的安全の原則や，父であることの否定に直面する A の利益ではないかと批判する。

29) もっとも，Fulchiron ⑥評釈 p. 2367 は，もとの破毀申立て理由では，法的に確立された親子関係を否認することを制限するルールの抽象的な条約不適合性が主張されていたところ，破毀院はそれを均衡性の統制の話にするという微修正を加えた，と指摘する。

30) Marguénaud ⑥評釈 p. 828 は，C の権利に対立させられているのが D の娘の相続上の利益であることからすると，前者が当然優先されるはずだと考えている。Neirinck ⑥評釈 p. 58 は，祖先を知る権利は確立された親子関係を覆すことと必ずしも結びつかず，鑑定を命じつつも父子関係の否認は認めないという均衡のとり方もありうるのではないかと示唆する。

## Ⅳ　親子関係の否認の訴えにおける均衡性の統制の展開

　その後，親子関係事件を舞台にして，破毀院が均衡性の統制を論じる裁判がいくつか出された。ここでは，Fulchiron の紹介[31]に従いつつ，親子関係の否認の訴えの裁判例に絞って，みていくことにする（⑦〜⑩）。先に事案と判旨を紹介し（1），その後にまとめて検討を加える（2）。

### 1　事案と判旨の紹介

　⑦　破毀院第1民事部2016年7月6日判決[32]

　C（1950年生）は，A男（1976年死亡）とB女のあいだの子であった。Dは，2002年の自筆証書遺言（旧遺言）で，Cを認知し，Cを包括受遺者に指定した。旧遺言は2009年2月の公正証書遺言（新遺言）で撤回され，新遺言ではE（Cの甥）ならびにFおよびG（いずれもCの子）を，それぞれ60%，20%，20%の割合で受遺者に指定した。Dは2009年9月に死亡した。

　Cは，自分がDの子であると考えて，2011年11月に，Aの承継人らおよびBを被告として，ACの親子関係の否認の訴えを提起するとともに，Dの包括受遺者としての資格におけるEなどを被告として，DCの親子関係の確立を求める訴えを提起した。第1審は，時効にかかっているとして親子関係の否認の訴えを不受理としたが，控訴後の2014年12月にCも死亡し，相続人が訴訟を承継した。

　Versailles 控訴院2015年3月19日判決[33]は，333条の提訴期間が過ぎているとして[34]，訴えを不受理とした。Cの相続人ら（F，GおよびC未亡人）が破毀を申し立

---

31) Malaurie et Fulchiron, *supra* (note 5), no. 1031. ただし，Fulchiron 教授は，破毀院の態度に対する否定的な論調が学説では強いなか（前掲注21）で挙げた Deschamps のテーズの該当箇所を参照），それを積極的に支持する論考や評釈を精力的に執筆している（Garé ⑩評釈は 'la doctrine la plus autorisée' と呼ぶ）という点で特異であることを断っておかねばならない（ちなみに，Fulchiron 教授は2020年に破毀院第1民事部の判事〔conseiller〕に就任した）。

32) no. 15-19853. D. 2016. 1980, note Fulchiron; D. 2017. 470, obs. Douchy-Oudot; D. 2017. 733, obs. Granet-Lambrechts; Dr fam. 2016 comm. 200, note Bernand; Dr. fam. 2017 chron. 1, no. 27, obs. Egéa; RTD civ. 2016. 831, obs. Hauser; RJPF 2016-10/29 p. 31, obs. de Beaupré; JCP G 2016. 992 p. 1726, no. 15, obs. Murat; GP 2016. 2904, note Ducene; LPA 17 novembre 2016 p. 10, obs. Niel.

33) RG no. 14/04851.

34) 控訴院判決によると，第1審は，Cの身分占有は旧遺言がされた日に止み，その時から5年以内に訴えを提起しなかった（333条1項）ことにより，訴えを不受理としたようである（もっとも，同項を適用するならば，5年の起算点となるのはAの死亡日であるように思われる）。控訴院では，本来333条で訴えが不受理になるべきところであることはCの側も争っていないとされ，333条に

てたが，破毀院は次のように述べて，破毀申立てを排斥した。

　本件における介入は333条に規定されており，当該介入は，第三者の権利・自由および法的安定性を保護するという正当な目的を追求するものである。控訴院は，判決時にはCが死亡していたこと，Cの卑属たちは，父の祖先が誰であるかを通じて自分の祖先が誰であるかを確定できないことによって個人的に私生活への侵害を被ったとは主張していないこと，未亡人については祖先を知る権利は問題とならないことを指摘し，ゆえにCの相続人らによる訴えは財産のみを目的とするものであると断じた。これらの言明から，控訴院は，333条のルールの本件への適用が，そのルールを排して訴えを受理すべきであるとするほどに，私生活に対する尊重を求める彼らの権利に対する過大な侵害（atteinte excessive）をもたらしたとはいえないと結論付けることができた。

　⑧　破毀院第1民事部2016年10月5日判決[35]

　B女がCを1946年に出産した。A男はCを1965年に認知し，同日にBと婚姻してCは準正子となった。Aは2001年に死亡しCがAを相続した。ところがD男が2005年11月にCを認知し，その後2006年5月に死亡した。Cは，2005年まで遺伝上の父が誰であるかを知らなかったと主張している。BCは，AによるCの認知の無効の訴えを提起したが，2007年の確定判決により，その訴えは時効にかかっていると判断され[36]，あわせて，Dによる認知は無効とされた。

---

　　ついてそれ以上立ち入った議論はされていない（1項か2項かも明示されていないが，'délai de prescription' と書いてあることを重視するならば1項の問題としているといえようか）。⑦の公式判例集での要旨では，333条2項の問題であるかのように記載されており，Bernand ⑦評釈も333条2項の問題だとしているが，断言のしすぎではないだろうか（Murat ⑦評釈 p.1726 は同条1項の問題だとする）。

35) no. 15-25507. D. 2016. 2062, obs. Gallmeister; D. 2016. 2496, note Fulchiron; D. 2017. 473, obs. Douchy-Oudot; D. 2017. 734, obs. Granet-Lambrechts; D. 2017. 791, obs. Gaumont-Prat; RTD civ. 2016. 831, obs. Hauser; AJ fam. 2016. 543, obs. Houssier; Dr. fam. 2017 chron. 1, no. 27, obs. Egéa; JCP G 2016. 1276, p. 2202, note Garé; JCP G 2017. 186, p. 330, obs. Murat; GP 2017. 314, note Waszek; RJPF 2016-12/37, p. 39, note Prétot; Procédures déc. 2016 p. 27, obs. Douchy-Oudot.

36) これは，1967年にCが成年になった時（当時，成年年齢は21歳であった）を起算点として，30年の時効が1997年に完成したとされたためである。しかし，子が事態を知った時まで時効の起算点を繰り下げなかったことについては，ヨーロッパ人権裁判所のいくつかの判例（最初のものとして，2007年12月20日の *Phinikaridou c/ Chypre*, no. 23890/02）で問題視されており，その観点をとると，本件で，2005年まで事態を知らなかった（と主張する）Cについて，判旨がいうように「遺伝上の関係に法律上の親子関係を合致させる手続を有していた」といえるかは疑わしくなる。Fulchiron ⑧評釈 p. 2499 はこのことを認めつつも，本件で原告が争ったのは2007年の判決ではなく 2015年の判決の方であったことを指摘し（p. 2500），さらに，均衡性の統制に関して，具体的にどのような点で，当該事例における規範の適用が自身の権利・自由に対して均衡を欠いた結果をも

2011 年に C は，D の子らを被告として，327 条（父の探索の訴え）に基づき，遺伝的鑑定を命じて CD の親子関係が確立されるべきことを求める訴えを提起した。

Rouen 控訴院 2015 年 5 月 13 日判決[37]は，2007 年の前訴判決で既判力をもって確定された AC の父子関係が，それと矛盾する DC の父子関係の確立を妨げる（320 条）という理由で，C の訴えを排斥した。C が破毀申立てをしたが，破毀院は次のように述べて，破毀申立てを排斥した。

C の訴えに対する障害は 320 条に規定されているところ，その障害は，親子関係の安定性を保障し，親子関係の競合から子を守るという正当な目的を追求するものである。控訴院は，A が 1965 年に C を認知したこと，2001 年の死亡まで，A が誰の目からみても C の父であり，身分占有で裏打ちされた AC の親子関係を争う者は誰もいなかったこと，C は成年になってからも 30 年以上，しようと思えば A の父性を争うことができたが実際にはそうせず，それどころか A を相続したこと，を指摘した。控訴院は，このように関係当事者が遺伝上の関係に法律上の親子関係を合致させる手続を有していたことを指摘しており，それらのことから，上記の追求された正当な目的に照らして，私生活の尊重を求める権利に対する均衡を失した介入があったとはいえないと結論付けることができた。

⑨　破毀院第 1 民事部 2017 年 2 月 1 日判決[38]

C（2007 年 12 月生）は身分登録上，出生前認知により A 男と B 女のあいだの子となっている。D 男は A を被告として，AC の親子関係の否認の訴えを 2012 年 11 月に

---

たらすのかを C において主張すべきであったところ，C がそれをしなかったことをとらえて，本判決を正当化する（p. 2501）。なお，本件事案の特徴として，判旨でも指摘されているように，C が A を相続してしまっていたことを強調する見解は多い（Waszek ⑧評釈 p. 315，Egéa ⑧評釈 p. 13 など）。

訴えを提起した者の認識という点で関連するのが，父の探索の訴えの事例である（したがって親子関係の否認の訴えではない）が，破毀院第 1 民事部 2016 年 11 月 9 日判決（no. 15-25068）である。法律上の父がいなかった 1962 年生まれの子が 2011 年に提起した訴えが時効にかかっているとして訴えを不受理とした控訴院判決について，破毀院で均衡性の検討がされ，結論として破毀申立ては排斥された。この事案では，被告となった男性が 84 歳であり妻と子が 1 人いたという事情もあったが，原告が 1989 年には出生の事情を知ったにもかかわらず訴えを提起したのは 2011 年であったという事情（ただし，控訴院は均衡を失した侵害がないと判断することができた，と破毀院が結論付けた際にこの事情への言及はされていない）も大きかったのではないかと推察される。

37) RG no. 14/00268.
38) no. 15-27245. D. 2017. 600, obs. Guyon-Renard；D. 2017. 734, obs. Granet-Lambrechts；D. 2018. 528, obs. Granet-Lambrecht；D. 2018. 644, obs. Douchy-Oudot；D. 2018. 1665, obs. Bonfils；Dr. fam. 2017 comm. 101, note Fulchiron；AJ fam. 2017. 203, obs. Houssier；RTD civ. 2017. 363, obs. Hauser；RJPF 2017-3/35, p. 41, obs. Garé；GP 2017. 2250, note Travade-Lannoy；LPA 27 avril 2017 p. 11, obs. Niel.

提起し，2013年2月にはCの法定代理人としてのBを被告に追加した。2013年12月にEがCの特別代理人（administratuer ad hoc）として選任された。AはCの出生以来，2012年3月のABの別居後も，Cの父としてふるまっており，ACの身分占有は5年以上継続した（よって，333条2項が適用される）。

Paris控訴院2015年9月22日判決[39]はDの訴えを不受理とした。これに対してBとDが，実の父であると主張する者は遺伝上の真実を優先させる権利を条約に基づき有していること[40]を検討することなく判断を下した点において，条約8条にかんがみて控訴院の判断は法的基礎を欠いている，と主張して破毀申立てをしたが，破毀院は次のように述べて，破毀申立てを排斥した。

Dは，控訴理由書において，遺伝的真実の卓越性（prééminence）を援用するにとどまっていた。原判決は，Aとの関係でのCの身分占有を認定し，そのうえで，法的父が継続的，平和的かつあいまいさのない形で子の父としてふるまった5年間が経過した後には社会学的な現実の方を優先させるという選択を立法者は行ったのであり，そのことは子の優越的利益（intérêt supérieur）に反するものではありえない，と述べている。控訴院はこのようにして，原判決に欠けていると主張されているところの探求を行ったものであり，その判断を合法的に基礎づけた[41]。

⑩　破毀院第1民事部2018年11月7日判決[42]

C（おそらく1963年生[43]）は，身分登録上，B女と，その夫であるA男のあいだ

---

39) RG no. 14/23762.

40) Fulchiron⑨評釈 p.55は，実際には，ヨーロッパ人権裁判所は，遺伝的な関係に一定の重みづけをしているものの，それ一辺倒では全くないと述べ，破毀申立て理由のこのプレゼンテーションは戯画的（caricatural）であると評する。

41) Hauser⑨評釈 p.364は，⑨と他の判決とのトーンの違いを指摘する。Houssier⑨評釈 p.204は，⑨の理由付けを「素っ気ない（sec）」と評するところ，事案が真の父と自称する者による訴えである点に着目し，もしこれが子による訴えであったならば均衡性の統制が問題とされたのではないかと推測している。

関連して，いわゆる好意認知（reconnaissance de complaisance）がされ，父となった男性と子のあいだに5年間継続した身分占有があった後に，認知した男性が認知の無効を主張するが子がそれに反対するという事例では，そのまま333条2項を適用して訴えが不受理とされる傾向にあるといえそうである。最近の事例として，破毀院第1民事部2019年4月3日判決（no.18-13642）のほか，子が反対しているかが十分には明確でないが（認知の無効を求めていた男性のみが破毀申立てをしているのはたしかである），同2019年12月4日判決（no.18-23657）参照。

42) no. 17-25938. Dr. fam. 2019 comm. 27, note Fulchiron; RTD civ. 2019. 87, obs. Leroyer; D. 2019. 207, note Mauger-Vielpeau; D. 2019. 507, obs. Douchy-Oudot; D. 2019. 667, obs. Granet-Lambrechts; AJ fam. 2018. 685, obs. Houssier; RJPF 2019-2/26, p. 35, note Garé; GP 2019. 1126, note Boisnard. また，⑩に近接する時期に出された，破毀院第1民事部2018年11月21日判決（no.17-21095. 均衡性の統制について検討しなかった控訴院判決を破毀した）に関する評釈（同時に⑩も扱うものを

の子となっている。AB ともすでに死亡している。D 男は 2010 年の公正証書遺言で，C を認知し，その後死亡した。C は幼少のころから D と愛着関係（liens affectifs）を結んできたものであり，2010 年には，D が任意に協力した私的な DNA 検査により，CD の遺伝上の関係が，C のいうところでは確実な形で，明らかにされたという経緯がある。D は 2014 年に死亡した。

C は，D による認知を身分証書に転記することを検察官から拒まれたので，2014 年および 2015 年に，すでに死亡している A の代わりに自分の兄弟たちと，同じくすでに死亡している D の代わりに D の娘 E および E の未成年の娘たちをそれぞれ被告として，AC の親子関係を否認する訴えおよび DC の親子関係の確立を目的とする訴えを提起した。E はこの訴えに異議を唱えている。

Bourges 控訴院 2017 年 7 月 6 日判決は，DC の親子関係を確立するためには 320 条によってまず AC の親子関係を否認する必要があるところ，AC の親子関係を否認する訴えは 2011 年に時効が完成したことを理由に，C が 2014 年に提起した訴えを不受理とした。そこで C が破毀申立てをしたが，破毀院は次のように述べて，破毀申立てを排斥した（以下，／は原文での段落分けを示す）。

ヨーロッパ人権裁判所の判例によれば，アイデンティティへの権利——自分の祖先を知り，認めさせる権利もそれに含まれる——は，私生活の概念の不可欠の要素を成している以上，条約 8 条の規定は本件にあてはまる。／ある者が父子関係を認めてもらうことができないことは，私生活への尊重を求める権利の行使に対する介入であるが，当該介入は，民法典の上述の規定の適用によるものであるところ，それらの規定は，明確かつ詳細な形で，親子関係に関する訴権の時効の条件を定めており，裁判を受ける者に理解可能であり，効果の予見も可能である。／当該介入は，第三者の権利および法的安定性を守る点において，条約 8 条 2 項にいう正当な目的を追求するものである。／法律によって規定された，父の探索の訴えの時効期間は，子が成年になった後も訴えを起こすのに合理的な期間を残すものであるところ，それは上記の追求された目的に至るために必要で，かつその目的に照らして適切な措置である。／しかしながら，判事に付された当該事案において，これらの時効の規定を適用することが，私的生活の尊重を求める権利の行使に対して，上記の追求された正当な目的に照らして均衡を失した介入となっていないか，とりわけ公的な利益と私的な利益とのあいだ

---

除く）として，Dr. fam. 2019 comm. 28, note Fulchiron; D. 2019. 64, entretien Gautier; JCP G 2019. 41, p. 93, note Douchy-Oudot; AJ fam. 2019. 36, obs. Saulier などがある。

43）判決文では明示されていないが，Houssier ⑩評釈 p. 685 や Garé ⑩評釈 p. 35 はそう述べる。おそらく，AC の親子関係を否認する訴えにつき時効が 2011 年に完成したということから逆算しているものと思われる。

に公正な均衡が調達されているか，を評価することは，判事の任務に属する。／原判決が，Cは自分の遺伝上の親子関係を確立するための訴えの提起を妨げられたことはなく，むしろ法定の期間内に訴えを起こすことをあえて控えたこと[44]，Cが幼少のころからDと愛着関係を結んできたにもかかわらず，Dが死亡して相続が開始するのを待って，訴えを提起したことを指摘している。さらに原判決は，Cが訴え提起のためのとても重要な期間を有していたと付言している。／これらの認定および言明から，Cは遺伝上の親子関係の真実を知った後に訴えを起こす可能性があったということが導かれ，そこから控訴院は，Cが対抗を受けたところの時効期間が公正な均衡を守るものであり，上記の追求された正当な目的に照らして，私的家族的生活の尊重を求める権利への均衡を失した侵害にはあたらないと結論付けることができた。

## 2 検　討
### (1) 判決文の構造

破毀院の態度は漸次固まっていったが[45]，その完成形（⑩の判旨に明瞭である）においては，条約8条2項の規定に沿う形で，おおむね次の順序で検討が進められる（ただし，⑨は幾分異なる）。まず，条約8条1項の基本権への介入があることを確認し，当該介入が法律に規定されていること，また当該介入が追求する目的が何かを指摘する。次に，「しかしながら，判事のもとに付された当該事案において，これらの規定を適用することが，人権条約の保障する私的家族的生活の尊重を求める権利の行使に対し，追求された正当な目的に照らして均衡を失した介入となっていないかどうかを評価することは，判事の任務に属する」という定型句を述べる。最後に，当該評価のために控訴院が挙げた諸事情を指摘し，それらから，均衡を失した侵害がないという結論を導くことが許されるかどうかをレビューする[46]。

---

44) この点については疑問がありうる。本件でCは，Dの遺言さえあればDの死後にDCの親子関係を確立できると考えており，先にACの親子関係を否定する必要があることなど思ってもいなかったのではないかと思われる（Mauger-Vielpeau ⑩評釈 p. 208, Fulchiron ⑩評釈 p. 31, Houssier ⑩評釈 p. 687）。

45) Fulchiron は折に触れて，均衡性の統制に関し，破毀院の態度が次第に固まっていく性質のものであることを強調する（たとえば，⑧評釈 p. 2497）。

46) この手順はおおむね, Hugues Fulchiron, «Le contrôle de proportionnalité: questions de méthode» D. 2017. 656 に示されているが，Fulchiron の記述自体が⑤の判決文に大幅に依拠したものである（p. 660）。親子関係の否認の訴えの事例でこのような明瞭な判決文の構造をもつその他の例として，破毀院第1民事部2022年3月2日判決（no. 20-23282, inédit. 破毀申立てを排斥）がある。

このように，破毀院は，法律審としての性格上，事実審の判事が行った上記の評価作業がきちんとされたかをチェックするだけである（contrôler le contrôle）[47]。少なくとも親子関係事件においては，均衡性の統制の結果として控訴院の判断が破毀された例はないとされる[48]。

## (2) 評　　価

ここまで見てきた，均衡性の統制を事実審判事に求める破毀院の判例法理に対しては，十分に予想されることではあるが，親子関係の法的安定性（sécurité juridique）を害する[49]，予測可能性に乏しい[50]，統制の基準が不明確である[51]といった批判が向けられている[52]。

これに抗して，破毀院による均衡性の統制を原則論として擁護する[53] Fulchiron の根本には，人間の現実に根差す微妙な問題について，ルールに一定の柔軟性を与えることは決して不適切ではないという判断がある[54]。全く理解しえないわけではないものの，法改正がされないあいだの当座の対応として極端にふれすぎであり，解釈手法として考えうる選択肢をまずは尽くすべきと

---

47) Fulchiron ⑦評釈 p. 1983, Fulchiron ⑩評釈 p. 31, Fulchiron, *supra*（note 46），p. 660.
48) Mauger-Vielpeau ⑩評釈 p. 208. Fulchiron ⑩評釈 p. 31, Houssier ⑩評釈 p. 687.
49) Egéa ⑦評釈 p. 12 no. 23, Prétot ⑧評釈 p. 41.
50) Houssier ⑧評釈 p. 544, Waszek ⑧評釈 p. 315, Houssier ⑩評釈 p. 687. また，Garé ⑩評釈 p. 37 は，⑤についても，④と事案がほとんど同じなのに，どうして結論が④と正反対なのか不明であり，法律の規定の形式的な適用によりもたらされる予測可能性や法の安定性をそこなうと批判する。
51) Garé ⑩評釈 p. 37. Fulchiron ⑩評釈 p. 31 は，⑩の具体的結論が異論のありうるものであることを認め，評価を誤った控訴院判決を懲罰する（censurer）用意が破毀院にはあるのだが⑩の事例ではそうするには及ばないとした，と述べているが，やや歯切れが悪いようにも感じられる。
52) また，とりわけ時効については，判事は法律の規定通りに適用すればよく個別のケースごとに判事が時効の適用をやめるというようなことがあってはならないとか，ある時効が特定の人にだけ不合理であるという状況が想像できない，といった指摘がある（いずれも別の判決についてのコメントだが，それぞれ，D. 2019. 64, entretien Gautier; RTD civ. 2021. 114, obs. Leroyer など）。一理あるが，たとえば時効の起算点を定める一般的な規定にそのまま従うと，普通の事例では特に問題なくても当該事案では不当な結果が導かれてしまう，ということは起こりうるのではないか。
53) Hugues Fulchiron, «Flexibilité de la règle, souplesse du droit» D. 2016. 1376 で批判への応答が試みられている。ただ，Fulchiron は破毀院の個々の判決に盲目的に追従しているわけではないことは，強調されてよいだろう（⑧評釈 p. 2501，⑩評釈 p. 31 など）。
54) Fulchiron ⑥評釈 p. 2367. Fulchiron ④評釈 p. 154 は，ルールの厳格な適用により，非人間的な結果に至る可能性があるのみならず，当該ルールそれ自体が壊れる危険性があると述べており，Bernand ⑦評釈 p. 50 もこの点に賛同を示すようである。

いう批判[55]は免れないように思われる。

破毀院が考案した均衡性の統制については，ヨーロッパ人権裁判所の強大な影響力の反映であるという理解もある一方で，同裁判所と一線を引くための巧妙な策であるという理解もある。つまり，国内の裁判所で均衡性の統制をしておけば，ヨーロッパ人権裁判所があえてそれに異を唱えることはなく，そうすると国内の最高位の裁判所としての破毀院の役割に傷がつくこともないのではないか，というのである。もっとも，後者の理解に対しては，そのような予測は楽観的であるという指摘もされている[56]。

## V おわりに

均衡性の統制という手法が少なくともフランスにおいては問題含みであることは否めないものの，そもそも問題を発生させた根本原因が，「最良であるとはいえない[57]」2005年法，特に333条の規定[58]，が改正されないままである点においては，見解が一致しているように思える。均衡性の統制の作業で挙げられてきた諸要素は，判決文において理由づけとして大々的に用いるのには適切でないかもしれないが，将来の立法の際には，衡量のためにむしろ積極的に参酌されるべきだといえるのではなかろうか。

---

55) Deschamps, *supra* (note 21), nos. 1109 et s. もっとも，Deschamps も，除斥期間と解されている333条2項については解釈による対応は無理であるとし (no. 1113)，単に同項を削除するのではなく，同項の「継続した (a duré)」という文言を「継続している (dure)」に改めることを提案している (no. 1118. もっとも，それが内容的に良い改正提案であるかどうかは別の問題である)。そもそも，Fulchiron は 2005 年の改正オルドナンスが最終的に国会で追認されるのに先立って，2005 年法の問題点として，まさに333条2項を取り上げており，titre に一致した身分占有の5年間の継続の要件がみたされてしまうと，当該身分占有がその後に止んでしまった場合 (Fulchiron は 'filiation morte' と呼ぶ) に，成年になってまもない子が親子関係の否認の訴えを提起することができなくなってしまう点を特に指摘していた (Hugues Fulchiron, «Toute vérité est-elle bonne à dire?» D. 2008. 3035. この指摘に賛同するものとして，Murat ①評釈 p. 26 など)。Fulchiron の説は法制審議会民法 (親子法制) 部会第20回会議議事録 PDF 版 23-24 頁〔幡野弘樹幹事発言〕でも紹介されており，日本民法778条の2第2項や786条2項の制定を後押ししたようである。
56) Prétot ⑦評釈 p. 42.
57) Leroyer ⑩評釈 p. 89.
58) 前掲注55）で挙げた Deschamps の改正提案のほか，Houssier ⑩評釈 p. 687, Leroyer ⑩評釈 p. 89 参照。

# 嫡出否認訴訟に関する令和4年改正をめぐって

垣 内 秀 介

I　はじめに——本稿の目的
II　改正法の概要と特徴
III　改正法検討の経緯
IV　総括と今後の課題

## I　はじめに——本稿の目的

　令和4年の親子法制の改正（令和4年法律第102号。以下では，「令和4年改正」と呼び，同改正に基づく諸規定を「改正法」と総称する）は，いわゆる無戸籍者問題や児童虐待をめぐる問題を背景として，嫡出推定が及ぶ範囲の見直し，再婚禁止期間の廃止，嫡出否認の手続に関する規律の見直し，事実に反する認知を争うための手続に関する規律の見直し，懲戒権に関する規定の見直し等を行ったものである。これらのうち，とりわけ嫡出否認の手続をめぐる改正は，手続法との関係でも重要な点を含むものであるが，後述するように，従来とはやや異なる発想を含むものとなっており，その当否については議論を呼ぶことが予想される[1]。

　筆者は，令和4年改正の検討を行った法制審議会民法（親子法制）部会における審議に関与する機会を得たが，もっぱら筆者自身の能力の不足から，十分な検討を尽くせなかったと感じる点も多い。そうした点については，改正法施行後の運用も踏まえつつ，改めて検討に取り組む必要があると考えているが，そのためには，まず，改正法において何が定められ，何が定められていないの

---

1) 令和4年改正に対する手続法研究者からの批判的検討として，安西明子「新たな嫡出否認訴訟における利害関係人の扱い——人訴法41条，42条改正を中心に」上智法学論集67巻4号41頁以下（2024）が注目される。また，「新たな嫡出否認訴訟における一回的解決の交替とその影響」民事訴訟雑誌71号掲載予定（2025年刊行予定）も参照。

か，また，改正法成立に至る審議過程においてどのような点が考慮され，検討されたのかを確認することが必要と考えられる。本稿は，そうした準備作業として，改正法の概要と特徴を確認し（Ⅱ），その検討の経緯を振り返った上で（Ⅲ），その総括を通じて，今後の課題を抽出しようとするものである（Ⅳ）。

## Ⅱ 改正法の概要と特徴

### 1 令和4年改正の背景等

令和4年改正前の民法においては，子がその嫡出であるとの推定を受ける夫は，子が嫡出であることを否認することができ（民法旧774条)[2]，この否認権の行使は，子または親権を行う母に対する嫡出否認の訴えによって行うべきものとされ（民法旧775条)[3]，この訴えは，夫が子の出生を知った時から1年以内に提起しなければならないものとされていた（民法旧777条）。このように，嫡出否認に関しては，従来，否認権者，否認権の行使方法及び行使期間（出訴期間）のいずれについても，極めて厳格に制限されてきたといえる。

こうした規律は，①嫡出子とされている子について，第三者がみだりに自己の子と主張したり，母との不貞関係の事実を主張したりすることは，婚姻道徳や家庭の平和を乱す，②法律上の父子関係の早期確定により，嫡出子の地位が安定し，養育の確保に資する，といった理由により説明されてきたが[4]，子や母に否認権を認めないことについては，かねてから批判がみられ[5]，近年では，無戸籍者問題との関係でも問題が指摘されていた。こうした背景の下で，令和

---

[2] ただし，夫が死亡した場合には，子のために相続権を害される者及び夫の三親等以内の血族も，嫡出否認の訴えを提起することができる（人訴41条1項）。この点は，令和4年改正の前後を通じて変わりがない。

[3] 一般に，形成の訴えと解されてきた。例えば，二宮周平編・新注釈民法（17）（有斐閣，2017）576頁〔野沢紀雅〕参照。

[4] 例えば，中川善之助編・注釈民法（22-Ⅰ）（有斐閣，1971）119頁〔岡垣学〕参照。また，最判昭和55・3・27家月32巻8号66頁は，民法が嫡出否認につき「専ら嫡出否認の訴によるべきものとし，かつ，右訴につき1年の出訴期間を定めたことは，身分関係の法的安定を保持する上から十分な合理性をもつ制度」である，とする。

[5] 例えば，二宮編・前掲注3）573頁〔野沢〕のほか，概観として，石綿はる美「嫡出推定・否認制度の見直しをめぐって（その2）——嫡出否認と「子の利益」・「父の利益」（上）」法学セミナー817号106頁（2023）参照。

4年改正においては、①嫡出否認権者の拡大、②出訴期間の伸長を柱とする改正が行われることとなった[6]。

## 2　嫡出否認権者の拡大

改正法では、子がその嫡出であるとの推定を受ける夫（法律上の父）に加えて、①子（民法774条1項）[7]、②母（同条3項）のほか、場合によっては、③「子の懐胎の時から出生の時までの間に母と婚姻していた者であって、子の父以外のもの」、すなわち前夫に否認権が認められることとなった（同条4項）。

従来から議論があった子及び母に加え、前夫に否認権が認められた背景としては、嫡出推定に関する規律の改正（民法772条1項・2項）及び再婚禁止期間の廃止（民法旧746条の削除）に伴い、本来前夫の子との推定が生じ得る場面において、前夫ではなく出生の直近の婚姻における夫の子と推定する旨の規定（民法772条3項）が設けられたことが挙げられる。すなわち、この場合、前夫としては、本来は子の父と推定されるべき法律上の地位にあるにもかかわらず、母の再婚という自身とは関係のない事情によってその地位を失う可能性が生じるが、このような場合、再婚後の夫の子であるとの推定が事実に反し、自らが子の生物学上の父であると主張する前夫には、否認権を認める必要があると考えられたのである[8]。

なお、上記①の子の否認権は、親権を行う母等[9]が、子のために行使するものとされ（民法774条2項）、その際の親権を行う母等の地位は、代理人であると説明される[10]。もっとも、子は、さらに、その父と継続して同居した最も長

---

[6] 令和4年改正における嫡出否認制度の見直し全般の趣旨については、例えば佐藤隆幸編著・一問一答 令和4年民法等改正——親子法制の見直し（商事法務、2024）7-8頁を参照。なお、嫡出推定が否認された場合における監護費用の償還の問題や、相続開始後に新たに子と推定された場合における取扱いについても規定が整備されているが（民法778条の3、778条の4）、以下では立ち入らない。

[7] 佐藤編著・前掲注6）39頁参照。

[8] 佐藤編著・前掲注6）49頁参照。なお、この箇所の説明では、「実際には前夫が子の生物学上の父である」ことに焦点が当てられているが、より重要であるのは、前夫は、真の生物学上の父一般とは異なり、嫡出否認権の行使の結果として自らが子の父と推定される立場にある、という点であり、この観点から、生物学上の父一般については、嫡出否認権が認められていない。同前54頁参照。

[9] 親権を行う養親が追加された経緯につき、佐藤編著・前掲注6）39頁注1参照。

[10] 佐藤編著・前掲注6）39頁参照。

い期間が3年を下回るときは，21歳に達するまでの間，嫡出否認の訴えを提起することができ（民法778条の2第2項），この場合には，親権を行う母等による行使に関する規律は適用されない（民法778条の2第3項による同法774条2項の適用除外）。子が自らの判断によって訴えを提起することになる[11]。

また，母の否認権及び前夫の否認権については，その要件について，民法774条1項に定める父または子の否認権とは異なり，「その否認権の行使が子の利益を害することが明らかなとき」は，否認できないものとされる（民法774条3項ただし書・4項ただし書）[12]。これらのうち，母の否認権に関する制限の趣旨としては，嫡出否認制度の見直しの趣旨が子の最善の利益を図ることにあることを踏まえ，母がその固有の嫡出否認権を行使することが子の利益に反するといった事態を防止する必要があることが指摘される[13]。また，前夫の否認権の制限の趣旨についても同様の説明がされるが，ただし書に該当する例としては，前夫が子の父として自ら子を養育する意思がないにもかかわらず，嫌がらせ等の目的で否認権を行使する場合が挙げられ，養育意思の存否の判断に当たっては，子と前夫との間に生物学上の父子関係があるか否かが重要な事情となるとされる[14]。さらに，前夫が否認権を行使して新たに自らが子の父であるとの推定を受けるに至った場合には，本来であれば父として否認権の主体となり得るはずであるが（民法774条1項参照），否認権が否定される（同条5項）。

以上のような否認権者の拡大に対応し，嫡出否認の訴えの被告適格及び嫡出の承認に関しても，規定が整備されている。すなわち，被告適格については，従来，夫の否認権について，子または親権を行う母に対する訴えであるものとされ（民法旧775条），この規律は維持されているが（民法775条1項1号），これ

---

11) 佐藤編著・前掲注6) 63頁, 70-71頁参照。
12) ただし，母の否認権との関係では，親権を行う母が子の否認権を行使する場合でも，親権を行う者は，子の利益のために子の監護及び教育をする権利を有し，義務を負うものとされている関係で（民法820条），否認権の行使が子の利益を害することが明らかであるような場合には，嫡出否認権の行使が許されないことは当然であるとの説明が見られ（佐藤編著・前掲注6) 42頁），これを前提とすれば，その要件は実質的には異ならないこととなる。
13) 例えば，①母が自ら子を養育する意思や能力がなく，父を失うことで子が困窮するにもかかわらず，父子関係を断絶させる目的で嫡出否認をするような場合や，②親権を行う母が子を虐待しており，父による親権喪失の審判の申立てを排除する目的で嫡出否認権を行使するような場合が該当するとされる。佐藤編著・前掲注6) 41頁参照。
14) 佐藤編著・前掲注6) 50頁参照。

に加えて，子及び母の否認権の場合には父（同項2号・3号），前夫の場合には父及び子または親権を行う母（同項4号）を被告適格者とする旨の規定が，それぞれ設けられている。また，嫡出の承認については，従来から認められていた夫による承認に加えて（民法旧776条），母による承認に関する規定が設けられ，承認者はそれぞれその否認権を失うものとされた（民法776条）。

### 3　出訴期間の伸長

次に，出訴期間に関しては，父の否認権につき，父が子の出生を知った時（民法777条1号），子及び母の否認権につき，子の出生の時（同条2号・3号），前夫の否認権につき，前夫が子の出生を知った時（同条4号）から，それぞれ3年以内とされるとともに，前夫の否認権については，子が成年に達した後は提起することができないものとされた（民法778条の2第4項）。

なお，母が複数回婚姻し，子の懐胎の時から出生の時までに複数の夫がいた場合には，出生の直近の婚姻における夫の子と推定されるが（民法772条3項），この後夫につき嫡出性が否認された場合には，その1つ前の婚姻における夫の子と推定されることとなる（同条4項）。この場合に新たに嫡出推定を受ける父にかかる嫡出否認の訴えの出訴期間については，各否認権者が子にかかる嫡出否認の裁判が確定したことを知った時（民法778条1号〜4号）から，1年以内とされた。

また，子の否認権の行使にかかる出訴期間については，親権を行う母等がない場合について期間の満了を延長する定めが置かれているほか（民法778条の2第1項），2でもふれたように，子は，その父と継続して同居した最も長い期間が3年を下回るときは，21歳に達するまでの間，嫡出否認の訴えを提起することができる（同条2項）。もっとも，この出訴期間の特則については，子の否認権の行使が父による養育の状況に照らして父の利益を著しく害するときは，適用されない（同項ただし書）。

### 4　関連する人事訴訟法の改正

以上のような民法の改正に伴い，人事訴訟法の規定についても若干の改正が行われた。そのうち，特に重要なのは前夫による否認権に関わる改正である[15]。

まず，子の懐胎から出生の時までの間に2人以上の夫がおり，出生の直近の

婚姻における夫が子の父であるとの推定を受けている状況において（民法772条3項），当該嫡出推定について嫡出否認の判決等が確定した場合には，訴訟記録上氏名及び住所または居所が判明している前夫[16]に対し，判決の内容を通知すべきものとされる（人訴42条）[17]。これは，新たに父と推定される前夫がその責任を認識し，適切に子の養育を開始できるようにすること，また，子の身分関係の早期安定のため，前夫による嫡出否認の訴えの出訴期間を開始させることを目的とする[18]。これに伴い，関連する最高裁判所規則も改正されており（令和5年最高裁判所規則第7号），前夫がいる場合における嫡出否認の訴えの提起に際しては，前夫の氏名及び住所または居所を明らかにするために必要な戸籍の謄本その他の書類を添付すべきことや（人訴規34条），判決の主文等，通知すべき内容が定められている（人訴規35条）。

　次に，子の懐胎から出生の時までに3人以上の夫がいた場合に関する規律として，訴えの併合提起及び弁論・裁判の分離禁止に関する規律が設けられた（人訴41条3項・4項）。例えば，母がAとの婚姻と離婚，Bとの婚姻と離婚，Cとの婚姻を経ており，Aとの婚姻中に子を懐胎し，Cとの婚姻後に子が出生したという場合を想定した規律である（以下では，この事例を「再々婚事例」，この事例におけるAを「前々夫A」[19]，Bを「前夫B」，Cを「推定父C」と呼ぶ）。すなわち，この場合，前々夫A，前夫Bともに否認権を有するが，前々夫Aが推定父Cに対する嫡出否認の訴えを提起する場合，その訴えに併合して前夫Bを被告とする嫡出否認の訴えを提起しなければならず（人訴41条3項），これらの訴えの弁論及び裁判は，分離しないでしなければならない（同条4項）。こ

---

[15] 改正人訴法の規定に関しては，松川正毅ほか編・新基本法コンメンタール人事訴訟法・家事事件手続法〔第2版〕（日本評論社，2024）125頁以下〔安西明子〕も参照。

[16] ここで「前夫」とは，「子の懐胎の時から出生の時までの間に母と婚姻していた者であって，子の父以外のもの」を指すから（民法774条4項），子の懐胎の時から出生の時までに3回以上婚姻があった場合には，父以外の前夫全てがこれに該当することになろう。

[17] 家事事件手続法においても，同様の事例において嫡出否認についての合意に相当する審判が確定した場合には，前夫に対して審判の内容を通知すべきものとする旨の規定が設けられている（家事283条の2）。

[18] 佐藤編著・前掲注6）83頁参照。

[19] 民法774条4項の用語法に従えば，Aも「前夫」に該当するが，推定父にかかる嫡出推定が否認された場合に直ちに自らが嫡出推定を受けることとなるBと区別するために，あえてAを「前々夫」と呼ぶことにする。

れは，もし推定父Cに対する訴えのみが提起され，認容されると，前夫Bが父と推定されることになるが，前夫Bは必ずしも子を養育する意思を示しているわけではなく，子の利益を害するおそれがある．また，前夫に嫡出否認権を認めた趣旨からすれば，前々夫Aが推定父Cに対して嫡出否認の訴えを提起することが許容されるのは，前夫Bに対する訴えをも併合提起し，自らが子の父と推定されることを求めるときに限られる，との考慮による[20]．

## 5　改正法の特徴——令和4年改正が提起する手続法上の問題点

以上で見てきた改正の結果，とりわけ従来は原則として夫のみであった嫡出否認権者が大幅に拡大されたことにより，嫡出否認訴訟をめぐる手続法上の規律は格段にその複雑さを増すこととなった．そこでは特に，①それぞれの嫡出否認権者が提起した訴えの帰趨が，他の嫡出否認権者に対してどのような影響を与えるのか，また，②そのこととの関係で，ある嫡出否認権者が提起した訴訟の手続において，他の嫡出否認権者をどのような形で関与させるべきか，といった点が問われることとなる．

これらのうち，まず②についていえば，改正法は，被告適格に関する規定（前述2）を整備し，また再々婚事例に関して訴えの併合提起等に関する規律（前述4）を設けているものの，それ以上に，例えば当該訴訟の当事者となっていない他の嫡出否認権者に対する訴訟係属の通知などの規律（人訴28条参照）を設けているわけではない[21]．したがって，他の嫡出否認権者の関与は，任意の訴訟告知や参加に委ねられていることになる[22]．

これに対して，①の点は，基本的には判決効の問題となるが，従来の発想からすれば，人事訴訟の確定判決には対世効が認められ（人訴24条1項），ある嫡出否認権者が受けた判決の効力は，原則として他の嫡出否認権者に対しても及ぶことになるはずである．もっとも，2で見たように，改正法によって新たに認められた嫡出否認権者については，要件面で従来の父の否認権とは異なる

---

20) 佐藤編著・前掲注6) 77-78頁参照．
21) 4で述べたように人事訴訟規則は令和5年に改正されているが，人訴法28条に定める訴訟係属の通知の対象者に関する同規則別表については，嫡出否認の訴えとの関係では特段の改正はなされていない．
22) 参加形態に関する検討として，安西・前掲注1) 上智法学論集67巻4号54-55頁参照．

限定が課されている場合があることをどのように評価するかが問題となる。例えば前夫の否認権の行使が,「その否認権の行使が子の利益を害することが明らか」であるとして排斥される場合, 従来, 訴訟判決については対世効が生じないと解されてきたこととの関係で[23], この要件が本案の要件として請求棄却判決をもたらすのか, それとも訴訟要件として訴え却下の訴訟判決をもたらすのか, という問題が生じる。また, 異なる嫡出否認権者間の問題というわけではないが, 子の出生後3年以内に親権を行う母等によって提起された否認訴訟の帰趨が, その後の子自らによる否認権の行使にどのような影響を及ぼすか, といった問題もある。

　改正法は, こうした問題について必ずしも明示的に定めているわけではなく, その意味で, そこには解釈の余地が残されている。もっとも, 立案過程においてはこうした問題についても議論がなされ, そうした議論をも踏まえつつ, 立案担当者により一定の理解が示されている。その基調をなすのは, 嫡出否認権は, 全ての主体について共通だというわけではなく, 主体に応じて訴訟物が異なる場合がある, という理解である[24]。この理解を前提とすると, ある者が提起した否認訴訟において請求棄却が確定し, 対世効が発生したとしても, その内容は, 当該原告の嫡出否認権の不存在を確定するにとどまるから, 他の嫡出否認権者による否認権の行使が当該判決の対世効によって妨げられることはない。他方で, 立案担当者によれば, 親権を行う母等が子のために提起する嫡出否認の訴えと子が自らの判断によって提起する嫡出否認の訴えの訴訟物は同一であるとされ, 前者の棄却判決の既判力によって, 後者の請求は遮断されることとなる[25]。また, 先行する嫡出否認訴訟における関与の態様によっては, 他の嫡出否認権者による後訴の提起が人事訴訟法25条による失権の対象となることも考えられるが, この問題については, 立案担当者は, 親権を行う母が子のために提起する嫡出否認の訴えと母固有の嫡出否認権に基づく訴えとは原告を異にするものであり, 同条1項の適用はないこと[26], 母固有の嫡出否認権に

---

23) 例えば, 松川ほか編・前掲注15) 77頁〔本間靖規〕参照。
24) 佐藤編著・前掲注6) において明示的に訴訟物が異なるものとされているのは, 父の嫡出否認権と母の嫡出否認権 (44頁), 母の嫡出否認権と子の嫡出否認権 (43頁, 44頁及び87頁), 母の嫡出否認権と前夫の嫡出否認権 (45頁) である。
25) 佐藤編著・前掲注6) 46頁, 66頁参照。

基づく訴えの請求棄却判決確定後の父による訴え，前夫による訴えについても同様に同条1項の適用はないことにふれつつ[27]，同条の趣旨や訴訟における信義誠実の原則（民訴2条）の適用を通じ，後訴が許されない場合があり得るものとする[28]。

以上のような理解は，否認権者ごとの否認要件の限定について，訴訟要件ではなく本案要件として理解する考え方と親和的なものといえる[29]。もしそうした限定が訴訟要件の問題として位置づけられ，実体要件が生物学上の父子関係に尽きるのであれば，それは全ての嫡出否認権者に共通するものであり，身分関係の安定の観点からしても，あえて主体ごとに訴訟物を別個と解することは考えにくいからである。逆にいえば，そこには，実体要件の異別性を承認することを通じて，実体法上の地位ないし権利としての訴訟物の異別性を基礎づけるという発想が窺われるといえよう。

もっとも，従来は，人事訴訟における形成訴訟の訴訟物は，むしろ主体面を捨象した形成原因ないし形成要件として一般的に理解されてきたと考えられ[30]，その意味で，こうした発想は新奇なものを含む。そこで以下では，改正法の検

---

26）佐藤編著・前掲注6）43頁，44頁参照。
27）佐藤編著・前掲注6）44-45頁参照。
28）佐藤編著・前掲注6）43-45頁参照。
29）逆に，親権を行う母等が子のために提起する嫡出否認の訴えと子が自らの判断によって提起する嫡出否認の訴えの訴訟物は同一であるとされる点については，後者は父と継続した同居期間が最も長くても3年を下回ることを要件とすること（民法778条の2第2項本文），子の否認権の行使が父による養育の状況に照らして父の利益を著しく害するときは許されないとされていること（同項ただし書）をどのように理解するかが問題となり得る。この点については，民法778条の2第2項の規定は，実体法上の否認要件ではなく，あくまで出訴期間に関する777条及び778条の特則として，訴え提起の適法要件を定めたものであり，上記の要件が欠ける場合には訴えが不適法却下される，との理解が前提とされているのであろう。同項本文が「訴えを提起することができる」とし，774条1項等のように「否認することができる」としていないことは，この理解に対応するものと考えられる。
　なお，民法776条が，父または母による嫡出の承認の効果として「それぞれその否認権を失う」としていることも，それが実体的な否認権の消滅を意味するとすれば，両者の訴訟物としての異別性と親和的といえる。もっとも，旧776条の解釈としては，夫による嫡出の承認は訴訟要件として却下事由となるとする理解が存在した。岩井俊・人事訴訟の要件事実と手続（日本加除出版，2017）425頁参照。
30）この点に関しては，垣内秀介「形成判決の効力，訴訟担当資格者間の判決効の波及，払戻金額増減の裁判の効力」神作裕之ほか編・会社裁判にかかる理論の到達点（商事法務，2014）380頁注53参照。

討過程を振り返りつつ，こうした理解が形成された経緯を確認することとしたい。

## Ⅲ 改正法検討の経緯

令和4年改正に関する法制審議会民法（親子法制）部会（以下では単に「部会」と呼ぶ）の審議は令和元年7月に始まったが[31]，これに先立ち，「嫡出推定制度を中心とした親子法制の在り方に関する研究会」において準備作業が行われ[32]，その報告書（以下では，「研究会報告書」と呼ぶ）は部会に提出され（参考資料1-2），審議の参考に供された。部会においては，その後の審議を経て，令和3年2月に「民法（親子法制）等の改正に関する中間試案」が，令和4年2月には，「民法（親子法制）等の改正に関する要綱案」（以下では，「要綱案」と呼ぶ）が取りまとめられることとなった。また，改正法案は，その後同年10月に国会に提出され，12月に成立に至ったが，要綱案と改正法との間には，表現ぶりに若干の相違も見られる。

そこで以下では，①研究会報告書，②中間試案取りまとめまで，③要綱案取りまとめまで，④改正法案の各段階に区切った上で，主として否認権者の拡大とそれに伴う手続法上の問題点に焦点を当てつつ，議論の展開を跡付けることとしたい[33]。

### 1 研究会報告書

研究会報告書は，否認権者との関係では，①子を否認権者とし，親権者である母等による代理行使を許容する，②母固有の否認権については，父子関係の当事者ではない点にも留意しつつ，引き続き検討する，との方向を示した上で，③子の血縁上の父に否認権を認める考え方について，注として記載していた[34]。

---

[31] 部会での審議から改正法の成立までに至る経緯の概略については，佐藤編著・前掲注6) 3-6頁参照。
[32] 筆者は，同研究会のメンバーとして検討に関わった。
[33] 以下では，部会資料については「部会資料1・1頁」，議事録については「第1回議事録1頁〔平田幹事発言〕」などとして引用する。
[34] 研究会報告書17頁。

また，出訴期間との関係で，④当初の出訴期間の経過後，子が一定の年齢に達した後に子自身による否認権の行使を一定期間可能とすることについて，その必要性の程度や弊害にも留意しつつ，引き続き検討するものとしていた[35]。こうした提言の背景としては，改正前の民法の下では母や子自身に否認権がないため，子の父は夫ではない（夫の子として届け出たくない）と考える母が出生届を提出せず，無戸籍者発生の原因となっていた旨が述べられている[36]。

このように，研究会報告書の段階では，子に否認権を認める方向は明確になっていたものの，母の否認権等については引き続きの検討課題とされ，前夫の否認権の問題は意識されていなかった。また，否認権者の拡大に伴う手続上の問題についても，特段の検討はなされていなかったといえる[37]。

## 2 中間試案まで

部会の初期段階においては，研究会報告書とほぼ同様に，子の否認権を認める方向及び母に固有の否認権を認めるかどうかについての問題提起を含む部会資料が審議に供された[38]。注目されるのは，審議において，母固有の否認権を認めることの当否との関係で，否認原因について，血縁関係の有無に尽きるのか，血縁関係がないと判明しても否認を認めない可能性があるのかについて問題提起があり[39]，これを受けて，父子関係の当事者である父と子については血縁の有無で決めるとしても，それ以外の者の場合には，否認が子の利益に反するような場合に一種の裁量棄却を認める可能性が指摘された点である[40]。母の否認権については，その後，部会資料9において，母固有の否認権を認めない

---

35) 研究会報告書22頁。
36) 研究会報告書3頁，5頁。もっとも，こうした議論に対しては，無戸籍者問題の解決のためには，むしろ母に嫡出子でない形での出生届を認める必要がある，との批判が述べられていた。研究会においてその点を繰り返し指摘したことに言及する第3回議事録43頁〔水野紀子委員発言〕参照。
37) 実際，子が否認権者に加わるだけであれば，子の否認権行使の相手方としては父が想定されていたこともあって（研究会報告書17頁注2），改正法において問題となるような複雑な問題は生じないものと考えられる。
38) 部会資料1・4頁，部会資料3・12頁以下（第3・1から4）参照。
39) 第3回議事録45頁〔久保野恵美子幹事発言〕。
40) 第3回議事録45頁〔大森啓子幹事発言〕。これに対しては，窪田充見委員から，子の利益の実質的判断の困難さについての指摘（同前48頁），また，筆者から，権利濫用として処理することも考えられるため，独自の規律の要否については検討を要する旨の発言があった（同前48-49頁）。

甲案と認める乙案とが示され[41]，中間試案（第4・2）に至るまでこれら両案の併記が維持された[42]。

また，子が自ら行使する否認権に関しては，部会資料4において，否認権の行使期間との関係で引き続き慎重に検討するものとされていたところ[43]，部会資料10-1において，これを認めない甲案と認める乙案とが示され，その後，記載には変遷が見られるものの，中間試案（第5）まで，両案併記が維持されることとなった。その間，第10回会議において，①母固有の否認権が行使されて請求棄却判決が確定した場合に子が後に自らの否認権を行使できるか，また，②親権を行う母等が子の否認権を行使して請求棄却判決が確定した場合はどうかについて議論がなされ，この段階では，①については判決の対世効により，②については既判力により，子による後訴は許されないことになる，との理解が示された[44]。その後の部会資料では，②における既判力による遮断に加え，③夫が子または親権を行う母を被告として提起した訴えにおいて請求棄却判決が確定した場合にも，既判力または対世的効力によって子による後訴は許されなくなることが確認され[45]，この理解は中間試案まで維持された[46]。こうした帰結の合理性に関しては，親権を行う母等による適切な手続追行が期待できること，前訴で請求棄却の実体判断がされた場合には，生物学上の父子関係が存在することが裁判上明らかとなっているといえることが指摘される[47]。当

---

[41] 部会資料9・9頁（第3・2）参照。

[42] なお，母による子の否認権の行使態様について，部会資料10-1では，母が職務上の当事者となる可能性に言及されていたところ（7頁），中間試案補足説明では，法定代理構成及び訴訟担当構成の可能性に言及しつつ，いずれかの見解を採用することを明らかにするものではないとされていた（47頁）。

[43] 部会資料4・1頁（第4・1），5-6頁参照。なお，第4回会議においては，当初の否認権と成長後の否認権とが同じ否認権なのか別の否認権なのかという問題提起があり（第4回議事録27-28頁〔中田裕康委員発言〕），筆者から，同一の否認権という前提で考えていた旨の発言があった（同28頁〔垣内秀介幹事発言〕）。

[44] 第10回議事録35頁〔平田晃史幹事発言，垣内幹事発言〕，41頁〔垣内幹事発言〕。なお，ここで筆者は，母固有の否認権について，仮に子の福祉に反するといった理由で請求棄却となり得るのだとすると，訴訟物が別になるかはともかくとして，同一訴訟物であるとしても，基準時後の事情があるとして後訴が容認される余地が生じる旨を述べている。

[45] 部会資料11・6-7頁，部会資料12-3・31頁参照。

[46] 中間試案第5注3，中間試案補足説明70頁参照。

[47] 部会資料11・7頁参照。

初の母等が代理する子の否認権と子が自ら行使する否認権の訴訟物の同一性はもちろん，③の点からすれば，少なくともこの段階では，夫の否認権と子の否認権の訴訟物の同一性も前提とされていたことになろう[48]。

前夫の否認権に関する提案は部会資料5においてなされたが，そこでは，再婚の夫についての嫡出否認の効果として前夫の子との推定が生じるものとすること[49]に伴い，前夫に否認権を認めるとともに，否認権を行使した前夫は自己の子であるとの推定を否認できなくなることなどが提案された[50]。また，その実体要件については，再婚の夫と子との間に生物学上の父子関係がないこととすること[51]，また，父子関係をめぐる紛争の一回的解決の観点から，再婚の夫との間の否認訴訟において前夫と再婚の夫のいずれを法律上の父とするのが相当かを判断し，子や子の親権者はそれを争えないものとする可能性についてもふれられている[52]。

その後，部会資料9においては，要件について，前夫と子との間に生物学上の父子関係がないことその他法律上の父子関係を否定することが子の利益に反する事情がないことを要求する可能性について，引き続き検討するものとされるとともに[53]，前夫が当事者とならない後夫の嫡出否認訴訟に関し，前夫が知る機会を確保するために義務的な訴訟告知や利害関係人に対する訴訟係属の通知の可能性が言及されている[54]。また，一回的解決の必要性については，前夫と子との間の嫡出推定について当事者間に争いがない場合もあり，訴訟経済，当事者の負担等の観点からは，再婚後の夫との間の嫡出否認訴訟において常に

---

[48] ③に関する記載は，例えばその後の佐藤編著・前掲注6）には見られなくなっている。
[49] 部会資料5・1頁（第6・1）参照。
[50] 部会資料5・2-3頁（第6・2）参照。
[51] この点に関しては，前夫と子との間に生物学上の父子関係がないことその他法律上の父子関係を否定することが子の利益に反する事情がないことを要件とすることも考えられるものの，出生後間もない時期にその判断をすることは困難であることが指摘されている。部会資料5・4頁参照。
[52] 部会資料5・4頁参照。なお，再々婚事例について検討の必要があることも，この部会資料において指摘されている（同前6頁注2）。
[53] 部会資料9・11-12頁（第3・3）参照。この要件について，前夫の原告適格の問題として構成する可能性についても言及されている（同前15頁）。
[54] 部会資料9・15頁参照。この点については，そうした規律の必要性について肯定的に評価する意見が複数述べられている。第9回議事録19頁〔窪田委員発言〕，19-20頁〔垣内幹事発言〕，24頁〔水野委員発言〕参照。

一回的解決を強いることは相当ではないこと，前夫も再婚後の夫も生物学上の父でない場合のように，そもそも子の父を定めるという意味で一回的解決を図ることは困難な事案もあること，他方で，関係者が一回的解決を望む場合の対応に関しては，管轄の規律が問題となることのほか，再婚後の夫と子等との間の嫡出否認訴訟への前夫の共同訴訟的補助参加等の可能性が言及されている[55]。

　前夫の否認権の要件については，その後，部会資料 10-1 において，原告適格として前夫の生物学上の父子関係を要求する甲案と子の福祉に反することが明らかな場合には否認できないものとする乙案とが提示され[56]，両案が中間試案（第 4・3 (1) ④）に受け継がれることとなった。また，部会資料 12-3 では，前夫に子の出生を通知する制度の創設の当否，再婚後の夫にかかる嫡出否認の判決等が確定した場合に前夫に通知する制度を設けることの当否について言及されるとともに[57]，義務的な訴訟告知等については，家事調停には当事者以外の第三者に調停手続の係属を通知する制度はないとして，より慎重な記載ぶりとなっている[58]。これらのうち，前夫に子の出生を通知する制度を設けることについては，婚姻中等に夫から家庭内暴力の被害を受けていた母等が通知を恐れて出生届を提出しないおそれなどの指摘があり，部会資料 13-3 では脱落することとなった[59]。こうした懸念は，嫡出否認の判決確定等の通知についても言及されることとなる[60]。また，部会資料 13-3 では，前夫の否認権と再婚後の夫の否認権の異同について，前夫についても生物学上の父子関係がないこと以外に何らの実体要件を必要とすることなく否認を認めるという前提をとる限り，異なるところはない旨の説明が見られる[61]。

---

[55] 部会資料 9・15-16 頁参照。中間試案補足説明 63 頁注 4 も参照。
[56] 部会資料 10-1・8 頁（第 6・2）参照。乙案が実体要件を定める趣旨であるのかどうかは，第 11 回会議の時点では明確でなかったが（第 11 回議事録 4 頁〔垣内幹事発言〕，5 頁〔平田幹事発言〕参照），中間試案補足説明 60 頁において，実体要件であることが明示されている。
[57] 部会資料 12-3・20 頁（第 4・3 注 1，注 3）参照。
[58] 部会資料 12-3・22 頁参照。中間試案補足説明 63 頁注 4 も参照。
[59] 部会資料 13-3・5 頁参照。
[60] 部会資料 13-3・5 頁参照。中間試案補足説明 62 頁も参照。
[61] 部会資料 13-3・6 頁参照。

## 3 要綱案まで

中間試案取りまとめ以降，母の否認権については，部会資料16-3，18-1，19において，認める必要性も含め引き続き検討するものとされていたが[62]，部会資料20において，「母の否認権の行使が子の利益を害する目的によることが明らかなときは，この限りでない」との限定を付する形で認める提案がされた[63]。その後，部会資料23において「目的による」との文言が削除され[64]，これが要綱案（第3・1 (1) ③）に引き継がれることとなった。

子が自ら行使する否認権に関しては，その要件設定が難航し，部会資料16-3，19，20までこれを認めない甲案と認める乙案との併記が続いた後[65]，部会資料21-3では取り上げないものとすることが提案されるに至ったが[66]，部会資料22-3において改正法と同様の要件で認めることの当否が問われ[67]，要綱案（第3・1 (4) ③）に引き継がれることとなった[68]。この間，判決効の問題については，特段の言及はされていない。

前夫の否認権については，子の福祉に反することが明らかな場合には否認できないものとする中間試案の乙案を基礎として検討が進められることとなり，その後，この付加的要件の内容（とりわけ，生物学上の父子関係ないし前夫による懐胎に明示的に言及するかどうかなど）及び要件としての位置付け（本文かただし書か）については二転三転することとなったものの[69]，この要件が実体要件で

---

[62] 部会資料16-3・1-2頁（第4・1柱書及び (3)），部会資料18-1・26-27頁（第5柱書及び (3)），部会資料19・10-11頁（第2・1柱書及び (3)）参照。

[63] 部会資料20・15頁（第3・1 (3)）参照。なお，同部会資料では，母が子の否認権を変わって行使する場合に関しては，母の親権の濫用などの一般法理によって制限され得る，としている（同前19頁）。

[64] 部会資料23・1頁（第3・1 (1) ③）参照。これにより，前夫の否認権の要件と平仄が合うこととなった。この点については，後掲注69）も参照。

[65] 部会資料16-3・8頁（第5），部会資料19・33頁（第5），部会資料20・35頁（第6）参照。

[66] 部会資料21-3・1頁（第3）参照。

[67] 部会資料22-3・3-4頁（第2）参照。

[68] ただし，部会資料23からは，それまでの「成年に達した子の否認権」との項目名から，「子が自ら否認権行使するための嫡出否認の訴えの出訴期間の特則」に改められている。同6頁参照。

[69] 具体的には，①部会資料16-3では，子との間に生物学上の父子関係があることが本文の要件，嫡出否認をすることが子の利益に反することが明らかであることがただし書の要件とされ（2頁（第4・1 (4)）），②部会資料18-1では，ただし書が「前夫が嫡出否認によって子の利益を害する目的であることが明らかなとき」となり（27頁（第5 (4)）），③部会資料19では，「子が前夫によって懐胎されたものでないとき」及び「前夫が嫡出であることを否認することが子の利益を害する

あるという点は動かなかった[70]。

また、この段階においては判決効に関する考え方の整理も進められ、実体要件の差異に着目しつつ、①前夫の否認権は夫、子、母の否認権とは訴訟物を異にするとの理解[71]、②再々婚事例における前夫Bと前々夫Aの否認権とは訴訟物を異にするとの理解が[72]、それぞれ明らかにされた。こうした理解を前提とすると、一部の否認権者が受けた請求棄却判決の確定後も、それとは訴訟物を異にする他の否認権者は、対世効によって後訴を妨げられることはないこととなる[73]。その結果、再婚後の夫と子との間の嫡出否認訴訟における請求棄却判決の確定後も、子の出生を知らない前夫はいつまでも否認権が行使できることになるという問題が生じるが[74]、この点については、子が成年に達した後は前夫による訴え提起を認めないものとする規律によって[75]、一定の対応が図られることとなった。他方で、前夫がいる場合に後夫及び前夫に対する嫡出否認の手続を同一の手続で行う可能性については、現行法の枠内で可能であるとの

---

目的によることが明らかなとき」がいずれもただし書の要件とされ（11頁（第2・1（4）））、④部会資料21-1では、「子が前夫によって懐胎されたものであるときに限り」が本文の要件となり（2頁（第3・1（1）④））、⑤部会資料22-1では、前夫による懐胎の要件が削除されるとともに、「目的による」との限定を削除した上で「その否認権の行使が子の利益を害することが明らかでないときに限り」が本文の要件とされ（2頁（第3・1（1）④））、これが要綱案に引き継がれることとなった。

なお、部会資料22-1において目的への言及が脱落した時点では、母の否認権においてはなお「目的による」との文言が維持されていた。この点については、母の否認権における限定はもっぱら権利濫用に該当する否認権行使を限定するものであるのに対して、前夫の場合には権利濫用に該当するとは直ちにいえない場合でも否認権の行使が制限され得るものであり、両要件は趣旨及び適用範囲を異にする、との説明がなされていた。部会資料22-2・13頁参照。

70) そのほか、部会資料16-3の段階で前夫に対する判決内容の通知の規律が固まり（2-3頁（第4・3））、再々婚事例における併合強制の規律は部会資料22-1において提案され（部会資料22-2・12-13頁参照）、部会資料23において分離禁止を伴う形で明確化されることになった（3頁（第3・2（2）））。

71) 部会資料18-1・34頁、部会資料22-2・11頁参照。

72) 部会資料21-2・13-14頁で方向性が示され、部会資料22-2・11-12頁で明確化された。なお、この帰結の妥当性を基礎づける事情として、前夫Bは被告とされているものの単純併合されている前々夫A・推定父C間の訴訟について、証拠共通は及ぶもののそれを超えて訴訟行為をすることができない、という点が指摘されている。部会資料21-2・14頁注1、部会資料23・12頁参照。

73) この点に関しては、棄却判決の効力が個別的とされる会社の組織に関する訴え及び詐害行為取消しの訴えとの類似性が示唆される。部会資料18-1・34-35頁参照。

74) 部会資料18-1・35頁参照。

75) 部会資料23・2頁（第3・1（4）⑤）参照。

整理がされ，特段の規律を設けないこととされた[76]。

## 4 改正法案

以上のような経緯を経て取りまとめられた要綱案と改正法案ないし改正法を対比すると，前夫の否認権の要件に関し，要綱案では前夫の「否認権の行使が子の利益を害することが明らかでないときに限り」が本文の要件とされていたのに対し，改正法では，母の否認権と同様にただし書の要件とされている点に違いが見られる（民法774条4項ただし書）。部会の審議においては，主張立証のあり方について，本文の要件であることを前提とする説明がされていたことを踏まえれば[77]，やや大きな変更と評価されよう。

# IV 総括と今後の課題

IIIでみたように，令和4年改正における嫡出否認権の訴訟物構成をめぐる理解は，父子関係の直接の主体である父と子から，母，そして前夫へと否認権者の拡大が検討されるに伴い，生物学上の父子関係のみには解消されないそれぞれ固有の要件設定が模索され，かつそれが訴訟要件ではなく実体要件として位置づけられたことを背景とするものといえる。実体要件である以上その欠缺は本案の請求棄却判決をもたらし，対世効を生じさせることになるが，棄却理由が当該否認権者に特有の事情に基づく以上，他の否認権者による後訴が当然に遮断されることは相当でない，と解されたということになる。逆に，子が自ら行使する否認権との関係では，当初の否認権との訴訟物の同一性を強調する理解が示され[78]，いずれの面でも訴訟物の異同への着目が重視されているといえ

---

[76] 部会資料18-1・35-38頁，管轄の問題につき同37頁注1参照。

[77] この要件については，まず前夫が子の父として自ら子を養育する意思があることを基礎付ける事情を主張立証すべきである，とされていた。部会資料22-2・10頁，部会資料23・5頁参照。要綱案の立場を前提とした解説として，磯谷文明「嫡出否認制度の見直し（否認権の拡大，子の否認権）」自由と正義73巻11号20頁（2022）がある。

[78] 親権を行う母による子の否認権の行使についても，それが子の利益を害するときは許されないものと説明され（佐藤編著・前掲注6）42頁参照），この制約は内容上母固有の否認権の制限と共通するものであるから，この理由によって行使が許されなかった場合における子自身の後訴の取扱いも問題となる。佐藤編著・前掲注6）はこの点について明言しないが，審議過程においては親権の濫用との説明がされてきたところであり（部会資料20・18頁），これを前提とすれば，代理権の行

る。

　もっとも，すでに述べたように訴訟物の単複異同そのものについて条文上明示されているわけではなく，こうした訴訟物理解はあくまで解釈に基づくものである。そうである以上，筆者自身は現時点ではあり得る解釈であると考えているものの，立案担当者が明確な理解を示していない事項についてはもちろん[79]，一定の理解が示されている点についても，それがあり得る唯一の解釈であるとはいえない。そうした観点からは，改正法とその特定の解釈に基づく規律が嫡出否認の手続をめぐる規律として過不足のないものとなっているかについて，今後の運用にも留意しつつ検証を行う必要があろう。その際には，信義則や人訴法25条の適用ないし類推適用のあり方が重要な問題となるほか[80]，理論構成の面でも，こうした訴訟物理解が形成訴訟の訴訟物についての一般的な理解との関係でどのように位置づけられるのか，また，人訴法24条2項類推といった他の理論構成の可能性，請求棄却判決の既判力の作用をめぐる近時の理論動向[81]なども踏まえたさらなる検討が必要であろう。本稿は，そのための極めてささやかな準備作業にとどまるが，今後，より立ち入った検討を行う機会を得られればと考えている。


*　筆者の専攻は民事手続法であるが，本稿で取り上げた部会における審議などを通じて水野先生の謦咳に接し，多くのお教えを頂いてきた。その学恩に比して本稿はあまりに貧しいものにすぎないが，先生の古稀を心よりお祝いする気持ちのみお受け取り頂ければ幸いである。

---

　　使の制約として，訴え却下による処理が想定されている可能性があろう。
79) 佐藤編著・前掲注6) においては，父の嫡出否認権と子の嫡出否認権の異同，父の嫡出否認権と前夫の嫡出否認権の異同，子の嫡出否認権と前夫の嫡出否認権の異同については，明言されていない。前掲注24) も参照。
80) その際には，嫡出の承認に関する規律との関係も問題となろう。この点については，石綿・前掲注5) 112頁も参照。
81) 訴訟物は共通するとした上で，子の利益に反するとの理由による棄却を一種の一時的棄却と構成する方向が考えられよう。一時的棄却をめぐる議論状況については，畑瑞穂「一時的棄却判決に関する覚書」民事訴訟法の理論（高橋宏志先生古稀祝賀）（有斐閣，2018) 952頁のほか，垣内秀介「既判力をめぐるいくつかの問題──通説は書き換えられるべきか？」司法研修所論集129号210-212頁（2020) も参照。

# 「推定の及ばない子」法理と無戸籍者問題

小池　泰

　　I　問題の所在
　　II　772条の不適用
　　III　おわりに

## I　問題の所在

### 1　令和4年改正と無戸籍者問題
#### (1)　改正の契機
　令和4年民法改正（令和4法102。以下，改正法）では，実親子法の規定が改められた。改正の契機の一つは，いわゆる無戸籍者問題への対応である。この点は，諮問108号でも，懲戒権に関する規定の見直しに加えて，「いわゆる無戸籍者の問題を解消する観点から民法の嫡出推定制度に関する規定等を見直す必要がある」とされていたところである。

　「いわゆる無戸籍者の問題」とは，民法772条（以下，断りのない限り令和4年改正前の規定である）に従った出生の届出がなされないことで，戸籍に登録されない子が生じる事態を指す。夫婦の間で子が出生した場合，父または母が届出義務者となり（戸52条1項），届出書には父の名を記載する必要がある（同49条2項3号）。すなわち，出生届には，夫を子の父と記載することになる。子の母たる妻からすれば，夫が子の父でないとわかっていても，これに従う必要がある。なお，これは夫にとっても同じで，夫は，妻の産んだ子が自己の子でないことを理由に嫡出否認の訴えを提起した場合であっても，出生届をする義務を負う（同53条。改正法が否認権者に加えた母についても同様である）。

　子の出生届に父の名を記載するのは，戸籍は一定の範囲の身分関係を登録するものであり，親子関係は民法の規定に従って定まるところ，民法772条が母

の夫を父と推定しているからである（嫡出推定制度）。よって，無戸籍者問題の主要因は本条にあるといえる[1]。もっとも，無戸籍者の数は平成26年から令和元年までで2407人であるのに対して，この間の出生数は年間約86～100万人であり，無戸籍者問題への対応のみを念頭に民法の実親子法の改正を図るのは必ずしも妥当でない面がある。

(2) 対　　応

無戸籍者問題への対応としては，母の夫を父と推定する772条にかかわらず，両者の父子関係がないものとする必要がある。これには，まず，①母の主導で嫡出否認制度（774条以下）により父子関係を否定しておく方法が考えられる。この場合，本来は出生届をしてから否認の結果を戸籍に反映させる，という段取りとなるところ，戸籍実務では，一定の場合，嫡出でない子としての出生届，または再婚相手の嫡出子としての出生届が認められている[2]。

次に，②一定の場合に772条の不適用を認める方法も考えられる。①では772条は適用されていったんは夫が父となるから，②の方が適合的な対応といえる。

改正法は，嫡出否認制度を改め，子の母に固有の嫡出否認権を認めた。これは①の対応である。これに対して，②の対応は，改正を論議した法制審議会－民法（親子法制）部会（以下，部会）で検討の俎上に載せられたものの，最終的には見送られた。

他方，改正の前から，婚姻の解消または取消の後に懐胎したことを証明して772条の適用を回避することは認められている[3]。その明文化も部会の議題に

---

1) 無戸籍者問題の実情については法制審議会－民法（親子法制）部会・参考資料6を，772条との関係については前田陽一「民法772条をめぐる解釈論・立法論に関する2, 3の問題」判タ1301号57頁（2009）を参照。
2) 重婚的内縁中出生子につき，その出生届出前に，離婚後内縁夫と婚姻し，さらに前夫と子との父子関係の不存在確認判決を得ている場合は，再婚夫の子として出生届をすることができるとした昭和40・9・22民甲2834号回答，婚姻中出生子につき出生届をしないまま離婚し，さらに前夫と子との父子関係の不存在確認の判決及び子の氏を離婚後の母の氏に変更する審判がある場合，嫡出でない子としての出生届により母の戸籍に入れることができるとした昭和46・2・17民甲567号回答，前夫の嫡出推定ある子について出生届をしないまま離婚・再婚し，再婚夫に対する認知の訴えを認める裁判が確定後，再婚夫から嫡出子として出生届があればそのまま受理するとした昭和41・3・14民甲655号回答など。

はなったが（部会資料18-1・26頁），実現しなかった。なお，改正法は，再婚禁止期間（改正前733条）の廃止に伴い，前婚と後婚など複数の嫡出推定が重複する事例が増えることを見越して，重複した場合の優劣を定める規定を設けている（772条3項）。これも，再婚して嫡出推定が重複する事例に限定されるとはいえ，重複する772条の一方の適用を排除する点で，②の対応に含めることができる。

## 2 「推定の及ばない子」法理
### (1) 内　　容
「推定の及ばない子」とは，改正前772条2項に定める期間に出生したにもかかわらず，一定の場合に，772条の推定を受けないものとされる子をいう（以下，本法理）。一定の場合の内容については争いがあるが，通説・判例の採用する外観説では，妻が子「を懐胎すべき時期に，既に夫婦が事実上の離婚をして夫婦の実態が失われ，又は遠隔地に居住して，夫婦間に性的関係を持つ機会がなかったことが明らかであるなどの事情が存在する場合」をいうものとしている[4]。

本法理により，文言上は772条が適用されて夫の子と推定されるにもかかわらず，夫と子との間に父子関係が存在しないことの確認を求めること，及び，夫以外の男性との間に認知の訴えによる父子関係を成立させることが可能になっている。後者につき合意に相当する審判（家事277条）を行う場合が認知調停であり，裁判所ウェブサイトでは，前記の外観説を前提とする取扱いであることが示されている。

### (2) 無戸籍者問題への対応と本法理
今改正は，本法理の明文化をも課題としたが，実現には至っていない。この点，出生届未済の子が本法理の適用対象であれば，親子関係不存在の確認また

---
3) 平成19・5・7民一1007号通達。772条2項に該当する子について，婚姻の解消または取消の後の懐胎である旨の医師の証明書を添付する場合，772条の推定が及ばない子に該当し，嫡出でない子として出生届をすることができる。
4) 最判平成12・3・14家月52巻9号85頁。本法理については二宮周平編・新注釈民法（17）（有斐閣，2017）550頁〔野沢紀雅〕を参照。

は認知の調停を利用して，夫を父としない出生届が可能になる。とりわけ認知調停は，夫の関与なしに手続を進めることができるとされており，本法理は無戸籍者問題への有効な対応策の一つだった。それだけでなく，本法理は，出生届の段階で772条の不適用を認める古い戸籍実務に出自を有し[5]，さらに，近時は，嫡出否認制度の制約を緩和する機能（嫡出否認の過少への対応）と嫡出推定制度の機能範囲を縮小する機能（嫡出推定の過剰への対応）も指摘されていた。以上の点で，無戸籍者問題への対応として本法理の検討は不可欠であったといえる。

　本稿は，「推定の及ばない子」法理の議論を参照しつつ，部会で見送られた772条の不適用の可能性を検討する。

## II　772条の不適用

### 1　明文化の試み

#### (1)　部会で検討された案

　部会では，772条に規定する子について，要件①または要件②の場合に，対応①（772条に基づく父子関係の不存在の確認，子から血縁上の父に対する認知の訴え）と対応②（母による嫡出でない子としての出生届）を認める案が検討された（以下，提案）。

※部会資料20・24頁，31頁：対応①は「別居等の後に懐胎された子に関する規律の明文化」，対応②は「届出により嫡出推定の例外を認める制度の検討」の見出しの下に検討された。

---

[5] ①再婚夫との間の嫡出子としての出生届の受理を認めたものとして，昭和2・10・11民事甲7271号回答（配偶者の生死3年以上不明を理由とする離婚の事案），昭和9・3・5民事甲300号回答（夫の生死不明から1年後で，かつ，遺棄を理由とする離婚裁判確定の2年前に出生した事案），昭和38・7・1民事甲1837号回答（遺棄を理由とする離婚判決で，その理由中に夫婦が子の出生前数年間日米に別れて生活し，かつ，出生前2年以上の間音信不通の事実が認定された事案）等があり，また，②母の非嫡出子としての出生届の受理を認めたものとして，昭和39・1・30民事甲201号回答（妻〔母〕が夫以外の男との間に設けた子について当該夫との嫡出子として出生届をした後，懐胎可能期間を含む前後期間を通じての生死不明を理由とする離婚判決が確定した場合において，当該出生届につき母から嫡出でない子としての出生届に追完し，前記男性から認知届をすることを認めた事案），昭和39・2・6民事甲276号回答（母の夫が失踪宣告〔30条1項〕により死亡とみなされた日から約3年前に生まれた子〔既に学齢に達していた〕につき，失踪宣告の裁判の謄本を添付して母から非嫡出子出生届をさせるとした事案）等がある。

| 対象 | 772条に規定する子(母の婚姻中懐胎子,または,母が婚姻前に懐胎し婚姻成立後に生まれた子) | |
|---|---|---|
| 要件 | 要件① | 要件② |
| | 子が,夫婦の婚姻の本旨に反する別居中に懐胎され,かつ,当該別居中又は当該別居に引き続く夫婦の婚姻の解消若しくは取消しの日の後に出生した場合 | 子の懐胎時に夫婦の一方が〔刑事施設〕〔法令により外部との接触が厳格に制限されている施設〕に収容されていることその他の妻が夫の子を懐胎することを妨げる客観的な事情がある場合 |
| 対応① | ○夫・子・母,正当利益ある者 → 父子関係不存在確認の訴え<br>○子 → 認知の訴え(認知調停では夫の陳述機会付与不要) | |
| 対応② | ○母は嫡出でない子の出生届が可能(下記書面全ての添付必要)<br>……この届出に対し,夫は親子関係存在確認の訴え可能 | |
| | ㋐懐胎時期に関する医師の証明書 | |
| | ㋑夫婦が子の懐胎時及び出生時に異なる住所に居住していたことが明らかとなる住民票,または,戸籍の附票の謄抄本……いずれか1通(子の出生時に婚姻を取消しまたは解消していたときは,出生時の住民票または戸籍の附票に代え,出生時の戸籍謄抄本)<br>㋒懐胎時期における事情を示す書面としての,DV保護命令決定書等……1通 | ㋑懐胎時期に夫婦の一方が刑事施設等に在所していたことの証明書,夫婦がそれぞれ異なる国に居住していたことを明らかにする渡航時期に関する証明書……いずれか1通 |

　本提案の出発点は,「推定の及ばない子」法理の外観説の明文化であった(部会資料5・6頁,同10-1・4頁,同12-4・2頁)。もっとも,当初は,要件①の場合に対応①を設けるにすぎず,しかも対応①の内容は認知の訴えに限定されていた(部会資料17・12頁)。これは従来の認知調停を拡張的に明文化したものといえる。現在の認知調停は「推定の及ばない子」法理を前提とするのに対して,要件①はこれより広い点で拡張となる。さらに,認知調停において夫に陳述機会を付与する必要はない旨の規律を新設する点には,現在の認知調停の実務に対する批判[6]への応接がみられる。

　その後,要件②の場合が追加され,さらに父子(親子)関係不存在の確認の

---

[6) 浦野由紀子「認知訴訟と認知調停」法時87巻11号56頁(2015)。

訴えが対応①に加えられた（部会資料18-1・17頁）。要件①のみでは「推定の及ばない子」法理の妥当領域とは一致しないため，要件②で不足分に対応したものといえ，その点では同法理を含めた実務を明文化する試みである。

さらに，「届出により嫡出推定の例外を認める制度の検討」として，要件①②の場合に対応①を用意することを前提に，対応②が追加された（部会資料19・27頁。なお，部会資料18-1・23頁も参照）。

しかし，結局，提案は見送られ，他方で「推定の及ばない子」法理は残存するものとされている（部会資料17・13頁）。提案が見送られた主要因は，要件①②に関する技術的・戸籍法上の困難にある。すなわち，「戸籍窓口における審査能力を前提に，届出による嫡出推定の例外事情の認定の適正を確保するために必要な新たな制度枠組みを構築することができるか」，「現段階では十分な実現可能性を見いだすことが困難」であり，「本部会での見直し事項としては，取り上げないことが相当」とされたのである（部会資料22-3・1〜2頁）。

### (2) 検討課題

(a) 不適用の是非　772条不適用の是非自体については，嫡出推定制度の趣旨に遡行する形で取り上げられたものの，そこでの議論が十分であったかは疑問が残る。これには以下の事情も働いていたと思われる。まず，対応①を前提にそれを出生届の段階に拡張するものとして提案されたものであった。そのため，「推定の及ばない子」法理及び認知調停の妥当性は前提とされていた。加えて，無戸籍者問題への政策的対応と位置づけられたぶん解釈学的正当化の要請も強くはなかったこともある。「出生届を提出できる」旨の規律を，戸籍法ではなく民法に設ける点のぎこちなさも，政策的性格による性質の曖昧さを反映しているようにみえる（なお，前頁の表で母による「嫡出でない子の出生届」を要件ではなく対応②に位置づけている点につき，3(3)を参照）。

(b) 不適用に関する従前の議論　772条不適用の主張は古くからあった。その主張の根拠として挙げられたのは，婚姻成立後200日以内出生子の出生届に関する戸籍実務の取扱いとの均衡，及び，「推定の及ばない子」法理とそれに先行する戸籍実務である。

婚姻成立後200日以内出生子については，改正前772条では嫡出推定の対象外であったにもかかわらず，判例によって生来嫡出子の取扱いが認められてい

た。戸籍実務もこれを受けて夫の嫡出子としての出生届を受理する取扱いとしたが，他方，嫡出でない子としての出生届も可能とされていた[7]。結果として，母が届出の仕方を決定できることになっていた。この取扱いについては，たとえば，夫との血縁関係について不明な状況であることから，その点についてよく知りうる立場にある母に届出の内容の選択を認めている，と理解する立場がある[8]。この理解からは，妻が婚姻中に産んだ子についても，婚姻関係が既に破綻していて夫との父子関係が不確かであるという状況があり，妻が父について知りうる立場にある点は共通することになる。

　他方，嫡出推定を縮小する解釈は戦前からすでに存在し，戦後はそれを前提に嫡出でない子としての出生届を認めることも有力に主張されていた[9]。本法理が判例法として確立した後は，嫡出否認の制限を緩和する点に関心が向けられていたが，近時は，嫡出推定・否認制度の仕組に即して本法理を分析し，同法理が772条不適用の論理も含むことが指摘されている[10]。結局，本法理も部

---

[7] 772条適用外を前提とする嫡出でない子としての出生届，婚姻前懐胎・婚姻後出生の子を生来嫡出子とする大連判昭和15・1・23民集19巻54頁を前提とする出生届，いずれも受理される。戸籍実務のこの対応は，実体法上はいずれかが正しい筈のところ，大審院判例が本来の認知に代わる父子関係の成立方法を明確にせず，実体法上の父子関係の成否が曖昧であったことによる。

[8] 水野紀子「嫡出推定・否認制度の将来」ジュリ1059号115頁（1995），二宮周平「婚姻中懐胎子の母による非嫡出子出生届の検討」現行戸籍制度五〇年の歩みと展望（戸籍法50周年記念論文集）（日本加除出版，1999）863頁。批判として澤田省三・ガイダンス戸籍法［出生編］（テイハン，2001）52頁参照。

[9] 772条の適用範囲に関する制限説・無制限説につき，高野竹三郎「嫡出性の否認」家族法大系Ⅳ（中川善之助教授還暦記念）（有斐閣，1960）13頁を参照。戦前の制限説として，岡村司・民法親族法篇（京都法政大学，1903）174頁，穂積重遠・親族法（岩波書店，1933）419頁，中川善之助・民法Ⅲ（岩波書店，1933）92頁，我妻栄・親族法・相続法講義案（岩波書店，1938）95頁など。さらに，772条の適用制限に基づく出生届に言及するのは，谷口知平・日本親族法（弘文堂書店，1935），家族法と戸籍の諸問題（戸籍時報100号記念）（日本加除出版，1966）に所収の成毛鐵二「重婚的内縁の妻の産んだ子の嫡出性ないし父性の推定とその子の出生届出の方法」同書253頁，小石壽夫「『推定せられない嫡出子』雑感」同書53頁の他，成毛鐵二・戸籍実務から見た親子法と戸籍法の問題点（日本加除出版，1956）（同「戸籍実務から見た民法及び戸籍法の再検討」〔法務研究報告書，第43集第6号〕〔1956〕と同じ）54頁，小石壽夫「いわゆる推定をうけない嫡出子」現代家族法大系3（中川善之助先生追悼）（有斐閣，1979）1頁など。なお，我妻栄ほか「戸籍セミナー　出生　第5回」ジュリ102号45-49頁（1956）も参照。

[10] 木村敦子「『推定の及ばない子』に関する検討」道垣内弘人＝松原正明編・家事法の理論・実務・判例1（勁草書房，2017）47頁，拙稿「嫡出推定と嫡出否認」野沢紀雅編・現代家族法講座3親子（日本評論社，2021）1頁。

会の審議も，嫡出否認制度の緩和と嫡出推定制度の縮小の双方にわたる点で共通している。部会の提案じたい，①家事調停実務で行われている認知調停を拡張する形で明文化すること，②「推定の及ばない子」法理を明文化すること（要件①②→対応①），③出生届の段階で772条を不適用とする一部戸籍実務の取扱いを一般化すること（要件①②→対応②），を企図するものであり，本法理との重なりは明確である。提案の要件①②と対応①との間には772条不適用という中間項があり，改正論議が対応②に展開したのも当然なのである。

以上から，本提案の検討課題も，「推定の及ばない子」法理を参照することで明確になる。本法理の側からいえば，改正作業でその是非が正面から議論されたともいえる。

## 2 嫡出否認制度の潜脱
### (1) 嫡出否認制度の理解——何を否定する制度か

嫡出否認制度を定める774条は，「772条の場合に」「子が嫡出であることを否認」できる，とする。文言上，否認の対象は子の嫡出性である。しかし，嫡出否認は，血縁関係の不存在を根拠として，772条に基づく父子関係を否定する制度と理解されている。

嫡出の定義を明確に示す教科書は少ないが，かつては次の定義が一般的だった[11]。すなわち，生来の嫡出子とは，母子関係，父子関係，父母の婚姻関係，父母の婚姻中に懐胎されたこと，の全てを備えた子である[12]。このうち，母子関係と父母の婚姻は，各々の要件に基づいて成否・効力が定まるから，嫡出否認制度によって否定されるものではない。よって，嫡出否認の対象は残る2つとなる。

もっとも，婚姻中懐胎については議論がある。これは772条2項の推定事実であると同時に同1項の前提事実であり，その否定は同1項の推定事実である

---

11) 柿原武熊・民法親族編講義（講法會出版，1898）429頁など。なお，「生来の」とは，「出生による」を意味し，準正や養子縁組による嫡出身分の取得の場合とは区別される。現在は，大連判昭和15・1・23前掲を踏まえ，夫婦の婚姻から生まれた子といった定義が一般的である。

12) このうち，最後の点は大連判昭和15・1・23前掲が本改正で明文化されたため修正を要するが，本稿では従前の定義で検討を進める。

父子関係の否定を帰結してしまう。従来はこれも嫡出否認の対象に含めるとされていたが，近時は含めない考えも有力である[13]。また，いわゆる離婚後300日問題への対応として示された法務省の平成19年通達（前掲注3）参照）は，後者の考えと親和的である[14]。なお，その場合でも，772条1項の推定が成り立たないことのみで嫡出否認を認容する判決は，血縁の有無を判断の対象外としているため血縁に基づく父子関係の不存在を確定するものではない，とする見方がある[15]。

　ここでの問題は，嫡出否認が認められるには何を否定する必要があるか，嫡出否認が認容されることで何が否定されることになるのか，に帰着する。772条の父子関係と血縁上の父子関係の区別により，婚姻中の懐胎を否認対象の外に置くことも論理としては可能だが，条文の文言上，嫡出否認の対象は婚姻中の懐胎も含むとするのが自然であろう。これは，当時の科学水準にも合致する。当時，血縁上の父子関係自体の証明は困難であり，772条に従った合理的な推論の成否をもって血縁の存否を判断するのが否認の通常の方法だったはずである。しかし，その後，血縁それ自体の証明が可能となると，嫡出推定の不成立では血縁の不存在までは帰結されず，血縁は存否不明にとどまる。すなわち，婚姻中懐胎のみの否定は，772条の父子関係は否定するが，血縁上の父子関係は不明のままとなる。

　以上からすれば，嫡出否認制度の対象は婚姻中懐胎と（血縁上及び772条に基づく）父子関係であるが，前者については対象外とする見解もありうる，ということになる。

---

13) 佐藤義彦「嫡出推定の及ぶ範囲　裁判例より見たる」同法32巻3・4号599頁（1980）は，772条1項の推定を夫婦間の性交渉の推定とそれによる子の出生の推定とに分解し，前者と婚姻中懐胎の推定（同2項）を否認の対象から除外する。
14) 梅謙次郎・民法要義巻之四（和仏法律学校，明法堂，1902）243頁は，同様の証明による772条の不適用を認めるが，それが夫婦の同棲の事実が明確で他男との性関係の存在がないなら，夫の子と「看做ササルコトヲ得ス」としつつ，この場合は当然に嫡出子となるわけではないから，準正によって嫡出子の身分を取得する必要がある，とする（夫の子としつつさらに認知可能とする点で，前者は血縁上の父子関係を指すものであろう）。
15) 鈴木禄弥＝唄孝一・人事法Ⅰ（有斐閣，1980）30頁，中川善之助編・注釈民法（22）のⅠ（有斐閣，1971）140頁〔岡垣学〕。

### (2) 嫡出否認制度からみた不適用事由

(a) 否認事由と不適用事由　　提案は要件①と要件②の2つを不適用事由とする。

要件②は,「妻が夫の子を懐胎することを妨げる客観的な事情」すなわち夫による懐胎可能性を否定する事実に着眼している。この事実があれば,夫と子の血縁上の父子関係の否定も帰結される点で,否認事由と重なる。

要件①の「婚姻の本旨に反する別居中の懐胎」が否認事由と重なるか否かは,別居の意味付けの仕方による。要件②より間接的とはいえ,夫による懐胎可能性を否定するものとして着眼する限りでは,否認事由と重なる。ただ,別居には別の意味付けもありうる。この点は後で扱う。

(b) 嫡出否認制度からの評価　　要件①・要件②は,772条を適用するために必要な事実と両立する事実によって,母の夫との父子関係（772条1項の推定事実）を否定している。この点で,提案された不適用対応には嫡出否認制度を潜脱するものであるとの疑いが残る[16]。

さらに,嫡出否認制度の外で否認と同じ結果を実現することの弊害は,次の2点にも現れる。まず,嫡出否認制度には,今回の改正の前後を問わず期間制限があり,これは嫡出推定制度に基づく父子関係に安定性をもたらすべきとの要請に基づく。提案でもこの要請には一定の配慮が示され,不適用対応は夫の子でない出生届がされた場合に限定されている[17]。ただ,その場合において夫がする親子関係存在確認の訴えには期間制限がない。さらに,嫡出否認の場合は,父と推定される者が被告・相手方として手続に必ず関与する。他方,認知調停の明文化の提案では,夫の陳述機会付与を不要とする規定の新設が予定されていた。その理由について,提案は,認知調停の要件が存在する事案では夫が関与する実益はなく,また,形式的には772条は不適用となる点で772条に基

---

[16]「推定の及ばない子」法理に対してはこの点が指摘されてきたが（平賀健太「親子関係と戸籍訂正」家族法大系Ⅰ（中川善之助教授還暦記念）（有斐閣,1959）276頁,倉田卓次「判批」私法判例リマークス1997上（日本評論社,1997）122頁）,現在も応接はされていない（野沢・前掲注4）550頁）。

[17] 要件①・要件②による親子関係不存在（対応①）の提訴権者を制限したのはこれに対応するものである。他方,期間制限は事案の多様性から断念された（部会資料20・27頁。部会資料19・20頁では,子が25歳に達するまで,という案だった）。

づく夫の利益を前提とする必要はない，と説明する（部会資料17・17頁）。しかし，認知調停の実質は既存の夫から認知者へと父を変更する手続とみることもできる。そうだとすれば，772条に基づく父の関与を不要とすることには疑問が残る。なお，この手続への夫の不関与は，認知につき血縁の存在の証明を求めるとした上で，血縁上の父は一人しかいない点から導く方が説得的であろう。

## 3　不適用の是非
### (1)　不適用の根拠と嫡出推定制度の趣旨[18]

　(a)　不適用の根拠　　懐胎時における婚姻の本旨に反する別居の事実（要件①），夫による懐胎不能事情（要件②）の各々の存在が，772条不適用の要件であり，根拠となる。もっとも，772条を適用するには，一定期間の出生の事実，母子関係，母の婚姻があれば足り，これらと上記の事実・事情の存在は並存しうる。それにもかかわらず772条が適用されない点について，部会資料は，次の様に説明する。

　要件①の場合は，「懐胎時期と別居時期との間に一定の関係があることを要件として嫡出推定の例外を認めるという制度構想の趣旨は，別居中は妻が夫の子を懐胎する蓋然性が低く，また，子の養育という観点からも夫婦による養育が期待できないことから，関係者の選択で嫡出推定の例外を認めることに合理性・相当性がある」（部会資料20・25頁）。要件②の場合は，「夫婦が子の懐胎時期に接触することができず，懐胎可能性がないことが明らか」だからである（部会資料19・25頁）。

　以上，要件①での別居への着眼は，まず，同居できない状況にあったことが夫による妻の懐胎不能を明らかにする事情を表す点にあり，これは要件①と要件②に共通性があることを示す。しかし，要件①では，嫡出推定制度の趣旨に応じてさらに別の要素も考慮されている。以下，この点を検討する。

---

[18]　阿部徹「民法七七二条・七七四条（嫡出推定・嫡出否認）」広中俊雄＝星野英一編・民法典の百年　第4巻（有斐閣，1998）53頁，野沢・前掲注4）533頁を参照。

※要件①「別居」の表現の変化

| 部会資料17・12頁 | 夫婦の一方が婚姻を解消する意思をもって別居 |
| --- | --- |
| 部会資料18-1・17頁 | 別居（その原因である事由が一時的なものであることが明らかなものを除く） |
| 部会資料19・20頁 | 別居（夫婦がそれぞれ異なる住居において生活する状態であって、同一の住居における共同生活が回復する見込みがあることが明らかでないものをいう） |
| 部会資料20・24頁 | 婚姻の本旨に反する別居 |

　(b)　前提——嫡出推定制度の趣旨　　別居要件をもって772条の適用の例外を認めることは、嫡出推定制度の趣旨から導き出される。もっとも、趣旨の理解は部会の進行に応じて変化がみられる。当初は、一定の別居が不適用の根拠となることは離婚と関連づけられていた。すなわち、嫡出推定制度は、「①夫婦の同居義務や貞操義務に基づき、事実として、妻が婚姻中に懐胎した子は夫の子である蓋然性があること、②夫婦間のプライバシーや家庭の平穏を維持するという観点から、夫の子であることが明らかでないときも、夫の子と推定することが相当であること、さらに、③夫婦の協力・扶助義務に照らせば、夫婦によって子の養育が期待できること」等を根拠とする（部会資料17・13頁。丸数字は引用者追加）。

　この趣旨理解に基づいて、「夫婦の一方が婚姻関係を解消させる意思で別居を開始した後に子を懐胎した場合には、嫡出推定の基礎ないし根拠が欠けているものと評価」されることから、不適用が認められた（部会資料17・13頁）。

　しかし、その後、離婚意思は明示されなくなった。その理由は、まず、別居を客観的に把握すれば足りると考えられたことにある（部会資料18-1・17頁）。ただ、それ以上に、不適用の場面として要件①に要件②が追加され、両者の共通の根拠が必要になったことも影響している。要件①を離婚と関連づける考えからは、単に夫による懐胎可能性の不存在では婚姻実態を欠くことにはならず、適用除外は認められないが、「推定の及ばない子」法理の妥当範囲はそれよりも広い。そこで、「嫡出推定制度が基本的には生物学上の父子関係の存在を基礎とするものであることを踏まえ」て、懐胎可能性のないことが夫婦のプライバシーを害さない限度で明らかな場合に該当するものとして、刑事施設収容・外国居住の場合の推定例外を認めることとなり、要件②が追加された（部会資

料18-1・18頁)。これにより，嫡出推定の例外を認める根拠の説明は当初のものから修正する必要が生じた。たとえば，「民法が通常の婚姻生活として想定している『同居』を欠き，懐胎可能性がないことが外観上明らかな場合であることから，婚姻に基づく嫡出推定の基礎を欠く」という説明の試みがそれである（部会資料18-1・19～20頁)。

以上，提案における別居には，血縁の蓋然性と婚姻の通常性の双方の観点から意義が与えられることになった。もっとも，これは要件①と要件②に共通の基礎を設定する限りでのことにすぎない。事実，血縁の観点については，次のような警戒感が示されている。すなわち，「単に懐胎可能性がないことを理由に嫡出推定の例外を認めることは，嫡出推定制度が婚姻を基礎に生物学上の父子関係の蓋然性のみならず，子の養育の期待可能性があることを理由として法律上の父子関係を推定することとしていることと整合せず，妥当でない」（部会資料19・25頁)。

とはいえ，この態度は，別居が例外の根拠となる点の説明の仕方を複雑にした。これは，婚姻道徳・貞操義務への言及なしに嫡出推定の基礎としての婚姻を把握することに顕著に表れている。

すなわち，「婚姻の実態が失われているときに例外を認めることが相当」だが，そうでない場合でも「婚姻に基づく同居義務を履行することができない原因があることにより，夫婦が子の懐胎時期に接触することができず，懐胎可能性がないことが明らかな場合には，婚姻を基礎とする生物学上の父子関係の蓋然性の根拠となる同居義務が欠けているということができ，また，夫婦やその他の利害関係人が同居義務を履行することができない原因を知ることにより，子が夫によって懐胎されたものでないことが明らかとなる以上，夫の子であるとの推定を覆すことを認めることが相当」である（部会資料19・25頁)。

(2) 検　　討

　(a)　制度趣旨の理解について　　「婚姻関係を基礎として，父子関係を推定する」ことで，「生まれた子について逐一父との遺伝的つながりの有無を確認することなく，早期に父子関係を確定し，子の地位の安定」を図る嫡出推定制度の趣旨は，①血縁の蓋然性，②夫婦による養育への期待，③夫婦内部の事情に立ち入らないという意味での家庭の平穏，である（部会資料20・7～10頁も参

照)。提案の前提とする制度理解には次の特徴がある。

　従来は，嫡出の定義に即して嫡出推定制度を位置づけるのが一般的であった。この場合，772条の2つの推定は嫡出要件の2つ（婚姻中懐胎，母の夫との父子関係）を充足させるもので，嫡出子については出生と同時に父母との親子関係を成立させる結果をもたらす。これは嫡出子と嫡出でない子との重要な相違点である。さらに，母子と同様，血縁に着眼しつつも，母子の場合と同程度に客観的な事実に基づいて出生と同時に親子関係を成立させる意義もある。このように，母子関係・非嫡出父子関係と対照の上で嫡出父子関係の成立ルールとして772条を位置づける見方は，提案には欠落している。これが特徴の一つである。

　そして，最大の特徴は，婚姻夫婦による養育への期待の観点である。婚姻は，血縁の蓋然性の媒介項としての役割だけでなく，子に対する養育責任の引き受けが期待できることを根拠に，父子関係の基礎付けの意味を与えられる。これは近時の傾向にも対応する[19]。確かに，親子関係が子の養育に資するべきものであることは，従前からの共通理解ではあった。もっとも，これは実親子関係に限らず法的親子関係一般の主たる機能として位置づけられていた。そして，「近代法における親子結合体の本質は，未成熟の子を哺育・監護・教育することを機能とする親と子の間の結合である」[20]という法的親子関係の存在意義・機能はその成立の根拠とは区別されており，養育機能がそのまま実親子関係の成立根拠に援用されてはいなかった点に注意が必要であろう。養育者としての適格性は，養子法でこそその成立の判断において問われるべきものであるが，血縁上の親子であっても当該適格性を欠くから法的親子関係を成立させない，という形で機能させるのは妥当といえまい。なお，今回の改正では，772条が従来は嫡出に関する懐胎主義に基づいていたのに対して，出生主義の観点が追加されている。これを婚姻に対する養育の観点から婚姻を意味付けたものとみる余地もあるが，出生主義は血縁の観点からも導くことができる[21]。

---

19) 水野紀子「父子関係を考える」法教504号78頁（2022），石綿はる美「嫡出推定・否認制度の見直しをめぐって（1）」法セミ816号101頁（2023）等を参照。
20) 我妻栄・親族法（有斐閣，1961）211頁。中川善之助・日本親族法（日本評論社，1942）289頁も参照。
21) 木村敦子「法律上の親子関係の構成原理（16・完）」論叢187巻6号35頁（2020）は，出生主義

さらに，家庭の平穏を制度趣旨に位置づける点も，特徴的である。家庭の平穏は，嫡出否認制度において否認権者を夫に限定する趣旨として指摘されたものである。また，772条の要件として客観的な事実が選択されているのは，むしろ母子関係が出産という明確な事実で成立することとの対比で，できる限りこれと同程度の外的な事実により，母子・父子の揃った嫡出親子関係を出生の時点で成立させることに主眼があったものと思われる[22]。

(b) 趣旨からの例外の導出　嫡出推定制度が母の婚姻を基礎とする点は，血縁の観点以外からも意味づけることができる。これにより，血縁の観点を相対化しつつ，その蓋然性の程度とは異なる観点も併せて，772条の不適用を説明することが可能になる。部会資料の前提とした制度趣旨は従前の理解と同じではないが，趣旨の理解は時代・改正とともに変遷する。よって，提案の基礎にある趣旨理解それ自体はありうるものといえる。

提案の正当化は，嫡出推定制度の基礎にある3つの観点のいずれからも例外を認めることが許される，という点にある。すなわち，各要件を充足する場合には，血縁蓋然性・婚姻夫婦による養育期待のいずれも低く，また家庭の平和を害する危険も乏しく，772条の不適用対応が推定制度の趣旨を害することはない。このような正当化の仕方自体は，772条の趣旨（自体の妥当性はさておき）に立ち返ってその妥当範囲を縮小するもので，説得的ではある。

もっとも，772条を不適用とする構想は，嫡出否認ではなく，適用如何自体を争う局面を設定する点で，嫡出子については母子関係と同様に父子関係も出生と同時に用意するという772条の狙いを損なう面がある。もちろん，すでに平成19・5・7通達（前掲注3)）はこの方向に踏み出しており，改正前の嫡出推定重複の場合は父を定める訴えを予定していた点で，この難点は致命的とまではいえない[23]。

(c) 婚姻・離婚法制への展開　別居への着眼には今後の展望もある。提

---

　は婚姻の養育機能に着眼したものとする。しかし，婚姻前から性関係があるのが通常とみれば血縁の観点でも説明可能である。
22) 阿部・前掲注18) 55頁。
23) なお，民法は，772条2項の期間外の出生だが，婚姻中懐胎の事実を証明することで，同1項を適用しうるという構想であった（この点につき拙稿・前掲注10) 3頁参照）が，これにも同様の問題がある。

案には，「推定の及ばない子」法理を明文化する面があるところ，本法理は，比喩的に「形骸化した婚姻」・「死んだ婚姻」には772条を適用しないルール，という説明がされることもある。部会資料も，当初はこの比喩的表現をそのまま要件に持ち込み，「婚姻を解消する意思をもって別居」した場合としていたように，離婚との関連づけはむしろ自然であり，今後の展開可能性もこの点にあると思われる。すなわち，別居については，772条の趣旨（婚姻夫婦による養育への期待）からではなく，別居状態の婚姻には婚姻の効果である772条の享受を認めない，として婚姻法から意味付けることも可能である。これは，772条を婚姻の効果の一つとして位置づけ，婚姻の内実に照らして効果を相対化するものである。このような相対化は，すでに婚姻費用の分担や不貞行為損害賠償においてみられるところである[24]。もっとも，婚姻当事者が一方的に作出した別居状態にそのまま法的効果を付与することは，協議離婚と裁判離婚の両制度を用意する離婚法制の趣旨（一方の意思のみで離婚を認めることはしない）との関係で議論が必要である。この点は，部会においても「夫婦の同居義務や貞操義務は，夫婦の一方からの意思表示のみで解除することができるものではない」旨の指摘がされている（部会資料17・13頁）。

とはいえ，今後，婚姻法・離婚法の改正で，別居が離婚原因に明記され，別居状態が婚姻・離婚の中間段階として独自の規律対象として切り出されることになれば，別居による772条の不適用の構想はより現実味を帯びるものと思われる[25]。

### (3) 政策的例外という位置づけについて

772条の不適用には，要件①または要件②だけでなく，「当該要件を証する

---

24) 同居協力義務違反がある者からの婚姻費用分担請求の場合，減額または否定されることがあり，また，婚姻破綻後は不貞行為につき損害賠償責任が生じないことも，貞操義務の相対化と評価することができる。法的父子関係を前提としつつ血縁がないことを考慮して養育費請求の是非を判断した最判平成23・3・18家月63巻9号58頁もこの関連で評価する余地がある。

25) 部会資料19・28頁は，この点について，「現行法上は別居によって何ら身分関係上の地位の変動が生ずるものではないところ，別居に身分関係上の法的効果を与える新たな制度を創設する余地があるとしても，別居は広く離婚等の場面でも問題となり得るものであって，嫡出推定制度はその一部に過ぎないことを踏まえると，より広範な制度との関連を踏まえ検討されるべきであり，嫡出推定制度を中心とした民法の見直しを使命とする本部会においてそのような新たな制度の在り方を検討することは困難である」と述べている。

書面を添付した」・「嫡出でない子としての出生届」をすることが必要とされている。そのため，子の地位は，夫が出生届（この場合は嫡出としての出生届に限られる）をした場合及び母が嫡出子として出生の届出をした場合は772条が適用されて嫡出子となり，母が嫡出でない子として出生届をすれば772条が適用されず，嫡出子とはならない。これは，出生届の内容次第で子の実体法上の地位が左右される，ということである。もっとも，この点を実体法から説明することは難しい。この点，提案でも，「本来，嫡出推定が及ぶ子について，政策的に，戸籍窓口における届出により，その例外を認める」ものされている（部会資料18-1・24頁）。

しかし，本来，出生届は親子関係を定める実体法に従ってなされるものであり，772条が客観的事実から父子関係を推定することに意を尽くしているのも，まさにここに理由がある。そうだとすれば，届出を不適用の要件とすることは，出生届の前提として772条の妥当如何が決まっている，という論理関係を逆転させるもので，妥当と言えないと思われる。

なお，改正前の婚姻成立後200日以内出生子に係る戸籍実務では，嫡出子・嫡出でない子いずれとして出生届をするか，母が選択できる状況にあった。これを根拠に婚姻破綻中懐胎子の出生届の仕方について母の任意の選択を認める立場もあったが，それは同時に届出次第で子の身分が変わることを容認するものでもある。しかし，そもそもこの戸籍実務は民法（嫡出でない子だが，認知準正あり）と判例法（生来嫡出子たりうる。ただし，その要件は不明）との不一致（判例法の不透明さ）に由来するものにすぎず，これをもって上記ルールを正当化することはできない。改正法の下，婚姻前懐胎・婚姻後出生子が772条による生来嫡出子となった以上は尚更である。

## Ⅲ　おわりに

無戸籍者問題は，戸籍制度とも関係する。事実，提案の見送りの理由の一つには，戸籍の窓口審査で判断できるように要件①②を設定するのが難しかった点がある。すなわち，届出の受理・不受理は，法令の定める要件を備えているかを審査して決定される。この審査は，「事実真否の認定方法として戸籍の記載及び届書類の記載のみを照合審査して届書の受否を決定する」ものであり，

形式審査と呼ばれる[26]。提案の772条の要件を形式審査で判断するには，要件①・要件②に該当する事実の存在を客観的に示す書面等の資料が必要になる。しかし，そのような書面を列挙する作業は難航し，また，提案に列挙された書面の準備じたいが当事者の負担となる一方で，仮に書面を揃えられる事案であれば改正された嫡出否認の方法でも対応可能であって提案の必要性は低いのではないか，といった点が指摘された（部会資料22-3・2頁）。

　出生届の段階での対応が問題となる以上，戸籍制度上の制約を免れることはできない。しかし，このことは無戸籍者問題が戸籍制度の問題であることを意味しない。問題は，むしろ実体法である民法の嫡出推定制度にある。というのも，母が一定期間内に出産した子について，夫の子として出生届をしなければならないのは，戸籍法の規定ではなく，民法772条に基づく要請だからである。戸籍制度は，夫婦・親子等の身分関係を定める実体法に従い，当該身分関係を戸籍に登録するものにすぎない。

　たとえば，「父の欄を空欄とする出生届を可能とする一方，その受理後，戸籍事務管掌者は戸籍情報を照合して，民法772条に従い父とされる者を戸籍に記載する」という制度は，戸籍法改正で実現可能であろう。しかし，これでは無戸籍者問題の基礎にある母のニーズは充たされないだろう。母のニーズは，届出レベルにとどまらず，実体法上父とすることへの拒否にあるからである。だとすれば，問題の本質は，父子関係を定める実体法にあることになる。さらには，「夫の子でないことが明らかなのに，夫を父とする出生届はしたくない」というニーズは，血縁の観点を前面に押し出すものであって，血縁はさておき婚姻に基づいて夫を父とする嫡出推定制度を否定するものにもなりうる。その意味で，772条が無戸籍者問題の一因であることは事実だが，同条は出生一般に妥当するルールである点で，仮に対応するにしても周到な準備が必要となろう。

---

[26] 南敏文監修／髙妻新著／青木惺補訂・最新 体系・戸籍用語事典（日本加除出版，2014）87頁。なお，実質審査は必要であれば可能であり，出生証明書不添付の場合（昭和23・12・1民甲1998号回答），学齢到達児の場合（昭和34・8・27民甲1545号通達），母が50歳以上の場合（昭和36・9・5民甲2008号通達）などでは，出生届の受否につき管轄法務局の長の指示を求めることとされている。

＊本稿は，令和3年度科学研究費補助基盤研究科（C）（課題番号21K01251）の助成による成果の一部である。

# 2011年民法等改正における親権制限と親子の関係継続

山 口 亮 子

　は じ め に
　Ⅰ　民法改正審議
　Ⅱ　児童福祉法と親権の関係
　お わ り に

## は じ め に

　近年のわが国の民法親権法分野は，子の利益を達成することを主眼として，大きく二つの方向に発展しているととらえることができる。一つは，児童虐待防止に向けて親権を制限し子を保護する方向である。伝統的に家族というプライベートな空間に国家は介入を控えていたが，欧米諸国では近代以降，そのことが虐待やドメスティック・バイオレンスから家族の弱者を放置するものであることを承認するや，家族への介入に対処し始めた[1]。これに対し日本では，戦後においても子どもや高齢者のケア等の生活保障を任意な家族の互助に委ねる政策をとっていたため[2]，家族に対する国家の介入に遅れをとってきた。現代の日本の児童虐待対策の国家介入は，原則として行政権の判断による措置を主体として制度設計されているが[3]，学説および実務の双方から司法介入が求められたことで，児童福祉法（以下，児福法という）において2017年に親権者

---

1) 水野紀子「家族法の弱者保護機能について」民事法学への挑戦と新たな構築（鈴木禄弥先生追悼論集）（創文社，2008）669頁は，フランスはフランス革命以降，刑法と民法が連携して働き，積極的に家庭に介入して弱者保護に作用しているとする。
2) 水野紀子「児童虐待への法的対応と親権制限のあり方」季刊社会保障研究45巻4号366頁（2010）。
3) 行政判断による親子の面会通信制限や接近禁止命令という強力な親権制限を行うことに対し，水野紀子「シンポジウム家族法改正」私法72号43頁（2010）は，「欧米の常識からいうと信じられない親権の弱さ」があると指摘する。

の同意のない一時保護延長時に司法審査が導入され，2022年に親権者の同意のない一時保護に司法審査が導入されることになった。民法において親権の公的介入に着手したのは，2011年民法等改正（平成23年法律第61号）（以下，2011年法改正という）である。従来の親権喪失制度では，子を親から引き離す法的要件が厳格であるとか，甚大な効果をもたらすとして，必要なときに親権制限を行うことができないと批判されていたところ，それに応える形で親権喪失の規定が改められ，親権停止規定が新設された（834条の2）。そしてこれらの請求権者に子や未成年後見人等が加えられて新たな親権制限制度が創設された（834条以下）。さらに，2022年民法等改正（令和4年法律第102号）で親権の懲戒規定が削除され，子の人格を尊重する規定が置かれた（821条）。

これに対するもう一つの向きは，従来離婚によって切り離されていた親と子の関係を維持し続けることである。欧米諸国では，1989年に国連で採択された児童の権利に関する条約（以下「児童の権利条約」）の批准を契機として，婚姻内外にかかわらない共同親権への法改正が進んだ。日本では，親権制限が設けられたのと同じ2011年法改正において，民法766条に離婚時の面会交流と養育費の取決めが明文化された。さらに2021年3月30日から法制審議会家族法制部会で家族法制の見直しとして，離婚後の共同親権行使，親子の交流，および養育費等に関する規律が議論され，2024年5月17日に2024年民法等改正（令和6年法律第33号）が成立した。水野紀子教授はこれらのいずれの法制審議会にも関わっている。

国家が親権に大きく入り込んだ2011年法改正は，民法のみならず児福法を対象としたものである。増え続ける児童虐待通告件数と子の死亡件数を前に，親権という強い壁があるからそれらに対応できないといった言説が社会に流布しているが，果たして親権はどのように強いのか，また，児童虐待に対応できないのは親権だけの問題かということが改めて問われる必要がある。欧米諸国の中には，親権が憲法上の権利として存在する国もあるが，そのような国でも国家の権限が親権に介入して子を救済している。2011年法改正の審議では，国家と親と子との関係から検証される法理論を背景に，現在の日本社会での具体的な問題から，どのように子の利益を守って育んでいくのか，そして現代の司法制度の下で可能な方策は何なのかといった，実現可能性を見据えた法律案がどのように目指されたのであろうか。そこで本稿では，水野紀子教授が法改

正で果たした役割も踏まえ，2011年法改正を国家と親と子との三者関係と，実際的な力の均衡調整[4]という観点から再度とらえていくことにしたい。

## I 民法改正審議

2011年法改正議論は，2007年児福法等改正（平成19年法律第73号）において示された，その施行後3年以内に親権の見直しを検討するという附則を踏まえて始められた[5]。2010年1月に，児童虐待防止のための親権制度研究会による「児童虐待防止のための親権制度研究会報告書」が公表され，これに基づき法制審議会に「児童虐待防止関連親権制度部会」が設置された。同年3月25日以降，12月15日まで10回の会議が行われて，2011年2月15日に要綱が法務大臣に答申された。そしてこの法制審議会の答申と，同時進行していた厚生労働省における社会保障審議会児童部会の報告書（後掲注38参照）を踏まえて，法務省および厚生労働省において立案作業が進められ，同年5月27日に2011年法改正が成立した。

### 1 親権の一時的制限か一部制限か

親権喪失の要件が，親権の濫用または著しい不行跡から，子の利益が害される程度と親権者としての適格性から判断されるものに改められた。そして，親権を喪失させるまでには至らない事案や，一定期間の親権制限で足りる医療ネグレクトのような事案等において，家庭裁判所の審判で2年以内の期間に限って親権を停止する制度が創設された。これを規律化するにあたり検討されたこ

---

[4] 水野紀子「人工生殖における民法と子どもの権利」湯沢雍彦＝宇津木伸編・人の法と医の倫理（信山社，2004）219頁は，国家権力との関係では，子を育てる権利はあくまでも親にあるが，親がその権利を濫用していたら公的な介入が必要となるとし，「ここで必要なのは，親の権利と介入する国家権力との調整であり，法はここで双方の限界を画する役割を果たす。必要とされるのは実際的で実効的で困難な調整であり，なんらかの権利や原則を至上のものとして唱えることではない」と指摘する。

[5] 2011年法改正の立法経緯と概要については，飛澤知行編著・一問一答平成23年民法等改正（以下，一問一答という）（商事法務，2011）3-4頁，飛澤知行「民法等の改正の概要」法律のひろば64巻11号18頁（2011），小池泰「児童虐待防止に関する親権制度の改正」法律のひろば64巻11号4頁（2011），中田裕康「民法改正——児童虐待防止のための親権制度等の改正」法教373号58頁（2011）。

とは，親権の一時的制限か一部制限を創設するということであった[6]。

一時的制限は，親権の全部に効果が及ぶため，従来の親権喪失の効果と同等となると当初より説明されていた[7]。これに対し一部制限は，親権の一部を一時的に制限する案である。親権のうち，管理権の制限はあるが，法制審では主に監護権の一部制限について検討された。すなわち，個別の事案ごとに審判において喪失または一時的制限の対象となる親権の一部を具体的に特定して，当該一部を行うことができないようにする案である。そこで，（i）例えば医療ネグレクトの事案で，医療の点にのみ特有の問題があるときに，それに関する親権の一部を制限する案，（ii）親と子の意見が合わず親権者の意見の当否を裁判所に求める案が検討された。

しかし，親権者が不当な親権行使をした際に，制限した以外の部分も後で制限の審判を繰り返すことになれば，その明確な切り分けが可能ではなく，子の安定的な監護を害する恐れがあること，本来なら家族間で決定すべきところに裁判所が判断するとなると，国家の過度の介入を招く恐れが生じることになることが懸念された[8]。医療行為に対して親が拒絶する特定の部分にのみ家庭裁判所の判断を求めることについて導入が見送られた理由の一つには，手術における親の同意の法的性質が明らかではないことがあったとされる[9]。また，未成年者による法律行為について裁判所が法定代理人の同意に代わり許可することができれば，特に親と没交渉になっている自立間近な子が就職やアパートの契約等を迅速かつ比較的簡便にでき，柔軟な対応ができるとする賛成意見が出されていた[10]が，同意に代わる許可によって未成年者が締結した携帯電話の使用契約等を親権者が法定代理人として解約してしまうことにより，契約の相手方に不都合を強いる恐れがあること，家庭裁判所が個別の法律行為の当否について適切に判断することが困難であること等から[11]，親権の一部制限の制度

---

[6] 親権制度部会資料1。これに関しては，第1回会議から第9回会議まで議論された。
[7] 親権制度部会資料3，2頁。
[8] 親権制度部会資料6「児童虐待防止のための親権に係る制度の見直しに関する中間試案（案）」12頁，一問一答28頁。
[9] 窪田充見「親権に関する民法等の改正と今後の課題」ジュリ1430号7頁（2011）。
[10] 親権制度部会第5回議事録34頁以下磯谷文明幹事発言，第7回議事録5頁以下磯谷幹事，平湯真人委員発言，第8回議事録3頁以下磯谷幹事発言等。
[11] 親権制度部会第9回議事録4頁森田亮関係官発言，一問一答29頁。

は結局設けられなかった。

　最終的には，親権の一時的制限として親権停止が規律化された。ただしその法的効果は，効果が大きすぎるとしてその利用が困難といわれていた親権喪失と同じである[12]。すなわち，親権が消滅する[13]ということである。親権がなくなれば，親権者が有していた法定代理もなくなり，15歳未満の子の普通養子縁組の代諾権もなくなる。しかし，審議も大詰めになった第9回会議において，親権を停止されている者に養子縁組の同意権を認めることが提案された。親権を停止されている間に，他方親権者や未成年後見人，施設長や児童相談所長の代諾により養子縁組されると，養親が親権を行うことになり，親権を停止された者は親権停止期間経過後に親権を行うことができなくなるからである。これにより，一時停止中の親権の性質について，全く親権を喪失しているのと同視するのではなく，監護権を持っている親といわば同じ状態に置くという理解[14]，潜在的な親権は残っているという理解[15]となった。

　しかし，これによって親権停止の性質が上手く説明できなくなる。親権を停止された者の養子縁組の同意権は何に基づくのか。親権は消滅せず，潜在的な親権に基づき同意権を有する[16]と解すると，同様に同意権をもつ，離婚後に監護者と指定された監護者にも潜在的親権があることになる。では，父母としての地位に基づき同意権があるとすると，親権を喪失した者や離婚後に監護者と指定されていない非親権者にも同意権があるべきことになる[17]。親権の帰属と行使の観念については，親権を検討する上では重要な論点である[18]が，法

---

12)「児童虐待防止のための親権制度研究会報告書」10頁，親権制度部会資料3検討事項（1）2頁。
13) 許末恵「児童虐待防止のための親権法改正の意義と問題点――民法の視点から」法時83巻7号67-68頁（2011）。
14) 親権制度部会第9回議事録16頁大村敦志部会長代理発言。
15) 同上19頁窪田充見委員発言。
16) 許・前掲注13) 70頁は，親権停止は親権を剥奪せずにその行使を2年以内の期間制限するものであり，親権者から親権を剥奪して法律上親権者のいない状況となる親権喪失とは異なるとする。
17) 許末恵「児童虐待防止のための民法等の改正についての一考察」曹時65巻2号292-293頁（2013）。
18) 許・前掲注13) 67頁以下，窪田・前掲注9) 10頁。親権が帰属と行使に分かれるという説は，於保不二雄「父母の共同親権と親権の行使者」身分法と戸籍（帝国判例法規出版社，1953）165頁に依る。婚姻外の父母間の共同親権制度改正にかかる議論においても，許末恵「親権をめぐる法規制の課題と展望」家族〈社会と法〉24号129頁（2008），犬伏由子「親権・面会交流権の立法課題」家族〈社会と法〉26号42頁（2010），山口亮子「親権法改正要綱案」家族〈社会と法〉33号

制審議会では深く議論されなかった。

## 2 子の利益

2011年法改正では，子の利益という文言が各条項に加えられたことが特徴的である。親権についての包括的規定である820条に「子の利益のために」が入れられ，834条の親権喪失の審判を行う要件として，親権者が「子の利益を著しく害するとき」とされ，834条の2の親権停止の審判を行う要件として，親権者が「子の利益を害するとき」との文言が入れられた。766条では，離婚時に父母が面会交流と養育費を定めるときに「子の利益を最も優先して考慮」することが入れられた。

懲戒権規定については，審議会でも全面削除論が有力であった[19]にもかかわらず，本来することができる範囲内でしつけをしている親権者が，懲戒権の削除によりしつけができなくなるのではないかといった誤った受け止め方がされかねず，社会的な影響について懸念がある[20]として，822条2項の懲戒場規定のみが削除され，「親権を行う者は，第820条の規定による監護及び教育に必要な範囲内でその子を懲戒することができる」と改正された。したがって，820条の親権規定に「子の利益のために」という文言が挿入されたことは，子の利益のためではない暴力は許されないとする点で現実的な意味を持つこととなった[21]。懲戒権規定全面削除は2022年民法等改正を待つことになり，そこで，子の人格を尊重すること，子の年齢および発達の程度に配慮すること，かつ，体罰その他の子の心身の健全な発達に有害な影響を及ぼす言動をしないという規律が821条に置かれ，親権行使の指針とされた[22]。2011年改正では具

---

58頁（2017）はこの説をとる。これに対し水野教授は，親権概念を帰属と行使に分ける説はとらないとする。水野紀子「親権法」ジュリ1384号64頁（2009）。

19) 親権制度部会第8回議事録34-40頁，同第10回議事録4-10頁。
20) 一問一答19頁，親権制度部会第10回議事録10頁。
21) 中田・前掲注5) 60頁。
22) 2022年民法等改正および民法821条の成立について，久保野恵美子「児童虐待への民事法的対応——親権法改正について」法時94巻11号23頁（2022），同「懲戒権規定の削除と子の人格の尊重等——2011年改正から2022年改正へ」法の支配210号70頁（2023），石綿はる美「民法における体罰禁止とその課題——体罰禁止のそのあとに」法時94巻11号31頁（2022），同「親子法改正の概要——親子法と『子の利益』」判時49号4頁（2024），木村敦子「子の監護教育に関する規定の改正とその意義」ケース研究348号4頁（2023），山口亮子「懲戒権規定廃止後の子の養育のあ

体化されなかった親権行使における子の利益の定義が，ここで表されたと捉えることができる。

## 3　子の申立権

　子を親権喪失および親権停止の申立権者に含むことについて，審議会で賛否両論が交わされた。水野紀子委員は一貫して反対を主張した。その理由として，親権争いが子の意見で判断されるべきでないのと同様に，子が自分の親に駄目出しをさせる道を開くのではなく社会が子を守るべきであり，児童相談所長や検察官が申立てをすることが本来の姿であること，また，精神的暴力により支配された子が親に示唆されて，他方親の親権喪失申立てをするよう強いられる懸念があること等があげられた[23]。これに対して主に実務家委員から，過去に児童虐待を受けて現在は児童相談所に関わっていない年長の子や，児童相談所と関係があったが悪化してシェルターなどにいる子にとっては申立権の必要性があること[24]，現実的問題として児童相談所が却下を恐れて申し立てない現状があることを踏まえ，子が申立てをするときは，弁護士が代理人となって親子関係の調整を行ったり，児童相談所等の公的機関に適切な関与を促したりすることによりサポートできるとする意見が出されて[25]，子の申立権が加えられた。

　アメリカにおいても，子が親の権利終了を求めた一つの事件を契機として同様の議論がなされてきた[26]。その事例では，裁判所は未成年者による申立権を認めなかったが，学説は子どもの権利の立場から，概ねこの判決に批判的であ

---

り方」民商法 159 巻 1 号 29 頁（2023）。
23）親権制度部会第 7 回議事録 39-40 頁，第 9 回議事録 14 頁。
24）その後，子および児童相談所長から親権停止の申立てを行った裁判例が公表されている。宮崎家審平成 25・3・29 家月 65 巻 6 号 115 頁。
25）磯谷文明「法改正を踏まえた弁護士実務」法律のひろば 64 巻 11 号 39 頁（2011），親権制度部会第 9 回参考資料 15「子どもに親権制限の申立権を与える必要性等について」。
26）Kingsley v. Kingsley, 623 So. 2d 780 (Fla. Dist. Ct. App. 1993). 親の薬物乱用による虐待・ネグレクトにより 9 歳のグレゴリーは親から引き離され，施設を転々とした後，里親宅で暮らし始めた。裁判所が親の権利終了手続に入ったため，グレゴリーは養子縁組を望んでいたが，福祉局が翻意し手続を中止したため，11 歳になった彼は弁護士を立て親の権利終了を申し立てた。アメリカの養子縁組は断絶型であるため，親子の法律関係を終了させることが前提となり，親が養子縁組に同意しない場合は，通常，福祉局がその請求を行う。未成年者の親子関係終了の申立ては却下されたが，社会的には子が親を捨てる事件として耳目を集めた。

った。それは，子が裁判所にアクセスすることにより，国家に子を救済する手続を課すべきであり，国家が子の声を聴くことは，子に決定させることではなく，決定を行う機関に子の声を届けるための手段であると主張された。そしてこの文脈から，子どもの権利が保障されるためには，子の代理人が必要との議論が発展していった。子は自らの意思を表明するため，または公益的には子の利益が代理されるため，子に独立した弁護士を持つ適正手続の権利が保障されなければならないとされる[27]。

### 4 未成年後見人

2011年法改正では，未成年後見人に法人または複数の選任が認められ，法人を選任する際の考慮すべき事項が定められた（民840条2項・3項）。未成年後見人は親権を行う者がないときに開始するものであるため，親権者の死亡，行方不明，在監中はもとより，親権喪失や親権停止においても開始原因となる。ただし，児童相談所が関わっている未成年者については，これまでも未成年後見人が選任されることは決して多くはなく，後述するように，児福法改正により児童相談所長や施設長等が親権代行または監護を行う機会が広がったことで，その必要性は薄くなるとされていた[28]。

では，児童相談所が関わらない場合はどうか。第三者による子の監護について考えると，最決令和3・3・29民集75巻3号952頁は，事実上子を監護してきた祖父母が民法766条によって子の監護者指定を申し立てたのに対し，第三者による子の監護者指定の明文の規定を欠いているとして申立てを却下した。そして，2024年民法等改正においても，第三者による監護者指定は規律化されなかった[29]。これらのことにより，今後，不適切な子の養育を行っている親

---

[27] *E.g.*, Scott A. Cannon, Finding Their Own "Place to Be": What Gregory Kingsley's and Kinberly Mays' "Divorces" From Their Parents Have Done for Children's Rights, 39 Loy. L. Rev. 837 (1994); Barbara Bennett Woodhouse, Hatching the Egg: A Child-Centered Perspective on Parents' Rights, 14 Cardozo L. Rev. 1747 (1993).

[28] 磯谷・前掲注25) 41頁，許・前掲注17) 303頁，合田篤子「未成年後見制度の現状と今後の課題」法時86巻6号37頁（2014）。

[29] 家族法制部会では当初，第三者による監護者指定を規律する方向で提案されていた（「家族法制の見直しに関する中間試案」（2022年11月15日）第4，1）が，家族法制部会第32回議事録（2023年10月31日）39頁で，水野紀子委員は久保野恵美子幹事の発言を受け，第三者の監護者指定は制度として民法766条とは別の枠組みと捉え，2011年法改正による親権停止を発展的に改正

権者に代わり子を養育してきた第三者は，親権喪失または親権停止を求め，それが認められることにより未成年後見人の選任を申し立てることになるのであろうか。あるいは，親族等による親権制限の申立ては親子関係の再構築を困難とする恐れがある場合は，公的機関が親権制限を申し立て，第三者を親族里親として委ね，未成年後見人に選任する可能性が高まるかもしれない。いずれにおいても，第三者による監護に法的根拠を与えようとするならば，親権制限を厳格に解していた従来の実務状況が大きく変わることになり，未成年後見人選任はこれまでと異なる局面を迎えることになろう。

## 5 民法 766 条改正（面会交流，養育費の取決め）

2011 年法改正では，親子を分離する方向性だけではなく，親子の関係性を維持するため，766 条において，父母間における面会交流と養育費の定めが明文化され，同条 1 項において，子の利益の文言が入れられた。

766 条において，離婚時に父母が親子の面会交流と子の養育費を協議で定めるものとする規律は，1996 年民法の一部を改正する法律案要綱のなかで，「子の監護に必要な事項の定め」として，ほぼ現行法通りの法律案が出されていた（同要綱第六の一）[30]。しかし当時，この法律案は成立しなかった。そこで，14 年の時を経て，本法制審親権制度部会最後の第 10 回会議において水野委員が，離婚時に子と会えなくなることにより子の奪い合いが激化し，それは子にとっての虐待にほかならず，条文に面会交流を書き込むことにより奪い合い紛争を緩和する要素があるとすれば，必要な改正であると主張して，766 条改正の提案を行った[31]。野村豊弘部会長から，1996 年の法律案をそのまま立法とすることで支障がないか事務当局で考えてもらうとの応答がなされ，この案は以後議論されることなく最終的に規律化された。

1996 年法律案の議論の中で，面会交流の権利の性質，許否の基準等が検討され，子の利益を優先することが入れられたのは，諸外国の立法例にも子の監

---

すること，親族里親を積極的に使い，公的機関による親権制限を密なものにする制度設計をすべきことを示唆した。
30) 法務省（1996 年 2 月 26 日法制審議会総会決定）https://www.moj.go.jp/shingi1/shingi_960226-1.html（最終確認，2024 年 2 月 1 日）。
31) 親権制度部会第 10 回議事録 23-25 頁。

護・養育に関する紛争の解決基準として「子の福祉」が入れられていること，この思想は，766条の規定にある精神であることが説明されている[32]。中間報告に対する意見の中には，面会交流が子の利益のためのものであることを明文で定めるべきとの主張もあったが，子の最善の利益の判断は第一次的には父母の協議においてなされ，最終的には家庭裁判所の裁量に委ねられることとされた[33]。なお，面会交流の明文化について，水野教授はその後，これが面会交流原則実施論に振れてしまい，そのことを十分に予期できなかったことを反省していると記しており，一部批判もある[34]が，それは2011年法改正審議において，面会交流が誰の権利で何が子の利益となるのか議論されなかったことも一因であろう。

　父母間が別居・離婚において対立しているときに捉えるそれぞれの子の利益観は，相反しがちである。では，国家が子の利益の原則を観念づけることは不可能であろうか。これに関して，子の最善の利益を達成することを目的とする児童の権利条約において一定の検討が行われている。当条約は，父母の一方または双方から分離されている児童が定期的に父母のいずれとも人的な関係および直接の接触を維持する権利（9条3項）を掲げ，家族の一体性（family unity）を保障することが子の利益になると定義づける[35]。子の利益を定義することが必要な理由は，親権に介入するための国家の役割の根拠を明らかにするためである[36]。国家と親と子との関係を考えたときに，国家には子の最善の利益のた

---

[32] 法務省民事局参事官室編・婚姻制度等に関する民法改正要綱試案及び試案の説明（日本加除出版，1994）70頁。
[33] 同上71頁。
[34] 井上武史「山口コメントへの再応答」片桐直人＝上田健介編著・ミクロ憲法学の可能性――「法律」の解釈に飛び込む憲法学（日本評論社，2023）93頁。水野紀子「〈特集・学会回顧2020〉民法（家族法）」法時92巻13号96頁（2020）を引用して。
[35] CRC/C/GC/14, para 60（29 May 2013）．児童の権利委員会は，2013年に一般的見解において子どもの最善の利益について発表している。佐々木幸寿「『子どもの最善の利益』の概念――一般的意見14号，日本の第4回・第5回政府報告に対する総括所見に着目して」東京学芸大学紀要総合教育科学系71号1頁（2020）参照。
[36] 英米法では，国家が子の利益を擁護する理念はパレンス・パトリエの教義による。合衆国最高裁判所は，適格な親は子の最善の利益のために行動すると推定しているが（Parham v. J.R., 442 U.S. 584, 602（1979）；Troxel v. Granville, 530 U.S. 57, 69（2000））, 一定の証明を経てその推定が覆されるとき，親の権利に国が介入することが正当化される。国家は子の福祉と養育にも関心を持ち，政府の利益は子の利益とほぼ一致している。Rachel Kennedy, A Child's Constitutional Right to

めに行動する義務があるため,父母の不和において子の利益が侵害されていることが明らかなときに介入ができる。そのため諸外国では,面会交流を子の権利と明文化し,子の利益に即した国家の政策を表明している[37]。原則が定義づけられることで,面会交流や養育費が取り決められ実行され,そして面会交流が控えられるべき例外も定義づけられ,規則づけられることになる。

## II 児童福祉法と親権の関係

　厚生労働省は2010年2月17日に社会保障審議会児童部会において,児童虐待防止のための親権の在り方に関する専門委員会(以下,「社会保障審議会親権の在り方専門委員会」)を組織して児福法改正について審議し,2011年1月28日に「児童の権利利益を擁護するための方策について」とする報告書を公表した。この報告書を踏まえて児福法が改正された。

### 1　施設長,里親と親権者との関係

　児福法改正の主要な点の1つは,施設長や里親と親権者との関係の明確化である。2011年改正前の47条2項は,親権者がいるものについても施設長や里親は監護・教育・懲戒に関し,必要な措置をとることができると規定していたが,施設長等の措置と親権との関係が必ずしも明確でなかったため,親権者が異を唱えた場合に必要な措置をとることに支障が生ずる等の指摘がされていた[38]。そこで,施設長等の権限行使を親権者の意向に優先してできるようにすることで,親権の一部,監護・教育・懲戒に関するいわゆる身上監護のような部分について,司法の判断として,親権制限を申し立てなくても行政の範囲で

---

　Family Integrity and Counsel in Dependency Proceedings, 72 EMORY L. J. 911, 948, 956 (2023). 他方で,子は家族の一体性という基本的権利を保護されるよう,不当に親から引き離されないために,子にも強力な手続上の権利が保障されることが重要である。Naomi Cahn, State Representation of Children's Interests, 40 FAM. L. Q. 109, 112 (2006); Vivian Hamilton, Principles of U. S. Family Law, 75 FORDHAM L. REV. 31, 43 (2006).

37) ドイツ法は,子は父母との面会交流権を持つと規定し,アメリカ各州法は,子が両親と頻繁かつ継続して交流することを推奨する州の政策を規定している。各国の状況について,床谷文雄＝本山敦編・親権法の比較研究(日本評論社,2014)参照。

38) 社会保障審議会児童部会児童虐待防止のための親権の在り方に関する専門委員会報告書「児童の権利利益を擁護するための方策について」(以下,報告書という)2頁(2011)。

できるような枠組みをつくる趣旨で検討が行われた[39]。

ここで第1の問題は，施設入所により当然に，または一律に監護，教育および懲戒権が制限されるのかということである。親権制度研究会および社会保障審議会の見解では，親権者が施設等入所に同意したことをもって身上監護を委託したことになり，親権の身上監護権を委ねたことの根拠になるとしている[40]。しかし，親が施設等の入所に同意していても，権利を全て放棄したり委任したりしたわけでもなく，例えば医療行為等についての委託にまで同意するものではない[41]。社会保障審議会で議論が重ねられ，その意義は，親権者による正当な主張は可能であり，不当な主張のみが許されない[42]ということが確認された。したがって，施設長の措置を一律に優先する，ないしは親権者の関与を完全に排除するという枠組みではなく，生命や身体の安全を確保するために，緊急を要する場合には親権者の意向にかかわらず，施設長等が確実に必要な措置をとるべきことを明確化し，親権者等は施設長による監護等の措置を「不当に妨げてはならない」として施設長等の措置を優先させた（47条4項）[43]。また，施設長は児童の生命または身体の安全を確保するため緊急の必要があるときは，親権者の意に反しても監護等の措置をとることができる（同条5項）とする規定も新たに置かれた。

そして第2の問題は，その制限の範囲は全部か一部かということである。親権に対して優先すべき部分と優先しなくても足りる部分に分けて規定することについては，あらかじめ明示して法定することは困難であるところから，監護，教育および懲戒の範囲全体において措置をとれるようにし，特定の範囲を限定して定めることはなされなかった[44]。

ここで具体的な法的問題について検討すると，携帯電話の契約等の法律行為については，先にみたように法制審における民法改正の議論で，裁判所が親権者の同意に代わる許可をすることにより親権の一部を制限し，携帯電話等の契

---

[39] 社会保障審議会第5回議事録（テキストファイルによる公表のため頁数は不明）千正康裕室長補佐発言。
[40] 報告書21-22頁，社会保障審議会親権の在り方専門委員会第2回資料3, 3頁。
[41] 社会保障審議会親権の在り方専門委員会第2回議事録吉田恒雄委員発言。
[42] 同上第8回議事録大村敦志委員発言。
[43] 同上第2回資料3, 1-2頁。
[44] 磯谷文明ほか編集代表・実務コンメンタール児童福祉法・児童虐待防止法（有斐閣，2020）552

約だけを可能とする案は採用されなかった。しかしその後，厚労省はガイドラインを発表し，47条4項の児童の福祉のために必要な措置を不当に妨げる行為として，「児童が必要とする契約や申請に同意せず，又は妨げる行為（携帯電話，奨学金，自立する際の賃貸住宅，旅券等）」を挙げた[45]。その結果，調査によると2019年時点で，親権者が同意を拒否した場合，原則として施設長が代行で署名している割合は約6割あり[46]，また携帯電話会社によっては，施設名義での法人契約を行うところもある。携帯電話はもはや社会生活を送る上で不可欠なものであり，施設入所中の子が親権者の同意を得ずとも，それを所持することは事実上可能となっている。

　パスポート申請は本来，親権者である法定代理人の署名が必要であるが，親権者等が児童相談所長（以下，児相長という）または施設長等が行う監護等の措置を不当に妨げないことを根拠に，厚労省は親権者等がいる施設入所中の未成年者に対しても，親権者の署名なしで施設長の署名による申請が可能と示している[47]。

　医療については，その範囲と程度が問題となる。47条5項は，児童の生命または身体の安全の確保のため緊急の措置ができることを定め，親権者の意に反して行った措置について，都道府県または市町村の長に報告しなければならないことを担保している。診察，検査，治療がこれに当たろう。ただし，子に必要な手術や輸血等の医療行為を行うことが明らかに子の利益であると推定されるにもかかわらず親権者が同意しないいわゆる医療ネグレクトの場合には，親権停止の審判またはその保全処分の申立てによる司法審査が必要であろう[48]。予防接種については，予防接種実施規則により，原則として保護者である親権

---

頁〔久保野恵美子〕。

45）「児童相談所長又は施設長等による監護措置と親権者等との関係に関するガイドライン」について（平成24年3月9日付雇児総発0309第1号）2（2）イ。

46）認定NPO法人ブリッジフォースマイル「『親権者の同意』に関する実態調査【児童養護施設編】」（2019）10頁。また，携帯電話会社は2011年法改正を受け，施設長を事実上親権代行者として容易に携帯電話の契約をできるようにしているという。武藤素明「親権法改正に伴う児童養護現場の現状と課題」法律のひろば64巻11号47頁（2011）。

47）「親権者のいない未成年者等に係る旅券申請手続について」4（平成24年4月2日付厚生労働省雇用均等・児童家庭局総務課虐待防止対策室事務連絡）。

48）磯谷ほか・前掲注44）556頁〔久保野〕。永水裕子「医療ネグレクト——同意能力のない未成年者に対する医療行為への同意権の根拠についての一考察」桃山法学20=21号354頁（2013）。

者の同意が必要とされている[49]。医療保護入院の場合には保護者の同意が必要とされていたが，2022年の法改正により，虐待を行った場合にはその者の同意は不要となった[50]。ただし，その虐待の認定が行政上の判断か，28条審判や親権制限等，裁判所による判断かは問題となるところである。

以上のように，2011年法改正により施設入所中に裁判所による親権制限をすることなく，一定の要件の下で親権者より施設長の権限が優先することが明示されたが，そもそも47条2項にいう監護とはどのような性質のものであろうか。これについて学説では，親権における監護教育権，民法766条の監護者の権利，あるいは親権中の身上監護権と同意義の性質を持つものではなく，児福法上，児童の福祉のために行使が認められたものであって，民法上の実親の監護・教育権とは異なるとの理解が主張されてきた[51]。それにもかかわらず，上に見た内容は，親権中の中心的な部分を占める監護の内容に当てはまる。近年，法制審家族法制部会において，父母が持つ監護の内容を，①子に対する重要決定事項と，②日常的決定事項に分ける試みがなされている。①には転居，海外渡航，予防接種，生命に関わる医療行為，手術の同意，宗教の選択，進学，転校，退学，就労先に関する選択等が挙げられ，②には食事，衣類の提供，しつけ，髪型，染髪の可否などが挙げられている[52]。これによると，施設長が持つ監護の措置の内容には，重要な監護の内容が含まれており，親権者の不同意の不当性を行政が判断することとなっている。このことは，事実上の民法上の親権制限に当たる可能性もある。47条によって親権は喪失または停止されて

---

49) 予防接種実施規則の一部を改正する省令（平成28年厚生労働省令第62号）により，保護者と連絡を取ることができないか同意書の有無を確認することができないときは，児童相談所長等の同意で足りることとなったが，コロナ禍においても，16歳未満の子の予防接種には原則保護者の同意を必要とした（令和3年7月5日付厚生労働省健康局健康課ほか予防接種室事務連絡）。
50) 精神保健及び精神障害者福祉に関する法律（令和4年法律第104号による改正後）5条2項4号，同規則1条1号（2023年4月1月施行）により，医療保護入院の際に同意が必要な「家族等」から，虐待・DV等を行った者が除かれることとなった。
51) 丹野喜久子「児童福祉法第47条の今日的検討とその課題——施設長の親権代行規定の成立過程」埼玉純真女子短期大学研究紀要5号103頁（1989），許末恵「児童福祉法に関する二，三の問題点について——児童虐待への法的対応を中心に」社会福祉研究77号11頁（2000），吉田恒雄「児童福祉法改正と里親制度」新しい家族46号63頁（2005），高橋由紀子「里親による子の監護と親権——法的・福祉的課題」家族〈社会と法〉22号79頁（2006）。
52) 法制審家族法制部会参考資料6（2021年8月31日）2-7頁。

いるわけではなく[53]，それは28条審判においても同様である[54]。行政判断により親権の重要事項が制限されることが一般化されないためにも，必要に応じて司法判断により親権制限の手続をとる必要があろう[55]。

なお，児童相談所および施設が監護に関する措置につき，親権者の同意を確認したかについて，総務省が調査・公表している[56]。今後も継続的に第三者機関の調査が公表されていくことにより，民法上の親権の監護権が容易に制限されてしまわないようにチェックしていく必要がある。

## 2 一時保護時の親権者と児童相談所長との関係

児福法改正の主要な2点目は，33条の2が新設され，親権者等のない児童に対し，児相長が親権を行うこととされたことである（1項）。親権者等のない施設入所中の児童には施設長が親権を代行する（47条1項）が，一時保護中または里親委託中の児童については従来，未成年後見人を選任することによって，その者が親権者に代わって親権を行使するとされていたところ，現実には未成年後見人の引受け手を確保することが困難だったため，2011年の改正となった[57]。また，一時保護中の児相長の権限と親権の関係について規定がない状態で，47条2項の施設長の権限を準用することが行われていたが，一時保護の間，児相長は親権者のある場合でも，監護，教育および懲戒（2022年民法等改正により削除）に関し，その児童の福祉のため必要な措置をとることができることが明文化された（33条の2第2項）。さらに，児相長の権利の優越として，親権者等は同項の規定による措置を不当に妨げてはならないこと（同条3項），緊急の必要性がある場合は，親権者の意に反しても当該措置をとることができることが規定された（同条4項）。47条改正と同様の効果となる。

2か月を超える一時保護において，司法審査を要すべきとの意見が出されて

---

53) 磯谷ほか・前掲注44) 561頁〔久保野〕。
54) 28条審判と親権制限について，吉田恒雄「児童福祉法28条審判と親権・監護権」野田愛子＝梶村太市総編集・新家族法実務体系②（新日本法規，2008）448頁。
55) 磯谷ほか・前掲注44) 561頁〔久保野〕。磯谷・前掲注25) 38頁は，2011年法改正を機に，28条審判時には原則として親権停止制度を選択すべきであるとする。
56) 総務省行政評価局「要保護児童の社会的養護に関する実態調査結果報告書」(2020年)。
57) 磯谷ほか・前掲注44) 403-404頁〔久保野〕。ただし，児童相談所長は個人としてではなく，機関として親権を行うことができる。

いた[58]が，それは2017年法改正（平成29年法律第69号）を待つこととなり，2011年法改正では，児童福祉審議会の意見を聴かなければならないとする規定に留まった。ここでも，裁判所のキャパシティが足りないことで，現状の負担が大きくなり子の被害に迅速に対応できないといった問題からの改正となった。

## おわりに

2011年法改正において，民法および児福法が親権に大きく介入したが，これはその後の法改正にも大きく影響を与えるものとなっている。すなわち，本改正を契機として，2022年民法等改正で懲戒権規定が廃止され，子に対して暴力や虐待のない養育のあり方の方向性が作られることになった。2024年民法等改正において，第三者による監護者指定を新たに設けなかったことは，従来の離婚後の監護者指定の類推適用ではなく，親権制限を行うことで第三者の監護権に根拠を与える方向を目指すものと思われ，ここで親権制限の申立ておよび認容の潮目が変わることになる。特に児童相談所が関わっていない場合は，裁判所を通して親権制限することで，未成年後見人により親以外の第三者が子を養育するシステムを作っていく下地が，2011年法改正において作られていたとも考えられる。水野委員は一貫して，行政や司法の公権力が子を保護する重要性を主張していた[59]。また，親権喪失および親権停止の申立権者に子を含めたことも，2011年法改正の大きな転機であり，2024年民法等改正において，親権者変更の申立権者に子が加えられたこと（819条6項）との関連性もあると思われる。さらに，離婚後に子のために父母が面会交流と養育費を取り決めることが明文化されたことは，離婚後の子の利益を踏まえた共同親権を規律化する端緒となり，2024年民法等改正に結実することになったのではなかろうか。

2011年法改正を国家と親と子の関係から再検討すると，親権制限の制度化

---

58) 親権制度部会第8回議事録3頁以下磯谷幹事発言，社会保障審議会親権の在り方専門委員会第3回資料4「第3回児童虐待防止のための親権の在り方に関する専門委員会　論点ペーパー」（C案9頁）。

59) 親権制度部会第5回議事録30頁，第6回議事録23頁，第7回議事録34頁，第9回議事録27頁，第10回議事録18頁。

により，親権が弱められたとみるべきではない。親権が強くなければ家族を守ることはできない[60]のであり，親権に介入できる規律を新たに規範化したことで，親権と向き合うことができる強い国家が示されることになった。児福法では，司法を通さずに行政の判断において事実上の親権を制限する改正となったのは，子を守るための現実的な方策であり，司法行政に人員の足りない現実的課題に対応するための次善策と捉えることができるが，今後，司法的介入の更なる検討が控えているとも思われる。

　親と子の関係については，2011年法改正により子の利益や権利が親からだけではなく，国家からも守られる制度が一つ構築された。ただし，子の利益や権利と国家がどのような関係に立つのかは，いまだ十分に明らかではない。子が親との関係性を継続できる利益と権利を国家が制度としてどのように確保していくか，そして子が自らの意思をどのような手続で伝え，それがどこでどのような判断に影響を与えていくのか，さらなる議論が求められている。子の意見表明権という言葉がひとり歩きせず，子の成長発達権[61]を確保できるような，真に子の権利と利益が確保される手続と社会の共通理解が必要である[62]。

---

60) 水野紀子「団体としての家族」ジュリ1126号76頁（1998）は，民法が家族を守るという認識は，国家に対して家族を守ることをも意味するとする。
61) 福田雅章「子どもの権利条約12条の意見表明権とは何か」CRC日本ブックレット16号「子どもの成長発達権を支える意見表明権とは何か」4頁以下（2023）は，子の意見表明権とは，自己決定を求められるのではなく，その発言がおとなから受容的に応答してもらえる権利であるとし，それが子の成長発達権を現実化するとする。
62) 親権制度部会第9回議事録14頁においても水野教授は，親権制限や親権者決定において子に決定権を持たせることは子にスティグマを与えることであるとして，単純な子の意見聴取に反対する。

# 養育費の実効的な回収のための手続的課題

杉山 悦子

I　本稿の問題関心
II　養育費とは
III　養育費の回収のための従来の制度と課題
IV　養育費回収のための検討・自治体の取組み
V　司法・行政による課題の克服
VI　おわりに——民法改正を受けて

## I　本稿の問題関心

　本稿の目的は，父母が離婚した場合において[1]，子どもの養育費の回収を実効的にするため，既存の司法制度の限界を明らかにしつつ，行政との連携も含めて，望ましい司法制度を考察することである[2]。

　父母の離婚後に養育費が支払われないケースの多さは，従前から課題として指摘されてきた。その課題を克服するために，平成23年の民法改正では，父母が離婚をする際に，父母と子との面会その他の交流，子の監護に要する費用の分担を定めなければならないことや，その際には子の最善の利益を図ることが明文で規定されている（民766条・771条）。この取決めの内容や形式については特に定めはないものの，実際には，離婚届が出されるすべての協議離婚の場合で取決めがされているとは限らず，また実際に養育費を受給している件数も伸び悩んでおり[3]，他国と比べた回収率の低さと，それがひとり親家庭の貧

---

[1]　離婚前の別居状態でも同様の問題は生ずる。
[2]　本稿は令和2年に東京大学民事訴訟法研究会で行った報告を基礎としつつ，それにその後の民法や民事手続法の改正も踏まえて加筆したものである。なお，養育費の支払確保についての近時の取組みと手続法的課題を論ずるものとして，今津綾子「養育費の支払確保に向けて」論究ジュリスト32号81頁がある。

困につながっているという認識が共有されつつあった。

そのため，養育費の回収率をあげることが喫緊の課題であるとして，政府内で養育費の回収を実効的なものにするための検討が進められた[4]。たとえば，令和2年7月17日に閣議決定された「経済財政運営と改革の基本方針2020」においては，養育費確保の実効性向上策等を着実に実施することが明記され，その後の基本方針でも引き継がれている。また，同日閣議決定された「成長戦略フォローアップ」においても，オンライン紛争処理（ODR）の推進に向け，離婚後の養育費，面会交流の取決め・履行確保等におけるオンラインでの非対面・遠隔での相談や手続の実施等に関する検討を進めるものとされ，令和3年6月18日の「成長戦略フォローアップ」では，養育費の支払確保策として，マイナンバー制度の活用の可能性を検討するものとされていた。

これに先立ち，令和2年5月末には，自由民主党女性活躍推進本部が「養育費不払いの速やかな解消に向けた提言」として，協議離婚の際の取決めの義務化，自動的に養育費を定めるセーフティ養育費額制度，公的機関による養育費ガイダンス（「親クラス」）の導入，児童扶養手当の減額調整の見直し，裁判手続の見直し，代理徴収や立替制度などの公的支援の実現などを示している。さらに，同年7月1日には，「女性活躍加速のための重点方針2020」として，実効性の高い法的支援・解決のあり方等について分析を行うため，地方自治体と連携したモデル事業の実施等の実証的な調査研究を開始すること，国民各層の声を幅広く聴くためのシンポジウム等を開催することを通じて，ひとり親の支

---

3) 平成31年及び令和元年度の1年間における未成年の子のいる夫婦の離婚届出件数のうち，離婚届書のチェック欄に取決め有りとしてチェックされているのは64％であった。また，厚生労働省による「平成28年度全国ひとり親世帯等調査結果報告」では，養育費の支給を現在も受けている場合が，父から24.3％，母から3.2％，養育費を全く受けたことがない場合も56.0％であった。また，養育費の取り決めをしている割合は母子世帯で42.7％とあり，取決めをしていない理由としては，相手とかかわりたくないというのが31.4％，相手に支払能力がないと思ったというのが20.8％，支払意思がないと思ったというのが17.8％であった。父子世帯の場合の取り決めをしている割合はさらに低く20.8％であった。面会交流についても，現在も行っているのが，母子世帯では29.8％，父子世帯では45.5％程度とのことであった。令和3年度の調査によると，養育費の取り決めをした割合は母子世帯で46.7％，父子世帯で28.3％と若干改善され，養育費を現在も受けている場合も28.1％と若干ではあるが改善されているが，受けたことがない場合が56.9％と若干悪化している。

4) 政府での検討状況について藤田正人「離婚後の子の養育の在り方をめぐる検討状況等」法律のひろば2020年9月号4頁。

援として養育費制度を見直すための法改正を検討するものとしていた。養育費の支払確保については、その後の「女性活躍・男女共同参画の重点方針」でも毎年触れられている。

以上のような政府の提言や後述のような自治体の取組みの中では、司法制度の見直しだけではなく、司法と行政との連携の必要性が強調されている。そのため本稿では司法制度の課題を中心的に取り扱いつつも、行政との連携のあり方についても検討を加えることとする。

## II 養育費とは

### 1 養育費請求権の法的根拠

養育費とは子どもの監護や教育などに必要な費用を指すが[5]、その発生根拠や発生時期、額などは、民法上は必ずしも明らかではなかった。たとえば、養育費の発生根拠については、離婚後は子の監護に関する費用の分担について定めた民法766条、離婚前は同760条の婚姻費用の分担とする見解や、離婚前後を問わず子の扶養義務について定める民法877条から導かれるという見解も見られた[6]。前者の場合には、養育費請求権の権利者は監護親、後者の場合には子が権利者となり、親が放棄しても請求をすることが可能になるという構成に親和的といえる[7]。なお、家庭裁判所の実務では、婚姻中の養育費請求権は夫婦間の協力扶助義務及び婚姻費用分担義務（民760条）から、離婚した場合や婚姻していない場合は子の監護費用分担義務（民766条）から導き出されるほか、婚姻中であるか否かにかかわらず、子の扶養義務（民877条～880条）からも導き出されうると説明されており[8]、発生根拠をめぐって多様な考え方がう

---

[5] 法務省ホームページ参照（https://www.moj.go.jp/MINJI/minji07_00016.html）。

[6] 於保不二雄＝中川淳編・新版注釈民法（25）改訂版（有斐閣、2004）738頁以下〔床谷文雄〕。なお、同742頁によると、この権利は一身専属性を有するものである。

[7] 島津一郎＝阿部徹編・新版注釈注民法（22）（有斐閣、2008）149-150頁〔梶村〕。これによると民法766条の権利者は監護親、877条は子が権利者だが、実際には前者が多い。ただし費用としてはいずれも生活保持義務が基準となる。同155頁では、仮に監護親が放棄等をしても、子は請求できるとされる。新版注釈民法（25）739頁〔床谷〕は、民法766条の請求と877条の請求は選択的に行使することが可能とする。

[8] 小野瀬厚＝原司編著・一問一答平成16年改正民事訴訟法・非訟事件手続法・民事執行法（商事法務、2005）153頁。

かがわれた。

　また，養育費の額や支払期間[9]などについても法律上定めがないが，実務では便宜上，離婚時ではなく請求時から具体化するものと解されていた。さらにその額についても，当事者の合意や家庭裁判所[10]において，養育費の算定表に依拠しつつも，特別の事情，たとえば住宅ローン・家賃の負担，子の私学進学，父母の再婚の有無といった事情を加味して定められていた[11]。

## 2　請求権の処分可能性

　上記の通り養育費の発生根拠についての理解は分かれていたものの，養育費の請求権は権利者が監護親ないしは子どもの請求権であり，私権である点は変わりがない。もっとも，養育費請求権は子どもの扶養のための請求権であるため，通常の財産的請求権とは異なり，少なくとも請求前には一身専属性を有する権利であり，自由に譲渡，処分をすることはできず，差押えも禁止されると解されていた（民881条）[12]。ただし，金銭化されて具体的な権利となった場合にも同様の制限に服するのか，また，差押禁止の範囲がどこまでであるのか，すなわち，民事執行法152条1項1号の権利に該当して，4分の3のみが差押禁止債権になるのかなど，必ずしも明らかではなかった[13]。また，監護親の権

---

9) 新版注釈民法（22）151頁〔梶村〕によると，養育費支払の始期をめぐっては様々な下級審判例があるが，多くの裁判例と実務においては，具体的妥当性の見地，すなわち累積した分を一度に請求される危険と明確性の観点から，調停申立など養育費支払請求があった時点を始期としており，支払の終期も子の未成熟の状態が終わったときとする。

10) 人事訴訟の附帯処分（人訴32条），家事審判ないしは家事調停（家事39条・244条・別表第2の3）で定めるほか，通常訴訟を提起して定めることも可能である（新版注釈民法（22）154頁〔梶村〕）。

11) 東京及び大阪の家庭裁判所所属の裁判官による養育費，婚姻費用の算定に関する実証的研究に基づいて，2019年に養育費及び婚姻費用の算定表が改定されている（https://www.courts.go.jp/toukei_siryou/siryo/H30shihou_houkoku/index.html）。

12) 新版注釈民法（25）811頁〔床谷〕によると，譲渡が禁止される根拠として公益性を理由とするもの，一身専属性を理由とするものなどがあるとするが，同815頁〔床谷〕では額が確定している特定の士分債権については譲渡が可能であるとする。

13) 4分の3が差押禁止となるというのは，新版注釈民法（25）816頁〔床谷〕。ただし吉野衛＝三宅弘人執筆代表・注釈民事執行法（6）（きんざい，1995）386頁〔宇佐美隆雄〕では，本人が行使前の抽象的な扶養請求権は一身専属的な権利で差押えできないし，同342頁でも扶養を受ける権利については，民事執行法152条1項1号の定める請求権にあたるが，民法881条で行使上の一身専属性を有するため譲渡が禁止され，全額が差押禁止となるとする。その一方で，扶養を受ける地位で

利であると構成した場合に譲渡が許容される方向につながるのか，仮にそうであれば，子どものための費用である点では共通するにもかかわらず，子の権利と構成した場合との間で違いが出るのが正当化されるのか，など課題もあった。処分可能性は，第三者に債権回収をゆだねることの可否という形で問題となりうる。

### 3 少額の定期金債権・一般債権

養育費の支払方法としては，財産分与の中で扶養的なものとして一括で支払うことも可能であるが，基本的には，子が成熟するまで長期にわたり毎月少額・かつ一定の額を定期的に支払い続けることが多い。そのため，任意の履行がない場合には，長期間にわたる回収行為が必要となり，債務者の住所が不明になるなど，回収が困難になる場合もある。

また，長期間にわたる回収の場合には，回収費用がかさむ可能性があるが，定期的債権自体は少額であることに加え，子の養育のために用いるという養育費の性格にかんがみると，回収費用はできる限り低額にとどめる必要がある。また，通常は担保権も設定されず，一般の債権としての取扱いがなされていたため，執行手続や倒産手続においても他の債権者に優先して回収することはできなかった。

そして，一般論としては，少額かつ大量の債権を効率的に回収するスキームとして，消費者団体訴訟，訴訟担当といった構成が考えられるが，債権者のみならず債務者がともに多数である場合には，回収金を分配する手続が複雑化しうる。

## Ⅲ 養育費の回収のための従来の制度と課題

養育費は上記のような特殊性を有し，私権でもあるため，当事者間で養育費の支払が任意に行われるのが望ましいものの，任意の履行がない場合には，基

---

はなく，行使されて具体的な金銭債権となったときには，譲渡も可能で民事執行法152条1項1号適用の余地もあるとする。また，鈴木忠一＝三ケ月章・注解民事執行法（4）518頁（第一法規，1985）〔五十部豊久〕では，民法881条にかかわらず，同項1号で4分の3が差押禁止債権になるとする。

本的には行政機関ではなく，通常の民事訴訟手続で回収することが必要となる。そのための既存の司法制度の概要と限界について，以下整理をする。

## 1 養育費の取決め

協議離婚の場合，当事者間で養育費の額等について，子の利益を最も優先して取決めをする必要がある（民766条1項），取決めができない場合には，家庭裁判所がこれを定めることとなっている（同条2項）。そのため，養育費の額等を決定するためには，家事調停や家事審判手続を利用することが必要となる。この手続では，子の利益の最善の保護が図られる（同条1項）。また，裁判上の離婚をする場合，離婚訴訟の附帯処分で養育費を定めることも可能である（人訴32条）。

このうち，家庭裁判所の審判や調停で養育費が定められた場合，審判や調停には執行力があるが（民執22条，家事268条1項・287条），当事者間の合意で定めた場合，裁判外紛争処理手続（ADR）で成立した合意の場合には，従来は執行力が認められていなかったため，公正証書を作成したり，簡易裁判所で即決和解（民訴275条）をして債務名義を作成する必要があった。

## 2 強制執行制度の特則

養育費請求権について債務名義がある場合であっても，少額かつ定期的債権としての性格を有するがために，履行期が来るたびに債務者の財産を特定して執行を申し立てることは，執行債権者にとって大きな負担となる。

そのため，養育費を含めた扶養料債権については，民事執行法上様々な特則が置かれて強制執行の負担は軽減されてきた。たとえば，平成15年の民事執行法改正においては，確定期限の定めのある扶養料債権については，その一部に不履行がある場合，期限が到来していない定期金債権についても債権執行をすることが可能である（民執151条の2第1項）。ただし，すでに履行期が到来した未払の定期金債権については差押対象財産に制限はないが，将来期限が到来する定期金債権分については，その確定期限到来後に弁済期が到来する給料その他継続的給付に係る債権のみ差し押さえることができる（同2項）。さらに，扶養料債権を執行債権として債務者の給与債権などを差し押さえる場合には，差押えが禁止される範囲が4分の3から2分の1に縮小されている（民執152

条 3 項)。加えて，平成 16 年の民事執行法改正では，養育費債権を執行債権とする場合，債務者の生活状況を圧迫させないという条件の下，間接強制をすることも可能となっている (民執 167 条の 15)。

加えて，一般的に強制執行の申立てをする際には，債務者の財産を特定する必要があるところ，その負担を軽減するために，令和元年の民事執行法改正で，債務者の財産開示の要件を緩和するとともに (民執 204 条以下)，執行裁判所が第三者に対して，債務者財産についての情報開示を求めることも可能になった。そのため，たとえば，市町村等に対して債務者の給与債権の情報を，金融機関に対して債務者の預金口座についての情報を求めることが可能となっている (民執 206・207 条)。

## 3　履行勧告・履行命令

養育費債権の履行を強制する制度は，強制執行制度に限られない。たとえば，家庭裁判所は，権利者から申出があれば，義務の履行状況を調査して義務者に対してその義務の履行を勧告することができる (家事 289 条。履行勧告)。また，家事調停や家事審判等で定められた養育費請求権の支払義務の不履行がある場合には，権利者の申立てにより，義務者に対し，義務者の陳述を聴いた上で，相当の期限を定めてその義務の履行をすべきことを命ずる審判をすることができる (家事 290 条。履行命令)。これらは，強制執行に着手するのに事実上の障害が多い家事債務の履行のために，家庭裁判所が後見的に権利実現を促す見地から設けられた迅速な手続であり，当事者に新たな費用負担は求められない。ただし，履行勧告についてはこれに従わなかった場合でも制裁はなく，実効性には限界がある。これに対して，履行命令に正当な理由なく従わないときには，家庭裁判所は 10 万円以下の過料に処することができるが (同条 5 項)，命令を出す例はあまり見られなかったようである[14]。過料の支払をする余裕があるのであれば，養育費の支払に充てた方が望ましいという考え方が背景にあったものと考えられる。

---

14) 法務省・養育費不払い解消に向けた検討会議第 8 回参考資料。履行勧告，履行命令の限界につき，今津・前掲注 2) 86 頁。

## 4　債務者倒産時の取扱い

　養育費債権の債務者に対して法的倒産手続が開始された場合には，未払養育費については，破産・民事再生手続内で財団・共益債権として優先的に回収することにはならず，破産債権，ないしは再生債権として取り扱われるが，非免責（減免）債権として免責の対象からは外されるため（破253条，民再229条3項・244条），手続終結後であっても未払債権については全額請求することができる。ただし，免責許可決定が確定するまでは強制執行は禁じられ（破249条），また，確定後も任意の支払がないときは強制執行手続によって回収する必要があり，上記課題に直面せざるを得ない。

## 5　従来の制度の課題

　このように，少額かつ定期的な一般債権で長期にわたる回収が必要となるという養育費請求権の特殊性に応じて各種裁判手続上の特則は設けられていたが，必ずしも十分に活用されていたわけではなかった。そもそも，日本では協議による離婚が可能であり，その場合には養育費については当事者間の合意で定める必要があるところ，取決めが成立しない場合があるのみならず，仮に当事者間で合意が成立したとしても，債務名義を作成するためには，さらに費用と時間が必要となることもあり，債務名義が作成されない場合が少なくなかった。また，仮に債務名義が作成されていたとしても，実際の回収に当たっては，執行手続が複雑であるために，弁護士らの法律専門家などのサポートが必要にならざるを得ないが，回収のための費用が回収された養育費から支出されるのは，債権が少額であること，長期にわたる回収のサポートが必要となることを考えると望ましいものではなく，専門家のサポートがなくても，養育費の取決めの段階から回収に至るまで，自ら簡易に権利が実現できる仕組みを構築することが望まれていた。

# Ⅳ　養育費回収のための検討・自治体の取組み

　司法のみならず，行政によるサポートも含めて，政府による養育費の回収に向けた検討が行われるとともに，各自治体においても行政による積極的なサポートが試みられてきた[15]。

## 1 各種研究会・検討会における検討

令和元年 11 月から公益社団法人商事法務研究会におかれた家族法研究会では，父母の離婚後の子の養育のあり方，普通養子制度の見直し，離婚時における遺産分与などの見直し，共同親権の導入の是非が検討された。その中で，養育費や面会交流についての取決め内容を実現するための方策も検討された。同研究会の検討結果を取りまとめた家族法研究会報告書では，離婚前の養育ガイダンスの受講を確保する施策や協議離婚時の養育計画の作成を促進・確保する方策等に加えて，養育費立替払いや強制徴収，離婚勧告や履行命令の実効性を高める方策，制裁措置，未成熟子の扶養義務の明文化等についての検討がまとめられている[16]。

また，令和2年1月から，当時の法務大臣の私的勉強会である養育費勉強会で，養育費の支払確保のための諸制度についての幅広い研究・検討が行われた。この勉強会においては，地方自治体や諸外国の取組みなども調査され，その結果が，「法務大臣養育費勉強会取りまとめ～我が国の子どもたちの未来のために～」としてまとめられている[17]。この取りまとめでは，養育費の取決めの確保，不払いとなったときの支援・相談，取立回収のための裁判手続，民間・行政 ADR の利用の促進のほか，離婚前の即決調停や審判制度，サービサーの活用，強制徴収制度の創設をはじめとする公的な取立支援なども検討すべきであるとしている。

さらに，令和2年6月からは，「不払い養育費の確保のための支援に関するタスクフォース」が立ち上げられ，法務省と厚生労働省が連携して，養育費確保のための公的支援に向けた論点の整理や課題の分析が行われた。また，公的機関による立替払い制度や取立制度，強制徴収等についての論点整理が行われた[18]。

そして，同月 29 日からは，上記勉強会の取りまとめを踏まえて，法務省「養育費不払い解消に向けた検討会議」が設置され，養育費不払いの解消に向

---

15) 背景に福祉行政の中における児童扶養手当の抑制があると指摘するものとして，下夷美幸「子どもの貧困と日本の養育費政策」家庭の法と裁判 12 号 13 頁 (2018)。
16) https://www.shojihomu.or.jp/list/kazokuho
17) https://www.moj.go.jp/content/001320710.pdf
18) https://www.moj.go.jp/MINJI/minji07_00091.html

けて現行法の下での運用改善の試み，対応可能な課題，履行確保に向けた新たな立法課題，制度についての検討が行われた。まずは現行法の下での運用の見直しの検討がなされ，9月には中間報告がまとめられた。さらに制度的調整も検討され，同年12月には最終報告書である「養育費不払い解消に向けた検討会議・取りまとめ〜子ども達の成長と未来を守る新たな養育費制度に向けて〜」がまとめられ，同月24日に法務大臣に提出された。

この取りまとめでは，養育費の取決め段階における制度的課題として，養育費の性質や位置づけを明確にすること，考慮要素の明確化のほか，取決めを促進するために協議離婚における親ガイダンスの受講を確保する政策を検討したり，養育費の取決めの義務化，取決めが困難な場合の支援策として法テラスでのオンラインによる相談体制等の活用を検討すべきとされていた。また，裁判手続の負担を軽減するための方策，民間ADRの利用の促進等を検討すべきであるとしたうえで，取決めができない場合に養育費債権が自動的に発生する制度も検討すべきであるとしている。さらに，強制執行手続による取立てを実効的なものとするために，執行申立てを一括で行うようにするとか，権利者が相手方の住所や財産を探知する負担を軽減する措置，履行勧告の拡充や履行命令の活用について実効性の向上に向けた検討を行うべきであるとする。加えて，民間のサービサーのノウハウを活用したり，養育費保証サービスの利用に加えて，強制徴収制度の検討や，不払いが生じた場合の公的給付や立替払いによる支援を検討すべきともされていた。

その後，令和3年3月より，法務大臣の答申により法制審議会家族法制部会が立ち上げられ，約3年間にわたる審議を経たのちに令和6年1月30日に要綱案が取りまとめられ，後述のような民法等の一部を改正する法律（令和6年法律第33号）が同年5月17日に成立している。

## 2 行政の取組み

以上のように，政府の検討会においても，養育費確保に向けた現行の様々な制度を活用するための各種の支援策，公的な機関による強制徴収や立替払いも含めた踏み込んだサポートが提言されていたが，実際に地方自治体の中で実行している例も見られる[19]。

たとえば兵庫県明石市では，2018年11月から，養育費立替パイロット事業

を開始している。これは，不払いの養育費回収を民間保証会社に業務委託し，不払いの場合には，立替えや督促，回収を行うものである。さらに，調停申立ての支援をしたり，1年間の保証料の負担をしたりする。2020年7月からは，コロナ禍の緊急支援として，債務名義があるにもかかわらず前月分の養育費を受け取れていない場合に，市が立替払いをし，督促・回収を行っている[20]。

また，東京都港区では，養育費を定めるためのADRの利用費用を上限5万円まで助成したり，保証料を上限5万円まで補助するといった取組みが見られた[21]。

それ以外の自治体においても，令和4年3月の商事法務研究会での「養育費の不払い解消に向けた自治体における法的支援及び紛争解決支援の在り方に関する 調査研究報告書」では，千葉県東金市，三重県伊賀市，兵庫県宝塚市，山口県宇部市，熊本県人吉市でモデル事業が実施され，調査の結果，成果や課題等がまとめられている。事業の具体的内容は，部署間の連携，ITを用いた相談体制，裁判手続の申立書作成支援や手数料の補助，民間ADRの周知やその手数料補助等であった。

このように，地方自治体レベルでは行政による立替払い，取立てを含め，現行の制度の利用を補助したり，養育費の回収そのものをサポートする取組みがなされてきていた。

# V 司法・行政による課題の克服

## 1 債務名義作成過程の課題

協議離婚の場合に，養育費についての合意を可能にするための自治体レベルでの支援なども必要であるが，将来の債務不履行に備えるためには，強制執行

---

19) 明石市と港区の取組みは，法務省・養育費不払い解消に向けた検討会議・第2回会議資料や棚村政行「不払い養育費の解決に向けた課題と展望」法律のひろば2020年9月号10頁で紹介がされている。また，厚生労働省による養育費相談支援センターや，法務省の離婚前後親支援モデルなどによる，地方自治体へのサポートの例も見られる。
20) 現在では3か月間月額5万円まで立替えが認められている（https://www.city.akashi.lg.jp/seisaku/soudan_shitsu/kodomo-kyoiku/youikushien/tatekaesien.html）。
21) 野上宏「子どものための離婚前後の親の支援」法律のひろば2020年9月号16頁（https://www.city.minato.tokyo.jp/kateisoudan/rikonnitomonauyouikushien.html）。

の開始要件である債務名義の作成が原則として必要である。また必然ではないが、行政機関による立替払い等の要件として債務名義が求められることもありうる。そのため、債務名義の取得が困難なのであれば、それを容易にするか、あるいは、債務名義がなくても権利実現を可能にする方法を模索することが望まれる。後者の例としては後述の法定養育費の創設が含まれるが、以下で前者の債務名義の作成を容易化するための方策について整理してみたい。

### (1) 債務名義の取得の容易化

　民事執行法22条では、債務名義となりうる文書は、確定判決、あるいは確定判決と同一の効力を有する裁判上の和解、調停、審判等のほか、仲裁判断、公証人が作成する公正証書（執行証書）である。養育費の場合には、離婚時の訴訟等で附帯処分として債務名義が作成されたり、離婚後に家庭裁判所での調停、審判で債務名義を作成することが想定されやすい。

　他方で、当事者間で裁判外での合意が成立したり、あるいは、裁判外の紛争処理機関で合意が成立した場合には、それが認証ADR機関で成立した場合であっても債務名義にはならず、債務名義が必要であれば、あらためて公正証書を作成するか、調停を申し立てつつ即日審判の申立てをするなど、別途負担が生じていた。

　そのため、端的にADR機関で成立した合意に執行力を付与することが望ましいと考えられた。他方で、どのようなADR機関であっても構わないのかが問題となる。まず、合意が成立するにあたっては、適切な専門知識を有する中立な第三者、たとえば研修を受けた弁護士等がいる認証ADR機関であることが望ましい[22]。また、家事事件手続法では、子の代理人制度（家事18条・23条）をはじめとして、15歳以上の子供の意見聴取を義務づけたり、意向を反映させたりしていることとのバランスから（家事65条・258条）、子の意向や意思を十分に反映させつつ、債務者にも不服申立ての機会を十分に与えるという手続の適正さが担保される必要もある。

　この点については、調停に関するシンガポール条約に2023年10月に加入し、

---

22) もっとも子の監護に関する紛争を専門的に取り扱う認証ADRセンターは限られていた（養育費不払い解消に向けた検討会議第7回参考資料6頁注2参照）。

国際調停のみならず国内調停にも執行力を付与することを可能にする法改正がなされた。国内の家事調停については基本的に対象外ではあるものの、養育費についての特定調停は例外となっており、執行力を付与することが可能となっている（裁判外紛争解決27条の3第3号）。

### (2) 使いやすい審判，調停

また、審判・調停手続にかかる費用、時間の負担を軽減してひとり親が使いやすい手続にすることが望まれていた。

従来、養育費についての平均審理期間は5.3か月程度であった（令和元年）[23]。親権や面会交流をめぐる交渉に時間がかかる結果、養育費の審理にも時間がかかる場合もあり、これを短縮化するための施策が必要となる。その一つとして、詳細な養育費の算定ツール等を用意して活用することが考えられるが、それ以外にも、養育費を算定するにあたり必要な情報、たとえば、相手方の勤務先や収入の情報を得ることが困難であるという問題を解決する必要があった[24]。そのため、民事執行の場面における財産開示や第三者からの情報収集制度に類似する制度や、裁判所が職権でこれらの情報を入手する方法も望まれていた。その中には、マイナンバー制度を用いた情報収集も考えられたが、後記の法制審議会家族法制部会の審議においては結果的に見送られている。

そのほかに、審判や調停の成立に至るまでの期間にも審判・調停前の保全命令（特殊仮処分）を活用することが考えられる（家事105条・266条）。これまでは、保全処分を求める事由の疎明（家事106条）の難しさや、審尋が必要とされるために本案に代替するものとなることへの懸念からか、実務ではあまり活用がされてこなかったようである。また、疎明をするには、本案の申立てが認容される蓋然性と保全処分の必要性を示す必要があり[25]、詰まるところ養育費の額が疎明できないために要件を満たしにくいことも影響していたと思われ、発令の要件を軽減することも考えられた。

---

23) 法制審議会家族法制部会第2回会議参考資料2-11参照。
24) 債務者が給与所得者であればともかく、自営業者の場合に特に問題となる。
25) 松川正毅＝本間靖規＝西岡清一郎編・新基本法コンメンタール人事訴訟法・家事事件手続法〔第2版〕（日本評論社，2024）382-383頁〔遠藤賢治〕。婚姻費用の仮払いではその金額に見合う申立人の生活状況や相手方の収入内容に関する事実などを疎明する必要がある。

そして，コロナ禍以前からニーズはあったものの，コロナ禍で一層ニーズが高まったのは，遠隔手続の活用である。裁判所へ出頭することが困難であるひとり親であっても調停に参加できるようにする必要があるところ[26]，従前の家事事件手続法の下でも，期日に両当事者が出頭する必要はなく，音声を同時に聴くことができる方法，つまり，電話会議，テレビ会議（音声送受信システムに相互に認識可能な映像機能が付加されているもの）などで実施することは可能であったが（家事54条・258条1項，家事規42条[27]），映像を用いたウェブ会議については，規則が整備されていなかった。また，当事者の出頭が困難な場合には，調停条項案の書面による受諾（家事270条）や，調停に代わる審判（家事284条）を使うことも可能であったが，離婚や離縁を成立させる場合には使えないといった限界があり，本人の陳述を直接聞きたい場合には映像を用いたウェブ会議による期日等が望まれていた。もっとも，当事者のITリテラシー，ネット接続環境やセキュリティへの配慮，本人確認のあり方，非弁行為や第三者による傍受への対処も必要であると考えられていた[28]。

ただしこの課題も，令和4年と5年に民事訴訟法及び家事事件手続法のIT化に向けた改正が行われて，オンライン申立て，ウェブ会議の利用やそれによる離婚の成立などが可能となり，解消されることとなった（家事38条，民訴132条の10～13，家事54条1項・258条1項・268条3項・277条2項）。

### (3) 債務者についての情報取得のための制度

債務名義の作成段階のみならず執行の段階でも問題となるのが，債務者の住所不明の場合の対処方法である。審判，調停等を申し立てる場合，当事者は相手方の住所を記載した申立書を提出することが必要となっている（家事規1条）が，相手方が転居を繰り返したりして住所がわからない場合も少なくない。公

---

[26] 法テラスなどですでにウェブ会議，チャットなどを用いた遠隔手続が実施されており，遠隔での調停等は裁判外紛争処理機関に委ねることも考えられたが，家事調停，家事審判の方が安価である場合もあり，これらの手続でも遠隔手続を利用できるようにするメリットはあった。
[27] 電話会議の場合には，通話者や通話先の場所の確認，連絡先の電話番号とその場所の確認等，手続の記録化が必要であったり，テレビ会議の場合には裁判所に出頭する必要もあった。
[28] 梶村太市・家事事件手続法規逐条解説(1)（かんぽう，2018）169頁では，現行制度も遺産分割などの財産関係事件では広く活用できるが，DVやPTSDの関係者の場合には慎重な配慮が必要であるとされていた。

示送達の制度はあるが，その申立てをする場合にも，一定の調査の負担を負うことになる[29]ので，住基ネットを活用して，申立てにより職権で住所情報を探知する制度が望まれていた。

また，調停では，相手方の住所地管轄が原則となっていること（家事245条1項）が原告にとっては負担となっていると思われ，実務上は，移送，自庁調停，遠隔手続の活用等で対応は可能であるが，子の利益の最善の保護を図るとすると，子の住所地に管轄を認めることも考えられよう。

## 2　強制的な履行確保の制度について
### (1)　履行勧告，履行命令の活用

債務名義を作成した後の履行確保制度を充実させることも重要である。そのうち，家庭裁判所の履行勧告，履行命令は，債務名義作成機関において，その履行強制の手続を費用の負担もなくとることができる点で使いやすい制度であるが，実際には勧告に従う例は少なく，命令もあまり用いられていないようである。

そのため，履行勧告，履行命令に違反した場合の制裁を強化することも考えられる。たとえば，英米法の裁判所侮辱罪のようなものを導入したり，免許やパスポートの不更新，氏名の公表といった行政上の不利益を課すことも考えられる[30]。裁判所侮辱罪のような制度は日本の法制になじみにくいとの批判も考えられるが，強制執行のうち，間接強制の制裁の種類を，現行法のような金銭の支払にとどめず，行政上の不利益を含める形で多様化することも考えられよう。

### (2)　強制執行制度の課題

債務名義を有している場合には，強制執行手続を開始することが可能であり，

---

29) 住民票等で判明している相手方の最後の住所地を申立人において特定する必要がある。相手方が市町村を越えた転居を繰り返す場合には，戸籍の附票を取得するか，経由した市町村長のそれぞれから住民票の写しの交付を得る必要があり，負担となっていた。

30) 外国制度については棚村・前掲注19) 12頁以下に紹介があるほか法務省の調査がある（https://www.moj.go.jp/MINJI/minji07_00030.html）。韓国の制度につき，犬伏由子「韓国・養育費履行管理院の実情と面接交渉支援への新たな取組」戸籍時報757号2頁（2017）。

扶養料債権については上記のような特則が設けられているが，特にひとり親が養育費を執行債権として強制執行を開始する際には，依然としてハードルが高いものであった。たとえば，公正証書のように債務名義に執行力がないときには，執行文を得たうえで，執行対象財産を特定し，管轄のある執行裁判所や執行官に手続開始を申し立てる必要がある。債務名義作成機関が家庭裁判所であっても同様であるため，執行手続の利用者にとっては手続が複雑でわかりにくさも残る。そのため，執行裁判所が手続について適切に摘示をするなどして，負担を解消する仕組みが必要となる。

　その方法としては，少額債権執行の例にならい，債務名義作成機関である家庭裁判所で執行手続を開始できるようにすることが考えられる。ただし，平成16年民事執行法改正によって，間接強制については，和解や調停が成立した裁判所で執行することができるようになったものの，家庭裁判所での発令については，家庭裁判所に調整機能があるとはいえ，その必要性までは認められないとして導入は見送られている[31]。また，債務名義作成機関と執行機関，執行文付与機関の分離のあり方という根源的な問題にかかわるものでもあり，必ずしも導入が容易なものではない。

　現行の制度の下でも，債権者が執行機関に対して強制執行開始の申立てをするためには，債務者の住所地を特定する必要や，債務者の財産を特定する必要があるなどの様々な障害がある。このうち，前者については，上記のように住基ネットを活用して裁判所が情報を収集することができるようにすることも考えられたが，行政機関以外での利用となるとその実現は困難であった。また，後者については，令和元年の民事執行法の改正で，債務者の給与債権や金融機関に対する債権について情報を取得する制度が新たに設けられたが，この制度を利用するためには民事執行法197条各号の要件を満たす必要があったり，給与所得者でない自営業者の場合には十分に機能しないという問題[32]や，ある金融機関に申し立ててもそこに預金がなければ，都度予納金を別途払い，順次別の金融機関への申立てが必要となるため，申立人にとって負担が大きいという問題もあった。

---

31) 小野瀬＝原編著・前掲注8) 156頁。
32) 今津・前掲注2) 86頁。

さらに養育費債権の執行の際に通常用いられる債権執行の場合，債権者自身で第三債務者から取り立てなければならないという負担もある。また，他の債権者が差し押さえた場合には配当が必要となる。そのため，強制執行手続そのものを第三者，たとえば行政機関等に代行させることも考えられるが，執行担当の許容性という問題などがあり[33]，むしろ，行政機関が徴収に関する情報を当事者ないし裁判所に提供する制度の構築が不可欠なのではないかと考えられる。

## 3 強制執行に代えたその他の徴収方法について

債務名義の取得と強制執行の負担を軽減することとあわせて，養育費の回収に民間会社を利用する方法，公的機関による立替払いや強制徴収方法を利用する方法も検討されてきた[34]。

たとえば，養育費の回収を民間の債権回収会社（サービサー）に委ねる方法である。第三者に債権の回収を委託する行為自体は，弁護士法72条，73条違反になりうるが，法務大臣の許可を受けて債権管理業務を担うサービサーについては例外的に債権回収が許容されている（債権管理回収業に関する特別措置法3条）。サービサーは，金融機関等が有する不良債権処理のみならず，奨学金債権などの多数小口の債権回収の実績もあるため，養育費債権のような少額債権についても，債務者の財産の探知や回収にあたり，これまでのノウハウ等を活用することが考えられる。そのためには，サービサーが取り扱うことのできる債権の対象を拡大して，法の行為規範の下での適正な債権回収を確保することが必要となる。

もっとも，奨学金債権と異なり，養育費債権は債権者も多数であり，回収が

---

[33] 債務名義成立後の訴訟担当の適法性について，伊藤眞＝園尾隆司編集代表・条解民事執行法〔第2版〕（弘文堂，2022）194頁以下〔垣内秀介〕。
[34] 令和2年5月29日「法務大臣養育費勉強会取りまとめ～我が国の子どもたちの未来のために～」，法務省・厚生労働省・不払い養育費の確保のための支援に関するタスクフォース「公的機関による養育費の立替払い制度・取立て制度に関する制度面を中心とした論点整理について」。新版注釈民法（25）783頁〔松尾知子〕も，家庭裁判所への執行官の設置，立替払い制度の採用等を提案する。また，今津・前掲注2）87頁は，行政機関による徴収の有用性を認めつつ，行政機関への負担を生じさせることになるため丁寧な議論が必要であるとし，さらに非監護親への公的支援の必要性も説く。

長期にわたることから回収コストが高くなりうる。そのため，額面よりも低額に債権を買い取るといった形で，債権者が多くのコストを負担することになると，実質的には養育費が削減される結果になりかねない。また，将来分を一括譲渡することも含め，譲渡の可能性も問題となりうる。

同じ問題は，民間保証会社を活用する場合も妥当しうる。現に，養育費の不払いがあった場合に，あらかじめ保証契約が締結されていることを前提に，1，2年といった一定期間に養育費不払いを保障する事業が開始されており，上記の通り，一部の自治体では保証料の一部を行政機関が補助する例も見られた。債務者が何らかの理由で養育費を払えない事態や緊急の事態に備えて，保証会社の存在は債権者にとって有益であると思われるが，現に行われている事業は，債務者の委託のない無委託保証であり，実際には保証料も養育費の2割程度と高めに設定されているようで，実質的に養育費の目減りとなりかねない。また，立替払いの場合と同様，原債権の取得，すなわち譲渡の可否といった問題もあるうえ，事実上債権回収事業を行っているのであれば，弁護士法との抵触も生じうる。また，民間会社を利用するという点については，養育費の回収が営利性を追求する事業の目的になじむのかといった根本的な課題もある。

他方で，国や自治体による回収にゆだねる方法として，強制徴収制度を採用することが考えられる。たとえば，国民健康保険，介護保険などの徴収手続を利用したり，源泉徴収制度のように給与から天引きを行ったり，各種還付金公的給付との相殺を用いることも考えられる。このような強制徴収制度を利用するメリットは債権の優先的な回収が可能になる点にあるが，養育費債権が私債権であり，公的な債権と同様の取扱いは難しいとの指摘も見られることから，そのような指摘の妥当性も含めたさらなる検討が求められる。

最後に，北欧や韓国，国内の一部の自治体で採用されている立替払い制度[35]の導入が考えられる。養育費の場合，支払が止まると債務者が直ちに困窮に陥ることが多く，強制執行手続に着手したり，手当が支給されるまでにも時間が必要になるので[36]，国や自治体が緊急支援策として費用の一部を立て替えて権

---

35) 法務省・養育費不払い解消に向けた検討会議第2回資料，藤田・前掲注4) 11頁等参照。日本でも犯罪被害者給付金制度のように国が私人の損害賠償請求権について立替払いをする制度はあるが（犯罪被害者等給付金の支給等による犯罪被害者等の支援に関する法律8条2項)，国が求償権を行使する例はほとんどないようである。

利者に支払い，その後支払義務者から回収する立替払いの制度[37]は有効であるようにも思われ，ニーズも高いようである。もっとも，額が定まっていない将来分まで立替払いを認めるのは困難であるため，導入するとしてもあくまでも請求し具体化して履行期が到来したものに限っての，短期的，一時的なものになろう。さらに制度を構築する際に，モラルハザードを引き起こさないように，利用のための要件を加重する，たとえば債務名義を必要としたり，強制執行に着手・不奏功であった場合に限ることも考えられよう。

## 4 司法制度の改革と行政のサポート

養育費債権については，私人間の権利であること，少額かつ長期にわたり継続的に支払われなければならないこと，期限に確実に支払われなければならないこと，という性質を有する。そのため，回収のためには長期のサポートが必要であるが，その一方で継続的に養育費の目減りとなるような制度，モラルハザードを引き起こす制度を避ける必要がある。そのため，第三者の補助がなくても，権利者本人が債務名義の取得とその後の強制執行手続を進めることができるように制度を整えていく必要がある。

その一方で，養育費の不払いが生じたときに，強制執行の準備に必要な期間に限り，国や地方自治体による短期的・緊急支援としてのサポートも必要である。いずれの場合も，債権者の保護とあわせて，債務者側の負担，たとえば支払能力がなくなった場合の相談サポート，容易な変更手続等を整備する必要もあろう。

# VI　おわりに――民法改正を受けて

## 1　法制審議会の中間試案

法制審議会家族法制部会において，裁判手続を通じて養育費を回収する負担を軽減する方向で議論がなされた。中間試案では，子の監護に関する事項につ

---

36）児童扶養手当は前年度給与を基準とするため，すぐには対応することができない。
37）新版注釈民法（25）745頁〔床谷〕によると，第三者が援助した場合は事務管理か不当利得として請求することも考えられる。

いての手続に関する規律について，以下の諸点について引き続き検討するものとされた。

　まず，子の監護に関する処分に係る家事事件手続において，家庭裁判所から調査の嘱託を受けた行政庁が，一定の要件の下で，相手方当事者の住民票に記載されている住所を調査することを可能とする規律である。また，養育費，婚姻費用の分担及び扶養義務に関して，当事者の収入の把握を容易にするため，実体法上父母に情報開示義務を課したり，手続法上の開示義務を課す方向性である。

　さらに，養育費に関する定めの実効性を向上させるため，子の監護に要する費用の分担に関する債務名義を裁判手続によらずに容易に作成することができる新たな仕組みを設けること，子の監護に要する費用の分担に関する請求権を有する債権者が，債務者の総財産について一般先取特権を有すること，さらには，父母が養育費について協議をすることができない場合に備え，一定の要件の下で，離婚の時から一定の期間にわたり，法定された一定額の養育費支払請求権（法定養育費）が発生する仕組みを新設することである。

　加えて，養育費，婚姻費用の分担及び扶養義務に係る金銭債権についての民事執行については，1回の申立てにより複数の執行手続を可能とすることを含め，債権者の手続負担を軽減する規律である。

## 2　改正民法

　その後の議論を経て取りまとめられた要綱案に基づく改正民法では，以下のような規律が用意された。

　まず，養育費等の請求権の実効性を向上させるために，養育費等の請求権に一般の先取特権を付与することとし，その順位については，雇用関係の先取特権に次ぐものとした（改正民306条3号）。ただし，子の監護の費用の先取特権は，民法752条，760条，766条及び766条の3，877条から880条までの義務に係る確定期限の定めのある定期金債権の各期における定期金のうち，子の監護に要する費用として相当な額（子の監護に要する標準的な費用その他の事情を勘案して当該定期金により扶養を受けるべき子の数に応じて法務省令で定めるところにより算定した額）に限られるものとしている（改正民308条の2）。これにより，法定養育費の範囲では，債務名義なく執行をすることが可能となり，さらに他の

債権者への優先権も付与されることになった。もっとも，低額であるために合意等により別の額を設定する必要性は依然として残されている。

　加えて，養育費について定めがない場合の仕組みとして法定養育費の制度も設けられた。これは，離婚の日から，養育費の分担の協議がされるまで，審判確定まで，あるいは子が成年に達するまでのいずれか早い日までの間，毎月末に，子の監護に要する費用の分担として，父母の扶養を受けるべき子の最低限度の生活の維持に要する標準的な費用の額その他の事情を勘案して子の数に応じて法務省令で定めるところにより算定した額の支払を請求することができるとするものである（改正民766条の3）。

　また，債務名義作成時における情報収集を容易化するために，子の監護に要する費用分担に関する処分の審判事件等で，家庭裁判所は，必要があると認めるときは，申立てにより又は職権で，当事者に対し，その収入及び資産の状況に関する情報を開示することを命ずることができる，などとした（改正家事152条の2）。

　さらに，執行手続における債務者の負担を軽減するために，いわゆる一括申立ての制度も導入された。すなわち，養育費等の請求権について執行力のある債務名義の正本を有する債権者や先取特権者は，財産開示の申立て（民執197条1項）や第三者からの情報取得の申立て（民執206条）とともに，情報が取得された債権に対する差押命令の申立てもしたものとみなすこととした。ただし，第三者からの情報取得については給与債権のみが対象となり，預金債権は対象から外れている（改正民執167条の17）。

## 3　改正法の課題

　このように民法及びその他の手続法の改正により，強制執行の一括申立ての制度，法定養育費制度の創設や一般先取特権の付与といった形で，債務名義を取得して強制執行手続に着手する負担が大きく軽減されたといえる。これにより，本稿で検討してきた，裁判手続を通じて養育費債権を回収するための既存の制度の課題はある程度克服されたように思われる。

　もっとも，一括申立てについては，その範囲が給与債権に限られていたり，手数料の軽減もなく，また，財産開示制度については制裁の実効性も含めて検証を続ける必要性は残されている。さらに，養育費を訴求する場合に限った問

題ではないものの，被告の所在地の探索方法についてはさらなる検討が求められる[38]。そして，法定養育費制度ができ，当事者間で合意が成立しない場合であっても養育費の請求をすることは可能になっているが，債権者が自ら回収をする負担から解放されたわけではない点にも留意が必要である。新しい制度の実効性に期待をしつつ，今回改正が実現されなかったその他の司法制度の課題についても引き続き克服に向けた努力を続けるとともに，立替払い等も含めた行政との連携を通じて，残された課題に対処していくことも依然として必要となろう。

---

38) 被告の住所地を含めた情報収集制度の在り方については，商事法務研究会の「証拠収集手続の拡充等を中心とした民事訴訟法制の見直しのための研究会」で検討がされている。

# 令和3年法改正による遺産共有および法定相続分の意義の変容または明確化
—— 最高裁昭和41年5月19日判決との関連で

川　淳　一

I　本稿の目的
II　本稿の構成
III　教室事例の提示
IV　従来の相続法上の有力説による教室事例の処理
V　令和3年改正民法の準則による教室事例の処理
VI　どう考えればよいのか？


## I　本稿の目的

　周知のように，相続を原因とする共有，すなわち，いわゆる遺産共有の法的性質について，最高裁は，繰り返し，それは，民法249条以下に規定されている共有とその性質を異にするものではないと判示してきた[1]。これに対して学説は，遺産共有の基本的性質を民法249条以下に規定されている共有であることを承認する学説にあっても，遺産共有は，すくなくとも遺産分割という目的によって規定されているという点で特有の性質を有するという点では，一致していたように思われる。

　もちろん，遺産共有に，遺産分割という目的によって規定されているという点で特有の性質が備わっているといっても，では，そのことからどのような具体的帰結が導かれるのかという点については，それほど明確な一致点があったわけではないというのも確かであろう。この点について，筆者は，新注釈民法の初版において，遺産管理における管理行為の決め方という点にその特徴を見出す議論を提示していた。すなわち，遺産共有状態の不動産（遺産分割前の共同

---

[1) 最判昭和30・5・31民集9巻6号793頁ほか。

相続財産)を，共有者間の協議を経ることなく相続開始前から占有してきた一共同相続人に対して，「持分」の過半数を占める他の共同相続人は，「持分」の過半数をもって当然にはその明渡しを請求できないとした最高裁昭和41年5月19日判決[2](以下，昭和41年判決と略記する)を，共有の中でもとりわけ遺産共有に関するものと理解したうえで，その判例の準則を支持する根拠として，①遺産共有における「持分」は法定相続分によるものであるとするほかないが，②法定相続分は，遺産の終局的帰属の割合である具体的相続分とは必ずしも一致しない，③したがって，仮に「持分」の多数決による遺産管理の態様決定を認めるとすれば，それは，具体的相続分による遺産分割と矛盾するものになりかねず，不適切であるということを示唆する記述をしていた。

このような立論には，独特な点はあったかもしれないが，筆者は，決して突飛なものではなかったと思っている。というのは，この立論は，昭和41年判決に対する学説の反応の最大公約数的なものの延長上にあったといえると思うからである。というのは，昭和41年判決が扱った問題は，共有一般における共有物の管理行為と理解されるべきではなく，遺産管理の問題，すなわち，遺産分割という終局的な財産の帰属確定に向けられた財産の保全のための管理という目的によって規定された財産管理の問題であると理解されるべきであるとし，その結果，昭和41年判決が扱った問題は，共同相続人全員の合意がないかぎり，遺産分割手続において処理されるべきであるとする相続法上の学説一般の反応の延長上にあったといえると思うからである。

従来のこのような状況に対して，令和3年改正民法は，根本的な状況の変容をもたらした。すなわち，改正された民法252条1項と新設された民法898条2項は，これらの条文を素直に読む限り，遺産共有における管理行為は，これを，①法定相続分(相続分指定がある場合には指定相続分)の価格に従い，その過半数で決することができ，②しかも，そのことは，「共有物を使用する共有者があるときも，同様とする」としたのである。この結果，昭和41年判決における判例の準則は，遺産共有の場面において，すくなくとも実質的には完全に覆されたことになる。

本稿の目的は，この根本的な変化の内容を把握し，さらなる検討の手がかり

---

[2] 最判昭和41・5・19民集20巻5号947頁。

を得ることである。

## Ⅱ　本稿の構成

　本稿では，まず，本稿の基盤となる昭和41年判決の概要を確認したうえで，昭和41年判決が扱った事実関係を簡略化し，問題を浮き上がらせるために適切な捨象を施したうえで，さらに，そこに仮想を盛り込んだ教室事例を提示して，以後の記述の素材とする。昭和41年判決は，すでにあらゆるところで引用され尽くしている感があり，いまさらの誹りを免れないのは確かである。しかし，本稿の記述にとって要となる判決であることから，敢えて引用を繰り返すことにする。また，昭和41年判決が扱った事例を単に簡略化して提示するのではなく，仮想の盛り込みをおこなうのは，そうすることによって，昭和41年判決の判例の準則およびそれを基礎にした学説による処理と令和3年改正民法による処理の間にどのような違いが生じるかを明確にできると考えるからである。

　つぎに，提示した教室事例に昭和41年判決の判例の準則を適用するとどのような結果になるのかを確認したうえで，昭和41年判決の判例の準則に対する従来の有力説の評価を確認し，さらにその準則の問題点を指摘したうえで，その解消の一つのあり方として筆者が新注釈民法の初版において提示した法律論を提示する。

　そして，そのつぎに，提示した教室事例に令和3年改正民法の準則を適用するとどのような結果になるのかを確認する。

　以上の作業を経て，どう考えればよいのかを検討することにする。

## Ⅲ　教室事例の提示

### 1　昭和41年判決の概要

　昭和41年判決の事実関係の概要は，つぎのようなものである。すなわち，指物師（桑樹匠）だった被相続人Aは，生前，共同相続人の一人であり，指物師を継いだ次男であるYと問題の土地・建物（A所有）に一定期間同居していた。しかし，その後，Aとその配偶者である$X_1$が転居し，Yが居住および仕

事場としての使用を継続するという形で別居するに至っている（原審認定によれば，この別居に際して，A・Y間に使用貸借契約が成立している）。このような状況のもとで，土地・建物の処分等に関する意見の相違などから次第にA・Y間に不仲が生じ，AからYに対して使用貸借契約の解除等を理由とする明渡請求が提起され，その係属中にAについて相続開始が生じた。このようにして，問題の土地・建物は遺産共有の客体となったのであるが，その状態で，Aの共同相続人中Y以外の者（生存配偶者$X_1$およびY以外の子$X_2$〜$X_8$）を原告とする形で，明渡請求について訴訟承継がされた。なお，原審認定によれば，各共同相続人の「相続分」は，$X_1$が3分の1，$X_2$〜$X_8$およびYが各12分の1である（これは，昭和41年当時の法定相続分の割合に相応するものである）。

　原審は，使用貸借契約がAの生前に解除されていたとしたうえで，「共有者である共同相続人が持分の価格に従いその過半数をもって建物管理の方法として相続財産に属する建物を共同相続人の一人に占有させることを定める等かくべつの事情のない限り，持分の価格の過半数に満たない持分を有するにすぎない共同相続人は，その建物にひとりで居住しこれを占有するについて他の共同相続人に対抗できる正当な権原を有するものと解することはできない」と判示し，本件においては，そのような「かくべつ」の事情についてなんら主張立証がされていないとして，12分の1の持分権を有するにすぎないYは，問題の不動産を単独で占有することはできないとして，$X_1$らの明渡請求を認容した。

　これに対して，最高裁は，つぎのように判示して，原審とは異なる判断を示した。すなわち，「共同相続に基づく共有者の一人であつて，その持分の価格が共有物の価格の過半数に満たない者（以下単に少数持分権者という）は，他の共有者の協議を経ないで当然に共有物（本件建物）を単独で占有する権限を有するものでないことは，原判決の説示するとおりであるが，他方，他のすべての相続人らがその共有持分を合計すると，その価格が共有物の価格の過半数をこえるからといつて（以下このような共有持分権者を多数持分権者という），共有物を現に占有する前記少数持分権者に対し，当然にその明渡を請求することができるものではない。けだし，このような場合，右の少数持分権者は自己の持分によつて，共有物を使用収益する権限を有し，これに基づいて共有物を占有するものと認められるからである。従つて，この場合，多数持分権者が少数持分権者に対して共有物の明渡を求めることができるためには，その明渡を

求める理由を主張し立証しなければならないのである」とした。そして，本件では，ここにいう「明渡」を求める理由の主張立証はされていないとして破棄自判し，$X_1$らの明渡請求を退けたのである。

　以上が昭和41年判決の概要である。筆者の観点から見ると，この判決を理解する際に留意すべきことは，原審の事実認定の段階で，各共同相続人の共有持分の大きさが法定相続分に相応する割合で確定されていたということである。このように各共同相続人の共有持分の価格が確定しているという前提が採られた結果，昭和41年判決が扱った問題自体は遺産共有の状態にある不動産の明渡しであるにもかかわらず，そこでの法律論は，形式的には，共有一般に妥当する法律論になっているのであり，そのことが遺産共有をそれ以外の共有から区別しない令和3年改正民法を導いているともいいうるのである。

　しかし，問題の不動産が遺産共有に服しているという点から考えると，この前提には，共同相続人間に争いがある場合には具体的相続分は遺産分割審判の結果としてしか明らかにならないという裁判手続の構造上やむをえないとはいえ，やはり問題があるといわざるをえない。本稿においても繰り返し述べるように，筆者も，遺産共有を基礎づける共有持分は，具体的相続分ではなく，法定相続分に相応するものであるとするほかないと考えている。相続開始前の特別受益の存在等によって，具体的相続分がいわばふたを開けてみたら0であった共同相続人も，具体的相続分が遺産分割によって初めて明らかになるものである以上，分割前の遺産管理の主体であることを否定できないと考えるからである。しかし，他方で，共同相続人が，遺産共有の時点で，共有の客体に対して法定相続分に応じた持分を有するということは，その共同相続人の具体的相続分が0である可能性を踏まえると，必ずしもその共同相続人への何らかの割合での権利の受益的帰属を保証するものではないという点を見落としてはならないと筆者は考える。その点こそが，遺産共有の特殊性，すなわち，遺産共有を他の共有から区別する根拠なのであり，遺産共有の客体に関する管理行為のあり方を，法定相続分の割合に応じた持分の価格の過半数によって決することは不適切であるということの理由と考えるからである。

　そこで，つぎに，昭和41年判決の事案をベースとしつつも，以上に述べた点を浮き上がらせるために適切な一定の事実の捨象と仮想の盛り込みを施した教室事例を提示する。

## 2 教室事例

筆者が提示する教室事例は，つぎのようなものである。

伝統工芸に独自のアレンジを加えた家具の製作者だった被相続人Aは，生前，共同相続人の一人であり，Aの仕事の後継者であった三男であるYと問題の土地・建物甲（A所有）に一定期間同居していた。甲は，居宅と工房と販売所を兼ねる造りのものであって，そのような場として他所にはない利点を備えた土地・建物だった。しかし，その後，Aが転居し，Yが居住・工房・販売所としての使用を継続するという形で別居するに至っている（なお，この別居に際して，A・Y間に使用貸借契約が成立している）。このような状況のもとで，感情の些細な行き違いから始まったA・Y間の不仲が深刻化し，AからYに対して使用貸借契約の解除等を理由とする明渡請求が提起され，その係属中にAについて相続開始が生じた（なお，法的には，昭和41年判決の事案と同様に，Aの生前に使用貸借契約は解除されていたとする）。このようにして，問題の土地・建物は遺産共有の客体となり，Yは遺産共有の共有者の一人として問題の土地・建物を占有する形となったのであるが，その状態で，Aの共同相続人中Y以外の者（Y以外の子$X_1$, $X_2$）を原告とする形で，明渡請求について訴訟承継がされた（共同相続人はY，$X_1$, $X_2$の3名のみとする。したがって各共同相続人の法定相続分は各々3分の1となる）。このとき，$X_1$と$X_2$には，Aの生前に特別受益にあたる多額のAからの贈与があり，客観的には$X_1$, $X_2$の具体的相続分は0であった。しかし，明渡請求の時点では，そのことは裁判手続上では明らかになっておらず，$X_1$, $X_2$はAからの多額の生前贈与の存在は認めているものの，Yも，Aと同居している期間中に，実質的には同等の特別受益を得ていたと強弁して，具体的相続分は，結局のところ法定相続分に等しくなると主張し，遺産分割の協議は遅々として進んでいないとする。

昭和41年判決との関連で，この教室事例のポイントをあらかじめ挙げると，それは2つである。1つは，昭和41年判決と共通するポイントであるが，相続開始前から問題の不動産を占有し，相続開始後もその占有を継続している相続人に，占有を基礎づける権原として使用借権を認める余地がないという点である。換言すると，最高裁平成8年12月17日判決[3]の準則，すなわち，相続

---

3) 最判平成8・12・17民集50巻10号2778頁。

開始前から問題の不動産の占有を認められていた相続人には，原則として使用借権があると推認する準則によってYの占有を保護する余地がないということである。もう1つは，これは昭和41年判決には現れていないポイントであるが，共同相続人の具体的相続分が法定相続分とは客観的にはまったく異なり，甲の明渡しを請求する側の具体的相続分は0となっているということである。換言すると，遺産管理の場面において，相続開始前から現に問題の不動産を占有している共同相続人に対して，その明渡しを請求している側の共同相続人には，終局的場面，すなわち遺産分割の場面では，問題の不動産に対する所有権の受益権としての側面の部分はなんら帰属していないという扱いになるということである。

　以上の2つがこの教室事例のポイントであるということを確認したうえで，それでは，この教室事例を従来の有力学説に従って処理するとどうなるのかということと令和3年改正民法に従って処理するとどうなるのかということを確認していくことにする。

## Ⅳ　従来の相続法上の有力説による教室事例の処理

### 1　昭和41年判決の準則による処理

　本稿の記述からはすでに自明であるというべきであろうが，一応ここで繰り返しておくことにする。昭和41年判決は，遺産共有の客体たる不動産を相続開始前から占有している相続人の「相続分」の価格が過半数に満たない（12分の1）一方で，明渡しを請求している側の相続人の「相続分」が過半数を超えている（12分の11）という原審の認定事実を前提として，「多数持分権者が少数持分権者に対して共有物の明渡を求めることができるためには，その明渡を求める理由を主張し立証しなければならないのである」と判示して，明渡請求を退けている。

　この準則を本稿の教室事例に当てはめる場合に一応考えなければならないことは，本稿の教室事例にあっては，各共同相続人の法定相続分と具体的相続分の間に大きな違いがあるということである。ただ，結局のところ，具体的相続分は，共同相続人間に合意がないかぎり，遺産分割審判があって初めて明らかになるものである以上，本稿の教室事例において依拠可能な相続分も法定相続

分ということにならざるをえない。したがって，本稿の教室事例に当てはめる場合に基準となる相続分は，$X_1$ と $X_2$ の相続分を足した3分の2と Y の相続分3分の1ということになる。その結果，本稿の教室事例の事実と昭和41年判決の事例の事実は，結論と繋がる点で同じということになり，$X_1$ と $X_2$ の請求は，昭和41年判決におけると同様に退けられることになる。

　この帰結が妥当であることにはあまり異論は見られないであろうと筆者には思われる。具体的相続分は結局0である者が，法定相続分によれば持分の価格の過半数を占めるとはいえ，そのことを理由に，具体的相続分において全部である者から目的不動産の占有を奪うことをよしとする論を積極的に肯定する論者が多いとは思えないからである。

　もっとも，それはそうだとしても，本稿の教室事例においても，昭和41年判決におけると全く同様に，それでは，そもそも持分の価格の過半数によってだけでは，明渡請求が認められない理由はなんなのかということ，また，では，どのような場合に明渡しということになるのかということが問題になる。そこで，つぎに，その問題を論じた昭和41年判決の準則に関する相続法上の学説を確認していくことにする。

## 2　昭和41年判決の準則に対する学説の評価

　相続法との関連で昭和41年判決の準則が論じられてきた場面は，民法898条に関する注釈の場面である。そこで，わが国の代表的コンメンタールのひとつである新基本法コンメンタールにおける副田隆重の記述の引用から始めることにする。それは，こうである。

　　「相続人の1人が相続開始後遺産中の不動産を単独で占有使用する場合，相続分割合において過半数を有する他の相続人が，占有使用中の共同相続人に対し明渡請求できるか。判例は，少数持分権者も自己の持分に基づき共有物を使用収益する権原を有し，これに基づいて占有するのであるから，多数持分権者も当然に明渡請求できるものでなく明渡しを求める理由の主張立証を要するという（最判昭41・5・19民集20巻5号947頁）。一方，学説上は，こうした紛争は管理行為と見るべきでなく遺産分割手続で処理すべきであり，分割前は共有物の変更に準じて相続人全員の同意が必要とする（猪瀬慎一郎「共同相続財産の管理」現代大系5〔1979, 有斐閣〕10頁，星野英一「判批」法協84巻5号〔1967〕685頁ほか）」[4]。

この記述のポイントは，学説においては，①昭和41年判決の準則は，共同相続人の一部の者が相続開始前から占有していた遺産たる不動産の管理は，単純な共有物の管理とされるべきではなく，遺産分割手続の中で処理されるべき問題であると解されてきたということ，および，②そのことの論理的帰結として，分割前のその管理の仕方の変更は，相続人全員の同意を要すると解されてきたということを明らかにしている点である。これらの点から，1で提示した持分の価格の過半数によってだけでは，明渡請求が認められない理由はなんなのかという疑問への答えを構成すると，それは，要するに，問題は共有物の管理一般の問題ではなく，遺産分割の問題だからだということになり，では，どのような場合に明渡しになるのかというと，占有をしている相続人を含んだ相続人全員の同意が必要であるということになろう。そこで，これらの点をより詳細に明らかにするために，副田がそれらの点に関する典拠として提示している，猪瀬慎一郎と星野英一の記述を引用して検討することにする。

　時系列に沿って，先に，星野の記述を引用する。星野は，1967年（昭和42年）に公表された判例評釈の中で，つぎのように述べている。

> 「本件は，多岐にわたる隣接の問題（星野・前掲評釈）のうち，分割前の共同相続財産につき，共有関係の始まる前に共有者の一部が権限に基づいて（本件では被相続人から貸与されて）使用収益をしていた場合にあたる。このような場合については，過半数の持分を有する共同相続人だけの意思でその使用収益を奪うことは妥当でなく，全員の協議を経て全員一致で決めることが望ましいと思われる。そうしないと，他人が貸主の場合には，貸主の死亡を原因として貸借関係が終了させられることはないのに，被相続人が貸主の場合には，共有者にまでなっているのに，過半数の持分がないと直ちに明渡させられることになって，権衡を失する。さらに，共同相続財産でなく，親族（特に兄弟）所有の家屋の貸借につき，明渡請求を容易に認めない最近の下級審判決（例えば，田村・親族間の不動産利用関係「契約法大系」296頁以下を見よ）とも権衡を失する。また，その相続人が被相続人から目的物の使用収益を許されていたのにはなんらかの理由があったはずだが，それらの事情が相続開始によって変化したか否かなどを十分考慮し，目的物の種類および性質，各相続人の職業その他の事情を考慮し，当事者間で協議のできないときは，調停または審判で後の使用収益関係を決める（民法906条）のがよいと思われる。〔改行〕（イ）つまり，このような争は，原則として遺産分割の問題としてのみ処理するべきものであり，分割の協議，その調わ

---

4）松川正毅＝窪田充見編・新基本法コンメンタール　相続（日本評論社，2016）50頁〔副田隆重〕。

ないときなどは家庭裁判所によってのみ決めることができ（民法906条），それまでは従来の使用方法を多数決で変えることはできないと解したい（ほぼ同旨，我妻＝唄・相続法82頁以下。奈良・本件の解説（後掲）も「私見」としてこの考え方を述べる。但し，於保・共同相続における遺産の管理「家族法大系」98頁は，共有の規定を適用するほかはない，とする。なお，以上は，遺産の一部のみの分割が可能であるとの考え方を前提とするわけである）。ただ，本件では，二審において，被相続人のした解約が有効であったとされるので，そのような事情がなく相続開始後に紛争の生じた場合と，若干異なり，やや微妙である。しかし，右の点が裁判所によって判断される前に相続が開始してしまっているのだから，共同相続人間の問題として，同じに扱ってよいように思われる（同旨，奈良・本件の解説）」。「判旨にいう「明渡を求める理由」は，右のようなものであるべきだと考える次第であり，今後判例がこの方向に進むことを希望するものである」[5]。

一読して，副田の要約が適切であることは明らかであるが，念のため確認していく。この記述のうち，筆者の視点から見て重要なのは，もちろん，第一には，本稿の教室事例のような問題は，これを，単純な共有財産の管理方法の決定として持分の価格の過半数によって定めるべきではなく，遺産分割の問題として定めるべきであるという主張がなされているという点である。すなわち，問題を遺産分割の問題であるとすることから生じる論理的な帰結として，共同相続人の協議による場合には全員一致が必要となり，そのような協議が調わない場合には，家庭裁判所によってのみ決めることができるのであって，それまでは従来の使用方法を持分の価格の過半数で変えることはできないとしている点である。

もちろん，問題を単純な共有財産の管理の問題ではなく，遺産分割の問題であると法性決定するためには，それなりの論拠が必要であることは言うまでもない。筆者の観点から見て第二に重要なのは，これに関して，民法906条の法意が挙げられている点である。すなわち，「その相続人が被相続人から目的物の使用収益を許されていたのにはなんらかの理由があったはずだが，それらの事情が相続開始によって変化したか否かなどを十分考慮し，目的物の種類および性質，各相続人の職業その他の事情を考慮」することの必要性が，その法性決定の実質的根拠として挙げられているという点である。

---

[5] 星野英一「判批」法協84巻5号（1967）89頁，94-95頁。

つぎに，猪瀬の記述を引用する。猪瀬は，1979年（昭和54年）に刊行された現代家族法大系5の中に収められている「共同相続財産の管理」と題する論稿の中でつぎのように述べている。曰く，

> 「共同相続人が共同相続財産に属する財産例えば不動産を占有使用する権原は，他に契約上の権原を有しない場合，その根拠を相続分に求めるほかはない。相続人の一人又は一部の者は，当然に独占的にこれら不動産等を占有使用することができるものではなく，相続分の割合による占有使用ができるに過ぎない。そこで，他の相続人は，これら不動産等を独占的に占有使用している相続人にその全部又は一部の明渡しを多数決で決めることが許されるかが問題となる」。「最判昭和41年5月19日（民集20巻5号947頁）は，少数権利者（本件では12分の1の相続分）は自己の持分により共有物（本件では建物）を使用収益する権原を有し，これに基づいて共有物を占有するものと認められるのであるから，多数権利者（本件では12分の11の相続分）に対し当然にその明渡しを請求することができるものではないと判示し，更に，多数権利者が少数権利者に対して共有物の明渡しを求めることができるためには，その明渡しを求める理由を主張立証しなければならないのに，その主張立証がないとし明渡請求を排斥した。この判決によって，少数権利者の相続分（持分権）による使用収益権を全面的に否定する利用方法の定めは管理に関する事項として多数決で決めることができないことが明らかにされたものと解することができよう。しかし，相続分の割合に応じた具体的内容の利用方法を多数決で定め，それに基づいて，一部明渡しを請求することも否定されるかどうかは，右の判決からは明らかでない。これを肯定すると，被相続人と同居していた相続人の継続的な居住を事実上奪うことになりかねない」。「遺産分割前の段階で多数決により相続人の意思に反してもその占有の変更を認めるのは，遺産分割での定めとくいちがうおそれが強く，かつ分割の効果を相続開始時まで遡及させる遺産分割の性質に照らして，妥当を欠くものである。したがって，相続人の占有の変更は，管理に関する事項に当らず，共有物の変更（251条）に準じて，共同相続人全員の同意を要するものと解する見解を支持すべきものと考える。共同相続人全員の同意が得られない場合には，結局遺産分割により終局的な解決を図るほかないが，後述のとおり遺産分割審判事件の手続中において仮の処分として相続人の占有の変更に関する処分もなしうる（家審規106条）」[6]。

猪瀬の記述から読み取れることも，当然のことではあるが，副田が要約した通りであり，基本的には星野と同じである。ただ，猪瀬にあっては，単に持分

---

6) 猪瀬慎一郎「共同相続財産の管理」現代家族法大系5（有斐閣，1979）1頁，9-10頁。

の過半数による明渡請求が認められるべきではないということにとどまらず，およそ，相続人の占有の変更一般に，共同相続人全員の同意を要するとすべきであるということが明確に示されているということ，換言すれば，相続開始前からの一部の共同相続人による遺産共有下の不動産の占有の変更一般を，単純に共有財産の管理の仕方の問題ととらえるのではなく，遺産分割までは共同相続人全員の合意がある場合にのみ認められるべきものとしている点に留意がなされるべきである。これは，占有の変更一般を明確に問題としている点で，星野よりもさらに一歩踏み込んだ記述である。そして，そのような踏み込んだ主張を支える論拠として，猪瀬は，星野と同様に，民法906条の法意を挙げているのであるが，その説明にあっては，やはり星野より一歩踏み込んで，「遺産分割前の段階で多数決により相続人の意思に反してもその占有の変更を認めるのは，遺産分割での定めとくいちがうおそれが強」いということにまで言及している点に留意がなされるべきであると考えるのである。

　以上を要するに，昭和41年判決を承けて，学説は，つぎのような法律論を展開していたということができる。すなわち，①一部の共同相続人が遺産共有下の不動産を占有している場合には，その状態の変更は遺産分割の問題として扱われるべきである，②問題が遺産分割の問題として扱われる以上，共同相続人全員の合意がなければ，問題は遺産分割手続（保全処分を含む）の中で扱われるべきことになる，③そして，そのような扱いをする根拠は，民法906条の法意を活かすということであり，より具体的にいえば，遺産分割前の段階で法定相続分に相応する持分の過半数により，現に占有する相続人の意思に反して占有の変更を認めてしまっては，遺産分割での定めと食い違う恐れが強いということである。こういう法律論である。そして，この法律論が結論として妥当であることは，本稿の教室事例に照らして，明らかであると筆者は考えるのである。

## 3　私見による有力説への補足

　筆者は，新注釈民法の初版において，2に明らかにした，昭和41年判決を承けて展開された学説を，基本的には支持する記述をしていた。もっとも，筆者は，なにゆえに，法定相続分に応じた持分の価格の過半数によって，相続開始前から継続している遺産共有下の不動産の占有状態の変更を認めてはならな

いのかについては，説明を補足する必要があると考えていた。最高裁がいわゆる遺産共有の法的性質について，それは，民法249条以下に規定されている共有とその性質を異にするものではないと判示を繰り返している中では，なにゆえに，この問題については，民法252条の適用が排除されるのかをより明確に説明する必要があると考えたからである。そこで，つぎに，この点に関する記述を引用する。

「(3) 昭和41年判決の意義（その1）遺産分割前の共同相続財産への「持分」の意味〔改行〕(2)で述べたように，最高裁は，遺産共有の場合に，相続開始前から遺産である不動産を占有していた一共同相続人に対して，持分の価格の過半数を占める他の共同相続人がなした不動産の明渡請求において，概略次のように判示して，明渡請求を棄却している（前掲最判昭41・5・19）。すなわち，(a) 共同相続に基づく共有者の1人であって，その持分の価格が共有物の価格の過半数に満たない者（少数持分権者）は，他の共有者の協議を経ないで当然に共有物を単独で占有する権原を有するものでないが，(b) 共有持分の価格を合計すると持分の過半数を超える共有者（多数持分権者）は，共有物を現に占有する前記少数持分権者に対し，当然にはその明渡しを請求することができない，なぜならば，(c) 問題の少数持分権者は自己の持分によって共有物を使用・収益する権原を有し，これに基づいて共有物を占有するものと認められるからである。したがって，(d) この場合には多数持分権者が少数持分権者に対して共有物の明渡しを求めることができるためには，その明渡しを求める理由を主張・立証しなければならない。〔改行〕これらの判示は，いうまでもなく民法249条以下を念頭に置いたものであるが，同条以下を遺産共有に適用するときに最初に検討すべきなのは，そもそもそこで多数少数を判断する基準となる持分というのは，いわゆる法定相続分に応じたものなのか，それともいわゆる具体的相続分に応じたものなのかということである。〔改行〕この持分の大きさという問題を，とりわけ遺産の管理との関係で論じた学説はあまり見当たらないが，ここにいう持分は，共有者間の意思決定に関する基準ではあるけれども，直ちに第三者に利害をもたらすものであり，したがって対外的にも明確な形で示される必要があること，および，現実問題として具体的相続分は遺産分割がされるまでは当事者である共同相続人にとっても不明であることが多いということを理由に，法定相続分ないし指定相続分に応じたものであるとする見解がある（新版注民(27)〔補訂版〕110頁〔宮井＝佐藤〕)」。「筆者も，249条以下を遺産共有にも適用するという前提を採る限り，それは法定相続分に応じたものとするほかないと考える。同条以下を遺産共有にも適用するときには，同条以下は，遺産共有に関しては，原則として共同相続人が未分割遺産を占有して遺産分割・遺言の執行に向けた管理主体となることを前提にした条文と解すべきことになるが，遺産分

割の結果明らかになるかもしれない具体的相続分ゼロの共同相続人であっても，具体的相続分ゼロということは共同相続財産の管理を開始した時点では分からないことが通常であることを考えると，その管理主体となるべきとすることが妥当だからである。もっとも，このように考える場合には，未分割の遺産に対して共同相続人が有する持分は，各共同相続人が未分割遺産の管理主体であるということの根拠たる意義を有するにとどまり，持分による共有一般とは異なって，その持分を有しているということと各共同相続人が遺産に対して終局的に受益的権利を有することになるということとの間には直接の繋がりはない，ということになる点に留意すべきである」。「(4) 昭和41年判決の意義（その2）明渡請求が認められる場合〔改行〕昭和41年判決について問題になるもう一つの点は，それではどのような場合に明渡請求が認められるのかということである」。「この点についていうと，筆者は，少なくとも遺産共有の場合には，共有者間の協議において持分の多数決を行ったとしても，そのことは明渡しを正当化する根拠とはならないと考える。(3)で述べたように，遺産共有において共同相続人が有する持分の価格の大きさは，各共同相続人が目的物に対して終局的に有する受益的権利の大きさとは直結していないからである」[7]。

これらの記述を，必要な情報を補ったうえで本稿の目的に即して再構成すると，つぎのようになる。すなわち，①昭和41年判決の準則，すなわち，遺産共有下の不動産のうち，相続開始前から一部の共同相続人が占有を継続している不動産について，他の共同相続人が法定相続分に応じた持分の価格の過半数によって明渡しを求めることはできないという準則は妥当である。②もっとも，最高裁が遺産共有の法的性質は，民法249条以下に規定されている共有と，基本的には，その性質を異にするものではないという見解を繰り返し表明している状況の中では，遺産共有下の財産の管理行為の一つである占有の明渡しについて，民法252条が規定する持分の価格の過半数による決定というルールの適用の排除を正当化するためには，共有法の平面において，それなりの説明がなされることが望ましい。③ここにおいて注目されるべきは，法定相続分に応じて各共同相続人が遺産共有下の財産に対して有するとされる持分なるものの意義である。④法定相続分を有する相続人の具体的相続分が結局は0である，すなわち，その相続人は遺産分割からはなにも得られない可能性があることから出発して考えれば，遺産共有下の財産に対する法定相続分に応じた持分なるも

---

[7] 潮見佳男編・新注釈民法 (19)（有斐閣，2019）198-200頁〔川淳一〕。

のは，それを有する者（＝法定相続人）が，遺産共有下の財産に対して，遺産分割という財産自体が帯びる目的のために管理権を有する（管理主体である）ことを基礎づけるにとどまり，受益権を有する（受益主体である）ことを基礎づけないというべきである。⑤他方，一般の共有物に関する，共有持分の価格の過半数による管理行為のあり方の決定は，所有権の一種である共有権の内容のうち，受益権に基礎を置くというべきである。⑥ゆえに，遺産共有下の財産については，民法252条のルール，すなわち，持分価格の過半数による決定というルールの適用は排除されることになる。

## V　令和3年改正民法の準則による教室事例の処理

　筆者による「補足」はともかくとしても，令和3年改正民法は，遺産共有に関する最高裁の見解を前提にして，条文を素直に読む限り，昭和41年判決を出発点とする従来の学説状況を真正面から否定し，その結果，本稿の教室事例にあっても，従来とは真逆の結果を導くことになった。もはや，言わずもがなのことであるようにも思われるが，念のため確認すると，それは，こういうことである。

　問題の条文は，民法252条1項と898条2項である。この2つの条文を合わせて読むと，遺産共有は，基本的には，民法249条以下に規定される共有に他ならないという最高裁の見解を前提とするかぎり，遺産共有下の不動産について相続開始前から一部の共同相続人が占有を継続している場合において，他の共同相続人がその明渡しを請求するには，法定相続分に相応する持分の過半数があればよく，共同相続人全員の合意までは不要であるということになろう。遺産共有が民法249条以下に定める共有に他ならないとされる以上，一部の共同相続人による占有を排除することは，252条にいう管理行為に他ならないというほかないからである[8]。

---

[8]　なお，村松秀樹＝大谷太・Q&A令和3年改正民法・改正不登法・相続土地国庫帰属法（きんざい，2022）64頁には，昭和41年判決について「この判例については様々な捉え方があり得るが，新民法252条1項に基づいて現在使用している共有者とは別の共有者に使用させる旨の決定がされた場合には，判例にいう明渡しを求める理由があることになる」という記述がある。その趣旨は，昭和41年判決が持分の過半数による決定を否定したのは，単なる明渡しに尽きるのであって，明

かくして，令和3年改正民法を本稿の教室事例に適用すると，従来とは真逆の結論，すなわち，明渡請求の認容という結論になるのである。

## VI　どう考えればよいのか？

さて，どう考えればよいのだろうか？　様々な見解がありうるとは思われるが，ここでは，一応，本稿の教室事例において明渡請求がそのまま認められるのは適切ではないという前提を採ることにしたい。本稿の教室事例において明渡請求を積極的に肯定する論者が多いとは想定しがたいからである。

仮にそのような前提を採るとすると，ただちに問題になるのは，令和3年改正法の下では，条文を素直に読むかぎり，明渡請求が認容されてしまうということをどう考えるのかということである。

もっとも突き放した考え方としては，本稿の教室事例は実際にはほぼ起きないレアケースだとして切り捨ててしまうことであろうと思われる。実は，この考え方は，一見して感じられるほどには乱暴な考え方ではない。というのは，実際には，一部の共同相続人による遺産共有下の不動産の占有の継続のうち法的保護に値するものは，最高裁平成8年12月17日判決の準則，すなわち，相続開始前から問題の不動産の占有を認められていた相続人には原則として使用借権があると推認する準則か配偶者居住権（民法1028条以下）・配偶者短期居住権（民法1037条以下）によってほぼカバーされるようになっているという点で，昭和41年判決が出された当時とは状況が大きく変わっているのは確かだからである。

つぎに，レアケースとはいえ，結論が不当な場合があるのだから，やはりなんらかの対応をすべきであると考えるのも，十分ありうることであろうと思われる。このように考える場合には，調停・審判前の保全処分としての遺産の仮分割のような仮処分の活用ということもありうるようには思われる。もっとも，この仮処分は実務上は行われていないといわれており[9]，事柄はそう簡単では

---

け渡された不動産を他の共有者に使用させる旨の決定が伴う場合には，持分の過半数による明渡請求は，令和3年法改正前であっても認められていた，すなわち，改正法によって昭和41年判決の準則は重要な点では変更されていないという解釈の提示であろうと思われる。ありうる解釈ではあるが，その解釈は，筆者には，従来の学説の蓄積をあまりに軽視したものであるようにも思われる。

ない。

　なお，検討を重ねていきたい[10]。

---

9) この点については，松川正毅＝本間靖規＝西岡清一郎編・新基本法コンメンタール 人事訴訟法・家事事件手続法（日本評論社，2013）449頁〔浦野由紀子〕，潮見佳男編・新注釈民法(19)〔第2版〕（有斐閣，2023）245頁〔川淳一〕を参照。
10) また，本稿では紙幅の関係で触れることができなかったが，事柄は令和3年法改正における具体的相続分の扱いとも関係しそうでもある。

# 遺産分割における遺産の再構成について

阿 部 裕 介

I　はじめに
II　一部分割後の残部分割における遺産の再構成
III　遺産に属する財産が遺産分割前に処分された場合における遺産の再構成
IV　おわりに

## I　はじめに

　筆者はかつて，特別受益の持戻し（民法903条1項）を，相続分の修正ではなく，遺産分割の対象となる遺産の再構成として捉え，これを，法制審議会民法（相続関係）部会（以下「法制審」という）において当時提案されていた，遺産分割までに遺産に属する財産が相続人によって処分された場合の規律の理論的基礎とすることを提唱したことがあった[1]。

　その後，法制審の要綱に基づき，平成30年法律第72号による民法改正（以下「平成30年改正」という）で民法906条の2が新設された。これは，遺産に属する財産が遺産分割前に処分された場合に，共同相続人が，処分者を除く全員の同意により，当該財産が遺産分割時に遺産として存在するものとみなすことができる，という規定である。もっとも，この規定は，前稿執筆当時に法制審で提案されていた内容とは異なる部分を有している。また，この間の法制審での議論により，この規定による遺産再構成と一部分割後の残部分割における遺産再構成との違いがある程度明らかにされたところがあるが，そのことはいまだ十分に認識されているとは言い難い。

---

[1] 拙稿「具体的相続分と持戻し」法時89巻11号30頁（2017）。なお，同論文では，遺産の（価値の次元での）再構築（32頁・38頁），相続財産の再構成（36頁）等の語を用いていたが，本稿では，近時の吉田克己教授の用語法に従い，「遺産（の）再構成」の語を用いることとする。

そこで，本稿では，平成30年改正で導入された，遺産再構成に関する諸制度を，民法906条の2を含めて通覧し，その異同を分析したい。そして，それらと特別受益の持戻しとをどのように関係づけるべきであるかを検討したい。

なお，本稿では，「遺産（の）再構成」を，被相続人に属していた財産から相続人が遺産分割前に利益を得，それによって当該財産が遺産共有の対象から外れた場合に，当該財産またはその価額を遺産に戻す操作であって，そうして得られた遺産全体に相続分率を乗じて各相続人が取得すべき相続利益の額を定め，当該財産の受益者についてはそこから当該財産の価額を控除して，遺産共有の対象財産（これを「現存遺産」という）の取得額を定めるもの，と定義したい。

## II 一部分割後の残部分割における遺産の再構成

平成30年改正による民法907条の改正により，遺産の一部分割の根拠規定が設けられた。この一部分割は，以下に見るように，残余の遺産分割（残部分割）における遺産の再構成を予定したものといえる。

一部分割の要件及び残部分割における規律の明確化等の提案は，法制審の中間試案にも盛り込まれていた。中間試案では，一部分割審判において特別受益及び寄与分を考慮できなかった場合を除き，残部分割審判では特別受益に関する規定（民法903条及び904条）及び寄与分に関する規定（民法904条の2）を適用しないこととされていた[2]。つまり，具体的相続分による分割は一部分割審判で行い，未分割の残余財産は法定または指定相続分で分割することが構想されていたのである[3]。従って，残部分割審判では，一部分割の対象財産を計算に入れて遺産を再構成することも予定されていなかったものと考えられる。

この中間試案は，一部分割審判に必要性の要件を課していた[4]。これは，当事者が全部分割審判を求めているにも関わらず，家庭裁判所が分割範囲を遺産の一部に限定する審判をすることを想定していた[5]ことによる。これにより，

---

2) 法制審議会民法（相続関係）部会「民法（相続関係）等の改正に関する中間試案」(2016) 7-8頁。
3) 法務省民事局参事官室「民法（相続関係）等の改正に関する中間試案の補足説明」(2016) 34頁。
4) 法制審議会民法（相続関係）部会・前掲注2) 7頁。
5) 法制審議会民法（相続関係）部会資料（以下「部会資料」と略す）21・11頁。

当然分割承継された可分債権を遺産分割の対象に含めて遺産を再構成することとした場合でも[6]，存否及び額の把握が容易でない可分債権を家庭裁判所が一部分割の対象から除外できるようにすることが意図されていたのである[7]。一部分割を主とし，残部分割を従とする中間試案の制度設計には，そのような前提が存在していた。

しかし，その後，預貯金債権限りで当然分割承継を否定し遺産分割対象性を肯定した最大決平成28・12・19民集70巻8号2121頁が登場した結果，当然分割された可分債権を遺産分割の対象とすることは見送られた[8]。そのため，当事者の全部分割請求に反して家庭裁判所が一部分割審判をなしうる場合を定めることも見送られ[9]，当事者の一部分割請求に応じて家庭裁判所が一部分割審判をなしうる場合を定めることとなった[10]。その結果，一部分割の必要性は一部分割審判の要件とはされなくなった[11]。

中間試案と異なり，改正後の民法907条には，残部分割に関する特別の規律は設けられていない[12]。残部分割をどのように行うかについて法制審で議論された形跡も見当たらない。しかし，「遺産の一部を分割することにより他の共同相続人の利益を害するおそれがある場合」には，一部分割を請求することができないとされているところ（907条2項ただし書），そのような場合として，「特別受益の内容や，代償金の支払による解決の可能性やその資力の有無などの事情を総合して，遺産の一部分割をすることにより，最終的に適正な分割を達成しうるという明確な見通しが立たない場合」が挙げられている[13]。「最終的に適正な分割を達成しうる」とは，一部分割と残部分割を通じて，全体として，特別受益等を考慮した具体的相続分による分割を行うことができるという趣旨であると解される。従って，残部分割では，一部分割によって分割された財産を含めた遺産全体から取得すべき額を算定し，そこから既に一部分割で

---

6) 法制審議会民法（相続関係）部会・前掲注2) 6頁（甲案）。
7) 法務省民事局参事官室・前掲注3) 33頁。
8) 部会資料18・12頁。
9) 部会資料21・11-12頁。
10) 部会資料21・11頁。
11) 部会資料21・15頁。
12) 潮見佳男編・新注釈民法(19)〔第2版〕（有斐閣，2023）455頁〔副田隆重（藤巻梓補訂）〕。
13) 堂薗幹一郎＝野口宣大編著・一問一答新しい相続法〔第2版〕（商事法務，2020）90頁。

取得した財産の価額を控除して，残部分割における残存遺産からの取得額を算出することが予定されているといえよう[14]。

　もっとも，一部分割対象財産の価額が特別受益等の価額に比して十分に大きい場合には，中間試案が想定していたような内容の一部分割をすることも不可能ではない[15]。その場合には，残部分割で特別受益等を再度考慮する必要はなく，遺産再構成も不要となると解される。

## III　遺産に属する財産が遺産分割前に処分された場合における遺産の再構成

　前記Iで紹介したように，平成30年改正で新設された民法906条の2は，遺産分割前に遺産に属する財産が処分された場合に，共同相続人が，処分者を除く全員の同意により，当該財産を含めて遺産を再構成することを認めている。

　他方で，906条の2と同時に新設された909条の2は，遺産に属する預貯金債権のうち一定の額につき，各共同相続人が単独で権利を行使することを認めた上で（前段），権利行使をした共同相続人が行使された預貯金債権を遺産の一部分割（前記II）により取得したものとみなしている（後段）。立案担当者の解説は，この909条の2後段を，906条の2の特則として位置付けている[16]。そこで，以下ではまず，両者の関係を分析することで，906条の2による遺産再構成と一部分割後の残部分割における遺産再構成との異同を明らかにしたい

---

14) 潮見佳男・詳解相続法〔第2版〕（弘文堂，2022）346頁が「各共同相続人が最終的に取得することとなる財産を考慮しての全体の調整は，残りの部分の分割（残部分割）をする際におこなわれる」とするのは，同旨をいうものと解される。

15) ただし，一部分割対象財産を具体的相続分率で分割しても，中間試案が想定していたような一部分割にならないことには，注意を要する。中間試案では，一部分割が必要な場合の例として「遺産の範囲について相続人間で争いがあり，その確定を待っていてはその余の財産の分割が著しく遅延するおそれがある」場合が挙げられており（法制審議会民法（相続関係）部会・前掲注2）7頁），一部分割の時点で争いのある遺産，すなわち一部分割の対象から除外する遺産は「被相続人が相続開始の時において有した財産」（民法903条1項）にも含めずに具体的相続分を算定して一部分割審判を行うことが想定されていたと考えられる。これに対して，遺産の範囲に争いがない場合に，一部分割の対象としない遺産共有財産も「被相続人が相続開始の時において有した財産」に含めて算定した具体的相続分率で一部分割を行った場合には，残部分割をも同様の具体的相続分率に従って行わなければ，全体として具体的相続分に従った分割にはならない。

16) 堂薗＝野口編著・前掲注13）77頁。

(1)。

　次いで，906条の2に基づく遺産再構成と，903条1項に基づく特別受益の持戻しによるみなし相続財産の構成との関係について，検討の手がかりとなる議論を紹介したい（2・3）。

## 1　一部分割擬制との異同

　民法909条の2後段は，同906条の2の要件（処分者を除く共同相続人全員の同意）を充足しなくても，権利行使された預貯金債権を一部分割により取得したものとみなすものといえる[17]。これは，906条の2の要件を充足しなくても，当該預貯金債権を「遺産の分割時に遺産として存在するものとみなす」ことを前提としている，とされる[18]。

　それでは，909条の2後段が，906条の2と同様に当該預貯金債権を「遺産の分割時に遺産として存在するものとみなす」だけでなく，一部分割による取得まで擬制していることには，如何なる意味があるのか。換言すると，906条の2第1項が，処分された財産が遺産として存在するものとみなすにとどめ，処分者が遺産の一部分割によりこれを取得したものとみなしていないのは，なぜなのか。現状では，この問いに明示的に答える解説類は見当たらない。

　「遺産の分割時に遺産として存在するものとみなす」ことと，一部分割擬制との違いは，当該財産を処分者が取得する旨を遺産分割審判の決定主文において掲げる必要性の有無にあると考えられる。立案担当者の解説では，909条の2後段の適用場面における遺産分割審判の決定主文の例には，預貯金の払戻しを受けた相続人に払い戻された額の預貯金債権を取得させる旨は表示されていないのに対して[19]，906条の2の適用場面における遺産分割審判の決定主文の例には，遺産を処分した相続人に処分した財産を取得させる旨が表示されている[20]。906条の2のように遺産として存在するものとみなすだけであれば，当該財産も遺産分割の対象になるが，909条の2後段のように一部分割まで擬制すると，その後の遺産分割は残部分割であることになり，一部分割の対象財産

---

[17] 潮見編・前掲注12）505頁〔藤巻梓〕。
[18] 潮見・前掲注14）326頁注30）。
[19] 堂薗幹一郎＝神吉康二編著・概説改正相続法〔第2版〕（金融財政事情研究会，2020）57頁。
[20] 堂薗＝神吉編著・前掲注19）77頁。

はすでに分割されたものとして残部分割の対象から外れる,と考えられているのだろう。

もっとも,906条の2の適用場面においても,処分者が共同相続人の1人である場合には,遺産として存在するものとみなされた財産は遺産分割の際に処分者に取得させることが想定されており,処分者が処分した財産を取得することになる点では,一部分割を擬制する場合と異ならない。それでは,906条の2の適用場面において,処分者に処分した財産を取得させる旨を遺産分割審判の決定主文にあえて表示する必要性は,どこにあるのだろうか。

以下に見るように,法制審の審議経過からは,906条の2は,遺産に属する預貯金が909条の2の枠外でATMから払い戻された場合のように,処分者が誰であるのかが共同相続人間で争われる場合があることを想定し,そのような場合に誰が処分者として当該財産を取得するのかを明らかにするために,処分者に処分した財産を取得させる旨を遺産分割審判の決定主文に表示させようとしているものと解される。

906条の2は,909条の2の立案過程から派生して立案された。前掲最大決平成28・12・19(前記Ⅱ)の登場後,法制審では,共同相続人による準共有とされた預貯金債権を,共同相続人の一部が遺産分割前に単独で行使することを可能にするための方策が検討された。その際に,家庭裁判所の判断を経ないで預貯金債権の一部の払戻しを認める乙案の具体的内容として,預貯金債権の一部を相続開始時に共同相続人間で当然分割する乙-1案,預貯金債権の一部につき単独行使を認めつつ,権利行使をした相続人が当該権利行使をした預貯金債権を遺産分割の対象に含めることに同意したものとみなす乙-2案,預貯金債権の一部につき仮の権利行使を認める乙-3案が検討の俎上に載せられた[21]。

そのうちの乙-2案は,権利行使をした相続人の同意を擬制することにより,遺産分割審判で実質的に精算を行うものと説明され,精算の具体的方法としては,遺産分割審判で権利を行使した相続人に既に支払いを受けた預貯金債権を取得させつつ代償金の支払いを命ずる方法と,遺産分割審判で権利行使者以外の相続人に払戻しによって消滅した部分を含めて預貯金債権を取得させ,払戻しを受けた権利行使者に対する不当利得返還請求権を発生させる方法とが併記

---

21) 部会資料18・17-18頁。

されていた[22]。いずれの方法も，遺産分割審判の決定主文で，払戻しにより消滅した預貯金債権を相続人のいずれかに取得させることを明示するものであり，前者はそれを権利行使者自身に取得させるものであったのに対して，後者はそれを権利行使者以外に取得させるものであった。

他方で，乙－3案は，家庭裁判所の判断を経ることなく，仮分割の保全処分（仮処分）がされた場合と同様の効果を認めるものとされ[23]，「各相続人がその権利を行使したとしても，それはあくまでも仮のものに過ぎず，本案の遺産分割においては，仮払いの事実は考慮せずに，権利行使がされた預貯金債権を含め，改めて遺産分割をすることを想定している[24]」と説明されていた。

これらの提案に対して，まず，乙－3案は乙－2案と実質を同じくしており，相続人の同意によってそれを基礎付けているか否かが異なるに過ぎないが，立法にあたっては相続人の同意を擬制することなく端的に法律で同様の効果を定めることができる，という指摘がされた[25]。この指摘は，払い戻された預貯金債権を遺産分割の対象に含めることが，仮分割の仮処分で預貯金債権を「仮に取得させる」ことと効果面で同質のものであることの指摘を含意するものといえる。

その一方で，乙－2案は，乙－1案のように預貯金債権を分割承継とすることなく，単に（単独での）権利行使を認めているに過ぎないので，権利行使された預貯金債権はそもそも遺産分割の対象から外れておらず，従って相続人の同意を擬制する必要はないのではないか，という指摘もされた[26]。これに対して，立案担当者から，乙－2案は，遺産分割対象財産の持分が遺産分割前に処分された場合に当該持分が遺産分割の対象から外れる[27]のと同様に，弁済されて消滅したものは遺産分割の対象財産から外れてしまうことを前提としている旨の応答がなされた[28]。この応答は，遺産分割前に処分された財産が，当然

---

22) 部会資料18・32-33頁（注1）（注2）。
23) 部会資料18・27頁及び35頁。
24) 部会資料18・35頁。
25) 法制審議会民法（相続関係）部会第18回会議議事録（以下「第○回議事録」と略す）34頁〔山本和彦委員発言〕。
26) 第18回議事録37頁〔窪田充見委員発言〕。
27) これは，最判昭和50・11・7民集29巻10号1525頁の判示を念頭に置いたものと解される。
28) 第18回議事録38頁〔堂薗幹一郎幹事発言〕。

分割承継とは別の原理によって，遺産分割の対象から外れる，という認識を示すものといえる。もっとも，立案担当者も，具体的相続分を計算する上で，その算定の基礎となる財産には入るかもしれず，その後の遺産分割でどのように扱われるのかは実務上はっきりしないので，更に考えたい，として引き取っていた[29]。

その後の審議では，家庭裁判所の判断を経ない遺産分割前の預貯金債権の払戻しを認める方策に関する提案は，乙－2案をベースにした提案に一本化された[30]。その一方で，新たに，遺産分割終了までに相続人が処分した遺産に属する財産を「遺産分割の時において遺産としてなお存在するものとみなす」提案が登場し[31]，このような規律を設ければ，払い戻された預貯金債権についても遺産分割対象とすることにつき権利行使者の同意を擬制する規律は不要になる，という説明が加えられた[32]。この新たな提案が，処分された財産を遺産分割の対象に含めることについて権利行使者の同意を擬制するにとどまらず，遺産として存在することを擬制した理由は，権利行使者以外の共同相続人にとって，処分された財産を遺産分割の対象に含めた方が多くの財産を取得できることに求められていた[33]。他方で，この提案は処分者が相続人である場合にのみ適用されるものであって，処分者が不明の場合を適用対象とするものではない旨が注記されていた[34]。

この提案に対しては，相続開始後に遺産に属する預貯金の一部が払い戻されていた場合に，誰がいくら引き出したのかを遺産分割審判で審理する必要が生じ，共同相続人全員が長期に渡り遺産分割手続に拘束されることになる[35]，処分者不明の場合には規律が適用されないとしても，処分者が誰であるかが争われると判断せざるを得なくなる[36]，という難点が指摘された。特に，キャッシュカードを用いた払戻しについては，誰が払戻しを受けたのかを特定するのは

---

[29] 第18回議事録38頁〔堂薗幹事発言〕。
[30] 部会資料20・1頁。
[31] 部会資料20・7頁。
[32] 部会資料20・8頁。
[33] 部会資料20・14頁。
[34] 部会資料20・14頁（注2）。
[35] 第20回議事録20-21頁〔石井芳明幹事発言〕。
[36] 第20回議事録22頁〔石井幹事発言〕。

困難であるという指摘が相次いだ[37]。これに対して，立案担当者からは遺産確認訴訟による処理の可能性（後記3参照）が指摘されたが[38]，処分者を確認判決の主文で確定しうるのかが問題視された[39]。これと同時に，払い戻された預貯金を共益費用の支払いに充てていた相続人にも負担を課すことになる，という問題も指摘された[40]。また，既に遺産から離れた財産を遺産分割審判の決定主文で相続人に取得させるのは技巧的で分かりにくい，という懸念も表明された[41]。

　その後の提案では，家庭裁判所の判断を経ない遺産分割前の預貯金債権の払戻しを認める方策についても，払い戻された預貯金債権を端的に「遺産分割の時において遺産としてなお存在するものとみなす」こととされ[42]，遺産分割前の財産処分に関する提案と表現が揃えられた[43]。他方で，その遺産分割前の財産処分については，処分された財産を「遺産分割の時において遺産としてなお存在するものとみなす」前述の案（甲案）は，遺産分割審判外で処分者に対する償金請求を認める案（乙案）と併記された[44]。甲案については，遺産分割時点で存在しない財産を分割審判の主文に掲げることは仮分割の仮処分でも想定されている，との説明が加えられている[45]。

　さらにその後，遺産分割前の財産処分については，共同相続人が，全員の同意により，処分された財産を遺産分割時に遺産として存在するものとみなすことができ，処分者は同意を拒むことができない，という別案が登場した[46]。この別案こそが，906条の2の原形に他ならない。別案の提案理由としては，葬儀費用の弁済や相続債務の弁済など，他の共同相続人がその精算を望まない場合に，処分された財産を遺産とみなす必要がなくなることや，同意は遺産分割

---

37) 第20回議事録28頁〔水野有子委員発言〕，30頁〔石栗正子委員発言〕，33頁〔浅田隆委員発言〕。
38) 第20回議事録22頁〔神吉康二関係官発言〕。
39) 第20回議事録23頁〔水野（有）委員発言〕，24頁〔増田勝久委員発言〕。
40) 第20回議事録21頁〔石井幹事発言〕。
41) 第20回議事録21頁〔石井幹事発言〕。立案担当者は，全体が遺産分割の対象となるので，足して全部にならないとおかしいのではないか，と応答している（同22頁〔神吉関係官発言〕）。
42) 部会資料22-1・6頁。
43) もっとも，従前の提案内容から「特段の変更はない」と説明されている（部会資料22-2・6頁）。
44) 部会資料22-1・7頁。
45) 部会資料22-2・12頁。
46) 部会資料24-3・1頁。

時になされる必要があるため，遺産分割後にみなし遺産の存在が判明して遺産分割に関する紛争が繰り返されることは少なくなることが挙げられた。他方で，処分をしたとされる相続人が処分の有無を争う場合には，家庭裁判所において，当該処分が共同相続人によってなされたか否か判断をせざるを得ず，紛争の長期化・複雑化は一定程度避けられない旨も指摘された[47]。（処分者を除く）共同相続人全員の同意という要件は，この紛争の長期化・複雑化を共同相続人全員が甘受する意思を有することを，家庭裁判所が処分者の特定に乗り出すための条件とするものといえよう。

その後，遺産分割前の財産処分については，この別案をベースとすることが提案された[48]。他方で，預貯金債権の単独行使については，払い戻された預貯金債権を遺産分割時に遺産として存在するものとみなすという従前の提案に代えて，「当該共同相続人が遺産の一部の分割によりこれを取得したものとみなす」という提案が登場した[49]。これが909条の2後段の原形であるといえる。この提案の理由としては，この方策により払い戻された預貯金債権の額等については誰が払戻しを受けたのかが客観的に明らかであり，また，権利行使された預貯金債権を，当該権利行使をした相続人以外に帰属させる必要はない，ということが挙げられている[50]。この説明は，この方策の枠内での預貯金の払戻し以外の財産処分については，誰が処分者であるかが客観的に明らかでないことがありうるので，たとえ処分された財産を処分者以外に帰属させる必要がないとしても，一部分割を擬制することまではできず，遺産分割審判において，処分者を特定した上で，処分された財産を当該処分者に取得させる必要がある，ということを，裏から示すものといえよう。

## 2 遺産分割の対象とならない財産を具体的相続分算定基礎財産に含めるか

民法906条の2によれば，処分者以外の共同相続人が1人でも同意しない場合には，遺産分割前に処分された財産は遺産分割の対象とはならない。もっと

---

47) 部会資料24-3・3-4頁。
48) 部会資料25-2・11頁。
49) 部会資料25-1・9頁。
50) 部会資料25-2・9頁。

も，立案担当者は，この場合でも，処分された財産は，具体的相続分の算定基礎財産（みなし相続財産）には含まれる，と解しているようである[51]。その背景には，遺産分割までに処分された財産も「被相続人が相続開始の時において有した財産」（民法903条1項）には該当するという文理解釈，具体的相続分は相続開始時に確定しているという観念，そして相続開始後の遺産の減少は既に確定した具体的相続分に応じて各相続人が負担すべきであるという発想が窺われる[52]。

　法制審の審議過程で用いられた具体例において，この見解は次のような帰結をもたらす。すなわち，法定相続分が各1/2の相続人A・Bが存在し，遺産が不動産400万円及び預金1000万円の計1400万円で，Aが1000万円の生前贈与を受けており，かつ相続開始後に密かに上記預金のうち500万円を引き出していた場合，具体的相続分の算定基礎財産は，払い戻された預金を含めた2400万円となり，Aの具体的相続分は1200万円から生前贈与1000万円を控除した200万円，Bの具体的相続分は1200万円となる。払い戻された預金500万円が遺産分割の対象に含められれば，遺産分割の対象財産は1400万円となり，遺産分割におけるAの取得分は200万円（これはAが引き出していた預金500万円を下回るので，Aは差額300万円をBに代償金として支払うよう命じられる），Bの取得分は1200万円（現存遺産900万円と，Aが支払うべき代償金300万円）となる[53]。しかし，払い戻された預金500万円が遺産分割の対象に含められなければ，現存遺産900万円を具体的相続分率（A：B＝1：6）で分割し，遺産分割におけるAの取得分は129万円，Bの取得分は771万円となる[54]。

　これに対して，審議過程では，これとは異なる発想に基づく意見も見られた。それによれば，実際には，預金額が相続開始後に減少していても，誰が預金の払戻しを受けたのかは分からないことが多く，そのような場合，東京家裁の審

---

[51] 堂薗＝野口編著・前掲注13）95頁は，「旧法の考え方」の下で遺産に属する財産が処分されても，具体的相続分の計算は，財産が処分されなかった場合と同じである，と説明している。この説明は，改正後においても，同意しない共同相続人が存在する場合には，同様に妥当するはずである。
[52] 部会資料21・20頁。
[53] 部会資料20・12頁の「γ説による処理」。
[54] 部会資料20・11頁の「α説による処理」。立案担当者によれば，この場合，BはAに対して，不正に払い戻された預金500万円のうち250万円につき，損害賠償または不当利得返還請求をすることができる（堂薗＝野口編著・前掲注13）95頁）。

判実務では，払い戻されていた額を，遺産分割の対象財産のみならず，具体的相続分の算定基礎財産にも含めていない，という[55]。この運用によると，上記の例では，具体的相続分の算定基礎財産が1900万円に減少し，Aはそのうちの950万円を得るはずであるが，すでに生前贈与1000万円を受けているので，Aには50万円の超過特別受益があることになる。従って，現存遺産900万円は，Bが全て取得することになる[56]。この運用は，特別受益者と他の相続人との間の実質的公平を遺産分割によって図るという民法903条1項の趣旨に沿って，遺産分割の対象財産を具体的相続分の算定基礎財産とするものといえる。しかも，そのために相続開始後の事情による具体的相続分の変動を許容している点で，具体的相続分は相続開始時に確定しているという従前の理解に再考を迫るものと評しうる（後記Ⅳ2）。

## 3 特別受益の持戻しとの異同

立案担当者は，誰が財産の処分者であるかにつき共同相続人間で争いがある場合に，遺産分割の前提問題として，当該財産が民法906条の2により遺産に含まれることの確認を求める訴訟を提起できる，として，遺産確認の訴えの適法性を肯定した最判昭和61・3・13民集40巻2号389頁を援用する[57]。しかし，同最判は，遺産確認の訴えを，ある財産が「現に共同相続人による遺産分割前の共有関係にあることの確認を求める訴え」であると解していたところ[58]，処分された財産は現に遺産共有されているとは言い難い。従って，同最判の射程が，処分された財産が民法906条の2により遺産に含まれることの確認を求める訴えにも及ぶのかは，疑わしい。他方で，だからといってこの訴えの適法性が直ちに否定されるわけでもなく[59]，同最判を離れた検討が必要となろう。

---

55) 第20回議事録30頁〔石栗委員発言〕。
56) 部会資料20・11頁の「β説による処理」。
57) 堂薗＝野口編著・前掲注13) 100頁。
58) これは，遺産確認の訴えを，「現在の法律関係の確認を求める訴え」と解したものとされる（水野武「判解」最解民事篇昭和61年度149頁〔1989〕）。
59) 山本克己「遺産確認の訴えに関する若干の考察」判タ652号21頁（1988）は，「相続開始後の遺産の変動を遺産分割においていかに処理すべきか」が固まっていない，という現状認識に基づき，遺産分割との関係で意味を有する限り，ある財産が「遺産に属していたこと」の確認も可能と解すべきである，と説いていた。

その際には，民法906条の2による遺産の再構成と，特別受益の持戻しによる相続財産の再構成（民法903条1項）との異同が問題となる。判例は，ある財産が特別受益であることや，そのことを前提として算出された具体的相続分（額または率）について，確認の利益を否定している[60]からである。

平成30年改正前にも，遺産に属する財産が相続開始後遺産分割までに共同相続人の一部によって処分された場合に，そのような財産を「遺産中に現存する財産として擬制し，これを，遺産分割の対象とする」ことを想定する学説は存在した[61]。そのような学説は，この処理を「一種の持戻のような操作[62]」「一種の持戻的操作[63]」と評していた。もっとも，この学説は，処分された財産を「計算上，一相続人に配分し，これを差引いて他の遺産の配分を行う」という操作を想定し，これは「現実的配分ではない」と説いていた[64]。従って，民法906条の2のように，処分された財産を処分者に取得させる旨を遺産分割審判の決定主文に表示すること（前記1）は，想定していなかったようである。

法制審の審議過程でも，当初は，処分された財産を遺産として存在するものとみなすのは，分割の基準となる価額を算出するための操作に過ぎず，具体的相続分の算定と類似するので，遺産分割前に処分された財産が遺産に属することの確認の利益を，現実の分割の対象となる財産が遺産に属することの確認の利益と同列に論ずることはできないという理解もありうる，と指摘されていた[65]。しかし，その後，処分された財産が遺産に属すること自体の確認の利益を疑問視する意見は退潮し，議論の焦点は，処分者が誰であるかを確認することの可否に移行している。この確認の利益を否定する意見によれば，処分された財産が遺産に属することの確認の利益が認められるのは，当該財産を遺産に含めてされた遺産分割審判の効力が，当該財産が遺産でないことが事後的に発覚することで左右されることを防ぐためである。これに対して，処分された財

---

[60] 特別受益であることの確認につき，最判平成7・3・7民集49巻3号893頁，具体的相続分（額または率）の確認につき，最判平成12・2・24民集54巻2号523頁。
[61] 高木多喜男「分離財産・代償財産と遺産分割」同・遺産分割の法理（有斐閣，1992〔初出：1981〕）80頁。
[62] 高木・前掲注61）81頁，102頁。
[63] 高木・前掲注61）107頁。
[64] 高木・前掲注61）102頁。
[65] 第20回議事録23頁〔垣内秀介幹事発言〕。

産が遺産に属することが確定すれば、その処分者が誰であるかは、遺産分割の具体的内容にのみ関わる問題であって、遺産分割審判後に異なる事実が発覚したとしても、それによって審判の効力が左右されることはないと考えられるので、確認の利益は認められない、という[66]。これに賛同する立場からは、誰が財産を処分したかは「具体的相続分の算定に係る問題」であり[67]、もっぱら「遺産分割をする際の基準の問題」である[68]、と指摘されている。結局、この問題は、「仮に、遺産分割においてその前提を誤認するなどして、真の処分者ではない者に処分財産を帰属させることとしたとしても、遺産分割自体の効力に影響を与えるものではなく、遺産分割審判が事後的に覆るというおそれはない」という理由で、解釈に委ねられることとなった[69]。

既に処分された財産を遺産に含めてされた遺産分割審判の効力が、当該財産が遺産分割時に遺産として存在したものとみなされないことが事後的に判明することで左右されうるのだとすれば、それは、処分された財産を相続人の1人に取得させる旨が、遺産分割審判の決定主文に表示されているからであろう。この点で、処分された財産を遺産に属するものとみなすことは、遺産分割における取得額算定のための単なる計数上の操作とは言い難い側面を有する。これに対して、相続財産に持ち戻された特別受益は、遺産分割審判の決定主文においてこれを相続人にあらためて取得させる旨が表示されることはなく、当該相続人が遺産分割において取得する他の財産の内容に影響するに過ぎない。財産の処分者が誰であるかという問題も、処分された財産を遺産に属するものとみなすことが確定した以上は、もっぱら遺産に属する財産のいずれをどの相続人に取得させるかという問題に関わるものといえよう。もっとも、処分された財産が遺産に属することの確認判決は、処分者が誰であるのかを既判力で確定するものではないので、遺産分割審判において処分者であるとされ、既に処分されていた財産を取得させられた者が、遺産分割によって自己が遡及的に取得した権利を実際には他者が遺産分割前に処分していた、と主張して、当該他者に対して不当利得の返還を求める余地が残る[70]。この不当利得返還請求は、遺産

---

[66] 第24回議事録14-15頁〔垣内幹事発言〕。
[67] 第24回議事録15頁〔山本克己委員発言〕。
[68] 第24回議事録15-16頁〔山本（和）委員発言〕。
[69] 部会資料25-2・12頁。

分割審判の効力を覆すものではなく，むしろその効力を前提とするものであるが，紛争の蒸し返しとしての実質は有するものであり，このような紛争の実質的蒸し返し可能性は，特別受益の持戻しには見られなかった特徴である。処分者が誰であるかの確認の利益の有無は，このような形での紛争の蒸し返しを防ぐ必要があるか否か，という観点から判断されるべきものであるといえよう。

## Ⅳ　おわりに

### 1　遺産再構成の2類型

相続開始後，遺産分割までに遺産共有の対象を外れた財産（またはその価額）を含めて，遺産を再構成する制度は，残部分割型（民法907条2項・同909条の2後段）と全部分割型（民法906条の2・仮分割の仮処分後の本案審判による遺産分割）の2類型に大別することができる。

残部分割型の遺産再構成は，遺産共有の対象を外れた財産の価額を加えて遺産の総額を算出し，そのような遺産全体に対する，当該財産を取得していた相続人の取得分から，当該財産の価額を控除して，現存遺産の取得額を算出するものであるが，当該財産自体を遺産分割（残部分割）の対象とするわけではなく，現実の遺産分割（残部分割）の対象は現存遺産に限られる。

これに対して，全部分割型の遺産再構成は，遺産共有の対象を外れた財産それ自体を遺産分割の対象に含め，当該財産から受益していた相続人に（あらためて）取得させるものである。このような技巧が用いられるのは，仮処分の効果は本案審判に影響しない（仮分割の仮処分後の本案審判による遺産分割），当該財産から受益していた者が誰なのかが客観的に明らかでない場合がありうる（民法906条の2），などの理由による。

### 2　特別受益の持戻しの位置付け

それでは，特別受益の持戻し（民法903条1項）をも，同様に遺産再構成の制

---

70）第25回議事録11-12頁〔神吉関係官発言〕。これに対しては，審判による取得を法律上の原因と解することで，不当利得の実体的成立要件を否定する見解も見られる（同12頁〔山本拓幹事発言〕）。しかし，遺産分割審判が，いかにして，当該審判において取得者とされなかった者の利得の法律上の原因となると解しているのかは，判然としない。

度として捉えることはできるか。いずれも，遺産分割前に相続利益を享受していた相続人とそうでない相続人との公平を遺産分割において図る趣旨の制度であり，確認の利益論との関係でも，民法906条の2による遺産再構成を特別受益の持戻しに類比する見解が見られたが（Ⅲ3），相続利益享受の時点が相続開始後かそれ以前かが異なり，このことに由来する相違点も存在する。これについては，次のように考えることができる。

特別受益の持戻しによって構成されるみなし相続財産は，相続開始時の相続財産であって，遺産分割の対象となる遺産とは必ずしも一致しない，と解されてきた[71]。この理解は，相続開始後に遺産共有の対象を外れた財産は，遺産再構成の要件を満たさず，従って遺産分割の対象とならない場合にも，民法903条1項のみなし相続財産には含まれる，という主張に結びつく。しかし，少なくとも一部の家裁実務では，遺産再構成の要件を満たさない財産は，903条1項のみなし相続財産にも含めない，という運用が採用されているという[72]（Ⅲ2）。これによれば，903条1項のみなし相続財産も遺産分割の対象たる遺産に他ならず，従って，特別受益の持戻しも遺産分割の対象たる遺産の再構成に他ならない，と解する余地が生じているといえる。

もっとも，遺産分割審判では特別受益者に特別受益をあらためて取得させることはない。しかし，このことは上述した残部分割型の遺産再構成でも同様である。遺産分割との関係では，特別受益は遺産の一部分割に擬することができよう[73]。

---

[71] 拙稿・前掲注1) 33-34頁参照。

[72] この発想を徹底すると，相続開始時に当然分割承継された可分債権であって，遺産分割の対象とする合意が成立しなかったものも，民法903条1項のみなし相続財産から除外することになろう。債権の存否や金額の争いにより遺産分割審判が長期化することを避けるという観点からも，そのように解するのが合理的であろう。

[73] なお，特定財産承継遺言（民法1014条2項）にも民法903条を類推適用するのが通説とされる（潮見編・前掲注12) 316頁〔本山敦〕）。もっとも，特定財産承継遺言は遺産分割方法の指定と性質決定されるところ，これにより遺産の一部が分割された場合には，一部分割後の残部分割における遺産再構成が行われるので，類推適用の意味は，903条2項の類推適用による代償金支払義務の否定にあると指摘されている（吉田克己「『相続させる』旨の遺言・再考」野村豊弘＝床谷文雄編著・遺言自由の原則と遺言の解釈〔商事法務，2008〕38頁）。しかも，分割された遺産が法定相続分を超える場合には相続分指定を伴うという遺言解釈により，代償金の発生も903条2項類推適用によることなく否定される（同38頁注(7)）。従って，903条類推適用の有無が帰結の差異をもたらすのは，特別受益の持戻しと遺産再構成とで価額算定基準時が異なると解した場合に限られるだ

遺産再構成は，相続人が既に取得していた相続利益が当該相続人の遺産全体から取得すべき額を超える場合に，代償金支払義務をもたらす。これに対して，特別受益の持戻しは，特別受益の価額がみなし相続財産に法定（または指定）相続分率を乗じた額を超える場合でも，超過額返還義務を生じさせない（民法903条2項）。しかし，これは，特別受益者に相続を放棄して特別受益を保持するのと同様の状況を選択することを許すためのものに過ぎない[74]。これに対して，相続開始後の受益者が代償金の支払いを免れないのは，受益が相続の効果を前提としており，相続を放棄すると得られなかったはずのものだからである，と説明できよう。

　以上のように考えれば，特別受益の持戻しをも遺産再構成として捉えることに支障はないといえよう。

## 3　令和3年改正へ

　以上の検討は，令和3年法律第24号によって新設された民法904条の3（具体的相続分主張の期間制限）とこれをめぐる議論を読み解くための基本的視座を提供するものともなるだろう。具体的には，具体的相続分は遺産分割前に存在するものか，民法906条の2及び909条の2に基づく遺産再構成は民法904条の3の期間経過後も可能か，等の議論である。しかし，紙幅の都合上，これらの検討は今後の課題としたい。


　＊本稿は，学術研究助成基金助成金・課題番号20K01363による研究成果の一部である。

---

ろう。
74）拙稿・前掲注1）36頁。

# 配偶者短期居住権の位置づけ
―― フランス法からの示唆

荻 野 奈 緒

Ⅰ　は じ め に
Ⅱ　生存配偶者の権利
Ⅲ　生存パートナーの権利
Ⅳ　むすびにかえて

## Ⅰ　は じ め に

　平成30年7月6日に成立した「民法及び家事事件手続法の一部を改正する法律」（平成30年法律第72号）により，日本民法第5編に「配偶者の居住の権利」に関する第8章が設けられた。これには，（狭義の）配偶者居住権（第1節）と配偶者短期居住権（第2節）があるが，本稿では後者のみを扱う。

　配偶者短期居住権[1]は，被相続人所有の建物に無償で居住していた配偶者が，住み慣れた建物から直ちに退去しなければならないとすると精神的にも肉体的にも大きな負担となることに鑑み，被相続人の意思にかかわらず配偶者の短期的な居住権を保護するために創設されたものであり[2]，立法に際しては，最高裁平成8年12月17日判決（民集50巻10号2778頁。以下「平成8年判決」という）と，フランス法における生存配偶者の「住宅への一時的権利（droit au logement temporaire）」が参考にされた[3]。

---

1) 配偶者短期居住権の創設に至る経緯と制度の概要については，水野貴浩「配偶者短期居住権（新1037条～1041条）」金判1561号102頁（2019）参照。従来の判例法理との関係を検討するものとして，七戸克彦「配偶者短期居住権――ある皮肉な物語」法政研究86巻3号1048頁（2019）がある。
2) 堂薗幹一郎＝野口宣大編著・一問一答新しい相続法――平成30年民法等（相続法）改正，遺言書保管法の解説〔第2版〕（商事法務，2020）34頁以下。
3) 法務省民事局参事官室「民法（相続関係）等の改正に関する中間試案の補足説明」〔https://www.moj.go.jp/content/001198631.pdf〕（以下「中間試案補足説明」とする）3頁。なお，法制審議会民法（相続関係）部会第2回会議の参考資料3として，商事法務研究会「各国の相続法制に関

平成 8 年判決は，共同相続人の一人が相続開始前から被相続人の許諾を得て遺産である建物において被相続人と同居してきた場合に，相続開始時を始期とし遺産分割時を終期とする使用貸借の成立を推認したものである。もっとも，この手法では，被相続人が，遺贈等によって配偶者以外の者に建物を取得させる等，使用貸借の成立と矛盾する意思表示をしていた場合には，生存配偶者を保護することが難しい。これに対して，配偶者短期居住権は，被相続人の意思にかかわらず成立するから（日本民法 1317 条 1 項参照。以下，日本民法の条文を引用する際は「日民○条」と，フランス民法典の条文を引用する際は「フ民○条」と表記する），平成 8 年判決よりも生存配偶者を厚く保護するものだといえる。これに伴い被相続人の財産処分権が一部制限されることになるが，その正当化は，「一方の配偶者はその死亡後に他方の配偶者が直ちに建物からの退去を求められるような事態が生ずることがないよう配慮すべき義務を負うと解すること……（婚姻の余後効）」によって図られている[4]。もっとも，改正に至る審議の過程をみても，「婚姻の余後効」が何を意味するのかは必ずしも明らかではない。すなわち，当初は，夫婦間の同居・協力・扶助義務（日民 752 条）と関連付けて説明されていたが[5]，配偶者短期居住権の根拠を同義務に求めることは難しいとの意見もあり[6]，より漠然と「婚姻の余後効」という説明がされるようになった[7]。また，こうした説明に対しては，内縁配偶者への拡張につながるのではないかとの指摘もされていたが[8]，立案担当者は，日本民法 1037 条にいう「配偶者」は法律上被相続人と婚姻していた配偶者をいい，内縁の配偶者はこれに含まれないと説明している[9]。

---

　　する調査研究業務報告書」がある（フランス法については，23 頁以下〔幡野弘樹＝宮本誠子〕）。
[4] 中間試案補足説明 7 頁。
[5] 法制審議会民法（相続関係）部会資料 2・3 頁，第 2 回会議議事録 3 頁〔大塚竜郎関係官〕。
[6] 法制審議会民法（相続関係）部会第 2 回会議議事録 24 頁〔西希代子幹事〕。とくに婚姻関係が破綻している場合にも配偶者短期居住権を認めるのだとすると，これを婚姻の効果として説明するのは難しいのではないかという。また，婚姻関係に戻づく居住の事実がどこまで保護されるかという問題であり，同居・協力・扶助義務からストレートに説明するというよりは，婚姻の余後効，あるいは生存配偶者の生存権のようなものだとの見方も示されていた（同・25 頁以下〔窪田充見委員〕）。
[7] 法制審議会民法（相続関係）部会資料 6・2 頁，第 6 回会議議事録 8 頁〔堂薗幹一郎幹事〕。
[8] 法制審議会民法（相続関係）第 2 回会議議事録 26 頁〔増田勝久委員〕，第 6 回会議議事録 8 頁〔増田委員〕。

配偶者短期居住権を婚姻の効果と結び付ける説明は，フランス法に由来するものだとされる。そこで，本稿では，日本法への示唆を得るべく，フランスにおける住宅への一時的権利が婚姻の効果との関係でどのように位置づけられているのかを明らかにすることを試みたい[10]。住宅への一時的権利は，婚姻カップルにおける生存配偶者のほか，非婚姻カップルのうちパクスを締結していた生存パートナーにも認められているため，それぞれの権利について概観した後，若干の検討を加えることとする。

## II 生存配偶者の権利

### 1 規　定

生存配偶者の住宅への一時的権利について定めるフランス民法典763条は，2001年12月3日の法律2001-1135号（以下，「2001年法」という）に由来する[11]。現行規定の内容は，次のとおりである[12]。

> 〔被相続人の〕死亡の当時，相続権のある配偶者（conjoint successible）が，夫婦に帰属し，または相続財産に全部属する住宅を，主たる住居（habitation principale）として実際に占有している場合は，その配偶者は，当然に，1年間，その住宅，およびそれに備え付けられている動産であって相続財産に含まれるものを，無償で享受する。
> 　その住居が，賃貸借により，または不分割の状態で被相続人に一部帰属する住宅により，確保されていた場合は，賃料または占用補償金（indemnité d'occupation）は，1年間，弁済がされる都度，その配偶者に相続財産から償還される。
> 　本条が定める権利は，相続上の権利ではなく，婚姻の直接の効果とみなされる。

---

9) 堂薗＝野口編著・前掲注2) 36頁。
10) フランスにおける生存配偶者の住宅への権利には，終身の権利（droit viager au logement）もあるが（フ民764条。その概要については，高橋朋子「配偶者居住権の創設」民商155巻1号46頁以下〔2019〕参照)，本稿では取り上げない。なお，生存パートナーには，住宅への終身の権利は認められていない。
11) 立法に至る経緯については，幡野弘樹「フランス相続法改正紹介——生存配偶者及び姦生子の権利並びに相続法の諸規定の現代化に関する2001年12月3日第1135号法律（二・完）」民商129巻2号282頁（2003）参照。
12) 同条2項のうち，住宅が不分割の状態で被相続人に一部帰属している場合に関する部分は，2006年6月23日の法律2006-728号（以下，「2006年法」という）による改正で追加された。

| 本条は，公序に属する。 |

## 2 権利の主体と内容
### (1) 権利の主体

フランス民法典 763 条 1 項によれば，住宅への一時的権利は，「相続権のある配偶者」に認められる。相続権のある配偶者とは「離婚していない生存配偶者」をいい（フ民 732 条），夫婦が同居していることは要件とされていない。そして，夫婦が別居していたとしても，その「夫婦の一方が死亡した場合，他方は，法律が生存配偶者に与える権利を保持する」から（フ民 301 条），夫婦が事実上別居状態にあった場合（séparation de fait）だけでなく，判決により別居が言い渡された場合（フ民 296 条）や[13]，相互の同意（consentement mutuel）による別居の場合（フ民 298 条，229-1 条以下）でも[14]，住宅への一時的権利は否定されない[15]。

また，住宅への一時的権利は，相続上の権利ではなく（フ民 763 条 3 項），「相続権のある配偶者」が実際に相続人となったかどうかにかかわらず，認められる。したがって，相続権を剥奪され，または相続を放棄した生存配偶者も，権利を失わない[16]。

---

[13] A.-M LEROYER, *Droit des successions*, 4ᵉ éd., Dalloz, 2020, n° 155; F. TERRE et al., *Droit civil, Les successions, Les libéralités*, 5ᵉ éd., Lefebvre Dalloz, Dalloz, 2024, n° 204.
　2001 年法は，既判事項の確定力（force de chose jugée）を有する別居判決（jugement de séparation de corps）を受けた者を「相続権のある配偶者」から除外していた（フ民旧 732 条）。そのため，当時は，住宅への一時的権利は，夫婦が事実上別居していても認められるが，既判事項の確定力を有する別居判決がある場合には否定されるとの説明がされていた（voy. par ex., N. LEVILLAIN, Le droit au logement temporaire du conjoint survivant, *JCP éd. N*, 2002. 1440, nᵒˢ 3 et 15）。もっとも，上記除外は 2006 年法によって廃止され，既判事項の確定力を有する別居判決を受けた者も「相続権のある配偶者」に含まれることになった。

[14] 相互の同意による別居の場合には，別居合意によって一定の相続上の権利を放棄することが認められているが，住宅への一時的権利はその中に含まれていない（フ民 301 条）。

[15] 別居の主な効果は同居義務（devoir de cohabitation）の消滅であるところ（フ民 299 条），夫婦が別居した場合にも住宅への一時的権利が認められることは，この権利が夫婦の同居義務を前提としていないことを意味している。

[16] N. LEVILLAIN, *op. cit.* (note (13)), nᵒˢ 4 et 16; S. FERRE-ANDRE, Des droits suppletifs et impératifs du conjoint survivant dans la loi du 3 décembre 2001, *Defrénois*, 2002, p. 864, n° 55; P. CATALA, actualisé par L. LEVENEUR, *JurisClasseur Notarial Répertoire*, Vᵒ Conjoint survivant,

## (2) 権利の内容

　住宅への一時的権利は，被相続人が死亡した当時，生存配偶者が主たる住居として占有していた住宅，および，同所に備え付けられている動産であって相続財産に含まれるものについて認められるが，その現れ方には二様ある。

　第1に，当該住宅が，夫婦の共有財産に属する財（夫婦財産共通制が採用されていたとき）もしくは不分割財（別産制が採用されていたとき）である場合，または，被相続人の固有財産に属する財（共通制が採用されていたとき）もしくは特有財産（別産制が採用されていたとき）である場合には，生存配偶者に1年間の無償の享受権が認められる（フ民763条1項）。

　第2に，当該住宅が第三者に帰属する場合において，生存配偶者が賃貸借によってこれを占有しているときは，生存配偶者は，相続財産から，1年間，賃料の償還を受けることができる（フ民763条2項）。夫婦の住居が賃貸借によって確保されている場合には，その賃借権は，夫婦財産制にかかわらず，当然に夫婦の双方に帰属するものとみなされ（フ民1751条1項），夫婦の一方が死亡したときは，生存配偶者のみが賃借権を有することになるが（同条3項[17]），死亡から1年間は，その賃料を相続財産の負担とすることができるのである。また，当該住宅が被相続人と第三者との不分割の状態にあったときは，生存配偶者は，相続財産から，1年間，占有補償金の償還を受けることができる（フ民763条2項）。

## 3　権利の位置づけ

### (1) 婚姻の直接の効果

　2001年法以前に，生存配偶者の住宅への権利について定めていたのは，フランス民法典旧1481条であった。同条は，（狭義の）夫婦財産制のうち法定共通制に関する規定群の中に置かれ，次のように規定していた[18]。

---

Fasc. 20, n$^{os}$ 15 et 18.
17) 同項は，2001年法によって挿入された規定である。
18) 同条は，1965年7月13日の法律65-570条に由来する。さらに遡ると，1804年の民法典には，寡婦の服喪費用を夫の相続人の負担とする規定（旧旧1481条）と，食糧および住宅に関する権利（旧1465条等）が設けられていた。沿革については，A. DOBIGNY-REVERSO, Le droit temporaire au logement: une (r)évolution ? Aux origines de l'article 763 du Code civil, in F. LABELLE et J. HOUSSIER (dir.), *Les droits du conjoint survivant: bilan et perspectives*, Dalloz, 2023, p. 75

> 共通制が夫婦の一方の死亡によって解消されたときは，生存者は，その後9か月間，食糧（nourriture）および住宅への権利，ならびに服喪費用（frais de deuil）への権利を有する。これらは，その資力および世帯の状況を考慮したうえで，すべて共通財産が負担する。
> この生存者の権利は，その一身に専属する。

2001年法は，上記旧1481条を削除して763条を改正し，生存配偶者の住宅への一時的権利を認めたのであるが[19]，この権利は「婚姻の直接の効果」とみなされ（フ民763条3項），旧1481条とは異なり，夫婦財産制にかかわらず適用される。婚姻しているというだけで一般的・自動的かつ強行的に適用される点は，いわゆる基本的財産制（régime primaire）と同様であり[20]，新763条は，「死亡を原因とする基本的財産制」[21]，「基本的財産制の死後への延長」[22]等と評されている[23]。

### (2) 家族住宅の保護との関係

生存配偶者の住宅への一時的権利については，死後にも夫婦の相互扶助義務

---

参照。

[19] 旧1481条が認めていた食糧や服喪費用への権利は，削除された。もっとも，生存配偶者が窮乏の状況にある場合には，扶養料請求権が認められている（フ民767条）。この扶養料請求権は，夫婦の相互扶助義務（フ民212条）を死後にも存続させるものとみることができる（P. CATALA, actualisé par L. LEVENEUR, *op. cit.* (note (16)), n° 15)。

[20] フランス民法典第1編（livre）「人」・第5章（titre）「婚姻」・第6節（chapitre）「夫婦の相互の義務および権利」に規定される準則を指し，これらは「婚姻の効果のみによって」適用される（フ民226条）。基本的財産制の概要については，幡野弘樹ほか・フランス夫婦財産法（有斐閣，2022）40頁以下〔齋藤哲志〕参照。同書には，関連条文の翻訳も掲載されている（262頁以下）。なお，基本的財産制は，財産制というよりは「財産面における婚姻の直接の効果の総体」だともいわれる（I. DAURIAC, *Droit des régimes matrimoniaux et du Pacs*, 5ᵉ éd., LGDJ, Lextenso éditions, 2017, n° 48)。

[21] S. FERRE-ANDRE, *op. cit.* (note (16)), n° 49; I. DAURIAC, *op. cit.* (note (20)), n° 69.

[22] B. VAREILLE, Variations futiles sur les droits au logement du conjoint survivant, *in Mélanges M. PRIEUR*, Dalloz, 2007, p. 1721, n° 10.

[23] Voy. aussi, M. GRIMALDI, Les nouveaux droits du conjoint survivant, *AJ famille*, 2002, p. 52; G. CHAMPENOIS, La notion de logement familial: logement familial et communauté de vie, *in* M. BARRE-PEPIN et C. COUTANT-LAPALUS (dir.), *Logement et famille: des droits en question*, Dalloz, 2005, p. 161, n° 23.

（フ民212条）を認めるものだとの見方も示されているが[24]，むしろ，家族住宅の保護[25]に関するフランス民法典215条3項の延長線上に位置づける見解が多い[26]。同項は，次のように規定している。

> 夫婦は，その一方のみでは，家族住宅を保障している権利も，当該住宅に備え付けられた家具も，処分することができない。夫婦のうち〔処分〕行為に同意を与えなかった者は，その無効（annulation）を請求することができる。無効訴権は，その者が行為を知った日から1年間行使することができる。ただし，夫婦財産制が解消されてから1年が経過した後は，行使することができない。

フランス民法典215条3項によれば，家族住宅については，配偶者の一方は他方の同意なく処分することができない。家族住宅を夫婦の共同管理に服させることで，夫婦の一方の専断によって家族住宅が奪われることがないようにしているのである。もっとも，判例によれば，配偶者の一方が単独ですることができない処分行為に，死亡を原因とするものは含まれない。すなわち，破毀院第1民事部1974年10月22日判決[27]は，夫Aが死亡に至るまで妻Xと住んでいたアパルトマンの所有権を弟Yに遺贈していたという事案において，215条3項は，婚姻期間中，家族住宅を保護するものであり，「各配偶者が有する，その財を自身の死亡を原因として処分する権利を害しない」と判示し，Xによる無効の主張を斥けた原審の判断を支持した。

生存配偶者の住宅への一時的権利は，215条3項に関する以上の理解を前提としつつ，夫婦の一方が死亡した後にも，同様の保護を拡張するものだと考え

---

24) J. HUGOT et J.-F. PILLEBOUT, *Les droits du conjoint survivant*, 2ᵉ éd., LexisNexis, Litec, 2005, n° 173.

25) 家族の住宅の保護に関する規律については，幡野ほか・前掲注20）48頁以下〔齋藤哲志〕等参照。

26) M. GRIMALDI, *op. cit.* (note (23)), p. 52; S. FERRE-ANDRE, *op. cit.* (note (16)), n° 50; S. PIEDELIEVRE, Le droit au logement du conjoint survivant, *in Mélanges R. DECOTTIGNIES*, Presses Universitaires de Grenoble, 2003, p. 269, n° 7; J.-F. SAGAUT, Le logement après le décès, *AJ famille*, 2008, p. 369; B. de BOYSSON, *Mariage et conjugalité, Essai sur la singularité matrimoniale*, LGDJ, Lextenso éditions, 2012, n° 559; P. CATALA, actualisé par L. LEVENEUR, *op. cit.* (note (16)), n° 15. Voy. aussi, G. CHAMPENOIS, *op. cit.* (note (23)), n° 23.

27) Cass. civ. 1ʳᵉ, 22 oct. 1974, n° 73-12.402.

ることができる。そして，住宅への一時的権利は公序に属するとされるから（フ民763条4項），当該住宅が第三者に遺贈されていた場合でも，生存配偶者は，1年間は同所に無償で居住し続けることができる[28]。各配偶者は，その財を自身の死亡を原因として処分することができるものの，生存配偶者の住宅への一時的権利という負担付きでしか処分することができないのである。被相続人の財産処分権は，その限りで制限されている。

## III　生存パートナーの権利

### 1　規　　定

生存配偶者の住宅への一時的権利は，「婚姻の直接の効果」であって（フ民763条3項），非婚姻カップルについて当然に認められるものではない。実際，2001年法が制定された当時は，非婚姻カップルについては，単なる事実としての結合である内縁（自由結合〔concubinage〕）[29]の場合はもちろん，パクス（民事連帯契約〔pacte civil de solidarité, PACS〕）[30]が締結されていた場合にも，住宅への一時的権利は認められていなかった[31]。もっとも，2006年法により，

---

[28] これに対し，死亡配偶者が，用益権を自身のみに留保し，虚有権を第三者に生前贈与していた場合には，生存配偶者は保護されないものと思われる（P. MALAURIE et C. BRENNER, *Droit des successions et des libéralités*, 10ᵉ éd., LGDJ, Lextenso, 2022, n° 95）。というのも，この生前贈与は，婚姻期間中の家族の住宅の享受を害するものでない以上，フランス民法典215条3項は適用されない（Cass. civ. 1ʳᵉ, 22 mai 2019, n° 18-16.666 ; Cass. civ. 1ʳᵉ, 22 juin 2022, n° 20-20.387）。また，生存配偶者への転置（réversion）がなければ用益権は権利者の死亡により消滅するし，当該住宅が相続財産に属しない以上763条1項の適用もないと考えられるからである（Voy. en ce sens, Réponse ministérielle du 25 janv. 2005, *Defrénois*, 2005, p. 1459）。

[29] 「内縁とは，カップルとして生活する異性または同性の二人の間の，安定性および継続性を有する共同生活によって性質づけられる，事実上の結合である」（フ民515-8条）。

[30] 「民事連帯契約とは，異性または同性の成年の自然人二人によって，共同生活を組織するために締結される契約である」（フ民515-1条）。

[31] 2001年法の審議過程では，パクスを締結していた生存パートナーにも生存配偶者と同様の権利を認めるべきだとの修正提案もされたが，撤回された（*JOAN*, Compte rendu intégral des séances du mardi 6 févier 2001〔https://www.assemblee-nationale.fr/11/cri/html/20010132.asp〕, pp. 1113 et s.）。法律委員会は修正提案を否定しており，委員長であるヴィダリ（Alain VIDALIES）は，「民法典において，生存配偶者は相続人である。パクスのパートナーについては，そうではない。パクスのパートナーには，相続に由来する資格がないから，同人に生存配偶者と同様の改善を享受させることはできない」とする（*ibid.*, p. 1114）。また，司法大臣も，パクスは，「婚姻を性質づけるすべての制度的側面と相容れない」，「意思の問題である」として，これに同調した（*ibidem*）。

パクスが締結されていた場合における生存パートナーにも，住宅への一時的権利が認められるに至った[32]。具体的には，フランス民法典 515-6 条 3 項が，次のように規定している。

> 民事連帯契約が，パートナーの一方の死亡によって終了したときは，生存者は，763 条第 1 項および第 2 項の規定を援用することができる。

## 2 権利の主体と内容

フランス民法典 515-6 条はパクスに関する規定群の中に置かれており，内縁については同様の規定は存在しない。したがって，生存パートナーの住宅への一時的権利が認められるのは，パクスが締結されていた場合に限られる。

生存パートナーの住宅への一時的権利の内容は，基本的に，生存配偶者のそれと同様である。もっとも，フランス民法典 515-6 条 3 項は，763 条 3 項および 4 項の援用を認めていないから，パクスの生存パートナーの住宅への一時的権利は公序に属するものではない。したがって，被相続人はこれを排除することができ，たとえば，当該住宅が第三者に遺贈されていた場合には，生存パートナーは，同所に居住し続けることができない。生存パートナーの住宅への一時的権利は，被相続人の財産処分権を制限するものではないのである。

以上からすると，現行法は，住宅への一時的権利を，カップルの結合形態に応じて，段階的に認めているといえよう。すなわち，住宅への一時的権利は，

---

[32] この規定は，当初の法案（https://www.assemblee-nationale.fr/12/projets/pl2427.asp）には存在しなかったが，国民議会第 1 読会において，家族および子どもの権利に関する調査会（mission d'information）の報告書（AN, *Rapport* n° 2832 fait au nom de la mission d'information sur la famille et les droits des enfants〔https://www.assemblee-nationale.fr/12/rap-info/i2832.asp〕）を受けた政府の修正提案において採用され，法律委員会の報告書もこれに賛意を表した（AN, *Rapport* n° 2850 présenté par S. HUYGHE sur le projet de loi n° 2427〔https://www.assemblee-nationale.fr/12/rapports/r2850.asp〕）。なお，調査会の報告書は，生存パートナーが受遺者である場合には終身の居住権を認めることも提案していたが，これは採用されなかった。司法大臣は，この点について，「誰もが，〔パクスの〕生存パートナーに，服喪期間中，落ち着いて他の住宅を見つけるために準備する時間を与えることは通常だと考える。もっとも，この利益は，相続人の権利を侵害することがないよう，1 年に限定される」と説明している（https://www.assemblee-nationale.fr/12/cri/2005-2006/20060148.asp）。

婚姻カップルには強行的な権利として，パクスを締結しているカップルには任意的な権利として，それぞれ認められており，内縁関係にあるというだけでは認められていない。

### 3　権利の位置づけ

　パクスの生存パートナーに認められる住宅への一時的権利の位置づけは，必ずしも明確でない。というのも，この点を明示する規定はないし，パクスにおいては，基本的財産制に相当する準則[33]の中に，家族住宅の保護に関するフランス民法典 215 条 3 項に相当する規定は存在しない。パクスの当事者は，「共同生活，ならびに，相互の物質的援助および扶助に義務づけられる」（フ民 515-4 条 1 項前段）[34] ものの，カップルの共同生活の場である住宅を所有する当事者がこれを単独で処分することは妨げられない[35)36]。学説をみると，パクスの当事者が相互に負う物質的援助・扶助義務の死後の現れとみうる[37]，あるいは，カップルの物質的生活共同体の一時的な延長である[38] といった見方も示されているが，議論は低調である。

---

[33] パクスにおける「基本的財産制」に相当する規律の概要については，幡野ほか・前掲注 20) 235 頁以下〔大島梨沙〕参照。

[34] 現行規定は，2006 年法に由来する。1999 年 11 月 15 日の法律 99-944 号によってパクスが設けられた当時は，パクスの当事者は「相互かつ物質的な援助を提供しあう」とされていた（フ民旧 515-4 条 1 項）。

[35] 立法論としては，パクスにおいてもフランス民法典 215 条 3 項に相当する規定を置くべきである（voy. par ex., C. WATINE-DROUIN, Le statut du logement familial, in *Mélanges P. SIMLER*, Dalloz, LexisNexis-Litec, 2006, p. 262)，あるいは少なくともそうすることができる（A. TISSER-AND-MARTIN, La protection légale du logement familial: modèle pour un droit commun des couples?, in *Mélanges G. WIEDERKEHR*, Dalloz, 2009, pp. 833 et s.; C. COUTANT-LAPALUS, Pacs et logement: dix ans après, *Dr. famille* 2010, étude 9, n° 21) との主張があり，住宅の保護が婚姻カップルのみに認められることの正当化は難しくなってきているともいわれる（A. TANI, *L'ordre public et le droit patrimonial de la famille, Contribution à la distinction entre l'ordre public et l'impérativité en droit privé français*, Defrénois, Lextenso, 2020, n° 216)。

[36] カップルの住居が賃貸借によって確保されている場合には，パクス当事者の共同の請求により，賃借権は双方に帰属するものとみなされる（フ民 1751 条 1 項）。賃貸借の共同名義の利益は，従来，婚姻カップルについてのみ認められていたが，2014 年 3 月 24 日の法律 2014-366 号によって，パクスの当事者にも認められるようになった。もっとも，婚姻カップルの場合とは異なり，当然に共同名義となるわけではない。

[37] C. WATINE-DROUIN, *op. cit.* (note (35)), p. 263.

[38] O. VERGARA, *L'organisation patrimoniale en couple*, Defrénois, Lextenso, 2017, n° 233.

他方で，生存パートナーの住宅への一時的権利が，死別の悲しみに加えて生活の場を奪われるという悲劇を回避するために認められているという点については，共通認識がある。そして，この目的は，住宅への一時的権利に通底している。というのも，生存配偶者の住宅への一時的権利についても，2001年法の審議過程で，「喪の苦痛に夫婦の住居から速やかに退去しなければならないという苦痛が加わらないよう，生存配偶者が準備のための時間をもつ」ことを認める[39]「人道的措置（mesure d'humanité）」である[40]との見方が示されていた[41]。そして，2006年法の審議過程では，「死亡の直後の，住宅からの悲劇的かつ不当な排除を回避するため」に，住宅への一時的権利をパクスの生存パートナーにも拡張すると説明された[42]。このような経緯からすれば，生存パートナーの住宅への一時的権利は，家族ないしカップルの利益の保護を目的としているというよりは，生存パートナー自身の利益を保護するために認められているといえよう[43]。

## Ⅳ　むすびにかえて

### 1　住宅への一時的権利の位置づけ

　フランスでは，生存配偶者の住宅への一時的権利は，婚姻の直接の効果であるとされ，家族住宅を保護するために配偶者の財産処分権を制限するフランス民法典215条3項の延長線上に位置づけられている。もっとも，同項のような規定を有しないパクスにおいても，生存パートナーに住宅への一時的権利は認められており，両者の相違は，住宅への一時的権利が強行性を有するか否かのみである。そうすると，婚姻に固有の効果は，権利の付与そのものではなくそ

---

[39] AN, *Rapport* nº 2910 fait par A. VIDALIES sur la proposition de loi nº 2867 (https://www.assemblee-nationale.fr/11/rapports/r2910.asp).

[40] Sénat, *Rapport d'information* nº 370 (2000-2001) fait par P. NACHBAR sur la proposition de loi nº 224 (2000-2001) et la proposition de loi nº 211 (2000-2001) (https://www.senat.fr/rap/r00-370/r00-3701.pdf).

[41] Voy. aussi, F. VAUVILLE, Les droits au logement du conjoint survivant, *Defrénois*, 2002, p. 1277.

[42] AN, *Rapport* nº 2850, *op. cit.* (note (32)).

[43] I. DAURIAC, *op. cit.* (note (20)), nº 191.

の強行性にあるとみることもできそうである[44]。家族の利益のために配偶者の財産処分権が制限されている点が，婚姻に固有の効果だと考えるわけである。このような理解は，婚姻の場合にもパクスの場合にも，住宅への一時的権利が，配偶者ないしパートナーと死別した者を急激な生活環境の変化から守るという共通の目的を有すると考えることと矛盾するものではない。

　ところで，上記のような「人道的」な目的からすれば，住宅への一時的権利は，非婚姻カップルにおいても強行的な権利として広く認められるべきようにも思われ，実際そのような主張もある[45]。しかし，現行法は，パクスの場合には任意的な権利のみを認め，内縁の場合には権利を認めていない。このような段階的な保護は，内縁当事者は法外にあることを自ら選択している以上，婚姻法から自由でなければならないことや[46]，パクスはカップルの共同生活の財産的規律を目的とする契約であると解すること[47]によって，正当化されうるのだろうか[48]。

　いずれにしても，相続権を有しない生存パートナーについてはもちろん，相続権を有する生存配偶者についても，住宅への一時的権利が相続上の権利ではないことは確かである。そして，現行法下では，住宅への一時的権利は，配偶者ないしパートナーと死別した者を急激な生活環境の変化から守る「人道的」

---

[44] B. BOYSSON, *op. cit.* (note (26)), n° 559.

[45] M. SAULIER, *Le droit commun des couples, Essai critique et prospectif*, IRJS Editions, 2017, n° 149. Voy. aussi, W. BABY, *La protection du concubin survivant*, Defrénois, Lextenso éditions, 2009, n° 126.

[46] フランス法におけるこのような見方については，大村敦志・フランス民法――日本における研究状況（信山社，2010）77頁以下参照。

[47] パクスの生存パートナーの権利について，被相続人の意思の優位はパクスの契約という性質と整合するとの指摘がある（C. WATINE-DROUIN, *op. cit.* (note (35)), p. 264）。これに対して，当事者がともにする共同生活の単一性や，当事者が同意した相互依存性に鑑み，強行性を認めるべきだとの主張もある（O. VERGARA, *op. cit.* (note (38)), n° 231）。

[48] こうした正当化に対しては，「一次的必要が満たされていないのに自由の問題になりえようか」との疑問を呈し，住宅や食料など尊厳ある生活を保障するための権利が問題となっている場合には，自由という主張は受け入れられないとの批判がある（M. SAULIER, L'extension des droits du conjoint survivant aux partenaires et aux concubins, *in* F. LABELLE et J. HOUSSIER (dir.), *op. cit.* (note (18)) pp. 108 et s.）。そのように考えるならば，すべてのカップルに適用される土台としての強行的準則を指定することは可能だろう。また，そのような準則を指定したとしても，婚姻，パクス，内縁という3つの結合形態の間の相違をすべて捨象することにはならない（Voy. A. TANI, *op. cit.* (note (35)), n° 210）。

措置であるとともに，婚姻カップルについては，家族住宅を保護するために配偶者の財産処分権を制限する婚姻法上の規律の延長線上に位置づけられ，強行的な権利とされているといえよう。

## 2 配偶者短期居住権の位置づけ

フランス法は，婚姻継続中に家族ないし夫婦の居住が保護されていることを前提に，死後にも生存配偶者の居住の保護を認めている[49]。これに対して，日本法はこの前提を欠いたまま，配偶者短期居住権を創設した[50]。そのため，パクスの生存パートナーの住宅への一時的権利と同様，その位置づけには不明瞭さが残っている。

しかも，フランスでは，住宅が賃借物件である場合にも相続財産が賃料相当額を負担することになっているから，住宅への一時的権利を相互扶助義務の現れと捉えることもできそうである。これに対して，日本では，居住建物が賃借物件である場合には特段の手当てはされておらず，相互扶助義務自体によって配偶者短期居住権を基礎づけることは難しいように思われる。

そうすると，配偶者短期居住権を，婚姻の具体的な効果と結び付けて説明することは困難であり，婚姻関係にあった配偶者と死別した者を急激な生活環境の変化から守るために認められた特別の保護だとみることになりそうである。そして，この保護は，相続法上の規律とは異質のものであるといえよう[51]。

以上のような理解を前提にするのであれば，内縁を「婚姻に準ずる関係」とみて婚姻法の規定を類推適用する判例の立場[52]を前提とする限り[53]，日本民

---

49) このような指摘は目新しいものではなく，法制審議会民法（相続関係）部会における審議でも，国際的には，婚姻継続中の配偶者の居住が手厚く保護されていることが指摘されていた（たとえば，第 11 回会議議事録 13 頁〔西希代子幹事〕，第 15 回会議議事録 8 頁以下〔水野紀子委員〕，9 頁〔大村敦志部会長〕，第 24 回会議議事録 37 頁〔水野委員〕）。

50) 日本法が，配偶者居住権の導入を契機として，婚姻期間中の家族ないし夫婦の居住の保護に関する規律を整備する方向に向かう可能性はもちろん否定されない。第 196 回参議院法務委員会において，大村敦志参考人は，このような方向性を示唆している（https://kokkai.ndl.go.jp/simple/txt/119615206X02020180703/14）。

51) これとは異なり，配偶者短期居住権についても，「被相続人が所有していた建物での居住権（建物所有権から分化した権利）という財産権を，短期居住権の設定という枠組みで承継させているもの」だと捉える見方も示されている（潮見佳男・詳解相続法〔第 2 版〕〔弘文堂，2022〕400 頁注 12）。

法 1037 条以下の内縁への類推適用は否定されないものと思われる[54]。

## 3　残された課題

本稿では，フランスにおける住宅への一時的権利の位置づけについて一定の検討を加えたが，生存配偶者の保護という観点からも[55]，家族ないし夫婦の住宅の保護という観点からも，断片的なものにとどまっている。また，民法典による保護が薄い非婚姻カップルについては，合意による対処がされているようであるが[56]，この点についても触れることができなかった。残された課題は多いが，その検討については他日を期したい。

---

52) 最判昭和 33・4・11 民集 12 巻 5 号 789 頁。
53) 相続法の規定については，内縁への類推適用が否定されているが（最決平成 12・3・10 民集 54 巻 3 号 1040 頁），本文中で述べたように，配偶者短期居住権は，狭義の配偶者居住権とは異なり，相続による財産承継の構造の一部をなすものではないように思われる。
54) 類推適用の可否については，否定説（大村敦志＝窪田充見編・解説民法（相続法）改正のポイント〔有斐閣，2019〕21 頁〔石綿はる美〕，潮見佳男ほか編著・Before/After 相続法改正（弘文堂，2019）171 頁〔水野紀子〕）と，肯定説（水野貴浩・前掲注 1）110 頁，佐々木健「相続法改正と家族形態の社会的変化——内縁配偶者の居住権の保護に関する一考察」専修法学論集 138 号 135 頁〔2020〕）が対立している。
55) フランス法における生存配偶者保護の全体像を素描するものとして，ソフィー・ゴドゥメ〔石綿はる美訳，齋藤哲志監訳〕「フランスにおける生存配偶者保護のあり方——夫婦財産法，相続法，恵与法」論ジュリ 26 号 195 頁（2018）。
56) Voy. W. BABY, *op. cit.* (note (45)) ; H. LENOUVEL et M. NICOD, Le logement et les couples non mariés à la fin de l'union, *Defrénois*, 2022, p. 34.

# 家族による介護と特別の寄与の意義

冷水登紀代

はじめに
Ⅰ　介護保険制度のもとでの家族の介護
Ⅱ　民法上の扶養と介護
Ⅲ　特別の寄与
おわりに

## はじめに

　特別の寄与（1050条）は，2018年の相続法改正により新設された規定であるが，法務省法制審議会に設置された民法（相続関係）部会[1]の審議過程においても，国会における審議過程においても，後にみるように家族観の対立から立法化の是非や立法した場合の適用範囲をめぐり激しく対立した制度である。すなわち部会の審議過程では，「主に長男の嫁の寄与分が意識されて『家』意識の残滓を問題視するかどうかが対立軸であったが，国会では，事実婚や同性カップルが親族ではないために特別寄与料の請求権者になれないことが問題視された」[2]。このようなイデオロギー的な対立を抱える制度ではあるため，この制度が実際に運用されるなかで，「現在の実務における寄与分算定で一般化しているような詳細な費用証明を必要とするものであれば，実際の意義は，特別寄与料制度がなくても認められる不当利得請求権とそれほど変わりのないもの

---

1) 以下，法務省法制審議会民法（相続関係）部会を，「部会」と略称し，同部会の審議において用いられた資料を「部会資料」，同審議の議事録を「議事録」と表記している。
2) 水野紀子「特定財産承継遺言（「相続させる」旨の遺言）の功罪」久貴忠彦編集代表・遺言と遺留分第1巻〔第3版〕（日本評論社，2020）246頁．水野紀子「家族への公的介入」法時90巻11号4頁（2018）は，この対立軸について伝統的な家族観と親和的なアンチモダン，法律婚の保護を前提とした家族観に親和的なプロトモダン，事実婚もふくめた家族観に親和的なポストモダンの考え方の対立であると整理する。

となるであろう。とはいえ家族に義務を負わせてその対価を相続財産で清算するという方法が，今後の日本社会で高齢者の介護労働を確保していく道として妥当なものであるかは，大いに疑問である」とも評されている[3]。

　特別の寄与が規定された背景には，2000年に開始した介護保険が一定程度社会に浸透した現在においても，家族による介護の問題が残っている。この改正以前は，1980年の民法改正で導入された親（被相続人）の事業や介護を実際に無償で貢献した相続人には，遺産分割において寄与分を認める規定（現民法904条の2）で，相続人間の不公平を解消していた。しかし，寄与したと評価される相続人とともに，あるいは相続人に代わって実際に貢献行為をしていた相続人の配偶者や子といった家族には，被相続人の相続との関係では独立した法的地位が与えられていなかったため，実務は，こうした相続人の家族による貢献は，相続人の履行補助者という構成をとることにより，相続人の寄与分として考慮してきた[4]。特別の寄与の制度の導入は，こうした相続人の家族，とくに親族に限って独自の請求権を与えたという点で一定の意味があるともいえる[5]。

　しかし，このような親族独自の権利を与えたからといって，高齢者の介護を確保していくことには繋がらない。また家族構成員の一人にその役割を固定化することがあってはいけないことは，特別の寄与の立案過程において危惧されていたことであった[6]。立案担当者の説明では，「療養看護を被相続人の親族が担うべきであるという価値判断を前提としたものでな」く，「高齢者等の介護を誰が担うべきかという問題は，その時々の社会情勢や国民意識等を踏まえ，社会福祉施策等の中で議論されるべきものであり，この点について新法が一定の立場を採用したものではないことに留意する必要がある」と説明する[7]。

---

[3] 水野・前掲注2)「特定財産承継遺言（「相続させる」旨の遺言）の功罪」246頁。
[4] 療養看護の提供をした親族を相続人の履行補助者として相続人の寄与分を認めた裁判例として神戸家豊岡支審平成4・12・28家月46巻7号57頁，東京高決平成22・9・13家月63巻6号82頁，これに対し，妻子による無償の療養介護は履行補助者による寄与行為にあたるが親族の同居の利益や同居親族の相互扶助義務があることも考慮され寄与分が認定されたものとしては東京家審平成12・3・8家月52巻8号35頁。労務の提供と療養看護の提供の複合的な事案として盛岡家一関支審平成4・10・6家月46巻1号123頁。
[5] 潮見佳男「相続法改正による相続制度の変容」民商155巻1号18頁（2019）。
[6] 特別寄与料の請求権者を親族に限定することは，親族に介護を推奨するといった誤ったメッセージを送る可能性がある（部会第22回議事録57頁〔金澄路子監事発言〕）との指摘がある。

相続法改正の部会の審議過程をみるかぎり，特別の寄与は，制度の導入自体に否定的な意見が多く，導入したとしても運用がどのようにされるか次第では多くの問題を引き起こす可能性を示唆されながら，導入された経緯をもつ。2019年7月1日の施行から5年が経ち，2023年には遺留分権と特別の寄与との関係をめぐり最高裁において判断がされている[8]。また，この間，特別の寄与の請求権者となりうる親族の状況も少なからず変化している。部会においてよく取り上げられていた「長男の嫁」による介護は，統計的には今後減る可能性がありうるが[9]，孫世代による祖父母の介護や若年者による兄弟の育児は，「ヤングケアラー」の問題として近年認識されはじめた問題である。しかし，老親介護に関しては，いずれにしても，次にみる介護保険制度を現に利用している者の状況からは家族による介護の問題は依然として残っている。

　そこで本稿では，このような状況において，相続人ではない親族が行った介護ないし療養看護について独自の権利を与えた特別の寄与はどのような意味をもつのか，またこの制度のなかで家族による介護をどのように評価する可能性があるのかを寄与分との比較のなかで，検討したい。

　以下では，この検討を行う前提として，介護保険制度は，「介護」をだれがどのような形で負担する制度として設計されているのか（I），また，民法における扶養と介護の関係を確認しておく（II）。

---

7) 堂薗幹一郎＝野口宣大・一問一答　新しい相続法——平成30年民法等（相続法）改正，遺言書保管法の解説（商事法務，2019）。
8) 最決令和5・10・26民集77巻7号1911頁。
9) 厚生労働白書（令和5年度版）〔https://www.mhlw.go.jp/stf/wp/hakusyo/kousei/22/backdata/02-01-01-03.html〕の統計からみる限り，雇用者の共働き世帯は，1990年後半にはかつての男性雇用者と無業の妻世帯（専業主婦世帯）を上回り，その差は拡大している。このような影響をうけてか，2022年12月13日付で掲載されている朝日生命インターネットアンケート調査「自分の老後・介護についての意識調査」では，64歳以下の者を対象にしていることもあり，自身が介護状態になった場合には，第三者による介護を希望する者の割合が37.4％，配偶者を希望する者は22.1％，子を希望する者は10.7％で，いわゆる「長男の嫁」が入るその他親族を希望する者は0.6％である（https://www.asahi-life.co.jp/company/newsrelease/20221213_1.pdf）。

## I　介護保険制度のもとでの家族の介護

### 1　介護保険制度の目的と財源

　介護保険制度が開始する以前は，高齢者の介護は，介護施設がないわけではなかったが，家族，とりわけ女性に大きく依存していた。「介護疲れ」の状態の中で，家族介護者の約半数が要介護者に対する虐待を経験しているとの調査もあるなど，介護の問題は，家族の人間関係に大きなひずみを生じさせていることも指摘されていた。介護の問題は，国民の誰にでも起こり得る問題であり，家族だけで介護負担を担うことは不可能に近いという認識をもとに[10]，介護保険制度は，「高齢者が介護を必要とする状態になっても，自立した生活を送り，人生の最期まで人間としての尊厳を全うできるよう，高齢者介護を社会的に支える仕組みとして創設され」た[11]。

　このような目的で創設された介護保険制度は，保険者を国民に最も身近な行政単位である市町村とした上で，国，都道府県，医療保険者等が市区町村を重層的に支え合う仕組みをとった[12]。

　介護保険の財源は，被保険者や事業主の支払う保険料は50％で，残りの50％は公的負担により賄われる（国の負担割合は25％，都道府県と市区町村の負担割合は各12.5％〔介保121条，123条。介護保険施設等の費用の負担割合は，123条1項2号〕）。介護保険料の負担者は，65歳以上の被保険者（第1号被保険者）と40歳以上65歳未満の医療保険加入者（第2号被保険者）であり，1号被保険者は，年収が一定額あれば年金から天引きされ，それ以外の場合は，市区町村長により直接徴収される（介保131条）。また，第2号被保険者のうち会社員や公務員の保険料は，医療保険の保険料と同様に，労使折半で負担することになった[13]。

　「介護の社会化」を費用面で支えているのは，50％は公的費用——国，都道府県，市町村による負担は税による負担であるため広く社会全体——で，残り50％は40歳以上の者とこれらの者を雇用する企業等であり，社会を構成する

---

[10]　厚生白書（平成10年版）80-90頁〔https://www.mhlw.go.jp/toukei_hakusho/hakusho/kousei/1999/dl/08.pdf〕。
[11]　厚生白書（平成11年版）1-2頁。
[12]　前掲注10）厚生白書（平成10年版）2頁。
[13]　本沢巳代子＝新田秀樹編・トピック社会保障法2024〔第18版〕（信山社，2024）45-48頁。

一人ひとりが二重・三重に負担していることになる。また，制度の利用時には，以下の通り利用者は，費用の一部を負担する必要がある。

## 2　利用のための手続きと利用時の負担

　介護保険制度は，1で確認したように社会全体で負担するものであるから，ある個人が「介護が必要である」と希望しても，その希望する者が求めるあらゆるニーズをカバーするものとはなっていない。

　介護保険の給付を受けるためには，加齢等に伴う「要介護状態」等が生じていることが必要であり，それがどの程度かによって，受けられる給付が異なる。すなわち，要介護状態がどの程度であるかを，市区町村により5段階区分で判断されることになる（要介護認定〔介保19条1項〕。要介護状態には至っていない予防給付の場合には，要支援の認定（2段階区分〔同条2項〕）。

　認定の申請を受けた市区町村は，被保険者の心身の状況調査を行い，市区町村等の介護認定審査会に諮られ，合議により非該当（自立）か，要支援1から要介護5までのいずれの段階に該当するかの判定がされる（介保27条4項，32条3項・4項）。この判定の通知を受け，利用者が自ら，サービスを受ける事業者との間で契約を締結し，この契約において利用するサービスを選択し，決定することになる。

　介護保険制度は，上記のように，介護が必要な状態にある者が申請によって利用することができるが，仮に必要になったとしても利用しなければいけない性質のものではない。また，保険料を払ったとしても，保険事故が生じることなく，死亡することもある。このような場合は，Ⅰ1の負担のみを負う状態となる。

　居宅介護サービス費は，要介護被保険者（利用者）が指定事業者から保険給付の対象となるサービスを受けた場合に，保険者（市区町村）から被保険者に支給される。サービスの費用負担は，保険者が7～9割である（介保41条～43条）。利用者が原則1割を負担するのは，サービスを利用する者と利用しない者との間の公平性の確保等の観点からであり[14]，一定以上の所得がある者が2割（2014年改正），特に所得の高い層は3割（2017年改正）に引き上げられた

---

14）前掲注10）厚生白書（平成10年版）2頁。

（介保49条の2，59条の2）。自己負担の割合は利用者と同一の世帯に属するすべての第1号被保険者の所得の合計額を考慮して判断され（介保令22条の2第4項・7項），主に高齢者夫婦を念頭においた世帯単位での制度設計がされている[15]。

なお，区分支給限度基準額を超えるサービスが必要と利用者が考え，サービスを利用した場合には，超える部分については，全額自己負担となる。

これに対し，施設介護サービスの場合，要介護被保険者（利用者）が，介護保険施設において施設サービスを受けたときに，施設介護サービス費が支給される（介保48条1項）。支給されるサービス費用の負担は，保険者が7割から9割，3割から1割が自己負担となる（介保48条2項，49条の2）。

特に2014年の改正により，介護福祉施設の新規入所者は原則として要介護3以上の者に限定され，要介護1・2の者は一定の場合にのみ入所できるにすぎないとされた[16]。また食費や住居に要する費用などの日常生活費として省令で定める費用は，全額自己負担となる（介保48条2項括弧書）。これらのコストは介護が必要かどうかにかかわらず通常の生活にかかわる費用である。また，同時に，低所得者の負担を軽減するために，補足的給付として，特定入所者介護サービス費が創設されている（介保51条の3）。

介護を必要とする者が，環境上の理由及び経済的理由により居宅での養護を受けることが困難であったり，虐待などのやむを得ない事由により，介護保険を利用することができない場合には，特別養護老人ホームへの入所の措置が取られることがある（老福11条1項1号・2号）。この場合，市区町村長は，本人または扶養義務者から費用の全部または一部を徴収することができる（老福28条1項）。

介護保険の利用時には介護サービスを利用した者のみが負担者となるが，措置入所の場合には被措置者の扶養義務者も費用徴収の対象となる[17]。

---

15）中野妙子「社会福祉の利用者負担における家族の位置づけ」社会保障法39号28頁（2023）。
16）本沢＝新田・前掲注13）37頁。
17）中野・前掲注15）29頁。

## 3　介護の再家族化？

　介護保険制度は，家族内でのみ行われてきた介護を，「公的な社会保障制度によって代替ないし外部化」し，この機能を発揮するために介護給付とそのための費用調達の仕組みを整えてきた[18]。もっとも制度が開始しても，要介護者自身は，自らの意思で，家族の支援を受けながら生活を維持することを望むことがある。特に，本人のもつ家族観から公的介護サービスの利用を全面的に拒むこともある。このような場合，本人は1でみた保険料を負担しているにもかかわらず，公的なサービスを受けていないため，家族の負担が増加する。また公的な介護施設に入居待ちなどの理由で入所できない場合には，家族が介護を負担せざるをえない状況もある。そのため，制度の導入前から自治体が単独事業として実施してきた介護手当について，現金給付の導入も議論されたが，賛否両論の結果制度化されなかった。賛否の論拠として，積極論は，(1) 高齢者および家族の選択権（家族介護と社会的介護の選択権）の尊重，(2) 外部サービスの利用者との公平性，(3) 離職者の収入の補填，消極論は，(1) 必ずしも適切な介護に結びつかない，(2) 女性が介護に縛り付けられる（介護の固定化），(3) 高齢者の自立を阻害するおそれがある，(4) 介護が密室化し質が保たれないというものであるとされている[19]。

　現状において，介護保険制度は，家族介護の「代替」を十分保障する介護サービス提供とはなっておらず，また家族介護者や家族の介護費用の補填についても十分な支援が行われているとはいえないとも指摘されている[20]。介護保険制度導入後も高齢者介護は家族が無償で提供し，サービスを代替しているところも多く，介護保険財政や制度改正の状況から，家族が介護を行わなくとも介護サービスを利用しながら，一人暮らしや高齢者のみの世帯でも，できる限り在宅生活ができる仕組は実現されていない。また，開始以降何度も改革しなが

---

[18] 森川美恵「高齢者介護政策における家族介護の『費用化』と『代替性』」大沢真理編・福祉国家とジェンダー（明石書店，2004）140頁は，介護保険制度は，介護の代替ないし外部化という機能を発揮する具体的な費用徴収および給付の仕組みとして，政府が提示したものとする。

[19] 菊池いづみ・家族介護への現金支払い——高齢者介護政策の転換をめぐって（公職研，2010）122頁。なお，介護の社会化が家族の介護を前提としている家族介護補充説の立場からは，家族介護による現金給付は必然とはいえない（同125頁）。

[20] 森詩恵「介護保険制度における『介護の社会化』と家族介護——高齢者の生活全体を支える介護支援とは何か」大原社会問題研究所雑誌771号47頁（2023）。

ら制度を維持しているが，在宅での介護の場合，家族が無償で何らかの支援をすることが前提での状況であるだけでなく，サービス利用の抑制や費用負担の増加によって再び家族が介護を担う「介護の再家族化」が今まで以上に懸念されており，現時点での在宅での介護生活が続けられるかどうかは家族の有無が大きく影響している[21]。

## II 民法上の扶養と介護

### 1 扶養義務

Iで確認した状況において，民法上，家族による介護をともなう支援は法的にどのように評価することができるか。

民法上，夫婦間では，婚姻の本質的な義務である，相互の協力・扶助義務がある（752条）。親族間では，877条以下の扶養義務がある。本稿が対象とする高齢者の介護は，夫婦間では752条の，親族間では，879条の扶養の方法（の一つの内容）として位置付けることができるのかという観点から民法上議論されてきた。

夫婦間の扶養義務や親が子を扶養する義務は「身分関係の本質的不可欠的要素」であるとして，自己の生活の一部として他の者の生活を保持しなければならないと解されてきた[22]。

親族間での扶養の権利義務は，現行法のもとでは，877条1項に従い当事者間の協議で決まり，協議も調停も調わない場合には最終的に審判で決定することになる。通説は，親族間の扶養義務は偶然的・例外的な義務であり，条文上は規定がないが，扶養権利者が①扶養必要状態にある場合に扶養の請求ができ，義務者が②自らの相当な生活を犠牲にすることなく扶養することができる扶養能力がある場合に扶養義務が認められるとする[23]。直系血族間の祖父母と孫と

---

21) 森・前掲注20）47-48頁。
22) 生活保持義務とされる。中川善之助・新訂親族法（青林書院新社，1965）597頁。この考え方は，「親族的扶養義務の本質（1）(2・完)」法学新報38巻6号1頁，7号48頁（1928）をもとにする。なお，子に対する親の扶養義務は，2024年に成立した「民法の一部を改正する法律」により，817条の12第1項に「生活保持義務」であることが明記された。
23) 中川・前掲注22）「親族的扶養義務の本質（1）」38巻6号9頁以下。

の扶養が問題となるときは，通常親等の近い子（孫の親）がいる場合には子が扶養義務者となるため，扶養義務を負担するのは，子に資力がなく扶養義務を負担できないなどの理由により，扶養義務の順位について協議または審判により定められた場合となる（878条，家事別表第二10）。

子の配偶者など3親等内の親族は，877条2項により，特別な事情があるときに家庭裁判所による扶養義務の設定の審判があってはじめて扶養義務者となる（877条2項，家事別表第一84）。

親族による扶養の方法は，①引取か②金銭のいずれかの方法によると解されているが[24]，扶養の方法についても協議または審判により定められる（879条）。学説上は，①引取による扶養は，権利者・義務者の負担が大きいため，当事者の合意がなければ，それを強制することはできないものと解する立場が有力である[25]。親族間のうち特に老親の扶養義務は，夫婦間の扶養義務や未成熟子に対する扶養義務と区別しない説においても，引取扶養を認めるが，引取は，成人扶養の方法としては，非本来的であって，経済的給付の代物弁済的なものなので，これを法的に強制することはできないと解されてきた[26]。

老親が子に対して求める引取に関する審判例でも，当事者の合意を条件に引取を認める例[27]，義務者が引取の意向を示したため引取を認めた事例[28]はあるが，扶養権利者により引取を求められたとしても，義務者の意向を考慮して引取が否定されている[29]。

---

[24] これらの二つの給付方法は，明治民法961条において，扶養義務者が①扶養権利者を引き取って養うか，②「生活ノ資料」を給付するかを選択することができる旨を規定していたことに沿革をもち，同条ただし書により，正当事由があれば権利者が異なる方法を裁判所に請求できるとしていた。明治民法で，引取扶養が給付の一方法として規定されたのは，外国では金銭給付をすべきとされているところ，日本では自家に引き取って扶養をなすことが多いという事情を考慮しての規定であること，引取の場合，権利者と義務者の和熟が必要ではあるが，扶養義務者の資力が別居を許す状況でなければ，費用を負担させることはできないためと説明されている（梅謙次郎・民法要義巻之4〔復刻版〕〔有斐閣，1984〕548-549頁）。このように，明治民法においても，引取扶養は，費用を負担できない義務者に配慮しての規定であることが分かる。

[25] 二宮周平・家族法〔第5版〕（新世社，2022）284頁は，合意があれば，扶養の履行方法の一つとして認められるが，人間関係の調整のため，権利者や義務者とその家族の意思を尊重し，介護保険の利用を確保したうえで無理がないようにする配慮が必要であるとする。

[26] 鈴木禄弥・親族法講義（創文堂，1993）245-247頁。

[27] 仙台家審昭和56・3・31家月33巻12号73頁，大阪家審昭和40・3・20家月17巻7号132頁。

[28] 福島家審昭和40・4・28家月17巻8号45頁。

## 2　介護の社会化と扶養との関係

　引取をすることで生じる成年者に対する「面倒見」といわれる支援は，それを担う者に重い負担を課すことになるため，老親に対する介護保険制度が整備される以前から，扶養を一元的に捉える説から慎重な解釈が求められている[30]。

　とくに，特別の寄与の請求者は，相続人ではない親族である。特別の寄与の部会での議論のなかで，相続人の配偶者による相続人の親への介護を752条を根拠とする可能性も示されていたが[31]，通説は，752条はあくまで夫婦間の生活上の協力・扶助義務であると解しており[32]，この義務に基づき配偶者の父母に対する介護義務があるとはいえない。JR東海事件（最判平成28・3・1民集70巻3号681頁）は，「民法752条は，夫婦の同居，協力及び扶助の義務について規定しているが，これらは夫婦間において相互に相手方に対して負う義務であって，第三者との関係で夫婦の一方に何らかの作為義務を課するものではな」いとしている。

　このようにみると，民法上，子が扶養義務を負う場合であったとしても，扶養義務者である子と扶養を求める親双方が「引取」による扶養について合意しないかぎり，引取扶養でさえ法的に強制されることはない。介護よりも広い概念をもつケアに関しては，①ケアする権利，②ケアされる権利，③ケアすることを強制されない権利，④ケアされることを強制されない権利という4つの権利の集合体と捉えられる。ケアする権利はケアすることを強制されない権利と表裏の関係にあり，自発性と選択性を含んでいるが，高齢者の介護や子育てのようなケアワークは，ケアを受ける者とケアをする者との相互行為であり，それぞれの自己決定には両義性，すなわち積極性と消極性，能動性と受動性があ

---

29) 東京家審昭和42・3・17家月19巻10号144頁，松江家審昭和42・10・24家月20巻5号125頁。
30) 鈴木・前掲注26) 247-248頁では，「成人に対する面倒見的援助の義務は，同じ成人に対しての経済的援助や財産保全のための援助に比しても，また，未成熟子に対する面倒見的援助に比しても，義務者の心身に継続的で重い負担を課すことになり，状況によって，義務者を奴隷的に拘束する（憲18条）に近い状況を出現させる可能性もないではない。それゆえ，この義務を法的に強制するについては，きわめて慎重でなければならない」とする。
31) 部会資料3・11頁。
32) 中川善之助・新訂親族法（青林書院新社，1967）227-230頁，我妻栄・親族法（有斐閣，1961）83-84頁。近年では，二宮・前掲注25) 55-56頁，常岡史子・家族法（新世社，2021）61頁など。子の配偶者の収入を子の父母の扶養義務において考慮する裁判例はある（広島高決平成29・3・31判時2388号33頁）。

り，選択できないケアは「圧力」や「強制」になると考えられている[33]。当事者の合意がない限り強制されることのない扶養の一方法としての「引取」の法的位置づけは，こうした考え方にも馴染むといえる。しかし，高齢者の介護（療養看護）は，このような自己決定をする明確な「きっかけ」がない状態で，同居ないし近居する子や親族が，当初はそれほど負担のない家族内での協力という名のもとで支援を始め，老親の介護度がすすむ状態に応じて負担が大きくなり，継続する状態となる。そのため，「財産のある者」，すなわち通説に従う限り 877 条以下の法定の扶養の権利義務は本来問題とならない者 (1) への家族による介護は，死後に相続法の枠組みで財産を調整する寄与分や特別の寄与は，明確に契約等による財産移転を行えない家族，特に介護を行う側にとっては介護の労に報いる制度として現実に機能する仕組みとなっている。

以下では，このような家族による引取扶養と介護に関する扶養法上の理解をもとに，特別の寄与における「療養看護」について検討していく。

## Ⅲ　特別の寄与

### 1　正当化根拠──寄与分との比較

#### (1) 寄与分の考え方

寄与分制度は，要介護者への介護について不当利得や事務管理などの財産法理による解決も考えられるが，日本社会においてはこれらの制度を用いた解決も困難であるとして整備された[34]。

特に，療養看護型寄与分は，労務提供型に比べ，社会的実態として，「(1)寄与たる給付が，家族的な関係──その特徴は，その人間関係の形成が当事者の意思によらないこと，人的でまた，終身的なことである──に基づいて，多かれ少なかれ<u>献身的</u>〔下線は，原文は傍点。以下同じ〕になされ，したがって (2) 寄与者は，給付の対価を<u>受益者たる被相続人からは</u>期待せず，<u>受益者の死</u>

---

[33) 上野千鶴子・ケアの社会学（太田出版，2011）58 頁以下では，「ケアの人権」アプローチとし，ここでの人権は，特定の社会的条件のもとではじめて成り立つ権利のため，普遍的な規範を前提にしなくてもよいことを意味するだけでなく，社会的権利として立てられるべきものであるとして，一定の社会的条件をもとにケアの社会的再配置のビジョンが示されている。
34) 加藤一郎「相続法の改正（下）」ジュリ 723 号 110 頁（1980）。

亡後にその相続財産がある限りにおいてそれら何かの——給付の金額ではない——利益を期待する」にとどまる寄与行為であるからである。そのため，療養介護型は，他の類型に比して権利性も弱いとも説明がされている[35]。

近年でも①財産給付型・労務提供型の寄与行為は，清算的意味をもつが，②療養看護は公平的な意味から認められた類型であると解する説がある[36]（以下，療養看護型について公平の観点から正当化するものを「公平構成」とする）。

このような考え方は，904条の2第1項の「財産の維持又は増加」の要件について，療養看護により財産の維持・増加がない場合でも，他の相続人との関係において寄与があったと評価できる場合には，寄与があったと評価していく[37]。

これに対し，家庭裁判所実務では，寄与分の算定において，それぞれの類型ごとに客観的な基準にしたがった算定方式により寄与分の算定がされている[38]。東京高決平成29・9・22家判21号97頁では，被相続人の要介護度に応じた要介護認定等基準時間の訪問介護費に，被相続人が要介護認定を受けた期間から被相続人が自宅にいないショートステイの利用日数を控除し，残った日についてデイサービスの利用日数の半日を控除した療養看護の日数に，親族が介護したことによる裁量割合として0.7乗じた価額を寄与分として認定した。さらに被相続人が自宅にいてサービスを利用せず親族が痰の吸引などの医療行為をしている場合には，看護報酬に裁量割合として0.7を乗じた費用を加算して寄与分の認定がされている。

このような考え方は，相続人間の不公平を是正するというよりも，寄与者がいなければ誰かに有償で費用を支払っており，この費用相当額が相続財産の維持・増加に寄与しているため，この部分を清算するという発想によるものである（以下，療養看護型について清算の観点から正当化するものを「清算構成」とする）。このような考え方に従えば，療養看護型であっても，相続財産のなかに一定の権利性を見出すことは可能である。この考え方に従えば，寄与分を主張する者の行為による財産の維持・増加の要件を充たして初めて，寄与分の認定がされ

---

35) 瀬川信久「寄与分における相続人間の公平と被相続人の意思（1）」判タ540号21頁以下（1985）。
36) 窪田充見・家族法（有斐閣，2019）433-434頁。
37) 窪田・前掲注36）440頁。
38) 北野俊光「寄与分の算定（類型ごとに）」判タ1100号279頁（2002）。

ることになる．被相続人の療養看護や身辺の世話をして特別の寄与をしても，それが財産の維持・増加につながっていなければ――その証明ができなければ――寄与分の対象とはならない[39]．

　清算構成に対し，療養介護型の寄与行為を清算的に捉えること――寄与行為により被相続人が「出費の節約」ができたため財産の維持・増加ができた――と解することは，重度の介護のように市場での代替サービスの調達ができるような場合（有償ないし金銭評価のできる介護）には，一定の意味がある．しかし，介護には家族内の利他的行為という性質があることも否定できず，精神的な「苦労」を伴う行為については比較的軽度な介護の場合は清算構成では切り捨てられる可能性がある[40]．このような金銭評価が難しい比較的軽度な介護については，裁判官の裁量によることになるため，公平の観点から寄与分として評価する必要性を指摘する説がある[41]（以下，「折衷構成」とする）．この考え方は，清算構成とともに公平構成でも財産の維持・増加があったと評価することを認める．

　このような違いがあるものの，清算構成においても折衷構成においても，実務における904条の2第1項の「特別の寄与」の要件ないしその認定のあり方に見直しを求める．

　介護保険制度が開始して以降，実務では，被相続人が要介護2または3以上であることが，子による904条の2に基づく療養看護の寄与分を認める基準となっていると分析されているが[42]，これは，「遺産形成について」寄与分があると評価されるためには，夫婦であればその「協力義務にもとづく一般的な寄与にもとづき，寄与配偶者の遺産中に占める潜在的な持分は，相続分の形で定式化されているものと考えられるので，一般的な寄与を根拠として，寄与配偶者に対し法定の相続分以上の遺産を取得させることはできない」[43]との考え方

---

39) 潮見・前掲注5) 270頁．
40) 吉田克己「高齢者介護と相続法理」石川恒夫＝吉田克己＝江口隆裕編・高齢者介護と家族――民法と社会保障法の接点（信山社，1997）150-151頁．
41) 吉田・前掲注40) 152頁．この考え方のもとになった調整説は，「等しきものは等しく」という実質的公平の概念に支えられている（同147頁）．
42) 門広乃理子「寄与分制度の現状――裁判例の量的・質的変遷を通して」家族〈社会と法〉32号30頁（2016）．
43) 高松高決昭和48・11・7家月26巻5号75頁．

による。夫婦間では752条の協力・扶助義務が，親族間では877条以下の扶養義務があるが，この義務は「通常の寄与」にあたり，「相続分」において評価されている。したがって，寄与分が認められるためには，これを超える寄与，すなわち寄与の特別性が求められている。

しかし，そもそも寄与分が問題となる場合には，通常被相続人は一定の財産を有するため，すでにみたように扶養法における通説に従えば，この者は「扶養必要状態」にはなく，子は民法上の扶養義務を負っていないと解することができる。いずれにしても877条以下の扶養は，当事者間の協議・審判を前提とした制度であるため，協議等がない状態では，扶養義務は生じない。仮に，扶養義務が協議・審判で認められれば，扶養義務を履行したからといって，寄与分の主張はできない[44]。また，老親に対する子の扶養義務は絶対的扶養義務であり抽象的には子は親の扶養義務を負っているため，このような協議・審判がない状態であっても寄与分の評価においては扶養義務を認めてもよいと考えることは，他の子も同じような負担をしていなければ，寄与行為をした子のみに扶養の負担をさせることにつながり，清算構成だけでなく，公平構成においても矛盾があるように思われる。

財産があるため「扶養必要状態」にはない場合に引取をするというのは，877条の協議（法定の扶養に関する協議）というよりは，877条以下の法定の扶養を超えた契約（扶養契約）[45]と評価することができる。このような契約において一方が無償で支援をするということであれば，それはこの契約により「扶養義務」が生じるからであるといえる。ただし，このような契約は，債務者にとって負担が大きいため，契約自体の有効性や解除の問題は，別途検討する必要がある[46]。

このように扶養の観点から寄与分をみたときに，「通常の寄与」が問題となる場面は，厳密には想定しにくい。そうであるならば，親に対する子の寄与の

---

44) 潮見・前掲注5) 267頁。
45) 久保野恵美子「扶養契約」安永正昭＝鎌田薫＝能見善久・債権法改正と民法学Ⅲ　契約（2）（商事法務，2018）368頁以下，特に370-371頁。
46) 水野・前掲注2)「特定財産承継遺言（「相続させる」旨の遺言）の功罪」247頁では，個人間で「死ぬまで身の回りの世話をする」というような契約は，有効に成立せず，事業者における契約でも一時金を対価とする終身の介護保障契約は合理的ではないとする。

場面では，実務による「特別の寄与」の評価を緩和する方向での見直しも検討するべきである[47]。

### (2) 特別の寄与

2018年の相続法改正における立案過程においても，立案担当者からの説明では，家族による療養看護などの行為に対して，被相続人との人的関係等によっては被相続人に契約や遺贈などを依頼することは心情的に難しく，被相続人の死亡後に財産法上の根拠に基づく請求をする場合，その成立が認められない場合や，成立するとしてもその証明が困難なことも多いと指摘されていた[48]。しかし，寄与分制度の整備から20年が経過した2000年にはすでみたように介護保険制度の整備がすすみ，高齢者自身が介護に必要なサービスについて家族以外のところから一定程度調達しようと思えばできるようになっている。このような社会制度の整備もあってか，特別の寄与の制定過程の議論は，寄与分の制定過程の議論と比べて，否定的な意見もみられる一方で，家族の多様化する社会状況に照らし，相続における事実婚における保護の観点からこの制度の適用範囲を広げる議論がみられた。

第1は，このような状況も踏まえ，相続人以外の者の貢献行為については，財産法上の金銭請求権が認められるべきで[49]，仮にこのような請求ができないのであれば，相続開始時に「特別の寄与」のような請求ができる正当化根拠が問われるなど[50]特別の寄与を設けること自体に批判的な考え方があった。この考え方に従えば，相続人以外の者が被相続人に対し行った給付について，財産法上の報酬請求権が生じるような場合には，本来被相続人が生前に清算しておくべきで，生前に清算されていなければ，相続債務として解決することになる（この考え方自体は，制度化すること自体を否定するが，この背景にある考え方は，相続財産に財産上の権利があればその返還を求めることができるという清算の考え方で

---

47) 潮見・前掲注5) 268-289頁では，相続人間の不均衡を理由として寄与分を認める発想（公平構成）を採用する以前に，配偶者・親族間での療養看護・扶養を極度に義務化しない考え方を基礎にすえるべきであるとする。
48) 堂薗＝野口・前掲注7) 176-177頁。
49) 第7回議事録39頁〔潮見佳男委員発言〕，部会資料14・24。
50) 第7回議事録39頁〔潮見佳男委員発言〕。

ある。以下,「清算構成」とする)。

　第1の考え方に対し，特別の寄与を肯定する考え方である。請求権者を親族に限定する考え方と親族に限定しない（非限定の）考え方の2つに分けて整理される。いずれも考え方も基本的な発想は，従来の寄与分の考え方に沿うものの，履行補助者構成により相続人が寄与分を主張する方法はなぜ相続人が寄与分の主張ができるのかが明らかでなく，相続財産に貢献行為をしていない相続人が遺産分割により相続財産を取得するのに対し，相続人以外の者が相続時に考慮されないのは実質的に不公平であり，被相続人が遺贈などをしていなくても，相続人以外の者の貢献に報いるための制度を整備する必要があるということにある[51]。

　このうち，親族に限定する第2の考え方は，一定の人的関係にある者が療養看護等をした場合には，被相続人との間で有償契約を締結するなど，被相続人の生前に一定の対応を取るのが困難であり，この者の利益を保護し実質的公平を実現するためにこの制度を整備する必要があるとする[52]。また，遺産分割において，親族以外の者に遺産の分配を認めることは相続に関する紛争が複雑化・長期化するという理由による（以下，「公平構成」とする）[53]。

　第3に，特別の寄与を肯定し，親族関係にない者でも特別な寄与がある場合に，特別の寄与料の請求が認められてもいいとする非限定の考え方には，厳密には2つの考え方がある。①一定の関係性により行われた療養看護等の貢献行為について，「被相続人の財産の維持又は増加」させた場合には，「相続時に清算する」という考え方[54]と，②事実婚や同性カップルの関係性に着目し，その保護を図る趣旨で特別寄与料の請求を認める考え方[55]である。相続財産の

---

[51] 部会資料3・10-11頁。なお，堂薗＝野口・前掲注7）176-177頁でも基本的にはこのような説明をするが，「被相続人の推定的意思に合致する場合も多い」とも説明する。ただし被相続人と生前に契約できないために特別な権利を与える趣旨であれば，「実質的公平を図る色彩が強」いといえる（第26回議事録15頁〔秋田純関係菅説明〕）とする。

[52] 堂薗＝野口・前掲注7）180頁。

[53] 堂薗＝野口・前掲注7）179頁。親族は，前掲注51）のように，被相続人との契約ができない，しにくいという状況にあることがこの制度を整備する前提となっている。

[54] 部会資料10・16頁，窪田充見「相続人・家族の寄与」民商155巻1号77頁（2019），久保野恵美子「相続法改正論議にみる『家族の多様化』・『高齢社会』」家族〈社会と法〉34号66頁以下（2018）。

[55] 部会資料19-1・2頁，第196回国会衆議院法務委員会議録20号〔鈴木賢参考人説明〕である。

取得の根拠という観点からみると，①の基本的な発想は，清算構成を前提にした考え方といえる[56]。

このような議論を踏まえると，特別の寄与の正当化根拠は，立案担当者は第2の考え方である「公平構成」で説明しつつも，特別の寄与制度によることなく，財産法上の請求ができる場合にはこの請求を否定しておらず[57]，その意味では第1の清算構成の考え方も意味を持つことになる。

## 2　寄与分との違いと共通性

特別寄与料の請求は，相続人でない親族[58]が，遺産分割の手続きとは別に，相続人に対して，特別寄与料請求をする[59]。相続人ではないため，相続債務の負担はない。

相続人とは異なり，「法定相続分」にあたるものはなく，特別寄与にあたると算定された価額のみを受領することができる。

1でみたように，「寄与分」の法的評価について，実務では，立法当初に説明されていた「公平構成」から離れ，客観的な基準にしたがった算定方式を取り入れていた（清算構成）。このような状況であるにもかかわらず，特別の寄与の根拠に関し，立案担当者は「公平」に依拠する説明をしている。また，特別の寄与の要件には，寄与分と同様に，被相続人の「財産の維持又は増加」について「特別の寄与」があったことがあげられている。

このような要件のもと，特別寄与料の額の具体的な算定方法については，概ね，寄与分の制度と同様の扱いがされ，「代表的な考え方によれば，寄与分の額は，第三者が同様の療養看護を行った場合における日当額に療養看護の日数を乗じたうえで，これに一定の裁量割合を乗じて算定する」が参考になるとする[60]。他方で，「特別の寄与」については，904条の2と異なり，「通常の寄

---

[56]　②の考え方は，公平構成に近いと考えられる。
[57]　堂薗＝野口・前掲注7）176頁。
[58]　すでにみたように，2018年改正時には，相続人以外の者への適用も議論されているが，立案担当者の説明に従えば，「親族」以外の者には適用されないとする（堂薗＝野口・前掲注7）181頁）。
[59]　もっとも，相続人の「履行補助者」として，遺産分割において，相続人が特別の寄与者の寄与を主張することは否定されていないと解することもできる（潮見・前掲注5）457-458頁にかけて，履行補助者の主張を排斥する考え方と認める考え方の説明がされている）。
[60]　堂薗＝野口・前掲注7）185頁。

与」との対比ではなく、「その者の貢献に報いるのが相当と認められる程度の顕著な貢献」であるとの説明がされている[61]。この立案担当者の説明は、第三者が療養看護した場合と同じように客観的に評価することを求めており、しかも「相当程度に認められる」「顕著」な貢献があってはじめて特別性の要件を満たすというのであるから、「公平構成」というよりは「清算構成」の意味に近い。ただし、「顕著」な貢献を過度に要求するのは、この制度の趣旨にそぐわない可能性がある。

　すでにみたように、特別の寄与を請求する者は、そもそも、相続分がない。また、扶養義務を負うのは、親等の近い子などに扶養能力がない場合という例外的な場合である（Ⅰ3）。寄与分の場面でも、子は扶養義務を具体的に負担しない状態であるにもかかわらず、従前の実務は、扶養義務を超える、すなわち「通常の寄与」を超える「特別の寄与」を求めてきた。しかし、寄与分を求める相続人以上に、特別の寄与者は、被相続人との関係では離れた存在であり、このような者に寄与者と同等の「通常の寄与」を負担させるだけの根拠はない。

　在宅介護の場合、介護度があがれば、あるいは認知症などで介護が必要な場合には介護度がそれほど高い状態でなかったとしても、家族による支援がなければ、生活することが困難な状態になることが指摘されている（Ⅰ3）[62]。

## 3　遺留分との関係

　特別寄与料は、寄与分と同様に、相続財産の価額から遺贈の価額を控除した残額の範囲でしか請求ができないことを規定する（1050条4項）。もっとも、遺留分と特別の寄与との関係は規定していない。冒頭の最高裁令和5年決定は、被相続人からすべての財産について相続分の指定を受けた相続人の配偶者Aが、相続分の指定を受けられなかった相続人であって遺留分侵害額請求権をした者に対して行った特別寄与料の請求を否定した（事案の詳細は分からず、そもそもAによる特別寄与料請求が要件を満たす貢献を行っていたかも不明である）。この決定は、1050条5項──同規定も寄与分に関する904条の2第4項に沿った

---

[61) 堂薗幹一郎＝神吉康二・概説　改正相続法（ぎんざい、2019）164-165頁。
[62) 施設介護の場合には、介護を含めた生活上の問題が施設によって解消し、家族による介護の問題は、一時的な帰宅などがなければ在宅での介護は問題とならず、有料老人ホームなどでの費用負担を利用者本人ができない場合に扶養料の負担の問題が生じることになる。

規定である——が,「相続人間の公平に配慮しつつ」,「紛争の複雑化,長期化を防止する観点から」,法定相続分等により特別寄与料を負担するとしている趣旨を考慮し,遺留分侵害額請求の行使という同項が規定しない事情によって,この法定相続分等の負担を修正することにはならないとの判断をしている。これに対し立案担当者は,「特別の寄与は公平の見地から法律上認められたもので」,遺留分によって当然に制限される関係になく,遺留分侵害額の確定をめぐり「紛争の複雑化・長期化のおそれがある」ため遺留分との関係を規定せず,同条3項の「一切の事情」で考慮するべきと説明する[63]。いずれの考え方も,特別の寄与の趣旨を「公平」ととらえ,紛争の複雑化・長期化を回避するということを目指しているにもかかわらず,真逆の帰結をもたらしている。

学説には,遺留分権利者は,実質的には遺産に対する物権的な権利は主張できなくとも,法定相続分の一部であるとみることができ,このようにみた場合には遺留分権利者に相続法上の利益がある以上特別寄与料を負担することが他の相続人との関係で公平な解決になるとしつつ,特別寄与料の請求は内容的には不当利得返還請求等を意味すると解されているため画一的解釈や明確な基準を強調するべきといいうるかは検討の余地があるとの指摘がある[64]。この指摘は,遺留分制度の趣旨とともに[65],特別の寄与の公平要素だけでなく,特別寄与者が被相続人に対して有していた権利には清算的意味があることも重視して

---

[63] 堂薗=野口・前掲注7)185-186頁。
[64] 青竹美佳「判批」新・判例解説Watch民法(家族法)No.154 3-4頁(2024)。ただし,この見解は,特別の寄与を公平構成でとらえており,遺留分侵害額請求者と特別寄与料請求者との間に生じる不公平が大きいとはいえず最高裁令和5年決定の結論を支持する。この考慮の前提に,特別寄与料請求の審判において遺留分侵害額請求が前提問題となり紛争が長期化することを疑問視している。他方で,特別寄与料の請求者となりうる親族が被相続人から遺贈を受けた場合には,相続人である遺留分権利者から遺留分侵害額請求を受けることになり,この場合には,特別の寄与をしたという事実を抗弁として主張できず(内藤千香子「『特別の寄与』制度」ジュリ1538号71頁〔2019〕),この帰結は公平構成からみてもバランスがとれていないようにも思われる。
[65] 青竹・前掲注64)3頁で,遺留分権利者に生活保障の必要性がなく,財産の増加・維持にも寄与していないことを指摘する。この考え方の背後には,家族関係の変化にともなう遺留分制度の再構成というより大きな課題がある(青竹美佳・遺留分制度の機能と基礎原理〔法律文化社,2021〕)。また,西希代子「日本遺留分法の誕生——継受法からの脱却」法曹時報72巻1号68頁(2020)において,フランス法では遺留分の正当化根拠として生活保障や扶養義務が強調され,共同相続人間の平等では説明が難しくなっているとの指摘もあり,遺留分権の正当化根拠にも濃淡があるように思われる。

特別寄与の請求が，現行の相続制度の枠組みに位置づけられるかぎり，遺留分に劣後するように思われる。特別寄与料の請求権が相続財産から財産的利益を受ける地位を重視し，相続財産に対して優先的な価値がある相続人の遺留分権は侵害されないからである[66]。しかし，家族の多様化のなかで，遺留分制度の意味が，遺留分侵害額請求者の個別の事情（生活保障を理由とする請求か，清算なのか，最低限の公平の実現なのか）を考慮することが可能な制度へと転換されるのであれば，上述した学説のように特別の寄与との優劣関係を相対的に解釈する道は開かれる。そして，このように遺留分制度との対比でみたときにも，特別寄与料請求は，清算構成でとらえた方が，遺留分制度との調整につながりやすいのではないだろうか。

## おわりに

　介護保険制度は，介護の社会化を企図して，利用者の自立を目指す制度として設計されていたが，現状として，家族が一定の役割を果たすことで，制度が機能している。確かに，介護保険制度によるあらゆる介護の完全社会化や本来検討されるべき家族による介護の現金給付制度は，現時点では財政上の理由などで現実的ではないかもしれない。しかし，今後，子などをもたない高齢単身世帯が増加し，一層公的な介護施設での介護サービスを受けることが難しくなることとの関係でも，家族による介護の法的評価を従来のように無償のものとする考え方は取りにくくなるように思われる。家族が介護を引き受けることを，介護する側とされる側の双方がそれを望むのであれば，それを支援するために制度があるとしても，かつてのように家族に事実上強制することは，介護保険制度の趣旨にも反する。扶養法の解釈は少なくともこの方向性で展開してきた。他方で，寄与分・特別の寄与の要件においては，「無償」の貢献と「特別の寄与」という要件があることで，一定の労務を無償で家族に引き受けさせることを強いてきた。特に特別の寄与は，被相続人との関係において，相続人よりも遠い立場にある者によってなされる。このような者の行為は，本人が報酬を与

---

[66] 潮見・前掲注5) 461頁。

えることを望んでいるかどうかにかかわらず，その対価が払われなければならないはずである。にもかかわらず，被相続人に財産の処分を委ねてきた。このようにみてくると，特別の寄与は，他の相続人との「公平」や被相続人の推定的意思を考慮して設計された制度というよりは，「清算」という観点から支えられる制度と明確にとらえるほうが，特別寄与者の貢献行為を客観的に法的に評価できるものといえる。そして，このように解することで，他の制度，とりわけ遺留分との調整にも資する制度となるのではないだろうか。

　高齢者にとって，財産は，老後の武器[67]にもなるとされてきたが，この武器によって，交渉力のない弱い立場の者の労務の搾取がされることも起こる。賃労働につく自由のない家族の一人が，その意思に反して，被相続人や他の家族から療養看護を行えば相続時に対価が清算する介護をしてほしいと介護の事実上の強制がされることはあってはならず[68]，仮に介護を引き受けていても，状況によってそこから離脱する自由も保障されていなければならない。他方で，高齢者の財産をめぐり，家族内での争奪戦が起こり，本来受けるべきサービスにアクセスできない囲い込みの問題もある[69]。

　このような観点からみても，被相続人自身が財産を維持しながら，家族間であっても，介護労働にその対価的処理をすることが本来望まれる方向性である[70]。特別の寄与は，このような処置（合意・契約）がされない，またされていても不当な内容となっている場合の補完的な仕組みにとどまる。

---

[67] 西希代子「高齢者の財産管理・承継（上）」梶村太市編著・家事事件研究アラカルト 2（恒春閣，2024）30-31 頁。同 31 頁では，高齢者の財産は，武器として，「介護・面倒見」の確保にもつながることを指摘しつつ，「遺産を与えることで，家族等に対する義務の履行，感謝，愛情，場合によっては贖罪の気持ちを示す等」，「人生の総決算の手段」と説明されており，家族内の弱者をコントロールする手段として捉えていない。

[68] 潮見・前掲注 5) 18 頁でも，特別の寄与が親族間扶養を事実上強制することがないように，また遺産の承継が被相続人に対する療養看護・扶養に対する実質的な対価としての観点から判断するべきであるとの考え方が相続制度の中核に据えられないように，解釈・運用すべきであるとする。

[69] 西・前掲注 67) 32-34 頁。療養介護があった場合どのように評価するかは，制度の趣旨とともに改めて検討しなければならない。

[70] 水野・前掲注 2)「特定財産承継遺言（「相続させる」旨の遺言）の功罪」248-249 頁では，遺言により，介護行為を清算する枠組みには無理があり，「介護労働を短期的にその都度対価的に処理する『水臭い』よりをせざるを得ないのではないだろうか」とする。

# Ⅲ
## 家族法の将来

# 意思表示にかかる意思決定支援

山 下 純 司

Ⅰ　は じ め に
Ⅱ　意思決定への適切な支援
Ⅲ　意思表示に対する支援
Ⅳ　お わ り に

## Ⅰ　は じ め に

　現在，障害者権利条約12条の「法の下の平等」との関係で，成年後見制度の見直しが課題となっている。2022年，国連障害者権利委員会は，日本政府に対して，a) 意思決定代行制度廃止の観点から，全ての差別的な法規定および政策を排除し，全ての障害者の法の下の平等を保障するよう民事立法を改正すること，b) 必要な支援の水準や形態にかかわらず，全ての人々の自治と意思と選好を尊重する支援付き意思決定の仕組みを設置することを勧告した。この勧告は，日本民法が，意思決定能力の評価に基づいて障害者の法的能力を制限することを許容していることや，意思決定を代行する制度を永続することにより，障害者の法の下の平等を否定しているという懸念に基づいて出されており，成年後見制度が「本人の最善の利益」の名目の下で，本人の意思に反した行為能力の制限や，法定代理権の行使を常態化させているという厳しい見方を含んでいる[1]。

　国連障害者権利委員会が，日本の現状を正確に理解した上で，こうした所見を出したのかについては議論の余地もあろう[2]。しかし，不十分な判断能力し

---

1) 障害者権利委員会の日本政府に対する総括所見に対する評価については，拙稿「総括所見における法の下の平等（成年後見制度）をどのように評価するか」日本発達障害連盟編・発達障害白書〔2024年版〕（明石書店，2023）9頁を参照。
2) 水野紀子教授は，障害者権利委員会による成年後見制度への批判的な勧告を「理解に苦しむ」と

かない者であっても，その意思決定はできるだけ尊重されるべきであるという基本的な考え方に，異論の余地はない。現行民法858条も，成年後見人の本人意思尊重義務及び身上配慮義務を定めており，目指す方向性としては間違ってはいない。

問題は，勧告の言うところの「全ての人々の自治と意思と選好を尊重する支援付き意思決定の仕組み」が，日本の法制度のなかに具体化されていない点である。適切な支援を受けられれば，自ら意思決定ができる人々にまで，「あなたは判断能力が不十分だから，以後一切の行為について他人の決定に従いなさい」と命ずるから問題なのである[3]。この問題を解決するためには，判断能力の不十分な人の意思決定を支援するための制度を，公法私法の垣根を越えてデザインする必要がある。

本稿は，主に私法の領域，それも法律行為の成立にかかる場面において，適切な意思決定支援とはどのようなもので，そうした支援が受けられなかった場合に法律行為の効力はどうなるのかという問題について，筆者なりの考え方を整理するものである。意思表示にかかる意思決定支援という題名は，事実行為としての意思決定支援についてはさしあたり検討の外に置いているという趣旨である。もっとも，本稿前半の議論は，意思決定への適切な支援のあり方について，実務的観点と理論的観点の双方から検討を加える（→Ⅱ）。その議論を踏まえて，本稿後半で，意思表示に対する支援のあり方について論じることにする（→Ⅲ）。最後に，そこまでの検討を踏まえて，本稿における暫定的な結論を提示している（→Ⅳ）。

## Ⅱ　意思決定への適切な支援

ここでは議論の前提として，意思決定への適切な支援について，実務的観点と理論的観点の双方から検討を加える。実務的観点としては，意思決定支援に

---

　否定的に評価している（水野紀子「後見を考える」法教509号95頁〔2023〕）。筆者も水野教授同様，勧告の内容には賛成しかねる部分もある。
3) そう考えると，医師の鑑定する事理弁識能力の不十分さの程度のみで後見，保佐，補助を振り分ける従来の3類型は，本人が受けられる支援の程度を考慮していないという点に改善の余地を見出しうる。

ついての各種ガイドラインを参照する（→1）。理論的観点としては，社会科学の分野で論じられる意思決定の合理性の議論を参照する（→2）。

## 1　意思決定支援ガイドライン
### (1)　日常生活・社会生活の意思決定支援

現在公表されている意思決定支援等に係る各種ガイドラインとしては，①障害福祉サービス等の提供に係る意思決定支援ガイドライン[4]，②認知症の人の日常生活・社会生活における意思決定支援ガイドライン[5]，③人生の最終段階における医療・ケアの決定プロセスに関するガイドライン[6]，④身寄りがない人の入院及び医療に係る意思決定が困難な人への支援に関するガイドライン[7]，⑤意思決定支援を踏まえた後見事務のガイドライン[8]の5つがある（以下「ガイドライン①」～「ガイドライン⑤」として引用する）。

このうち，ガイドライン①と，ガイドライン②は，それぞれ障害のある人と認知症の人を対象に，日常生活・社会生活の意思決定の場面を想定した支援のガイドラインである。ただし，ガイドライン①が障害福祉サービスを提供する事業者のためのガイドラインであるのに対して，ガイドライン②は，認知症の人の意思決定支援に関わる全ての人のためのガイドラインとなっており，ケア提供者（専門職種・行政職員等）だけでなく，「家族，成年後見人，地域近隣において見守り活動を行う人，本人と接し本人をよく知る人」のためのガイドラインとされている[9]。

このため，両ガイドラインには共通する部分が大きいものの，違いも存在する。例えばガイドライン①では，意思決定支援等のプロセスにおいて，意思決定支援の責任者を配置し，意思決定支援会議を開催した上で，意思決定支援計画を作成して，サービス提供を行うこと，モニタリングと評価・見直しといった，具体的な手続が示されているのに対して，ガイドライン②では，人的・物

---

[4]　厚生労働省が平成29年3月策定。
[5]　厚生労働省が平成30年6月策定。
[6]　厚生労働省が平成19年策定，平成30年3月改定。
[7]　「医療現場における成年後見制度への理解及び病院が身元保証人に求める役割等の実態把握に関する研究」班が令和元年5月策定。
[8]　意思決定支援ワーキング・グループが令和2年10月策定。
[9]　ガイドライン②・2頁。

的環境の整備や，意思形成支援，意思表明支援，意思実現支援と，各プロセスで困難・疑問が生じた場合のチーム会議の併用や活用というふうに，抽象的な形でガイドラインが記されている。また後見人の関与についても，ガイドライン①では後見人が第三者的な立場からの意見を表明することや，後見人等が担う身上配慮義務との齟齬が生じないための意思決定プロセスへの参加が重視されているのに対して，ガイドライン②では，家族・親族，福祉・医療・地域近隣の関係者とともにチームとなって本人を日常的に見守ることが後見人に期待されている。

### (2) 医療・ケアに係る意思決定支援

ガイドライン③およびガイドライン④は，いずれも，医療や介護場面での意思決定支援を問題とする。このうちガイドライン④は，医療機関が患者の家族に手術同意書へのサインを求めるといった慣行を前提に，家族がいない患者が医療を受ける際の問題を主に扱うものであり，本稿の検討目的からはやや外れる。

ガイドライン③は，医療・ケアの方針の決定手続を，本人の意思を確認できる場合と，確認できない場合に分ける。そして，本人の意思を確認できる場合の方針決定は，医療従事者からの適切な情報提供や説明を前提に，本人と医療・ケアチームとの合意形成に向けた話し合いを経た，本人による意思決定を基本としている[10]。

### (3) 後見事務ガイドライン

ガイドライン⑤は，後見人等が後見事務の一環として，「本人にとって重大な影響を与えるような法律行為及びそれに付随した事実行為の場面」で行う意思決定支援のあり方を定めるもので，策定には最高裁判所，厚生労働省及び，専門職団体が関わっている。

ガイドライン⑤では，意思決定支援を「特定の行為に関し本人の判断能力に課題のある局面において，本人に必要な情報を提供し，本人の意思や考えを引き出すなど，後見人等を含めた本人に関わる支援者らによって行われる，本人

---

10) ガイドライン③・1頁。

が自らの価値観や選好に基づく意思決定をするための活動」と定義づけ，後見人等による法定代理権の行使（代行決定）とは明確に区別されるとする。そこでは，意思決定支援の基本原則として，「全ての人は意思決定能力があることが推定される」こと，「本人が自ら意思決定できるよう，実行可能なあらゆる支援を尽くさなければ，代行決定に移ってはならない」こと，「一見すると不合理にみえる意思決定でも，それだけで本人に意思決定能力がないと判断してはならない」ことがあげられている[11]。

またガイドライン⑤では，意思決定支援の事前準備としての環境整備（本人のエンパワメント，支援者側の共通認識の形成，本人と後見人等の信頼関係の構築等）や，個別課題が生じた後の具体的な対応プロセス（支援チームの編成，支援環境の調整，本人への趣旨説明や本人を交えたミーティング等）について，詳しく注意事項などを記載しており，アセスメントシートへの記録を通じたプロセスの明確化を図る。

### (4) 小　括

以上のように，意思決定支援に関する各種ガイドラインは，判断能力の不十分な障害者，高齢者の意思決定を支援する必要のある，多様な場面を想定しながら，そこに関与する人々が適切なやり方で支援を実現できるよう，さまざまに工夫をしている。当然のことだが，決定する事項が異なれば，適切な支援のあり方も異なってくる。これらさまざまな支援のあり方を，統一的な視点からうまく説明することはできないだろうか。ここから理論的な検討に移る。

## 2　合理的な意思決定とは
### (1) 選好の推移性と完全性

社会科学の分野では，合理的な意思決定を「選好（preference）」の概念と結びつけて説明する。ここでの選好とは要するに，ある主体が，AとBという2つの選択肢を提示された場合に，いずれかをより好ましいと考えたり，両者は同程度であると考えたりする，AB間の序列関係のことである[12]。経済学だけ

---

11) ガイドライン⑤・3頁。
12) 『有斐閣経済辞典』では，「選好」を「消費者の消費集合上に定義される2項関係」と定義してい

でなく，数理モデルを用いる社会科学分野では，個々の主体は自らの選好に従って行動をするという前提を置く。その際に，合理的な主体が有する選好には，最低限の性質として，推移性（transitivity）と完全性（totality）という2つの性質が備わっているという仮定を置く。

　推移性とは，AとBではAの方が望ましく，BとCではBの方が望ましいと考える主体は，AとCという選択肢を提示された場合にはAの方が望ましいと考えるという性質である。逆に推移性を欠く選好とは，AとBではA，BとCではB，CとAではCというふうに，循環した序列関係をいう。合理的な主体は，循環するような選好を有していないというわけである。

　完全性（完備性）とは，AとBという異なる選択肢が提示された主体は，Aの方が望ましい，Bの方が望ましい，AとBは同程度である，のいずれかの選好を有しているということを指す。選好が完全性を欠いていると，主体は選好に基づく決定ができない。これは，ある2つの選択肢について「同程度である」という選好を有しているのとは異なる。仮に，AとBは「同程度である」と考えるなら，AとBのいずれを選ぶかはランダムに決めればよい。そうではなくて，AとBの優劣を自分で判断できないというのが，選好が完全性を欠くということであり，判断主体が合理的でないということを意味する。

　選好の推移性や完全性は，数理モデルで人間行動を理解するために置かれた仮定にすぎない。しかし，判断力の不十分な他人の意思決定を支援する場合には，矛盾を含むように見える意思決定が合理的なものになるよう支援をするわけであるから，選好の推移性や完全性の考え方は参考になる。

### (2) 状況認識の合理性

　社会学者の盛山和夫は，個人が合理的な選択をするためには[13]，個人の選好が合理的であることのほかに，その個人が，自分にはどのような選択肢があり，何を選択すればどのような帰結がもたらされるかという点についての状況認識の合理性が必要だとする[14]。

---

　　るが，この定義はやや狭いので本稿では採用しない。
13) 盛山和夫「合理的選択理論の限界」理論と方法7巻2号1頁以下（1992）。
14) 盛山・前掲注13) 6頁。

盛山の説明を，筆者なりに要約してみよう。私が，自分の置かれている状況で取りうる選択肢はa, b, cの3つであると考え，どれを選択するかを考える際には，どの選択肢を選べばどのような帰結がもたらされるかについて自分なりの予測を立てる。私の予測した帰結は，aを選択すればA，bを選択すればB，cを選択すればCだとしよう。すると私は，自らの選好に従い，A，B，Cの3つの帰結に順位を付ける。選好が合理的であれば，最善の帰結が定まるから，選ぶべき選択肢も定まる。たとえばBが最善の帰結であるとすれば，私はbを選ぶのが「合理的」である。このように個人が合理的な選択をするには，選好の合理性と状況認識の合理性の双方が必要だというのが，盛山の指摘である。

　ただし，私の状況認識は客観的には誤っている可能性がある。私の，bを選択するとBの帰結がもたらされるという予測が誤っているかもしれないし，第4の選択肢dを見逃しているかもしれない。しかし盛山は，だからといって私の選択が合理的でないとはいえないとする。主観的には，私の選択は理にかなっているからである[15]。このように盛山は状況認識の合理性は，状況認識が客観的に正しいという意味の合理性（強い合理性）ではなく，主観的な合理性（弱い合理性）を前提とすべきだとする。

　ところで，盛山の合理的な意思決定についての議論は，社会学の観点から制度や秩序を説明するためのものであり，主観的な合理性を問題にするのも，制度や秩序は，人々の主観的認識として共有される必要があるからである。逆に言うと，ある制度や秩序についての認識が，社会の大多数によって共有されているのに，判断能力の不十分のために共有できないという人がいる場合には，意思決定の支援によって，主観的認識の「客観的な」合理性を確保する必要がある[16]。

---

[15] このほかに盛山は，個人が自らの選好を修正したり，課題そのものを練り直したりする問題解決能力を，創造的合理性と呼ぶ（盛山・前掲注13）8頁）。おそらく，このような創造的合理性の考え方は，他人の意思決定を支援する際にも重要な概念であるが，本稿では十分に扱いきれない。

[16] ここでの主観的認識の「客観的な」合理性とは，盛山がいう強い合理性と同義ではなく，社会の大多数に受け入れられている制度や秩序の理解という程度の意味である。法制度であれば，「判例・通説的な」理解であり，法律家はそれを前提に法的助言を行う。

## III 意思表示に対する支援

以上の議論を前提に，意思表示に対する支援について考えてみよう。意思表示とは，表意者の内心における効果意思を，外部に表示する行為であり，効果意思を形成する動機は，意思表示には含まれない[17]。しかし，表意者の意思決定がどのような過程で形成されたかを考えるうえでは，動機形成の支援から話を始め（→1），次に効果意思形成の支援を論じるべきであろう（→2）。

### 1 動機形成の支援
**(1) 動機についての考え方**

　(a) 動機は合理的である必要はない　動機が意思表示の内容に含まれない主な理由は，人が法律行為をしようとする動機はさまざまであり得るから，それを法的ルールのなかで考慮することが難しいし，すべきでもないからである。たとえば私が，論文の執筆が進まなくて，インターネットのショッピングサイトを眺めていたら，それに座れば論文がスラスラ書けそうな雰囲気を漂わせた，いかにも座り心地の良さそうな椅子を見つけて思わず画面の購入ボタンをクリックしたとする。このとき，私は購入ボタンを押すことで，「その椅子を購入したい」という申込みの意思表示をしているが，「この椅子に座ると論文の執筆がはかどりそうだ」といった私の購入動機は，あくまでも私個人のものにすぎず，インターネットの向こう側にいる事業者には知ることはできないし，仮に知り得たとしてもそこで締結される売買の有効性に影響を及ぼす内容ではない。

　さらにいえば，動機は客観的に見て合理的である必要もない。上の例で私が，「論文の執筆が進まないのは今の椅子が悪いのだ」とも考えているとする。客観的には，私の論文の執筆が遅々として進まないのは，私がインターネットで関係ないサイトを閲覧してばかりいるからだとすると，論文の締切りを守れないのを椅子のせいにする私の購入動機は全くもって不合理である。しかし私が不合理な動機に基づいて椅子を購入したからといって，そのことは法的な評価

---

[17] 四宮和夫＝能見善久・民法総則〔第9版〕（弘文堂，2018）223頁は，意思表示の伝統的な定義を，「ある『動機』に導かれ『効果意思』『表示意思』『表示行為』の三段階を経て成立するもの」としている。なお，同書224頁の注記では，表示意思不要説が採用されており，同書は，意思表示を効果意思と表示行為の2つの要素から説明する。

とは無関係である。

　(b) 動機は自発的に形成される必要がある　　ただし，動機が法的ルールの中で考慮される例外的な場合があり，その一つが詐欺や強迫により意思表示がなされた場合である。たとえば，私が椅子を購入した動機が，実家が家具屋を営む編集者から，その椅子を購入しなければ論文の締切りを繰り上げると告げられたからだとする。このとき私は，「論文の締切りを繰り上げられるより，椅子を購入する方がましだ」という購入動機に基づき売買契約の申込みをしているから，この意思表示を民法 96 条 1 項の「強迫による意思表示」として取り消すことができる。つまり他人の干渉により，動機形成の自発性が失われた意思表示は，その瑕疵ゆえに効力が否定される。

　詐欺による意思表示については，やや事情が異なる。上の例で，編集者が私の論文執筆が進まないのは今の椅子が悪いからであり，自分の実家の家具屋で取り扱っている椅子を購入すれば論文の執筆がはかどるだろうと，私に吹き込んだとする。私がその言葉を信じて椅子を購入した場合に，私が意思表示を取り消せるのは，民法 96 条 2 項によると，売主である家具屋が詐欺の事実を知っていたか，知ることができたときに限られる。私の椅子の購入動機は，編集者の虚言により形成されてはいるが，その虚言を信じた私の落ち度ゆえに，善意無過失の家具屋との関係では売買契約の効力を維持すべきとされるのである。自らの動機の不合理さに気づかなかった表意者は，その限りで責任を負うことになる。

### (2) 動機形成の適切な支援

　(a) 選好に影響を与えない支援　　一般に，動機に客観的合理性は必要ないとすると，他人の動機形成を支援する際には，本人の選好をできるだけ尊重する必要がある。支援をする側から見て，動機が客観的に不合理であるということは，その動機に基づいて行為することを否定する理由にはならない。本人の選好が明らかである場合には，原則として本人の意思に従うべきであろう。

　他方で，本人の選好に影響を与えずに，よりよい解決を見出すことができるのであれば，他人の動機形成に関与しても，問題は生じない。たとえば，厚生労働省の，成年後見についての説明サイトを見ると，意思決定支援について次のような事例が載っている[18]。

> 【事例】知的障害があり，グループホームに暮らすFさんは，ある日突然，「犬を飼いたい」と訴えてきました。Fさんの気持ちを考えた時，あなただったら，どのように対応しますか？ このグループホームは，ペットを飼うことを禁止しています。
> 【選択肢】①グループホームでは犬を飼えないことを説明し，説得する
> 　　　　②グループホームにお願いして，犬を飼えるようにしてもらう
> 　　　　③「犬を飼いたい」真意を探り出して，それに合った対応をする
> 【解説】Fさんの場合，③の対応をしたことで，解決できました
> 　実は，Fさんは趣味で犬を飼いたかったわけではなく，自分の居所に他人が勝手に入ってくるのが怖くて，「犬を飼いたい」と訴えていたのです。その後，居所の入り口にしっかりと扉をつけて施錠することでFさんは満足し，もう「犬を飼いたい」とは言わなくなったそうです。

　この事例において，選択肢①の説明や説得とは，「犬を飼う代わりにこのグループホームで暮らすのをあきらめる」か，「犬を飼うのを我慢して，このグループホームに暮らし続ける」かの選択をFさんに迫るようなものになる。もし，Fさんが「犬も飼いたいが，このグループホームに暮らし続けたい」と希望すると，選択肢②の対応をとるしかないが，グループホームでこのような対応が不可能だとすると，Fさんは自らの選好に基づいて意思決定することが不可能となる。
　選択肢③は，Fさんの「自分の居所に他人が入って来ないようにしたい」という真意を探り出すことで，「犬を飼いたい」と「このグループホームに暮らし続けたい」という，一見矛盾している二つの希望よりも，明らかに選好の強い「居所に扉をつけて施錠する」という第三の解決策を示すことでこれを解決するものといえる。
　　(b)　適切でない支援の効果　　ところで，仮に意思決定の支援者が，Fさんに対して，「犬を飼う代わりにこのグループホームで暮らすのをあきらめる」か，「犬を飼うのを我慢して，このグループホームに暮らし続ける」かの二者択一を迫ったとしたらどうだろう。このような意思決定支援は決して適切なものとはいえないが，かといって違法ともいえない。特に，Fさんが後者の選択

---

18) https://guardianship.mhlw.go.jp/guardian/awareness/

肢をとる場合は，これを法的に問題とすることはできそうもない。

　他方で，Fさんが「犬を飼う代わりにこのグループホームで暮らすのをあきらめる」という意思決定をして，グループホームへの入居契約を解約する意思表示をした場合はどうだろう。この場合の問題は，Fさんの意思表示を導いた動機が，支援者の干渉により，自発性が失われている点である。

　動機は自発的に形成されなければならないという原則からすれば，支援者の干渉により自発性が失われた意思表示は，一定の場合には取り消すことが可能であるべきだろう。もっとも，民法の詐欺や強迫との対比からすれば，意思表示を取り消すことができる場合というのは，支援者がグループホームへの入居契約を解約させる目的で意図的に上記のような二者択一を強く迫ったという場合や，契約の相手方であるグループホーム側が，適切でない支援のなされたことを知っていたか，知ることができた場合に限られよう。このように考えると，動機形成についての支援が適切でないことが，意思表示に影響を与えるのは，ごく例外的な場合に限られることになる。いずれにせよ，適切でない支援のうち，ごく限られたものが詐欺や強迫，あるいはそれらと同等の不当な支援と評価できると考えるとき，立法論としても，取消しの範囲を広げすぎることはできない。

## 2　効果意思形成の支援
### (1)　効果意思についての考え方

　(a)　**効果意思には権利義務関係の理解が伴う**　　効果意思は，法律行為の効果に向けた意思であり，表意者が法律行為により生じる権利義務関係の主体となることについての同意を含んでいる。したがって表意者が効果意思を形成するためには，当該法律行為から生じる権利義務関係を理解している必要がある。この理解を欠いている場合には，法律行為は意思無能力（民法3条の2）を理由に無効となると考えられている[19]。

---

[19] 四宮＝能見・前掲注17）44頁は，意思能力を「自己の行為の法的な効果を認識・判断することができるという能力」とする。もっとも，山野目章夫編・新注釈民法（1）（有斐閣，2018）379頁以下〔山本敬三〕は，裁判例にみる意思能力の定式として，行為の結果を認識する能力として理解するもののほかに，行為の結果を認識するだけでなく，それに基づいて正しく意思決定をする能力として理解するものがあるという。本稿との関係では，後者の立場には，「正しい」意思決定とは

もっとも，ここでの権利義務関係の理解というのは，「この椅子をあの家具屋から手に入れるには，家具屋の提示している金額10万円を支払わなければならない」といった程度の認識で十分である。民法555条によれば，売買は売主から買主への財産権移転の約束と，買主から売主への代金支払いの約束により成立するとされているが，「手に入れる」とは所有権の承継取得であり，10万円の支払いとは代金債務の履行であるといった理解まで要するわけではない。自分がこれからする行為が，契約という法律行為であるという理解も不要である。そう考えなければ，法律を学んだことのない人々でも日常的に様々な法律行為をしていることの説明がつかない。

　(b)　**権利義務関係の理解は説明により補完される**　他方である種の取引については，権利義務関係の理解の不十分さが問題となることがある。個人を顧客にするような金融取引が典型であり，金融サービスの提供及び利用環境の整備等に関する法律4条は，金融商品販売業者等が金融商品の販売前に顧客に説明すべき重要事項を詳細に定めている。また，金融商品取引法40条は，金融商品取引業者等に対して「顧客の知識，経験，財産の状況及び金融商品取引契約を締結する目的に」沿った勧誘を行わなければならないとしており，勧誘しようとする金融商品から生じる権利義務関係について顧客の理解が及ばないときは，勧誘自体を差し控えることを義務付ける。いわゆる適合性の原則である。

　適合性の原則ないしそこから導かれる契約締結前の説明義務に違反した勧誘が，ある顧客に対して行われた場合について，金融サービスの提供及び利用環境の整備等に関する法律6条は，金融商品販売業者等が当該顧客に生じた損害を賠償する責任を負うものとする。契約の効力が否定されないのは，金融商品の購入に係る顧客の効果意思は，当該金融商品について相当対価をもって取得するという認識で足りるからであり，意思表示に瑕疵があると認められないためである。他方で，同法7条が，このような顧客の損害額を「元本欠損額」と推定しているのは，販売された金融商品の元本欠損のリスクは，この種の取引において顧客が理解しておくべき事項であり，この点について顧客の理解を補完しなかった金融商品販売業者等は，当該顧客に生じた元本の欠損が顧客の理解不足に基づくものであり自己責任であると主張することが信義則上許されな

---

　何かという問題がある。

いのだと理解できる。

### (2) 効果意思形成の適切な支援

　(a)　法的状況の説明による支援　　効果意思があるといえるためには，その法律行為から生じる権利義務関係を理解している必要があるとすると，他人の効果意思形成を支援する際には，これから締結しようとする法律行為によって，本人の置かれる権利義務関係がどのように変化するか，その結果発生する便益や費用，発生するリスクについて，説明をして理解させることが，本人自身による意思決定を支援する際にはもっとも重要になる。自らがしようとする法律行為により，自らの置かれた状況がどのように変化するかを理解したうえで意思表示をすることについて，合理性を確保するのが支援者の役割だからである。

　支援者の説明の詳しさや本人に求める理解の程度は，法律行為の重要性や複雑さによって変化する。日常生活に必要な法律行為の多くは，少額の売買など，重要性も低く，生じる権利義務関係も単純なものであるから，「お金を払って商品（あるいはサービス）を手に入れる」という最低限のことが分かっていればよく，特段の説明は不要なことも多いと考えられる。他方で，不動産の売買のような高額の取引についての法律行為は，有償契約における対価の均衡に関する認識が求められることになり，本人に「その商品（あるいはサービス）の代金額として妥当な額」についても説明が必要ということになろう。

　より複雑な権利義務関係を生じさせる法律行為については，その法律行為から生じる効果について，十分に説明して理解させる必要がある。説明にあたって重要なことは，その行為に伴って本人が負わなければならない主要なリスクについて理解させることであり，説明をしてもこの点を理解できない者は，その取引を自分自身で行うことは適当でないと言わざるをえない。その場合は，専門家への委任など任意代理による取引代行をするように説得することが意思表示の支援の内容ということになろう。

　(b)　適切でない支援の効果　　効果意思形成について，支援者が適切でない支援をした結果として，本人が効果意思を欠いたまま意思表示をしたか，あるいは法律行為の効果として生じる権利義務関係について十分に理解しないままに意思表示をしたという場合というのは，民法95条1項1号が定める「意思表示に対応する意思を欠く錯誤」に当たるか，少なくともそれに近い状況で

あると考えることができよう[20]。そうすると、「その錯誤が法律行為の目的及び取引上の社会通念に照らして重要なものであるとき」には、取消しが認められるのが原則であるから（同項柱書），適切でない支援による理解不足が深刻な場合には、取消しが認められてよいようにも思われる。他方で、仮に適切でない支援があったとしても、理解不足が軽度の場合には法律行為の効力に影響を与えない。

　また錯誤による取消しは、それが表意者の重大な過失による場合は認められない（同条3項）。判断能力が不十分な本人が、適切な支援を受けられずに効果意思の形成が十分に行えていない場合を、本人自身の重過失と同視すべきか議論になりうるが、重過失の要件が、相手方の取引の安全を確保するためのものである以上は、支援の状況は本人側の事情として重過失の際に考慮せざるを得ないだろう。もっとも、相手方に、表意者の錯誤についての悪意又は重過失があれば、本人の重過失は考慮されないから（同項1号），本人が意思表示について他人の支援を受けていることを相手方が知っている場合であって、その支援が適切でないものであることが客観的に見て明らかなような場合には、取消しが認められてよいだろう。

## IV　おわりに

　本稿では、判断能力の不十分な者が、他者からの支援を受けて、自ら意思表示をすることにより法律行為を成立させる場面を念頭に、適切な支援のあり方はどうあるべきか、そこから外れた支援を受けた場合には、意思表示の効力に影響があると考えるべきかという問題を検討した。ここまでの検討をもとに暫定的な結論を与えておく。

　第一に、意思表示に対する他者の支援については、動機形成に対する支援と、効果意思形成に対する支援では、適切な支援のあり方が異なると考えられる。

---

[20] すでに述べたように、判断能力が不十分なために法律効果に対する理解を欠く状況では、民法3条の2の意思無能力無効を問題とするのが一般的である。しかし、他者からの支援によって本人が自らの行為の効果について何らかの意思を形成する能力がある場合にまで、意思無能力無効を拡大することは適当でない。なぜならそのような解釈は、判断能力の不十分な者の取引を必要以上に制限することにつながりかねないからである。

動機形成に対する支援は，本人の選好を重視し，選好になるべく影響を与えない支援が求められるのに対して，効果意思形成に対する支援は，その意思表示から生じる法律行為の効果を説明により理解させる支援が求められる。

　第二に，従来の意思表示の取消し原因との対比で考えると，本人の選好に影響を及ぼすような強い説得を支援者がしたり，支援者の説明が不十分で本人の法律行為に対する理解が十分でなかったりといった，適切でない支援に基づいて法律行為が行われた場合であっても，そのことによって，意思表示が常に効力を失うわけではなく，むしろ効力が否定される範囲は限られた場合になると考えられる。

　第二の点は特に重要である。本稿で検討した「適切な」支援のあり方というのは，理想的な支援のあり方であって，そこから外れる支援をすべて「違法な」支援だと整理したり，そのような支援により成立した法律関係から本人を解放しなければならないと結論付けたりすることは，本稿の意図するところではない。本稿で「適切でない」支援という言い方をしたのは，適切な支援と不適切な支援の間には，さまざまな支援のあり方がありうると考えたためである。

　このことは支援者の支援をめぐる責任についての議論でも重要になる。本稿では検討の外に置いたが，支援者が本人の意思決定を適切でないやり方で支援した場合に，支援者は法的な責任を負うのかという問題がある。この点については，一般的には，支援のやり方が適切でないことを理由に支援者の責任を問うことは，意思決定支援という行為そのものを萎縮させることになり妥当でないと考えられる。しかし，支援者が自己の利益を図るために，本人に意思決定を強要したり，誤った情報を吹き込んで本人の意思決定を引き出したりした場合には，支援者の責任を厳しく追及するべきであろう。ここでも，適切な支援と不適切な支援の間に，さまざまな支援のあり方がありうるという考え方が意味を持ってくることになろう。

# モーリス・ラベルの遺産

山野目章夫

 Ⅰ 憲法院判決への前奏
 Ⅱ 議会制定法の展開
 Ⅲ 2021 年 3 月 12 日憲法院判決
 Ⅳ ボレロの余韻

## Ⅰ 憲法院判決への前奏

### 1 ポーという名称の街

 フランス南西部の街，ポー（Pau）を知る日本の人は少ないかもしれない。ナントの勅令であれば，世界史で学ぶから耳にした機会があるであろう。フランスの宗教戦争を収拾し，新旧両教徒の和睦に努めてブルボン王朝の基礎を築いた国王アンリ 4 世が発した。1598 年のことである。そのアンリ 4 世は，ポーに所在する城で生まれた。

 南西部でフランスは，海に大西洋，山にピレネーを睨みつつスペインとの国境を抱く。フランスのこの部分は，アキテーヌ地方とよばれ，ボルドーがあるジロンド県，ラスコーの洞窟があるドルドーニュ県，そしてピレネー・ザトランティック県を擁する。ピレネー・ザトランティック県の首府がポーに置かれ，控訴院もある。アンリ 4 世がなくなった 1610 年から 350 年を経て，終の病にあって遺贈をし，ある男が生を終える。その兄がモーリス・ラベル。1875 年 3 月 7 日に生まれ，1937 年 12 月 28 日になくなった[1]。はじめは微かに，でもやがて強まる曲調と共に打楽器が奏で始めてフルートが続き，全編を特徴的なリズムで彩るボレロ。あのボレロの作曲者である。

 この物語は，しかし，そのラベル本人の物語ではない。ラベルにエドゥアー

---

1) 井上さつき・作曲家・人と作品シリーズ——ラヴェル（音楽之友社，2019）6 頁・191 頁。

ルという叔父がある[2]が，彼の物語でもない。子のない作曲家ラベルがなくなった時，その遺産を受け継いだ者が弟のエドゥアール・ラベルであり（たまたま叔父と同名である），この人は，1878年6月16日に生まれ，1960年4月5日になくなった。その弟ラベルのした遺贈をポー控訴院が有効と判断し（同控訴院1968年2月28日判決 Gazette du Palais 1968.2.310），破棄申立てを受けた破棄院も控訴院の判断を支持した（破棄院第一民事部1970年7月8日判決68-11, 835）。事案の主題は，終の病にある者の遺贈の効力という論点である。やがて大きく時を経て，もとより時代が異なるから全く別の事案についてであるが，同じ論点は，フランス憲法院の2021年3月12日判決（2020-888 QPC）へと発展する。そこへ向け何が奏でられ，そして，どのような響きが遺されたか。

## 2　本稿のプラン

　贈与や遺贈という無償行為[3]の効力に対するフランス民法典のコントロールは，日本の法制を見慣れた者の眼から眺めると，概して細かい。エドゥアール・ラベルによる遺贈に関して主題とされるものは，死の床にある者がする無償行為に対する規制である。心身が脆くなっていくなか，影響を与える関係にある者への贈与や遺贈を牽制しようとする。無償行為を受けることができないとする論議の対象とされる者の範疇は，4つある。思い切って簡略に示すと，つぎのようになる。

　　［1-1］　医師
　　［1-2］　成年保護に任ずる者（日本でいう成年後見人や保佐人のイメージに近い。）
　　［2-1］　施設に入り暮らす本人の介護など生活支援に携わる者
　　［2-2］　居宅において暮らす本人の介護など生活支援に携わる者

　エドゥアール・ラベルのした遺贈は，［2-2］の範疇に属する者へのものであった[4]。すなわち受遺者は，ラベルの病人付添人[5]であり，7年間にわたり遺

---

[2) 井上・前掲書の巻末の人名索引を参照。
[3) これからあと，贈与や遺贈を総称する概念である恵与（libéralité）の語を用いるほか，同義において無償行為の語も適宜に用いることにする。
[4) 細かいところまで見ると，遺産の一部は，モーリス・ラベル財団（Fondation Maurice Ravel）の設立に拠出された（注21も参照）。
[5) 病人付添人は，Anne-Marie LEROYER, L'introduction de recevoir de l'article 909 du Code civil: une mesure à élargir, note sous 1ère Civile, 25 septembre 2013, numéro 12-25.160, Semaine ju-

言者の看病に献身的に従事した[6]けれども，看護師の資格を有せず，「なんらの医学面における専門的技能を有しない」人である[7]。ラベルのためには［1-1］に当たる主治医と看護師が別に存在していたが，遺贈を受けた者は，その人たちではない。

　無償行為の制限の原初的な範疇は［1-1］であり，民法典 909 条がその原始規定このかた一貫して，本人の終の病の診療に当たる医師への贈与や遺贈を禁ずる。終末期を迎えて心身が脆弱になっている本人の診療に当たる医師は，本人に対し強い指導的な力を行使する者であり，本人と医師とのこの関係そのものから無償行為の当事者となる法律関係の出来が絶対的に否定される。これが次述 II の冒頭で紹介する〈captation〉の法理の原初的な形態である。これは詐欺と異なる。法律行為の重要な要素について欺罔により本人の誤認を誘う，という契機を要件としない。感謝の気持ちで真意でした無償行為であるという反証も許さない。この強い効果のゆえにこの法理が働く範囲は，慎重に制御されなければならない。判例における［1-1］の解釈運用は，概して厳しく，あまり拡げない態度でされてきた。

　厳密に描くと，［1-1］は，医師にとどまらず薬事の職にある者，またそれらの一定範囲の関係者を含む。さらに，2007 年の民法典の改正[8]により［1-2］が追加された。ここまでは，理解が可能であろう。成年保護に任ずる者もまた，本人に対し強い指導的な影響を及ぼす。

　［2-1］・［2-2］の範疇は，悩ましい。これらは，社会福祉家族法典 L116-4 条において規律される。2007 年以後，当初は［2-1］の者らに対する無償行為が規制されたが，2015 年の改正により［2-2］の者らに対する無償行為もすることができないとされた。

　［2-2］の範疇に属する者に対しラベルがした遺贈を民法典 909 条の適用問題

---

　　ridique, édition générale, numéro 46, 11 novembre 2013, p. 2064 が une garde-malade とするものである。
6) Jean MAURY, note sous Pau, le 28 février 1968, Gazette du Palais, 1968, 2, doctrine, p. 177.
7) Jean PAGEOT, note sous Pau, le 28 février 1968, Semaine juridique, édition générale, 1968, jurisprudence 15538.
8) 山城一真「フランス成年後見法の概要」成年後見制度の在り方に関する研究会，第 6 回会議（2022 年 11 月 25 日），参考資料 6-3（商事法務研究会のウェブサイト）が，この民法改正を紹介する。

として扱ったポー控訴院は，同条を厳格に適用して遺贈の効力を否定することを控えた。破棄申立てを受けた破棄院がこれを支持し，遺贈を有効とする判断が確定する。

　2015年の立法者の介入は，この判例の態度を覆そうとするものである。再び強調しよう。籠絡の法理は，反証を許さない絶対のものである。たしかに，〔2-1〕や〔2-2〕の者らに対する無償行為が本人の利益を著しく害し，誤導により真意でなくされる事例は，ありうるであろう。しかし，そのすべての効力を否定することが正当視されるか。

　2021年の憲法院判決が違憲としたものは，〔2-2〕の範疇の者への無償行為を一律に禁止する部分にほかならない。籠絡の法理に向き合ってきたフランスの法律家の賢慮は，破棄院判例の展開では足りず，人権宣言の想起を促す憲法院による矯正まで求めざるをえなかったところに，現代社会の福祉的側面の一つの困難が見出される。

## II　議会制定法の展開

　民法典902条は，「何人も，法律によりすることができないとされる場合を除き，生前贈与をし，もしくはそれを受け，または遺言処分をし，もしくはそれを受けることができる」と定める。この規定は，原始規定このかた異ならない。無償行為をする自由を一般的に宣明する規定である。およそ法律行為をすることは自由であるから，無償行為について殊更に自由を宣明する規定が設けられることは，それ自体として眺めると奇異に映る。同条の存在意義は，むしろ無償行為の自由を制限する民事上の規律の前提を確かめるところに見出される。902条の原則は，それ自体が大切であると共に，同条を前提として導かれる例外も注目に価する。

　〈captation〉は，無償行為を受けようとするために他人に対し行なわれる働きかけで，無償行為を受けようとする者や第三者からされるものである。適切に照応する和語を見出し難いが，「籠絡」と訳しておこう。籠絡による無償行為の効力を否定しようとする規定の代表的なものが，民法典909条であり，それは，"終の病"にある者がする無償行為の効力の否定にほかならない。もちろん無償行為の全部が効力を否定されるものではなく，無償行為の受益者とな

る者が法定の範囲のものである場合に限られる。いうところの法定の範囲は、そのあらましを上述Ⅰ2において示した。同所の［1-1］・［1-2］を次述1において、また、［2-1］・［2-2］を後述2において扱うこととする。

## 1　民法典909条の規律とその発展

民法典909条は、その原始規定が、つぎのものであった。原文に項番号がないけれども、理解の便宜のため括弧書で添える。

　（第1項）　一人の者が死亡することとなる疾病の間にあって同人を治療した医学または外科学の博士、保健医および薬剤師は、その疾病の間にあってその者らのために同人からの生前処分または遺言処分を受けることができない。
　（第2項）　ただし、次の処分は除かれる。
　一　処分をする者の資力および行なわれた役務を斟酌して、特定の名義でされる報酬の性質を有する処分。
　二　四親等以内の親族の場合における包括的な処分。ただし、処分を受ける者自らが相続人の数に入るときを除き、死亡した者が直系の相続人を有しない場合に限る。
　（第3項）　同一の準則は、祭祀を主宰する者に関しても、遵守される。

原始規定から今日までの変遷を確かめると、まず、ここに掲げた第2項および第3項に当たる規律の内容は、今日も変わらない。第1項の部分は、現代化がされ、

　本人が死亡することとなる疾病の間にあって本人の手当てに携わる医療および薬事の職にある者ならびに医療補助者は、その疾病の期間にあって、それらの者らのためにされる生前処分および遺言処分を受けることができない。

と改められるが、その内容趣旨は異ならない。ここで無償行為を受ける可能性を否定される者の範疇は、上述Ⅰ2の一覧の［1-1］に当たる。

内容趣旨において新規の規律は、成年者の法的保護の改革に関する2007年3月5日附ロワ308号による改正により創設された。原始規定の第1項と第2項との間に、

　成年保護に係る裁判上の受任者および同人が法人の名義において成年保護の職務をする場合のその法人が、無償行為がされる日にかかわらず、それらの者のため、それらの者の保護を受ける者がする生前処分および遺言処分を受けることができないことも、同様である。

という新しい項が加えられ，現在に至る。ここに新しく無償行為を受けることができないとされる者の範疇は，上述Ｉ２の一覧の［1-2］に当たる。ここから後の考察は，［1-1］に焦点を絞る。［1-2］は，他の範疇とは異なる問題領域を形成し，規律が設けられてからの歴史も浅い。［2-1］・［2-2］の範疇の者らへの無償行為の規制を意識しつつ，拡張解釈への誘惑という問題状況に置かれてきたものは，［1-1］の範疇にほかならない。その誘惑に抗し，フランスの法律家は，おおすじにおいて，その厳格な解釈運用に努めてきた。立法の趣意を確かめ，論点を列挙して整理するならば，つぎのようになる[9]。［1-1］などの人的範囲の範疇に関する注記は引用者の挿入による。

「医師は病人の精神に大きな支配を及ぼし，医師が治癒させてくれることを望み，しばしば，治癒を獲得するため，すすんで医師の利益となるよう多大な犠牲を払って振る舞おうとするものであり，ここから909条の規定が根拠づけられる。それゆえ，立法者は，医師〔［1-1］の範疇の者の典型〕がその顧客から無償行為を受けることを禁ずる。精密に述べると，判例は，違法に医業に従事する者〔典型的な［1-1］の者ではないが，［1-1］の範疇の縁辺部に置かれる者〕を医師と同視する半面，医療を補助する者の指揮のもと下級の者として雇用されるにとどまり，ごくありふれた働きをする病人付添人〔［2-1］・［2-2］の範疇の者〕が医師と同視されることはない。さらに，909条の解釈として，いくつかの要件のもとでのみ〔無償行為が〕無効であるとされることに注意を要する。要件とは，つぎのようなものである。

　第一に，無償行為を受ける者が，病人が死亡する原因となった疾病の間，病者を担当することを要する（したがって，薬を出すにすぎない薬剤師や，若干の助言をするにとどまる医師や外科医は，〔無償行為を受ける〕能力を否定されない）。

　第二に，その疾病の時期において，無償行為がされなければならない（したがって，病気療養が始まる前に〔無償行為が〕書面作成をされる場合において，無効とはされない）。

　第三に，この疾病により病者が死亡しなければならない（したがって，病者が健康を取り戻し，また，この疾病でない原因により死亡した場合において，909条が適用されない）。

　これらの要件を充たすならば，籠絡が推定され，この推定は反証を許さないものである」。

　第一，第二，そして第三と挙げられた解釈上の留意事項は，いずれも理解可

---

9) PAGEOT, précitée.

能である[10]が，何より肝心な観点は，それらに先立ち，どのような者らが受贈者，受遺者となることが否定されるか，にほかならない。この人的範囲に関する解釈運用は，慎重で，概して厳格なコントロールがされてきた[11]。

すなわち，[2-1]・[2-2]の範疇に属するにとどまる家政婦や看病付添人のような人々に贈与や遺贈をしても，それらの効力は否定されない（破棄院第一民事部1970年7月8日〔前掲〕）。これに対し，医師の資格を有しないとしても事実として医業を行なう者は，受贈者・受遺者となることを妨げられる（破棄院第一民事部1978年10月10日判決77-11, 785）。悩ましい題材は，精神科医である。多くの事例において人々は身体疾患により死に至る。精神疾患そのものが終の病となる事例は珍しい。やがて死へと導く身体疾患と闘う本人を支える精神科医は，形式を見れば終の病そのものの診療に携わる医師ではない。しかし，本人の生の現実を見れば，しばしば精神科医こそ，本人の最後を支える導師にほかならず，その精神的な指導の影響は絶大である。法律家の良識に基づく直観として精神科医を909条による統制の外に置くことは，是認され難い。ここは味わい深いところであるから，判例を引こう（破棄院第一民事部2010年11月4日判決07-21, 303）。

「〔事実審の〕裁判官は，民法典909条の適用可能性が否定されないとし，精神科医である〔受遺者は，患者が〕侵されていた癌の治療をすることができなかったとしても，純粋に医学的な処置に附随し，これに結びついた支援をその患者に対し施し，腫瘍学の処置と共に，二次的な病理に向けた規則的で不断の手当をしたものであり，その二次的な病理は，患者が死亡することになった一次的な疾病〔癌〕と同一の理由により患者が悩まされ，一次的な疾病の結果にほかならないところのものである。それゆえ控訴院が，〔本件受遺者が患者に対し〕909条にいう患者の最後の疾病の時期に手当てに携わったものであるから，無償行為を受けることができないとされる制約に服すると結論づけたことは正当として是認することができる」。

この精神科医の処遇のように悩ましい局面があるにせよ，判例は，概して909条の解釈を厳格にしてきた。同条により無償行為の効力を否定する者の範

---

10) 第三の論点に関し，破棄院審理部1913年4月21日判決Dalloz 1913, I, 421；破棄院第一民事部1968年1月22日判決Dalloz 1968, 382；破棄院第一民事部2003年7月1日判決00-15, 786は，最後の疾病の概念をめぐる難しい判断が求められた事案である。

11) LEROYER, précitée が，判例の展開を要領が宜しく描く。

囲は，厳しく制限して処されてきた。その理由は，同条による無償行為の効力否定が，反証を許さないものであり，覆すことができないという強い効果を与えられるからである。無償行為をする真の自由とは相容れない影響を無償行為の主体に及ぼすものと考えられるから効力が否定されるものであるが，ここにいう影響の存在は，それがなかったという反証を許さず，いわば擬制に等しい。そして，その効果は，明快に無効である（民法典 911 条参照）[12]。

とりわけ明白である観点として，単なる在宅の支援者，つまり［2-2］の範疇の人々にまで 909 条の規制範囲を拡張解釈することが考え難い，ということは，ほぼフランスの法律家にとって確信に近い原理に育ってきたと目される（破棄院第一民事部 2013 年 9 月 25 日判決 12-25，160）。判例の展開を概観する論評に耳を傾けよう。

すなわち，贈与等の法律行為の無効を証明する責任が，特段の事情がない限り，一般原則として無効を主張する者にあり，これを同人が負う困難があることから，「法は，民法典このかた，定められた範囲の者らの間においてされる無償の行為について，それらが受けることができないとして基本的に排除する籠絡の推定を定めてきた。／2007 年 3 月 5 日附ロワは，無償の行為を受けることができないとする規制を裁判所が選任して成年者の保護に与る受任者などに拡げた。／人が施設に，あるいは居宅に滞在し，無償行為を受けることができないとされる者がそれらにおいて仕事をするものである〔とすると〕やはり状況が異なる」[13]

むろん，民法典 909 条の解釈として［2-2］の範疇の人たちが規制から外れるとしても，民法典のみが議会制定法ではない。くわえて，やがて施設に入居して最期を迎える高齢者が増えてくるに従い［2-1］の範疇の人々のための無償行為をどのように扱うか，立法者の選択決断が求められる。そうであればこそ，その選択決断は，規制の本質部分を［1-1］・［1-2］の範疇に限局しようとする法律家の視点との軋轢が避け難い。

---

12) 破棄院審理部 1863 年 4 月 7 日判決 Dalloz 1863, I, 231.
13) Jean HAUSER, Faut-il étendre les présomptions de captation en matière de libéralités?, Revue trimestrielle de droit civil, 2014, pp. 86-7.

## 2 社会福祉家族法典による規律

　医療や介護を受ける人々がする無償行為を規制しようとする籠絡（captation）の法理は，民法典においてのみ展開するものではない。むしろ民法典の外で突出した発展をみせる。民法典の外で，ということは，いきおい，民法典を扱う法律家の与り知らないステージで事態が進むことを意味する。

　社会福祉家族法典において［2-1］にとどまらず，さらに［2-2］の範疇の者を受贈者や受遺者とする無償行為を抑制しようとする立法がされるに際しては，判例がしてきた厳格な法律解釈の線を越えて［2-2］の領域への規制を設けようとする踏込み（国民議会の社会福祉委員会の主査委員会報告，第一読会，2014年7月19日）が論議の趨勢を制した。もちろん，法律家の見識が議会審議において全く無力であったものではない。元老院の法律委員会（Commission des Lois）からは，主題とされる提案が過度に広汎なものであるとする評価が示される（元老院，第一読会，2015年3月3日）。けれども，立法を急ぐ向きが危惧の意見に耳を貸すことはなかった。

　これは，社会福祉家族法典の改正提案を含む政府提出法律案1994号（projet de loi numéro 1994, Assemblée nationale, XIVe législature）の審議において繰り広げられた議会におけるドラマである。結局において可決[14]をみた同法律案により同法典は，そのL116-4条のIにおいて，つぎの規律を擁するものとなった。

> 　この法典の適用により許可または届出をしなければならないとされる施設もしくは部署または労働法典L7231-1条2号に定める認可または届出をしなければならない部署を保有し，管理し，またはそれらに雇用される個人およびこれらにおいて厚意により，または志願して従事し，または責任を担う者らは，民法典909条1号および2号に定める例外の場合を除き，同人らのために，施設または部署において引き受けられている者が，その引き受けられている期間にあって，生前にする無償の処分および遺言による処分を受けることができない。これらの無償行為は，同法典911条が適用される。

　ここで参照される労働法典L7231-1条は，その2号において「老齢の者，

---

[14) 法律委員会の意見に基づき，［2-2］への規制の拡大を阻もうとする修正提案がされたが，2015年3月17日の元老院の会議において否決された。

障害者その他その居宅において人による援助を必要とし，または居宅にとどまるために近隣の状況のなかで移動をするのに援助を必要とする者に対し支援をする業務」を掲げる。まさにここにおいて，長らく籠絡の法理によるコントロールの外に置かれてきた［2-2］の範疇の者が同法理に服せしめられるに至る。

　ここで立法者が大股で踏み出した様子は，主題とする社会福祉家族法典 L116-4 条の淵源を遡れば明らかである。そもそもの同条の端緒は同法典の L331-4 条であり，同条が 2007 年 3 月 5 日附ロワ第 308 号により改正された後，2015 年 12 月 28 日附ロワ第 1776 号 28 条により廃され，その規律内容を同法典 L116-4 条が受け継いだ。かつての L331-4 条は，

> 施設を保有し，管理し，または施設において使用される個人または法人，それらにあって厚意により従事する者ら，これらの者らが構成員となる団体が，それらの者らが営み，または用いられる施設に入居している者から受ける生前贈与または遺言処分は，民法典 909 条に定める要件のもとでのみ，それらをすることができる。
> 　くわえて，同法典 911 条は，これらの恵与に適用される。

というものであり，この段階までは，籠絡の法理による無償行為の規制が［2-1］の範疇の者へのものに踏みとどまっていた。そこを［2-2］の範疇の者のところまで駒を進めた法制が，上述の政府提出法律案 1994 号が採択されて制定されたロワにほかならない。政府は，この法律の案を国民議会に提出するにあたり，その趣旨目的を，

> 「他の欧州諸国と同様，フランスは，最高齢層の顕著で持続する増加，そしてフランス人の長寿の昂進という人口動態の変化の最中に置かれております。今日，60 歳以上の者は 1500 万人おり，2030 年に 2000 万人，2060 年には 2400 万人に近づくことでしょう。……さらに 85 歳を超える人々が，今日の 1400 万人から 2060 年に 5400 万人へとほぼ 4 倍になるとみられます」。

> 「〔法律案の〕23 条は，新しく L116-4 条を加えるものであり，すべて社会福祉の施設または社会医療の機関，とりわけ居宅において支援をする機関，またはその機関と連携するすべての者が，無償奉仕の者，高齢者から直接に給与の支払を受けるすべての家事使用人，高齢者の居宅で世話をする者を含め，贈与，遺贈および性質を問わず支援を受ける者からの金銭的な利益の供与に恵まれることは，報酬の性質を有する処分および親族への包括的な処分を除き，できないものとすることが，同条の趣旨にほかなりません」（強調は引用者）。

と説明した（国民議会，2014年6月3日）。フランス社会を高齢化に適合させようとする意識が大きく支配する前傾姿勢がそこに著しい。やがて採択される同法律案の名称は，まさしく「高齢化への社会の適合に関する2015年12月28日附ロワ1776号」である。なるほど，社会が高齢化に適合する要請を疑う者はいないにちがいない。けれど，一点の要請のみを凝視する態度でなく，諸々の社会の営みを見渡す態度が法律家の賢慮ではないか。

そうした賢慮を顧みることなく推移したフランスの法制は，2015年のロワが施行された2016年10月1日から2021年3月までの段階のものを要して描くならば，［1-1］・［1-2］・［2-1］に加え，［2-2］の範疇の者らに対する無償行為を禁圧しようとするものであった（上記趣旨説明の引用者による強調の行論）。やがて人々はこの状態のまま，2021年3月12日の前夜を迎える。

## Ⅲ　2021年3月12日憲法院判決

その遺贈は，遺言者も受遺者も女性であった。遺贈は，不動産の特定遺贈である。受遺者は，遺言者から見て［2-2］の範疇の者に当たる。遺言者の居宅にあって，その身の回りの家事に携わった。この遺贈に係る遺言は2017年5月17日に自筆証書遺言でされ，その遺言においては，この特定遺贈のほか，複数の従兄弟に対する包括遺贈もされている。そして相続は，2018年1月に開始した[15]。包括受遺者である従兄弟らが上記の特定遺贈の無効を宣することを求めて争訟に及び，ここに上記遺言が訴訟事件の係争に附されることになる。その審理において受遺者の女性は，彼女が［2-2］の範疇に当たるものとして遺贈を規制する社会福祉家族法典L116-4条の憲法適合性に疑義があるとし，憲法適合性優先決定問題（question prioritaire de constitutionnalté）の主張を提出した。これを受け受訴裁判所は，2020年9月30日の裁判をもって事件を破棄院に移送した。移送を受けた破棄院は，2020年12月8日，同条の憲法適合性，具体的には人および市民の権利に関する1789年の宣言，いわゆるフランス人権宣言の2条・4条・17条への抵触可能性を問擬する必要を指摘し，事案を憲

---

15) cf, Commentaire à la Décision numéro 2020-888 QPC du 12 mars 2021, Conseil constitutionnel, p. 11（憲法院のウェブサイトにおいて読むことができる）。

法院に送付した[16]。

これを受け憲法院は，介護の役務を提供する事業者への本人のする贈与を一律に禁止する法律が，財産権行使の自由（保障の根拠は1789年のフランス人権宣言）を侵害し，違憲であるとする。フランス憲法院の2021年3月12日判決（QPC2020-888）である。

## 1 前提の確認——法律に対する憲法適合性審査の仕組み

憲法院は，どのように判断したか。これを明らかにする準備の前提として，どの機関において法令が憲法に適合しないとする判断に与るか，また，憲法に適合しないとする判断をする規準である憲法規範はどれであるか，これら2つの確認をしておこう。

第一に，憲法適合性の判断は，憲法院がする。破棄院を含む通常民事裁判所は，することができない。憲法院が判断を示す機会は大きく括ると2つあり[17]，まず共和国大統領が審署をする前という段階で抽象的に事前審査をする事例がありうる。本件は，こちらではない。本件は，具体の事件に附随して審署の後にされる事後審査である。その手続は，破棄院から憲法院への憲法適合性優先決定問題の送付という手順をとる。本件もこの手順を辿った。憲法適合性優先決定問題は，その頭文字を拾い QPC というニック・ネームでよばれる。

第二に，憲法適合性判断の基準となる〈憲法〉の範囲は，現行の第五共和制憲法の各条に限られない。同憲法が冒頭で人権宣言を引用しているため，その各条も規準となる。人権宣言は世界史的意義をもつ政治思想史上の文書であるのみならず，フランスにあって，今日なお紛れもなく実定の法令である[18]。

## 2 人権宣言を規準とする本件事案の帰趨

本件においても破棄院が憲法院に対し社会福祉家族法典 L116-4 条の適合性の検証を求めた2条・4条・17条とは，人権宣言のそれらにほかならない。2条は，「すべての政治的結合の目的は，人々の自然の，そして時効によって消

---

[16] 前掲注15）の憲法院報告書，11頁参照。
[17] 奥村公輔・政府の憲法解釈の諸相（日本評論社，2022）117頁。
[18] 山野目章夫「フランス憲法院の扶養観」法学新報127巻3号・4号662頁（2021）。

滅しない諸権利の保障にある。これらの権利は，自由，所有権，安全，そして圧政への抵抗である」と謳う。4条は，「自由とは他者を害さないすべてをすることができることをいう」とする著名な自由の定義に始まる規定であり，17条は所有権の不可侵を説く。思考の簡略を期して案内するならば，3つの条に各別の重みを与えて論ずる意義は，本件に関する限り乏しい。本件事案における憲法適合性審査において，3つの規定の役割は本質において同一に帰する。憲法院の判決が主に2条を主題とすることに即して，これからあと2条に注目しながら考察を進めることにする。

その人権宣言2条を規準とする際，憲法院は社会福祉家族法典L116-4条に対し，どのような評価を与えたか。

違憲であるとする。

すでに示唆したように，人権宣言2条への抵触が理由である。判決理由を読み，その論理を辿ってみよう。

（第4項）1789年の人および市民の権利に関する宣言の2条が保障する所有権を私人が行使する要件として，憲法または一般の利益の要請に応じて制限を施すことは，それらにより追求する目的に比して過大な侵害をもたらすものでない限りにおいて，立法者の権限に属する。

（第5項）高齢者，障害者，さらに居宅において人的な援助を望み，または円滑に居宅にありつづけるための移動の援助を望む他の人々への支援が人々への役務によりされることは，労働法典L7231-1条に基づく。本件の諸規定は，この役務を提供する法人の運営者および当該法人で雇用され，または無償で働く者ら，ならびに当該法人が支援する者が直接に雇用する者らに対し，支援を受ける者がする贈与および遺贈を受けることができないものとする。この禁止は，贈与者または遺言者の支援がされている期間にされた無償行為にのみ及ぶ。提供された役務への報酬の意義を有する手当には，この禁止が及ばない。直系の相続人がない場合において，四親等までの親族に対してされるものも同様である。

（第6項）したがって，争われている諸規定は，高齢者，障害者または自宅もしくは移動において人的な援助を必要とする人々に対し，この禁止の限りにおいて，同人らの財産の自由な処分に制約を施すものである。財産を自由に処分する権利は，所有権の属性であり，争われている諸規定は，この権利を侵害するものにほかならない。

（第7項）立法者は，争われている禁止を通じ，自宅にありつづけるための支援を受けなければならず，この支援を授ける人々からの財産の一部についての籠絡に対し

脆弱である特殊な状況に置かれていると認められる人々をその限りにおいて保護しようとしたものである。したがって立法者が追求しようとした目的は，一般の利益にほかならない。

　（第8項）しかしながら，第一に，一方において，支援を受ける者が高齢であり，障害があり，または居宅にとどまることがかなうように支援を必要とするその他の状況にあるということのゆえのみをもって，それらの者らの合意をする能力が損なわれると断ずることはできない。

　（第9項）他方において，労働法典L7231-1条第2号が掲げる人への役務は，さまざまな期間や頻度において行なわれる可能性がある多様な業務を含む。それらの業務が本人らの居宅において遂行され，居宅にとどまることに役立つということのゆえのみをもって，本人らに支援を提供する者らに対し支援を受ける者らが常に脆弱な情況に置かれると性格づけるには十分でない。

　（第10項）第二に，無償行為をする者を支援する者に対し前者が脆弱でなかったこと，または無償行為をする者の支援者との関係における自律があったことの証明ができたであろう場合であっても，主題とされる禁止が適用される。

　（第11項）以上の次第であるから，争われている一般的な禁止は，追求されるねらいに比し所有権に対し過大な侵害をもたらすものである。したがって，この禁止は，憲法に適合しないと宣しなければならない。

　ここに紹介する2021年3月21日の憲法院判決は，社会福祉家族法典L116-4条を違憲とするけれども，同条の全部を違憲とするものではない。同判決は，つぎのように宣示する。

　まず，同条の実体的評価として，労働法典L7231-1条を参照する部分などを違憲として削るべきものとする。この宣示が判決の中核であり，そして，その宣示は，法令を改廃する一般的な効果をもつ。

　そこで判決は，この法令改廃の効果の経過措置に関し，まず，法令としての一般的効力の次元においては，この判決が官報において公告された時から効力を生ずるとする。そのうえで，個別の事案に係る経過措置について，効力を遡及させるべき事由がないとし，この判決が官報において公告された当時，現に係属している事案に限り同判決の宣示を前提して審理がされるべきことを指示する。そうすると，2020年9月30日に破棄院へ移送された当の事案も，今般の憲法院判決を前提として審理がされなければならない。ここに，終末期を支え，支えられた2人の女性の間でされた2017年5月17日の遺言に基づく遺贈

は，その効力が是認される方向へと大きく途が開かれたのである。

　高齢者がその所有する財産を処分することは，人権宣言2条にいう「所有権」の行使にほかならない。認知症によって判断能力が衰える高齢者についても，適切な意思決定支援を受け，その財産を処分する自由を保障することは，障害者の権利に関する条約を俟つまでもなく，1789年このかた普遍の政治的原理である。

　ここまでの経過とそれについて得られる考察を要すると，フランスの立法者は，とりわけ2015年このかた，高齢者が対価を支払ってその住所において役務の提供をしてくれる者に対し恵与をすることができないとする法律の規定を設けた。恵与は，フランス法上，贈与と遺贈の上位概念である。その法律の規定が違憲であるとされ，人権宣言2条への抵触が理由である。憲法院判決は，この種類の法制を頭からすべて違憲とするものではない。あまりにも広汎な規制であるから，違憲であるとする[19]。そうであるならば，どこが広汎に過ぎるかを指摘する判示部分を裏返すならば，この種類の規制を合憲的に進めるヒントが得られる。

## Ⅳ　ボレロの余韻

### 1　パリ・マッチを立ち読む人々

　「『ボレロ』を作曲した人の莫大な遺産は，その弟から庭を任され運転手でもあった男の手にある」と，1968年3月16日の『パリ・マッチ（Paris-Match）』が人を扇動する見出しと共に本稿頭書の事案の顛末を伝える。男とは，エドゥ

---

[19] 人権宣言を含む憲法法源（憲法ブロック）と併せ一般の利益（inétrêt général）を参照しつつ比例の考え方によるコントロール（contrôle de proportionnalité）を用い法令の規制が過大であるかどうか，という観点からする審査は，憲法院の判例においてよくみられる手法である（本件判決においては本文引用の第4項および第7項）。それはそれとして，分析や評価を要する。Jean-Baptiste DUCLERCQ, Les mutations du contrôle de proportionnalité dans la jurisprudence du Conseil constitutionnel, Bibliothèque constitutionnelle et de science politique, 2015, pp. 250-259, 337-338, 433-439, paragraphes 555-572, 738, 944-960. この作品は，2015年の憲法院博士論文賞（prix de thèse du Conseil constitutionnel）を授けられた。違憲審査の手法というとアメリカ合衆国の研究状況が賑やかであるが，フランスにあっても水準の高い研究が現われてきている。また，長谷部恭男「グローバル・スタンダードとしての構造化された比例原則」比較法学57巻3号1頁以下（2024）が，比例原則の世界的動向を考察する。

アール・ラベルから遺贈を受けた病人付添人の夫である。

どうせ週刊誌の見出しなど，どこの国でも扇動的，煽情的なものでしょう，とニヒルに構えてもよいが，この見出しに惹き寄せられ，どれどれ読んでみよう，と多くの人々が同誌を手にした光景は容易に想像することができよう。だいたいにして「モーリス・ラベルの遺産」という本稿の表題からして，法律的に精確に述べるならば，作曲家ラベル本人の遺産が主題でないのに与えられている表題であることは，すでに読者において気づいているとおりである。独身を貫いた作曲家ラベルの遺産を弟が継ぎ[20]，この弟にも近親がいなかったことから，その遺贈を受けた者と，いわば"笑う相続人"との間において紛議が生じた，というところが話の本質である。

とはいえ，音楽史にとどめられる異才が生涯を閉じた後に展開をみた思わぬ物語は，それ自体，ひとつの良質のゴシップとして人々が筆を走らせ，眼を注ぐことを戒めるには及ばないものではないか。それが単なるゴシップでなく良質のゴシップであるとするに価する所以は，そこで提供された話題が，やがて時を経て，異なる事案においてであるにせよ2021年の憲法院判決として一つの終結を奏でるところまで命脈を保つ推移にほかならない。

## 2 憲法院判決の読解の試み——仮説の提示

あらためて現代の法律家において考究されるべき課題は，そこで憲法院が何を違憲とし，裏から見るならば何を咎めなかったか，ここにある。

本稿冒頭においては，終の床にある者のする遺贈や贈与などの無償行為が籠絡の法理により牽制される場面の無償行為の相手方とされる可能性のある者として，[1-1]，[1-2]，[2-1]および[2-2]の4つの範疇を用意した。2021年の憲法院判決において一律に規制が違憲とされる範疇が[2-2]であることは明らかである。そして，判決が扱う事案において直接に題材となっていないからには，残る3つの範疇についての憲法院の態度を同判決から断定して導き出すことは許されない。

---

[20] モーリスとエドゥアールは，生涯にわたり信頼し，労わり合う兄弟であったとみられる。書簡集である Manuel CORNEJO, L'intégrale correspondance (1895-1937), écrits et entretiens: Maurice Ravel, 2018 には，兄が旅先から何気なく行程を伝える手紙（1332頁の2494番，1283頁の2402番）があり，また，兄の音楽活動に共に携わる局面（1345頁の2523番）などが窺われる。

とはいえ，[1-1] は，大革命このかたフランスの法律家が籠絡の法理の典型的なターゲットとして捉えてきた範疇であり，これへの規制の正当性（憲法適合性という意味における正当性を含む）を疑う者は，フランスの法律家にあっていないであろう。[1-2] も含め，これらは民法典に根拠を置くものであるという基本法制上の位置づけに加え，内容実質としても，本人に強い精神的な影響力を行使する立場にあり，これらへの無償行為の規制こそ，籠絡の法理の本来的な展開場面である。

悩ましい論点として残る検討課題は，[2-1] と [2-2] との間の差異を憲法論に昇華させて論議することの根拠にほかならない。ひとことで描くならば，入居した施設で本人の世話に携わる者と，居宅で本人を支援する者との間に，さまで決定的な状況の差異があるか，という観点になる。その根拠を論理として必然的に導く説明は，困難であると感じられる。むしろ，居宅で暮らす高齢者を支援する者への無償行為の効力を安易に否定することを控える，という長くフランスの法律家が培ってきた良識に基づく直観が憲法院において採用された，という観察が正鵠を得ると考えられる。

そのような観察に頼らず，しいて手がかりを探そうとするならば，在宅で自立して暮らす契機に特に言及する障害者の権利に関する条約 19 条の規定などを引き合いに出すことが，できなくはない。フランスは，同条約の締約国でもある。

実際，在宅であれそうでないものであれ高齢者の法律行為の能力を安易に否定してよいか，という問いが提出されるならば，それに否の答えを与える手がかりを同条約の 19 条，より具体的には 12 条などに求める思考が，むしろ世界的な動向でみれば法律家が書く標準の答案であるかもしれない。

けれども，憲法院は，フランスが批准国である同条約という外的で，かつ現代的な規範を引き合いにすることなく，所有権の自由という古典的価値に依拠して結論を導出した。人権宣言が憲法適合性審査において理論的に実定法の権威を保っていることはフランスの憲法を考える際の重要な前提であるとしても，ここで刮目されなければならない観点は，そのような理論の話ではない。憲法院の審理判断の実務において人権宣言が息づいている実質的実態こそ特筆されるべきである。1789 年の精神，ここにいまなお躍如と評すべきであろう。

福祉の現場感覚と法律家の思考とが鬩ぎ合った論争が，ここに結着を迎える。

憲法院の判決は，不服申立てが許されない。爾後，日々の本人支援は，法律論としてではなく，憲法院が与えた思考枠組みのもと，どのようにして本人の尊厳を保ち，どのようにして本人の権利を護るか，という実務的な局面に移行する。その移行は唐突であった感もなくはない。そう，あの名曲，ボレロが結尾でコーダ（coda）を迎え，まるで断崖から落ちるように一気に終わりに至るように，である。この物語の一幕を提供したラベル家の人々のことも想い起こしておこう。伝えられるところによると，墓碑に刻まれている譜の最後にこうある。「……モーリス・ラベル，作曲家，1875 年から 1937 年 12 月 28 日。エドゥアール・ラベル，1878 年から 1960 年 4 月 5 日。子がないエドゥアール・ラベルが世を去ったことにより，ラベル家は，1960 年，途絶えた」[21]。

---

21) Marcel MARNAT, 1875-1937: Chronologie et Maurice RAVEL（モーリス・ラベル財団のウェブサイトに掲げられている）.

# 「婚姻中自己の名で得た財産」の再検討序論
## ——不動産および有体動産の裁判例の分析を通して

大　島　梨　沙

Ⅰ　はじめに
Ⅱ　裁判例における特有財産認定基準
Ⅲ　取得名義基準を採用していない事例におけるその要因の分析
Ⅳ　おわりに

## Ⅰ　はじめに

### 1　762条1項が機能する場面

「婚姻中自己の名で得た財産」は，民法762条1項の文言である。同条は，夫婦財産契約がない場合の婚姻継続中の夫婦間での財産の帰属について定めており，1項において，夫婦の一方が婚姻前から有する財産と「婚姻中自己の名で得た財産」はその特有財産とすると規定し，2項において，夫婦いずれに属するか明らかでない財産は共有財産とすると規定する。この条文は，法定財産制の内容を指し示すものであり，①夫婦の一方の債権者が追及しうる対象かどうかの基準，および②それらの財を管理する権限をもつのは夫婦のうちのどちらか，夫婦の一方がある財に関して行う法律行為が有効かどうかの基準として作用する。たとえば，妻が「婚姻中自己の名で得た財産」なのであれば，その財産に夫の債権者は追及することができず，その財産を夫が処分してもそれは無効となるということになる。

ところで，夫婦財産制には，もう1つの重要な機能がある。それは，③関係解消後の元夫婦間での請求・清算・分割時の基準を示すというものである。仮に，762条のみが③の基準を示すものだとすれば，日本の法定財産制は純粋な別産制だということになる。「婚姻中自己の名で得た財産」は，その一方のものとなり，関係解消後も単独の財産として保持し，他方に分与することはないということになるからである。しかし，戦後の民法改正によって768条（財産

分与）が民法の中に加えられたことによって，この③の基準は，主に768条が指し示すようになった。そして，768条の解釈においては，「名義にかかわらず」，夫婦がその協力によって形成した財産を「実質的共有財産」として分与対象とするというのが今日の実務・通説である。つまり，762条1項がいう「婚姻中自己の名で得た財産」（＝一方の特有財産）であったとしても，離婚後の財産分与時には，分与額算定対象財産とされることがある。よって，762条と768条とを総合すると，諸外国において見られる「後得財産分配制」[1]に近い状態が解釈によって創り出されているとの見方ができ[2]，筆者もこの見解に立つ。つまり，762条1項がいう「婚姻中自己の名で得た財産」は，今日，③の場面というよりも，主に①②の場面における特有財産認定基準を定める役割を果たしているはずだということになる。

## 2　762条1項の文理解釈

では，①②の場面における特有財産認定基準となる，婚姻中「自己の名で得た」財産とはどのような意味なのか。これを文理解釈するならば，その資金の出どころが何であれ，また得た財産の性質がどのようなものであれ，その財産を得た際の目的が何であれ，婚姻中，妻の「名で得た」財産は妻の特有財産に，夫の「名で得た」財産は夫の特有財産になるはずである。つまり，当該財産を「得た」ときの「名」が夫か妻かがどちらの特有財産かを決定する基準となるはずである（以下，本稿ではこれを取得名義基準と呼ぶ）。実際，かつての通説は，第三者との関係でも，夫婦間においても，取得名義により帰属関係が定まるとしていた[3]。また，日本民法の母法のフランス法においても，別産制または後得財産分配制では取得名義基準が採用されており，費用負担が他方であるとしても，名義人の財産になるとしている[4]。つまり，762条1項の文理解釈によ

---

1) 「後得財産分配制」とは，婚姻継続中は夫婦の財産を別個のものとするが，婚姻解消時には，互いに，相手方が婚姻中に形成した財産の半分を自らに分配するよう求める債権をもつとする財産制である。
2) 久保野恵美子「共有論理による清算的財産分与の限界と課題」道垣内弘人＝松原正明・家事法の理論・実務・判例4（勁草書房，2020）56頁，水野紀子「夫婦の財産関係を考える」法学教室496号80頁（2022）など。
3) 有泉亨・註釈親族法（上）（有斐閣，1950）221頁，中川善之助・親族法（上）（青林書院，1957）237頁。

れば，自らに効果が帰属する権利変動原因（契約や相続）によって当該財産を取得したことを証明した者が帰属主体として認められる。そして，財産を取得した原因を明らかにできない場合のみ，夫婦のいずれに属するか明らかでないとして当該財産が夫婦の共有に属するものと推定される（762条2項）ことになるはずである。

## 3　我妻説の台頭とその問題点

しかしながら，この文理解釈はその後，通説を形成するに至らなかった。というのも，762条1項をそのまま文理解釈すると，性別役割分業型の夫婦において，夫が婚姻中に夫の名で得た給与が夫のみの財産となってしまうことから，いわゆる専業主婦に不利であることが問題視され，これをいかに解釈で改善するかに関心が集まったからである。

さまざまな解釈論のうち，実務に影響を与えるような通説的見解となったのは，我妻説である。同説は，民法762条1項にいう特有財産は，名実ともに夫婦の一方の所有に属するものをいうのであり，単に名義が自分のものであることだけでなく，それを得るための対価などが自分のものであって，実質的にも自分のものであることを挙証しなければならず，そうでないものは，対内関係においては，762条2項にいう共有財産と推定されるとの解釈を示した[5]。ここで，「実質的にも自分のもの」とは，（名義に加えて）「対価などが自分のもの」であることを指していることから，本稿ではこの基準を，取得名義人＝出捐者基準と呼ぶことにする。

だが，この我妻説を今日においても維持することには，2つの点から問題があるように思われる。

第1に，名義だけでなくその財の取得のための対価をどちらが出したかを問題にすることによって，かえって専業主婦に不利な帰結をもたらしてしまう場合がある。取得名義基準によれば，夫が原資を負担したとしても妻が取引の主

---

4) この点につき，幡野弘樹＝齋藤哲志＝大島梨沙＝金子敬明＝石綿はる美・フランス夫婦財産法（有斐閣，2022）217頁〔齋藤哲志〕。後得財産分配制にも，婚姻継続中については，別産制のルールが類推適用される（同226頁〔金子敬明〕）。なお，フランスの後得財産分配制における「当初財産」（≒特有財産）該当性の判断基準の詳細については日仏法学に近刊予定。
5) 我妻栄・親族法（法律学全集（23））（有斐閣，1961）103頁。

体となり妻名義で財を取得したならばその財は妻の特有財産となるにもかかわらず，我妻のいう取得名義人＝出捐者基準に立てば，その財は夫婦共有財産となってしまう。

　第2に，我妻説には，ある財について，取得名義人＝出捐者でない限り夫婦共有財産であると解釈できるとしても，それは夫婦内部にとどまり，第三者には主張できないという限界がある。第三者に主張できない形での「夫婦共有財産該当性」にはどのような意味があるのだろうか。結局，この解釈は財産分与時の分与額算定対象財産を確定するための解釈（768条の解釈）であって，762条1項においてしなければならない解釈ではないのではないか。つまり，専業主婦の財産的保護の問題は768条（財産分与）に委ねることとし，762条1項の解釈においては，この問題は一旦考慮の外に置いてよいのではないか。

　確かに，管理・処分権限が名義人のみに属すること[6]や，相続時に「実質的共有財産」の分与が行われないことなど，専業主婦に不利な場面は財産分与だけでは解決しえずに残るが，それは我妻説を採用した場合でも同様である。これらが不都合なのであれば，それは本来，夫婦財産契約を結んで備えるか，立法による手当てを行う[7]ことによって対応すべきだろう。財産の帰属の次元で762条1項の文言から大きく離れる解釈を展開することは，婚姻夫婦を含む，関係当事者の予見可能性を害するものである。

　以上の理由から，本稿では，762条1項の「婚姻中自己の名で得た財産」（＝特有財産）に該当するかどうかを，条文の文言通りに，取得名義のみを基準として判断することができないかを検討したい。そのための手段として，まず，主要判例雑誌に公刊されたこれまでの裁判例[8]において，一方の特有財産であ

---

[6] これにより，婚姻住居が保護されないことから生じる問題に取り組むものとして，生駒俊英「『子の利益』と離婚時における婚姻住居の取扱い――ドイツ法を参考に」家族〈社会と法〉33号267頁（2017），宮本ともみ「離婚後の婚姻住居利用をめぐる夫婦間での所有権にもとづく建物明渡請求事件・共有物分割請求事件――婚姻効力説の視点にもとづく考察」Artes Liberales 112号105頁（2023）などがある。なお，フランスでは，家族住居を処分する際，その所有者がどちらであるかにかかわらず，婚姻当事者双方の同意が必要である（フランス民法典215条3項）。

[7] 主たる立法提案として，中田裕康編・家族法改正――婚姻・親子関係を中心に（有斐閣，2010）42頁以下〔大村敦志〕，犬伏由子「夫婦財産制（家族法改正：その課題と立法提案〔婚姻法〕）」家族〈社会と法〉33号129頁（2017）。

[8] 判例データベースの1つであるウエストロー・ジャパンにおいて，762条が参照条文となっている事例を検索し，ヒットした68例を主たる検討対象とした。不動産については事例が多かったた

るとの認定が何を基準として行われているかを整理する（Ⅱ）。その上で，取得名義基準が採用されなかった例ではなぜ取得名義基準が採用されなかったのかを分析し，今後の解釈の方向性を示したい（Ⅲ）。

## Ⅱ　裁判例における特有財産認定基準

　裁判例における特有財産認定基準は，問題となった財が不動産（1）なのか，有体動産（2）なのかによって大きな違いがある。そこで，この2つに分けて検討したい。なお，これら以外に，金銭や預金などの「債権その他の財産権」も検討対象とすべきであるが，紙幅の関係で，本稿では前二者を検討対象とする。

### 1　不動産の場合

　不動産を「得た」ときの「名」としては，具体的には，不動産の売買契約や贈与契約を締結した際の書面に買主や受贈者として表示された「名」が考えられる。書面なしで贈与契約が締結されたり，相続によって承継したりした場合には，受贈者や受遺者・相続人としての主体の「名」が不動産を「得た」ときの「名」といえよう。不動産の場合には，これ以外に，登記に所有者として記録されるときの「名」もあるが，それは本来であれば，前者の「名」と一致するはずのものである。

　だが，日本では，不動産を「得た」ときの「名」と，登記に所有者として記録されるときの「名」が合致しないことがある[9]。登記官には実質的審査権がなく，また，フランスのような，不動産取引に公証人が関与しなければならないといったルールもないからである。そこで，取得名義とは別途，登記名義というものも考慮しなければならない。そこで，これら2つを合わせて，取得名

---

　め判例雑誌に公刊されたもののみを取り上げたが，動産については事例が少なかったため，データベース上にしかない事例（判例雑誌等には未発表の事例）も検討対象とした。

[9]　その他に，固定資産課税台帳上の「名」と取得名義人が合致しないこともある。妻が所有していた未登記不動産について，第三者が固定資産課税台帳上の名義人（夫）を当該不動産の所有者だと信じたケースについて，最判昭和48・6・28民集27巻6号724頁がある。なお，この事例では，なぜ妻所有と認定されているのかが事実関係を読んでも明らかではないが，おそらく，売買契約時の買主が妻で，妻の出捐によって，当該不動産が取得されたものと思われる。

義または登記名義を基準として特有財産該当性を判断した事例を「名義基準」に立つ事例だと分類することとした。

不動産の帰属が問題となった事例においては、名義基準を採用しなかった例もある（(1)）が、名義基準に立つ事例（(2)）も少なくなく、それは単に、我妻説が想定するような、前者が対内関係、後者が対外関係と割り切れるものとはなっていない。

### (1) 名義基準を採用しなかった事例——関係解消後の対内関係

名義基準を採用しなかった例は、いずれも、夫婦関係解消後に生じた紛争であり、対内関係（夫婦間での紛争、または一方の相続人との間での紛争）においての判断であることは注目される。

【1】最判昭和34年7月14日民集13巻7号1023頁（離婚後、対内）——家業基準

本事例では、家業（夫方の父母が経営していた旅館業、夫の母死亡以前は夫の母名義で経営）の旅館業（妻名義で経営、旅館の建物は夫が所有）による収益によって購入（購入者名義は妻、金銭授受をしたのは妻）し、夫婦の合意により妻名義で登記していた土地（旅館の建物の敷地）について、離婚後に夫から妻に対して所有権移転登記請求がなされた。最高裁は、元妻名義で登記されていることのみから元妻の特有財産と帰結することはできないとし、当該不動産の所有が元夫にあることを前提に、元夫への所有権移転登記手続を命じた原審の判断を正当とした。

この最高裁判決は一般に、名義基準に立たなかった事例として位置付けられ、762条1項にいう「特有財産」と性質決定する際には、取得名義や登記名義だけでなく、その原資も自己のものであるなど実質的にも自己のものであることが必要だとの見解（上記我妻説）に沿う立場を最高裁がとったものと理解されていくことになった[10]。

だが、この事例は、我妻説そのもの、つまり取得名義人＝出捐者基準に立つものとも言えない。名義人（妻、本件では買主名義も登記名義も妻であった）と出捐者（夫）が異なると本判決は理解しているからである。そうすると、我妻説によれば、妻の特有財産とは認定できず、762条2項により、夫婦の共有と推

---

10) 本沢巳代子「判批」家族法判例百選〔第5版〕（有斐閣、1995）16-17頁。

定されるはずである[11]。だが，本判決は，問題となった土地を元夫婦の共有財産とはしなかった。

　では，原資をどちらが出したかを特有財産認定の基準とした（以下，本稿では「出捐者基準」とする）と理解できるかというと，そうとも言い切れない。本件での土地購入の原資となった旅館業の収益がなぜ夫の特有財産に属するものと認定されたのかは判決文からは判然としない。旅館業は妻名義で行われているし，その営業経理はもっぱら妻が担当しており，旅館業に関する預金口座も妻名義で開設されている一方，判決文中には，夫が営業経理面以外で旅館業経営に参画していたことを伺わせるような事実は出てこない。そうすると，民法762条1項の原則に立てば，旅館業の収益は妻の「名で得た」財産であることから，妻の特有財産となると事実認定すべきであったように思われる[12]。よって，本判決が本件土地の所有者認定において，純粋な「出捐者基準」を採用したとも言い難い。

　確かに，当該旅館は夫の父母が興したものであり，（事実認定されていないだけで）妻が担当していた営業経理以外の面において夫が旅館業に参画していた可能性があり，また本件土地の固定資産税は夫が支払っていたようであり，妻の特有財産と認定しがたいところがあるかもしれない。とはいえ，その固定資産税額支払いの原資が夫の特有財産なのかは判然としないし，仮に夫の特有財産から支払っていたとしても，それだけで土地の所有権が認められることにはならない（土地購入代金の原資こそが問題である）[13]。よって，出捐者基準に立ったとしても，本件土地が夫婦共有財産となる可能性があるとはいえ，夫の特有財産になることはないように筆者には思われる。

　では，本事例での裁判所は，何を基準として本件の土地購入の資金は夫の特有財産であると理解したのだろうか。最高裁は「〔夫〕の経営にかかる旅館の収益金」としか述べておらず，また原審・第一審を読んでもなぜ旅館が「〔夫〕の経営にかかる」ものと認定されたのかが判然としないが，おそらく，これが〈夫の父母が興した家業〉であったことが影響しているものと思われる。夫が，

---

11) 共有との立場をとる見解として，太田武男「判批」家族法判例百選（有斐閣，1973）55頁。
12) 我妻栄「判批」法学協会雑誌77巻3号365頁（1961）は夫婦の共有となるはずだとする。
13) もちろん，妻の特有財産になると解釈する場合，清算時には，夫が支払った固定資産税額相当分を夫に支払うべきであろう。

自己の家の業について，母から相続した後，自己との婚姻継続を前提に妻名義で経営させていたにすぎず，夫と離婚すれば妻のこの〈旅館業の主〉としての地位は奪われるのであって，この家業自体（家業の真の経営権）は夫に帰属するとの理解があるのであろう[14]。

したがって，本判決は，出捐者基準に立ったものではなく，家業基準に立って本件土地を夫の特有財産であると認定したものだと分析できる。

【2】水戸地判昭和51年2月25日判タ342号250頁（破綻後，対内）——出捐者基準

婚姻中夫名義で購入し夫婦双方が代金の一部を負担して支払っている分譲住宅について，水戸地裁は，当該住宅が夫の特有財産ではなく，夫婦間の対内関係では実質上，持分二分の一での共有に属するものとし，持分二分の一について夫から妻への所有権移転登記を認めた。当該不動産購入代金の約268万円のうち，106万円分は，妻の父からの贈与が原資となっており，残りの代金は夫の母からの贈与と，夫名義で契約した住宅ローン（夫が返済）から賄われた。当該住宅の帰属の決定にあたり，本判決では出捐者が誰かが決定的となっている。取得名義人と出捐者が異なる場合，対内関係においては，762条2項の「いずれに属するか明らかでない財産」としての共有財産と推定されるとする我妻説に依拠した解釈といえる。

【3】大阪高判昭和57年11月30日判タ489号65頁（内縁死別後，対相続人）——出捐者基準

本件は，内縁の夫婦が内縁の夫方の親族において営まれてきた呉服商を共同経営することによって得た収益から共同生活の経済的基盤を構成する財産として内縁の夫名義で購入された不動産について，内縁の夫死亡後，その相続人（内縁の夫の子であるが他の女性との間に生まれた子）との間で，その共有持分権の所在をめぐって争いになり，所有権確認等請求がなされた事例である[15]。本判決は，共同経営によって得た収益から購入していることから，夫婦間での特段の合意がない以上，夫婦の共有財産となるとし，その持分については，民法

---

14) このような理解を伺わせるものとして，鈴木潔・最判解民事篇昭和34年度158頁。水野・前掲注2）81頁も，この調査官解説に着目し，伝統的な家業家族の場合には主婦婚のサラリーマン家庭と異なる判断がされているとする。

15) 評釈として，船越隆司「判批」家族法判例百選〔第5版〕（有斐閣，1995）54頁，山口純夫「判批」判タ499号145頁がある。

250条を適用して二分の一とした。これが取得名義基準を採用していないことは明らかであり，原資を問題としている点で出捐者基準に立つものといえる。出捐者基準に立つことを正当化するのは，取得名義人と出捐者が異なることによって「夫婦のいずれに属するか明らかでない財産」（762条2項）に該当するというものであり，さらにその持分について，どちらがどれだけ拠出したかが明確ではないため，民法250条を適用して各二分の一としたものと考えられる。

本件では「特段の合意がない以上」と判示しており，贈与などがあった場合には一方の特有財産になることがありうることを示している。

また，【1】とは異なり，呉服商はおそらく夫名義（または別の夫方親族名義）で営まれていると思われるが，その名義にかかわらず，〈呉服商の夫婦共同経営によって得た収益が夫婦双方に帰属する〉ことを前提として，その収益によって購入したことをもって内縁夫婦の共有財産としたことも注目される（【1】の判断枠組みによれば，本件では呉服商からの収益は夫の特有財産となりそうである）。

【4】札幌高判昭和61年6月19日判タ614号70頁（離婚後，対内）――出捐者基準

本判決は，婚姻中夫名義で購入した土地について，その資金が夫婦の共働きによる収入から支払われており，元妻から元夫に贈与する趣旨の合意などもないことから，元夫と元妻の共有に属するとの判断をし，元夫に更正登記手続を命じた。本事例では，原審において，元妻側から慰謝料請求とともに財産分与請求がなされ，その予備的請求として共有持分権の確認請求がなされたところ，離婚の訴えに附帯しない財産分与の申立ては不適法として，共有持分権の確認請求のみが認容されたという経緯があった。

【5】東京地判平成24年12月27日判時2179号78頁（離婚後，対内）――出捐者基準

本件では，財産分与時にオーバーローンであることを理由に分与対象財産から外された住宅について，登記が元夫名義であるものの，元妻が婚姻前に貯蓄した預金を解約して800万円を支出しているなど，住宅取得費用のうち1310万8601円分が元妻の固有財産からの支出であるといえるから，元妻は本件建物について少なくとも三分の一の持分を有するため，元夫は元妻に対して当然にはその明渡請求ができないとの判断がなされた（使用料相当損害金の支払請求については認容）[16]。

### (2) 名義基準に立つ事例

以上に対し，名義基準に立つ裁判例もあるが，これらはさらに，細かく分ける必要がある。「名義」といっても，取得名義・登記名義などの複数の名義が考えられるからであり，また，最終的に取得名義人の特有財産とした事例でも，その認定の際に，取得名義以外の要素を考慮している事例があるからである。

これらのうち，出捐者と取得名義人が違うにもかかわらず取得名義人の特有財産と判断している事例（a）は，純粋な取得名義基準であって，762条1項の文言に忠実であるといえる。

これに対し，登記名義人と取得名義人が異なる場合に，登記名義人の特有財産であると判断した事例（b）は，第三者との関係でそのように判断したものであり，対内関係（夫婦間）では別の基準で判断している。

また，取得名義人がその取得のための原資を出していることを理由として，その者（取得名義人かつ出捐者）の特有財産と判断している事例（c）もある。

#### (a) 純粋な取得名義基準

出捐者と取得名義人が異なる場合に，名義人の特有財産であるとした事例は，「婚姻前から有する財産」（かつ取得名義人とは異なる登記名義人の表示について取得名義人の同意がなかった）の事案，および「婚姻中自己の名で得た財産」に関する事案ではいずれも婚姻継続中の事案となっている。よって，「婚姻中自己の名で得た財産」については，関係解消後は，出捐者に配慮した解決が採用される可能性がある。

【6】最判昭和45年9月22日民集24巻10号1424頁（破綻後離婚前，対内）

本判決は一般に，「他人名義の不実の登記と民法94条2項の類推適用」について判断した最高裁判決として，民法判例百選にも長らく選出されていることで著名な事例である[17]。その事実関係は次の通りである。妻名義で妻が婚姻前に買い受け，妻名義で登記していた土地建物につき，夫（婚姻前）が妻に無断

---

16) 評釈として，常岡史子「判批」新・判例解説 Watch 14巻101頁（2014），渡邉泰彦「判批」民事判例7号115頁（2013），松久和彦「判批」月報司法書士502号60頁（2013）がある。
17) 民法判例百選Ⅰ・総則・物権（有斐閣，1974）60頁〔鈴木重信〕，同第2版（1982）66頁〔鈴木重信〕，同第3版（1989）58頁〔鈴木重信〕，同第4版（1996）54頁〔磯村保〕，同第5版（2001）54頁〔磯村保〕，同第6版（2009）44頁〔磯村保〕，同第7版（2015）44頁〔磯村保〕，同第8版（2018）44頁〔野々上敬介〕，同第9版（2023）42頁〔野々上敬介〕。

で所有権移転登記を了した。妻（婚姻前）はその事実を直ちに知ったが，登記名義変更費用の捻出ができなかったために将来適当な時期に名義変更をすることにした。その後，両者が婚姻したこともあってそのままにしていたところ，夫婦間に離婚紛争が生じた後に第三者が夫から本件土地建物を買い受けた。本判決は，第三者が（妻の不動産であることにつき）善意である場合，94条2項の類推適用により，第三者が保護される旨を示したものとして著名であるが，本稿のテーマとの関係からは，次のような事例として整理できる。

　本件不動産は，762条1項がいう，妻が「婚姻前から有する財産」であり，妻の特有財産である。本件不動産取得のための費用（125万円）のうち，妻（婚姻前）が10万円を出し，その他妻の母や姉から45万円の援助を受け，夫（婚姻前）が70万円を提供している（つまり原資の半分以上を将来の夫が負担している）が，誰がその原資を支出したか，またその多寡にかかわらず，これが妻のみに帰属すべき財産（妻の特有財産）であるということは本判決の当然の前提になっている。本件不動産は，妻（婚姻前）が小料理屋を経営する目的で妻（婚姻前）名義で買い受けている。つまり，婚姻前から「一方が単独で有する」の判断基準は，取得名義に依拠しているといえる。本稿が対象としている，婚姻中に「自己の名で得た」財産の基準とは同一ではないかもしれないが，いずれも「特有財産」を判断する基準として，参考までにここで挙げることとした。

　なお，仮に夫による勝手な所有権移転登記と第三者への転売により，妻が特有財産を失った場合でも，（元）夫婦間では，当該不動産が妻のものであったと主張することはできる。つまり，離婚後の財産分与における清算または不法行為による損害として，当該不動産相当額を元夫は元妻に対して支払う義務を負うということになろう（購入資金70万円が夫から妻への贈与でないのなら，妻が有していた不動産の価値分と夫が出した資金70万円との相殺になるかもしれないし，妻にも一定の過失があったとして賠償額が減額されるかもしれない）。

【7】東京地判昭和50年2月18日判時796号67頁（婚姻継続中，対内）
　本件は，土地・建物について，出捐者が夫，取得名義人・登記名義人が妻であったという事案である。真正なる登記名義の回復を原因とする所有権移転登記を夫が妻に求めたが，本判決は，妻が売主側と折衝し，売買契約書上も妻が買受人であり，妻名義で所有権移転登記を経由した場合，代金を夫が支出したというだけでは実質上の買主が夫であると認めることはできないとした。

本判決は，本件不動産の所有者の判断において，取得名義だけを基準としたわけではなく，様々な事実を考慮しているが，売買契約上の買受人としての名義が妻であり実際に妻が買受人として振舞っていたことが妻の特有財産とした根拠の大きな部分を占めている。したがって，取得名義基準に分類することとした。

【8】東京高判昭和52年10月26日判タ366号224頁（婚姻継続中，対外）

本件では妻が妻名義で買い受け，妻名義で登記をしていたが，その購入資金の三分の一は夫が生活費として妻に渡した金員の貯蓄であった土地建物について，夫が妻に無断で第三者との間で抵当権を設定し，設定登記を経由したため，妻がその抵当権者に対して設定登記の抹消を求めた事案である。抵当権者は，本件土地建物は夫婦の共有に属するから，夫の共有部分に関する登記は有効であるとして争った。本判決は，取得名義および登記名義が妻であり，権利証を妻が所持していたこと，夫が不動産購入時に仲介をしたり登記手続を代行したりしているものの一貫して名義は妻としていたことなどから，購入資金の三分の一が夫の与えた金員のうちから支払われたものであっても，本件土地建物はその全部が妻の特有財産となるとした。

夫の共有持分を認めなかった要因として，本判決は明示的には述べていないが，それが夫の口座等から直接支払われたものではなく，夫が妻に生活費として渡した金員の貯蓄からの支出であったこともあるように思われる。つまり，それは，夫が原資を直接負担したというより，妻が生活費の節約に努めたことによって形成された貯蓄からの支出であるため，夫の特有財産が原資とは言い切れないという側面があったのではないかと思われる。よって，原資にも一定の注意が払われた可能性があるが，東京高裁が明示したものから言えば，取得名義・登記名義による判断であったと分類できる。

　(b) 登記名義基準――対第三者

【9】東京地判昭和32年3月1日下民集8巻3号413頁（婚姻継続中，対外）

本件は，出捐・出資ではなく登記上の名義を基準として，（第三者との関係では）妻の特有財産にあたるとした事案である[18]。夫所有の夫婦の居住不動産甲

---

18) 評釈として，中野貞一郎「夫婦財産に対する強制執行」家族法判例百選〔第3版〕（有斐閣，1980）50頁。

について，そこで妻が小料理屋を経営して生計を立てるため，当該不動産を妻名義で登記し，かつそこに（債権者の妻に対する貸金債権のために）抵当権を設定した[19]場合，本判決は，その抵当権者の抵当権実行に対して夫から甲の所有権を主張することはできないとした。ただし，この事案では，第三者（抵当権者）との関係では妻の特有財産にあたると認定されており，夫と妻の間では夫の特有財産に当たるとの前提があるように思われる。

では，夫婦間では夫の特有財産に当たると判断されているのはなぜか。おそらく，売主との売買契約を結んだのは夫であった（その代金の出捐者が誰かは判決文には書かれていない。夫は生業をもたず借入れもできない状態であったようであるが，本件売買代金が未払いだとは書かれておらず夫が支払ったということだろうか）ため，登記上の記載にかかわらず，夫婦間では夫が所有者と判断されるということかと思われる。そうすると，夫は出捐者でもあるかもしれないが，取得名義人でもある。よって，本判決は対内関係では取得名義人＝出捐者基準（後述(c)）に立っているとも言えるかもしれない（ただしこの点についての事実関係が判然としない）。

【10】最判昭和45年9月22日民集24巻10号1424頁（破綻後，対外）

本判決は，前掲【6】事件と同じものであるが，対第三者について対内関係とは異なる基準を用いているため，ここではその点を取り上げる。妻が婚姻前から有する土地建物につき，夫（婚姻前）が妻に無断でした所有権移転登記を，その後に両者が婚姻したこともあって妻がそのままにしていたところ，夫婦間に離婚紛争が生じた後に第三者が夫から本件土地建物を買い受けた。最高裁は，2人が婚姻した後に夫名義のままで当該不動産に抵当権設定をしたことに帰責性があるとして，妻は，その後当該不動産について法律上利害関係を有するに至った善意[20]の第三者に対して登記名義人が所有権を有していないことを対

---

19) 夫はこれといった生業をもたず，世間の信用をつなぎうるような人柄ではなかったために，妻の信用において借入れをすることによって当該家屋において小料理屋を妻が経営することにより，生計を立てようとしたとの認定がなされている。昭和28年8月3日付売買（登記の前提となった売買）が誰と誰との売買であり，誰がその代金を支払ったのかは明らかでないが，おそらく架空の売買だということかと思われる。

20) なお，本件のように，取得名義人（妻）ではない者（夫）が虚偽の登記をした場合（外形他人作出型）においては，本人（妻）の不実の外観作出が「確定的故意」ではなくいわば「未必の故意」であることから，第三者に善意無過失までを求めるべきであるとの見解がある（吉田克己・物権法

抗することができないとした。つまり，第三者との関係では，登記名義人と取得名義人の不一致について取得名義人に帰責性があるならば，(第三者が悪意でない限り) ある不動産が夫婦の一方の特有財産であるか否かは，取得名義ではなく，登記名義で決まるということになる。

　(c) 取得名義人＝出捐者基準

　対象不動産を，取得名義人の特有財産と認定したものの，その認定の際に，取得名義人がその対価も支払っていることを認定した事例として，以下のようなものがある。

【11】大阪高判昭和48年4月10日判時710号61頁（婚姻継続中，対内）

　本件は，夫がその単独名義で買い受けた土地家屋について，専業主婦である妻からの二分の一の共有持分権の確認と所有権移転登記の請求を退けたものである。本件では，当該土地家屋の取得のための原資はすべて夫が負担していたため，名義人と出捐者の齟齬や，取得名義人と登記名義人の齟齬もない事案であった。夫婦間であっても，婚姻継続中は，夫婦財産の帰属は名義によって定まることを示したものとして意義がある。

　この点の理解について，本判決は「婚姻生活共同者の内部関係は，一応，対外関係上の権利帰属状態即ち<u>対外的取得行為についての主体名義人</u>を権利者とする帰属関係にしたがって一義的に決せられることを以て妥当とするもの（離婚の際における夫婦の一方から他方に対する財産分与請求権を根拠附ける事由の成否は別として）と解せられ，民法第762条第1項にいう特有財産とは，このように対外的に形式（名義）上も，<u>実質</u>（この場合，単に生活基盤の共同は，これを含まない）<u>上も</u>，夫婦の一方によって取得せられた財産権の権利帰属関

---

Ⅱ〔信山社，2023〕937頁）。本件の債権者兼買受人は，夫の離婚訴訟費用捻出のために金銭を貸しつけたようであり，債務者（夫）が離婚紛争中であったことは知っていたのではないかと思われる。一般に，離婚紛争中の債務者から夫婦の双方または一方が利用している不動産を買うというのはリスクのある行為である。本件不動産で妻の小料理屋が営まれていたことは，現地を訪れたならば容易に分かるであろう。このような場合に，夫婦の内実までは外からは分からないからとして容易に第三者の「善意」を認定して動的安全を保護し，配偶者（場合によってはそこに未成年子がいる場合もある）を追い出して泣き寝入りをさせるというのが本当に望ましい解決なのだろうか。第三者に善意無過失まで求める見解に立てば，この点の不都合の改善が期待できる。いずれにせよ，婚姻当事者がもつ不動産については財産権の所在をめぐって紛争が生じうるからこそ，第三者は慎重に調査するべきとし，できるだけ配偶者の財産権（静的安全）を保障することが望ましいという発想に切り替えていくべきではないか。

係が，夫婦の生活共同関係内部にあっても，次の処分ないし費消行為による利益の実質的配分が確定するまでは，同様に妥当すべきことを明らかにした趣旨のものと解せられるのである」と判示している（下線部筆者）。

前半のみであれば，純粋な取得名義基準に立つことが明らかであるが，後半では，名義人＝出捐者基準を採用しているため，取得名義人と出捐者とが異なる場合にどちらが優先するものと理解しているのかが判然としない。

【12】東京地判平成21年2月27日租税関係行政・民事事件判決集平成21年1月～12月順号21-8（婚姻継続中・別居後，対外）

本事例は，夫の給与および夫を借主とする住宅ローンを原資として夫名義で取得され登記がされた不動産（別居後の妻がそこに居住）につき，所得税等の滞納処分として差押処分がされたことについて，妻が，その共有持分権ないし所有権を主張して取消しを求めたものである。本判決は，差押処分当時，当該不動産は夫の単独所有であると認められ，妻への財産分与は差押え処分後の離婚判決確定によって生じたものであるから妻は国に対抗できないとした。

本判決は，「婚姻中に夫婦の一方が権利主体となって取得した財産は，各自の特有財産（各自が単独で所有する財産）になるのであって，内部的にも対外的にも夫婦の共有財産になるものではないと解するのが相当」とし，一方が権利主体となって取得したものであるかは，「売買契約の当事者（買主），売買代金の出捐者（原資の負担者），登記名義人その他の所有名義人等の諸般の事情を総合的に考慮した上で個別具体的に判断するのが相当」とした点が興味深い。

一方の「名で得た」ではなく「権利主体となって取得した」とその内容を具体化しており，名義だけで判断するわけではないことを示しているが，主として取得名義・出捐者・登記名義を重視しており，これらがすべて夫で一致していたため，それらの間の離齬は本事例では問題とならなかった。また，これが対外関係についての判断であることも一定の影響をしていると思われるが，判決文中では「内部的にも対外的にも」共有財産になるものではなく，妻が夫に対して取得しうるのは財産分与請求権のみとしていることが注目される。

## 2　有体動産の場合

有体動産の場合も，762条1項の文言によれば，資金の出どころがどこであれ，婚姻中，妻の名で得たならば妻の特有財産，夫の名で得たならば夫の特有

財産となるはずである。だが，多くの有体動産の取引では，店舗で現金で購入する場合，契約書のやりとりはされず，また買主が名乗らないのが通常であり，当該有体動産を妻の「名で得た」のか夫の「名で得た」のかは分からない。どちらが店に出向いて購入したという事実はあるとしても，そのことを後から証明できない。そうすると，夫婦の一方が店舗で現金で購入した有体財産の多くは，どちらの「名で得た」財産であるかが不明であるため，「夫婦のいずれに属するか明らかでない財産」となり，2項によって共有財産となる（いわゆる「実質的共有財産」ではなく，純粋な共有財産となる）ように思われる。フランスの別産制においても，帰属不分明財産を持分二分の一での共有と推定する規定は，主に動産において意味があるものとされている[21]。

一方で，インターネット上で有体動産を購入する場合には，購入者の氏名や住所などを記入することが多く，その購入履歴が一定期間は残るため，妻の「名で得た」か夫の「名で得た」かを判別することができる。このような場合には，有体動産についても，取得名義基準によりどちらの特有財産かを決定することができそうである。また，インターネット上の取引でない場合でも，自動車や携帯電話を購入する場合は，購入者の名を示して取引が行われるため，どちらの名で得たかが明確に分かるように思われる。このような場合，その資金を出したのが夫（妻）であっても，贈与等の合意が当事者間にない限り，民法762条1項により，妻（夫）の特有財産となるはずであるように思われる。

だが，裁判例を見てみると，有体動産については，取得名義が分からない場合はもちろん[22]，仮に取得名義が判明した場合であっても，名義基準をとって一方の特有財産とする（762条1項）のではなく，何らかの理由によって762条2項の共有財産とする事例が少なくない。

なお，有体動産については，所有権の帰属の判断だけでなく，とりわけ第三者との関係では，占有がどちらにあるかの判断が短期的には大きな意味を有する[23]が，本稿では，紙幅の制約により，所有レベルの判断のみを分析対象と

---

21) 幡野ほか・前掲注4) 218頁〔齋藤哲志〕。
22) 福岡地判昭和30・9・29下民6巻9号2058頁は，内縁の死別解消後に，内縁の夫の相続人からの動産返還請求等がされた事案において，内縁の夫婦が日常使用していた諸物件が，内縁の夫の所有に属するとも，内縁の妻の所有に属するとも認定できる確証がないことから，762条2項を類推適用し，これらを両者の共有に属するものとした。

## (1) 名義基準を採用しなかった事例

特有財産の認定にあたり，動産取得時の名義を問題にしなかった例は，当該動産の性質（共同生活上必要なものであるかどうか）や，出捐者がいずれかが不明であること，購入の目的，実際の使用者など，各事案に応じた様々な基準を根拠として，夫婦の共有財産または名義人ではない側の特有財産であるとの認定を行っている。

【13】東京地判昭和 50 年 4 月 16 日判タ 326 号 249 頁（婚姻継続中，対外）

本件は，夫の債権者からの家財の仮差押えに対し，妻が第三者異議の訴えをしたことについて，その訴えを認め，妻の特有財産および夫婦共有財産の全体について，仮差押えの執行を許さないものとした事案である。東京地裁は，対象となった動産のうち，カラーテレビを夫から妻に贈与されたもの，オリンパスカメラを妻が結婚時の所持金で購入したもの，洗濯機・戸棚・食器戸棚・タンス等を妻の嫁入り道具（妻の父から妻に贈与されたもの）とし，妻の特有財産であると認定した。また，ステレオ・長椅子・肘掛け椅子・クーラーなどについては，妻作整の絵の売却金や妻の友人からの返済金で，妻名義で買い入れたと認定したが，これらを妻の特有財産とはせず，「いずれも，夫婦の共同生活に必要で，且つ婚姻後に取得された家財道具であるから……，たとえ〔妻〕名義で取得されたとしても，それらの購入資金が，厳密に〔妻〕から出たかどうかを判断するまでもなく，〔夫〕と〔妻〕の共有に属するというべきである」とした。「一般に，夫婦間の実質的平等という大原則から，夫婦の共同生活に必

---

23) 民事執行法 123 条 1 項は，動産の差押えについて，債務者の占有（民法上の占有概念とは異なる）に基づいて開始されるとしている。仮に妻の特有財産であっても，夫婦が同居している家屋内に当該動産が所在していると，夫もそれを占有しているように見えるため，夫の債権者が妻の特有財産を差し押さえるということが起こりうる。この場合の占有は社会通念によって判断されており，通説・執行実務は，「執行の形式主義的処理」の要請を根拠として，非世帯主当事者が専ら使用することが明らかな動産（衣服など）を除いて，共同住居内の動産を世帯主が占有しているものと解してきた。こういった点について，山内敏彦「夫婦財産の差押――別産制との関連」現代私法学の課題と展望（上）（林良平先生還暦記念）（有斐閣，1981）183 頁，秋吉仁美「夫の債権者から妻の財産を差し押さえられた場合の救済手続」判タ 747 号 65-66 頁（1991），磯部幸恵「夫婦間の財産の帰属と占有」佃浩一＝上原裕之編・家事事件重要判決 50 選（立花書房，2012）62 頁，中野貞一郎＝下村正明・民事執行法〔改訂版〕（青林書院，2021）671 頁。

要で且つ婚姻後に取得された家財は，たとえ夫婦の一方の名義・収入又は資産で購入されたとしても，夫婦の共有（持分は二分の一ずつ）に属すると解すべき」だからである。そして，共有者の一人に対する債権者が，該共有者の持分権を差し押さえることは妨げないとしても，共有物自体を差し押さえることはできないとした。

本判決が762条1項を適用して妻の特有財産としたものは，婚姻前または婚姻中に妻に対する贈与がなされた動産，妻が婚姻前から有する金員で婚姻中に購入した動産である。前者は取得名義基準，後者は取得名義人＝出捐者基準といえる。

他方で，ステレオ等については，取得名義や出捐を基準とすれば，762条1項により妻の特有財産となるはずであったが，夫婦共有財産だとされた。共有とした根拠として，本判決は，夫婦の共同生活に必要な動産であることを挙げている。

【14】東京高判昭和63年11月7日金法1224号33頁（婚姻継続中，対外）

本事例は，寿司店を営む妻に対する債務名義をもつ債権者が，寿司店の営業のために購入されたテレビ，ビデオ，冷蔵庫，おしぼり蒸し器，酒燗器等の動産を差し押さえたのに対し，夫が，寿司店の実質的経営者は自分であり差押え動産の所有権は自己に属するとして第三者異議の訴えを提起したものである。保健所に営業主として届出をしていたのは妻のみであり，所得税上，妻のみが事業主として申告していたが，本判決は，寿司店が実質的には夫婦の共同経営であると認定し，差押え動産は夫婦の共有に属するとして，夫は，共有物全部に対する執行の排除を求める第三者異議の訴えを提起することができるとした。

その際，東京高裁は，以下のような事実を認定している。テレビ，ビデオは夫を買主として購入され，冷蔵庫・おしぼり蒸し器・酒燗器・クーラーは夫が売買契約を締結したが，領収証の宛名は寿司店名となっていた。いずれも寿司店の営業用として購入され営業のために使用されていた。

そして，同寿司店の営業は，夫の両親が営んでいた別店舗の一部において夫婦共同で始めたものであり，妻が調理師資格を取得して保健所に営業主として届出をし，調理手伝い，接客，食器類の洗いものをするなどの業務に従事し，夫は会計・経理関係の業務に従事している。寿司店の所得税の申告に当っては，妻を事業主とし，夫を事業専従者として青色申告をしているが，税理士との応

対，折衝等は専ら夫が行っている。寿司店の店舗および夫婦の住居の各建物は，夫が費用を負担して新築したものであり，そのころ夫名義で所有権保存登記を経由している。そして，同店の金融機関との取引については，長年にわたり，債務者を妻，物上保証人を夫として行っているが，借入れ等の手続は，夫が全部行っており，妻はこれに関与したことがない。これらの事実を総合して，寿司店が実質的には夫婦の共同経営であり，動産も共有財産に属するものと推定するのが相当とした。

【15】東京地判令和3年3月24日（令和元年（ワ）17501号）2021WLJPCA03248036（離婚後，対内および対外）

本判決は，夫婦共同生活を送っていたマンション内居室から双方が退去し，離婚した後，元夫（判決文に原告の性別の記載はないが，原告からの「結婚支度金の支払い」・原告の「部長職への昇格」・「原告のゴルフバッグ」などの記載からおそらく原告は男性ではないかと推測した）から当該居室の所有者であった元妻の母，現在の所有者である株式会社L，および元妻に対して，当該居室のリフォーム（夫がその費用を拠出）時に取り付けた動産，居室内にあった家具や食器，絵画，衣類，映像フィルムなどの動産の返還を請求した事例において，元夫の請求をいずれも認めなかった。だが，その判断に至るまでに，各動産が元夫の特有財産であるのか，元妻の特有財産であるのか，元夫婦の共有財産であるのかを詳細に認定しており，本稿の視点からは興味深い。

返還請求がなされた各動産について，本判決は，リフォーム時に取り付けた動産についてはマンション居室に付合したものとして，夫の収入からその費用を支払ったカーテン等は家族の生活のために購入されたもので共有財産であるとして，また一定の動産については夫だけがその費用を拠出したかどうかが不明であるから夫の特有財産とはいえないとして，夫が妻のために購入した絵画は妻の特有財産か共有財産であって夫の特有財産とは認められないとして，妻側に贈与された結婚支度金によって購入された家具は妻の特有財産か共有財産であるとして，結婚祝いに夫の大学時代の同期から贈られた動産は夫婦の共有財産であるとして，あるいは返還を求めている物件の特定を欠くとして，いずれも元夫からの返還請求を退けている（なお，共有財産については，財産分与請求によって返還を求めるべきであるとしている）。これに対し，夫個人に贈与された動産（部長昇格のお祝い，夫の講演会時の記念品，妻の父から譲られた動産）は，夫

の特有財産であると認定したが、関係解消時に夫が妻側に交付した書面において「衣類や重要と思われる書類等……以外は、貴方の判断で廃棄等を行って下さい。」との意思表示をしていたことから、これらの所有権を放棄したものと認定した。

　名義基準に立って判断していると考えられるのは、贈与された財産のみ（受贈者が夫個人であれば夫の特有財産）である。夫のみが費用を支払ったと認定した動産についても、「家族の生活のため」の購入というその購入動機により共有財産との認定がなされている。これは762条2項の文言からそのまま出てくる解釈とは言えない。

　他方、夫だけがその費用を拠出したかどうか不明である財について共有財産としているが、これは、762条2項の「いずれに属するか明らかでない財産」を解釈したものだといえる。

　付合は、夫婦財産法の中にその根拠条文はなく、財産法の一般法理に基づくものである。

【16】東京地判令和3年3月30日（平成31年（ワ）8156号／令和2年（ワ）1938号）2021WLJPCA03308018（破綻後、対内）

　東京地裁は、元内縁当事者間で自動車の帰属が争われた事案において、自動車の売買契約では内縁の妻の名義で買い受けており、ローンの支払いが内縁の妻名義でなされ、支払い口座も内縁の妻名義である（なお、自動車の所有は株式会社Oに留保されており、自動車検査証上はOが所有者とされ、内縁の妻が使用者とされているが、実際に当該自動車を使っているのは内縁の夫である）としても、その原資は内縁の夫から妻に渡された現金を内縁の妻が2人のものとして貯めていた貯金からの出捐であることから、ローン完済後の当該自動車の所有権は内縁夫婦双方の共有に属するとした。東京地裁はその根拠条文を示していないが、内縁の夫が民法762条2項の類推適用を主張しており、それを採用したものと考えられる。

　つまり、取得名義が内縁の妻であったとしても、その原資を負担した者が内縁の妻のみとはいえないことから、内縁の夫婦のいずれに属するか明らかでない財産（762条2項類推適用）として共有になると判断したものと考えられる（出捐者基準）。

## (2) 取得名義基準に立つ事例

以上に対し，有体動産であっても，名義基準によって特有財産性を判断した事例もある。

【17】東京地判平成 21 年 3 月 25 日（平成 19 年（ワ）8786 号／平成 19 年（ワ）30325 号）2009WLJPCA03258023（離婚後，対内）

本件では，離婚した元夫と元妻の間で様々な請求がなされているが，その中で，元夫から元妻に対し，元夫の特有財産であり元妻が占有している金貨等（パンダ金貨 1 オンス，ドッグ金貨 1 オンス，金塊 1 キログラムなど）の返還請求がなされている。元妻は，専業主婦でありパートで働くことはあったがそれを共同生活費に充てることはなかったと認定されており，元夫の収入のみによって夫婦の共同生活が支えられていた。そして，これらの金貨等は，夫が夫の資金をもって購入したものであり，婚姻生活において必要な家財や家具等，その性質上共有となるべきものでもないとして，これらを占有する元妻に対し，元夫から返還を求めることができるとした。取得名義人＝出捐者基準に立っており，かつ夫婦共同生活に使われるようなものでもなかったことから，夫の特有財産と認定されたものと考えられる。

【18】名古屋地判令和元年 7 月 2 日（平成 30 年（ワ）2172 号／平成 30 年（ワ）3098 号）2019WLJPCA07028002（離婚後，対内）

本件は，元夫の特有財産たる動産を元妻が処分したとして，元夫が元妻に対し，不法行為による損害賠償を請求したという事案である。本件では特有財産性は争われていないところ，本判決が夫の特有財産であると認定したのは次のようなものである。夫が購入した特有財産として，本・辞書，漫画，広辞苑，ラケット，卒業アルバム，独身時代のアルバム，スーツ 2 着，焼酎コップ，焼酎グラス，CD・DVD 類，テレビ，キャリーケース，デジタルカメラ，iPod を認定し（購入時期，購入場所，購入額を認定），夫が購入していないものの夫の特有財産であると認めたものとして，木彫りの大黒天，大学の卒業証書，書類等，手紙がある。前者は，取得名義人＝出捐者基準，後者は取得名義基準による判断だと考えられる。いずれも妻はこれらの取得費用を負担しておらず，客観的な価値はそれほど高くなく，夫婦共同生活に使われるようなものではなかったことから，夫の特有財産としての性格が争われていないものと考えられる。

## Ⅲ 取得名義基準を採用していない事例におけるその要因の分析

以上で概観したところによれば，これまでの裁判例において取得名義基準を採用していない例には，次の5類型がある。それぞれ，なぜ取得名義基準が採用されなかったのかについて検討したい。

### 1 出捐者基準

第1に，出捐者基準を採用した例（【2】【3】【4】【5】【16】）がある。これらはいずれも，夫婦関係解消後（【3】【16】は内縁解消後）の対内紛争（夫婦間での紛争，または一方の相続人との間での紛争）であり，不動産の例（【2】【3】【4】【5】）もあれば，有体動産の例（【16】）もある。結論として，いずれも，夫婦の双方が財の取得時に出捐をしている（家事従事のみによる貢献はここでいう「出捐」に含まれない）ことから，夫婦の共有財産になるとした。

本来であれば，このような出捐を理由とする清算は，財産分与（768条）によって担われるべきものであるが，これらの事例では，紛争時点で離婚が成立していない，内縁関係の解消であった（内縁と認定されるかは事前には分からない），財産分与時にオーバーローン住宅が分与対象財産とならなかった，などの事情がある。当事者は所有権確認訴訟や登記移転請求訴訟，建物明渡請求訴訟を提起している。

これらの事例において取得名義基準が採用されなかったのは，当事者間の関係解消後の財産的均衡・清算が問題となる場面（本来，768条と同様の考慮や清算がされるべき場面）において取得名義基準を採用することが妥当ではないからである。

なお，【3】は，贈与等の合意が認められる場合には，名義人の特有財産となる可能性を留保しているのであり，対内関係では常に費用負担を基準として共有になるとまではいえない点には注意を要する。

夫婦関係破綻後・離婚前の財産関係清算をどうするかは1つの大きな課題であり，フランスにはこの点に対応するための諸規定がある。日本にはこのような規定がないための仕方のない方策が762条1項に基づく出捐者基準の解釈といえる。よって，762条1項での出捐者基準の解釈の採用は，この範囲に留め

るべきだと考える。すなわち，関係解消後の対内関係のみ，財産分与規定によって清算をすることができないケース（たとえば内縁の死別解消ケース）に限定されるべきである[24]。

## 2　登記名義基準

　第 2 に，（取得名義と登記名義が異なる事例において）<u>登記名義基準を採用した例</u>（【9】【10】）がある。これらのうち，【9】は婚姻継続中（破綻なし），【10】は関係破綻後離婚前の事例であるが，いずれも対外紛争（対第三者）である。

　これらの事例において取得名義基準が採用されなかったのは，抵当権者や第三取得者といった第三者に，不測の損害を生じさせるからであろう。第三者にとって，対象となった不動産の登記名義人が誰かを知ることはできるが，当該不動産の取得名義人が夫婦どちらであったかを知ることは難しい。

　取得名義人と登記名義人を，夫婦の合意によって，わざと異なるものとした場合には，その合意の解釈によって一定の解決ができる。一方で，取得名義人から登記名義人への贈与と解釈できる可能性がある。この場合は，対内関係においても対外関係においても，登記名義人が当該財の所有者となる。他方で，真に所有権を登記名義人に移転するつもりはなく，何らかの便宜によって登記名義人を取得名義人とは異なるものとした場合には，通謀虚偽表示（民法 94 条）と認定することができる。この場合，対外関係においては登記名義人（第三者が善意の場合，94 条 2 項），対内関係においては取得名義人（94 条 1 項）が当該財の所有者となる。

---

[24] 当該私見とは異なる判断をしたものとして，東京地判平成 22・9・27 平 20（ワ）36425 号 2010WLJPCA09278014 がある。同判決は，「なお，本件マンションは，夫婦共有財産であり，その清算は財産分与手続によることが想定されるが，上記のとおり，被告が取得した持分が確定できるのであって，被告がこの持分を有することを前提として，同手続による清算をすることは可能であるから，財産分与手続による清算が想定されることは，持分に応じた移転登記手続をすることを妨げるものではない。」とする。また，前掲【17】では，離婚後・財産分与前の元夫婦について，有体動産以外に不動産の帰属についても争いになっているところ，東京地裁は，登記上は元夫と元妻の共有であるが，元夫のみが費用を負担したとして，元夫から元妻に対する所有権移転登記請求等を認容した。いずれも夫婦間紛争の一回的解決の観点からは疑問が残るものであり，立法による解決が望まれる。この点に関する先行業績として，常岡史子「財産分与をめぐる近時の課題」深谷格＝西内祐介編・大改正時代の民法学（成文堂，2017）583 頁，「シンポジウム〔自由討論〕」家族〈社会と法〉35 号 81-83 頁（2019）〔棚村政行発言・常岡史子発言〕を参照。

これに対し，夫婦の合意によらずに取得名義人と登記名義人が異なる事態に至った場合（【10】）には，取得名義人に何らかの帰責性があったかどうかが考慮される。仮に虚偽の登記の作出において取得名義人に帰責性がある場合，登記名義人が所有者であると信じた善意の第三者が保護される。対内関係においては，取得名義基準に立つことになる。

### 3 取得名義人＝出捐者基準

第3に，取得名義人＝出捐者基準を採用した例（【11】【12】【13】の一部【17】【18】）がある。対内紛争（【11】【17】【18】）でも対外紛争（【12】【13】）でも，継続中（【11】【12】【13】）でも破綻後（【17】【18】）でも，不動産（【11】【12】）でも有体動産（【13】【17】【18】）でも，この基準を採用した例があるが，不動産の帰属が争われた例に限ると，破綻後かつ対内紛争の事例はない。

これらの例では，いずれも取得名義人と出捐者が一致しており，取得名義だけを基準としても，あるいは出捐者基準に立つとしても，同じ結論になったと思われる。ではなぜ，取得名義基準だけで判断しなかったのか。

その要因として，単に名義が自己のものであることだけでなく，それを得るための対価などが自己のものであって，実質的にも自己のものであることが必要という，我妻説のいう「特有財産」の定義に当てはまることを明示したいという意図があったものと思われる（特に【11】【12】）。

だが，これらの事例の判旨は，仮に取得名義人以外の者が出捐者であった場合にどのような解決をとるのかについては何も述べていない。仮に両者が異なる場合，我妻説によれば名義以外の基準は対外関係においては基準たりえないことから，出捐者基準をとりうるのは対内関係のみとなる。また，関係継続中の対内関係において出捐者基準をとるべき場面はあまり考えられない[25]。そうすると，出捐者基準によって解決をするのは，関係解消後の対内関係のみ，財産分与規定によって清算をすることができないケースに限定すべきではないかとの前述の私見と矛盾するものではないと考える。つまり，取得名義人＝出捐

---

[25] 出捐者と取得名義人の共有財産であるとすることによって管理権・処分権を夫婦双方に与えるという帰結が考えられるかもしれないが，その管理行為・処分行為の相手方（第三者）に対して，出捐者への管理権・処分権帰属を主張できるのかに課題がありそうである。

者基準が,「取得名義」と「出捐」のどちらにその軸足を置いているのかと言えば,「取得名義」の側であると分析できるのではないか。取得名義人＝出捐者基準に立った事例は,取得名義を基準として特有財産該当性を判断した例の一種(出捐者が取得名義人と一致することへの言及は補足的なもの)と位置づけたい。

## 4 共同生活・共同経営のための動産基準

　第4に,共同生活または共同経営のための動産基準を採用した例(【13】の一部【14】【15】の一部【17】の一部)がある。これらの中には,対外紛争(【13】【14】)も,対内紛争(【15】【17】)もあるが,いずれも,有体動産の帰属が争われた事例であり,取得名義や出捐者が誰かではなく,何のために使われる動産か,それが夫婦共同生活や共同経営のための動産かを判断基準としている(【17】は夫婦共同生活に必要な動産でないことを理由の1つとして特有財産と認定)。

　これらの事例で,なぜ取得名義基準が採用されなかったのか。その大きな理由は,不動産の場合と比べて,動産では取引回数が多いため,当事者が真に帰属させようと考えている先と取得名義人とを常に一致させることが難しいということにあると思われる。たとえば,【14】の事例において,夫婦で共同経営する寿司店の営業用に購入された各種の動産は,その買主が夫であることが判明しており,取得名義基準によれば夫の特有財産となる。しかし,これらの動産は,夫婦で共同経営する「寿司店のもの」として,たまたま夫が買主となって購入したにすぎない。これを毎回,夫婦共有財産とする趣旨で購入するのであれば夫婦共同名義で購入せよというのも現実的でない。取得名義が分からなければ「夫婦のいずれに属するか明らかでない財産」(762条2項)として共有にできるが,【14】のように取得名義人が分かってしまうとその解釈もできない。

　よって,動産に限った場合,762条1項の文言からは離れるが,共同生活のための動産か否かという基準は,第三者からも判断がしやすく,動産の特有財産該当性を判断する基準として一定の合理性を持っていると考えられる。換言すれば,夫婦間での動産帰属に関する法の欠缺を補う解釈と捉えられる。

　だが,【13】では,カラーテレビ・洗濯機・戸棚・食器戸棚等については妻の特有財産であると認定している。これらの家具・家電は,客観的には共同生活のための動産といえるにもかかわらず,【13】は,取得名義を基準として,

妻の特有財産であると判断している。つまり，取得名義基準と，共同生活のための動産基準が混在している。【13】は対外紛争であることからしても，このような基準の不明確性は望ましいものとはいえない。

私見では，対外関係においては，動産の特有財産該当性を判断する基準は共同生活・共同経営のための動産であるか否かによるものとすべきではないかと思われる。これに対し，対内関係において関係解消時の清算が問題となる場面では，取得名義人であったことを立証することによって対象財の引き渡しを求めたり，出捐者であったことを立証することによって財産分与額を調整したりすることがありうるものと考える。

## 5 補論——家業基準

最後に，家業基準を採用した例（【1】）があることにも触れなければならない。これは，夫婦の一方の家族において営まれてきた家業経営のために婚姻中に購入された土地について，仮に名義が他方のもので，他方がその経理等を担っていたとしても，先代から経営してきた家族に属する一方（家業からの収益が属する一方）に帰属するとした。

【1】で取得名義基準が採用されなかったのは，762条1項を文理解釈して夫の家業である旅館業のために必要な土地が妻の特有財産となると，妻が当該土地を他の旅館に売却するなど，夫婦関係破綻後の旅館経営に重大な支障を引き起こす可能性があると考えられたことによると思われる。このように，当事者間の関係解消後の財産的均衡・清算が問題となる場面において取得名義基準を採用することが妥当ではないとする考慮は，前述第1類型（1）においても見られるが，【1】は，妻が旅館業経営に大きく尽力したにもかかわらずその旅館業収入を原資とした土地購入において元妻の「出捐」を認めず，当該土地を元夫婦の共有財産とはしなかった点で第1類型と異なる。離婚により，元妻が当該旅館を去るのに対し，元夫は当該旅館に残って自らの父らと経営を続けるのであるから，夫の家の家業（による収益やその家業のための建物の敷地）を「妻の特有財産」とは認定し難かったということではなかろうか。また，【1】は離婚が成立しており，離婚時に元夫が元妻に50万円を支払う代わりに当該土地の所有権を元夫が取得する旨の合意が成立していた（つまり対内的にも元妻に所有権か共有持分があることを前提としてこのような合意がされた）と認定しうる点

でも第1類型の各事案と異なる。今日の目から見ると，【1】は最高裁判決とはいえ，原審を肯定しただけであり，762条1項の解釈が問題となる場面一般に及ぼしうる準則を示したものと理解することは難しく，事例判決と位置づけるべきではないかと思われる。

## IV　おわりに

　不動産と有体動産の事例を分析した結果，762条1項の「婚姻中自己の名で得た財産」（＝特有財産）に該当するかどうかを，条文の文言通りに，取得名義のみを基準として判断することには，3つの限界があることが明らかになった。

　1つ目は，有体動産の夫婦間での帰属を定める基準として，取得名義基準が妥当とはいえない場面があるということである。共同生活のための動産，共同経営のための動産については，仮に取得名義人が一方であることが明らかであるとしても，取得名義にかかわらず，その使用目的を理由として特有財産か共有財産かを定めることに一定の合理性がある。

　2つ目は，不動産の帰属が第三者との関係で問題となる場合，取得名義基準よりも登記名義基準によらざるを得ない場合があるということである。とはいえ，登記には公信力がないのであるから，登記名義人と取得名義人の不一致について取得名義人の関与がない場合や，仮に関与があっても第三者の悪意がある場合には，取得名義基準によることは強調しておいてよい。

　3つ目は，取得名義基準によれば夫婦の一方の特有財産となるが，その取得のための費用（の一部）を他方が出捐している場合で，財産分与（768条）による清算ができないときに，取得名義基準を採用すると夫婦間の財産的不均衡を放置してしまうという限界である。本来は，この種の清算は財産分与によって担われるべきものであるが，紛争時にいまだ離婚が成立していなかったり，内縁の死別解消であったりすると，768条を援用することができない。

　いずれも，立法による手当てがなされるのが望ましいが，それがない現状では，これら3つの場面に限って，取得名義基準を採用しないという解釈もやむをえない。裏を返せば，これら3つの場面以外では，取得名義のみを基準として，その者の特有財産であると認定してもよいのではないだろうか（なお，当該解釈の射程は，768条が問題となる場面には及ばない，つまり，財産分与における分

与額算定対象財産確定のための解釈とは別個のものであるということを重ねて強調しておきたい)。

とはいえ,預金その他の財産権に関する裁判例の検討ができていないため,この点に関して最終的な結論を出すのは他日を期すこととしたい。


* 本稿は,日常家事債務の夫婦相互代理権に関する日本の現状に対する「徳川日本の『家職国家』以来の,家業の共同経営者としての伝統がもたらした文化」,「個人財産制でなく家産制」,といった水野論文の各種の鋭い指摘(水野紀子「個人財産制と法手続に関する一考察」民法学の継承と展開〔中田裕康先生古稀記念〕〔有斐閣,2021〕89頁)に触発され,同様の構造が夫または妻の特有財産か否かを決する基準に関する判断においても見られるのではないかとの仮説から,裁判例を分析し執筆したものである。

水野先生は,まだ著者が修士課程院生である時期に執筆した処女論文に対して,ご自身の見解とは対立するにもかかわらず励ましのコメントをお寄せくださり,その後も折々にメッセージをくださるなど,研究者として歩みだした早い時点から目をかけてくださった。甚だ不十分なものとなってしまったが,本稿が水野先生の問題意識を敷衍するものとして,その学恩に報いる一歩となれば幸いである。

# 離婚慰謝料の行方

中 原 太 郎

　は じ め に
　Ⅰ　損害賠償としての離婚慰謝料
　Ⅱ　離婚給付としての離婚慰謝料
　お わ り に

## は じ め に

　不法行為法と家族法が交錯する諸問題[1]の中でも，離婚慰謝料[2]はやっかいである。不法行為法の枠組みから自然に生じるというよりは，家族法的な要請に不法行為法がいかに応じるかが問われる。単なる損害賠償の問題ではなく，それが離婚給付の一環に位置する点に本質的な特徴がある。本稿は，本書の献呈対象者がその研究活動の最初期に取り組み[3]，学界・実務（・立法）に大きく寄与したこの問題について，筆者なりの検討をおこなうものである。

　離婚給付制度が未整備の戦前においては，その欠缺を補う手段として不法行為法の活用可能性を探るのは，自然な思考であった。しかし，財産分与制度（民 768 条）が法定された戦後においても，不法行為に基づく離婚慰謝料請求は生き残る一方，財産分与の枠内での慰謝料的要素の考慮もまた可能であるとさ

---

[1] 本稿は，筆者が東京大学法科大学院・同大学院法学政治学研究科総合法政専攻において 2023 年度 A セメスターに開講した演習「不法行為法と家族法の交錯」の成果の一部である。演習に参加した浅田清香，加藤雷基，小菅遥香，蔣心南，白石航大，田中道顕，知念雄大，中野雅久，船井真優，水野あかり，馬渡遥子の諸氏に感謝する。なお，不法行為法と家族法が交錯する諸問題につき有益な概観を与える文献として，久保野恵美子「家族関係における不法行為」窪田充見ほか編著・事件類型別　不法行為法（弘文堂，2021）487 頁以下。
[2] 「離婚の場合における慰謝料」「離婚による慰謝料」「離婚に伴う慰謝料」等の多様な表現が用いられるが，本稿では，紛れがないようにするために，「離婚慰謝料」で統一する。
[3] 水野紀子「離婚給付の系譜的考察（1）（2・完）」法協 100 巻 9 号 1624 頁以下，12 号 2151 頁以下（以上，1983）。

れる。離婚の形態（協議離婚，調停離婚，審判離婚，判決離婚等）や財産分与の手続・内容，請求のタイミング等により発現態様はさまざまであるが，不法行為法を後ろ盾とする慰謝料（損害賠償）の要素を離婚給付に（いかに）盛り込みうるかが問われている。近時は議論が落ち着いているが，問題が根本的に解決されたというよりは，膠着状態に陥っているというのが正確だろう。

離婚慰謝料に関する議論を通覧するとき，種々の議論の位相を識別・整理するのが肝要であるとの印象を強く持つ。一方で，離婚慰謝料の現状を不法行為法の視角から分析し，その損害賠償としての特異性を明確にすることはなお有益である[4]（Ⅰ）。他方で，かかる不法行為法の論理を推し進められないのはなぜか，財産分与という離婚給付の本筋との関連で，家族法の視角を踏まえて手詰まりの原因を分析する必要がある[5]（Ⅱ）。筆者の乏しい知見では真に新規の主張をすることは適わないが，少なくとも，新たな最高裁判決の登場や財産分与制度の改正といった近時の動向を既存の議論に位置づけることに幾許かの意義は見出されよう。

## Ⅰ　損害賠償としての離婚慰謝料

実務上定着している離婚慰謝料の具体的規律は，不法行為法理論から見れば相当の違和感をもって受け止められる（1）。それゆえ懐疑論が有力に主張されるが，近時の最高裁判例からは，実務上の構築の成果を既成事実として容認する姿勢がうかがわれる（2）。

---

[4] 不法行為法の教科書・体系書で離婚慰謝料の問題を詳論するものはまれであり（潮見佳男・不法行為法Ⅰ〈第2版〉（信山社，2009）224-225頁がある程度），言及したとしても親族法の参照をうながすものが多い（実際に親族法で検討するものとして，吉田邦彦・家族法（親族法・相続法）講義録〔信山社，2007〕141-144頁，大村敦志・新基本民法7〔有斐閣，2014〕81頁，窪田充見・家族法〈第4版〉〔有斐閣，2019〕123-126頁）。かといって親族法で不法行為法的な検討がされることもまれであり（不法行為に基づく離婚慰謝料請求は，財産分与に付随して言及されるのみ），体系的な空白が生じている。

[5] すでに，成澤寛「離婚慰謝料概念とその必要性（1）〜（4・完）」戸籍時報540号19頁以下，541号15頁以下，547号9頁以下，549号9頁以下（以上，2002）が周到に検討している。

## 1 実務上の定着と理論的問題性
### (1) 離婚慰謝料に関する規律の現況

離婚慰謝料の具体的規律は，最高裁判例（古典的判例として，❶最判昭和31・2・21民集10巻2号124頁および❷最判昭和46・7・23民集25巻5号805頁，最近の判例として，❸最判平成31・2・19民集73巻2号187頁および❹最判令和4・1・28民集76巻1号78頁〔Ⅰ2(1)で扱う〕を後ろ盾に，実務上徐々に形成されてきた。

　① **基本準則と法的性質**　最高裁判例によれば，「夫婦の一方は，他方に対し，その有責行為により離婚をやむなくされ精神的苦痛を被ったことを理由としてその損害の賠償を求めることができる」[6]。かかる離婚慰謝料の法的性質は，不法行為による損害賠償である[7]。

　② **有責性**　最高裁は，有責性の定義について何ら判示していない。裁判例上，暴力・強要，虐待・侮辱，不貞行為・性病伝染，粗暴な言動，犯罪行為，精神的圧迫（暴言，無視，身勝手な態度等），性交拒否・性的異常，精神病・性的不能等の事実の不告知，姑との不和の放置，浪費・借金，不労・生活費不払，家事の不分担，蔑視，性格不一致・会話努力不足，一方的家出，子との交流阻害など，有責性の認定の基礎となる事実は多様である[8]。個別の行為がそれ自体として不法行為を構成することが要求されているわけではなく[9]，また，各

---

[6] 引用は❸〔第三者に対する請求の事案〕からだが（❹〔元配偶者に対する事案〕も同旨），❶（「相手方の有責不法な行為によって離婚するの止むなきに至ったこと」についての損害賠償請求）や❷（「〔相手方〕の有責行為により離婚をやむなくされ精神的苦痛を被った」ことを理由とする損害賠償請求）も同旨であり，当該準則は初期に確立したといってよい。

[7] ❷は，短期消滅時効の起算点につき民法旧724条前段の規定を適用した。その後の多くの裁判例が不法行為構成に従っていたところ，❹は，遅延損害金の法定利率の基準時に関し，不法行為に関する判例法理を適用し（Ⅰ2(1)①），当該構成によることを再確認した。

[8] 神野泰一「離婚訴訟における離婚慰謝料の動向」ケ研322号（2015）32-60頁，二宮周平ほか・離婚判例ガイド〈第3版〉（有斐閣，2015）152-158頁，中里和伸・判例にみる離婚慰謝料の相場と請求の実務（学陽書房，2022）108-124頁等を総合。

[9] かかる理解は，❶をもとに実務上定着した。もっとも，身体・自由・名誉が侵害されなくても離婚慰謝料請求は可能であるとする❶は，上告理由のやや特殊な立論（財産分与制度を持つ現行民法下では「特に身体，自由，名誉等の法益に対する重大な侵害」がなければ損害賠償請求をすることはできない）に答えたものでしかなく，その旨を積極的に判示したわけではない。また，実務における上記理解は，同判決が姑による嫁いびりの放置という不法行為の要件を満たすとは考えにくい行為に関する事案であった（にもかかわらず慰謝料請求を認めた）ことをも根拠とすると考えられるが，同判決は，不作為による慰謝料請求は認められない旨の上告理由に答えて，当該配偶者の関与が単なる不作為にとどまらない旨を判示しており，不法行為に当たることの正当化に意を注いで

事象の日時・場所・態様を特定することなく概括的に主張されたうえで[10]，当該当事者の複数の行為や態度全般を評価対象とした有責性認定がされることも多い。

　　③　**精神的苦痛**　最高裁によれば，離婚慰謝料請求は，身体・自由・名誉等を侵害する個別の違法行為を理由とする損害賠償請求と区別される[11]。このことを前提に，（ⅰ）個別の有責行為による精神的苦痛（離婚原因慰謝料）と（ⅱ）離婚そのものによる精神的苦痛（離婚自体慰謝料）の２種の損害を想定し，離婚慰謝料は（ⅱ）のみを対象とするという理解（峻別説）が示される一方[12]，（ⅰ）と（ⅱ）は区別しがたいとして[13] 両者が対象であるという理解（一体説）が示され[14]，後者が実務上受け入れられているようである。これによれば，(a-1) 個別の有責行為による通常の精神的苦痛（個別慰謝料），(a-2) 個別の有責行為による「離婚へと発展する契機となる精神的苦痛」（離婚原因慰謝料），(b) 離婚そのものによる精神的苦痛（離婚自体慰謝料）の３種が想定され，後２者が離婚慰謝料を構成する。また，後２者を包括するための論理（一体説の基礎づけ）として，「離婚の原因となった個別的有責行為の発生から，最終的離婚に至るまでの一連の経過を全体として一個の不法行為としてとらえ」るという見方をも提示する。損害の種別に関する以上の複雑な議論の一方で，いずれの見解も，離婚慰謝料における保護法益は「配偶者たる地位」だという理解を

---

いるとも読むことができる。
10) 大津千明・離婚給付に関する実証的研究（日本評論社，1990）69-70頁。
11) ❷。❹も傍論で同旨を指摘する（Ⅰ2 (1) ①）。
12) 川島武宜「離婚慰謝料と財産分与との関係」損害賠償責任の研究　上（我妻先生還暦記念）（有斐閣，1957）267-268頁・280頁〔ただし，結論として財産分与への一本化を主張〕，鈴木禄弥・親族法講義（創文社，1988）74頁，星野英一・家族法（放送大学教育振興会，1994）94頁，潮見・前掲注4) 225頁，二宮周平・家族法〈第5版〉（新世社，2019）107-109頁〔ただし，離婚慰謝料を認めること自体に懐疑的〕，松川正毅・民法　親族・相続〈第7版〉（有斐閣，2022）95-96頁〔ただし，区別をしないのが一般的であると見る〕等。大村敦志・家族法〈第3版〉（有斐閣，2010）162頁〔離婚慰謝料が対象とする損害として考えうるものとして（ⅰ）（ⅱ）を挙げる〕，窪田・前掲注4) 123-124頁〔(ⅱ) は (ⅰ) をもたらす不法行為の賠償範囲の問題ととらえる〕も参照。
13) 実務上，特定の原因事実を主張する場合であっても，それを婚姻破綻の重要な一つの事情として (ⅱ) を主張することが多いとされる（阿部潤「離婚訴訟の審理と運営」家月59巻12号31頁 (2007)）。
14) 大津・前掲注10) 65-74頁（なお，本文では，同書における (a-1)「賠償慰謝料」とのネーミングを「個別慰謝料」にあらためた）。同書への実務的評価として，山崎勉「離婚と不法行為責任」山口和男編・裁判実務大系第16巻（青林書院，1987）517頁以下を参照。

示す[15]。また，いずれの見解も，離婚慰謝料の射程外の損害（峻別説における（i），一体説における（a-1））は，通常の不法行為として賠償請求が可能であるとする。

　　④　慰謝料算定の考慮要素　離婚慰謝料の算定における考慮要素について最高裁が述べるところはなく，裁判実務にゆだねられている。一般的事情として，破綻原因，破綻に至る経緯，婚姻期間，離婚の責任の所在・内容・程度，有責行為の態様，婚姻に至る事情，婚姻生活の実情，未成熟子の有無・数，親権・監護権の帰属等を，被告側の事情として，年齢・性別，職業・収入・資産，生活状況，非嫡出子の出生や認知，学歴・経歴・社会的地位，初婚・再婚の別，生活費不払等を，原告側の事情として，年齢・性別，破綻の責任，職業・収入・資産，生活状況，学歴・経歴・社会的地位，身分関係，初婚・再婚の別，再婚の難易，婚姻中の献身度等，多様な事情が考慮されている[16]。

## (2) 不法行為法理論からの離婚慰謝料の検証

　不法行為による損害賠償である以上，上記規律は不法行為法理論からの検証にさらされる。離婚慰謝料の正当性を確保するには，本来はかかる作業が不可欠だろう。学説上断片的にされてきた諸々の指摘を踏まえ，3つの基本的な観点（ただし，相互に関連する）から整理しよう。

　　①　責任原因　責任原因のレベルで問われるのは，（i）いかなる事象について，（ii）いかなる法的評価を加えるかである。しかるに，（i）について，離婚を不法行為と見ること[17]の不当性が指摘されることが多い。当該指摘は，(a) 離婚を不法行為と見るのは現代の法観念に適合しないという指摘と，(b) 離婚は本人の意思決定の結果であり相手方の不法行為とは構成しえないという指摘を含みうる。しかし，最高裁の基本準則（(1)①）は，「離婚」ではなく，

---

15) 潮見・前掲注4) 225頁，大津・前掲注10) 70頁。ただし，これまでの離婚慰謝料論では，一般に，損害（精神的苦痛）の種別への関心に比して，被侵害法益への関心は薄い。

16) 千種達夫「離婚による慰謝料と財産分与(1)」法時23巻1号6-7頁(1951)，村上幸太郎「慰謝料（民法第710条）の算定に関する実証的研究」司法研究報告書9輯6号53-54頁(1958)，大津・前掲注10) 77-78頁（調停離婚でも大差ないとする〔同76-77頁〕），神野・前掲注8) 28頁等を総合。

17) 離婚自体による精神的苦痛が対象であること（(1)③）から，そう理解されたものと思われる。もっとも，かかる理解は，被侵害利益・損害と責任原因を混同している感がある。

「離婚をやむなくさ」せたことを評価対象事象（（ⅰ））とするものである。離婚自体は自由であるにせよ，当該意思決定に至らざるをえない状況の作出を問題視することはなおありえ（(b)）[18]，また，それを不法行為と見ることを是とする法観念も一律に否定されない（(a)）。

そうであるとしても，なお疑問は残る。「婚姻は……二人の人間のあいだの作用・反作用の無数の連鎖反応の過程であ」って，「離婚においては通常の不法行為におけるような意味において過失を問題とすることは不適当」であるとの指摘[19]は，今なお説得的である。ここには，(a) 単一事象をとらえることの不適切性（（ⅰ）），(b) 一般の不法行為における評価指標（過失等）の不適切性（（ⅱ）），さらには (c) およそ離婚に関連して不法行為法上の責任原因を見出すことの不適切性[20]の各指摘が含まれる。(a)は②で扱うとして，最高裁の基本準則は，「有責性」を評価指標にすえることで (b) に応えるものである。しかし，有責性判断の実態（1②）を見る限り，複雑な人間関係の総体を眺めたうえでの総合的判断を確固たる指標なくおこなうものであり[21]，自己が被った損害の他人への転嫁を正当化するだけの具体的内実を備えたものとはいいがたい。また，過失にせよ有責性にせよ一定の行為ないし態度を一方当事者に求めるものであるが，価値観や結婚観が本来的に多様である中で，そうした要請を観念し，婚姻関係破綻の責任を一方当事者に課すこと自体が可能かつ適切か（(c)）という問題は残る[22]。これらの問題は，有責性は両当事者に認め

---

18) こうした考え方からすれば，離婚自体による精神的苦痛は自らの意思決定により発生したものであるから有責行為との因果関係がないという論理も，否定されることになる。
19) 川島・前掲注12) 271-272頁。なお，(b) との関連では，すでに，勝本正晃「離婚に因る損害賠償」穂積重遠ほか責任編輯・家族制度全集法律編第2巻（河出書房，1937）206-207頁は，離婚原因の発生には必ずしも過失は要件とされず，離婚原因は一般に不法行為の要件を具備するとはいえない旨を指摘していた。
20) ただし，上記の指摘をする見解は，(c) につき，離婚慰謝料は「離婚そのものに因る不利益の救済のための特別の制度」たる財産分与へと吸収されるとし，後者への一本化を説く（川島・前掲注12) 272-273頁）。慰謝料の要素を財産分与に盛り込むことは否定されていない点に注意を要する。
21) 有責性評価とは，「婚姻関係破綻により離婚をやむなくされたことによる精神的苦痛に対し，慰謝料の支払を命ずるのが相当と認められる程度の有責性か否かという相関関係によ」る判断であるという同語反復的な説明（島岡大雄「離婚による慰謝料の帰趨」野田愛子ほか総編集・新家族法実務大系第1巻〔新日本法規出版，2008〕373-374頁）は，まさにこのことを物語っているように思われる。
22) 鈴木経夫「離婚に伴う慰謝料について」青年法律家協会裁判官部会・民事実務の研究——不法行

られうる（有責性がより大きい当事者にのみ責任が課されうる）としたところで解決するわけではなく，むしろ複雑化する。

　②　帰責構造・加害行為　夫婦の一方がある行為（原因行為）をして他方が精神的苦痛を被り，それが原因で離婚に至ったことでさらに精神的苦痛を被るという事象経過を直視するとき，何も 1 ③で見たような複雑な損害論を展開しなくとも[23]，単に当初の不法行為による損害賠償の範囲の問題としてとらえればよいのではないかとの疑問がわく[24]。離婚慰謝料請求権を独自に観念する必然性自体が疑わしいというわけである。かかるシンプルな立論が実務上採用されていない理由としては，原因行為が不法行為の要件を満たす必要はないという理解（1 ②）との抵触もさることながら，離婚の原因は複合的であって，大元の行為を特定して賠償範囲を論じるという構造に必ずしもうまく当てはめることができないという認識があるものと思われる。その意味で，ここでの帰責構造論は，加害行為論に帰着する。

　一体説（1 ③）は，個別の行為から離婚に至る全過程を 1 個の不法行為と構成することで，この問題への対処を提案する。きわめて巧妙だが，それは不法行為法理論として適切なのか。ここで「1 個」として構成される対象は，同一ないし同種の行為ではなく多種多様な行為の複合であり，しかもそれらは（同じ人間のものにせよ）必ずしも同一の目的でされているものではない[25]。のみならず，まさに「二人の人間のあいだの作用・反作用の無数の連鎖反応」の一コマであり，そこから当該当事者の部分のみを取り上げることに本来的な無理がある[26]。「行為」性の要否は不法行為法上の難題であるにせよ[27]，離婚慰謝料

---

　　為法・労働法編（日本評論社，1975）72 頁は，「破綻の原因等につき深く認識を進めることは，多くの場合，『有責』の価値判断から遠ざかることになろう。もともと一方に全面的に破綻の責任があるという例はほとんどないのではあるまいか」と述べる。
23) 特に一体説については，(a-1) 個別慰謝料と (a-2) 離婚原因慰謝料の区分けはいささか観念的であり（特に後者は無内容であるように思われる），真の実用には耐えない感がある（離婚慰謝料請求に加えて個別慰謝料の請求がまれであるために，両者の区分けの実践はさして問題とならなかったのではないかと想像される）。
24) 窪田・前掲注 4) 123-126 頁。佐藤義彦「❷判批」民商 66 巻 5 号 922 頁（1972）も参照。
25) 前者の観点からは，消滅時効論における継続的不法行為や共同不法行為論における累積的競合等に擬することはできず，後者の観点からは，共同不法行為論における関連共同性ある行為等に擬することはできない。
26) 同様の特徴は，いじめやハラスメント等，人間関係が問題となる事案全般に当てはまるようにも

における「行為」ないし評価対象はきわめて融通無碍に取り出されるものであり，それについて責任の有無を問うことは，一般的な不法行為法の想定をはるかに超えるように思われる。このことは，責任原因の曖昧性・抽象性とも表裏一体をなし，不法行為法理論から見た特異性を増幅させる。

③ 被侵害利益・損害　かかる無理を犯してでも賠償すべき離婚そのものによる精神的苦痛（1③の（ⅱ）・(b)）の実体は何なのか。その賠償可能性の肯定にあたり，権利に満たない利益の賠償も正当化しうるとする違法性理論が援用されることがあるが，同理論に立つにせよ被侵害利益を特定しなければならず（それを経なければ責任成立のために要求される行為態様を論じえない）[28]，また，それが当該利益の要保護性（「法律上保護される利益」該当性）の判断の前提となる。離婚慰謝料における保護法益として指摘される（ⅰ）「配偶者としての地位」（1③）は，それ自体は聞こえが良い。しかし，離婚慰謝料の請求者は，離婚に至る過程において，すでに個別の有責行為による婚姻関係の破綻を経験している。第三者に対する不貞慰謝料請求に関する判例法理（最判平成8・3・26民集50巻4号993頁）にならって，それに対応する保護法益を（ⅱ）「婚姻共同生活の平和の維持」などと見た場合，関係破綻という実質面（（ⅱ））か配偶者たる法律上の地位の喪失という形式面（（ⅰ））かに両法益の相違が見出されるが，（ⅱ）との関係での（ⅰ）の内実（それゆえその要保護性）は，必ずしも自明ではない。

離婚自体慰謝料により填補される精神的苦痛の中身は何かという議論は，この問題を具体的損害のレベルで検討するものといえよう。裁判例における慰謝

---

　　思われるが，それらが特定の場・環境や上下関係等を前提とするゆえに行為規範の設定がしやすいのに対し，生活全般にわたっての全人格的な交流（さらには当事者の人格そのもの）が問題となる婚姻関係は，それらと同列に論じることができないように思われる。

27)「行為」の要否は，特に法人自体の不法行為責任の文脈等で論じられるが，「行為」が不要であるとした場合に想定される責任原因（評価対象）は，一定のまとまりを持つ作用（たとえば，法人の組織体制の不備）であり，雑多な事象を一括りにするものではありえない。

28) 勝本・前掲注19) 191-199頁・203-216頁（より早い時期の学説として，中島玉吉「離婚無過失者の責任」論叢9巻2号3-5頁〔1923〕も参照），大津・前掲注10) 29-30頁，鈴木眞次・離婚給付の決定基準（弘文堂，1992) 302頁（限定的にのみ離婚慰謝料請求を認める主張〔Ⅱ1 (2) ②〕の基礎づけとして違法性理論を援用）等。単に違法性理論の論証材料として用いる末川博・権利侵害と権利濫用（岩波書店，1970〔初出：1930年〕) 536頁，我妻栄・事務管理・不当利得・不法行為（日本評論社，1937) 141頁と対比せよ。

料の考慮要素（1④）から逆算して，そうした精神的苦痛としては，(a) 離婚による社会的評価の低下，(b) 結婚生活に対する情緒的期待感の侵害，(c) 将来の生活不安，(d) 子を手放すことによる心痛が想定される旨が指摘されるが[29]，現在の多くの学説はいずれの賠償の必要性も疑問視する[30]。さまざまなレベルの立論がある。第1に，他制度の守備範囲に属する事柄に由来する精神的苦痛は，慰謝料の問題とすべきでない（(c)〔財産分与〕・(d)〔親権・監護権の所在〕）。第2に，離婚そのものではなく婚姻関係破綻による精神的苦痛は，カウントされない（個別慰謝料ないし離婚原因慰謝料の問題である。(b)）。第3に，過去においては重要であったとしても現代では十分に小さいものとなっているならば，賠償の必要はない（(a)〔離婚を否定評価しない社会意識の醸成〕）。第4に，そもそも自ら甘受すべき苦痛（いわば一般的生活危険）を他人に転嫁することは，許すべきでない（(a)・(b)）。どのレベルの問題と見るかの判断の必要はあるにせよ，離婚慰謝料が保護しようとする法益・損害の正当性は総じて疑わしい。

## 2　懐疑論と既成事実化

### (1) 離婚慰謝料に対する懐疑論

　不法行為法理論上の難点を前にして，離婚慰謝料に対する懐疑論が有力に主張される。他の法律構成を探求する見解もあるが，現在では端的な廃止論が説かれる。他方，裁判実務は離婚慰謝料とその不法行為構成をなお維持するが，反流が見られないわけではない。

　　① 他構成　配偶者としての行為の適切性を問題とするのであれば，婚姻

---

[29] 瀬川信久「❷判批」法協91巻1号177頁注(1)（1974）（なお，(b)のうち経済面での期待感は(c)の問題ゆえ，本文では「情緒的」の文言を補った）。大津・前掲注10) 90-91頁，櫛橋明香「❹判批」民商159巻6号842-843頁（2024）も参照（それぞれ，生活上のわびしさや婚姻費用給付請求権・相続権の喪失を挙げるが，(b)や(c)に解消されよう）。

[30] 丸山輝久「離婚慰謝料の現状と基準化の試み」自正38巻9号6頁（1987），右近健男「離婚の際の財産分与請求と慰謝料」損害賠償法の課題と展望（石田喜久夫・西原道雄・高木多喜男先生還暦記念）（日本評論社，1990）426-427頁，成澤・前掲注5) 論文（4・完）11-13頁，田中通裕「離婚慰謝料についての一考察」法と政治62巻1号Ⅰ84頁注(4)（2011），長野史寛「❸判批」道垣内弘人ほか編・家事法の理論・実務・判例4（勁草書房，2020）149-150頁注(42) 等。二宮・前掲注12) 108-109頁の指摘（財産分与での清算・扶養によっても「癒されない苦しみは，各自の努力で克服するしかない」）も，発想を同じくする（特に第4の観点を強調する）ものであろう。

関係上の義務違反と見るのがより適切であるように思われ（債務不履行構成），現に主張された[31]。もっとも，緩やかな判断の正当化として期待しうるかは措くとして，婚姻関係上の義務違反といったところで判断過程が明確になるわけでも，有責行為から離婚に至る過程の一体的把握が正当化されるわけでもなく，賠償対象の損害の正当性・不透明性もそのまま残る。

より説得力を有するのは，責任（損害賠償）の問題とは見ない方向性である。婚姻継続とその不能による苦痛の慰謝を求める利益は放置されるべきでないとの考慮のもと衡平法上認められた調整請求権として，離婚慰謝料請求権を位置づける[32]。もっとも，論者が説くように財産分与請求権と同質の権利であるならばなぜそれに加えて認められるのか，なぜそれと異なり有責性が必要とされるのかは不明であるし，そもそも「責任」の語を使わなかったからといってかかる請求権を認めること自体の正当化が求められることに変わりはない。

② 廃止論　不法行為法理論から見るならば，離婚慰謝料は，真に責任原因たりうる事柄をとらえるものか，真に保護されるべき利益を保護するものかが疑わしい（1(2)）。かかる認識を部分的にでも共有する家族法研究者には，端的な離婚慰謝料廃止論を説くものが見られる[33]。その際，かかる理論的問題点のみならず，離婚慰謝料の存在が招く実際上の不都合（特に，離婚紛争の苛烈化と，それがもたらす子どもへの悪影響）が強調されるとともに，財産分与による解決が本筋であるべきことが指摘されている点が重要である（後者はⅡ1(2)②)。

離婚慰謝料を廃止するといっても，婚姻中の個々の法益侵害行為についての責任（離婚原因慰謝料ないし個別慰謝料と呼ばれるもの〔1(1)③の(ⅰ)・(a-1)〕）の追及が封じられるわけではない[34]。その規律は，一般の不法行為法による。

---

31) 勝本・前掲注19) 199-203頁〔ただし，婚姻中に発生した損害を想定〕，右近健男「❷判批」法時44巻10号154頁（1972）〔ただし，財産分与における考慮のみ認める〕等．
32) 小山昇「離婚慰謝料と財産分与の諸問題」判タ294号68頁（1973）。髙木隆文「❹判批」一法22巻2号977-978頁（2023）も参照．
33) 右近・前掲注30) 427頁，本沢巳代子・破綻主義の採用と離婚給付（大阪府立大学経済学部，1990）160-161頁（その論旨を補充した同・離婚給付の研究〔一粒社，1998〕310-311頁〔以下はこちらで引用〕も参照），岩志和一郎「家族関係と不法行為」山田卓生編集代表・新・現代損害賠償法講座第2巻（日本評論社，1998）160-161頁，成澤寛「財産分与の役割」戸籍時報737号23-26頁（2015）等．
34) 大判明治41・3・26民録14輯340頁〔婚姻中の虐待・侮辱を理由として離婚判決が下された後

（ⅰ）抽象的・曖昧な有責性評価でなく過失評価など通常の評価指標による判断がされること，（ⅱ）真に一体視が可能な範囲で一連の行為を一括した責任を追及しうること，（ⅲ）当該行為により直接に侵害された法益（身体・自由・名誉等のほか，婚姻生活の平和の維持も含まれてよい）[35]が保護の対象となることが，離婚慰謝料と対比したときの特徴である。2009年に民法改正委員会家族法作業部会が公表した提案（「財産分与の請求は損害賠償の請求を妨げない。〔ただし，離婚を理由とする損害賠償の請求はなしえない。〕」）[36]は，「不法行為の一般理論にも関わる問題である」ゆえ「未定部分」との位置づけがされているが，これまで述べた根拠・内容により正当化されうる。

　③　実務の動向　以上の議論は，実務に直接の影響を与えるものではない。もっとも，離婚慰謝料請求の認容率は高くないことや[37]，不法行為による損害賠償であることを意識して厳格な有責性判断をする裁判例や賠償対象の損害を限定的に解する裁判例が見られること[38]は，謙抑的態度の表れと見ることもでき，また，慰謝料の定額化や頭打ちの傾向が見られること[39]は，不透明な中にも常識的な相場形成が必要であるとの認識の表れと見ることもできる。

　現状，離婚慰謝料請求（権）は，個別の違法行為を理由とする損害賠償請求（権）と併存する。後者が提起されることは実務上少ないと言われるが[40]，比較的近時の以下の2つの裁判例は，両請求（権）の併存による無用の紛争の発

---

　に請求された当該虐待等による精神的苦痛についての慰謝料請求を認容〕は，その先例と位置づけることができる。また，❶の理解に関し，前掲注9）を参照。
[35] 不法行為の成否は，事案ごとに考える必要があることはいうまでもない。不貞行為のように，それを理由とする損害賠償請求を（対第三者のみならず）配偶者間で認めるべきかが問題となるケースは当然存在し（窪田・前掲注4）124-125頁），別個の検討が必要である。
[36] 中田裕康編・家族法改正（有斐閣，2010）44頁・232頁〔大村敦志〕。後掲注81）も参照。
[37] 神野・前掲注8）32頁〔調査した203件では認容率37％。認容された事案の多くが不貞行為・暴力に関するものであり，精神的圧迫を主張する事案は多いが認容率は低い〔11％〕〕。
[38] 前者の例として，名古屋高決平成18・5・31家月59巻2号134頁〔性交中の離婚要求等につき不法行為を構成するほどの違法性ある行為と評価することはできないとした〕，後者の例として，東京家判令和4・7・7判時2541号37頁〔別居後の種々の行動は離婚慰謝料請求権の発生事由とならないとした〕。
[39] 二宮ほか・前掲注8）152-158頁・160頁，中里・前掲注8）70-106頁等。
[40] 島岡・前掲注21）372頁，東京家事事件手続研究会編・家事事件・人事訴訟事件の実務（法曹会，2015）363頁〔神野泰一〕，加藤新太郎ほか編・裁判官が説く民事裁判実務の重要論点　家事・人事編（第一法規，2016）81頁〔長博文〕等。

生を例証しているとも見うる。第1が，不貞慰謝料の支払を命じる前訴判決確定後に離婚自体慰謝料が請求された事案に関するものであり，両請求の訴訟物は異なるゆえ前訴の既判力は後訴に及ばないとしつつ，「完全に形骸化した婚姻関係を法的に解消したことによって被る新たな精神的損害」は生じていないとして慰謝料請求を棄却した（広島高判平成19・4・17家月59巻11号162頁）。第2が，離婚慰謝料の支払を命じる前訴判決確定後に婚姻期間中の有責行為を理由とする慰謝料請求がされた事案に関するものであり，「本訴は前訴と実質的には紛争の実体は同一であり，単に既判力に抵触するというにとどまらず，……十分な審理を尽くした上で司法判断を経て決着した紛争をあえて蒸し返すものであるといわざるを得ないから，信義則に反して許されない」とした（東京高判平成21・12・21判時2100号43頁）。第1の裁判例は損害の面で，第2の裁判例は責任原因の面で，慰謝料請求権の独自性ないし存在意義に疑問を投げかける素材となりうる。

### (2) 離婚慰謝料の既成事実化

❶および❷が初期の最高裁判例として議論の出発点を提供し，そのさらなる進展をうながすに意義を有したのに対し[41]，近時の❸および❹は，離婚慰謝料に対する疑問を前にして，最高裁が実務上の構築をどう評価するかを示す機会であったといえる。もっとも，それらの判示からは，離婚慰謝料の是非の再考をうながす意図は見出されない。❹を先に見よう。

① ❹判決　事案は，夫婦が互いに（離婚請求および）離婚慰謝料請求をしたというものであり，（離婚請求の認容を前提に）有責配偶者とされたＸが他方配偶者Ｙに対して支払うべき離婚慰謝料の遅延損害金の法定利率の基準時が問われた[42]。最高裁は，（ⅰ）離婚慰謝料請求の対象たる損害は，「離婚が成立して初めて評価されるものであるから，その請求権は当該夫婦の離婚の成立により発生する」とし，（ⅱ）最判昭和37・9・4民集16巻9号1834頁（不法行

---

41) Ⅰ1(1)で挙げた事柄と前掲注6)～注11)で示した最高裁判例との対応関係を参照。
42) 遅延損害金の法定利率は，損害賠償債務が遅滞に陥った時点における法定利率である（民419条1項）。それを婚姻関係破綻時であるとすると改正前民法404条所定の年5分となるのに対し（原判決），離婚成立時であるとすると改正民法404条に基づき年3分となり（本判決），遅延損害金の額に大きな相違が生じるため，この問題が争われた。

為による損害賠償債務が遅滞に陥る時期は損害発生時であるとする）を引用して，離婚慰謝料債務は離婚成立時に遅滞に陥る（当該時点の法定利率が適用される）旨を述べた。また，なお書きで，（ⅲ）「Yの慰謝料請求は，Xとの婚姻関係の破綻を生ずる原因となったXの個別の違法行為を理由とするものではない。そして，離婚に伴う慰謝料とは別に婚姻関係の破綻自体による慰謝料が問題となる余地はないというべきであり，Yの慰謝料請求は，離婚に伴う慰謝料を請求するものと解すべきである」旨が付された。

すでに❷は，本判決の（ⅰ）と同様の論理に基づいて，離婚慰謝料請求権の短期消滅時効の起算点は離婚成立時であると判断していた[43]。離婚慰謝料の対象たる個々の損害の厳密な発生時の理解はやや錯綜しうるが[44]，本判決は，同判決とあわせて，当該損害は全体として離婚成立時に発生したものとして扱われる（それゆえ，遅延損害金の法定利率の基準時については，（ⅱ）の判例から離婚成立時との結論が導かれる）ことを明らかにしたものといえる。

そのうえで注目されるのはなお書きであり，ここでは，遅延損害金の法定利率の基準時を婚姻関係破綻時とした原判決が意識されている。離婚慰謝料請求と婚姻関係破綻を生じさせた個別の違法行為を理由とする慰謝料請求を区別する（ⅲ）前段の判示は，❷でも見られたものであるが，同後段の判示は，離婚慰謝料請求がされた場合に，婚姻関係破綻による慰謝料を独立に取り出しえないという損害構造論を示す点で重要である。調査官解説は，その理由として，婚姻関係破綻時の明確な認定は困難であり基準時として適さないという実質的な理由のほか，(a) 婚姻関係破綻は身分関係等の変動に至らない段階での事実の評価にすぎないこと，および，(b) 婚姻関係破綻による精神的苦痛は離婚慰謝料の精神的苦痛に包含されるものであることを挙げている[45]。このうち

---

[43) 不法行為による損害賠償の請求権は，被害者又はその法定代理人が損害及び加害者を知った時から3年間行使しないときは，時効によって消滅する（改正前民法724条前段，改正民法724条1号）。❷は，離婚慰謝料請求の対象たる損害は，「離婚が成立してはじめて評価されるものであるから，個別の違法行為がありまたは婚姻関係が客観的に破綻したとしても，離婚の成否がいまだ確定しない間であるのに右の損害を知りえたものとすることは相当でなく，相手方が有責と判断されて離婚を命ずる判決が確定するなど，離婚が成立したときにはじめて，離婚に至らしめた相手方の行為が不法行為であることを知り，かつ，損害の発生を確実に知ったこととなる」とし，離婚慰謝料請求の被告による消滅時効の主張を排斥した原判決を是認した。

44) この点に関する分析として，嶋津元「❹判批」道垣内弘人ほか編・家事法の理論・実務・判例6（勁草書房，2023）94頁以下を参照。

(b)は，離婚慰謝料には離婚原因慰謝料が含まれるという一体説（1（1）③）の構成に適合的であり，(a)もその肉付けと位置づけうる。現に同解説は，一体説を「実務上の通説」として取り上げ，終始同説に即した説明を展開する[46]。個別の有責行為（風俗通い等）が不法行為を構成するとはいいがたい（一体的な不法行為の論理による総体的な有責性判断が便宜である）事案であったことも併せて考慮すると，❹からは，明示されないまでも実務上の構築の成果を尊重する姿勢を読み取りうる。反対に，本判決を疑問視し原判決の解決を支持する学説は，離婚原因慰謝料とは別に離婚自体慰謝料を観念しがたいという認識（1（2）③）を示すものであるということができる[47]。

　② ❸判決　❸は，第三者に対する離婚慰謝料請求という，やや想定外の問題を扱う。事案は，元妻AとÂ不貞行為をしたYに対し，元夫XがYとAの不貞行為により離婚をやむなくされ精神的苦痛を被ったとして慰謝料請求をしたというものである。Yの不法行為成立を認めたうえで，不貞慰謝料（不貞行為により被った精神的苦痛）ではなく離婚慰謝料の請求であるゆえ，Yによる短期消滅時効の主張は排斥される[48]とした原判決の是非が問われた。最高裁は，（ⅰ）「離婚による婚姻の解消は，本来，当該夫婦の間で決められるべき事柄である」ゆえ，（ⅱ）「夫婦の一方と不貞行為に及んだ第三者は，これにより当該夫婦の婚姻関係が破綻して離婚するに至ったとしても，当該夫婦の他方に対し，不貞行為を理由とする不法行為責任を負うべき場合があることはともかくとして，直ちに，当該夫婦を離婚させたことを理由とする不法行為責任を負うことはな」く，（ⅲ）「第三者がそのことを理由とする不法行為責任を負うのは，当該第三者が，単に夫婦の一方との間で不貞行為に及ぶにとどまらず，当該夫婦を離婚させることを意図してその婚姻関係に対する不当な干渉をするな

---

45) 家原尚秀「❹解説」ジュリ1586号98頁（2023）。
46) 家原・前掲注45）97-98頁（❸を例に，個別慰謝料と離婚慰謝料の区別をも援用する）。
47) 松本哲泓「❹判批」判例秘書ジャーナルHJ100140（2022）7-8頁（同「離婚に伴う慰謝料請求権に対する遅延損害金の起算日」判タ527号69頁以下〔1984〕も参照）。なお，賠償範囲構成（1（2）②）から婚姻関係破綻時説を擁護するものとして，若林三奈「❹判批」新・判例解説Watch民法（財産法）No.233 3頁（2022）。
48) 不貞慰謝料では，夫婦の一方が他方と第三者との不貞行為を知った時から，それまでの間の慰謝料請求権の短期消滅時効が進行する（最判平成6・1・20家月47巻1号122頁）。本件では，XがYとAとの不貞行為を知った時から3年超が経過している一方，XとYの離婚成立時から3年は経過していないため，Xは不貞慰謝料でなく離婚慰謝料を請求した。

どして当該夫婦を離婚のやむなきに至らしめたものと評価すべき特段の事情があるときに限られる」とし，かかる特段の事情のない本件では，離婚慰謝料の請求は認められないと判示した。

本判決は，第一次的には，不貞行為による第三者の責任論の文脈に位置づけられる。判例によれば，「夫婦の一方の配偶者と肉体関係を持った第三者は，故意又は過失がある限り……右他方の配偶者の被った精神上の苦痛を慰謝すべき義務」を負い（最判昭和54・3・30民集33巻2号303頁），ここでの保護法益は「婚姻共同生活の平和の維持」に求められる（最判平成8・3・26民集50巻4号993頁〔それゆえ婚姻関係後の不貞行為は原則として責任を生じさせない〕）。❸は，こうした不貞行為による精神的苦痛（不貞慰謝料）を超えて，離婚をやむなくされることによる精神的苦痛（離婚慰謝料）を請求しうるかという問題を扱うものであり，原則否定（(ⅱ)）・例外肯定（(ⅲ)）という枠組みを示した。かかる枠組みを理論的にどう説明するか（特に，離婚は配偶者間の決定であるという原則否定の理由〔(ⅰ)〕と，例外的な扱いを許容する事情〔(ⅲ)〕を体系的にどう位置づけるか）が，重要な課題とされる（賠償範囲論か法益論か，後者だとしても2つの法益間の関係は何か）[49]。

それに対し，本判決を離婚慰謝料論の文脈に位置づけた場合，やや異なる姿が見えてくる。調査官解説は，離婚慰謝料論の展開に紙幅の大部分を割いたうえで，本判決における原則否定の理由として，(a) 部外者である第三者については，通常，人間の作用・反作用の無数の連鎖反応を観念することができず，第三者の行為から離婚に至るまでの一連の経過を1個の不法行為としてとらえるための前提が欠けること，(b) 離婚には必ず配偶者の自由意思が介在し，第三者が離婚慰謝料の保護法益である「配偶者たる地位」を直接に侵害することはできないことを挙げるとともに，例外肯定の枠組みを，(c) 配偶者の自由意思を侵害する程度の不当な干渉をした場合として説明する[50]。ここでも一体説の論理が基軸にすえられているほか（(a)），学説（1 (1) ③）に符合して離婚慰謝料の保護法益を「配偶者たる地位」と見ることの帰結（(b) (c)）[51]が述べ

---

[49] 議論の整理として，長野・前掲注30) 評釈を参照。
[50] 家原尚秀「❸解説」最判解平成31・令和元年度131-133頁（2022）。
[51] なお，家原・前掲注50) 141頁注(37) は，「特段の事情」の理解に関し，賠償範囲論よりも法益論が妥当であるとし，その例として潮見佳男「❹判批」家庭の法24号114頁以下（2020）等を挙

られているということができる。やはり判決文上明示されているわけではないが，離婚慰謝料に関する実務上の構築の成果との整合性が保たれている。

## II 離婚給付としての離婚慰謝料

　不法行為法理論から見た問題性が容易に解消されない背景には，離婚慰謝料が持つ離婚給付としての性格がある。離婚慰謝料への評価は戦後に導入された財産分与制度のあり方と深く関わっており（1），離婚慰謝料の行方はそれとの関係で占う必要がある（2）。

### 1　財産分与との関係での離婚慰謝料
**(1) 財産分与における慰謝料的要素の考慮とその帰結**

　民法768条に関して必ず論じられる「財産分与と慰謝料の関係」の問題は，慰謝料的要素を財産分与において考慮しうるか否か，考慮しうる・しえないとして財産分与請求権と離婚慰謝料請求権の関係をいかに解するかを問うものであり，離婚慰謝料（請求権）の存在自体は所与の前提とする。その意味で本稿の関心に直接応えるものではないが，当該議論の成果（❷）は，離婚給付としての離婚慰謝料にとっての重要な前提環境を提供する。

　① ありうる考え方　ありうる考え方は，以下のように整理される[52]。財産分与が慰謝料的要素を含みうるかにつき，（ⅰ）肯定（包括説）と（ⅱ）否定（限定説）の立場がある。（ⅰ）は紛争解決の一回性の便宜を，（ⅱ）は制度目的や規律の相違を強調する。もっとも，離婚慰謝料請求権との関係をいかに考えるかでさらに見解が分かれ，（ⅰ）の中にも，（ⅰ-1）離婚慰謝料は財産分与の

---

　　げる。しかし，当該文献は，離婚慰謝料の保護法益を〈婚姻共同生活を維持するか，離婚をして婚姻共同生活を解消するかについての決定権〉（自己決定権）ととらえるものであり（この理解によれば，そもそも離婚慰謝料が認められるべき場合や賠償対象の損害は，現在認められているものとは大幅に異なってくるものと思われる），調査官解説とは前提を異にする。そもそも調査官解説は侵害主体としての適性に焦点を当てているのであり（かかる前提からは法益論にも賠償範囲論にもならないはずである），調査官解説の上記記述は不適切であろう。

[52] 議論をうながしたのは❶である（川島・前掲注12）論文のほか，谷口知平「❹判批」判評5号10頁以下〔1956〕，来栖三郎「❹判批」法協74巻2号197頁以下〔1957〕等）。財産分与請求権の存在により慰謝料請求が封じられるのではない旨を判示したにとどまる同判決は，両請求権の内容・関係について多くの疑問を誘発し，❷が待たれることとなった。

中で請求されなければならない（離婚慰謝料請求権は財産分与請求権と一体であり不可分〔吸収〕）とするものと，（ⅰ-2）財産分与とは別に離婚慰謝料を請求することができる（両請求権は一体だが分離可能）とするものが，（ⅱ）の中にも，（ⅱ-1）財産分与と離婚慰謝料はその金額において相関する（両請求権は別個だが相関）とするものと，（ⅱ-2）財産分与と離婚慰謝料は相互に影響しない（両請求権は別個であり独立）とするものがある。（ⅰ-1）以外は，請求権レベルでも離婚慰謝料を否定するものでない点に注意しよう。

　②　❷判決　❷は，(a)両請求権は有責性の要否を異にする別個のものゆえ財産分与後の離婚慰謝料請求は妨げられないとしつつ，(b)財産分与において慰謝料的要素を考慮することは可能であり，(c)財産分与後の慰謝料請求においては，財産分与で当該要素が考慮されたか・それが請求者の精神的苦痛を慰謝するに足りるものかを考慮する必要があるとした。離婚慰謝料請求権の行使可能性を否定するわけではなく（(a)。（ⅰ-1）ではない)，さりとて財産分与における慰謝料的要素の考慮も否定せず（(b)。（ⅱ-2）ではない)，同じ機能を持ちうる両請求権を併存させたうえで調整を図る（(c)。（ⅰ-2）とも（ⅱ-1）ともいずれでもないとも解しうる）という折衷的な立場が示されたのは，「実務に混迷のみられる現状において，敢えて理論的な不徹底さを忍びつつも，実際的な解決を意図した」からであると説明されている[53]。財産分与が過小であり離婚慰謝料で補う必要があるという事案を前にして，全体として妥当な額の離婚給付を確保する方策を講じることに主眼があったと見られる[54]。これにより，紛争の一回的解決は必ずしも確保されなくなり（事実上の再審理が可能)[55]，規律の異なる請求権が並立する（一方は家庭裁判所の管轄・2年の除斥期間，他方は通常裁判所の管轄・3年の消滅時効)[56]という問題点を抱えたままの実務運用を余儀なくされることになる[57]。

---

[53] 野田宏・最判解昭和46年度494頁（1972)。
[54] ❷の事案の問題性につき，水野紀子「財産分与と婚約・内縁を考える」法教501号83-84頁（2022）を参照。
[55] 財産分与審判には既判力がないため，慰謝料額が主要な争点として争われた場合でも，慰謝料請求の後訴を提起することが可能である。
[56] 損害賠償請求は本来訴訟事項である（審判手続で取り扱われるべきでない）ことを強調すれば，並列状況の否定的評価に連なり，簡易な解決手段である（再訴がなければ一回的解決が実現される）ことを強調すれば，肯定的評価に連なる。

③　離婚慰謝料の存在感　（慰謝料的要素を考慮しうる）財産分与請求（権）と並立する中で，離婚慰謝料請求（権）はいかなる実務的地位を有するか。第１に，いずれの行使が好まれるかにつき，❷直後の裁判実務（判決に至るまでの事案）では，離婚慰謝料のみを求めるのがなお大部分（財産分与のみ又は財産分与をも求めるのは少数）であること，その背景の１つに，離婚慰謝料の算定は曖昧ゆえ財産分与的要素を参入しても特に問題視されないという事情があると考えられることが指摘されていた[58]。近時は変化が見られるが（慰謝料を含めない財産分与請求＋離婚慰謝料請求が志向される〔(2) ③〕），離婚慰謝料の融通無碍な性格とそれに対する積極的な評価が，（要件レベル〔Ⅰ〕を超えて）算定レベルでも伝統的に存在することが重要である[59]。第２に，調停離婚では，当事者は内訳よりも総額に関心を示すゆえ離婚慰謝料と財産分与の区別の持つ意義は相対的であるが[60]，「解決金」名目の解決がされることが多いことが注目される。これは，支払を求める側は慰謝料と認識しつつ支払う側の心理的抵抗を除去することに意味があり，離婚慰謝料の存在がこの解決を支えているとの認識も持たれる[61]。離婚慰謝料の調整手段としての性格を示すものといえよう。

**(2)　離婚慰謝料の帰趨**

　以上の動向を踏まえ，離婚慰謝料をどう考えるべきか。家族法学では，活用論と縮小論という一見相反する潮流が見られるが，財産分与制度の不備という現状理解とその克服の必要性という問題意識は共通する。実務は❷に拘束されるが，離婚慰謝料の透明化という意味では重要な進展を見せている。

---

57) 高野耕一「財産分与と離婚慰謝料」ジュリ500号212-214頁（1972），有地亨「財産分与請求権の本質について」法教第２期１号46頁（1973），家崎広「財産分与と慰謝料」星野英一編集代表・民法講座第７巻（有斐閣，1984）等を参照。
58) 鈴木・前掲注22) 66-68頁（財産分与が新しい制度で一般になじみがないこと，判決にまで至らないと決着のつかない事案は相手方が離婚について有責である場合が多いと推測されること等も挙げられている）。大津・前掲注10) 49-53頁も，同様の傾向を指摘する。
59) 村崎満・実務本位　結婚・離婚・扶養の法律知識（育英堂，1969）194-196頁が「慰謝料は裁判官の事件に対する『感じ』によって定められる」とするのが象徴的である。
60) 座談会「離婚の慰謝料と財産分与」ひろば８巻５号27頁（1955）〔村崎満〕，大津・前掲注10) 48頁等。
61) もっとも，金額が概して低いために，手切金慣行の温床との指摘もされた（島津一郎編・注釈民法（21）（有斐閣，1966）200頁。同197-199頁〔限定説による克服〕も参照）。

① 活用論——破綻慰謝料　一群の見解は，無責配偶者に対しても離婚慰謝料請求を認めるべきであると説く[62]。離婚により特に女性が被る損害を填補する必要があるところ，その大小は相手方の有責性の大小に比例しないという認識が，その背景をなす[63]。もともと離婚給付は離婚によって当事者が受ける不利益を公平の観念に基づいて救済することを目的とするものであること，破綻主義が採用される中で有責慰謝料に固執する必要はないこと，弱者保護の理念から不法行為法上も無過失責任を正当化しうること等が論拠に挙げられる。婚姻関係破綻により認められる慰謝料という意味で，「破綻慰謝料」の呼称が提示される。

離婚慰謝料の柔軟性・調整性（(1)③）からすれば，かかる提言は大きな実践的意義を持つ。しかし，弱者保護の要請のみをもって無過失責任が正当化されるとの立論は，不法行為法理論からすればおよそ受け入れがたく（不法行為構成の放棄とすらいえる）[64]，破綻主義を理由とすることも説得的でない（2(1)①）。それでも，離婚により家庭内弱者が被る損害を適切に填補すべきであるとの認識には，一面の真理を見出しうる。清算的要素・扶養的要素を中核とする従来の財産分与ではそれが実現されないがゆえに，離婚慰謝料という柔軟な枠組みを借りてこざるをえないという現実が，活用論の背後には見出される。

② 縮小論——財産分与の再構築　より正面から財産分与制度の再考を説く学説が，第2の見解群を形成する。1980年代から1990年代にかけて，外国法研究をもとにした本格的な論文が相次いで現れる[65]。（ⅰ）フランス法の展開

---

[62] 山畠正男「❷判批」判評159号133頁（1972），中川淳「離婚財産分与と慰謝料の関係」現代家族法大系編集委員会編・現代家族法大系2（中川善之助先生追悼）（有斐閣，1980）329-330頁，久貴忠彦「財産分与請求権と慰謝料請求権との関係」加藤一郎ほか編・民法の争点Ⅰ（有斐閣，1985）207頁（同・親族法〔日本評論社，1984〕136-137頁も同旨）等。人見康子「財産分与・慰謝料」中川善之助ほか責任編集・家族問題と家族法Ⅲ（酒井書店，1958）262-263頁，田中・前掲注30）83頁も参照。

[63] 有責配偶者が離婚により自由を獲得することの代償として無責配偶者に支払うべき金銭（離婚承諾料）という意味が盛り込まれることもあるが（丸山・前掲注30）7頁），ここまで来ると損害賠償の観念からも著しく乖離することになる（大津・前掲注10）44-45頁）。

[64] 無過失責任も適切な責任根拠に支えられた責任原因を必要とする。抽象的・曖昧な有責性評価すら要求しないのは，離婚自体を評価対象とする（Ⅰ1(2)①）に等しい。水野・前掲注3）論文（2・完）2209頁，右近・前掲注30）425頁，吉田・前掲注4）142頁，松川正毅・民法　親族・相続〈第7版〉（有斐閣，2022）97頁も参照。

[65] （ⅰ）は水野・前掲注3）論文，（ⅱ）は本沢・前掲注33）論文，（ⅲ）は鈴木・前掲注28）論文。

（有責性に基づく離婚後扶養および損害賠償から有責性によらない補償給付へと変容）から示唆を得て，財産分与制度を離婚がもたらす生活条件の不均衡を償うものととらえる見解が先陣を切る。（ⅱ）ドイツ法の展開（1976年法による破綻主義離婚法の採用と離婚後扶養の制度改正）から示唆を得て，財産分与の各要素の方向性（特に，夫婦間における不利益の調整ないし補償として扶養をとらえること）を提言する見解，（ⅲ）英米法の展開（終身の生活の維持から自活の援助への離婚後扶養の性格変化等）から示唆を得て，婚姻中の役割分担による不利益（機会の損失）の補償の観点から離婚給付の決定基準を提言する見解がこれに続く。論旨や帰結はそれぞれ異なるが[66]，いずれも離婚後扶養制度を持つ国の展開過程から，日本法における財産分与の扶養的要素（清算的要素〔および慰謝料的要素〕との関係で補充的なものとして位置づけられている)[67]を「補償」の観点から再構成し，財産分与の中心にすえることを意図するものといえる。

上記の諸見解においては，離婚慰謝料は，あるべき財産分与の姿が実現されていない段階での過渡的な補完策として位置づけられ[68]，財産分与制度の充実によって論理的には不要となる。ただし，一定の留保が付されている点は注目される。明確な論旨を展開するものによれば，「人々の正義感情や裁判に寄せる期待にてらし，離婚給付から有責性の契機を完全に排除することは，少なくとも当面は困難であ」り，有責配偶者の制裁のために，顕著な非行による破綻の場合に限って離婚慰謝料を認めるべきである[69]。不法行為法理論からは，不法行為責任の制裁的機能は（普遍的な理論課題にせよ）日本法の現状では実現困難である（最判平成9・7・11民集51巻6号2573頁参照）との通り一遍の応答がされよう。これを凌駕する論拠を離婚慰謝料例外肯定論が有しているかは，さらに考える必要がある（2(1)）。

　③　実務の透明化傾向　実務の課題は，離婚慰謝料請求権と慰謝料的要素を含む財産分与請求権の併存という❷で公認された状況を，なるべく合理的に運

---

66) 成澤・前掲注5）論文（4・完）10-11頁，大村・前掲注12）163頁を参照。
67) 加藤ほか編・前掲注40）125頁〔田中優奈〕，秋武憲一ほか編著・離婚調停・離婚訴訟〈四訂版〉（青林書院，2023）175-176頁〔田中智子〕等。
68) 実際に，離婚慰謝料に生活保障の意味（財産分与の扶養的要素を補完する機能）を持たされている裁判例が見られることにつき，成澤・前掲注5）論文（3）12-16頁を参照。
69) 鈴木・前掲注28）246-247頁。

用することにある。2点が注目される。第1に，紛争の一回的解決を損なうおそれを最小化するには，財産分与の内容の明確性が求められる。❷の調査官解説は，審判・判決による財産分与において，清算・扶養・慰謝料の各要素をどの程度含むかを個別的・具体的に示すことを要請する[70]。現在の実務は個別算定方式を原則としており，かかる要請は実現されているといってよい。第2に，離婚慰謝料請求と財産分与請求の区別の傾向も生じている。離婚訴訟（人事訴訟法制定〔2003年。人事訴訟手続法廃止〕により現在は家庭裁判所の管轄）の提起に際し，当事者は財産分与の附帯処分を申し立てることができるとともに（人訴32条），離婚慰謝料請求訴訟を併合することができる（人訴17条）。このことを前提に，清算・扶養を内容とする財産分与の附帯処分申立て[71]と別に離婚慰謝料請求訴訟を提起するのが実務上通例となっており[72]，これにより，離婚訴訟が提起される事案においては，離婚慰謝料は自然と財産分与と区別されることになる（財産分与の中で慰謝料を含めて判断・解決することは多くない）。

　いずれの動向も，離婚慰謝料請求の可能性を従来どおり維持することを前提とするが，財産分与における慰謝料的要素との重複を回避するとともに（第1），財産分与の清算的要素・扶養的要素からの独立（第2）をも進めるものであり，総じて離婚慰謝料の判断の透明化に資するものといえよう。もっとも，調停，さらには協議による財産分与の不透明性は残らざるをえず[73]，なお離婚慰謝料の柔軟性や調整手段としての性格が頼りにされる。

---

[70] 野田・前掲注53）495-496頁。
[71] 離婚請求に際しての離婚慰謝料請求と財産分与の併合請求においては，「裁判所は財産分与額を定めるにつき損害賠償の点をその要素として考慮することができなくなる」（最判昭和53・2・21家月30巻9号74頁）。このこと自体は❷の帰結といえるが，当事者はかかる一括・同時の解決の選択を強制されるわけではない点に注意が必要である（久保野恵美子「❷判批」加藤新太郎ほか編・離婚・親子・相続事件判例解説（第一法規，2019年）38頁）。
[72] 常岡史子「離婚給付と離婚慰謝料」二宮周平編集代表・現代家族法講座第2巻（日本評論社，2020）278頁。二宮周平・新注釈民法（17）（有斐閣，2017）403頁〔犬伏由子〕。東京家事事件手続研究会編・家事事件・人事訴訟事件の実務（法曹会，2015）114頁〔新田和徳〕。
[73] 野田・前掲注53）495頁は，調停調書において損害賠償の趣旨を含むかを明示することを要請していたが，解決金名目での解決（1（1）③）はそれと真っ向から対立するものである。協議による財産分与の問題性につき，水野・前掲注54）84-85頁を参照。

## 2 離婚慰謝料の行方
### (1) 離婚慰謝料の存在意義
不法行為法理論からも家族法的考慮からも廃止の方向性が支持されるのに，なお離婚慰謝料（や財産分与の慰謝料的要素）が維持される理由は何か。さまざまな実質的な理由が存在するものと見られるが，そのうち有意な事柄は限定されよう。

　① 破綻主義　破綻主義が離婚慰謝料の論拠として持ち出されることがある。厳密には 2 種の論法がある。第 1 は，「積極的破綻主義の公認」というより近時の傾向を援用するものである。有責配偶者による離婚請求も信義則に反しない限り認められるとする最大判昭和 62・9・2 民集 41 巻 6 号 1423 頁は，「相手方配偶者が離婚により被る経済的不利益は，本来，離婚と同時又は離婚後において請求することが認められている財産分与又は慰藉料により解決されるべきものである」ことをその論拠の 1 つに挙げた。これを受けて，離婚慰謝料は，積極的破綻主義のありうべき弊害（追い出し離婚等）への対処の手段として重要性が高まる旨が指摘された[74]。しかし，上記判示は，離婚給付制度全体の改善をうながすものではあっても，その中での離婚慰謝料に積極的な地位を与える根拠にはならない。

　第 2 は，「有責主義から破綻主義へ」という一般的な傾向を援用するものである[75]。有責主義においてすら認められていた離婚慰謝料は，当事者の不利益を塡補する手段として更なる活用が要請されると指摘された（破綻慰謝料論〔1 (2) ①〕）。しかし，離婚の要件レベルで有責性が考慮されなくなることは，効果レベルでの変化を帰結するわけではないし，さらに進んで，破綻主義への移行は，裁判において夫婦間における有責性の探求をすべきでないという要請を含むと考えれば，無責配偶者への離婚慰謝料請求はおろか，離婚慰謝料自体の正当性を疑わせる契機となる[76]（主要外国法の展開〔1 (2) ②〕はその証左たりう

---

[74] 丸山・前掲注 30) 7 頁等。

[75] 明治民法における破綻主義的な離婚原因は限定的であったが，戦後民法（現行民法 770 条 1 項）は，婚姻関係の破綻をもたらす個別的・具体的離婚原因を例示したうえで，抽象的離婚原因を定めた（同条 2 項の裁量棄却条項も，破綻に至らない場合の請求棄却の根拠となるととらえれば，破綻主義に基づくものであることになる）。なお，2024 年改正により同条 1 項 4 号（精神病離婚）が削除されることとなったが，これは差別的な規定であるとの理由に基づくものであり，破綻主義の後退を意味するものではない。

②　実際的メリット　離婚慰謝料には実際的なメリットがあるとの指摘もある。その柔軟性・調整性（1 (1) ③）が第1のものとして挙げられるが，実務的な重要性を備えるにせよ，判断過程の不明確性という大きな副作用を伴う弥縫策の意味しか持たない。

より重要なものとして，第2に，離婚慰謝料には「夫婦間の不法行為」という難題を回避する意義があることが指摘される[77]。婚姻中の夫婦間の不法行為はほとんど離婚慰謝料請求により処理されているところ，離婚慰謝料の存在自体を否定すると，「夫婦間の不法行為」の諸難題が一気に露出してくるおそれがあるとする。もっとも，配偶者間の不法行為が難題とされるのは，損害賠償請求が継続中の婚姻生活に与える影響が危惧される等の観点ゆえであり[78]，離婚後の請求の可否に関わるものではない（なお，損害賠償請求権の消滅時効に関し，民法159条を参照）。問題となりうるとすれば，離婚慰謝料の廃止により個別の違法行為を理由とする不法行為訴訟の増加が危惧されるという点であるが，不法行為法の原則に従った処理（過失評価，一般的な法益侵害の要求等）がされるゆえ請求認容への適切なハードルは存在し（かえって離婚慰謝料請求におけるような多種多様な事実の主張が妨げられる），離婚慰謝料を縮小・廃止した他国でも訴訟氾濫の問題が生じたことは確認されない。

第3のメリットとして，離婚慰謝料には，婚姻破綻の責任の所在を明確にし，有責性の程度を金額で表す機能があり，過去の心理的清算とその克服という象徴的意味があるとされる[79]。顕著な非行への懲罰を説く見解（1 (2) ②）も，（「有責配偶者への制裁」と並べて）「無責配偶者への褒賞」を指摘しており，（制裁

---

[76]　山下純司「離婚の効果」大村敦志ほか編著・比較家族法研究（商事法務，2012）132頁。田中實「財産分与の一考察（2・完）」法研28巻7号557頁（1955），佐藤義彦ほか・民法Ⅴ〈第4版〉（有斐閣，2012）51頁〔右近健男〕も参照。

[77]　成澤・前掲注5）論文（4・完）14頁，李憲「広島高判平19・4・17判批」新報116巻1=2号348頁（2009）。家原・前掲注50）127頁は，これらを好意的に引用する。

[78]　最判昭和47・5・30民集26巻4号898頁を参照。夫婦間の不法行為に関する文献として，上野雅和「夫婦間の不法行為」奥田昌道ほか編・民法学7（有斐閣，1976）83頁以下，藤岡康宏「配偶者間の不法行為」現代家族法大系編集委員会編・現代家族法大系2（中川善之助先生追悼）（有斐閣，1980）375頁以下，小野幸二「家族間の不法行為」同書400頁以下，岩志・前掲注33）145-149頁等。

[79]　李・前掲注77）348頁，家原・前掲注50）126-127頁。

的慰謝料というよりは）かかる心理的満足を重視しているように思われる。「国民感情」との符合という指摘[80]も，言わんとすることは同様であろう。かかる心理的要素が重要であること自体は否定されない。もっとも，法的根拠を欠く報復感情の満足に国家が助力すべきでないことはいうまでもなく，真に助力すべきは離婚後の立ち直りである。問題は，それを金銭の付与により，しかも裁判という手段によって実現すべきかである。「精神的苦痛の慰謝」の名目のもと付与される少額の金銭はまさに象徴的な意味しか持たず，かえって裁判によるストレスの増幅や子どもへの悪影響等の副作用が懸念される。離婚に伴う精神的不調やそこからの回復は，専門的なカウンセリングや治療等によって初めて根本的な対処が可能であり，そうした支援こそが肝要であろう。

　③　財産分与の補完　離婚慰謝料廃止への真の障害は，その前提条件たる財産分与の充実が現実には未達成であることにある[81]。補償の観念を含めた扶養的要素の充実を説く見解（1 (2) ②）は，実務の改変を要請するものであったが，その道が確保されているわけではない。扶養的要素の不十分性（戦前から恒常的に存在する問題である）を，判断の不明確性の危険を冒してでも補完しなければならないというのは，日本法の大きな問題点といわれて久しい。

　同様の状況は，清算的要素についても存在する。いわゆる2分の1ルールの定着・運用により，衡平な清算への道が開かれたとしても，個別の問題点はなお残る。特に，夫婦の一方が居住用不動産の分与を求めるものの，清算的要素（と扶養的要素）のみでは単独取得を認めることできない場合に，慰謝料的要素の勘案がされる実務の存在が指摘されている[82]。望ましい清算のために，慰謝料が補完的に持ち出されざるをえないわけである。慰謝料によらない解決策の提示が求められるが，当該不動産の帰属等の問題が関わり，容易でない。

---

80) 水野・前掲注3) 論文（2・完）2210頁・2224頁注(59)。
81) Ⅰ2 (1) ②で取り上げた立法論は，財産分与の清算的要素を夫婦財産制度の改正（後得財産分配制の採用）によって代替し，財産分与を扶養的要素（離婚後扶養）に純化することにより，離婚慰謝料の廃止の素地を整えることを前提とするものである。
82) 成澤・前掲注5) 論文（3）16頁，二宮編・前掲注72) 421頁〔犬伏〕，常岡・前掲注72) 278-279頁等。

## (2) 2024年改正の意義

　2024年民法等改正は、「子の利益の確保」という全体課題に拘束されたものである点に注意を要するものの[83]、(1)③の問題に対処する好機であった。実際、財産分与の理念・目的の明示（「離婚後の当事者間の財産上の衡平を図る」）と考慮要素の具体化（「当事者双方がその婚姻中に取得し、又は維持した財産の額及びその取得又は維持についての各当事者の寄与の程度、婚姻の期間、婚姻中の生活水準、婚姻中の協力及び扶助の状況、各当事者の年齢、心身の状況、職業及び収入その他一切の事情」）という重要な改正が実現した（改正民法768条3項前段）。1996年の「民法の一部を改正する法律案要綱」（以下「1996年要綱案」）をほぼ踏襲するものである。もっとも、法制審の経緯を見る限り[84]、多くの課題が残った。

　① 慰謝料的要素　財産分与における慰謝料的要素の考慮の可否は、2024年改正に際しても議論された。否定の論拠として、実務上当該要素の考慮はあまりされないこと、離婚慰謝料請求は別に立てるのが一般であること、離婚慰謝料請求と財産分与請求が重複した場合に紛争の長期化につながること、財産分与の係争自体も長期化すること、解決金との位置づけでは再度の慰謝料請求の可否が不明確となること等[85]が、肯定の論拠として、現行実務との連続性、紛争の一回的解決に資すること、「解決金」の根拠として有用であること、訴訟事件たる離婚慰謝料請求と異なり非公開手続での解決が可能となる点で便利であること等[86]が指摘された。興味深い指摘はあるものの、従来の議論状況を刷新するものではない。

　結局、この問題についていかなる解決がされたかは、必ずしも明瞭でない。一方で、（ⅰ）2024年改正の中間試案においては、考慮要素として慰謝料的要

---

[83] 法制審議会家族法制部会の調査審議範囲を画する諮問第113号は、「子の利益の確保等の観点から、離婚及びこれに関連する制度に関する規定等」について検討を求める。財産分与が改正課題として取り上げられたのも、その不備が子の貧困の一因となりうるからである。それゆえ、子の利益の観点から重要と思われる規律のみが取り上げられた。

[84] 以下、法制審家族法制部会の部会資料は単に「資料」として、各回の会議の議事録は「第〇回議事録」として引用する。また、法務省民事局参事官室「家族法制の見直しに関する中間試案の補足説明」（令和4年12月）は、「中間試案補足説明」として引用する。

[85] 資料10・6頁、第10回議事録6-7頁〔武田典久〕、同11-12頁〔窪田充見〕、第15回議事録34頁〔原田直子〕等。

[86] 資料10・6-7頁、資料14・18頁、第10回議事録7-8頁〔棚村政行〕、同11頁〔武田典久〕、第15回議事録32頁〔武田典久〕等。

素を明示しない理由は当該要素の考慮自体について異論がありうるためであるとされ[87]。以後，この問題は2024年改正の論点から姿を消した。また，（ⅱ）1996年要綱案の立案担当者の説明では，「離婚後の当事者間の財産上の衡平を図る」という文言は，財産分与の主要な構成要素が主として清算および扶養・補償の要素にあることを間接的に明示する意味があるとされた[88]。他方で，（ⅰ）1996年要綱案については，「婚姻中の協力及び扶助の状況」という新たに明示された考慮要素は，慰謝料的要素を考慮する際の考慮事情となるとの説明がされた[89]。また，（ⅱ）その試案段階では，さらに進んで，「衡平」は損害賠償も含む3要素を包括する意味があるとの説明もされていた[90]。要するに，衡平という財産分与の理念・目的（（ⅱ））や新たに明示された考慮要素（（ⅰ））に慰謝料的要素が含まれるか否かは，新旧の立案担当者から定見を見出すことができず，ましてやその論理的前提である離婚慰謝料の是非への含意は存在しない[91]。2024年改正以前の混沌とした議論状況は，手つかずのまま保存されたと見ざるをえないだろう。

② 扶養的要素ないし補償的要素　2024年改正に際して最も議論がされ，実際に成果を挙げたのが，扶養的要素ないし補償的要素である。新たに明示された「婚姻の期間，婚姻中の生活水準，婚姻中の協力及び扶助の状況，各当事者の年齢，心身の状況，職業及び収入」は，両要素の考慮事情であると位置づけられている[92]。もっとも，問題は「扶養」ないし「補償」が何を意味し何を帰結するかであり，必ずしも明確化されないまま議論が終結した感がある（それゆえ，扶養的要素の補充性が見直されたとも言い切れない）。一方で，「扶養」（離婚

---

[87] 中間試案補足説明91頁。
[88] 小池信行「『民法の一部を改正する法律案要綱』」ひろば49巻6号12-13頁（1996）。2024年改正に際しても，同様の説明が見られた（資料24・33-34頁）。
[89] 小池・前掲注88）13頁。要綱案試案につき，法務省民事局参事官室「婚姻制度等に関する民法改正要綱試案」ジュリ1050号249頁（1994），加藤朋寛「『婚姻制度等に関する民法改正要綱試案』の概要」金法1395号45頁（1994）も同旨。
[90] 加藤・前掲注89）44頁。法務省民事局参事官室・前掲注89）248頁も参照。2024年改正に際しても，同様の説明がされた箇所がある（資料14・17頁。同18頁も参照）。
[91] 「慰謝料的要素については，考慮要素として法定しないこととして，財産分与請求権における慰謝料的要素と不法行為に基づく慰謝料請求権との関係を整理してはどうか」というのが当初の提案であったが（資料10・8頁），後者は達成されずに終わった。
[92] 中間試案補足説明91-92頁。

後扶養)[93]に関しては，(ⅰ)財産分与請求権とは独立した扶養料請求権を構想する立場は検討の対象から外されたうえで[94]，(ⅱ)婚姻関係が終了してもなお，元配偶者に対する扶養義務を観念しうるかにつき，反対意見はあるものの「実質的な扶養義務」があるとの考え方が一般的であるとの整理が前提におかれた[95]。他方，(ⅲ)具体的な考慮要素として，正面から「元配偶者の生活状況」を定めるのでなく，「婚姻中の生活水準」および「職業及び収入」の要素により離婚による生活水準の低下が考慮されるという構想に落ち着いた[96]。本改正により離婚後扶養の考慮は条文上の根拠を得た反面，その具体像はなお不明確であるといえよう。

他方で，「補償」に関しては，婚姻によって喪失した稼働能力に対する補償として財産分与を位置づけるという考え方との関係で，1996年要綱案の試案段階で存在した「稼働能力」の文言を財産分与の考慮要素に含めることの是非がさかんに議論され，多くの構成員が肯定論を主張した[97]。その一方で，「稼働能力の喪失・低下について，逸失利益を算定するときのように非常に細かく算定しなければならないとすると，これまでの実務の在り方とは非常に乖離が大きくなり，審理の複雑化，審理期間の相当な長期化を招くといった懸念」も示され[98]，最終的にはこのことが重視されて「稼働能力」を考慮要素として明示されることが見送られた。もっとも，これに反対する委員への説得材料として，1996年要綱案の審議の内情が紹介され，当該要素は明示せずとも考慮されうることが説明された[99]。こうした妥協的な審議経過に照らすと，本改正に

---

93) なお，子に対する扶養は別問題であるとされ，もっぱら元配偶者に対する扶養の観点から論じられた（改正民法817条の12第1項により，子に対する扶養義務の程度が明示された）。また，離婚後の子の監護に関する事情は，財産分与の直接の目的に含まれるものではないため，考慮事情として明示しないこととされた（資料14・19頁）。
94) 資料10・8頁（注2）。
95) 資料10・4頁。法律上の扶養義務の根拠の不存在の指摘として，第10回議事録6頁〔武田典久〕。また，財産分与の係争の長期化の懸念も指摘された（第15回議事録32-33頁〔武田典久〕，同45頁〔細矢郁〕）。
96) 前者は資料10・8頁，後者は資料14・19頁。
97) 第17回議事録42頁〔落合恵美子〕，同42頁〔赤石千衣子〕，第33回議事録36頁〔戒能民江〕，同39-40頁〔原田直子〕等（このほか，男女のキャリア格差・賃金格差・雇用形態格差に関する発言も相次いだ）。なお，当初の事務局提案では，「扶養的要素の位置付けの明確化」に関する注記で示されるにとどまっていた（資料10・5頁（注2））。
98) 中間試案補足説明92頁。資料24・35頁も参照。

より稼働能力喪失・所得能力減退の補償が真に条文上の根拠を得たかは心許ないところであり，その理論的位置づけも含めてなお不明確な状況が残されたといえる。離婚後扶養ともども，実務の運用をなお注視していく必要がある。

　③　清算的要素　2分の1ルールは，1996年要綱案にならって，明文化されるに至った（改正民法768条3項後段）。他方で，居住用不動産の問題（(1)③）については，それが夫婦の一方の固有財産である場合も含め，「配偶者（及び子）の居住を確保する観点から，離婚後に，配偶者が他方配偶者の所有する不動産に居住することができる権利を創設し，財産分与の審判で，その取得を命ずることができることとする規律を設けること」（賃借権設定の可能性の承認，相続の場面における配偶者居住権に類似する権利の創設等）の是非について問題提起がされ[100]，好意的な意見もあったものの，慎重な検討を要する点が多々あるとして見送られた[101]。離婚慰謝料による補充の必要性に関わる部分の変更はないといってよい。

## お わ り に

本稿の内容は繰り返さない。離婚慰謝料廃止論は，理論的には支持されるものの，財産分与制度の完備の必要性を前にして，依然としてその実現への道のりは長いというのが，筆者の凡庸な見立てである（もちろん，財産分与制度の今後の運用による）。

当初，本稿には，「不法行為法と家族法の相克」という副題をつけることを考えていた。不法行為法理論からすれば疑問視される帰結が，家族法的考慮によって是認されているという構図を表現することを意図した副題であった。しかし，家族法学は，離婚給付論に定位しつつ，（時に曲解することはあるにせよ）不法行為法理論にも忠実であろうとしてきた。むしろ連絡・援護射撃を怠っていたのは，不法行為法学の方かもしれないと感じる。他方で，諸々の前提がある中で具体的事件の衡平・妥当な解決に向けて最善を尽くしてきた家事事件の

---

99) 資料35-2・25頁，第15回議事録35頁〔水野紀子等〕。
100) 資料10・15-17頁。
101) 資料14・21-22頁。第10回議事録21-22頁〔棚村政行〕，25-26頁〔石綿はる美〕，同26-27頁〔赤石千衣子〕も参照。

実務運用を眺めるとき，情緒的な阻害要因は確かに存在し，そのことが家族法の1つの特徴をなすようにも思われる。もっとも，不法行為法も，「被害者保護」や「公平」が説得力を持った時代から，理論化の方向へと歩を進めている。家族の問題は，物理的範囲こそ小さく見えるが内実はきわめて複雑であり，同列に置くことはできないが，「感情」を感情として放置せず，法理論・制度論のレベルに落とし込んで対処を論じていく必要があることは変わらない。「相克」というよりは「交流」「対照」「協働」というのが，両分野のあるべき（現にある）姿だろう。

* 筆者から見た水野紀子先生のお人柄と，そのことについての先生への感謝は，東北大学退職記念の紀要論文で述べたとおりである（法学83巻4号583頁〔2020〕）。先生の古稀を祝うべく執筆した本稿は，学術的観点から先生のご業績に連なろうとしたものであるが，執筆を終えて，本稿が（現代的な素材により新規性を装いつつも）既存の議論の焼き直しにすぎないのに対し，先生のご業績は真に新たな知見をもたらし，法状況の変革を迫るものであったことを痛感する。いただいた学恩に比して乏しい成果であることは前稿と変わらないが，筆者に家族法への関心を与えてくださったことに感謝しつつ，謹んで本稿を先生の古稀に捧げたい。

* 脱稿後，羽生香織「財産分与における離婚後の扶養」潮見佳男先生追悼論文集（家族法）刊行委員会編・家族法学の現在と未来（信山社，2024）89頁以下に接した。

# 第三者提供精子を用いた場合における法的親子関係について
## ——同意の意義に関する検討を中心に

木 村 敦 子

 I 本稿の検討課題
 II ドイツ法における議論とその検討
 III ドイツ法の議論の整理と若干の検討
 IV ま　と　め


## I　本稿の検討課題

### 1　AIDを用いた場合における法的父子関係

　生殖補助医療技術の進展や家族の多様化に伴い，法的親子関係の成否をめぐる問題は，一層複雑なものになっている[1]。

　本稿では，これら生殖補助医療を用いた場合における法的親子関係のうち，第三者提供精子を用いた場合の法的父子関係を取り上げる。妻が夫以外（依頼者である女性のパートナー以外）の第三者による提供精子を用いた人工授精（Artificial Insemination with Donor's semen。以下，「AID」ということがある）を用いた場合，当該女性が出生した子（以下，「AID子」ということがある）については，その夫との間に生物学的親子関係は存在していない。そこで，この出生したAID子の法的親子関係[2]の成否が問題となる[3]。

---

1) 生殖補助医療を用いた場合の法的親子関係について，法的親子関係の成否にのみならず，行為規制ルールや子の出自を知る権利の問題も含め，総括的な視点から論じるものとして，水野紀子「人工生殖における民法と子の権利」湯沢雍彦=宇津木伸編・人の法と医の倫理（信山社，2004）201頁，同「生殖補助医療を契機に日本実親子関係法をふりかえる」法曹時報61巻5号1439頁（2009），同「生殖補助医療を考える」法学教室506号86頁（2022）等がある。
2) AID子の法的親子関係には，子を懐胎・出生した者との間の法的親子関係と，子を懐胎・出生した者のパートナーである者との間の法的親子関係が考えられる。一般的に，前者は母子関係，後者は父子関係と呼ばれるものだが，本稿では後者の問題を取り上げる。本稿においては，基本的に同

令和2年12月に，生殖補助医療に関する法律として「生殖補助医療の提供等及びこれにより出生した子の親子関係に関する民法の特例に関する法律」（令和2年法律第76号。令和2年12月4日成立，同月11日公布。以下，「生殖補助医療法」という）が定められた。同法10条では，AIDを用いた場合，子の出生時に，嫡出推定（民法772条）に基づき，母の夫と子の間に法的父子関係が成立することが前提とされている。そのうえで，AIDに同意した夫については，生物学的親子関係の不存在を理由に，嫡出否認権を行使できないとする規定が設けられた[4]。加えて，法制審議会民法（親子法制）部会では，否認権者の範囲の拡大（民法774条）に伴い，これに対応する否認権制限の規定を生殖補助医療法10条に設けるべきか否かが検討された。その結果，令和4年「民法等の一部を改正する法律」（令和4年法律第102号）により，同条が改正され，夫に加えて，妻（母），子の否認権も制限する旨の規定が設けられることになった[5]。

　AID子の法的親子関係について，各否認権者による否認権行使が制限される根拠としては，次のものが挙げられている。第一は，出生した子を自らの子として引き受ける「意思」に鑑み，当該意思を有する者に親としての責任を負わせるべきとして，その者の否認権制限の相当性が基礎づけられるとの理解である[6]。第二は，AID子の身分関係の安定を確保すべきとの目的に鑑みて，否

---

　　性カップルによる利用可能性も踏まえて，法的父子関係として想定されてきた後者の問題を指して，「法的親子関係」という表現を用いることがある。
3) これまでの議論の内容を整理・分析するものとして，大村敦志「親子（その2）生殖補助医療」法学教室279号49頁（2003），小池泰「生殖補助医療をめぐる課題」論究ジュリスト32号43頁（2020）等がある。
4) 生殖補助医療法制定時の解説として，小川貴裕「生殖補助医療の提供等及びこれにより出生した子の親子関係に関する民法の特例に関する法律（生殖補助医療により出生した子の親子関係に関する民法の特例部分）の概要」家庭の法と裁判32号92頁（2021）等。
5) 令和4年の改正のうち，とくに生殖補助医療に関する改正を紹介・検討する論稿として，髙橋良「生殖補助医療分野の改正について」自由と正義73巻11号23頁（2022），石綿はる美「第三者提供精子を用いた生殖補助医療により生まれた子の父子関係に関する見直しをめぐって（上）（下）」法学セミナー68巻11号85頁，同12号71頁（2023），西希代子「生殖補助医療関係について――生殖補助医療法とその改正」家庭の法と裁判49号29頁（2024），大村敦志＝窪田充見編『解説民法（家族法）改正のポイントI』（有斐閣，2024）187頁以下〔木村敦子〕。
6) 法制審議会民法（親子法制）部会「民法（親子法制）等の改正に関する中間試案補足説明」（以下，「中間試案補足説明」という）80頁以下，法制審議会民法（親子法制）部会「部会資料」（以下，「部会資料」という）17・32頁。

認権制限の行使の必要性・相当性が基礎づけられるとの理解である[7]。さらに，子の身分関係の安定確保の必要性は，次の二つの具体的観点から説明されている。一つは，AIDに同意した夫を子の法律上の父として確定させることが，生まれた子の身分関係の安定に資するのであり，子の利益に合致するとされる。これとは別に，AID子の法的親関係が否定されることによって，AIDという生殖補助医療を行った意義が失われ，かつそれは相当ではないとの理由も挙げられる。これらのうち，子として引き受ける意思に着目する第一の論拠では，とりわけ子の否認権排除を説明できない。というのは，子自身がAIDに同意しているわけではないからである。そのため，子の否認権行使排除の論拠として，法制審議会の議論では，第二の論拠に重点が置かれていた[8]。

しかしながら，令和4年の改正により，AID子については，子を含めた各否認権者の否認権行使が排除される以上，結果的には，夫とAID子の間に法的親子関係が確定的に成立した状態がつくり出されている。この点を捉えて，生殖補助医療法10条を前提とするAID子の法的親子関係は，同意をした者の否認権を排除するとの構成にとどまらず，法的親子関係を（確定的に）成立させるとの構成に近接していると評価されている[9]。以上の評価を踏まえると，AIDへの同意が法的親子関係の基礎づけにおいてより重要な意義をもつようになったと言うことができる[10]。

## 2　本稿の検討課題

こうした前提を踏まえて，本稿では，AIDへの同意が法的親子関係の基礎

---

[7]　中間試案補足説明80頁以下，部会資料17・32頁，同25-2・20頁。
[8]　中間試案補足説明80頁以下，部会資料17・32頁。
[9]　石綿・前掲注5）法学セミナー68巻12号76頁。
[10]　従前の議論では，AIDに同意した夫の嫡出否認の排除は，嫡出性の承認における法的構成から整合的に捉えられるとの説明がされていた（鈴木禄弥・親族法講義〔創文社，1988〕123頁等）。これに対して，筆者は，嫡出承認制度を検討し，嫡出の承認制度自体が嫡出否認制度の趣旨（熟慮期間の保障及び社会的親子関係の形成）に矛盾しうるものであり，その制度趣旨を的確に説くことができない点に鑑みれば，嫡出の承認をもってAIDへの同意の意義を捉えることは適当ではない，と考えている。こうした問題意識からも，法的親子関係の基礎づけとしての，AIDへの同意の実質的意義を再検討する必要があると言えよう（以上については，拙稿「嫡出の承認に関する検討──実親子関係における意思的要素の意義を明らかにするための手がかりとして」法学論叢193巻6号108頁〔2023〕）。

づけにおいて有する意義を検討することとしたい。この検討課題の設定の背後には，次のような理論的な問題関心と実践的理由がある。

従前の議論では，法的親子関係の基礎づけについて，「血縁（生物学的・遺伝的親子関係）」か「意思」という二項対立で捉える枠組みが（暗黙裡に）前提とされてきたように思われる[11]。この枠組みを前提とすると，AIDへの同意は，法的親子関係を確定的に成立させる効果をもたらす意思である以上，現行の実親子関係法に包摂できないものとして位置づけられそうである[12]。たしかに，AIDへの同意は「意思的要素」から成るものである。しかし，そのAIDへの同意に含まれる意思的要素が，法的親子関係の基礎づけにおいて実質的にどのような意義を有するかについては，さまざまな見方がありうる。この点について，現行法における生物学的・遺伝的親子関係，及び意思の意義・位置づけの検討も踏まえて[13]，整理する必要があろう[14]。

---

11) トビアス・ヘルムス著（野沢紀雅＝遠藤隆幸訳）・生物学的出自と親子法　ドイツ法・フランス法の比較法的考察（中央大学出版会，2002）229頁以下参照。

12) 柳迫周平「実親子法における意思的要素の意義とその構造」神戸法学雑誌71巻3号97頁以下（2021）においては，AIDへの夫の同意は，従来の実親子法の構造からすれば理論的に異質であるとの指摘がなされている。同指摘を踏まえた検討として，石綿・前掲注5）法学セミナー68巻12号76頁。しかし，これらの指摘においては，AIDへの同意それ自体が，法的親子関係の基礎づけとして，どのような実質的意義，役割・機能を有しているかに関しては，必ずしも十分な検討がなされているわけではないように思われる。

13) 従来の法的親子関係において，法的親子関係の基礎づけにおける意思的要素の意義は，さしあたり，次のように整理することができる（これについては，柳迫・前掲注12）の論稿等のほか，拙稿「法律上の親子関係の構成原理（8）」法学論叢180巻4号14頁以下〔2017〕，「同（16・完）」法学論叢187巻6号1頁以下〔2020〕におけるドイツ法の分析等を参照）。まず，実親子関係における意思的要素と養親子関係における意思的要素が区別される。そのうえで，実親子関係については，生物学的親子関係を実質的基礎づけに据えていることを前提とすると，意思的要素の位置づけが問題となりうる。この点，認知制度における認知の意思表示を主たる具体例とすると，次の二つの意味が認められうる。第一は，生物学上の父子関係の存在を推知させるとの意義・機能である。第二は，生物学上の父子関係に重ねて追加的に考慮されるもの，または生物学上の親子関係が存在しない場合に法的親子関係の基礎づけを補充する役割を果たすものである。そこでは，法的親子関係の成立を目的とした意思の存在によって，社会的親子関係の形成が期待されうるところ，その意思による責任の引き受けをもって，生物学的父子関係に補完的な社会的親子関係・事実的親子関係が観念されている。以上とは別に，意思による法的親子関係の創設そのものが認められている。養子縁組における意思による法的親子関係は，これに対応している。そこでは，既存の法的親子関係を変動させ，別の法的親子関係を形成するものとして構成されている。

このように，現行日本法においては，少なくとも，子の出生時に，「意思」による法的親子関係の確定的・終局的な成立（創設）を基礎づける法的親子関係制度は存在していないと言える。

また，AIDへの同意の意義について検討することは，AID子の法的親子関係に関する個別具体的解釈論を発展させるうえでも不可欠な作業である。この点について，令和4年改正を経てもなお，AIDへの同意に関する方式・手続に関する規定は整備されていない[15]。また，AIDへの同意の効力に関する解釈論もほとんどなされていない[16]。そのため，AIDへの同意の意義及びその法的性質を明らかにすることは，行為規制ルールの整備との関係でも急務である。

　以下では，ドイツ法における議論を素材に，AIDへの同意の意義を検討するための考え方の整理にとりかかることとしたい。

## II　ドイツ法における議論とその検討

### 1　ドイツ法における法的父子関係に関する規律

#### (1)　概　　要

　ドイツ民法では，法的父子関係の成立要件として，父母の婚姻，認知及び裁判上の父性確認を定めている（BGB1592条各号）。父母の婚姻または認知に基づき成立した法的父子関係について，生物学上の父子関係と一致しない場合には，否認権の行使が認められる。この否認権行使は，原則として，夫（BGB1600条1項1号），母（同項3号），子（同項4号）及び生物学上の父（同項2号）に認められている。

#### (2)　AIDを用いた場合における規律[17]

　　(a)　1600条4項に基づく否認権制限[18]　　AIDが用いられた場合において，

---

14)　フランス法を踏まえた検討を行う近時の論稿として，幡野弘樹「生殖補助医療と親子関係の根拠論」法律時報96巻4号44頁（2024）がある。

15)　令和4年改正においては，行為規制ルールの整備を待つことなく，親子関係法を整備する必要性があることが強く意識されていた（大村＝窪田編・前掲注5）189頁以下〔木村〕参照）。

16)　夫及び母の否認権排除にあたり，「誰の」AIDへの同意が要件とされるべきかについて，法制審議会では，一応の解釈論が示されてはいるものの，さらなる検討・議論が必要であると考えられる（議論の整理として，大村＝窪田編・前掲注5）195頁以下〔木村〕）。

17)　ドイツ法における生殖補助医療に関する行為規制ルール及び親子関係について，長野史寛「ドイツ」公益社団法人商事法務研究会・諸外国の生殖補助医療により生まれた子の親子法制に関する調査研究業務報告書1頁（2021），小池泰「第三者の精子提供による非配偶者間人工授精子の身分帰属――夫の同意の法的評価について（1）（2・完）」民商法雑誌132巻6号774頁，133巻1号49

母が婚姻しているときは，子の出生時に，母の婚姻に基づき，子と母の夫との間に法的父子関係が成立する（BGB1592条）。この法的父子関係が生物学的父子関係と一致しない場合，法的父子関係の否認が認められる（BGB1600条）。このとき，AIDに同意した男性（母の夫）及び母については，否認権行使を制限する旨の規定が設けられている（BGB1600条4項「子が，男性及び母の同意により第三者提供精子を用いた人工授精によって出生した場合，当該男性又は母は父子関係を否認することはできない。」）。同規定は，2002年の改正によって設けられたものである。同規定によれば，子の否認権は制限されておらず，学説では，子の否認権を認めるべきか否かについて，見解が分かれている[19]。また，同改正当時には，民法典には精子提供者の地位に関する規律も設けられていなかった。

(b) 否認権制限の趣旨　AIDに同意した男性と母の否認権を制限する理由について，2002年改正時の立法理由では，次のように述べられていた[20]。まず，否認権の排除は，子が扶養や相続に関する請求権，人的関係の喪失を回避できる点において，子の福祉の保護に資する。さらに，AIDに同意した者が子に対して有する責任の観点から，否認権を許容しないことが法倫理的理由から望ましいとされた[21]。

### (3) 現在の議論状況

2017年には，「非配偶者間の精子利用における自己の出自を知る権利の規律に関する法律[22]」により，同法が定める公的な精子採取機関を利用した精子提

---

頁（2005），拙稿「親子関係と公的介入――生殖補助医療の立法に向けて」法律時報90巻11号24頁（2018）等。
18) 2002年改正（「子どもの権利のさらなる改善のための法律」，BGBl 2002 I 1239）により規定が新設された当初は，BGB1600条2項であったが，その後他の規定の新設・削除を受けて，現行法では，同条4項になっている。
19) 拙稿・前掲注17) 27頁。
20) BT-Drucks. 14/ 2096, S. 7.
21) この点に関連して，すでにAIDで出生した子の多数は法的・社会的観点から保護を必要としており，これらの子を法的・社会的観点から保護する必要があるとも述べられている（BT-Drucks. 14/ 2096, S. 7）。この点を強調するものとして，Vgl., Marina Wellenhofer, in; Münchener Kommentar BGB, Band 10, 9. Aufl., 2024, §1600, Rn. 50。
22) BGBl. 2017 I 2513. 同法は，公的な精子提供の場合における精子提供者にかかる情報の登録等を定めるものである。同法については，Tobias Helms, Familienrechtliche Aspekte des Samenspenderregistergesetzes, FamRZ 2017, S. 1537。

供（公的利用とも言われる）の場合，当該精子提供者に対する父性確認の訴えの提起を制限する旨が規定された（BGB1600d 条 4 項）。もっとも，これらの立法改正を経てもなお，ドイツでは，AID 子の法的親子関係に関する議論が活発になされている[23]。その議論の背景には，現行法下では，未婚のカップルがAID を利用した場合に，父不存在の状態が生じうることへの懸念がある。当初 AID の利用に同意していた男性パートナーが子を認知（BGB1591 条 1 項 2 号）しなければ，当該男性パートナーと出生した子の間に法的親子関係は成立しない。このとき，当該男性パートナーは生物学上の父ではないため，裁判上の父性確認を用いることもできない。これに加えて，女性の同性カップルがAID を利用した場合についても，現行法下では，子を懐胎・出産した女性の同性パートナーと子の間には，婚姻及び認知に基づく法的親子関係の成立が認められていない。そのため，当事者の養子縁組手続によるしかない点に疑問が投げかけられている。以上の問題状況を踏まえ，AID への同意をもって，嫡出否認権の排除にとどまらず，直接的に法的親子関係の基礎づけ・創設を可能とする解釈論・立法論的検討が進められている[24]。

## 2　AID への同意の意義
### (1)　AID への同意の意義をめぐる見解の対立

ドイツ法では，2002 年の改正以前から現在においてもなお，AID 子の法的父子関係に関する議論において，AID への同意の意義及びその法的性質をめぐり，さまざまな見解が主張されている。その内容は，大きく分けて，次の二つの考え方に整理されうる。

第一は，AID への同意は，人の生命の発生に寄与する点において，自然生

---

23) Tobias Helms. Gutachten F zum Verhand lungen des. 71. Deutschen Juristentages Essen 2016, Band I, S. 12ff; Eckpunkte des Bundesministeriums der Justiz für eine Reform des Abstammungsrechts, S. 2f.（https://www.bmj.de/SharedDocs/Downloads/DE/Themen/Nav_Themen/240115_Eckpunkte_Abstammungsrecht.pdf?__blob=publicationFile&v=2［2024 年 9 月アクセス時点］）。
24) ドイツでは，これらの問題状況を踏まえて，2019 年 3 月 13 日に連邦司法・消費者保護法が「親子法改正法草案（Entwurf eines Gesetzes zur Reform des Abstammungsrechts）」が公表された。しかし，同草案については，関連団体による協議後，さらなる検討は行われなかった。その後，2024 年 1 月に，出自法に関する改正の方針（a. a. O.（Fn. 23）Eckpunkte）が取りまとめられている。

殖の場合における生殖（生殖行為）または生物学的・遺伝的親子関係と同等のものと評価できるとの考え方（以下，「見解α」という）である。

第二は，AIDへの同意は，認知や養子の場合と類似するものとして，親であることを引き受ける意思である。この意思（意思表示）に基づいて法的親子関係が基礎づけられるとする考え方（以下，「見解β」という）である。

さらに，両者の立場の違いは，AIDへの同意の法的性質に関する解釈にも影響を与えている。見解αを主張する代表的論者である Ulrike Wanitzek は，AIDへの同意を事実行為と捉えるべきとの解釈論を提示する。これに対して，見解βの立場からは，一般的に，AIDへの同意は意思表示と解されている。もっとも，二つの見解を折衷的に組み合わせて説明されることもある[25)26)]。

以下では，これら二つの考え方を取り上げ，AIDが用いられた場合の法的親子関係の構成を捉える法的枠組みを整理するとともに，法的親子関係を基礎づける生物学的親子関係及び意思（的要素）の意義を検討したい[27)]。

---

25) Gerd Brudenmüller, P Abteilung Familienrecht Referat, Verhandlungen des 71. Deutschen Juristentages Eessen 2016, Band Ⅱ/1 Sitzungsberichte (Referate und Beschlüsse), 2017, P52. Brudenmüller は，AIDへの同意には，本文中に挙げた見解αと見解βの両側面があるとの理解を前提としつつ，その法的性質が認知及び養子に近いとの点に配慮して，意思表示の規定が適用されるべきとする（ders., P. 52 und 53）。

26) たとえば，2017年に公表されたドイツ連邦司法・消費者保護省の委託を受けて作成された研究報告書（BMJV (Hg.), Abschlussbericht AK Abstammungsrecht-Empfehlungen für eine Reform des Abstammungsrechts, 2017（以下，"Abschlussbericht"として引用する））は，公的精子提供が用いられた場合の法的父子関係において，AIDへの同意を次のように説明する。「AIDに同意したことにより，希望者である男性には，子の出生に対して，自然生殖の場合と同様に，本質的な寄与をした者とされている（連邦憲法裁判所の説示と結びつけて，遺伝上の父と並び，希望者である父も，比喩的な意味で，子に「生命を授けた」であると言えるかもしれない；BVerGE 108, 82, 100 [Rz. 55]）。さらに，希望者である父は，母とともに，子に対する親の責任を引き受ける意図（Absicht）を表明している。母と合意するかたちで生殖補助医療に同意することは，希望者である父が母とともに事実上も責任を引き受けることが期待される。このような法的発想がBGBにおけるAIDへの同意に基づく否認権排除（1600条5項）に見てとれる」とする（Abschlussbericht, S. 57）。これに加えて，2017年研究報告書では，AIDへの同意においては，子の責任を引き受けるとの意図があることも触れられている（Abschlussberidht, S. 57f.）。

27) 小池の論稿（前掲注17）においても，すでに Wanitzek の見解及び紹介がなされている。小池は，Wanitzek の見解を，「帰属の論理構成ではなく，むしろ，親の責任を強調した利益衡量の点にある」と評価し，身分の基礎づけの論理構成にかかわらず，帰属判断に「子の福祉」の考慮を取り込んでいる点にその特徴を見い出すとともに，遺伝主義や意思主義に取って代わるほどの説得力がないと評価している（同・前掲注17）民商法雑誌132巻6号802頁以下）。これに対して，本稿では，Wanitzek の見解に対するその後のドイツ法の評価も踏まえて（Abschlussberidht における

## (2) 見解 α について

　見解 α は，AID への同意が，子の発生という事実上の結果を引き起こすことを目的とする点に着目する見解である。以下では，代表的な論者である Wanitzek の見解を取り上げる[28]。

　(a) 親の責任とその基礎づけ　　この見解は，法的親子関係（法律上の親であること）の意味内容を，子に対する親の責任と捉える[29]。そのうえで，その責任の基礎づけにおいて，AID への同意が，自然生殖と同様に，子の出生に寄与した点に着目する[30]。AID の利用を希望する当事者（以下，「希望者」という）が AID に同意することにより，その施術をする医師や精子提供者を巻き込み，生殖という過程が惹起される。すなわち，希望者における AID に対する同意が，子の出生に決定的な寄与をしており，これにより，子の出生に基づく子に対する責任が基礎づけられる。AID への同意は，子の出生に対する寄与及びその責任の基礎づけ，その責任の（潜在的）引受けという点において，自然生殖における生殖（生殖行為）と同等のものと評価されうる[31]。

　(b) AID に同意する際の意思（意図）の位置づけ　　Wanitzek によれば，自然生殖の場合には，性行為における生殖行為によって親の責任が引き受けられており，遺伝的親子関係はこれを無意識のうちに含意している。その際，自然生殖の場合には，生殖行為において常に親となる意思が存在しているわけでは

---

　　原因者負担原理等へとつながる点や第 71 回〔2016 年〕ドイツ法曹大会の鑑定意見（Helms. a. a. O.（Fn. 23），S. 12）等にも影響を与えている点など），Wanitzek の見解を法的親子関係の基礎づけの観点からあらためて評価しなおすものである。

28) 2002 年改正前の論稿として，Ulrike Wanitzek, Rechtliche Elternschaft bei medizinisch unterstützter Fortpflanzung, 2002（以下，"Wanitzek, a. a. O.（Fn. 28）" として引用する。同著の紹介として，小池・前掲注17）民商法雑誌 132 巻 6 号 799 頁以下）。また，Wanitzek による 2002 年改正に関する論稿として，ders, Ergänzungen des Abstammungsrechts durch das Kinderrechteverbesserungsgesetz, FamRZ 2003, 730 がある（以下，"Wanitzek, a. a. O.（Fn. 28），FamRZ 2003" として引用する）。また，見解 α の主張の中核的内容――子の出生にかかる寄与とそれに基づく責任――に即して，AID への同意の意義を論じるものとして，Helms, a. a. O.（Fn. 23），S. 12 等がある。このほか，Anatol Dutta, Bunte neue Welt: Gespaltene Elternschaft als Herausforderung für das Kindschaftsrecht, JZ 17/ 2016, S. 848 や Philipp M. Reuß, Theorie eines Elternschaftsrechts, 2018, S. 241ff. も，AID への同意の意義に関する分析において見解 α の主張内容に触れている。

29) Wanitzek, a. a. O.（Fn. 28），S. 169f.
30) Wanitzek, a. a. O.（Fn. 28），S. 293f., 428ff.
31) Wanitzek, a. a. O.（Fn. 28），S. 293.

ない。これに対し，AID が行われる場合には，当事者が親となる意思を有しており，AID の意義・目的は親となる意思を満たすことにある[32]。しかし，後にみるように（後記 (c)），Wanitzek は，AID が用いられる場合の法的親子関係の基礎づけは，親となる意思を持つ希望者が AID に同意した行為それ自体に求められるとする。

(c) AID への同意の法的性質　Wanitzek によれば，AID への同意の際に希望者が意図しているのは法律効果の発生ではなく，AID への同意の第一次的な目的は「子の出生」という事実上の結果であるとする。たしかに，希望者が，AID に同意する際に，法的効果を発生させる意図を持っていることはありうるわけだが，その場合の法的効果を発生させる意思は，AID への同意という事実行為に基づく法的効果の発生にとっては重要ではない。このように，AID への同意は，「子の出生（Entstehung）」という事実的行為に向けられたものである以上，その法的性質は事実行為である。これは，法律関係の形成（Rechtsgestaltung），法的効果の発生に向けられた意思表示とは異なる。このことから，AID への同意は，認知の意思表示のように，法的効果の発生に向けられ，直接的に身分関係の発生をもたらすものとは区別されるとする[33]。

(d) 精子提供者の法的地位との関係　AID への同意は，自然生殖における生物学的・遺伝的親子関係と同様，子の出生に対する寄与の観点から，子に対する責任を基礎づけるものである。他方で，精子提供者も，生物学上の父として，子の生殖に対する一定の寄与をしている。子の出生に対する寄与という観点からすると，AID に同意した男性も，精子提供者も，いずれも子に対する責任を負うべきであり，法律上の父として考慮されうる。そのうえで，希望者である男性については，その者による AID への同意がそのほかの当事者（医師及び精子提供者）の生殖行為の前提となっている。また，希望者である男性の意思は，将来における子の養教育に向けられていることから，当該男性が法律上の親を遂行でき，またそれによる社会的親子関係の構築が期待される。これに対して，精子提供者は，希望者による AID 利用の決定を契機として，子の出生に関与したにすぎず，希望者に比べるとその生殖過程への貢献の程度は相

---

32) Wanitzek, a. a. O. (Fn. 28), S. 285ff.
33) Wanitzek, a. a. O. (Fn. 28), S. 317ff.

対的に小さい。また，精子提供者には，通常は親となる意思はなく，社会的親子関係の構築も期待できない。以上の点に鑑み，子の福祉の観点からも，法律上の父としてより適切な者は，希望者として AID の利用に同意した男性ということになる[34]。

　(e) 法的効果　　親の責任の引き受け及びその基礎づけの観点からすれば，AID への同意は，生物学的・遺伝的親子関係と同じく，法的父子関係を基礎づけるものと言える。生物学的親子関係に相当する AID への同意をもって法的父子関係が基礎づけられる以上，生物学的親子関係の不存在を理由に，法的父子関係を否認することはできない。この発想によれば，AID に同意した希望者に限らず，当事者全員，つまり，子についてもその否認権行使が排除されることになる[35]。

　これに加えて，Wanitzek は，立法論として，BGB1592 条が定める法的父子関係の成立にかかる要件として，現行法上の婚姻，認知，裁判上の確認に加えて，AID への同意に基づく法的父子関係の成立を提言する[36]。

　(f) 小括　　以上のように，見解 α によれば，AID への同意は，自然生殖の場合における生殖行為，あるいは生物学的・遺伝的親子関係と同じく，子の出生に寄与したとして責任を基礎づけるものとされる。

　この考え方は，原因者負担原理（Verursachenprinzip）とされる考え方と通ずるものである。原因者負担原理とは，子の出生に対する責任の観点から，法的父子関係を捉える発想である[37]。子の出生に原因をもたらした者が，子に対して親としての責任を担わなければならない。それゆえ，生物学上の親が，第一次的に子に対して責任を負うべき者とされる[38]。見解 α 及び法的親子関係の基

---

34) Wanitzek, a. a. O. (Fn. 28), S. 293f., und S. 429f. そのうえで，Wanitzek は，希望者である男性が子の法律上の父とされない場合には，精子提供者が法律上の父となるべきと主張する（Wanitzek, a. a. O. (Fn. 28), S. 339ff. und S. 433）。もっとも，見解 α に依拠したとしても，論理必然的に，希望者の男性と精子提供者の法的地位が互換的関係に立つことにはならない。Wanitzek とは異なり，精子提供者に法律上の父としての地位を認めることに否定的な見解を主張していたものとして，Helms, a. a. O. (Fn. 23), S. 21。また，2017 年改正によって，公的精子利用の場合には，精子提供者に対する裁判上の父性確認は制限されている（BGB1600d 条 4 項）。
35) Wanitzek, a. a. O. (Fn. 28), S. 330ff. und S. 432.
36) Wanitzek, a. a. O. (Fn. 28), S. 336ff.
37) Abschlussbericht, a. a. O. (Fn. 26), S. 27.
38) BVerfGE, 108, 82, 100.

礎づけの場面で語られる原因者負担原理は，因果関係のみを問題としているわけではなく，子に対する親の責任の帰属割り当ての基準として説かれている点に留意する必要がある[39]。法律上の親とは子に対する責任を負う者であるところ，子の出生に決定的な寄与をし，親として責任を割り当てられるべき者として，自然生殖の場合における生物学的・遺伝的親と同様，AID に同意した者が観念されている。そこでは，法的親子関係を基礎づけるものとして，(法律上の）親となる意思は考慮されていない。

　以上の理解を踏まえ，Wanitzek は，AID への同意を事実行為と解する。これに対し，論者の多くは，BGB1600 条において AID への同意を要件に否認権行使が排除される旨の規律が設けられたことから，AID への同意により（間接的であっても）父子関係にかかる法的効果が付与される以上，当該同意は当該法律効果に向けられている必要があるとする。それゆえ，AID への同意は意思表示である，あるいは民法上の意思表示に関する規定が類推適用されるとの解釈論が唱えられている[40]。さらに，判例や一部の論者は，AID への同意は，親になる意思・親としての責任を引き受ける意思である点を前面に出した説明をしている。以下では，この見解の具体的内容を取り上げる。

### (3) 見解 β について

　判例や一部の論者は，AID への同意の内容は，親になる意思・親としての責任を引き受ける意思であり，それをもって法的親子関係が基礎づけられるとの見方を示している（見解 β）。そこでの AID への同意の法的性質は，意思表示であるとされる。

　連邦通常裁判所 2015 年 9 月 23 日判決は，AID への同意について，次のように述べている[41]。AID への同意は，意思による行為（Willensakt）により，

---

39) Reuß, a. a. O. (Fn. 28), S. 241ff.
40) Brudenmüller, a. a. O. (Fn. 25), P 12; Andreas Spickhoff, Vaterschaft und Fortpflanzungsmedizin, Die Einwilligung zur künstlichen Befruchtung mittels Samenspende eines Dritten, in Hofer/Klippel/Walter (Hrsg.), Perspektiven des Familienrechts, Festschrift für Dieter Schwab zum 70. Geburtstag, 2005, S. 934.
41) NJW 2015, 3434. この事案では，未婚のカップルが AID により子を授かったが，その後，男性パートナーによる認知等がされず，法律上の父が不存在であった。同判決では AID への同意にかかる意思表示が，第三者 (AID により授かった子) のための契約の締結 (BGB328 条) の申し出とし

親であることの引き受けが問題になっている。その意味では，AIDへの同意は，養子（BGB1741条以下）に類似している。ただし，すでに出生した子についての親の引き受けとしての養子とは異なり，AIDの場合には意思による行為によって子の出生がはじめて実現されるとの相違が認められる。同判決は，「夫が，このような方法〔筆者注――AID〕で，妻による子の出産に寄与する場合には，そうすることで，夫は，自身が子にとって嫡出の父と同様に世話をする意思があることを示している」と述べる。そのうえで，夫によるAIDへの同意は，その内容からして，同意した男性が父としての地位を引き受ける意思があり，それに対応した法的拘束意思（Rechtsbindungswille）が存在しているとする。

　学説上も，AIDへの同意は法律上の父としての責任を引き受ける意思であるとし，かつ，その法的性質を意思表示と解する論者は少なくない[42]。たとえば，Thomas Rauscherは，BGBが定める否認権排除の根拠は，事実として人工授精が行われたことではなく，夫及び妻に負わせる法律上の責任であることから，AIDへの同意は法律上の責任の引き受けに向けられた意思表示であると述べていた[43]。また，前記2015年判決が示された後は，学説においても同判決を支持する立場が多数を占めている[44]。

　そのうえで，AIDへの同意を意思表示と解する論者は，AIDへの同意にかかる意思表示の相手方は，それぞれ夫と妻であり，互いに同意の意思を表示し，相手方が受領している必要があると解する。このような解釈にあたっては，

---

　て，当該契約に基づきAIDに同意した男性パートナーに，子に対する扶養義務が認められた。このほか，AIDへの同意の法的性質について意思表示であるとした裁判例として，OLG Oldenburg FamRZ 2015, 67も参照。
[42] Andreas Roth, Der Ausschluss der Vaterschaftsanfechtung nach Einwilligung in die heterologe Insemination（§1600 Abs. 2 BGB）, DnotZ 2003, S. 805, S. 809f.は，AIDへの同意には，法律上の父の地位に関わる意思でなければならないとする。このほかWellenhofer, a. a. O.（Fn. 21），§1600 Rn. 55.
[43] Thomas Rauscher, in: J. von Staudigers Kommentar zum Bürgerlichen Gesetzbuch mit Einführungsgesetz und Nebengesetzen, Buch4 Familienrecht §§1589-1600d（Abstammung），2011, §1600 Rn. 80.
[44] たとえば，Wellenhoferは，男性は，意思表示により，第三者提供精子により授かった子に対する法律上の父子関係を引き受ける意思を伝えており，その意味においては，AIDへの同意には，養子とパラレルなものと捉えることができるとする（Wellenhofer, a. a. O.（Fn. 21），§1600, Rn. 55）。

BGB1600条が「夫及び母の同意」と定めているとの形式的根拠が挙げられている。もっとも，その背景には，夫と妻が，AIDを実施する準備をし，共同でその出来事の責任を引き受けているとの実質的な理由づけがあると言えよう[45]。

### (4) 意思表示に関する規定の適用について

AIDへの同意の法的性質を踏まえた個別具体的な解釈論を通じて，見解αと見解βの立場の違いをもう少し掘り下げてみたい。以下では，AIDへの同意にかかる行為能力，及び意思欠缺を理由とする取消しの可否に関する解釈論を取り上げる[46]。

(a) 事実行為と解する見解　Wanitzekは，AIDへの同意に自然生殖における生殖と実質的には同じ意義を認めるとする見解αに立脚したうえで，AIDへの同意を事実行為と解する。AIDへの同意は，事実行為のうち，意思と関連するものであるが，そこでの意思は，法律行為またはそれに類似のものに向けられた意思ではなく，自然的・事実的な意思であるとする[47]。それゆえ，AIDへの同意に対しては，意思表示に関する規定，たとえば行為能力や意思表示の欠缺にかかる取消しを定めた規定は，原則適用されない[48]。意思の欠缺が考慮されるとしても，それは例外的な場合に限られる——たとえば，重度の精神障害，年齢が極めて低いといった事情により，当事者が問題となっている対象を実際に制御することができないような場合に，当該事実行為による法的効果は認められないとする。こうしたWanitzekの主張には，意思表示に関す

---

45) Roth, a. a. O. (Fn. 42), S. 810. そのうえで，カップルの一方当事者の同意の効力が否定された場合（たとえば行為無能力である場合）に，他方当事者は否認できるか否かが問題となる。Rothは，AIDへの同意が有効である他方当事者も，法的親子関係を否認できるとする。つまり，AIDへの同意のうち，一方当事者のものが欠けている場合には，BGB1600条が定める否認権の排除という効果は生じないとする。その理由として，夫に行為能力がなかった場合には，妻が法的父子関係を否認することで夫を保護しなければならない点，また法律上は夫及び妻の同意が互いに同等に扱われていることを挙げる（Roth, a. a. O. (Fn. 42), S. 817）。
46) このほかに，撤回についても，AIDへの同意の法的性質を踏まえた解釈論が展開されている。
47) Wanitzekは，法律行為・事実行為の解釈にあたって，Werner Flumeの見解を参照している。たとえば，事実行為のうち，意思に関連するものとして，Werner Flumeが占有取得にかかる占有と占有意思を例に挙げていることを参照している（Wanitzek, a. a. O. (Fn. 28), S. 327f.）。
48) Wanitzek, a. a. O. (Fn. 28), S. 329f.

る規定による取消し可能性が排除されることにより，法律上の父の不存在が回避され，子の福祉に資する帰結が導かれるとの実質的考慮が働いている[49]。

　(b) 意思表示（またはそれに類するもの）と解する見解　　AID への同意を意思表示と解する論者の多くは，AID への同意についても，民法総則における行為能力の規定（BGB105条1項）が適用されるべきとする[50][51]。

　AID への同意を意思表示と捉えたときには，意思欠缺等を理由とした取消しが問題となる。

　かりに AID への同意が意思欠缺等を理由に取り消され，その効力を失ったならば，否認権排除の要件（BGB1600条4項）を満たさなくなり，法的父子関係の否認が可能となる[52]。もっとも，AID への同意を意思表示とみるとしても，意思の欠缺の取消しを定めた民法の総則法上の規定（BGB119条以下）が常に適用されるとは考えられていない。たとえば，詐欺・強迫による取消しは可能であると解されている[53]。さらに，より一般的に，AID への同意にかかる法律上の効果を認識していない場合における取消しの可能性を認めるべきとする論者もいる[54]。他方で，錯誤取消し，とくに，出生した子の肌の色などの身体的特徴や障害に関する認識にかかる錯誤（BGB119条2項）が認められるか否かについては，人間の尊厳（基本法1条1項）・差別禁止（基本法3条2項及び3

---

[49] Wanitzek, a. a. O. (Fn. 28), S. 431ff. これに対して，行為能力に関連する問題として，一定の年齢以上の場合にのみ AID への同意を有効とすべきであるとする論者もいる。AID への同意において行為能力を考慮しないとなると，年齢の低い者（たとえば 6 歳）にも AID 子の父としての地位が基礎づけられてしまう。自然生殖の場合には，生物学的に，当事者が一定程度の年齢であることが前提とされている。たしかに，医師が関与する場合には，年齢が低い者による AID の利用（同意）については，医師の職業法（Standesrecht）において制限することは可能である（Wanitzek, a. a. O. (Fn. 28), S. 330 参照）としても，私的提供（私人間の精子提供）の場合にはそれを考慮することはできない。この点，Wanitzek 自身も自然生殖に対応した年齢を設定することを否定するわけではない（Wanitzek, a. a. O. (Fn. 28), FamRZ 2003, S. 734, Fn. 70）。

[50] Roth, a. a. O. (Fn. 42), S. 811; Spickhoff, a. a. O. (Fn. 40), S. 936; Rauscher, a. a. O. (Fn. 43), §1600, Rn. 81.

[51] この点に関して，Spickhoff は，認知の場合には，行為無能力者が認知できないことを指摘する。他方で，AID への同意について，養子の場合における養親の年齢（25歳または21歳）は適用されないとする（Andreas Spickhoff, Vaterschaft und konsentierte Fremdinsemination, in AcP 197 (1997), S. 417）。

[52] Roth, a. a. O. (Fn. 42), S. 816.

[53] Roth, a. a. O. (Fn. 42), S. 816.

[54] Wellenhofer, a. a. O. (Fn. 21), §1600 Rn. 58.

項）の観点から，否定的な見解が有力である[55]。もっとも，AIDへの同意の時点で一定の条件を満たす特定の精子提供者や精子のみを用いることが前提とされていた場合に，当該条件を満たさない精子が用いられたときには，当該条件を前提とする同意と生殖の間の帰責関係（Zurechnungszusammenhang）が遮断されているとして，取消しを要しないとの見解を唱える論者もいる[56]。

## Ⅲ　ドイツ法の議論の整理と若干の検討

Ⅲでは，これまで取り上げてきた見解α及び見解βの内容を整理し，各見解における，法的親子関係の基礎づけとしての意思・意思的要素の意義を明らかにしたい。

### 1　見解βについての検討
#### (1) 意思による法的親子関係の基礎づけ

見解βによれば，AIDへの同意は，（法律上の）親となる意思により法的親子関係を基礎づけるものであり，かつ，その法的性質は意思表示であるとする。従前の親子関係法においても，認知制度や養子制度において，（法律上の）親となる意思（意思表示）を要件とする法的親子関係の成立が定められている。しかしながら，法的親子関係を基礎づけるものとして想定されているものは，制度ごとに異なる。

#### (2) 認知との比較

認知について，ドイツ法の通説的理解は，法律上の父を引き受けるという意

---

55) Spickhoff, a. a. O. (Fn. 40), S. 939. Rauscher も，同意の射程の問題として処理することを指摘する（ders, a. a. O. (Fn. 43), §1600 Rn. 82）。また，Spickhoff は，AIDへの同意にあたって，母及びそのパートナーが共に強迫されていたり，錯誤に陥っていた場合については，次のような解釈論を提示する。母については，このような場合でも，出産を基準に法的母子関係が認められ（BGB1591条），母に負担が課される。これに対して，法的父子関係の否定が認められるとなると，母のみが負担を担うことになり，また子の利益にも合致しない。そのため，子の母及びそのパートナー双方とも否認権を行使できないとする形で，同等の負担が課されなくてはならないとする（Spickhoff, a. a. O. (Fn. 40), S. 939）。
56) Spickhoff, a. a. O. (Fn. 40), S. 939.

思表示であるとする。もっとも，認知の取消事由は限定的に定められており，錯誤・詐欺・強迫等の意思欠缺を理由とする取消しは認められていない（BGB1598条1項）。認知者が生物学的父子関係が存在すると思って認知したが，実際には生物学的親子関係は存在していなかった場合には，生物学的父子関係の存否に関する動機の錯誤（BGB119条2項）——意思自由の問題——ではなく，生物学的親子関係に基づく身分関係の不当性をただすという意味で，否認の問題（BGB1600条）として処理される[57]。以上の点を踏まえ，見解βを支持する論者は，生物学的親子関係を理由とした取消しの可否と，意思欠缺を理由とする取消しの可否とを，表裏一体のものとして捉えている。そのうえで，認知における意思表示とAIDへの同意との関係は次のように整理されている。つまり，認知において，意思欠缺を理由とした取消しが制限されている（BGB1598条1項）のは，生物学的親子関係の不存在を理由とする否認が認められているからである[58]。他方で，AIDへの同意に関しては，生物学的父子関係の不存在を理由とする否認が制限されている（BGB1600条2項）のであれば，意思欠缺を理由とする取消しは認められるとする。以上のように，認知に基づく法的親子関係は，生物学的・遺伝的親子関係により基礎づけられる法的親子関係の枠組みの中に位置づけられる[59]。これに対して，AIDへの同意に基づく法的親子関係は，「意思」それ自体によって実質的に法的親子関係が基礎づけられていると整理されうる。

### (3) 養子縁組における意思との比較

前記（2）の検討を踏まえると，見解βにおけるAIDへの同意における意思的要素は，養子制度のように，（法律上の）親となる意思それ自体に基づき法的親子関係を基礎づける（創設する）意思に相当するものと位置づけられうる[60]。

もっとも，AIDへの同意が養子制度における意思に相似するものであると

---

[57] Rauscher, a. a. O. (Fn. 43), §1592, Rn. 53.
[58] Eckart Hammermann, in: Erman, Bürgerliches Gesetzbuch Ⅱ , 2017, 15. Aufl., §1600 Rn. 34.
[59] 認知制度における意思の要素には，裁判上の父性確認制度の代替的機能のほか，当事者の意思が関わることで，社会的家族関係の形成が期待されている（これについては，拙稿におけるドイツ法の分析を参照〔拙稿・前掲注13〕法学論叢180巻4号14頁以下〕）。
[60] Wellenhofer, a. a. O. (Fn. 21), §1600 Rn. 55.

しても，養子制度との比較における着眼点は，論者によってさまざまである。

この点について，解釈論・立法論の方針として，AIDへの同意を用いた場合と養子縁組の場合とを，基本的にパラレルな形にすべきだとする見方もある[61]。

他方で，意思表示に関する規定の適用にあたって，AIDを用いた場合と養子縁組の場合とで，相違を強調する論者もいる。養親による申立ての意思表示等にかかる取消事由は，行為無能力，養子縁組の不知・養子となる者についての人違い等，詐欺・強迫に限定されている（BGB1760条）。そのうえで，ある論者は，裁判所における意思の表明を要する裁判宣告型の養子縁組[62]については，法的拘束力（Bestandkraft）が付与されており[63]，それはAIDへの同意に付与されうる法的拘束力よりも高いとする。それゆえ，AIDへの同意にかかる意思の欠缺に対しては，一般的な法律行為論の規定の適用を問題とするべきだと主張する[64]。

これとは異なり，別の論者は，AIDへの同意については，養子縁組にかかる意思とは異なり，意思の欠缺を理由とする取消しは，原則考慮すべきではないとする。養子の場合には，これら意思表示の効力が否定され，養子が認められなくなっても，実親との血族関係が復活する（BGB1764条3項）のに対して，AIDの場合には，取消しが認められることによって，父が不在となる状況が生み出されうる。そのため，子の出生後にAIDの意思表示の取消しは認められるべきではないとする[65]。

(4) 小　括

見解βは，AIDへの同意の意義を，認知制度や養子制度と同様に，「親としての責任を引き受ける意思」「（法律上の）親になる意思」それ自体による法的親子関係の基礎づけに見い出す[66]。もっとも，かりにAIDへの同意が養子縁

---

61) Vgl. Eva Schumann, Elternschaft nach Keimzellspene und Embryoadoption, MedR 2014, 736.
62) ドイツ法における養子縁組は，日本法における普通養子縁組で採られている契約主義から国家宣言主義に移行している（長野・前掲注17）1頁等参照）。
63) Vgl. BT-Drucks. 7/3061, S. 47.
64) Rauscher, a. a. O. (Fn. 43), §1600, Rn. 81a.
65) Brudenmüller, a. a. O. (Fn. 25), P54. 同論稿では，立法論的検討として本文内容が展開されているが，解釈論としても当然に妥当するものと考えられる。

組における意思的要素に相似するものだとしても，意思表示に関する手続や方式のあり方の異同に鑑みれば，当事者の意思にかかる法的拘束力の程度を一義的に捉えることはできない。そのため，AID 子の場合には，その法的親子関係の安定性確保を実効的なものとするために，同意にかかる手続や方式の整備等の立法論的観点を踏まえた検討が不可欠となる。

これに対して，見解 α は，AID への同意を自然生殖における「生殖」と同じ意義を有するものと位置づけることによって，意思的要素を法的親子関係の基礎づけとして考慮しない。次に，この見解 α の立場からの意思的要素の位置づけ，その前提になる生物学的・遺伝的親子関係が持つ意義を確認することとしよう。

## 2 見解 α についての検討
### (1) 見解 α の内容の整理とその特徴
(a) 自然生殖における生殖と AID への同意を同義とする目的　　見解 α は，AID への同意という行為自体が，自然生殖における生殖行為または遺伝関係と同じく，子の出生に寄与し，子の責任を引き受けたことから，法的親子関係が基礎づけられるとする。

見解 α によれば，子に対する責任の観点から，AID への同意は，自然生殖における遺伝的親子関係に相当するものとして位置づけられている。この見解に対しては，AID が用いられた場合を自然生殖における生殖または生物学的・遺伝的親子関係が存在する場合に相当するもの位置づける点を説得的だと評価する論者も少なくない[67]。

では，なぜ，AID により出生した子についても，自然生殖にできるだけ近づける形で法的親子関係を実現することが望ましいと考えられるのか。この問いに答えるためには，自然生殖を念頭においた親子・家族の存在形態を目的論

---

66) ドイツでは，とくに判例を中心に見解 β が支持された背景には，未婚カップルにおいて，AID に同意しながらも AID 子を認知しなかった男性して，親となる「意思」，つまり AID 子の母との間に締結された子の出生・養育に関する「合意」の存在を認めることで，当該男性に対する扶養請求権を可能とするための論理であった点にも配慮する必要がある（前掲注 41）参照）。

67) Helms, a. a. O. (Fn. 23), S. 18; Abschlussbericht, a. a. O. (Fn. 26), S. 57. このほか，Dutta, a. a. O. (Fn. 28), S. 848.

的に捉えなければならない。この点を説明するならば，次のようになろう。つまり，（少なくとも人間における）自然生殖の場合には，男女の生殖子及び男女による生殖行為が必要とされるだけでなく，父母（二人の親）とされる者による安定的な共同養育が期待されている[68]。さらに，そうした二人の親による共同養育を確保することが，子の福祉を（最低限度で）保障するものと考えられている。このように，自然生殖における家族形態は，子のための安定的な養育環境の確保が期待できる原初的形態として措定されている。

(b) 責任の割り当て基準としての，生物学的・遺伝的親子関係の意義　　前記(a)を踏まえると，親子関係にかかる責任の帰属・割り当て基準としての生物学的・遺伝的親子関係には，次のような意義が認められる[69]。生物学的・遺伝的親子関係は，責任の割り当ての基準として，一義的に確定できるものであり，かつ，その変動は想定され得ないものである。こうした一義的で不変的な生物学的・遺伝的親子関係を基準にすることにより，安定的かつ永続的な親子関係の設定が可能となる。たしかに，個別具体的にみると，生物学上の親が子の養育にとって最善の者であることが保障されているわけではない。しかし，生物学的・遺伝的親子関係は，その不変性をもって，子に安定的な養育環境としての最低限の家族形態の提供を可能とする。この点において，生物学的・遺伝的親子関係には，法的親子関係の基礎づけとしての実質的意義が認められる。これに対し，意思的要素は，当事者の関係性や環境によって変動しうるものであり，遺伝的関係・生物的関係に比べて，相対的に，法的親子関係の安定性・確定性を期待できない。以上のように，見解αが，AIDへの同意に自然生殖の場合における生物学的・遺伝的親子関係に相当する実質的意義を見い出すのは，法的親子関係の基礎づけとして生物学的・遺伝的親子関係の形式的妥当性及び実質的意義を前提としているからだと言える。

(2) 見解αの特徴①──意思的要素の位置づけ

見解αについては，AIDへの同意を生物学的親子関係・遺伝上の親子関係

---

[68] この点について，人類学の観点から，脳が発達した人間の子どもを育てるのは大変で，自立に時間がかかるため，人間は本来「共同保育」の動物であると指摘がされている（【時代の証言者】長谷川眞理子（31）進化の謎を探る」読売新聞 2024 年 8 月 22 日朝刊参照）。

[69] トビアス・ヘルムス著・前掲注11) 229 頁以下参照。

に相当するものと位置づけられていることを前提に，AID への同意の意思的側面の扱いが問題となりうる。この点，見解 α を唱える Wanitzek は，AID への同意の法的性質を事実行為と解することで，行為能力や意思欠缺を理由とする意思表示の取消し可能性を排除する。その解釈にあたって，Wanitzek は，AID への同意が「子の出生」に向けられていると説き，親となる意思を考慮の外に置く。そこでは，自然生殖の場合には，親とされる者が生殖意思や親になる意思を常に有しているわけではないとの理解と平仄が合わせられていると推察される（前記Ⅱ2(2)(b)参照）。

### (3) 見解 α の特徴②——前提としての行為規制ルールの存在

見解 α は，希望者である母とそのパートナーの AID への同意をもって，医師及び提供者を巻き込み，子の生殖行為がなされた点において，子の出生への寄与に着目する。この点，Wanitzek が見解 α に関する論稿を執筆した際には，ドイツ連邦医師会が「生殖補助医療に関する指針」（1998 年）を作成していた。それに基づく実務上の運用では，AID の実施にあたっては，AID により第三者提供精子を移植される女性及びその夫の同意を採ることが求められていた。見解 α の論理は，AID の実施条件として，母とそのパートナーの同意が必要である，との行為規制ルールの存在が前提とされていることを確認しておく必要がある[70]。

### (4) 見解 α の批判的検討

(a) 前提としての行為規制ルールの存在　前記 (3) によれば，見解 α の着眼点，つまり AID に同意した男性における子の出生への寄与は，AID への同意が生殖補助医療の実施条件である点に依拠している。もっとも，AID は，「生殖補助医療」の一つとされながらも，子の懐胎・出産を担わないパートナ

---

70) Wanitzek, a. a. O. (Fn. 28), FamRZ 2003, 732f. Wanitzek は，1998 年に公表された連邦医師会の生殖補助医療にかかる指針（Budesärtekammer, Richtlinien zur Durchführung der assistierten Reproduktion, DÄBl 95 (1998), Heft 49 (4.12.1998), A -3166）を参照していた。もっとも，その後 2018 年に作成されたドイツ連邦医師会指針（DÄBl Jg. 115/ Heft 19 v. 11.5.2018, A1ff., Punkt 8.3）では，医師の義務として書面による同意や助言に関する記述はあるものの，その名宛人が精子提供を受ける女性のパートナーとされているかは定かではないとの指摘がある（Wellenhofer, a. a. O. (Fn. 21), §1600, Rn. 56）。

ーにとっては身体への直接的な侵襲行為を伴うものではない。にもかかわらず，AIDの実施要件として希望者カップルの夫の同意を必要とするならば，あらためてその理由を考えてみる必要がある。

　この点，ありうる一つの説得的な説明は，AIDが，生殖子を利用した人工的な生殖という形で，彼らの「生殖」に介入をするものであり，子の出生という帰結をもたらす「生殖」を「補助する医療」とされている，というものである。子を授かりたいと考える男性と女性にとって，生殖補助医療としてAIDを利用する意思は，当該カップルが共同で子を授かり，共同で養育することを目的とした「生殖」（行為）の「補助」に対する同意として捉えられる。AIDに対する同意が，AIDという生殖補助医療の実施要件として必要とされているのは，子を懐胎・出産する女性のパートナーが子に対する養育の責任を引き受ける意図を有していることにより，生殖を補助する医療への介入が正当化されうるからである。以上のことから，AIDへの同意は，当事者が子を授かり，共同で養育すること，つまり子に対する責任の引き受けに向けられていると考えるべきである。

　このようにAIDへの同意が行為規制ルールに依拠するものであり，その意義を踏まえると，AIDへの同意を子の出生「のみ」に向けられたものとする解釈は適当ではないと考えられる。Wanitzekの見解は，「法律上の父不存在」という状態を回避すべきとの実質的考慮を取り込もうとするあまり，行為規制ルールとして措定されているAIDへの同意のうち，責任を引き受けるという意思的側面を意図的に考慮の外に置く。しかし，このような解釈は，行為規制ルールとしてAIDへの同意が必要とされていた本来の趣旨——生殖補助医療の生殖においては，子の出生以後の共同養育も意図されていること——を十分に反映していない。たしかに，AIDへの同意の意義が，行為規制ルールの側面と親子法制ルールの側面とで常に一致していなければならないとする論理必然性は存在しない。しかし，見解αの論理が，AIDへの同意が生殖補助医療の実施条件であることに依拠するものである以上は，生殖補助医療の実施条件（行為規制ルール）としてのAIDへの同意について，その意義を的確に把握する必要がある。とすれば，AIDへの同意について，子を懐胎・出産する女性のパートナーが子に対する養育の責任を引き受ける意図の表明としての側面が看過されてはならないだろう。AIDへの同意自体が子の出生及びその後の（共

同）養育に向けられた意図である以上，AIDに同意した当事者がそうした意図を有していない場合には，当該同意の効力は否定すべきと考えられる。

　(b)　見解αの修正（見解γ）　　ア　AIDへの同意の二面性　　以上の検討を踏まえると，見解αを修正し，AIDへの同意には，次のような二つの側面・意義があるとの考え方（見解γ）が導きだされる。

　つまり，親による意思をもってなされたAIDへの同意は，自然生殖の場合と同様，子の出生に決定的な寄与をもたらすものとして，親の責任の引き受けを基礎づける。AIDへの同意には，行為規制ルールとしてAIDの実施要件であることを根拠に，子の出生の原因を作出した貢献をした（事実上の原因の負担）との側面がまず認められる。

　これに加えて，AIDへの同意には，当事者の親となる意図に関わる側面がある。当事者（子を出生する女性とそのパートナー）がAIDという生殖補助医療を用いるにあたっては，当該両当事者が子を授かり，共同養育する意図が前提となっている。その意味では，親となる意思（子を授かり，養育するとの意図）の有無は，AIDへの同意に不可欠な構成要素である。この当事者における意図（子を授かり，養育することに向けられた意図）の有無は，AIDへの同意の効力及び法的親子関係の成否に影響を与えるものと考えられる。したがって，AIDへの同意について，子の出生・養育にかかる意図を欠く場合には，意思表示の規定を類推適用することが考えられる。

　　イ　見解βとの近接？　　さて，このように見解αを修正し，AIDへの同意の二面性，とくに子を授かり，養育する意図にかかわる意思的要素も積極的に評価するとなると，法的親子関係の基礎づけとして意思それ自体に着目する見解βとの相違は小さくなるようにも思われる。実際，見解γにおいて親となる意図の存否が法的親子関係の成否に影響を与えるとの帰結は，見解βによる帰結とほとんど変わらない。しかしながら，理論的には，見解γと見解βにおいて考慮されうる意思的要素の内容及びその位置づけは，次のように整理できる。見解γでは，行為規制ルール（生殖補助医療の実施要件）の観点から，当事者がAIDに同意する前提・目的として，カップルが共同で親となる意図（子を授かり，養育することに向けられた意図）に着目している。他方で，見解βにおいては，必ずしも，行為規制ルールの存在を前提とすることなく，意思それ自体による法的親子関係の形成・創設が想定されている。この点，判例や学

説の多くが，カップルが互いに出生した子について，「法律上の」親となること＝子に対する責任を引き受ける意思を表示するものと解していることと整合的である。後者の見解βによれば，「法律上の」親となること，つまり法律上の親としての責任の引き受けが意思の内容であり，その意思によって直截的に法的親子関係を基礎づけられる（創設されるもの）と説明され得よう。こうした整理を踏まえる，両者の見解における意思的要素は必ずしも同じではないことを確認しておく。

## Ⅳ　ま　と　め

### 1　各見解の相違に関する整理——見解の背後にある観点・アプローチの違い

本稿では，ドイツ法の議論を踏まえて，AIDへの同意について，大別して，二つの考え方を取り上げ，検討した。一つは，AIDへの同意は，人の生命の発生に寄与することから，自然生殖の場合と同様に，生殖行為または生物学上の親子関係と同等のものと評価すべきであるとの考え方（見解α）である。もう一つは，AIDへの同意は，親であることを引き受ける「意思」であり，この意思（意思表示）に基づいて法的父子関係が基礎づけられるとする考え方（見解β）である。加えて，本稿では，見解αを修正し，AIDへの同意は，子の出生に由来する親としての責任（原因者としての責任の負担）を基礎づける側面に加えて，親として子を出産した女性とともに子を共同養育することに向けられた意図にかかわる側面の二面性を備えているとの考え方（見解γ）もありうることを示した。

これらの見解の相違は，次の二つに整理できる。

第一に，AIDへの同意，とくに提供精子により子を懐胎・出産する女性の"パートナー"の同意に着目するとして，AIDの実施条件としての行為規制ルールの意義を議論の出発点とするか否かである。とりわけ，見解α及び見解γは，AIDの実施条件としての行為規制ルールの存在に依拠するアプローチであると言えよう[71]。

---

71) 行為規制ルールと親子関係ルールの検討の順序について複数の可能性があることを指摘するもの

第二に，第一のアプローチの違いも踏まえつつ，法的親子関係を基礎づける実質的内容として何を措定するか，ということである。法律上の親を子に対する責任として捉えるのであれば，見解の違いは，責任を基礎づけるものとして，事実としての子の出生への寄与とするか，それとも意思それ自体による責任の引き受けとそれに基づく法的親子関係の創設とみるか，という形で現れる。

## 2　法的親子関係の基礎づけ
### (1)　意思的要素の意義
　以上の点を踏まえて，各見解における意思的要素の意義・位置づけに着目して整理すると，次のようになる。見解βでは，法律上の親としての責任を引き受ける意思に着目し，意思それ自体による法的親子関係の形成・創設の問題としてAID子の法的親子関係を捉える。もっとも，AIDへの同意に法的親子関係の成立・創設にかかる意思を見い出すとしても，養子制度におけるそれと完全にパラレルに論じるべきか否かについては，なお慎重な検討が必要である（前記Ⅲ1参照）。

　これに対して，見解αにおいては，AIDへの同意は，子の出生への決定的寄与として同意をしたとの事実的行為としての意義に着目する。子の出生への決定的寄与という点において，AIDへの同意に自然生殖における生物学的・遺伝的親子関係と同様の意義を認めるのであれば，AIDへの同意がもつ実質的意義は，実親子関係法からみて必ずしも異質なものではないということになる[72]。

　もっとも，見解αを修正する見解γによれば，AIDへの同意に，事実的行為としての側面だけでなく，その事実的行為の前提として，子を授かり，養育

---

として，たとえば，窪田充見「家族法――民法を学ぶ (11) 生殖補助医療をめぐる問題――実親子関係をめぐる現代的な問題」法学教室341号33頁以下 (2009)。
[72] 法的親子関係を構成するものとして意思的要素を語る場合には，法的親子関係を実質的に基礎づけるものとしての側面と，法的親子関係の成否の決定・判断において意思的要素が持つ機能・役割の側面を区別する必要があると考えられる。前掲注12) で言及した柳迫による実親子関係における意思的要素に関する分析では，従前の実親子関係法においては，AIDへの同意が「理論的に」異質であるとの指摘がされていたが，その「異質性」は，主として意思的要素の機能・役割面に着目したものと整理できる。この点を踏まえた法的親子関係における構成枠組みの整理は，別稿に譲ることとしたい。

する意図（目的）にかかる側面も考慮される。後者の側面を含めるのであれば，やはり AID への同意は，実親子関係法にとっては異質なものと位置づけられるのだろうか。この点に関連して，意思的側面も考慮に入れることの反射的効果として，生物学的・遺伝的親子関係の意義そのものが変容するのではないか，とのさらなる問題が提起される（後記(2)）。

### (2) 生物学的・遺伝学的親子関係の意義についての再考可能性

ドイツ法における AID への同意の意義に関する検討において，意思的要素の意義に関する考え方の相違のみならず，生物学的親子関係・遺伝的親子関係が有する実質的意義が示されている点も看過すべきではない。とりわけ，見解 α の主張内容を通じて，法的親子関係の基礎づけとしての生物学的親子関係・遺伝的親子関係について，子の出生に対する基礎とそれによる責任の引き受けという実質的意義が明らかにされている。

かりに，見解 β に依拠するとしても，自然生殖については，生物学的・遺伝学的親子関係が法的親子関係を基礎づけるとの捉え方をするのであれば，本文で示したように，生物学的・遺伝的親子関係の意義と子の出生に対する寄与とそれによる責任の引き受けとする捉え方それ自体は否定されないだろう。

他方で，たとえば，見解 γ のように，AID への同意には，自然生殖における生殖と同等の側面があるだけでなく，意思的要素（親になるとの意図）も必要不可欠な構成要素であるとした場合，自然生殖の場合における法的親子関係における意思的要素の位置づけを問い直す可能性が生じている。この点，見解 α では，基本的に，自然生殖の場合に，親による意思は常に存在しているわけではないとされており，遺伝的・生物学的親子関係そのものが責任の帰属・割り当ての基準であるとの前提がとられていた。これに対して，見解 γ によれば，AID への同意において観念されうる意思的要素の存在が，自然生殖の場合にも同様に観念されうるのではないか，とも考えられる。これについては，次の二つの見方が考えられる。

第一は，自然生殖の場合にも，その生殖行為において潜在的に親になる意思が観念できるとの見方である[73]。つまり，自然生殖の場合にも，性行為をする

---

73) このように自然生殖も含めて，生殖自由を前提に，親となる意思が父子関係を基礎づけるとの見

以上は，潜在的・暗黙的に生殖可能性が認識されているのであって，潜在的に親となる意思をもって法的親子関係が基礎づけられるとも考えられる。しかし，この見方については，さらに次のような検討課題がある。まず，このような見方によれば，自然生殖の場合であっても，親としての責任を引き受ける意思を欠いていた場合には，法的父子関係の成立が否定される可能性が認められることになる。この点を踏まえると，当事者が避妊したにもかかわらず妊娠した場合，法的父子関係の否定が認められるか否か，が問題となりうる。また，パートナーとの性行為・生殖行為がない場合の処理も問題となる。たとえば，女性が懐胎するにあたり男性から採取された精子（凍結精子）が用いられた場合である[74]。この場合には，その採取行為の態様や授精の段階等も含めて，男性に生殖する意思が観念できない場合には，遺伝的関係があったとしても，その法的父子関係の帰属が否定されうるとの帰結が導かれうる。

　このように，自然生殖の場合に「親となる意思」を観念するとなると，自然生殖の場合に念頭におかれていた生物学的・遺伝的親子関係による責任の帰属・割り当ての意義，つまり，安定的な法的親子関係・養育環境親の確保への期待それ自体が揺らいでしまう。とすれば，第二の見方として，自然生殖の場合に意思的要素を考慮することなく，遺伝的関係・生物学的関係の意義を従前のまま維持すべきとの考え方を採ることがあり得よう。この整理によれば，AIDへの同意とは，子の出生への決定的な寄与（原因者としての責任の負担）及び，親となる意図の二つの側面を有するものとして，自然生殖の場合における生物学的・遺伝的親子関係とも，養子の場合における意思とも異なる意義を持つものとして位置づけられる。

　たしかに，前述したように，現行の法的親子関係の中核を成す法的安定性の要請に鑑みれば，後者の考え方が穏当であるように思われる。しかし，生殖補助医療や避妊にかかる医療的措置・薬剤の利用の普及に伴い，性行為と生殖の分離が進む[75]中で，自然生殖において想定しうる場面をどこまで堅持できる

---

　　解を唱える論者として，Thilo Ramm がいる。これについては，小池・前掲注17）民商法雑誌132巻6号796頁以下。
74）夫婦の配偶子を用いて作製された凍結受精卵によって，妻が夫に無断で子を懐胎・出産した事案について，大阪家判令和元・11・28平成28年（家ホ）568号／平成29年（家ホ）272号判例集未搭載。

かについては，引き続き検討する必要がある。

### (3) 本稿の意義と今後の課題

　本稿では，AIDへの同意の検討を通じて，意思的要素の具体的内容・実質的意義を明らかにすることを試みた。その検討対象は主としてドイツ法の議論であったが，検討から得られた示唆は日本法の考察にも大いに役立つものと考えられる。また，こうした判断枠組み・アプローチの相違は，AIDへの同意の効力や，否認権制限の要件（たとえば，否認権者である夫及び妻の否認権排除にあたって，相手方の同意は要件となるか否か等）を検討するにあたって，解釈指針の一つとなりうることが考えられる。もっとも，これら意思的要素の意義・捉え方の違いが，AIDを用いた場合における個別具体的問題にかかる帰結の相違にただちに結びつくわけではなく，問題の場面ごとにさらなる検討がもとめられる[76]。

---

75) エリザベス・ブレイク・最小の結婚（白澤社，2019）119頁以下等も参照。
76) 以下では，（ⅰ）AIDへの同意の方式，（ⅱ）AID子の法的親子関係に関する規律の位置，（ⅲ）精子提供者の地位について，議論の大枠を確認する意味も込めて，整理しておく。
　（ⅰ）AIDへの同意の方式
　　AIDに同意した夫及び妻の否認権を排除する規定（BGB1600条）を設けるにあたり，同規定の立法時には，意図的に，方式強制が規定されないとの決定がされた。これは，BGB1600条4項の規律の目的は子の包括的な保護にあるところ，方式を定めてしまうと，意図的に方式違反・方式を無視することで，親がBGB1600条4項を潜脱することができると考えられたことによる（BT-Drucks, 14/2096, S. 10. また，Spickhoff, a. a. O.（Fn. 40）, S. 935）。これに対して，見解βの論者からは，立法論として，AIDへの同意に，一定の方式を設けるべきと主張されている（Roth, a. a. O.（Fn. 42）, S. 812f.）。たとえば，養子にかかる意思表示には，公証人による認証が必要とされている（BGB1752条第2文）。ドイツ法において，公証人による認証が必要とされているのには，主に次の役割があるとされる（Vgl. Spickhoff, a. a. O.（Fn. 40）, S. 935）。第一は，証明手段を担保するものとして，いかなる内容を伴うものかを明らかにし，証明することである。証明手段としては，書面によるなどで担保することもあり得よう。第二は，行為にかかるリスクを当事者に認識させ，判断の影響や真剣さを意識させることである（警告及び熟考の保護）。そのために，公証人が法的な助言や教示をすることが求められるとする（なお，こうした観点に関連して，拙稿「任意認知者における認知無効・取消し」法律時報81巻11号71頁以下（2015）では方式の観点から，認知及びAIDの意思的要素に基づく法的親子関係を検討している）。では，見解αに依拠した場合，AIDへの同意の方式はどのように考えられるのか。この点については，自然生殖の場合には，書式は当然のこと，他者による助言や教示がなされるわけではない。とすれば，自然生殖の場合の生殖とAIDへの同意を等値する見方によれば，一見すると，AIDへの同意に方式の要請を課すことは一貫していないようにも思われる（Brudermüller, a. a. O.（Fn. 25）, S. 55）。しかし，実際のところ，見解αに立つWanitzekも，立法論として，AIDへの同意について方式に関する規律を設けるべき

この点，本稿での検討作業は，AIDを用いた場合における法的親子関係を捉える枠組み・アプローチを整理したにすぎず，各見解の妥当性・相当性に関する評価にまで踏み込むことはできていない。こうした検討をさらに前へと進めるためには，養子制度との比較検討のほか，AIDの行為規制ルールに関する視点を取り入れることも不可欠である。とりわけ，後者については，ドイツで議論されているように同性カップルにおける私的な精子提供の利用実態も考

---

との提言をしている。AIDへの同意を自然生殖の場合と同義のものとして位置づけたとしても，AIDの方式を要する意義として，AIDへの同意にかかる証明手段を担保することの必要性は異ならない。また，AIDの効果についての助言により，当事者を保護することも必要であるとされる（Wanitzek, a. a. O. (Fn. 28), S. 338）。

（ⅱ）AID子の法的親子関係に関する規律の位置

　次に，AIDを用いた場合における法的父子関係の規律をどのように定めるか，が問題となりうる。具体的には，AID子の法的親子関係を実親子関係法の一連の規定のなかに位置づけるか，実子法とは異なる規律として独立に設けるか，が問題となる。また，（解釈論・立法論として）AIDへの同意を要件として，直截的に法的親子関係の成立が認められるとなると，婚姻や認知に基づく法的父子関係の成立との優先関係も問題となりうる。見解αによれば，AIDへの同意は自然生殖における生物学的・遺伝的親子関係と同義とされている。もっとも，自然生殖の場合には，法的父子関係の成立（第一次的設定）の基準は婚姻や認知であり，生物学的・遺伝的関係が直接的に考慮されるわけではない。とすれば，AIDを用いた場合についても，嫡出推定や認知により法的親子関係が基礎づけられない場合にはじめて，AIDへの同意を要件とした法的父子関係の成立が考慮されうるとの立法論的解釈が示されている（Helms, a. a. O. (Fn. 23), S. 18ff.）。他方で，見解βによるとしても，子の出生時にAIDの利用を明らかにすべきではないとの政策的考慮から，AID子にかかる法的父子関係の成否を嫡出推定・認知にかかる実親子関係法に委ねるとする余地は十分考えられる。その意味では，法的親子関係を実質的基礎づけるものについての考え方の違いが，ただちに，法的父子関係の規律のあり方を既定するわけではない。

（ⅲ）精子提供者の地位

　最後に，精子提供者の法的地位についても触れておこう。ドイツ法の議論においては，見解αだけでなく，見解βにおいても，子の出生時に，AIDに同意した者を直接的に法律上の親とすることが想定されているようである。換言すると，見解βにおいても，養子の場合とパラレルに，まずは精子提供者が法律上の父となり，意思によって，その法的親子関係が変動するという法的構成が想定されているわけではない。その背景には，精子提供者の地位に関して，生殖補助医療としてAIDが行われる場合には，匿名の精子提供者を子の出生時における法律上の親と設定するのは実際的ではないとの実質的考慮が働いているものと推察される。こうした実質的考慮とは別に，法的構成に着目すると，次のように整理できる。養子と類似の法的構成を採るのであれば，精子提供者（実親に相当）とAIDに同意した者（養親に相当）との法的地位は択一的関係に立つ。これに対し，子の出生時にただちにAIDに同意した者に法律上の父としての地位を付与するとの法的構成によれば，AIDに同意した者が法律上の父とならない場合であっても，必然的に精子提供者が法律上の父となるわけではない。後者では，AIDに同意した者との法的地位は別個に判断される。精子提供者の地位をどのように定めるかは，法律上の父を確保する必要性のみならず，AIDを用いた場合にかかる政策的考慮（精子提供者の確保）を踏まえた判断が別途必要になる。

慮すると，私的利用と公的利用の区別の是非，公的利用＝生殖補助医療としての意義を再検討する作業も必要になってくる[77]。これらについては，今後の検討課題として，引き続き取り組んでいくこととしたい。

---

[77] Abschlussbericht, a. a. O. (Fn. 26), S. 54.

# 実親子法の再構築か再創設か

羽 生 香 織

 I　は じ め に
 II　これまでの 50 年
 III　親子関係の平等と真実
 IV　これからの 50 年
 V　お わ り に

## I　は じ め に

　1804 年に制定されたフランス民法典（ナポレオン法典。以下，「1804 年法」という）は，この 200 年間にどのような進化を遂げたのか。家族法（実親子法）分野は 20 世紀後半のカルボニエ改革により〈当為から存在の承認へ〉という方向へ大転換したと評される[1]。

　フランス実親子法は，2022 年，カルボニエが主導した 1972 年 1 月 3 日の法律第 3 号（以下，「1972 年法」という）による全面的改正から 50 年を迎えた（ナポレオン法典から 220 年）。この 50 年間に親子関係法はいかなる変容を遂げたのか。フランスの家族法関連の裁判例や論文を掲載する雑誌 DROIT DE LA FAMILLE（2022 年 6 月の 6 号）では，50 年の節目を記念して"La loi du 3 janvier 1972 a 50 ans"と題する特集が組まれた。1972 年以降も社会や家族の変化に応じて親子関係に関する個別的な改正が行われてきた一方で，これによって法の一貫性やバランスを欠く状況に陥っているのではないかと否定的な評価もみられる[2]。親子関係をどのように理解するかについて，混迷が深まっている印象である。そこで，本稿では，この特集記事を紹介しながら，将来的に同

---

[1]　水野紀子「家族」北村一郎編・フランス民法典の 200 年（有斐閣，2006）171 頁。
[2]　Hugues Fulchiron, *Un bel anniversaire en droit de la filiation*, Dr. Fam., n° 6, 2022, p. 12.

様の状況に直面するであろう（既に直面しつつある）日本の実親子法への示唆を得たい。

## II これまでの50年

### 1 ナポレオン法典

1804年法は，市民革命期に表明された子の人間的尊厳＝平等化の理念を否定して確立された[3]。①(i)嫡出子と自然子（非嫡出子）の間の厳然たる格差，(ii)単純自然子（互いに，また第三者とも婚姻していない父母から生まれた子）と姦生子（父母の一方が第三者と婚姻関係にあった子）・近親子（婚姻を禁止された近親関係にある父母から生まれた子）とのいっそうの差別，②(i)嫡出親子関係の強力な推定と否認の訴えの原則的禁止，(ii)自然親子関係の法的確認に対する著しい制約，を構造上の基本的特徴としてきた[4]。

嫡出親子関係に関して，「婚姻中に懐胎された子は，夫を父とする」（1804年法312条前段）とし，夫による嫡出否認は極めて限定的な場合にのみ認められ（同312条後段〜315条），いずれの場合にも，原則として，出生から1か月以内に嫡出否認の訴えを提起しなければならない（同316条）。ただし，嫡出親子関係は，出生証書と身分占有により立証され（同319条以下），両者の一致によって争い得ないものとなる（同322条）。他方，自然親子関係に関して，認知は姦生子と近親子について効力を生じず（同335条），父の捜索（認知の訴え）はすべての自然子について禁止された（同340条1項）。

このように，法制度上，嫡出子＞単純自然子＞姦生子・近親子とする構造が存在していた[5]。その背景には，親子関係法が法律婚主義を堅持し，婚姻の尊重を起点として構築されたことにある[6]。その後，19世紀末以降，立法による自然子の地位の向上により，ナポレオン法典が強制した家族モデル〈離婚しない夫婦とその間の子によって形成される婚姻家族〉という「当為」の関係は崩れていく[7]。その一例が，1912年11月16日の法律による，単純自然子につい

---

3) 稲本洋之助・フランスの家族法（東京大学出版会，1985）58頁。
4) 稲本・前掲注3）57頁。
5) 稲本・前掲注3）61頁。
6) 同上。

て，父の捜索（認知の訴え）を一定の場合に限り認める（開始事由と不受理事由の列挙）等の法改正である。

## 2　1972年法

パリ大学法学部教授のジャン・カルボニエは，1972年の親子関係法改正草案の起草者である。親子関係のみならず，後見に関する1964年12月14日の法律第1203号，夫婦財産制に関する1965年7月13日の法律第570号，成年および法律によって保護される無能力者に関する1968年1月3日の法律第5号，親権に関する1970年6月4日の法律第459号，離婚に関する1975年7月11日の法律第617号など，家族法のほぼすべての分野の改正草案を起草した[8]。

第2次大戦後，家父長的家族観に基づく家族法の改正が急務であったことから，カルボニエの個人的イニシアティヴの下で家族法の全面的な改正作業が進められることとなった[9]。カルボニエは，政府から改正草案の起草を委託された後，法社会学的調査データをもとに改正の大綱を策定し，草案を起草した。そして，政府は，これを内容上の修正を施すことなく法案として採用し，議会に付託した[10]。一連のカルボニエ改革によって，1804年法の婚姻家族モデルは崩壊した[11]。

カルボニエが一連の改正の基礎に据えたのは，平等（男性と女性の平等，嫡出子と自然子の平等）と自由（家族の多様性の尊重）であり，1972年法は，親子関係の「平等と真実」を志向した[12]。嫡出家族という当為の制度から，その当為と異なる家族の存在を承認すること，いわば「当為の家族」から「存在の家族」の承認へという方向性が指摘されている[13]。

---

7) 水野・前掲注1) 162頁，171頁。
8) 稲本・前掲注3) 65頁。
9) 滝沢正・フランス法〔第4版〕（三省堂，2010) 297頁。
10) 稲本・前掲注3) 65頁。
11) 水野・前掲注1) 162頁。
12) Hugues Fulchiron, *La loi du 3 janvier 1972 sur la filiation : quell héritage?*, Dr. Fam., n° 7, 2022, p. 14. Jean-Jacques Lemouland, *1972-2022. Et maintenant?*, Dr. Fam., n° 11, 2022, p. 27.
13) 水野・前掲注1) 163頁，171頁。

## III 親子関係の平等と真実

### 1 親子関係の平等

親子関係における平等として，親子関係の確立に関する平等と親子関係の効果に関する平等とがある。

親子関係の確立に関する平等として，1972年法は，自然子については，姦生子と近親子の親子関係を自由に確立することができる[14]として，本質的な平等を達成したといえよう[15]。嫡出子と自然子について，1972年法は，父子関係・母子関係ともに親子関係の確立方法の区別を維持した。その後，2005年7月4日オルドナンス第759号（以下，「2005年法」という）は，子の出生に関係なく（父母の婚姻関係とは無関係に）子の身分を共通の規定に基づいて規定するため，①「嫡出子／自然子」という表現を廃止した上で，嫡出親子関係と自然親子関係の区別を撤廃し，②母子関係の確立方法を統一し（出生証書における母としての記載），③身分占有の定義と要件を明確化し，④裁判による親子関係の確立方法を簡素化し・明確化した[16]。なお，①について，親子関係の確立に関する平等という観点から，嫡出父子関係と自然父子関係の区別は残されており，将来的には，子の出生の状況に関係なく，すべての子に同一の父子関係の確立方法を認めるかが問題となるであろうとの指摘がある[17]。

親子関係の効果に関する平等として，1972年法は「自然子は，その父母との関係において，一般的に嫡出子と同一の権利および同一の義務を有する（1972年法334条1項）」と定め，すべての子の平等を実現した。これにより，自然子はその父母の血族との血族関係が認められ（「自然子は，その親の家族に入る（同334条2項）」），相続法上も父母の相続において嫡出子と同一の権利を有する（同757条）とした。そして，2005年法は，「嫡出子／自然子」という表現を廃止した。

---

[14] ただし，近親子については，その父母の一方（多くは母）とのみ親子関係が確立できたにすぎず，他方との親子関係の確立は禁じられた。

[15] Fulchiron, *supra* note 12, at 14.

[16] 羽生香織「親子――親子関係の改正に関する2005年7月4日オルドナンス第759号」日仏法学24号119頁（2007）。

[17] Fulchiron, *supra* note 12, at 14.

## 2　親子関係の真実

1972 年法は，親子関係の真実を追求した。ここでの真実とは，生物学的真実および社会学的真実を指す。両者は様々に組み合わさり補完し合いながら均衡を保っている。

親子関係における真実に関して，法律は，科学の進歩（親子鑑定）を考慮して，一方で生物学的真実への関心を高めつつ，他方で社会学的真実を考慮することで，家庭の平和や社会秩序を守ろうとした[18]。

1972 年法は，嫡出親子関係においては，父子関係の蓋然性が高い場合に限り父性の推定が及ぶとしつつ，否認の要件を緩和することで，親子関係における生物学的真実を追求した。他方で，1972 年法は，生物学的に虚偽の父子関係であるとしても，出生証書と合致する身分占有（possession d'état）[19]を有する子の親子関係を争うことはできないとして，生物学的真実と社会的真実との均衡を保ちながら，親子関係の真実を追求した（1972 年法 334 条の 9，同 322 条 2 項）。しかし，破棄院は，1972 年法 334 条の 9 の反対解釈[20]および同 322 条 2 項の反対解釈[21]を認め，出生証書と身分占有が不一致であるとき，その子の父子関係を争うことができるとして，両者の均衡を崩した[22]。

自然親子関係においては，1982 年 6 月 25 日の法律第 536 号（以下，「1982 年法」という）が，身分占有による自然親子関係の確立を認めたことが挙げられる（1982 年法 334 条。1804 年法および 1972 年法では，嫡出親子関係についてのみ身分占有による確立を認めていた）。1982 年法は，親子関係の確立に関する平等の側面を有するのみならず，子を社会的真実を有する親と結びつけようとした点において，親子関係の真実を追求しようとしたと評することができる。

---

18) Fulchiron, *supra* note 12, at 15.
19) 身分占有とは，親子関係の法律上の推定であり，親子としての社会的実態（社会的真実）を示す徴表（処遇，世評，氏）から，子とその身分占有を有する者との間の親子関係を推定するフランスの伝統的法理である（2005 年法 311-1 条）。詳細は，吉澤香織「フランス親子関係法における生物学的真実へのアクセス」一橋法学 4 巻 2 号 544 頁（2005），羽生香織「実親子関係確定における真実主義の限界」一橋法学 7 巻 3 号 1018 頁（2008）参照。
20) Civ. 1re, 9 juin 1976, Bull. civ. I, n° 211. 詳細は，吉澤・前掲注 19) 544 頁参照。
21) Civ. 1re, 27 fév. 1985, Bull. civ. I, n° 76. 詳細は，吉澤・前掲注 19) 544 頁参照。
22) Fulchiron, *supra* note 12, at 15.

### 3 安定性の要請

2005年法は，1972年法が目指した「平等と真実」に，「安定性」を付け加えた。科学の進歩により生物学的真実という意味での真実の親子関係を立証することが可能になったことが背景にある[23]。特に，2000年に，破棄院が「親子関係につき科学的鑑定を行うことは理由がある」と判示した結果，裁判による親子関係の確立における親子鑑定の実施は当然のこととなった[24]。これにより，裁判官も当事者も生物学的真実という意味での真実の親子関係を確実に立証するための法的手段を手に入れたのである[25]。

とはいえ，単純に生物学的真実の追及に傾斜することはなかった[26]。2005年法は，身分証書に合致する身分占有を有する子の親子関係を争う訴えの提訴期間を5年として（333条），生物学的真実の追及を制限した[27]。法律は，時の経過により，生物学的真実への道を閉ざした[28]。

このように，身分占有を用いながら，生物学的真実と社会的真実を調整し，現在のところ両者の均衡は保たれているといえよう。しかし，子どもの利益を全面的に優先した場合，この均衡は持ちこたえることができるのだろうかとの指摘がある[29]。

つまり，従前の親子関係は，異性カップルにおいて自然生殖により子をもうける場合（あるいは，男女間でなされる伝統的な婚姻）をモデルとしていた。実親子法自体に血縁と異なる親子関係が一定の割合で含まれることを前提としながら，親子鑑定技術を利用する場合と封印すべき場合を考えた制度設計がなされていた[30]。しかし，生殖補助医療技術の進歩により，従前とは異なる親子関係モデルが出現し，また，親子関係における生物学的真実へのアクセスは容易になっている。

---

23) Lemouland, op. cit., p. 27.
24) Civ. 1re, 28 mars 2000, Bull. civ. I, n° 103.
25) Fulchiron, *supra* note 12, at 15.
26) Lemouland, op. cit., p. 28.
27) 羽生・前掲注19) 1051頁。
28) Fulchiron, *supra* note 12, at 15.
29) Fulchiron, *supra* note 12, at 15.
30) 水野・前掲注1) 172頁。

## Ⅳ　これからの50年

### 1　自然（la nature）の模倣の限界

　異性カップルの自然生殖に基づく実親子法は，現在，疑問視されるようになり[31]，社会的な期待に応えようとするあまりその一貫性・明瞭性を失ってしまう危険性をはらんでいる[32]。

　その背景には，生殖補助医療の発展と同性婚の承認という，子の誕生を取り巻く状況の変化がある。一つは，生殖補助医療の発展である。1994年生命倫理3法により，生殖補助医療は法規制の下に置かれた。1994年7月29日の法律第653号は，生殖補助医療により出生した子の親子関係について，民法典に特則を設けた（ただし，生殖補助医療を利用することができるのは異性〔男女〕のカップルに限定され，同性カップルおよび単身者は生殖補助医療を利用することはできないとされた。また，代理懐胎も禁止された）。

　もう一つは，同性婚の承認である。2013年5月17日の法律第404号は，同性婚を承認した。同性カップルに開放された婚姻は，異性カップルと同一の婚姻制度であり，原則として，同一の婚姻の効果を生じさせるものである。ただし，婚姻の効果のうち，親子関係については同一ではない[33]。すなわち，同性カップルは，異性カップルと同様に，共同で養子縁組を利用することができる。他方で，同性カップルには，実親子法は適用されない（婚姻の効果としての父性の推定が及ばない）とし，生殖補助医療に関しては，同性カップルの利用を認めないという立場が維持された。

　1972年法が前提とした婚姻モデル（1人の男性と1人の女性が結合する）とそれに基づく親子関係モデル（異性カップルが自然生殖により子をなす）は，親子関係の確立における自然（la nature）の存在を認める[34]。それによって，自然に由来する実親子と自然に由来しない養親子（養子縁組）が二元的に承認される。

---

31) Fulchiron, *supra* note 12, at 16.
32) Fulchiron, *supra* note 12, at 13. Lemouland, op. cit., p. 29.
33) 大島梨沙「同性婚の承認——同性の者から成るカップルに婚姻を開放する2013年5月17日の法律」日仏法学28号161頁（2015）。
34) Guillaume Kessler, *Le fondement biologique de la filiation : entre déclin et renouveau, Étude comparée France - Amérique du Nord*, Dr. Fam., n° 7, 2022, p. 21.

したがって，異性（男女）カップルにのみ生殖補助医療の利用を限定し，それにより出生した子の親子関係について，自然に由来する実親子をモデルとしたことは，自然の模倣であったといえる[35]。そして，同性婚の承認は，伝統的な親子関係や家族の概念に対する攻撃ともみなしうる[36]。しかし，同性カップルに生殖補助医療の利用を承認しなかったことから，実親子法は依然として自然の存在に由来しており，親であることの根拠の一つに生物学的要素（la biologie）の存在を認めることができる。

　このように，生殖補助医療により出生した子の親子関係については，自然を模倣することで，親としての地位を認めることができた。しかし，近時の，両親の性別や人数に関わらず親子関係を確立したいという要求や親になりたいという願望に対しては，現行の実親子法では対応することができない[37]。現行の実親子法のシステムに統合することができない，つまり，自然を模倣することができないからだ。

## 2　「存在の家族」のさらなる承認

　2021年8月2日の法律第1017号（以下，「2021年法」という）は，第三者からの配偶子または胚の提供による生殖補助医療の利用を，女性カップルと単身女性に認めた[38]。とりわけ，女性カップルが生殖補助医療を利用した場合の親子関係について，分娩した女性に対しては分娩の事実により親子関係が確立される（342-11条。出生証書への母としての記載，311-25条），非分娩者に対しては，女性カップルが，生殖補助医療の利用に先立ち，公証人の面前で共同認知を行うことで，その効果により親子関係が確立される（342-11条）。

　共同認知は特別な親子関係の確立方法である。共同認知によって女性カップル双方に子との親子関係が確立する訳ではない。共同認知は，非分娩者と子との親子関係を確立するという限定的な効力しか有しない。また，異性カップル間に出生した子との親子関係の確立方法を何ら変更するものでもなく（共同認

---

[35] Lemouland, op. cit., p. 30.
[36] Lemouland, op. cit., p. 28.
[37] Lemouland, op. cit., p. 30.
[38] 齋藤哲志「生殖補助・親子関係——生命倫理に関する2021年8月2日の法律第1017号」日仏法学32号171頁（2023）。

知によらない），依然として自然を模倣するものである。2021 年法により，実親子法には，従前の規定と新規の規定とが混在することとなった[39]。

他方で，民法典第 7 章「親子関係」において生殖補助医療により出生した子の親子関係に関する規定が置かれたこと，親子関係の確立方法に関する一般規定において，法律の効果（父性の推定），認知，身分占有と同列に共同認知が扱われていること（310-1 条）から[40]，現行の実親子法の枠組みへの統合を意図するとも考えられる（実際に，共同「承認」ではなく共同「認知」という語句が使用されている[41]）。2021 年法の成立過程においても，女性カップル間に出生した親子関係の確立方法を異性カップル間に出生した子と同一にすべきだとする主張もあった[42]。親子関係の確立に関する平等の観点からは，子の出生の状況に関係なく，すべての子に同一の親子関係の確立方法を認めるべきであり，子の出生の状況に応じて親子関係の確立方法が異なることは差別的であるという（しかし，この主張は，出生した子同士の平等の問題なのか，親になろうとする者同士の平等の問題なのかとの指摘がある[43]）。

では，既に「存在する家族」に法律を適応させればよいのだろうか[44]。現行の実親子法は，1972 年法が前提とした婚姻モデルとそれに基づく親子関係モデルを前提としており，親子関係は，生物学的要素（la biologie），意思的要素（la volonté），経験則（le vécu）の 3 要素により構成される[45]。女性カップルによる共同認知は，生物学的要素が存在しないことが明らかである者と子との間に親子関係を確立させる特別の方法である[46]ところ，既存のモデルには該当しない。もはや自然を模倣する余地がないともいえる。したがって，2021 年法は，婚姻関係にある女性カップルの非分娩者に対して，婚姻の効果としての父性の推定を及ぼすことを回避した[47]。また，身分占有は生物学的要素を立証

---

[39] Lemouland, op. cit., p. 30.
[40] Lemouland, op. cit., p. 30.
[41] Fulchiron, *supra* note 12, at 16.
[42] Fulchiron, *supra* note 12, at 14.
[43] Fulchiron, *supra* note 12, at 14.
[44] Lemouland, op. cit., p. 28.
[45] Fulchiron, *supra* note 12, at 13.
[46] Kessler, op. cit., p. 22.
[47] Fulchiron, *supra* note 12, at 16.

する手段であるところ，破棄院は，女性カップルが身分占有によりこの親子関係を確立する可能性を否定した[48]。

この難題に対しては，自然に由来しない養親子関係（養子縁組）には生物学的要素が存在しないことと同様に，実親子法が生殖補助医療により出生した子の親子関係を取り込んだ以上，実親子法は生物学的要素の真偽を問わず親子関係を確立する仕組みとなったのではないかとも指摘される[49]。

### 3　意思的要素（la volonté）への純化

2021 年法は，性別と生殖を分離させ，父子関係と母子関係という概念そのものに疑問を投げかけた[50]。

端的に言えば，親であることと生物学的要素は一致しない。親子関係における生物学的要素の再考が必要となる。

2021 年法により，生殖補助医療の目的は，その利用を希望する者の「親になる計画（project parental）」[51] に応えることであると定められた（公衆衛生法 2141-2 条）。とすれば，独身であろうと，異性カップルであろうと，同性カップルであろうと，生殖補助医療により出生した子の親子関係は，「親になる計画」を示した者（すなわちその子の親）がその子に対して行った契約（親になる意思の表示）により確立される[52]。さらに，生殖補助医療の利用により，子の誕生に関与する者（あるいは子のアイデンティティーを形成する者）は 2 人にとどまらず，3 人・4 人・5 人……となる。「親」となる候補者が多数存在する中で，「父」または「親」とは子との生物学的なつながりを有する者というよりもむしろ，母とともに「親になる計画」を作成した者であるといえる[53]（したがって，子との生物学的なつながりを有する親という地位は，子の出自を知る権利が行使される場面で限定的に用いられる[54]）。また，「親」とは，父や母という性別に基づ

---

48) Civ. 1re, 7 mars 2018, *Dr. Fam.*, n° 5, 2018, p. 33 (Caroline Azar, Nathalie Couzigou-Suhas, Marion Gardin, Élodie Mulon, *Droit de la filiation : quelles difficultés pour les professionnels?*, *Dr. Fam.*, n° 7, 2022, p. 19).
49) Fulchiron, *supra* note 12, at 16.
50) Fulchiron, *supra* note 12, at 16. Lemouland, op. cit., p. 28.
51) 奈良詩織「フランスの生命倫理に関する法律の改正」外国の立法 291 号 61 頁（2022）。
52) Lemouland, op. cit., p. 30.
53) Fulchiron, *supra* note 12, at 16.

く概念ではなく，中立的な概念を意図して用いられている[55]。このような「親」の新たな概念は，親子関係の構成要素に再考を求めるものである。

　その方向性として，親子関係の確立における生物学的要素を排除し，意思的要素のみに基づくとすることが考察されている[56]。親子関係の確立において，カップルの法的地位・性別・生殖を問わないとすれば，生物学的要素は意義を失い，その結果，意思的要素に純化される[57]。現行法の親子関係の確立方法である法律の効果（父性の推定），認知，身分占有はいずれも意思的要素を含むものであり，意思的要素は実親子法において既に大きな地位を占めている。したがって，意思的要素は親子関係の確立方法として必要十分条件となり得る。

　意思的要素を唯一の親子関係の根拠としたならば，将来的に，婚姻に基づく父性の推定は廃止され，夫が子を任意認知することが要求されることになるかもしれない[58]。この方向性は既に現れていて，2009年1月16日の法律第61号は，妻が出産した子について父性の推定が排除される場合には，裁判によって父性の推定を回復することなく，あるいは子が父に対する身分占有を有することなく，夫はその子を認知することができるとした（315条，316条）。

　しかし，親子関係を意思的要素のみに純化することはできないだろう。なぜ子の親子関係の確立が親の意思（個人の意思）に左右されなければならないのかという疑問に答えることができないからである[59]。また，意思に基づかない親子関係の確立を強制することができなくなってしまう。

## V　お わ り に

　これまでの50年は，親子関係の確立における生物学的要素の占める地位の増大とその抑制が課題であった。これに対し，これからの50年は，親子関係の確立における生物学的要素の不存在とそれに代わる意思的要素への期待，そ

---

54)　Kessler, op. cit., p. 23.
55)　Kessler, op. cit., p. 22.
56)　Fulchiron, *supra* note 12, at 13. Lemouland, op. cit., p. 30.
57)　Lemouland, op. cit., p. 28.
58)　Lemouland, op. cit., p. 28.
59)　Lemouland, op. cit., p. 31.

して実親子関係法の再考が課題となる。

　2021年法による二重の母子関係の確立の承認は，性別と生殖を分離させ，現行の実親子法の枠組みが既存の婚姻モデル・親子関係モデルのままであることを明らかにし，もはや自然を模倣することができなくなった。論者において，実親子法の再考が必要であることの認識は共有されているものの，他方で，出生子の多くは男女間の自然生殖により出生していること[60]，生殖補助医療により出生した子の多くは，依頼したカップルの配偶子が用いられていること（生殖補助医療により出生した子の95％。したがって，提供配偶子の利用は少ない）[61] から，現行の実親子法を根本から見直す必要があるほどの困難は生じていないのではないか[62]，あるいは例外的な事例を起点として現行の実親子法を見直すのではなく，むしろ現行の実親子法において例外的事例にも適応できる余地を設けるべきなのではないか[63] という苦悩もうかがえる。

　法律には，その国や社会における親子や家族のあり方に対する考え方が反映されている。法が定めるところにより確立される親子関係は，親子関係を構成する3要素——生物学的つながり，意思的つながり，経験則——のみならず，子の利益等の諸利益を調整したものである。新しい現象を既存の枠組みに統合するのか，新たな枠組みを創設するのか，フランス実親子法における議論は，性別と生殖の分離に直面しつつある日本実親子法に大きな示唆を与えるものである。

---

60) Fulchiron, *supra* note 12, at 16.
61) Lemouland, op. cit., p. 30.
62) Lemouland, op. cit., p. 30.
63) Fulchiron, *supra* note 12, at 16.

# 子どもの医療における「同意」に関する基礎的検討

米 村 滋 人

I　はじめに
II　問題状況の概観と予備的考察
III　契約締結権限と親権の機能
IV　医療行為同意の権限と親権の機能
V　結びに代えて


## I　はじめに

　今日では，一般に医療行為をなすにあたっては，患者の同意を得る必要があるとされる。それでは，患者が子ども（未成年者）[1]であった場合，同意は誰がどのような権限に基づいて行うことになるのだろうか。あるいは，そもそもその場合に同意は不要になるのだろうか。この問題は，子どもに対する医療行為の正当化要件に関わる極めて重要な問題であるが，それにもかかわらず，これまで活発に議論されてきたわけではなく，医療実務においても曖昧な運用がされてきた。本稿は，この点に関する検討を行うことを目的とする。

　筆者は，かつて公表した別稿（以下，「前稿」という）において，医療ネグレクトの事案に着目する形でこの点を論じたことがある[2]。その際には，医療行為における「同意」を，医的侵襲行為の違法性阻却の要素たる「同意」と説明義務によって担保される医療的決定としての「同意」の2種に大きく区分した上で，前者の「同意」については親権者が代理によって行うことはできず，医

---

[1]　本稿では，「子ども」と「未成年者」は基本的に同義として扱う。もっとも，未成年者のすべてにつき同一の規律が妥当するとは限らず，特に一定年齢以上の未成年者は成人と同様に扱うことも考えられるため，原則として「子ども」の表現を用いることとする。
[2]　米村滋人「医療行為に対する『同意』と親権——医療ネグレクトにおける法的対応を契機に」法学（東北大学）83巻4号149頁（2020）。

療行為は推定的同意に基づくほかないのであるから，親権者以外の者が決定をなした場合でも，同様の推定的同意が存在すると認定できれば医療行為は可能である旨を論じた。

もっとも，前稿では子どもの医療における「同意」の位置づけにつき一般的な分析を行ったわけではなく，とりわけ，親権との関係でこの種の同意権限がどのように位置づけられるかについてはきちんとした検討ができていなかった。また，上記の通り前稿では「同意」を2つの法律構成に分けて論じたのであるが，この種の「同意」と医療契約の関係も検討する必要がある。そこで本稿では，検討の対象を一般化し，また契約との関係性も視野に入れつつ，より原理的な観点から子どもの医療における「同意」の問題を分析することとしたい[3]。

## II 問題状況の概観と予備的考察

### 1 医療行為同意の位置づけ

まず，子どもの医療をめぐる従来の学説状況を概観しておこう。これまで，民事法上の医療行為同意の問題に関しては，主として家族法の立場から，法定代理権説と身上監護権説の2説が存在するとされるのが通例であった。すなわち，法定代理説権は，医療行為同意も代理の対象となりうることを前提に，親権の内容のうち法定代理権の行使として親権者は医療行為同意を行うとするものであるのに対し，身上監護権説は，これを同じく親権の内容のうち身上監護権に基づくものと位置づけ，親権者の同意を代理ではなくある種の固有の権限によるものとして整理する見解である。従来，民法824条によって基礎づけられる法定代理権は財産管理権の一環とされてきたこともあり，前説の支持は少なく，後説が多数説であるとされてきた[4]。

もっとも，この議論には，少なくとも2つの点で問題があったことを指摘しなければならない。第1に，この議論は親権の内容に関する法定代理権と身上

---

[3] 本稿は，このように前稿の検討の不十分な点を補うことを一義的な目的としているため，従来の学説の紹介や整理は大幅に圧縮した記載としている。従前の学説状況等については，前稿の該当箇所をご参照頂きたい。

[4] この論点については，寺沢知子「未成年者への医療行為と承諾（3・完）」民商107巻1号56頁以下（1992）参照。

監護権の区別から出発し，医療行為の同意権がそのいずれに由来するものとして整理されるかという観点からの議論であったために，いくつかの重要な論点が当然に連動するものとして扱われ，本質的な検討がされないままになっている点である。特に問題であるのは，同意が代理ないし代行決定の対象となりうるかという論点と，医療行為の同意権が財産管理権の一環としての法定代理権に位置づけられるかの論点が連動するかのごとくに扱われてきた点である。この点については，身上監護権説を前提としつつも，医療行為同意を代理によって説明することは可能である旨を主張する見解も存在し[5]，より緻密な検討を要するところである。

また第 2 に，これは前稿でも部分的に指摘したことであるが，検討対象となる「同意」の厳密な法形式が区別されてこなかった点も問題である。いわゆる医療行為同意には，医療行為の正当化要件（違法性阻却事由）の一要素たる「患者の同意」と，インフォームド・コンセント論などを含む患者の自己決定尊重の一環として要求される「同意」の 2 種が存在し，これらは法的性質を異にするものである。加えて，Ⅰでも述べたように，医療契約の締結に関してもこの文脈で議論の対象とすることが必要かつ有用である。本来は，これら 3 種の同意権限ないし契約締結権限すべてについて，法定代理権と身上監護権のいずれに由来するかを論じるべきであったにもかかわらず，それらが区別されずに論じられてきたことは，大きな問題であったと言わなければならない。

## 2　医療契約の締結に関する問題

契約の締結と個別医療行為の同意を区別する考え方は，今日の成年後見法において明確に採用されている。もとより成年後見法においても，これらを峻別する考え方には批判も存在するものの，成年後見人に医療行為同意の権限を認める見解からも，両者の区別を前提とする見解が唱えられることには注意すべきであろう[6]。

子どもの医療における医療契約の締結に関しては，民法・医事法領域におい

---

[5] 石川稔「親権法の問題点と課題」同・子ども法の課題と展開（有斐閣，2000）235 頁。永水裕子「医療ネグレクト」桃山法学 20 = 21 号 343 頁以下（2013）も参照。
[6] その例として，上山泰「患者の同意に関する法的問題点」新井誠＝西山詮編・成年後見と意思能力（日本評論社，2002）117 頁以下参照。

て，主に契約当事者は誰かという観点からの議論が行われており，本稿の文脈でもこの点を参照する必要があることから，以下，その点に関する従来の議論を概観しておく。子どもが患者となる場合の医療契約については，患者が意思能力を有するかによって扱いを異ならせる見解が多い。

### (1) 意思能力を有しない子どもの場合

意思能力を有しない子どもを患者とする医療契約に関しては，①法定代理構成，②第三者のためにする契約構成，③「不真正第三者のためにする契約」構成，④事務管理構成，の4種の構成が論じられている。

①法定代理構成は，同伴する親権者が法定代理人として契約を締結し，患者本人に効果が帰属するとする構成である。患者が権利義務の主体となるため医療側に対する債務不履行責任等を直接追及しうる反面，生命・身体は「一身専属的な事柄」であり，代理に親しまないとする批判もある。

②第三者のためにする契約構成は，同伴する成年者を要約者，医療機関開設者を諾約者，患者本人を受益者とする第三者のためにする契約（民537条）が成立するとする構成である。この場合，契約当事者は同伴者となるが，受益の意思表示があれば未成年患者が権利を取得し直接の責任追及等が可能となる。要約者は法定代理人である必要はないため，広く適用可能な法律構成である。

③「不真正第三者のためにする契約」構成は，同伴する親権者が自らの監護義務の履行のために医療機関開設者との間で医療契約を締結し，医療者は「親権の一部の代行者」として子に診療を実施すると理解する構成である。当事者はあくまで親権者であり，患者本人は契約上の権利義務を有しないことになる。

④事務管理構成は，医療関係を事務管理（法定債権関係）により説明する構成である。同伴者が非近親者の場合にこの構成が採られることが多い。同伴者と医療機関開設者の間に診療契約が成立し，診療は同伴者の事務管理として患者本人に効果が及ぶとする構成と，単純に医療機関の患者に対する事務管理が成立するとする構成がある。

以上の4つの構成は，従来，いずれか1つの構成のみを採用すべきであるとの前提からそれぞれの妥当性が論じられてきたが，筆者自身は，上記③の見解に関しては親権の性質上私契約による「代行」を許すべきではなく採用は困難であるものの，他の3種の構成は必ずしも相互排他的なものではなく，事案に

応じていずれの構成も採用しうるとの立場をとっている[7]。もっとも，上記①の法定代理構成をとる場合には，当然ながら医療契約の締結が代理形式によって実施可能であるとの立場をとる必要があり，その点が従来必ずしも明確に論じられてこなかったことが指摘される。親権者の契約締結権限を代理によって基礎づけることができるかどうかは，改めて検討する必要があろう。

### (2) 意思能力を有する子どもの場合

意思能力を有する子どもを患者とする医療契約に関しては，医療は生命・健康という一身専属的事項に関するものであり，かつ医療は患者の利益になるとして，同伴者の有無によらず患者自身が契約当事者となり，親権者の同意権・取消権は及ばないとするのが多数説である[8]。

しかし，この点に関して，筆者は多数説と異なる見解を唱えている。医療は常にリスクを伴うことに加え，フリーアクセスの徹底したわが国の医療制度の下では，受診する医療機関・診療科の選択自体が患者の危険水準を大きく左右するため，親権者の同意権・取消権の行使を通じた受診医療機関のコントロールを軽視すべきでないことを理由とする[9]。もっとも，この点についても本来は親権に関連する基礎的な検討があるべきであると考えられる。すなわち，意思能力を有する子どもは契約締結に向けた意思表示を行うことが可能であるとの前提の下で，当該子ども自身の意思表示と親権者の同意権・取消権の関係をどのように捉えるかが，ここでは問われていると言える。言い換えれば，ここでは親権者が子どもの意思に介入することの根拠が問題となっており，そのこととの関係で，医療契約における親権者の役割を措定することが求められていると考えられるのである。

---

[7) 米村滋人・医事法講義〔第2版〕（日本評論社，2023）102頁。
[8) 野田寛・医事法（中）〔増補版〕（青林書院，1994）388頁，莇立明＝中井美雄編・医療過誤法（青林書院，1994）52頁〔新美育文執筆〕，辻伸行「医療契約の当事者について」獨協法学31号156頁（1990），河上正二「診療契約と医療事故」磯村保ほか編・民法トライアル教室（有斐閣，1999）355頁など。
[9) 米村・前掲注7）103頁以下。

### 3　検討の内容と順序

以上のことから，本稿で検討すべき課題も明確になったと言えよう。本稿では，第1に，医療契約の締結における親権の機能とその限界（親権者の契約締結権限が法定代理権によって正当化されうるか否かを含む）につき検討を行った上で，第2に，医療行為同意に関する親権の機能に論を進め，親権者が同意を行うことに関する基礎的な分析・検討を行うこととしたい。なお，これらの点に関して，従来は比較法研究が大きな比重を占めてきたものの，親子関係に関する諸外国の法制度はそれぞれ前提条件が大きく異なり，特に家庭裁判所に相当する裁判所の役割・権限等に大きな違いがあることから，単純な国際比較を行うことが難しいという特徴がある。本稿では，あくまで現状の日本法に関する検討としてこの点を論じる方針としたいと考える。


## Ⅲ　契約締結権限と親権の機能

### 1　代理による契約締結の根拠論と医療契約

医療契約の締結権限と親権の機能，とりわけ法定代理の形式で親権者が契約を締結することの適否につき検討するにあたっては，まず，代理による契約締結が認められる根拠を明らかにすることから始めたい。

代理の根拠につき，通常の民法の教科書・体系書においては，代理制度は「私的自治の拡張」（本人が行いうる取引以外にも活動範囲を広げること）や「私的自治の補充」（本人が十分な判断能力を有しない場合に他人が支援すること）を基本的趣旨とする，との説明がされることが多い[10]。このうち前者については，主に任意代理を念頭に置いた観点ではあるものの，法定代理の場面でも，本人のみではなしえないような種々の調査・分析や契約条件等の交渉を行った上で契約締結に至りうるという意味では，同様のことが妥当すると言えよう。

他方で後者については，基本的に法定代理の場面を想定した議論であるものの，代理による法律行為を認めることが本人の「支援」になるという論理に対しては，近時批判が向けられることが多くなっている。この種の議論は特に成

---
[10] 四宮和夫＝能見善久・民法総則〔第9版〕（弘文堂，2018）342頁，山本敬三・民法講義Ⅰ〔第3版〕（有斐閣，2011）346頁など。

年後見法の分野で展開されており，1999年の成年後見法改正においても，本人の自己決定尊重の観点から代理権授与は制限的になされるべきであるとの考えに基づき，保佐・補助の類型では「代理権付与の審判」により特定の法律行為に関してのみ代理権が与えられるものとされた。

このような代理に否定的な立場は，医療契約の分野において従来から部分的に採用されてきたと考えられる。すなわち，上記の通り意思能力ある子どもの医療契約に関しては，一身専属性を理由に，もっぱら本人のみが当事者となりうるとされ，代理形式による契約締結の可能性は否定的に解されていた。代理形式による契約締結は本人に対するパターナリスティックな保護を前提とするもので，本人意思の尊重の観点に適合しないとの理解に基づく限りで，この発想は近時の成年後見分野での考え方と共通すると考えられる。

もっとも，従来の医療契約における議論では，考慮の不十分な点が少なくとも2つ存在していたと考えられる。第1に，ここでは親権者による代理権の行使と同意権・取消権の行使がすべて同列に論じられ，各権限の実質的な機能等の差異に関しては十分な検討がされていなかった。仮に，代理人の意思のみによる契約締結は否定的に解されるとしても，一旦本人意思に基づく契約を認めた上で，同意や取消しによる親権者の事後的是正措置は認めうる可能性があり，その区別がされていないことは問題であったと言える。第2に，従来の議論では「意思能力」の有無による区別のみがされ，「意思能力」がなければ全面的に代理形式がとられる一方，「意思能力」があれば全面的に代理形式が否定される形になっており，そこでいう「意思能力」概念の不明確性も相まって，代理形式の採否が形式的な基準によって一律に決定される余地を生じていた。本来，医療契約の締結状況も画一的ではないため，この処理によると，実質的に保護の必要な年長者が「意思能力」ありとされて保護の対象から外される一方，自らの意思でも一定の判断をなしうる年少者の意思が全く尊重されない状況を生む可能性がある。ここではやはり，代理形式を採用すべきこと，あるいは採用すべきでないことの根拠を明確化し，より実質的な基準の下で運用することが必要と考えられるのである。

## 2 医療契約の基本的内容と代理形式

そこで次に，医療契約の内容や性質に照らして代理形式の採用の是非を検討

474

することとしたい。医療契約の基本的な性質や内容に関しては，民事法学説によって通説と呼びうる見解が確立されていると言ってよい。すなわち，医療契約は医療側当事者による医療サービスの提供と患者側当事者による診療報酬の支払いを中心的な義務内容とする有償・双務契約であり，かつ，特定の疾病の診断・治療に向けた多数の医療行為を包括する単一の継続的契約であるとされるのが一般的である[11]。この立場を前提とすると，患者が最初に医療機関を受診した時点で医療契約は成立するものの，当該時点では契約内容は未確定であり，その後に種々の診察や検査等が行われ，その結果をもとに医師と患者・親権者間のコミュニケーションが行われる中で，順次，判明した疾患に対する治療やさらなる検査に関する方針が決定され，それらが実施されていくということになる。このような医療契約の基本的な内容に照らすと，契約締結段階では具体的な医療行為の内容は全く不明であることが多く，患者側当事者による契約締結意思は，実質的に，（ⅰ）受診医療機関の選択・決定と（ⅱ）診療報酬の支払義務の引受けの2要素を基本的な内容とすることになる。

　このような医療契約の締結に関して，親権者がいかなる権限を有するかについては，従来さほど明確な議論が存在せず，親権者の契約締結権限が財産管理に属する権限としての法定代理権に由来するのか，身上監護権に由来するのかについても十分な議論が展開されてこなかった。しかし，一般的には，契約締結権限一般と同じく，法定代理権を根拠に代理形式によって契約を締結できると考える見解が多数を占めている。

　確かに，一般の契約締結を代理によって行いうるとする以上は，医療契約も代理によって行うものとせざるを得ないと考えられる。すなわち，上記の通り医療契約は有償・双務契約であり，（ⅱ）の診療報酬支払義務の引受けが含まれることから，医療契約も財産的契約としての側面を有することは否定できない[12]。（ⅰ）において本人が財産的価値とは異なるリスクを負担する内容を有

---

11) 米村・前掲注7) 99頁以下。なお，一般的には無償の医療契約も存在しうるが，その例が多いとは言えず，通常の医療機関で実施される医療は基本的にすべて対価支払いを伴うことから，本稿では医療契約は有償契約であるという前提で論を進める。
12) これは，医療契約締結が財産管理に含まれることをいうものではなく，子どもが十分に内容を理解して意思表示できるか否かという観点から，代理形式での契約が正当化されているものである。もっとも，離婚後に親権者と監護権者が併存する場合のように，財産管理権と身上監護権が異なる主体に帰属する場合には，いずれが医療契約の締結権限を有するかは難問である。医療や介護は一

することは事実であるが，リスク内容としては概括的であって子ども自身が直ちに評価判断することが難しい内容を含む可能性が高い。加えて，そもそも子どもに関する契約では，私立学校への就学契約や学習塾・スポーツ・習い事等に関する契約など子どもの教育や成長発達に大きく影響する契約も多く，それらも財産的価値に還元されない重大なリスクを内包しているとも表現できる[13]。それにもかかわらず，これらの契約がすべて代理形式によって締結されることが是認されるとするならば，医療契約のみを異別に取り扱う理由は乏しいと言わなければならない。

　また，ここでは，子どもに対する法律関係をどのような司法インフラの下で規律すべきか，現実的な法形式を構想する必要性もある。代理形式による契約締結が本人の自己決定尊重の理念に反するとする指摘は傾聴に値し，この点は子どもの法律関係においても十分に考慮する必要がある。しかし，あらゆる子どもの法律関係を成年後見と同様の裁判所の監督に置くことは現実的ではなく，子どもの成長は可変的で複雑な経過をたどる場合も多いことを踏まえると，一定期間の固定的運用を前提に代理権の範囲を事前に限定することも難しい。民法は，子どもに関する法律関係を設定する権限を大幅に親権者の裁量に委ねていると解さざるを得ず，それが，親権者が有する「包括的代理権」という法律構成に表れていると考えられる[14]。このような大きな枠組みの下で考えれば，子どもに関する医療契約の締結権限も，親権者に与えられた包括的代理権に含まれるものとせざるを得ず，そのことを前提に種々の法律関係を考察する必要があると考えられるのである[15]。

---

　義的には身上監護に関する問題であるため，身上監護権者に締約権限を付与することも検討に値するが，成年後見における運用に従うなら財産管理権者が締約権限を有することになる。さらに検討を要しよう。
13) 特に，子どもにスポーツを行わせる場合には，指導手法や環境等によっては子どもに少なくない身体的リスクを負担させる可能性がある。仮に本人のリスク負担を重視して代理による医療契約締結を否定するならば，スポーツに関する契約を異なって扱うことは困難であると考えられる。
14) 最判平成4・12・10民集46巻9号2727頁は親権者の裁量を広範に認めており，一般論としては同判決の枠組みを維持せざるを得ない。ただし，代理権濫用の判断の中で，本人の自己決定を重視する近時の考え方を取り込むことは可能であろう。
15) このことは，医療契約が財産管理と身上監護のいずれに含まれるかには関係しない。仮に医療契約が身上監護に区分されるとしても，性質上，医療契約が代理形式によって締結されるべき契約であるという結論には影響しないと考えられる。

## 3 医療契約に関する親権者の権限

　以上の考察を前提とすると，医療契約を子どもに関連する他の契約と大きく異なって取り扱うことは難しい。まず，子どもに「意思能力」があるか否かによって代理権の有無を大きく異ならせる従来の学説の枠組みを維持することはできず，どのような場合に代理権が発生するか自体，子どもの発達段階や医療の内容・難易・リスクの程度等を総合的に考慮した上で親権者が裁量的に決定しうるものとせざるを得ないと考えられる。状況によっては，親権者のなした契約が代理権の濫用として事後的に効力を否定される可能性はあるが，代理権の範囲を事前的に明確に区分することはできず，あくまで個別判断となることを認めなければならない。

　また，年長の子ども（従来の学説で「意思能力」が認められるとされてきた，概ね中学生以上の年齢層が想定されるか）に関する親権者の同意権・取消権も，否定すべきでないと考えられる。仮に，ある程度の判断能力が備わった年長の子どもについては代理形式での契約締結が望ましくないと考えたとしても，同意権・取消権の行使によって親権者が危険性をコントロールすることは必要であり，そのような権限までも親権者から剥奪することは，親権者に広範な裁量を与えた上記の民法の基本的態度とも整合しないと考えられる。

　なお，このこととの関係で，子どもの医療契約を締結する権限が親権者に専属するものであるかについても触れておく。上記の通り，子どもの法律関係に関して，民法は親権者の広範な裁量を認める一方で，他の者には同様の権限を認めていないことから，親権者以外の者が，代理によって，すなわち子どもを当事者として契約を締結することはできない。したがって，代理形式での契約締結権限に関しては，親権者に専属すると言うべきことになる。他方で，このような規律は第三者のためにする契約の形式を用いる場合に妥当するものではない。第三者のためにする契約においては，子ども自身は当事者とならず診療報酬支払義務は負担しないのが原則であることに加え，医療機関選択等に伴う本人のリスク負担はあるものの，これについては，「受益の意思表示」によって本人側のコントロールを及ぼすことが可能であると考えられる[16]。したがっ

---

16) 子どもの医療契約における受益の意思表示の要否については争いがあるが，民法537条3項が明文で受益の場合にも意思表示を要求することに加え，医療契約の受益者は利益のみならずリスクも

て，親権者以外の者も第三者のためにする契約の形式であれば，子どものために医療契約を締結することも認められると考えられる。

## Ⅳ　医療行為同意の権限と親権の機能

　医療行為に対する同意の権限については前稿でも論じたところであるが，そこでは親権との関係での分析が不十分であったと考えられるため，以下では，法定代理権説と身上監護権説の対立がある中で，代理形式での権限行使が適切であるかという観点を中心に，同意権限と親権との関係性を検討する。

### 1　医療行為同意の基本的内容

　まず，医療行為同意の分析を行うにあたって，前稿でも述べた2種の同意の区別を前提に，それぞれの内容を明らかにしておく必要があろう。

　既述の通り，通常の医療契約は医療機関を受診した時点で内容未確定のまま成立するため，具体的な医療内容の決定に関しては医療行為同意が担うことになる。医療行為同意は，財産的合意を含むように見える場合もあるものの[17]，原則的には純粋に医療サービスの内容の選択ないし決定を意味しており，医療側当事者はこれに従って医療を実施するのが原則である。

　そのような医療行為同意については，医的侵襲行為の違法性阻却の一要素たる「同意」と説明義務によって担保される医療的決定としての「同意」を区別する必要がある。まず，違法性阻却の一要素たる「同意」（以下，「違法性阻却の同意」という）とは，従来刑法学説において論じられてきた，傷害罪の構成要件に該当する医的侵襲行為の違法性阻却事由である「患者の同意」にあたるものであり，医療行為を適法に行うために必要な要件として位置づけることができる。これに対して説明義務によって担保される医療的決定としての「同意」

---

　　負担する地位であることから，受益の意思表示を不要と解することはできない。ただし，親権者が代理によってこの意思表示をなすことは可能であり，多くの場合には親権者による黙示の受益の意思表示が認められよう。

[17]　たとえば，入院時の病室に関する合意（差額ベッド代の支払合意を含む）や，特別に高額な医療の実施に関する合意などは財産的合意を含み，医療契約の一部になると考えられる。この種の合意は，事実上は医療行為同意と区別がつきにくいが，理論上は別異に考えることが適切である。

（以下，「医療的決定の同意」という）とは，直接に医的侵襲と関連するか否かにかかわらず，重要な医療的決定を行う際に自己決定権の具体化として要求される「同意」を指す。これら2種の同意につき，代理形式での実施の適否を中心に検討を行うこととする。

## 2 違法性阻却の同意

前稿でも述べたとおり，違法性阻却の同意に関しては，法益主体本人が同意の意思を表明することに意味があり，代理形式によって親権者が行った同意が「本人に帰属する」ことは認めるべきではない。このことは，次のような理由による。

ここでは，同意によって違法性が阻却されることの根拠を十分に踏まえる必要がある。すなわち，ここでの「同意」は，刑法学説にいう「被害者の同意」と基本的には同じ性質のものであり，法益の処分によって法益侵害の実質が失われることに違法性阻却の根拠がある。そうであるとすると，ここでの同意は法益の処分権限を有する者によって行われなければならず，生命・身体に関して言えば，処分権者は子ども本人以外にはありえないと考えられる。本人に同意能力がない場合には，他者が法益処分を行うことはできず，推定的同意による以外にはない。親権者の同意は，推定的同意を基礎づける一事情としての役割を有するに過ぎないことになる。このような立場は刑法学説においては多数であると見られ[18]，民事不法行為法における正当化要件としても同様に考えられるべきであろう。

以上のことだけを述べると，ごく形式的な理由のみを挙げていると捉えられる可能性があるため，加えて，契約の場合との対比を含め，上記の判断が正当化される実質的な理由を述べておこう。医療契約について代理形式での契約締結が許されるのは，上記の通り，医療契約が診療報酬支払義務の引受けを含むことや，受診医療機関の選択決定に含まれるリスクは抽象的であって子どもが直ちに判断することが難しい内容を含みうるからであるが，これは，「契約」という法形式の特性による部分が大きい。すなわち，契約は一般に新規の法律

---

18) 町野朔・患者の自己決定権と法（東京大学出版会，1986）229頁以下。山中敬一「医療侵襲に対する患者の同意」関西大学法学論集61巻5号1217頁以下（2012）も同旨と思われる。

関係の設定に向けて用いられるため，場面によってはかなり多くの抽象的な規範を内包することがあり，その適否の検討にはかなりの知識や洞察力を要することが多い。このような事情から，契約締結に関しては類型的に子どもが高度のリスクを負うものとして代理形式の採用を認める合理性があると考えられる。これに対して，医療行為同意，特に違法性阻却の同意に関しては，自己に対する医療の必要性や医療処置の内容を一般人の知識水準で理解していればよく，その程度の理解は子どもであってもそれほど困難ではない可能性がある。また，状況によっては医療行為までの時間的猶予がなく，親権者の意向を確認することができない場合もありうるため，そのような場合に推定的同意によって医療を実施することができないのでは，患者本人に回復不可能な損害を生じさせることもありうる。そのため，違法性阻却の同意に関しては本人の同意能力を広く認める一方[19]，推定的同意の余地も広げ，医療行為を実施できるようにする必要があるのである。このような理由から，違法性阻却の同意に関しては，子ども本人の同意か推定的同意によることが適切であると考えられる。

以上の帰結は，従来の学説の枠組みで言えば，身上監護権説によっていることになろう。ただし，親権者の同意が推定的同意を基礎づける一事情に留まる以上は，親権者に確定的な「同意権」があると表現することは適切でなく，同種の権限が親権者に専属するわけでもない点には注意する必要がある。

### 3 医療的決定の同意

医療的決定の同意に関しては，これも前稿で述べたとおり，親権者は代理形式で「自己決定」を代行できるわけではないものの，固有の権限に基づくものとして医療的決定を行うことができる。これは，以下のような理由に基づく。

医療的決定の同意とは，違法性阻却の同意とは別に，インフォームド・コンセント論などの高まりを受け，患者の自己決定保護の一環として求められるものであり，ここでは医療側による適正な説明ないし情報提供の義務の履行を前提に，患者自身が熟慮の上で主体的に医療内容を決定することが想定されてい

---

[19] 従来，同意能力については十分な議論が展開されていないが，違法性阻却の同意を行う能力は，医療行為の内容が一通り理解できる年齢であればよいと考えられ，通常の投薬治療では学齢期以降，手術や内視鏡・カテーテル等を用いた侵襲的治療でも，概ね10歳前後からそなわると解してよいように思われる。

る。この種の自己決定も，原則的には患者自身が自己の受けるべき医療につき決定することに意義があると考えられ，他者が「代理」ないし「代行」することを認めるべきではない。したがって，代理形式による権利行使が許容されない点において，契約の場合とは異なる取り扱いがされると考えられる。

他方で，この種の同意に関しては，上記の通り適正な説明・情報提供を踏まえてされるものであることから，医学専門的な内容を含みうる説明等を理解して結論を出せるだけの能力が前提となり，要求される能力水準は違法性阻却の同意よりも高くならざるを得ない[20]。また，子ども本人の同意能力が否定される場合の対処法も異なり，この種の同意は実質的な考慮のもとに現実に表明される必要があるため，推定的同意によることは適切でなく，他の者の決定に依拠することが望ましいと考えられる。子どもに関して言えば，一義的には親権者が身上監護権の一環として（固有の権限により）説明等を受けて医療的決定を行う権限を有すると言えよう。

問題となるのは，ここでの決定権限が親権者に専属するものであるか否かである。この点についてはいくつかの見解が成立しうると考えられるが，筆者は現時点で，この種の決定は親権者に専属するものではなく，究極的には子どもと一定の関係性を有する者は誰でもこの種の決定を行いうると考えたい。子どもの監護や養育は，本来的に親のみにすべてを行わせるべきものではなく，伝統的な社会においては地域共同体の中で多数の成年者が関与する形で行われていたと考えられる。今日では核家族化や種々の社会状況の変化により子育てのあり方は大きく変化しているが，そうであっても，子どもの養育の責任が親のみに課せられることは子どもにとっても親にとっても好ましいことではない。また，ネグレクト事案が典型的にそうであるように，親自身が何らかの事情で子どもの監護を十分に行えない場合に，周囲の他の成年者が即座に事実行為としての養育を代行できるようにすることは子どもの安全にとってもきわめて重要である。そのような観点から，子どもの医療に関する決定過程に親権者以外の者が参画することも否定されるべきではなかろう。もっとも，複数者の関与により決定に支障が生じる事態は避ける必要があり，その観点から，親権者に

---

[20] 状況は医療内容等によって大きく異なるため，一概に基準を提示することはできないが，医学専門的な内容を理解するためには，早くても中学校卒業程度の能力は要求されると考えられる。

優先的決定権があることは承認されるべきである。言い換えれば，身上監護権は子どもに関する事項を優先的に決定できるという点を基礎づけており，親権者以外の者は，親権者の医療的決定の方針に反しない，もしくは親権者が積極的な医療的決定を行わない限りにおいて，医療的決定に参与する権限を有するということになる。

　なお，これは前稿でも述べたことであるが，この種の医療的決定は常に必要というわけではない。理想的には十分な説明と同意があった上での医療実施が望ましいものの，時間的余裕がない場合や近親者等が全く存在しない場合などには，この種の同意を取得することは要求されない。その場合には推定的同意によって違法性阻却の同意を認定し，医療行為自体は実施可能となる[21]。

　また，仮に親権者が積極的な決定を行っていた場合でも，その内容が明らかに不合理で子どもの利益に反すると考えられる場合には，当該決定は親権の濫用として無効になると考えられる。したがって，子どもの救命に必要な医療処置を親権者が合理的な理由なく拒否するような場合には，推定的同意によって違法性阻却がされる限り，当該処置を実施できると解すべきであろう[22]。

## V　結びに代えて

　以上，本稿では，医療契約の締結権限と医療行為の同意権限が，親権者のいかなる権限に由来し，それが本人の権限や他の成年者の権限といかなる関係に

---

[21] これに関連して，大津地判令和4・11・16 LEX/DB 25599428 は，肺動脈弁狭窄症を有する幼児に関し医師が別居中の父母の母に対してのみ説明し，その同意のみを取得してカテーテルによるバルーン形成術を行った事案で，共同親権を有する父に対する説明・同意取得を行わなかったとして医療機関の不法行為責任を肯定しており，同判決は医療的決定の同意について共同親権に基づき父母が双方とも同意権限を有することを述べたものと考えられる。ただし，同判決は「未成年者の病状等に照らし治療施行の緊急性があり，説明・同意の手続を踏んだ場合には治療の機会を逸し，未成年者の福祉を害することが明らかな場合等」には一方親権者に対する説明を行わないことが正当化されるとしており，これは本稿の立場とも整合する。

[22] この点，前稿においては，医療的決定権保護はあくまで説明義務等を通じた手続的保護であり，究極的な医療実施の可否には関係しないことを理由としていたが，推定的同意の一資料としても親権者の明示的拒否があることは相応に考慮される必要があるため，前稿の上記記載は改めるべきであると考える。親権者の明示的治療拒否がある場合，原則的には違法性阻却のための同意も存在するとは言いにくくなるが，親権濫用として当該治療拒否決定が無効とされる限りにおいて，治療が可能になると考えるべきであろう。

立つかを含め，一通りの基礎的な検討を行ったものである。本稿の結論を一言で要約すると，契約締結に関しては親権者の代理形式での締約権限が重視される一方で，医療行為同意の権限は親権者のみに専属するものではなく，特に違法性阻却の同意は広く推定的同意を許容することにより親権者の積極的関与がない場合でも医療実施が可能になるとの結論が導かれたと言える。

　以上の筆者の見解は，従来の実務や親権に対する考え方と必ずしも一致しない部分を含んでいる可能性がある。筆者の見解と異なる考え方の一例としては，親権の優越性を強く認め，子どもの養育に関する事項は原則的にすべて親権者に専属しており，親権停止等の手続を経ない限り，他者が子どもの医療に関与することを一切認めない立場もありうると考えられる。この立場によれば，親権停止等の手続なしに医療行為を実施することは不可能となろう。

　しかし，筆者はこのような立場には賛成できない。筆者は，上記の検討部分でも示唆したように，そもそも子どもの養育を親のみに担わせることは不適切であると考えており，親権者以外の者が子どもの養育に関与する余地を一切否定する法理解は子ども自身にとっても親にとっても困難を強いるものであると考える。しかし，そのような広範な射程の議論は控えるとしても，少なくとも子どもの生命・身体・健康を大きく左右する医療に関しては，他者の介入の余地をより大きく認める必要があると考える。国や自治体など，公的な権限者による介入が望ましいという見解もあろうが，日本の現状を踏まえる限り，その種の公的介入にすべてを委ねることは子どもの安全の確保にとって十分ではないと判断せざるを得ず，子どもに関わる周囲の成年者（医療関係者を含む）や地域共同体が関与する余地を認めることがきわめて重要である。私法の一般法である民法は，子どもに関する法的規律を明確化するにあたり，そのような親権者以外の者による関与のあり方を明確化する必要もあるのではないか。子どもの法を「家族法」の一領域としてのみ位置づけてきたこれまでの民法体系のあり方自体にも，問題の根源が存在していたように思われる。

　そのような点を含め，筆者が本稿で提起した問題が正面から受け止められ，子どもの安全を確保するためにいかなる法的規律があるべきかにつき，学説・実務における検討が深められることを願いつつ，本稿を閉じることとしたい。

# 死亡危急者遺言の抱える問題
## ——その現代化を見据えて

宮 本 誠 子

序
I　民法起草時から抱えていた問題
II　方式要件が抱える課題
結びに代えて

## 序

近年，遺言の利用を促進させようという動きが活発化している。

平成30（2018）年相続法改正は，自筆証書遺言の方式要件を緩和し（民968条2項），法務局において自筆証書遺言に係る遺言書を保管する制度を新設したが，同改正の立案担当者は，「家族の在り方が多様化していることに伴い，法定相続のルールをそのまま当てはめると実質的な不公平が生ずる場合」については，「被相続人の意思によってこれを修正することが考えられる」ところ，「遺言制度は，今後ますますその重要性を増す」と述べている[1]。

また，遺言のデジタル化を進めようとする方向も，当初は，社会のデジタル化に対応する趣旨であったものが，最近では，遺言の利用促進のためのデジタル化と言われている。

すなわち，令和3（2021）年の「デジタル社会の形成を図るための関係法律の整備に関する法律」は，コロナ禍の「脱ハンコ」の動きを加速させる中で，民法984条（領事方式の遺言）後段を新設し，領事方式の遺言に限り，押印の一部を不要とするものにすぎなかった[2]。その後，令和5（2023）年の「民事関係

---

1) 堂薗幹一郎＝野口宣大編著・一問一答新しい相続法〔第2版〕（商事法務，2020）3頁。
2) 立法趣旨としては，外国滞在中は印章を所持していないことが多いこと等に配慮したもので，押印を一部不要としても，領事が関与していれば，遺言書の記載の正確性に対する信頼は高まることから問題はないと判断されている（笹井朋昭ほか「デジタル社会形成整備法による押印・書面の見

手続等における情報通信技術の活用等の推進を図るための関係法律の整備に関する法律」は，公証人法の改正で，書面又は電磁的記録による公正証書の作成を認め（改正公証36条），映像等の送受信による通話の方法による通訳等の規定が置かれるなど（改正公証31条），公正証書自体のデジタル化を許容した。そして，公正証書遺言の公正証書作成に関する規定を，改正公証人法に委ねることとした結果（令和5年改正前民969条1項3号から5号の削除，改正民969条2項），公正証書遺言も，場合によってはビデオ通話を用いて公証人に接し[3]，電磁的記録によって作成することが可能となる。単なるデジタル化対応というだけでなく，遺言の利用促進を図る第一歩である。

さらに，令和6（2024）年4月からは，法制審議会民法（遺言関係）部会が，デジタルを利用した遺言の方式を新設する方向での検討をしている。同部会は，「情報通信技術の進展及び普及等の社会情勢に鑑み，遺言制度を国民にとってより一層利用しやすいものとする観点から」[4]の検討が求められ設置されたものであり，遺言の利用促進が前面に押し出されている。

このように最近では，遺言の利用を促進すべきとの考えを前提に，遺言に関する法改正が進んでいる。遺言の利用促進という旗印を掲げることは，法改正の動きを加速化させ，それぞれの規定の見直しや現代化を進める原動力にはなる。他方で，遺言の利用をなぜ促進する必要があるのかはそれほど明らかにされておらず，そのこと自体に検討の余地がある[5]。また，利用促進に着目する

---

直し」民事月報76巻9号18頁〔2021〕，NBL1204号9頁〔2021〕）。
[3] 公正証書の作成をビデオ通話によることが相当であるかどうかについては，ビデオ通話によることの必要性と許容性とを総合的に勘案することとされる。そして，公正証書遺言の場合には，遺言能力の有無が問題となるおそれのある高齢者の場合等，事後的に紛争となる蓋然性の高いケースでは，これを特に慎重に判断し，他方で，遺言能力が問題となるおそれが少ない中年層が遺言者となるケースや，相続人のいない遺言者が慈善団体に遺贈するケース等，事後的に紛争となる蓋然性が低いケースでは，特別に慎重に行うことまでは求められないとされる（公証実務のデジタル化に関する実務者との協議会〔令和5年3月8日〕「議論のとりまとめ」（https://www.moj.go.jp/content/001392169.pdf）3-6頁）。
[4] 法制審議会第199回会議（令和6年2月15日開催）「遺言制度の見直しに関する諮問第125号」（https://www.moj.go.jp/content/001413271.pdf）。
[5] 相続のあり方が，「国家による制度の選択・政策決定の問題」（潮見佳男・詳解相続法〔第2版〕〔弘文堂，2018〕1頁）であり，また，相続法が「一国の価値体系」を表すもの（水野紀子「日本相続法の形成と課題」水野紀子編著・相続法の立法的課題〔有斐閣，2016〕4頁において）だとすれば，法定相続のルールやその内容，そこで想定している家族の在り方は，国家の制度選択，価値

と，検討内容が利用の多い遺言方式に偏りやすく，利用の少ない方式，そして，利用の少ない方式を含む遺言制度全体の見直しや現代化が見通しづらい。そのため，遺言とは何か，遺言の方式要件の趣旨は何かを改めて考えながら，法改正作業に臨むことが難しくなっている側面も否めない。

　例えば，平成30年相続法改正の際，遺言の方式の見直しに関連して，水野紀子教授が，特別方式遺言の1つである死亡危急者遺言を採り上げ，同遺言は，「本人の真意を確保する要件が何一つない条文で」「立法論的には非常に問題」[6]と指摘されたが，具体的な検討には至らなかった。死亡危急者遺言は，起草時から問題が指摘され，ひもといてみれば学説がことあるごとに制度を批判し，立法論としても古くから「今一度慎重な考慮を払うべき」[7]と警鐘がならされてきたにもかかわらず，である。

　そこで，本稿では，水野紀子教授の指摘に端を発して，死亡危急者遺言が「本人の真意を確保する要件が何一つない条文で」あることを改めて確認し，その問題性を指摘することとする。そして，今後，利用の少ない方式を含む遺言制度全体の見直しや現代化がなされる機会がある際には，どのような検討をすればよいのか，一定の方向性を示すことを目的とする。

　死亡危急者遺言は，死亡の危急に迫った者について特別に認められる方式で，証人3人以上の立会いをもって，その1人に遺言の趣旨を口授することができる。口授を受けた証人は，内容を筆記し，遺言者及びその他の証人に読み聞かせ又は閲覧させる。各証人は，筆記の正確性を承認した後，署名・押印をする（民976条1項）。遺言者による自書・署名・押印は要求されておらず，立ち会う証人も，公証人や公的信用のある者でなくてよい。そして，それゆえに，遺言者の真意確保の点から問題があるとして，遺言は，遺言の日から20日以内に，家庭裁判所に請求して確認を得なければならないとされている（同条4項）。

　死亡の危急が迫っている遺言者に対して認められる特別方式の遺言には，死

---

　　判断を表していることになる。それゆえ，もし，家族の在り方の多様化を認めるというのであれば，それへの対応を個々人の遺言のみに任せるのでなく，法定相続のルールを見直すこと，法定相続のルール自体を多様化させること（いくらかの選択肢を示すこと）も同時に必要である。
6) 法制審議会民法（相続関係）部会第20回会議（平成29年4月25日開催）議事録（https://www.moj.go.jp/content/001246053.pdf）3頁〔水野紀子委員発言〕。
7) 柚木馨・判例相続法論（有斐閣，1953）335頁。

亡危急者遺言（民976条）のほか，船舶遭難者遺言（民979条）もある[8]。船舶遭難者遺言は，船舶が遭難した場合に，船舶中で死亡の危急に迫った者について特別に認められる方式である。遭難した船舶中にあるという事情から，死亡危急者遺言よりもさらに方式要件が緩和されており，立ち会う証人は2人以上でよく，内容を筆記した証人が，遺言者に読み聞かせ又は閲覧させることも必要とされていない。遺言者の真意確保の問題は，死亡危急者遺言と同様，裁判所の確認によって補完されるしくみである（民979条4項）。それゆえ，本稿では，死亡危急者遺言（民976条）を中心としつつ，船舶遭難者遺言（民979条）にも言及することとしたい[9]。

死亡危急者遺言の問題性を最初に指摘したのは，明治民法の起草委員らであった。そこで，死亡危急者遺言及び船舶遭難者遺言の立法の経緯を整理しながら，立法時から意識されていた問題を示し（Ⅰ），また，これらの遺言の方式要件が内包する問題及び運用上の問題を掲げることで，方式要件内において遺言者の真意確保に欠陥を抱えていることを明らかにする（Ⅱ）。

## Ⅰ　民法起草時から抱えていた問題

民法起草時，死亡危急者遺言に関する議論は，第191回から第193回の法典調査会においてなされた。死亡危急者遺言は，明治民法の起草委員らが立法を予定していなかった方式であり，法典調査会の議論の中で，採決までして認められたものである。

### 1　死亡危急者遺言の起草過程
(1)　第191回法典調査会[10]
第191回で起草委員である穂積陳重らが用意した法案に，死亡危急者遺言は

---

[8] 976条の遺言と979条の遺言を総称して，死亡危急者遺言，死亡危急時遺言等と呼ぶこともある。その場合，976条の遺言は，一般危急者遺言，一般危急時遺言と呼称される。
[9] 死亡危急者遺言（及び船舶遭難者遺言）の利用状況は，遺言の確認の審判の新受件数からは，合わせてコンスタントに年に100～150件と推測できる（令和3年司法統計年報3家事編第2表〔https://www.courts.go.jp/app/files/toukei/597/012597.pdf〕）。
[10] 法務省大臣官房司法法制調査部・法典調査会民法議事速記録7（商事法務，1988）639-651頁，原田慶吉・日本民法典の史的素描（創文社，1954）281-282頁。

含まれていなかった．穂積は，このような方式の遺言の立法を予定していなかったのである．これに対し，尾崎三良が，臨終に際して親戚などが遺言者の言葉を書き留める方式の遺言は採用されないのかと質問した．当時，人が死亡するとき，親類や友人らが枕元に集まり，何か言葉はないかと尋ね，本人が言ったことを，傍で書き取り，間違いがないかと尋ねるという慣習のあったことが念頭に置かれていたと考えられる．

穂積は，多数行われ得る遺言であるが，間違いも起こりやすい，公証人を呼んで公正証書遺言をすることができると返答する．これに対し，尾崎は，日本には遺言を生前に作成する慣習がない，臨終時にするから間違いやすいという点については証人の数を増やす等で対応して，臨終時の口頭での遺言を認めなければ，多くの遺言が無効となると主張した．

穂積や梅謙次郎は，そのような慣習のあることを認識しつつ，遺言には遺言者の真意が反映されることが肝要だ，他人が勝手に遺言書を作成できてはならない，ヨーロッパでも間違いが起こらないように，徐々に厳格な方式を要求する慣習ができていったのだと反論した．

議論は，口頭遺言を認めるとしても，遺言者の真意確認の方法はあるのかが最大の争点となった．高木豊三は，争いのある場合には裁判所の確認を求めるという方法を提案し，土方寧が，これを非訟事件として行うべきとした．これに対し，梅は，一貫して，そのような方法はないと強く反論している．

結局，口頭遺言を確認する手続を設け，いったん非訟事件として扱うが，利害関係人から申出があれば訴訟事件とし有効性が判断されるとする案について，採決がなされた．その結果，賛否が同数であったため，箕作麟祥議長の1票を加えて賛成とされ，口頭遺言の慣習を立法化することが決まった．

### (2) 第192回法典調査会[11]

第191回法典調査会の結果を受けて，穂積は，第192回法典調査会で，臨終時の口頭遺言の条文案を示した．特別方式遺言の一種とし，具体的には，証人3人以上が立ち会い，遺言者が遺言の趣旨を口授し，証人の1人がこれを筆記し，遺言者及び他の証人に読み聞かせ，各証人が署名押印すること（1項），証

---

11）法務省大臣官房司法法制調査部・前掲注10) 684-687頁．

人の1人又は利害関係人が遺言の日から10日以内に裁判所に確認の請求をすること（2項），裁判所は遺言が遺言者の真意に基づくものとの心証を得なければ，確認できないこと（3項）を定める規定であった。ここで，現在まで続く死亡危急者遺言の案がほぼ完成している。

第192回では，臨終時の口頭遺言での証人にも証人の欠格事由が及ぶことの是非が議論された[12]。穂積は，普通方式遺言と同様の欠格事由を適用する考えであったのに対し，臨終時に遺言内容を伝える相手は，通常，推定相続人や受遺者，配偶者であり，これらの者が証人欠格に当たるのであれば死亡危急者遺言自体に意味がないとする意見が出た。また，これらの者を証人欠格としないよう求める案も示された。しかし，最終的には，穂積の，親族まで許すのは危険であるとの主張が通っている。

条文案についての採決は，第191回において口頭遺言の採用を強く主張していた尾崎らが欠席していたため，先延ばしとされた。

### (3) 第193回法典調査会[13]

第193回では，尾崎が，上記条文案中の3項について，遺言者の真意に出たかどうかは裁判官には分かりようがないため削除すべきと強く求め，また，2項の期間を死亡時から30日にせよと主張した。しかし，前者は賛同が得られず，後者は20日と修正されるにとどまり，死亡危急者遺言の成立が決まった。

### 2　船舶遭難者遺言の追加

船舶遭難者遺言についても，立法経緯をたどっておこう。

まず，上述のとおり，明治民法の起草担当者は当初，死亡危急者遺言でさえ想定していなかった。これが，激論の末に，創設されることになったところ，死亡の危急に迫った者について一般に口頭遺言が認められるなら，軍人はなおのことだとして，従軍中の死亡危急者遺言が認められた（明治民法1079条）。そして，この，従軍中の死亡危急者遺言は，従軍中であるという理由で，死亡危

---

12) 法務省大臣官房司法法制調査部・前掲注10) 686頁，千藤洋三「一般危急時遺言に関する裁判例の研究（一）」関法28巻1号80-82頁 (1978)。
13) 法務省大臣官房司法法制調査部・前掲注10) 649-699頁，千藤・前掲注12) 69-88頁。

急者遺言よりもさらに方式要件が緩和された。すなわち，証人は有資格者を得るのが困難だとして2人以上とされ，また，証人が筆記して遺言者や他の証人に読み聞かせるということ自体が困難だとして，証人が筆記し，これに署名・押印すれば足りるとされた。また，確認の請求も，裁判所に対してではなく，陸海軍の法官であり法曹資格を有する理事又は主理に対してなすものとされた[14]。

　他方で，従軍中といっても，軍艦及び海軍所属の船舶にある者については，そもそも，死亡の危急に迫っていないとしても，公証人を呼ぶことはできず，艦船中で死亡するおそれがあっても上陸を待って遺言をする余裕もない環境であることが問題となる。そこで，軍艦及び海軍所属の船舶にある者については，「恰モ従軍中ノ軍人，軍属ニ於ケルカ如ク」[15]，将校又は相当官1人及び証人2人以上の立会いをもって遺言を作成することが認められることとなった（明治民法1080条）。これに，海軍省から，軍艦及び海軍所属の船舶にある者がそのような扱いを受けるのであれば，蒸気船でもできるようにと注文が入る[16]。そこで，軍艦及び海軍所属の船舶ではない「その他の船舶」においては，船長又は事務員1人及び証人2人以上の立会いをもって遺言を作成することが可能とされた（同条）。現行法の在船者遺言（民978条）に相当する方式である。

　船舶遭難者遺言は，これらを受けて，軍艦等が遭難した場合，及び，その他船舶が遭難した場合のそれぞれについての，死亡危急者遺言を認めたものである（明治民法1081条）。そして，戦後の民法改正時に，軍艦等の場合が削除された結果，軍艦及び海軍所属の船舶ではない「その他の船舶」の場合のみが現行法に引き継がれている[17]。

## 3　小　　括

　死亡危急者遺言（明治民法1076条）は，慣習による臨終時の口頭遺言を認めよという尾崎の主張を機に導入されることになった。しかし，慣習のあった当

---

14) 法務省大臣官房司法法制調査部・前掲注10）693頁。梅謙次郎・民法要義巻之五相続編〔復刻版〕（有斐閣，1984）307頁。
15) 梅・前掲注14）309頁。
16) 法務省大臣官房司法法制調査部・前掲注10）700頁。
17) また，戦後の民法改正時には，明治民法1079条の「死亡ノ危急」の文言も取り込まれた。

時でさえ、遺言者の真意確保の点で問題があることが強く認識されていた。慣習の臨終遺言では、近親者らが遺言の内容を筆記する。方式要件という観点からみれば、近親者らに都合のよい内容の遺言となりやすい。当時の慣習では、遺言者の真意を反映するかどうかよりも、跡継ぎが確保されるかといった遺された家族らの都合が重視されていたのかもしれないが、そのような方式を近代法として立法化するのは問題だと理解されていたのである。

結局、採決までなされ、導入は決まった。しかし、慣習そのものが立法化されたわけではなく、①当時の慣習とは異なり、推定相続人や受遺者、配偶者らが証人として遺言内容を聞き取ることは許されず、また、②遺言者の真意に出た内容かを裁判所が判断することとなった。臨終時の口頭遺言は、遺言者の真意確保の点で問題があると意識していた起草担当・穂積らの工夫だといえよう。

現行の船舶遭難者遺言は、起草委員が想定していなかった死亡危急者遺言に、これもまた委員が想定していなかった軍艦及び海軍所属の船舶ではない「その他の船舶」における遺言が重なりあったものである。死亡危急者遺言よりもさらに方式要件が緩和されており、遺言者の真意確保の点では、より問題があるものの、立法時、死亡危急者遺言についてなされた工夫①・②は、一応、船舶遭難者遺言についても当てはまる。

## II 方式要件が抱える課題

次に、Iのような経緯と工夫で立法された死亡危急者遺言が、いかにして、「本人の真意を確保する要件が何一つない条文で」となってしまっているのか、起草委員らがした工夫は機能していないのかをみる (1)。また、死亡危急者遺言では、船舶遭難者遺言も含めて、平成11年民法改正により、通訳利用が認められることとなった。その影響も確認する (2)。

### 1 遺言者の真意を確保できない方式

死亡危急者遺言は、死亡の危急に迫った遺言者が、証人に対して遺言の趣旨を口授するものである。証人の1人がその内容を筆記し、筆記内容を遺言者及び証人に読み聞かせ又は閲覧させるが、遺言者による署名・押印は要求されておらず、遺言者が筆記内容を承認したという証拠は残らない。それゆえに、①

証人を3人以上とし，その欠格事由を普通方式遺言と同様とすること，及び，②確認の審判を求めることで，遺言者の真意確保を補完しようとした。これらによる真意確保は実際に機能したのだろうか。

## (1) 証人による真意確保の困難さ

死亡危急者遺言では，3人以上の証人が立ち会い，証人の1人が遺言書を筆記する。遺言者は遺言を筆記せず，また，遺言の内容を証人による読み聞かせ又は閲覧により確認することにはなっているが，遺言書への署名・押印は求められていない。それゆえ，遺言者が，遺言の内容を確認・承認したと言えるのか，遺言書自体からは判断することができない。

そのため，頼らざるを得ないのが証人である。証人は，遺言者の真意を聞き損じたり，口授内容を歪めたりするのを防ぐために，遺言作成の全過程（遺言者による口授，証人の筆記，読み聞かせ，証人の署名・押印）に直接現場で立ち会い，筆記された内容が遺言者の真意によるものかを証明する役割があるとされる[18]。筆記した証人は，遺言の内容を，遺言者のほか他の証人にも読み聞かせ又は閲覧させる。他の証人らは，ここで筆記された内容が口授内容に合致しているかを確かめ，署名・押印する。

証人が適切にその役割を果たすためには，遺言について利害を有する者であってはならない。仮に，受遺者が証人になれるとすると，「遺言者が財産をAに与える旨の口授をしたものの，証人のうちのBが，Bに与えると筆記した。BがAに与えると筆記したと偽った読み聞かせをし，Bの関係者である他の証人らが筆記の内容を口授に合致するものと承認して，署名・押印する」といったことが起こり得るからである。そこで，起草委員穂積の説得もあり，死亡危急者遺言でも，欠格事由は，普通方式遺言と同様とされている（民982条による974条準用）。

しかし，死亡危急者遺言が利用される場合には，遺言者が臨終時であるからこそ，近親者等が枕元にいることが多い[19]。例えば，大阪高決昭和37・5・11

---

18) 木村健介「危急時遺言」家族法大系Ⅶ（中川善之助教授還暦記念）（有斐閣，1960）185頁。
19) 中川善之助＝加藤永一編・新版注釈民法（28）相続（3）〔補訂版〕（有斐閣，2002）153頁〔宮井忠夫＝國府剛〕。

家月14巻11号119頁の事案では，遺言者の父，母，兄，姉，隣人の5名が死亡危急者遺言の証人となっていた。前2者は遺言者の直系血族ゆえに欠格者，後3者は適格者である。同決定は，立ち会った証人の中に欠格者が含まれていても，適格者が3人以上いればよいと判示した。

　近親者等が遺言者の枕元にいると，一部の近親者等が相談して自分たちに有利な遺言をさせる又は口授したことにしてしまうことを防ぎ難い[20]。遺言者は財産をAに与えようと思っていたとしても，受遺者になりたいBやその関係者がそばにおり，遺言者に対して「Bに与えるのだよね」と声をかける。生死の境にいる遺言者は，混沌とした中で，「Bに」あるいは「うん，頼む」と発言するかもしれない。そうすると，たとえ，証人らがAともBとも無関係のCらであったとしても，まして，遺言者とA・Bらとの関係を知らない者であればなおさら，Cらは「Bに与える」と筆記し，これを承認することになるだろう。遺言者が「Bに」とする内容を認めなかったとしても，もともと，遺言者の署名・押印は求められていない。このように，適格者が3人以上いたとしても，欠格者の存在自体が遺言者に影響を与え得る。特に欠格者が遺言全般にわたって主導的立場にあった場合は問題だと言えよう[21]。

　欠格者を除き，かつ臨終時に遺言者のそばにいるとなれば，実際に証人になるのは，死亡危急者の病床に立ち会う医師・看護師，欠格事由にあたらない親族，親友，遺言者が既に遺言作成の相談をしていた弁護士等の法律専門家又はその事務員などに限られる。

　そして，このような者であっても，そしてたとえ法律専門家であったとしても，中立的立場から適切に証人の役割を期待できるとは限らない点にも注意を要する[22]。法律専門家に遺言の作成を依頼したのが，遺言者ではなく，推定相続人や受遺者等，このような遺言を作成してほしいと考える者が依頼しての立会いなのであれば，近親者が主導しての遺言作成にほかならない。

　死亡危急者遺言では，確かに，臨終時であるからこそ最後の意思をできる限り遺言として認めるべきとの要請があるだろう。しかし，方式要件として，遺

---

[20] 我妻栄＝立石芳枝・親族法・相続法（日本評論社，1952）571頁。
[21] 中川善之助＝泉久雄・相続法［第4版］（有斐閣，2000）545頁。
[22] 國府剛「死亡危急時遺言の確認について」右近健男＝小田八重子＝辻朗編・家事事件の現況と課題（判例タイムズ社，2006）327頁が974条3号の趣旨に反すると指摘する。

言者自身が遺言書作成に関与した証拠を直接残すことが求められておらず，証人に依存するものであるにもかかわらず，臨終時ゆえに，適切な証人を用意するのが困難で，また，近親者等を遺言時に外すことが難しいこともあって，証人に，遺言者の真意によるものかを証明する役割を期待しづらいという問題がある．

### (2) 確認の審判による真意確保の困難さ

死亡危急者遺言は，証人の1人又は利害関係人から家庭裁判所に請求し，確認を得なければ効力が生じない（民976条4項）。梅は，遺言者の近親者が証人として虚偽の遺言書を作成したり，遺言者の精神が不健全であるのに乗じて遺言者に真意でない遺言をさせたり，遺言者の精神衰耗，言語の不自由等のために，証人が遺言者の真意を誤って聞いたりするおそれがあると指摘し[23]，こうした弊害を防ぎ，遺言者の真意を確保するのが確認の審判の役割だとした。

そして，家庭裁判所は，遺言が遺言者の真意に出たものであるとの心証を得なければ，これを確認することができない（民976条5項）。梅は，確認の審判は，死亡危急者遺言の方式が極めて簡易であることを補完しようとするものであり，少しでも遺言が遺言者の真意に出たものではないという疑いがあるときは決して確認をしてはならないのだと述べている[24]。

ところが，家庭裁判所で，遺言者の真意に出たものかを正確に判断するのは困難である．というのも，死亡危急者遺言は，証人によって筆記され，その内容は遺言者にも読み聞かせ又は閲覧されるが，遺言者の署名・押印は求められておらず，遺言書上に遺言者が何かをしたという形跡が一切ないからである．そこで，遺言者が筆記内容の正確性を承認したといえるかどうかは，（筆記した証人以外の）証人によって確認され，確認の審判で，遺言者の真意に出た内容であるかが判断されるしくみとなっているのであるが，証人が当てにならないことは既に述べた．

また，心証の程度についても，一応真意らしいとの心証があれば確認をすべきとの見解が定着している[25]。確認の審判は，これがなされなければ，その後

---

23) 梅・前掲注14) 302頁。
24) 梅・前掲注14) 302頁。

遺言の効力を争うこともできなくなる半面，確認がなされても，遺言の有効性を確定するものではないため，後に，訴訟において，方式違反や内容の公序良俗違反その他を理由に，遺言の無効を争うことができるからである。裁判例も同様の立場であり，例えば，東京高決平成9・11・27家月50巻5号69頁は，「遺言の確認は，危急時遺言に遺言としての効力を付与する必須の要件をなすものであるが，もとより，遺言の有効性自体を確定させるものではなく，その最終的判断については，既判力をもってこれを確定する効力を有する判決手続の結果に委ねるべき途が確保されていなければならないことを考慮すると，危急時遺言の確認に当たり，遺言者の真意につき家庭裁判所が得るべき心証の程度は，いわゆる確信の程度に及ぶ必要はなく，当該遺言が一応遺言者の真意に適うと判断される程度の緩和された心証で足りるものと解するのが相当である。したがって，家庭裁判所としては，この程度の心証が得られた場合には，当該遺言を確認しなければならないものというべきである」という。実務は，とりあえず確認をし，問題があれば，その効力を争う者が遺言無効確認訴訟等を提起して遺言の効力の実体的確定を図ればよいとみる傾向となっている[26]。

確認の審判は，結局，「真意にでたものを拾い上げる制度ではなく，真意にでたことに疑いのあるものをふるい落とす制度」[27]にしかなっておらず，死亡危急者遺言の方式要件の緩さを，補完する機能を果たしているとは言い難い。しかも，平成以降，判断基準がより緩和されているとの分析もあり[28]，最近ではなおのことと言える。

## 2 平成11年改正による課題

死亡危急者遺言の抱える問題に，さらに追い打ちをかけたのが，平成11年民法改正である。平成11年改正では，口のきけない遺言者，耳の聞こえない遺言者が，公正証書遺言をすることができるよう，通訳利用を認める改正がなされた。すなわち，口のきけない者は，公証人及び証人に対する口授を，通訳

---

25) 最高裁判所事務総局編・改訂家事執務資料集上巻の一（最高裁判所事務総局，1982）488頁〔昭和45年11月福岡高裁管内家事審判官会合家庭局見解〕。
26) 小林崇「危急時遺言と確認手続」判タ1100号462頁（2002）。
27) 東京家庭裁判所身分法研究会編・家事事件の研究(1)（有斐閣，1970）345頁〔綿引末男〕。
28) 浦野由紀子〔判批〕リマークス64号68-69頁（2022）。

人の通訳による申述又は自書に代えることが認められ（民969条の2第1項），また，耳の聞こえない者を含め一般に，公証人は筆記した内容を遺言者又は証人に読み聞かせる方法に代え，閲覧させる方法も認められることとなった（令和5年改正前民969条3号。改正後は公証人法40条1項）。

そして，その際，死亡危急者遺言及び船舶遭難者遺言も，遺言者が口頭でなす遺言であるからとして，同様の対応がなされることとなった。ところが，死亡危急者遺言及び船舶遭難者遺言は，公正証書遺言とは異なり，公証人の関与がなく，遺言者が遺言に内容を確認したことの署名・押印をすることも求められていない。そのような違いが，どう影響するのかは十分に検討されないままでの改正であった。

### (1) 死亡危急者遺言の場合

口のきけない遺言者は，証人に対する口授を，通訳人の通訳による申述に代える（民976条2項）。遺言者は，例えば手話によって，手話を解する通訳人に対して遺言の趣旨を示し，通訳人がその内容を証人に対して申述し，これを聞いた証人が通訳により申述された内容を筆記することになる。

証人は，通訳人の申述内容を筆記することになるため，通訳人が誠実に通訳していることをいかに保証するか，通訳が遺言者の真意を正確に表現できるかが問題となる[29]。通訳人が遺言者に不当な影響を与えていたり，通訳が正確でなかったりすれば，証人は，遺言者の意思とは異なる内容の遺言書を作成することになってしまうからである。

しかし，証人には，通訳の正確性を判断する能力は求められていない（証人に通訳の正確性を判断する能力がある場合は，そもそも通訳を介する必要がなく，証人が遺言者による手話等での表現を直接理解し，筆記すれば足りる）。また，通訳人について，法律上の欠格事由は規定されていない（民974条参照。公証人法35条3項も参照）。通訳人は推定相続人であっても受遺者であってもよく，通訳人が遺言者の意思をあえて誤訳して自己を受遺者とするよう申述するおそれもある。通訳人の誠実さ及び通訳の正確性を担保するために，手話通訳人等に資格要件

---

29) 公正証書遺言の場合について，大村敦志「身体障害者の財産管理」水野紀子＝窪田充見編集代表・財産管理の理論と実務（日本加除出版，2015）135-136頁。

を設けることも考えられるが，死亡危急者遺言という事態の緊急性に照らすと，実情に合わない[30]。

もちろん，通訳人の誠実性や通訳の正確性の問題は，公正証書遺言とも共通する。しかし，死亡危急者遺言は，公正証書遺言の場合とは異なり，遺言者が自書により意思伝達する方法が認められておらず[31]，遺言者が署名・押印することも求められていない。さらに，公証人という立場にある者が作成するのかどうかという大きな違いがある。

死亡危急者遺言では，通訳人の誠実性や通訳の正確性は，①証人が遺言者の状況から判断するか，②遺言者が読み聞かせ又は閲覧して確認するか，③家庭裁判所の確認の審判により個別具体的に判断されるほかない。それにもかかわらず，①は証人と通訳人が示し合わせていれば意味がなく，②は遺言者の最終的な承認としての署名・押印を求めていない以上不完全で，③は，上述のとおり，真意性確保としてそれほど機能していない。

### (2) 船舶遭難者遺言の場合

船舶遭難者遺言では問題はより深刻である。死亡危急者遺言では，証人が遺言書に筆記した内容を遺言者及び他の証人に対して読み聞かせ等することが求められ（民976条1項），これが遺言者にとって唯一の遺言書内容の確認の機会であるのに対し，船舶遭難者遺言では，その機会さえ条文上求められていない。船舶遭難のため乗船者全員が危険な状態にあれば，明らかにその余裕はなく，証人自身が筆記する間もなく船を去らなければならないこともあるし，筆記用具を持ち合わせないこともあるからとされる[32]。通訳利用の場合も，遺言者が通訳の正確性を確認する機会は全くない。水野紀子教授は，「かりに聾唖者が遭難したときに，手話通訳者が聾唖者がある内容を（たとえばその手話通訳者に全財産を遺すという内容を）遺言したと通訳したとき，遺言者はその内容を確かめることができないまま，それが有効な遺言となってしまう。このような改正はかえって聾唖者の権利を害するものと思われる」と指摘する[33]。

---

30) 小林昭彦ほか・新成年後見制度の解説〔改訂版〕（きんざい，2017）509頁。
31) 遺言者が自書できる状態なのであれば，死亡危急者遺言によるのではなく普通方式である自筆証書遺言をするのが適当であるためとされる（小林ほか・前掲注30）398頁）。
32) 中川善之助監修・註解相続法（法文社，1951）324頁〔小山曻男〕。

## 結びに代えて

　遺言の方式要件とは，遺言が遺言者の死後に効力が生じるものであって，効力発生後に遺言者自身にその真意に出たものかを確かめることができないため，方式要件を遵守していることをもって，遺言者の真意であることを確保するというものである。しかし，死亡危急者遺言及び船舶遭難者遺言は，その遺言者が遺言書作成に関与した証拠を残すことを求めておらず，証人と確認の審判に依存した方式であり，また，これらでさえ遺言者の真意確保の機能を果たせていない。

　遺言については，遺言者の最終意思を尊重し，できる限り実現すべきという方向性が強い。しかし，遺言はその「要式性によって遺言者の意思の内容に関する真正性が担保されている」[34]のであって，「遺言制度の面倒な要式性の要求は，遺言者を守るためのものでもある」[35]。

　死亡危急者遺言は，遺言者を守るための方式に欠けており，遺言は，遺言者が作成する，そして，遺言が遺言者の真意に出たものであることを保証するのが遺言の方式要件であるという本来の姿からは離れたものとなっている。起草当時とは異なり，臨終遺言の慣習はもはや存在しないこと，遺言という制度があることも国民に広く認識されていることを踏まえると，抜本的な見直しをすることこそが遺言者を保護することになる。

　見直しの方向性としては，まず，死亡危急者遺言が利用できる状況を整理すべきであろう。

　現行の死亡危急者遺言は，遺言者が，死亡の危急に迫った状態にあるときに認められる。その上で，あくまでも遺言をする場面であるから，意思能力，遺言能力は必須である。また，方式要件の1つとして，口頭で遺言の趣旨を証人に伝えることになっており，口授能力も必要である。すなわち，死亡危急者遺言では，意思能力，遺言能力，口授能力を求めつつ，死亡の危急に迫った状態にあると言える状況であることを要求している。

---

33) 水野紀子「後見人の身上監護義務」判夕臨時増刊1030号108頁（2000）。
34) 潮見・前掲注5）472頁。
35) 水野・前掲注33）108頁。

高齢化の進んだ現代においては，死亡の危急に迫った者というとき，認知症高齢者で老衰死に向かっている者であることが少なくない。しかし，死亡危急者遺言が利用できるのは，「意思能力，遺言能力，口授能力を求めつつ，死亡の危急に迫った状態にある」者であり，単に，死亡の危急に迫った者ではない。該当するのは，認知症高齢者等ではなく，もともと意思能力等には問題がなく，しかし，例えば，事故や災害に遭って予期せず死亡する状況下に置かれた者が対象になるものと考えられる。

　そして，できる限り遺言者自身が遺言作成に関与した跡を残せる必要がある。そうでなければ，遺言者が安心して利用できる方式にはならないからである。コロナ禍で，予期せず長期の入院を強いられ，病状が悪化するなかで死を感じた場合，紙やペン，ハンコを持っているとは限らず，公証人を呼べるわけでもないが，最近では，スマートフォンが手元にある可能性のほうが高い。また，豪雨による水害の際に，SNSで連絡をとろうとした，観光船沈没事故の際，乗客が最後に親族と携帯電話でやりとりをした等の報道にも接する。そうした事例を踏まえると，デジタル技術を活用することで，緊急時にも，他人に作成させるのではなく遺言者自身で遺言を作成する方法があるのではないかとも考えられる。また，現行法のもとでは通訳人の申述によらざるを得ない遺言者が，デジタル技術を活用することで，自身の意思を（機械のみを通じて）直接伝達する手段があるのではないかといったことも，今後の検討課題となるであろう。

# Ⅳ
## 家族法学のさらなる広がり

# アメリカの婚姻尊重法と「婚姻の地位」

常 岡 史 子

 I は じ め に
 II 婚姻尊重法（RFMA）と婚姻の自由・平等
 III 婚姻の地位と婚姻の効果
 IV お わ り に

## I は じ め に

　アメリカ合衆国（以下，アメリカ）は，連邦最高裁判所が 2015 年の Obergefell v. Hodges 判決（以下，Obergefell 判決と言う）[1]によって，婚姻を異性間のものに限るとする州法は合衆国憲法第 14 修正（州における法の適正な過程と法の平等な保護）に違反すると判示したことにより，司法上，全ての州及び法域において同性婚が合法とされるに至った。さらに，2022 年 12 月 8 日には連邦議会の第 117 議会において，同性カップル及び異人種カップルの婚姻する権利に関する婚姻尊重法（Respect for Marriage Act. 以下，RFMA）が下院で可決され[2]，同月 13 日にバイデン大統領が署名をして，同法が成立した[3]。これにより，連邦法によっても，同性間及び異人種間の婚姻[4]を合法と認めるべきことが全米の州と法域に義務づけられることになった。

---

[1] Obergefell v. Hodges, 576 U. S. 644（2015）.
[2] RFMA は，下院で可決後，上院で，教会その他非営利の宗教団体が結婚式の執り行い等を強制されないことを内容とする修正案が採択され，下院での再投票となった。Congressional Record Vol. 168, No. 178, Senate（https://www.congress.gov/congressional-record/volume-168/issue-178/senate-section/article/S6770-3）. 2024 年 9 月 10 日最終閲覧。以下，各注の URL の最終閲覧につき同一日付。
[3] Congress. Gov（https://www.congress.gov/bill/117th-congress/house-bill/8404）.
[4] 異人種間の婚姻は，つとに連邦最高裁判所の Loving v. Virginia, 388 U. S. 1（1967）がこれを禁じる州法を合衆国憲法第 14 修正違反であり無効と判断していたが，同性婚と同様に，RFMA によって連邦法上の根拠づけがなされた。

それでは，RFMA の制定は，アメリカにおける婚姻という法制度について具体的にどのような意味を持つのか。同性カップルに法律上の婚姻をする自由が認められるということは，「婚姻」という地位を取得することが可能となることを意味すると言うことができるが，婚姻の地位を有することによって同性カップルと異性カップルは法律上の効果の面でも同一になったと言ってよいか。本稿では，婚姻の効果の面における同性婚と異性婚の平等という観点から，RFMA の成立が同性婚に及ぼす影響を検討し，それを一つの手がかりとして，婚姻の地位（marital status）というものについて考えてみたい。

## II 婚姻尊重法（RFMA）と婚姻の自由・平等

### 1 RFMA と婚姻防衛法（DOMA）

RFMA は，1996 年に成立した連邦法である婚姻防衛法（Defense of Marriage Act. 以下，DOMA）の廃止と，婚姻に関する各州の法規の尊重の確保をその主たる目的とする。DOMA は当時の一部の州における同性婚合法化の動きに対する保守派の懸念を受けて，連邦議会第 104 議会で成立した法律であり，そこでは，いかなる州や法域も，同性者間の関係を婚姻として扱う他の州や法域の一般法律や記録，司法手続又はそのような関係から生じる権利や請求権を有効とすることを要求されないと定めていた（DOMA 2 条，28 U.S.C. 1738C）。さらに，「婚姻」という語は一人の男性と一人の女性の夫と妻としての法的な結合のみを言い，「配偶者」という語は夫又は妻である異性の者のみを指すとも定義していた（DOMA 3 条，1 U.S.C. 7）。そして，これらの DOMA の規定のもとで，連邦政府は連邦上の諸目的のために同性婚のカップルを婚姻しているものと認めることを妨げられ，婚姻に付随する諸権利や利益，特典が同性のカップルに閉ざされるという状態が生じていた。

例えば，1997 年 1 月に会計検査院（General Accounting Office）が下院司法委員会（Committee on the Judiciary House of Representatives）からの要請に基づいて行った調査報告では，婚姻の地位が要素となる連邦法・連邦規則は 1049 件あるとされており，そこには，社会保障上の各種プログラムや退役軍人の恩給，連邦税，連邦政府の職員らの遺族年金，民間企業での雇用における福利厚生制度，移民や帰化，インディアンの人々の権利，破産法における（元）配偶者の

優先的地位，連邦議会議員や連邦政府職員らの利益相反防止義務，連邦刑法における犯罪や家庭内暴力に対する保護，連邦のローン・プログラム等が含まれるが[5]，法律上の婚姻を認められていない同性カップルはその対象外であった。また，家族法や相続法といった州法の専権に属する法分野でも[6]，近親者の地位（next of kin status），子との法的親子関係の成立，養子縁組，配偶者の相続権等多くの法的効果が婚姻という法律上の地位と密接に結びついており，同性婚を認めない州では同性カップルはこれらの効果の外に置かれていた。

その後，婚姻を一人の男性と一人の女性の法的結合とする DOMA 3 条の婚姻の定義は，2013 年の連邦最高裁判所の United States v. Windsor 判決（以下，Windsor 判決と言う）[7]において，人の自由を保障する合衆国憲法第 5 修正に違反するものであり違憲との判断が下された。ただし，この Windsor 判決は連邦遺産税に関する事案であったため（カナダで合法的に婚姻しニュー・ヨーク州に居住していた同性カップルの一方の死亡後，生存者である他方が生存配偶者の相続税の免除手続を請求した事例），州法が同性婚を禁止することの違憲性にまで踏み込むものではなかった。そして，Windsor 判決の 2 年後に Obergefell 判決によって婚姻を異性のカップルに限定する州法は合衆国憲法違反であるとの判断が示されたことで，全ての州及び法域は，同性カップルに婚姻許可証（marriage license）を発給し[8]，かつ，他州で合法的に許可された同性カップルの婚姻を承認することを求められるに至った。そのような状況のもとで，RFMA は連邦法の側面から婚姻の自由を認め，婚姻の平等を容認すべきことを各州に義務づける法律として成立した。

## 2　Obergefell 判決と婚姻の特権的地位

Obergefell 判決については，連邦最高裁判所が同性婚を合法と認めたという画期性と同時に，そこで示された法廷意見の「婚姻」観の保守性が指摘されて

---

5) United States General Accounting Office（https://www.gao.gov/assets/ogc-97-16.pdf）.
6) 合衆国憲法は第 1 章第 8 条で連邦議会の立法権限について規定し，婚姻や相続に関する事項はこれに含まれず，各州の立法に委ねられている。
7) United States v. Windsor, 570 U.S. 744（2013）.
8) 婚姻許可証の発給と婚姻の成立要件・手続について，井樋三枝子「アメリカの州における同性婚法制定の動向」外国の立法 250 号 10-11 頁（2011）参照。

いる。すなわち，同判決は，婚姻を望む同性カップルにとっては勝利であるが，自らの選択又は諸事情によって婚姻の枠外で生活を営む同性若しくは異性カップルには好ましくない影響が生じる懸念があり[9]，婚姻の特権的地位という位置づけを踏襲する同判決の立場は，個人の親密な関係形成の自由に憲法的保護を拡張しようとする方向とは反対のものであるとも評されている[10]。

Obergefell 判決の法廷意見は，婚姻する権利は，①婚姻に関する個人の選択権は憲法で保護される個人の自治に固有のものである，②婚姻は相手方に対して誠実であることを誓った二人の個人の結合を支えるものであり，それゆえ婚姻する権利は基本的権利である，③婚姻の権利は子供と家族を守るものであり，育児，生殖及び教育という関連する諸権利からもその意味が引き出される，④婚姻は社会秩序の根幹であり，それゆえ国や社会は婚姻カップルを支え，当該カップルの結びつきを守り育てるために象徴的な承認 (symbolic recognition) と物質的な恩恵 (material benefits) を提供することを約束するという4つの原則・伝統に基づいているとする[11]。特に④については，同性カップルと異性カップルの間に相違はなく，州が婚姻に重要性を付加することによって婚姻をより貴重なものとすることができるとも述べていた[12]。

Obergefell 判決が出された2015年6月26日，当時のオバマ大統領は所見を発表し，「連邦最高裁判所は合衆国憲法が婚姻の平等を保障していることを認めた。そうすることによって，すべてのアメリカ人が法の平等な保護を受ける権利があることを再確認した。」と述べた[13]。同判決以前からすでにオバマ大統領は DOMA 第3条に反対の姿勢を示しており[14]，また，政権発足当初から

---

9) Melissa Murray, *Obergefell v. Hodges and Nonmarriage Inequality*, 104 CALIF. L. REV. 1207 (2016).
10) 駒村圭吾「同性婚と家族のこれから――アメリカ最高裁判決に接して」世界873号26頁 (2015)。
11) Obergefell v. Hodges, *supra* fn. 1, 665-69.
12) Obergefell 判決には4人の判事の反対意見が付されており，そのうちロバーツ判事は，多数意見は司法の役割に関する謙抑的理念を軽視し，自らの婚姻観や自由とはどうあるべきかという理解に基づいて，婚姻という人類社会の基盤を成してきた社会制度の転換を命じたものであると批判する。Obergefell v. Hodges, *supra* fn. 1, 689.
13) White House, Remarks by the President on the Supreme Court Decision on Marriage Equality (https://obamawhitehouse.archives.gov/the-press-office/2015/06/26/remarks-president-supreme-court-decision-marriage-equality).
14) U. S. Department of Justice, Statement of the Attorney General on Litigation Involving the De-

LGBTの保護と権利の保障を進め，同性カップルと異性カップルの扱いの格差是正等を連邦機関に要請していた[15]。これが，1000件以上の連邦法や数百の連邦規則の見直しの引き金になったとされ[16]，その中には，連邦職員の配偶者に対する手当の同性カップルへの拡大やLGBTの入院患者のパートナーの病院訪問権等が含まれていた[17]。このような行政的措置は小さな改革に見えるが，実は一般のアメリカ人の生活に大きな効果を及ぼすものであったと評価されている[18]。

　2017年にトランプ政権に変わると，オバマ政権のもとで行われた同性婚やLGBTQ保護の法律や諸施策は廃止や変更の対象となった[19]。しかし，2021年のバイデン政権への交代によって，現在はホワイト・ハウス主導で再びLGBTQの保護と支援が進められている[20]。そこからは，同性カップルの婚姻の自由と平等という優れて人権に関わる課題も，極めて政治的かつ政策的な性格を有するとともに，少なくとも連邦のレベルでは，大統領の権限に基づいて婚姻の特権的地位を同性カップルに拡大するための施策や措置を行うことが一定程度可能であり，現に行われていることが見て取れる。では，RFMAの制定は同性婚にとってどのような意味を持つのか。

---

fense of Marriage Act, February 23, 2011（https://www.justice.gov/opa/pr/statement-attorney-general-litigation-involving-defense-marriage-act）．

15) White House, Office of Management and Budget, Implementation of Memorandum Concering Regulatory Review（January 21, 2009），Open Government Directive（December 8, 2009），Legislative Coordination and Clearance（April 15, 2013）（https://obamawhitehouse.archives.gov/omb/memoranda_2009）etc., Attorney General, Memorandum to the President, June 20, 2014（https://www.justice.gov/iso/opa/resources/9722014620103930904785.pdf）．

16) Juliet Eilperin, *Obama's Quiet Transgender Revolution*, Washington Post（December 1, 2015）（https://www.washingtonpost.com/politics/obamas-quiet-transgender-revolution/2015/11/30/6879527e-95e4-11e5-b5e4-279b4501e8a6_story.html）．

17) White House, *supra* fn. 15.

18) Eilperin, *supra* fn. 16.

19) 中川かおり「【アメリカ】性差別禁止によるLGBTQ保護等に関する連邦施策」外国の立法286-1号20頁（2021）。

20) 市瀬由香里「米国におけるLGBTの政治的現在地　激化する『文化戦争』」日本総研「米国情勢報告」6-7頁（2023）（https://www.jri.co.jp/page.jsp?id=105829）。*See*, Executive Order 13985 of January 20, 2021, "Advancing Racial Equity and Support for Underserved Communities Through the Federal Government,"（https://www.whitehouse.gov/briefing-room/presidential-actions/2021/01/20/executive-order-advancing-racial-equity-and-support-for-underserved-communities-through-the-federal-government/）．

## 3　RFMA と Obergefell 判決

　RFMA の成立には，2022 年 6 月に連邦最高裁判所が出した Dobbs v. Jackson Women's Health Organization 判決（以下，Dobbs 判決と言う）[21] の影響があったことが指摘されている。同判決は，女性の妊娠中絶の権利を認めた 1973 年の Roe v. Wade 判決[22] とこれに依拠する 1992 年の Planned Parenthood of Southeastern Pennsylvania v. Casey[23] 判決を覆したものであり，Dobbs 判決が出たことで州法による中絶の制限が可能となった。さらに，トーマス判事が Dobbs 判決の多数意見への同意意見の中で，Griswold v. Connecticut 判決（結婚している者の避妊の権利）[24]，Lawrence v. Texas 判決（同性愛者の性行為等）[25]，及び Obergefell 判決を含め実体的デュー・プロセスに関する先例を再検討する必要があると述べたことによって，同性婚が再び州法によって禁じられる事態が生じうるとの懸念が社会に広がった[26]。そのようななか，2022 年 7 月に婚姻尊重法案が連邦議会下院で可決され，前述 I のように同年 12 月 13 日に RFMA が成立するという迅速さであった[27]。

　RFMA については，連邦議会での採択において超党派議員による支持が見られたことも特筆される[28]。この点に関し，アメリカにおいて将来的に同性婚や婚姻の平等をめぐる二極対立が解消するということを意味するわけではなく，今後も法廷であれ政治の場であれこの問題に対する抵抗は残るだろうとの指摘もある[29]。ただし，少なくとも，同性婚に対する法的及び文化的受容度はかつて考えられていたよりも高まってきていると言うことはできる[30]。

---

21) Dobbs v. Jackson Women's Health Organization, 597 U. S. 215（2022）.
22) Roe v. Wade, 410 U. S. 113（1973）.
23) Planned Parenthood of Southeastern Pennsylvania v. Casey, 505 U. S. 833（1992）.
24) Griswold v. Connecticut, 381 U. S. 479（1965）.
25) Lawrence v. Texas, 539 U. S. 558（2003）.
26) JETRO, 2022.12.9（https://www.jetro.go.jp/biznews/2022/12/645302a4eb1f549d.html）.
27) Congress. Gov（https://www.congress.gov/bill/117th-congress/house-bill/8404/actions）.
28) 上院での投票では民主党議員・独立系議員 49 名に加えて共和党議員 12 名が，下院での最終投票では民主党議員 219 名と共和党議員 39 名が賛成票を投じた。U. S. Senate（https://www.senate.gov/legislative/LIS/roll_call_votes/vote1172/vote_117_2_00362.htm），Office of the Clerk, U. S. House of Representatives（https://clerk.house.gov/Votes/2022513）.
29) Clare Huntington, *Pragmatic Family Law*, 136 Harv. L. Rev. 1501, 1530-1531（2023）.
30) Huntington, *supra* fn. 29, 1531.

## 4 RFMA の意義

　RFMA は，婚姻の平等に対する「十分な信頼と信用」の実現のため，DOMA による旧 1738C 条を削除し，新たな 1738C 条（28 U.S.C. 1738C）として，州法に基づき行動する者は，(1) 性別，人種，民族若しくは出身国に基づく，二人の個人間の婚姻に関連する他州の一般法律，記録若しくは司法手続への十分な信頼と信用，又は (2) それらの個人の性別，人種，民族若しくは出身国を根拠に当該州法の下でそのような婚姻が認容されないであろうことに基づいて，そのような婚姻から発生する権利若しくは請求権を，否定してはならないと規定する（RFMA 4 条 (a) 項）。また，婚姻の定義についても，DOMA を修正して，「婚姻の地位（marital status）が要素となる連邦の法律，規則及び規制においては，婚姻が二人の個人の間で締結されたものでありかつ婚姻が行われた州において有効であるか，又は，婚姻が州外で行われた場合にはその婚姻が二人の個人の間で締結されたものであり，婚姻が行われた場所において有効であってかつその婚姻が州においても行われ得たであろうというときは，その者は婚姻しているとみなされる。」という規定に改めた（RFMA 5 条 (a) 項，新 1 U.S.C. 7）。ただし，非営利の宗教団体に関する修正条項が付されており[31]，RFMA は宗教の自由と信教的良心に何の影響も及ぼさず，また，合衆国憲法第 1 修正に従って，非営利の宗教団体は結婚式の挙行又は祝賀のためにサービス等を提供することを要求されてはならず，これを拒否したことによって民事上の請求権若しくは訴訟原因（cause of action）が発生することはないとしている（RFMA 6 条）[32]。

　RFMA は，婚姻する権利を連邦法において成文化したというものではなく，合衆国憲法第 4 章 1 条の十分な信頼と信用条項（full faith and credit clause）に沿って，各州は，他州で同性婚が行われた場合にそれを有効と認めなければならず，同性カップルは異性カップルと同じ連邦制度上の便益を受ける資格があると定めているにすぎないとの指摘がある[33]。RFMA が制定されたことで，

---

31) 前掲注 2) 参照。
32) RFMA 制定後，合衆国憲法第 1 修正の言論の自由に根拠を置くものであるが，コロラド州のウェブ・デザイナーに，信仰上の理由によって同性カップルの結婚式のウェブサイト作成サービスを拒否することを認める連邦最高裁判所判決が出ている（21-476 303 Creative LLC v. Elenis）。
33) Elise Skarda, *The Respect for Marriage Act: Limitations, Protections, and Future Implications,*

今後 Obergefell 判決が連邦最高裁判所によって覆されることがあったとしても既存の同性婚が遡及的に無効とされるのを防ぐという点では、RFMA は重要な意味を持つ[34]。しかし、同性婚の合法性は依然として Obergefell 判決に依拠しているのであり、将来、同判決が覆された場合には、同性婚の承認は再び各州法に委ねられることになる[35]。その場合、RFMA は十分な信頼と信用条項を再確認し、他州で有効に行われた婚姻を承認しなければならないことを各州に促すのみで、同性婚のカップルに対し追加的な保護を提供することはほとんどないとも言われている[36]。

## Ⅲ　婚姻の地位と婚姻の効果

### 1　RFMA と婚姻の理念

RFMA は 2 条で、議会の所見として、①婚姻は愛、忠誠、献身、犠牲及び家族という最も崇高な理念を体現しており、それゆえ、婚姻ほど深淵な結合はない、②婚姻におけるジェンダーの役割についての多様な信条は、慎み深くかつ高潔な宗教的又は哲学的前提に基づく道理的で誠実な人々によって維持されており、それゆえ、本議会は、そのような人々とその多様な信条が適切な尊重を受けるべきことを確認する、③異人種及び同性のカップルを含め、これまで何百万もの人々が婚姻し、婚姻に伴う権利と特権を享受してきたのであり、婚姻に加わるカップルは、婚姻が家族と子供に与える尊厳、安定性及び継続的な保護を受けるに値する、との理念を記している（RFMA 2 条）。ここで示されている婚姻観は Obergefell 判決の法廷意見にも通じ（前述Ⅱ2）、保守的色彩が表れている。その一方で、③の観点は、租税や雇用における手当といった行政施

---

Minnesota Journal of Law & Inequity, Vol. 41（https://lawandinequality.org/2023/03/03/the-respect-for-marriage-act-limitations-protections-and-future-implications/）.

34) Skarda, *supra* fn. 33. RFMA は第 8 条に可分条項（severability）を置く。

35) Kaitlyn Radde, *What dose the Respect for Marriage Act do? The answer will vary by state*（https://www.npr.org/2022/12/08/1140808263/what-does-the-respect-for-marriage-act-do-the-answer-will-vary-by-state）. Obergefell 判決前に同性婚を認めていたのは 18 州とワシントン D.C.、認めていなかったのは 32 州であり、Obergefell 判決が覆されるとこれら 32 州の州法が再び施行可能となりうるとする。

36) Skarda, *supra* fn. 33.

策的性格の婚姻の特権的地位とは異なる，婚姻の本質に繋がる事柄と言うことができる。以下では，この点につき同性婚における親子関係の成立と配偶者相続権を取り上げて，考えてみたい。

## 2　同性婚と親子関係

親子関係成立の要件は州法の専権事項であるが，統一法委員会 (Uniform Law Commission. 以下，ULC)[37] が州法間の相違の解消と規定の統一を目的として統一親子関係法 (Uniform Parentage Act. 以下，UPA) を作成・公表している[38]。UPA のオリジナル版は 1973 年に公表され，2002 年と 2017 年に改定版が出ている。特に 2017 年版 (以下，UPA (2017)) は，Obergefell 判決による同性婚の合法化を受けて，婚姻が一人の男性と一人の女性の結合であることを前提に婚姻している女性が産んだ子の父をこの女性の夫と推定する従来のルールを修正し，同性婚の一方配偶者から生まれた子の親子関係にも対応可能な規定に UPA の諸条文を改めた[39]。UPA (2017) は，その公表後，2018 年にワシントン，バーモント，カリフォルニア，2020 年にロード・アイランド，2021 年にメインとコネチカットが採択して州法として立法化しており，2022 年にコロラドも実質的に同内容の州法を制定した。さらに，2023 年にペンシルベニア，カンザス，ハワイ，ネバダ，2024 年にマサチューセッツ，ミネソタの各州が続けて UPA (2017) の導入を決定した[40]。Obergefell 判決前にはコロラドとカンザスは州憲法 (Colo. Const. Art. II, §31, Kan. Const. Art. 15, §16) で，ペンシルベニアは州法 (Pa. Con. Stat. Title23 §1704) で同性婚を禁止しており (上述

---

37) ULC は法律の専門家等の私的団体であり，アメリカにおける州法の統一の促進を目的とする。正式名称は統一州法委員全国会議 (National Conference of Commissioners on Uniform State Laws, NCCUSL) であるが，Uniform Law Commission という呼称が用いられており (ULC The Constitution §1.01. Name)，本稿では ULC の表示で統一する。

38) ULC, Parentage Act (https://www.uniformlaws.org/committees/community-home?communitykey=c4f37d2d-4d20-4be0-8256-22dd73af068f).

39) ULC *supra* fn. 38, UPA (2017), 1. UPA につき，常岡史子「アメリカ法」法務省「各国の親子法制（養子・嫡出推定）に関する調査研究業務報告書」165-184 頁 (2018)。

40) ULC, *supra* fn. 38. ただし，ネバダ州では知事の拒否権行使により，次期の議会に持ち越されている (https://www.leg.state.nv.us/App/NELIS/REL/82nd2023/Bills/Vetoed)。ハワイ州では，UPA (2017) を取り入れた改正法が 2024 年 1 月 1 日に発効予定であったが，2024 年の通常議会に持ち越された (https://www.courts.state.hi.us/news_and_reports/legislative_update)。

のその他の州は当時すでに同性婚を合法としていた),これらの州が同性婚を含むことを前提とした親子関係法の整備に向かったことは興味深い。

連邦最高裁判所は,2017年のPavan v. Smith 判決[41]において,同性婚の女性の一方から生まれた子の出生証明書につき親として他方の女性の名もともに記載し,異性婚の子の場合と平等に扱うべきとの判断を下していた。また,州においても,アリゾナ州最高裁判所が,婚姻上の父性推定は婚姻の利益であって,州は同性配偶者に異性配偶者に与えられるのと同じ利益を否定することはできず,州法の定める婚姻による父性推定規定を異性婚のみに適用し同性婚に適用しないことは合衆国憲法第14修正に違反するとした[42]。このような状況を受けてULCはUPA（2017）を策定し,親子関係の推定,任意認知（voluntary acknowledgement of paternity）,遺伝子検査及び生殖補助医療に関する諸条文を性別に中立的な規定とした[43]。そこには,親子関係を定める州法が合衆国憲法と適合的であるための指針を提供するとともに,家族の在り方が多様化する中で,親子関係の確定に法的明確性を与え,不必要な訴訟を回避させる役割も意図されていた[44]。

UPAは1973年のオリジナル版以来,親の婚姻関係の有無に関係なく嫡出子と非嫡出子（婚外子）を平等に扱うことを目的とする。ただし,親の婚姻を親子関係の推定原因の一つとする立場は維持しており,これは同性婚を含むUPA（2017）でも同様である。UPA（2017）204条（a）項（1）（A）,（B）は,婚姻中に女性が出産した子又は婚姻の終了後300日以内に出産した子につき,当該婚姻の（元）配偶者は親と推定されると規定する。また,生殖補助医療で出生した子の親子関係では,親となることを意図する者（intended parent）[45]を婚姻しているか否かで区別することはしないが,婚姻している女性の配偶者

---

41) Pavan v. Smith, 582 U.S. 563 (2017).
42) McLaughlin v. Jones, 401 P. 3d 492 (Ariz. 2017). 他に,Roe v. Patton, 2015 WL 4476734 (D. Utah. 2015)（生殖補助医療における同性婚の女性配偶者と異性婚の男性配偶者の扱いに関する事例）。
43) ULC supra fn. 38, UPA (2017), 12-13, Jamie D. Pedersen, The New Uniform Parentage Act of 2017, ABA Family Advocate, Spring, 2018 Vol. 40, No. 4.
44) ULC supra fn. 38, UPA (2017), 1-2.
45) intended parentとは,既婚か未婚かを問わず,生殖補助医療によって懐胎された子の親として法的な権利義務を負う意思を表示する者を言う（UPA（2017）102条（13）項）。

がそのような医療により出生した子との親子関係を争う場合には制限が課されている。そこでは，子の出生時に，生殖補助医療によって子を出産した女性の配偶者である者は，子の出生後 2 年以内に訴訟を提起し，かつ裁判所がこの配偶者が生殖補助医療に同意していなかったか若しくは同意を撤回したと認めた場合を除き，原則として子との親子関係を否定することができないと定めている (UPA (2017) 705 条 (a) 項)。

## 3 同性婚と配偶者相続権

被相続人の配偶者は，遺言や契約という別途の法的手段によることなく，被相続人の死亡によって法定の相続権が認められる。他方で，婚姻の地位を持たない事実婚の当事者は相互に相続権が認められないという点では，同性カップルと異性カップルともに共通する。したがって，Obergefell 判決後同性婚が全米において合法とされた現在のアメリカにおいて，法定相続権の場面では同性婚と異性婚の婚姻の地位に本質的な違いはないと見ることができる[46]。無遺言相続や遺言に関する各州法は，同性婚の生存配偶者にも異性婚と同様に適用される。

相続における生存配偶者の保護は各州法での基本的方針であり，多くの州法では配偶者相続権の他に家産 (Homestead) の確保や家族手当 (family allowance)，選択的相続分 (elective share) 等の様々な規定を置く。これらは，一般に，生存配偶者に財産を残すというのが被相続人の意思であろうとの推定や，被相続人とその配偶者は生活をともにする存在であることから，そこにおける扶養義務やパートナーシップ関係に依拠すると言うことができる[47]。しかし，これらが配偶者の無遺言相続権の根拠であるならば，同様のことは同性カップルであれ異性カップルであれ事実婚の当事者にも当てはまるとも言える。現実にも，婚姻はしていないがドメスティック・パートナーシップ制度等に登録しているカップルについて，ワシントン D.C. や複数の州では法律婚の配偶者

---

46) ULC が 2019 年に公表した統一検認法典 (Uniform Probate Code) 改定版 (以下，UPC (2019)) も，相続法について性別に中立的な文言に条文を変更している。同法につき，常岡史子「アメリカ法」大村敦志監修・相続法制の比較研究 (商事法務，2020) 257-263 頁。
47) *See*, Robert H. Sitkoff & Jesse Dukeminier (ed.), Wills, Trusts, and Estates 74-76, Wolters Kluwer (11th Kindle ed. 2021).

と同様の無遺言相続権を認めており（ワシントン D.C.（D. C. Code§19-114），カリフォルニア（Cal. Prob. Code§37），ニュー・ジャージー（N. J. Stat.§3B: 5-3），ネバダ（Nev. Rev. Stat.§122A. 200），ハワイ（HRS§560: 2-212. 名称は互恵的受益者（reciprocal beneficiary）），メリーランド（Md. Estates and Trusts Code Ann.§2-214）），また，法律婚の配偶者と完全に同一ではないが生存当事者に法律上の一定の権利や給付を定める州もある（オレゴン（ORS§106.340），ワシントン（Rev. Code Wash.（ARCW）§11.62.030）等）。

しかし，これらと異なり，パートナーとして登録制度等によりその関係が公的に確認されていないカップルについて，同一世帯・同一家計での生活や子育て等を含む家族としての共同生活の存在という事実を個別に認定し，それを根拠に配偶者と同様の者として相続権を認めることにまで対象を拡大することは，個々の事案における相続人間の紛争を招き，そのようなパートナーの地位の確認を求める訴訟を誘発することが予想される[48]。実際にも，コモン・ロー婚（common-law marriage. 婚姻の法的効力が認められる事実婚）を認める州では，当事者の一方が死亡した後に他方が法的な配偶者として認められるかどうかがしばしば法廷で争われている[49]。

## Ⅳ　お わ り に

同性婚の承認は，婚姻という法制度についてあらためて考える機会を提供する。親子関係について見れば，婚姻関係，生物学的関係そして意思の３つの観点が親子関係の成立において重要な要素となっている。そして，離婚・再婚や非婚による家族の形の複雑化に伴って，親子関係の決定における婚姻の役割の縮小という見方も出てくるところである。しかし他方で，遺伝子検査が普及した現在においても，婚姻による推定には遺伝的関係を超えて法律上の強力な推

---

48) SITKOFF & DUKEMINIER, *supra* fn. 47, 77 は，パートナー登録制度を設け登録カップルに相続権を認める方法についても，教育や経済的格差の大きいアメリカではそのような制度を知らないカップルが保護から外れる懸念があると指摘する。

49) コモン・ロー婚を認めるのはテキサスやコロラド，ニュー・ハンプシャー等10州に満たない。コモン・ロー婚の生存配偶者である妻と被相続人の子供たちとの間で配偶者相続権をめぐり争いとなった近時の事例として，Estate of Durrell, Tex. App.- Corpus Christi [13th]（2019），Gill v. Vordokas, 656 S. W. 3d 398（2022）等。

定力が依然として認められるとの主張も見られる[50]。法律上の推定がある場合，一定の事実の存在が確立された後は推定を覆すための立証責任は相手方にあり，裁判所による事案解決にとって有用で効率的な法制度的手法であると言えるが[51]，婚姻に基づく親子関係の推定は，UPA（2017）がねらいとしていた法的明確性や不必要な訴訟の回避という点においても（前述Ⅲ2），なお意味を失っていないように思われる[52]。

　配偶者相続権について見ると，ドメスティック・パートナーシップ制度等への登録によって法律婚の配偶者と同様の権利を認める諸州の動向からは（前述Ⅲ3），婚姻の地位を有していることが唯一の要件ではないことが見て取れる。相続がカップル当事者のみの問題ではなく他の相続人や受遺者，債権者等の権利にも関わることからすれば，配偶者又はパートナーとしての地位の認定において婚姻又は一定の公的な登録制度に拠るとの方法には相当性が認められると考えられる[53]。一方，国勢調査局のデータによれば，2021年にアメリカの同性カップルの世帯は約120万世帯であり，そのうち約71万世帯が既婚，約50万世帯が非婚であった[54]。相続権をはじめ婚姻とドメスティック・パートナーシップ制度の効果面での差異が解消されつつある場面も増えるなかで，同性婚を含め婚姻を選択する人々に対して法はどのような役目を果たしていくのか，弛まぬ検討が求められる。

---

50) James J. Vedder & Brittney M. Miller, *Presumptions in Paternity Cases: Who Is the Father in the Eyes of the Law?*, ABA Family Advocate, Spring, 2018 Vol. 40, No. 4. *See*, Leach v. Leach, 942 S. W. 2d 286, 288 (Ark. Ct. App. 1997), Michael H. v. Gerald D., 491 U. S. 110 (1989).
51) Vedder & Miller, *supra* fn. 50. *See*, Stanley v. Illinois, 405 U. S. 645 (1972).
52) Vedder & Miller, *supra* fn. 50 は，意思的アプローチについて，裁判所が個々の事案において当該親の意思や行動に注目して判断することが求められる点を課題として指摘する。一方，婚姻に基づく親子関係の推定には，法的明確性のみでなく婚姻関係にあるカップルによる子をもうけ育てるという意思的要素も含まれうると考えられる。
53) ULC は UPC（2019）においてシビル・ユニオンやドメスティック・パートナーに対応する条文を設けているが，例えば「共同の世帯を営んでいること」を要件として事実婚の当事者の相続権を規定することはしていない。
54) United States, Census Bureau (https://www.census.gov/library/stories/2022/11/same-sex-couple-households-exceeded-one-million.html).

# 「個人財産制」と家族——フランス法における夫婦共通財産・個人企業者事業資産・尊厳資産

齋 藤 哲 志

Ⅰ　はじめに
Ⅱ　基礎：共通財産における債務
Ⅲ　発展：共通財産と事業関連債務

## Ⅰ　は じ め に

　水野紀子教授は，近時の論考[1]において，家族の財産関係の諸分野を次のように描写されている。「西欧諸国の法は，個人主義の世界であ」るのに対して，日本社会に存したのは「個人財産ではなく家産であった」。明治民法は，「個人財産制を立法し」つつ，「家産を当主の個人財産と」することで現実との懸隔を埋めた。弥縫策が不要となった「現在の日本では，個人財産制が確立していることを疑う余地はなかろう。しかしその全貌を眺めると，母法における個人財産制の運用とは大きく異なっている」（78頁）。

　以上の視角は，家と個人との単純な二項対立を志向するものではない。たしかに，財産管理の諸制度，監督者責任などについては，「家」と表象されうる団体的機序の残存が指摘される。その一方で，戸籍等の行政インフラに関しては，世帯を通じた個人の公的把握の効率性が特筆される。さらに相続については，戦後改正により家督相続という表層が削られることで（「引き算の改正」〔91頁〕）露出した個人財産制が大手をふるう様が描かれる。これらの諸論点は，出発点・方向性は異にしつつも，民法上の諸制度を支えるべきインフラの欠如，とりわけ「ホームローヤー」（93頁）としての公証人の不在と，裁判所による

---

[1] 水野紀子「個人財産制と法手続に関する一考察」民法学の継承と展開（中田裕康先生古稀記念）（有斐閣，2021）73頁以下。引用頁は本文割注に記載。

監督・介入の貧弱さの告発へと収斂する。

　本稿は，以上の立論の前提である「個人財産制」につき，フランス法の枠組みに即して若干の敷衍を試みる。論ずべきは夫婦[2]財産法との関係である。水野教授が的確に指摘されるように「家族の保護は，西欧法の個人財産制においても当然要請される課題である」(90頁)。フランス法をみれば，夫婦財産法が，一方で，家族の重要な財産の処分に制約を課し，他方で，生存配偶者の生活を支える。これに対して日本法は，後得財産の清算の意義を有する比較的大きな配偶者相続分によって割り引かれるとしても，「まるで他人間の共同生活であるような，極端な夫婦別産制」(90頁)を採っている。財産分与や寄与分などの修正ルールが設けられるが，基本の構造は変わらない。

　根本的な再構築が目指されたこともあった。共有制[3]への転換の提言である。しかし，「消極財産も共有となるため必ずしも妻の保護になるとは限らないという反論が加えられてきた」(87頁)〔圏点筆者〕。本稿では，この「消極財産の共有」の意味を確認する。

　フランス法には，夫婦の各人が負った債務が共通財産 (communauté, biens communs)[4] に属する財を引当てとする[5]，との規律がある。しかし，1985年改正によって完成された夫婦財産法にとって「アキレス腱 (talon d'Achille)」[6] であり続けている。それがなければ夫婦は立つことさえできないが，比較的容易に切れてしまう。危うい部位をみるにあたっては，仕組みそれ自体の解剖を

---

[2] 現行フランス法上の婚姻制度は性差を問わない。これを前提とする訳語は避けられてよい。例えば「婚姻財産法」と表記することもできる。しかし日本法の現状を批判的に照射すべく「夫婦財産法」とする。

[3] 1980年改正に至る過程での提案につき，「特集 相続人・相続分／夫婦財産制／寄与分」ジュリ596号15頁以下 (1975)。

[4] 指摘するまでもないが，常に分割請求が可能であること(仏民815条)が共有(不分割)(indivision)の本質を成すから，それが許されない communauté について，本来は「共有」という訳語を充てるべきではない。伊藤昌司「法制審身分法小委の1975年 (昭和50年) 中間報告と夫婦財産『共有』制」新世紀へ向かう家族法 (中川淳先生古稀祝賀記念) (日本加除出版, 1998) 133頁以下。

[5] 「引当てとする」「引当てとなる」との表現 (engager より) は，後出の「追及する」「追及される」とともに，明晰とはいえないが，フランス法上「責任財産」に相当する語はないこともあり，苦肉の策として用いる。

[6] Ch. Goldie-Genicon, «L'articulation du statut de l'entrepreneur individuel et du droit patrimonial de la famille», *Bull. Joly Entreprises en difficulté*, juill.-août 2023, p. 4, spéc., p. 9, qui cite Ph. Simler, «EIRL et communauté de biens entre époux», *JCP G* 2011, act. 4.

要するであろう。まずは「個人財産制」との関係でこれを行う。その際,「個人財産制」を,拙別稿[7]での用語法に則して「人（人格）＝資産の等式」と読み替える。これにより,共通財産の性質論にもアプローチしうる（Ⅱ）。

アキレス腱ならば,周辺の部位を鍛えつつ,これ自体は切れないように気を配るよりほかない。しかし,それでは足りないと感じられてきた。近時,個人企業者（個人事業者）（entrepreneur individuel）につき,上記の等式それ自体が俎上に載せられた。しかし,「どうやら立法者は,個人企業者が婚姻している可能性を失念したようである」[8]。実際,新制度は夫婦財産制との接合に困難を抱えている。特定の財を保護する既存の解法に立ち返る必要がある（Ⅲ）。

以上のように本稿は,夫婦共通財産を素材として「個人財産制」と家族の関係を探る。「母法」を繙くことで日本法を鋭く批判されてきた水野教授の諸業績からすれば,前者のみを,しかも不十分に検討するにすぎない。それでも共通財産の理論的意義とそれを取り巻く現況の確認は,我が国における共通（共有）制導入論の再吟味につながるものと期待する。

## Ⅱ 基礎：共通財産における債務

フランス夫婦財産法の全体像の提示はひとまず別著[9]で終えたことを前提に,以下では,共通財産中の財が夫婦各人の債務の引当てとなる,との規律の意義を敷衍する[10]。問いは,共通財産の存在によって,それが存在しない場合に比

---

[7] 拙稿「死者の生かし方——フランス相続法における人格承継原理の射程」飯田高＝齋藤哲志＝瀧川裕英＝松原健太郎編・リーガル・ラディカリズム——法の限界を根源から問う（有斐閣,2023）233頁以下〔初出2020〕では,相続財産との関係でこれを論じた。そこでは「人格承継」という相続法上の用語を意識して「人格＝資産」と表現したが,本稿では「人＝資産」とする。本稿後出の「尊厳」の語が,日本法の語彙体系の下では人格権と親近性が高く,「人格」の語を用いると混乱をもたらしかねないためである。

[8] Ch. Goldie-Genicon, *op. cit.*, p. 10. V. aussi, M. Nicod, «L'entrepreneur individuel a aussi une famille», *Dr. fam.* avr. 2022, repère 4.

[9] 幡野弘樹＝齋藤哲志＝大島梨沙＝金子敬明＝石綿はる美・フランス夫婦財産法（有斐閣,2022）。以下の本文は,同書の第2部第1章第2節〔幡野〕,第2部第3章第4節〔齋藤〕を異なる観点から説明し直したものである。以下,引用の際は『フラ』と略記する。

[10] 以下,紙幅に鑑みて,現行法を念頭に説明する。本来は,過去の学説を引く際には,その時点における夫婦財産法を前提とすべきである。

して何が変わるのか，というものである。「人＝資産の等式」(以下,《等式》と表記）に関わる。まずは定義を要する。

「資産」概念が定式化された時点に遡ることが便宜である[11)12)]。資産とは，素朴には複数の財を包含する財産体（masse de biens）を意味するが，特定的には，ある人が有する積極財産，消極財産のいずれをも含み，かつ，その内包の変更にかかわらず同一性を失わない法的包括体（universalité de droit）を指す。自然人であれ法人であれ，ある存在が法的な意味で「人」であるならば，必ず「資産」を有する。「資産」は「人」の諸活動の基礎であり，「人であることの発現（émanation de la personnalité）」とも表現される。《等式》は，以上の関係を表現したものである。

《等式》の2つのコロラリーを挙げておこう。第1に，等号の左がゼロであってはならない。原則として，人ではない資産は存在しない。第2に，等号の右が複数であってはならない。原則として，人が複数の資産を有することはできない。後者は特に「人（personne）と資産（patrimoine）との一対性（unité, unicité）」と称されることがある。

本稿との関係では，《等式》が「人」が債務を負うメカニズムそれ自体を説明する点が重要である。すなわち「人」が債務を負い消極財産を増やすとき，この「人」の積極財産のみがその引当てとなる。日本法の用語に従えば，後者が前者の責任財産となる。フランス法上，債権者は，債務者の資産中の積極財産の上に一般担保権（droit de gage général）（民法典[13)] 2285条）を有する，と表現される。この推論のポイントは，債務と積極財産との関係が，債務者の「人＝資産」の内部で完結し外部遮断的（imperméable）[14)]であることに存する。債権者にとってみれば，その一般担保権は，債務者の資産中の積極財産に限局

---

11) 拙稿・前掲注7) 242頁。なお，《等式》の出所であるオブリー（C. Aubry）とロー（C.-F. Rau）の概説書は，共通財産には資産概念を適用しない。参照，高橋朋子・近代家族団体論の形成と展開——家族の団体性と個人性（有斐閣，1999）78頁。

12) 邦語での先行研究についても，拙稿・前掲注7) を参照。さらに近時の論考として，湯本あゆみ「フランスにおける資産概念と法的総体（1）（2・完）——家族財産法研究序論として」法学87巻2号30頁以下，3号35頁以下（2023）。夫婦財産法につき，同（2・完）77頁以下。

13) 法令名又は「L.」を前置しない場合はすべて民法典の規定である。夫婦財産法に関する条文訳は『フラ』巻末を参照。

14) T. Revet, «La désubjectivation du patrimoine», D. 2022, p. 469, spéc., n° 3.

(cantonnement)[15] されている。こうした特徴を「資産の自律性 (autonomie)」[16]と称することとしよう。これを規準として，共通財産が資産であるか否かが判別される。まずは，法定共通制下の夫婦が負う債務について，共通制存続中[17]の規律（1）を，次いでその終了後の規律（2）をみてみよう。以下，夫婦の一方をＡ，他方をＢとする。

## 1　2人で3つ

婚姻を経た後も，ＡもＢも「人」であることに変わりはなく，各人が「資産」を持つ[18]。その一方で，夫婦財産契約が締結されない限りは，法定共通財産制が適用される。3つの財産体，すなわち，共通財産，Ａの固有財産 (propres, biens propres)，Ｂの固有財産が区別される。共通財産中の積極財産は，主として[19]，共通制存続中に各人が得た後得財産 (acquêts) から成る（1401条）。また，詳細は以下に述べるが，共通制存続中に発生した債務は原則として共通財産中の消極財産とされる（1409条）。固有財産もまた積極財産と消極財産を内包する。すると，いずれの財産体も積極財産と消極財産によって構成されるから，「人」は2人であったはずが，「資産」が3つあるかのごとくである。前述の自律性について検証を要する。債務の処遇に着目すべきである。

### (1) 外部関係：対債権者

既述のとおり，資産の内包である消極財産すなわち債務につき，もう一つの内包である積極財産が引当てとなる。ここで《等式》が成立していれば，等号の存在故に，「誰が債務者か？」（以下【問α】とする）を問うだけで自動的に引当てとなる財産が指示される。言うまでもないが，Ａが債務者であれば，Ａ

---

15) *Ibid.*, n° 28.
16) J. Rochfeld, *Les grandes notions du droit privé*, 3ᵉ éd., PUF, 2023, p. 465 et s.
17)「婚姻中」では厳密でない。婚姻は継続しているが，共通制は終了している場合（法定別居，裁判上の別産宣言，夫婦財産制の変更）があるためである。
18) 自明であるためか，この旨は必ずしも強調されない。これを推論の起点とする R. Libchaber, «Les incertitudes de la notion de communauté», *in Mélanges G. Champenois*, Defrénois, 2012, p. 583 et s. は貴重である。
19) 相続等によって取得した財，固有財産からの収益など，共通積極財産を構成する他の要素については，『フラ』94-97頁〔大島〕。

の資産中の積極財産が引当てとなる。

しかし，共通財産があると【問α】では尽くされない。例えばAが債務者となった場合，A自身の固有財産中の積極財産[20][21]ばかりでなく，共通財産も引当てとなる可能性がある。つまり，【問α】に加えて，「<u>どの財産体が引当てとなるのか？</u>」（以下【問β】）と問いを立てる必要がある。債権者の観点からいえば，自身はどの財産体を追及（poursuivre）しうるのか[22]，どの財産体に属する個別の財を差し押さえうるのか[23]，という問題である。

【問β】に関する準則は2つに分けられる。第一に，A・Bが共同名義で債務を負った場合（1418条1項の反対解釈），又は，A・Bの連帯債務であった場合（1418条2項により共同名義とみなされる），債権者は共通財産を追及することができる。日常家事債務は原則として連帯をもたらすため（220条1項）[24]，この準則に従うことになる。さらにこれらの場合，A・Bいずれも債務者であるから，それぞれの固有財産を追及することも当然に可能である（1413条ただし書の反対解釈）。要するに，3つの財産体すべてが引当てとなる。

第二に，債務がAの単独名義である場合は次の準則に従う。Aは債務者であるから，A自身の固有財産が追及を受けることはよい。また，Bは債務者でないから，Bの固有財産は追及されない（1418条1項）。その一方で，<u>原則として</u>，債権者は共通財産をも追及することができる（1413条本文。例外はⅢで後

---

[20] 以下，煩雑になるため，論述上不可欠な場合を除き，「○○中の積極財産」とせずに，「○○財産」とのみ表記する。

[21] 説明の便宜からここでは敷衍しないが，「利得及び給与（gains et salaires）」（条文によっては「収入（revenus）」とも表現される）の扱いを押さえておく必要がある。各人の利得・給与は共通財産に属するが（『フラ』95頁〔大島〕），各人の排他的管理権に服する（同138頁〔石綿〕）。その結果，Aが債務を負った場合，A自身の固有財産，及び，共通財産中のAの利得・給与は，当然に引当てとなる。換言すれば，共通財産のこれらの部分については下記の【問β】の精査を要しない。本文で後述（Ⅲ冒頭）するのは，この規律とパラレルなそれである。すなわち，債務者ではないBの利得・給与も共通財産ではあるが，原則として，Aの債権者からの追及を受けない。

[22] 「財産体を追及する」という表現もこなれていないが，原語のニュアンスを尊重する。「容器（contenant）」たる財産体を軸に推論するフランス法と，「中身（contenu）」たる個々の財を中心に推論する日本法との対比をみて取ることもできよう。

[23] obligation à la dette（債務の弁済義務）とされるのがこの問題である。日本法からすれば「責任」と訳してもよい。参照，小幡由子「夫婦財産共有制の再検討——フランスにおける法定共有制をモデルとして」阪大法学108号105頁以下（1978），特に129頁。

[24] 連帯を生じない場合につき，『フラ』47-48頁〔齋藤〕。

述)｡

　これら 2 つの準則に従って共通財産が引当てとなる場合，当該債務は「共通消極財産」を構成する｡ここで確認すべきは，両準則の区別は，債権者が，債務者ではない側，すなわち債務者の配偶者の固有財産をも追及しうるか否か，という点にのみかかわる，ということである｡いずれの準則の下でも，共同名義であれ単独名義であれ，共通制存続中に各人が負った債務は，共通財産を引当てとすることが前提とされている｡これは，1985 年の改正以後，共通財産の管理の原則が競合管理（gestion concurrente）（1421 条 1 項）とされていることの帰結でもある[25]｡各人は，管理権を基礎として，配偶者の同意なしに，自身の固有財産はもちろんのこと，共通財産をも引当てにして債務を負うことができる｡

### (2) 内部関係：夫婦間

　推論の起点に戻ろう｡A が単独で債務を負ったものとする｡上記準則により債権者は共通財産を追及できる｡共通財産から実際に弁済がなされたとしよう｡共通財産は B にも帰属する｡よって A のみが負った債務につき，B のものでもある共通財産から弁済されえたか否かは，事後に精査されなければならない｡ここから 3 つ目の問い「債務を最終的に負担するのはどの財産体か？」（以下【問 γ】）が要請される[26]｡

　【問 γ】に関する準則も 2 つに分けられる｡第一に，共通制存続中に発生した債務が A・B を中心とする生活共同体のためのものであったと評価されるのであれば，共通財産が負担する｡条文上，直ちにこれに該当するものとして「扶養料債務」と「家庭の維持及び子の育成のための債務」が挙げられている（1409 条第 1 段｡後者は 220 条による）[27]｡「それ以外の債務（autres dettes）」については，次にみる第 2 の準則の裏として表現される｡すなわち，債務者の「個

---

[25]「管理権と債務との相関（corrélation）」と表現される｡V. par ex. Ch. Blanchard, *Droit des régimes matrimoniaux*, 2ᵉ éd., LexisNexis, 2023, nᵒ 473, p. 338.

[26] contribution à la dette（債務の負担・分担）と表現されるのがこの問題である｡

[27] 後者は 220 条によって連帯債務となるため，【問 β】との関係でも共通消極財産である｡なお，『フラ』285 頁の 1409 条第 1 段の訳は不正確であった（下記下線部の係り方の理解に誤りがあった）｡以下の訳に訂正する｡「夫婦が支払うべき扶養料，並びに家庭の維持及び子の育成のために第 220 条に従って夫婦が負う債務｡」

人的利益（intérêt personnel）」のためではない債務であれば共通財産が負担する（1416条の反対解釈）。以上が妥当する場合，当該債務は「確定的（définitif）共通消極財産」と表現される。任意弁済であれ，差押えを経たのであれ，共通財産に確定的に包摂された債務につき，共通財産中の積極財産から弁済されたのであるから，事後の調整は不要である。

これに対して第2に，直前に裏からみたとおり，Aが負った債務がAの「個人的利益」のためのものであったと評価されるならば，当該債務は，共通財産ではなく固有財産から弁済すべきであったことになる（1416条）。よって，共通財産から弁済されたのであれば，共通制終了後に，Aの固有財産から共通財産に対して相当額を戻さなければならない。この事後処理は，共通財産の清算（数額確定）(liquidation) のための計算上の操作である償還（récompenses）[28]を通じて行われる。償還は，固有財産と共通財産との間での利得の移動を是正する不当利得返還に類比される。この第2の準則が適用されるとき，問題となる債務は「暫定的（provisoire）共通消極財産」と表現される[29]。「暫定的」の語は，債務発生の時点では共通財産に属しているようにみえたが，実はそうではなかった可能性を指示する。

### (3) 共通財産は資産か？

以上で共通制下の債務をめぐる規律を説明したことになるが，複雑さは否めない。他の説明は考えられるであろうか。共通財産を「資産」と理解しうるか検討しよう。

第一に，共通財産が「資産」であれば，《等式》が適用され，「人」の措定が論理的帰結となる。つまり，共通財産を法人と考えることになる[30]。その結果，

---

[28] 『フラ』170-186頁〔齋藤〕。

[29] V. par ex. Ph. Malaurie, L. Aynès et N. Peterka, *Droit des régimes matrimoniaux*, 9ᵉ éd., 2023, n° 256, p. 239. なお，この語は条文には登場しない。条文上は「償還を妨げない」「共通財産が償還の権利を有する」などの表現が用いられる。

[30] ここで念頭に置かれるのは，J. Carbonnier, *Le régime matrimonial. Sa nature juridique sous le rapport des notions de société et d'association*, préf. de J. Bonnecase, 1932 である。ただし，彼の法人説は，むしろ組合説と説明した方が正しい。事実，組合との類比を指摘した上で，フランス法上，組合にも法人格が認められることを前提に，共通財産は法人格〔正確には「弱められた法人格」〕を有するとする。同説の概要につき，高橋・前掲注11）91頁以下。

【問α】と【問β】は区別されなくなる。法人が債務を負い，債権者としては法人の資産としての共通財産を追及することで十分である。ただし，A・Bの代表権の問題が残るであろう。前述のとおり，現行法では，共通財産は競合管理に服するから，共通制存続中，A・Bはそれぞれ単独で法人を代表し，法人名義で行為しうる，と説明されよう。このとき権限につき夫婦間で争いがあったとしても，少なくとも善意の第三者には対抗できないはずである[31]。しかし例えば，Aが単独でした債務を負う行為につき，Bが事後に争うことは妨げられない[32]。すると【問γ】と同様の問いが立つ。Aが負った債務が，法人の資産である共通財産を引当てとすべきものではなかったと考えられるならば，Aの固有財産からの償還に相当する操作が必要となろう[33]。このように，少なくとも債務の処遇に関しては，法人を観念するか否かで大きな違いは生じないものと考えられる。法人であってもよいが，法人である必要もない。

　第二に，《等式》のコロラリーに頓着しない解法がありうる。共通財産について，「資産」ではあるが「人」を立てない。一部の学説が指摘する「目的（充当）資産（patrimoine d'affectation）」がそれである[34]。「人」の代わりに「目的（but）」が「資産」の自律性を統御する。民法典上の語を挙げるならば，「生活の共同（communauté de vie）」（215条）が目的として相応しいであろう。もっとも，目的資産を引当てとして債務を負うのはA・Bの各人であるから，共通財産を法人と考えた場合と同様に，【問γ】に相当する問題は残る。大きな違いが生じないのであれば，共通財産を目的資産と性質付けるまでもない[35]。

　以上の推論が正しければ，法人説も目的資産説も大きな意味を持たない。それでも，一蹴してしまう前に，立論の前提をみてみよう。いずれの見解も，共

---

31) 現行法では，民事会社（société civile）に関する1849条2項（業務執行者間の異議の場合につき善意の第三者への対抗不能），同条3項（定款上の制限の場合につき善意・悪意を問わず第三者への対抗不能）を参照しうる。
32) 民事会社に関する1850条1項（法令違反，定款違反，業務執行上のフォート〔faute〕による責任）を参照しうる。
33) 法人説は，民法典上の償還を業務執行上のフォートに基づく損害賠償と説明する。当時は共通財産の管理権は夫に専属していたため，妻からの責任追及として論じられる。J. Carbonnier, *op. cit.*, p. 353-355 et 358-359.
34) V. par ex. R. Cabrillac, *Droit des régimes matrimoniaux*, 13ᵉ éd., LGDJ, 2023, n° 141 p. 118.
35) Ch. Blanchard, *op. cit.*, n° 376, p. 269 は，目的資産説を魅力的としつつも，「なにかを説明するというよりは描写するものである」として法技術的意義を否定する。

通財産は，夫婦の各人から分離した独立の資産たりうること，つまり，上述の「自律性」を所与としていると考えられる。しかし，共通制下にあるというだけで，その存続中にA・Bそれぞれが負った債務は，共通財産をも引当てとすることが原則であった。夫婦の各人の資産から分離されておらず，自律性を有しないといわざるをえない[36]。したがって，少なくとも現行法において，共通財産それ自体は資産ではない[37]。

にもかかわらず，共通財産が資産である，と述べられる場合，この言明はレトリックであることに注意しなければならない。例えば「多孔質の目的資産」(patrimoine d'affectation à frontière poreuse)[38] との表現がある。孔だらけであるから，夫婦の各人が負った債務でありさえすれば，事後の処理を留保しつつ，ひとまずはこれを受け入れる。こうした財産体を，不真正のそれであることを意識しつつ「資産」と呼んでもよいが，そう呼ばなくてもよいであろう。

### 2　2人で2つ

上記の諸規律は「人」が2人で，「財産体」が3つあるが故に要請されていた。ここで，死別・離婚等により共通制が終了[39]した場合の規律をみると，ズレが何をもたらすのか一層よく了解できるであろう。

共通制が終了して共通財産が消滅すると，夫婦の各人につき《等式》が十全に妥当し，「人」・「資産」が2対に戻る。各人の積極財産の内容は，かつての

---

36) V. en ce sens, J. Houssier, *Les dettes familiales*, préf. de A.-M. Leroyer, IRJS, 2017, n° 37, p. 41-42.

37) この「共通財産は各人の資産から分離されていないが故にそれ自体資産ではない」という命題は，倒産手続に相当する集団的手続 (procédures collectives) において顕著とされる。J. Rochfeld, *op. cit.*, p. 647. 夫婦のうちAについて手続が開始されたとしよう。判例 (Cass. Ass. plén., 23 déc. 1994, n° 90-15.305, *D.* 1995, p. 145, note F. Derrida) は，共通財産もAの財産とみなす。つまり，Aの資産に吸収されてしまう。このことはもちろん，B (「手続外の配偶者 [époux *in bonis*]」と称される) の地位にも影響を及ぼす。すなわち，Bが共通制存続中に負った債務の債権者は，手続開始前は共通財産に対する追及が可能であったにもかかわらず，権利行使を制限され，債権の届出が必要とされる。要するに，共通財産はA・Bいずれのものでもあり，平時には双方の債権者にとって一般担保権の対象であるが，1つしか存在しないが故に，一方について手続が開始されれば，他方の債権者が排除されざるをえない。

38) J. Rochfeld, *op. cit.*, p. 646.

39) 共通制は，死別，離婚，失踪宣告，法定別居，裁判上の別産宣言，夫婦財産制の変更の6つの事由のいずれかにより終了する (1441条)。

固有財産と，かつての共通財産が姿を変えた共有財産（biens indivis）[40] 上の持分によって構成される。重要な点は，《等式》の復活の結果，【問α】と【問β】との区別がなくなることである。共通制存続中にAが単独名義で負った債務を軸に考えてみよう。この債務は，共通制解消以後は，Aの資産だけを引当てとする（1482条）。かつての共通財産のうちBの持分に相当する部分は引当てから外れる。しかしAの債権者からみれば，自らが与り知らない事情により，一般担保権の対象である財産が減少することになる。この不利益を緩和する規律がおかれている。

　第1に，共通財産を引当てとしていた債権者（条文上は「共有が成立した時点より前にその共有財産を追及することができた債権者」）は，分割の前に，かつての共通財産が姿を変えた共有財産につき，個別の財の先取り，又は，差押えによって弁済を受けることができる（815-17条1項）。分割前の回収を許す点で既に有利であり，また，元来固有財産が少ないなど共通制解消後のAの支払能力が懸念される場合に意味を持つ。さらに，かつての共通財産限りでの処理を志向していること，換言すれば「資産」としての自律性が意識されていることが目を惹く[41]。しかし，共通財産への追及が認められない債権者も，債務者の名において，直ちに分割を請求することができる（同条3項）。すなわち，かつての夫婦各人の「個人債権者（créanciers personnels）」は，分割請求によって「資産」の自律性を失わせ，個々の財を差し押さえることができる。

　第2に，配偶者に対する追及が認められる。Bは自らが債務者として負った債務ではないにもかかわらず，債務の半分の額までは弁済義務を負う（1483条1項）[42]。「人＝資産」に復帰したBにとって，この規律の正当化は難しい。共通制の余後効，あるいは，債権者のための政策的規律と理解されざるをえない。

---

40) 詳細につき，『フラ』161-170頁〔幡野〕。この共有は「共通制終了後の共有（indivision post-communautaire）」と称されるが，相続財産の共有，合意による共有等と異ならない。

41) J. Houssier, *op. cit.*, n° 33, p. 38. V. aussi P. Malaurie, L. Aynès et N. Peterka, *op. cit.*, n° 390, p. 325. さらに参照，宮本誠子「フランス法における遺産管理と『遺産』概念」社会科学研究68巻2号5頁以下（2017）。815-17条をはじめとする諸規定は遺産共有にも適用されるところ，それらの分析から，「フランス法は，『遺産』を，法人とみるわけではないが，独立した財産体とみている」（23頁）とする。

42) 例外則である配分財産の利益（bénéfice d'émolument）の抗弁（1483条2項）については，『フラ』196-200頁〔齋藤〕。

さらに，Bは通常の「人＝資産」となったが故に，債務の半分の額までとはいえ，かつての固有財産を含む自らの積極財産全体への追及を受ける。この点は，Bの固有財産を追及しえない，という既述の規律（1418条1項）が共通制の終了とともに適用されなくなることをも意味している。いずれにしても，債権者にとっては，追及しうる財産体の範囲が拡張される。こうすることで，共通財産消滅による債権者の不利益に配慮されている。

　以上の緩和措置が講じられる結果，【問γ】は残ることに注意が必要である。とりわけ第2の緩和措置により，自らが弁済すべきでなかった債務につき請求を受け，弁済してしまう場面が生ずる。事後処理を要する。上述の確定的共通消極財産であれば，Bが半分を負担する（1485条1項）[43]。逆に，暫定的共通消極財産で，かつ，Aの個人的利益のための債務であったと評価される場合は，Bの負担はゼロとなる。しかし例えば，前者につきBが半分を超えて弁済してしまっていた，あるいは，後者につきBが負担ゼロにもかかわらず弁済してしまっていた，ということがありうる。このような場合，Aに対する求償（recours）[44]が認められる（1487条1項）。

　冒頭に掲げた「消極財産も共有となる」との我が国における共有（共通）制導入反対論に応接して小括としよう。夫婦A・Bはそれぞれに「人」であるから，本来は「人＝資産」の等式が妥当するはずであった。にもかかわらず，共通制存続中であれば，Aは，共通財産をも引当てとして債務を負うことができる。より正確にいえば，共通財産に対する潜在的な自らの持分に限られず，Bの潜在的な持分までもが引当てとなる。つまり，Aは自己の資産を超えて債務を負うことができる。同じことは，Bが債務を負った場合にも妥当する。こうして共通財産は，夫婦各人の信用を増大させる装置として機能する。これを通じて世帯全体の信用も増大する。以上が「消極財産の共有」の積極的な意義である。

---

43) ここでも，配分財産の利益が機能する（1487条）。『フラ』203頁〔齋藤〕。
44) 「償還」とは称されない。償還は共通制存続中に発生した不均衡に限った是正の仕組みである。

## Ⅲ　発展：共通財産と事業関連債務

「消極財産の共有」は消極的な帰結をももたらしうる。共通制存続中は，誰が，何のために債務を負ったかを問わず，共通財産は一旦は引当てとして供される。家族の生活には直接的には関係しない債務，なかでも夫婦の一方が営む事業に関連する債務も含まれうる。事業の失敗は，共通財産中の財の差押えを招くかもしれない。「アキレス腱」たる所以である。

確認するまでもないが，このリスクを回避するには，法人を設立すればよい。自律的な「人＝資産」が作り出されるから，債務と引当てとなる積極財産との対応関係も法人の資産内で完結する。あるいは，共通財産を持たないこともできる。約定財産制としての別産制の選択である。事実，事業関連債務からの保護が別産制の動機として挙げられる[45]。それでも，夫婦の一方又は双方が個人事業を営み，かつ，法定共通制にとどまる，という事例はごく一般的にみられる。実証しうるわけではないが，共通財産を信用増大の装置として駆動させて事業を支えることが目論まれているであろう。そうであれば，リスクは了解されていると推認できなくもない。しかし，共通財産は夫婦を中心とする家族の経済的基礎でもある。債権者による追及の制限が図られてよい。

民法典に複数の規定が置かれている[46]。第一に，夫婦の各人の利得・給与は後得財産として共通財産に帰属するが（1401条），異なる扱いを受ける。すなわち，債務を負った一方の債権者は，原則として，他方の利得・給与を差し押さえることができない（1414条1項）[47]。事業関連債務はこの規律に服する。利得・給与は，共通財産でありながら，各人の排他的管理（gestion exclusive）の下にある（223条）ことのコロラリーである[48]。

第二に，一方による保証及び借入れについては，他方の同意がなければ，共通財産に対する追及が認められない（1415条ただし書）。同意が得られなければ，

---

45) 拙稿「フランス法における夫婦財産別産制の清算──『別産制の共通制化論』解題」社会科学研究68巻2号145頁以下（2017），特に149頁。
46) 一方が他方への詐害の意図を持って債務を負った場合も，共通財産への追及が制限される（1413条ただし書）。『フラ』126頁〔幡野〕。
47) ただし，日常家事債務（220条）の債権者は，債務者ではない他方の利得・給与の差押えを許される（1414条1項）。
48)「管理権と債務との相関」（前掲注25））の一環である。Ch. Blanchard, *op. cit.*, n° 493, p. 355.

債務者の固有財産，及び，この者の利得・給与（上記のとおり帰属は共通財産であるが排他的管理に服する）のみが引当てとなる（1415条本文）。ここにいう保証・借入れは事業に関連するものを含みうる。

　商法典にも規定がある（なお，適用は共通制であるか否かを問わない）。個人企業者の事業関連債務について，債権者は「主たる住居（居所）（résidence principale）」である不動産を差し押さえることができない（商法典[49] L. 526-1条1項）。対象は「債務者の」主たる住居であるが，配偶者その他の家族もまた居住しているのであれば，家族の保護の役割を果たす。手続要件として，かつては差押禁止効の発生には，公証人の許でのその旨の申述と当該申述の公示を要した（2003年8月1日の法律）[50]。2015年8月2日の法律によりこの手続は不要とされ，個人企業者としての登録の効果として直ちに差押禁止効が発生する。逆に，禁止を解除するために放棄の申述を必要とするのが現在の規律である（L. 526-3条2項）。

　このように，共通制存続中に負ったあらゆる債務が共通財産を引当てとする，との原則は大きく修正されている。よって，共通財産は信用を増大させる，との命題も内実を欠いている，といえそうである。それでも，共通財産を引当てとするには常に夫婦双方の同意を要する，あるいは，共通財産に対する追及はおよそ許されず債権者は固有財産のみを追及しうる，といった規律にまでは至らない。なぜであろうか。第一に，固有財産から発生した果実・所得は共通財産となる，との規律（1401条）を指摘することができる。共通制存続中は，（固有財産中の財に生じた増価[51]を考慮しないならば）固有財産からの収益は共通財産に吸収され，固有財産を増大させない。第二に，共通財産すべてを差押禁止にしてしまうと，重要な財を固有財産から共通財産に帰属変更する詐害的な対応を誘発してしまうであろう。

---

49) 以下，「L.」で始まる条文はすべて商法典の規定である。
50) 柴崎暁「フランス法における公証差押禁止宣言——責任財産の限定と私的自治」亜細亜法学40巻1号7頁以下（2005）；ピエール・クロック（原恵美訳）「近時のフランス法における資産（patrimoine）論の展開」立教法務研究6号161頁以下（2013）。
51) 拙稿・前掲注45) 181-183頁で一定の説明を加えた。

## 1　1人で2つ

　上にみた従前の規律は，共通財産に対する追及という原則自体は維持しつつ，財の属性（所得・給与，及び，主たる住居），債務の発生原因（保証・借入れ）に着目して保護を図っていた。直近の立法は，異なる解法を提示している。

　2022年2月14日の法律（以下「2022年法」）は，商法典に規定を新設し，個人企業者につき2つの資産が分離されることを原則とした（なお，共通制であるか否かを問わず適用される）。法人設立を要することなく独立の資産が創設され，自身の資産と分離される。事業の危機の後者への波及を危惧せずに済む点で，スタートアップの促進策と位置づけられる[52]。詳細は先行紹介[53]に譲り必要な限りで敷衍しよう。

### (1) 事業資産の分離

　前身となった制度をみておこう。2010年6月15日法による「有限責任個人企業者（entrepreneur individuel à la responsabilité limitée）」である[54]（以下「EIRL」）。個人企業者がEIRLとなる旨を個人企業者の登録簿に届け出ると「事業資産（patrimoine professionnel）」が創設され，「個人資産（patrimoine personnel）」と分離される。分離の後，事業関連の債務は，事業資産のみを引当てとする（L. 526-12条）[55]。これは《等式》を修正し，1人の「人」がこの者の資産本体である「個人資産」に加えて，目的資産たる「事業資産」を有することを肯定したものである。冒頭の用語に戻れば「個人財産制」を2つに切り分ける解決[56]

---

[52]　立法の起点となった大統領の声明に顕著である。V. Déclaration de M. Emmanuel Macron, président de la République, sur les efforts du gouvernement en faveur des entreprises de proximité dans le contexte de la crise sanitaire, le 16 sept. 2021（https://www.vie-publique.fr/discours/281550-emmanuel-macron-16092021-entreprises-de-proximite）.

[53]　鳥山恭一「個人企業者の『財産』の分離，自営労働者のための環境整備──自営の職業活動のための2022年2月14日の法律第172号」日仏法学32号213頁以下（2023）；マリー＝エレーヌ・モンセリエ＝ボン（荻野奈緒，齋藤由起訳）「個人事業者の資産分離について──2022年2月14日の法律第172号」同志社法学75巻5号227頁以下（2023）。条文訳は後者を参照。

[54]　邦語文献は複数あるが，紙幅に鑑みて，前史を含む詳細な検討として，瀬戸口祐基「共同担保概念の民法上の意義（5）──フランスにおける資産（patrimoine）概念をめぐる議論を通じた考察」法協135巻9号2097頁以下（2018），特に2123頁以下を挙げるにとどめる。

[55]　2022年法により，今後の新設は認められないが，既に成立したEIRLは存続するため従前の規定も残されている。

[56]　「"分人"財産制」といってもよいかもしれない。参照，小粥太郎「民法における二重債務問題」

といってもよい。もっとも，特別の手続を要するこの制度は，必ずしも成功をみなかった[57]。

2022年法は，撤退ではなく徹底を選択した。「自己の名において一又は複数の独立の事業活動を行う自然人」（L. 526-22条1項）である個人企業者については，その旨の登録のみで当然に，よってEIRLについて求められていたような特別の手続を要することなく，事業資産と個人資産との分離が生ずるものとした。事業資産の構成については「独立の事業活動に有用な（utiles）財，権利，債務及び担保」と定義されている。これに該当しないものが個人資産となる（同条2項〔現3項〕）[58]。これにより，《等式》の第2のコロラリーである「一対性」の修正が原則となった[59]。

もっとも，事業資産と個人資産との間の分離は必ずしも徹底されていない[60]。2点のみ指摘しよう。第1に，個人資産が不足する場合，事業活動を停止した最終年度の利益の限度で，事業資産への追及が可能とされる（L. 526-22条6項〔現7項〕）。事業からの所得として個人資産に移転されるべきであった利益への追及を認め，個人資産上の債権者を利する規律である[61]。第2に，資産分離の利益の放棄（renonciation）が認められている（L. 526-25条）[62]。ただし，分離そ

---

論ジュリ6号53頁以下（2013），特に57頁，及び，同「個人と分人──『民法における人間』を考えるためのノート」法学83巻4号72頁以下（2020）。ただし，この議論は，2つ資産があるならば人も2人いる，との推論に依拠し，《等式》を保存する点で，むしろ伝統的理解に沿う。

57) 個人企業者は300万人を超えるといわれるのに対して，登録は2021年段階で10万件に満たなかった。R. Mortier, «Le nouveau patrimoine professionnel de l'entrepreneur individuel», *Dr. soc.* 2022, étude 6, spéc., n° 3.

58) 事業資産の構成につき公示は不要であるから，事業関連債務に関して差押えがあるなどの場合，個人企業者は，当該財が事業に「有用な」財ではなく事業資産に含まれない旨の異議を提起しうる。証明責任は個人企業者が負う（同条7項〔現8項〕）。なお，L. 526-22条には，2024年1月26日の法律（いわゆる移民法）により2項（EU及びEFTAの構成国並びにスイス以外の国籍を有する居住者は，個人企業者の資格の付与の前提として，当該資格の許可をも内容とする滞在許可証を要する）が追加されている。このため，同条各項の参照指示に「現○項」と追記した。

59) V. surtout T. Revet, *op. cit.*; F. Masson, «Séparation automatique des patrimoines et théorie du patrimoine», *RLDC* avr. 2022, p. 40.

60) 《等式》を適用しうるものだけが「資産」であって，それ以外は「財産体」でしかない，という整理も可能である。この観点から2022年法を批判するものとして，F. Rouvière, «Patrimoine ou masse de biens?», *RTD civ.* 2022, p. 764, spéc., p. 765. この批判は後述の「尊厳資産」にも妥当する。

61) 租税，社会保険料についても同旨の規定が置かれている（L. 526-24条）。

62) この点は，2つの資産間での立保証を禁ずる規定（L. 526-22条3項〔現4項〕）によって分離を

れ自体が丸ごと否定されるのではない。放棄の帰結は，対象とされた事業関連債務に限っての分離の否定であり，当該債務の債権者のみが個人資産を追及できる。書面による，7日の熟慮期間を設けるなど，手続は比較的厳格である。

### (2) 夫婦財産法との接続

以上の制度は，夫婦財産法といかにして接続されるか。夫婦財産法上，「個人企業者」に関する特則があるわけではない。よって，法定共通制下にある間は，【問β】【問γ】を留保しつつ，事業関連債務であっても共通財産が引当てとなり，債権者は共通財産を差し押さえることができる。ここで2022年法が適用されると，放棄がなされない限りは，事業関連債務の引当ては事業資産に限局される。すると，共通財産の内部で，「事業資産かつ共通財産」と「個人資産かつ共通財産」とが区別される。個人企業者の固有財産も同様であり「事業資産かつ固有財産」と「個人資産かつ固有財産」とに分かれる。つまり合計4つの財産体が生み出される[63]。

問題は，共通財産中の個別の財が「事業にとっての有用性」という簡易ながら評価を含む基準のみによって事業資産に含まれてしまう点である。前身であるEIRLに関しては，共通財産中の財を事業資産に含めるか否かは個人企業者の任意であった。含める場合は，配偶者への情報提供，及び，その同意を要した（L. 526-11条）。共通財産は夫婦の両名に帰属するのであるから当然の規律といえるであろう。

これに対して2022年法は，夫婦財産法との接続につき，「本款の諸規定は，共通財産の管理及び処分のために夫婦に認められる権限を妨げないものと解釈される」との規定（L. 526-26条）しか置いていない[64]。2点，解釈問題を指摘しよう。

第一に，既にみたように，共通財産は原則として競合管理（1421条）に服す

---

徹底させようとした2022年法の意義を大きく減殺するように思われる。同旨の指摘として，モンセリエ＝ボン・前掲注53) 237頁。

63) V. par ex. C. Chwartz-Lair et C. Lisanti, «Régimes matrimoniaux et nouveau statut de l'entrepreneur individuel», *JCP N* 2022, étude 1290, spéc., n° 6.
64) 他の財産制（とりわけ別産制），また，PACS（パクス）の財産制への配慮がない点も疑問視されている。V. par ex. J.-F. Hamelin et N. Jullian (dir.), *La réforme du statut de l'entrepreneur individuel*, LGDJ, 2022, spéc. n° 458, p. 268.

る以上，個人企業者である夫婦の一方のために，共通財産中の財が事業資産に包含されることに支障はないようにも思われる。もっとも，不動産や営業財産など共通財産中の重要な財は共同管理（cogestion）の対象とされ，その処分には配偶者の同意が必要である（1424条）。「有用性」を基準とする包含にも同意を要するか否かが問われる[65]。第二に，こちらも既にみたように，保証及び借入れによる債務について，共通財産を引当てとする場合は，配偶者の同意を要する（1415条ただし書）。これを援用して同意の必要を基礎付けようとする学説もある[66]。

ほかにも多様な解釈問題が提起されており，立法者の拙速が批判されている[67]。その一方で着目すべきは，上記の「主たる住居」に対する差押禁止の規律は2022年法によっても排除されていない点である（L. 526-22条4項〔現5項〕で明示）。まず，個人企業者の有する財は，この者の固有財産に属するのであれ，共通財産に属するのであれ，有用性のみを基準として事業資産に含まれうることを確認しよう。主たる住居も事業に利用されていれば同様である。しかし，差押えを受けることはない。他方で，主たる住居が事業資産に含まれず，個人資産にとどまる場合を考えよう。差押禁止の利益を放棄することも可能である（L. 526-3条2項）が，資産分離による保護とは別建てである。よってこの場合に，事業関連債務の債権者が主たる住居を差し押さえるには，資産分離の利益の放棄と差押禁止の利益の放棄のいずれをも得ていなければならない[68]。

---

[65] J.-F. Hamelin et N. Jullian, *op. cit.*, n° 476, p. 273.（上述の「有用性」から敷衍した）事業への「利用（utilisation）」と処分とは区別され，1421条の適用はないとする。V. aussi Ch. Goldie-Genicon, *op. cit.*, p. 8.

[66] A. Rabreau, «L'entrepreneur individuel marié et commun en biens: quel droit de gage pour les créanciers du couple?», D. 2024, p. 28, spéc., p. 32. なお，分離の利益の放棄に関しては，債権者のために一般担保権の対象の拡張をもたらす点で一層重大な帰結をもたらすことから，1415条の「保証」を拡張解釈して，配偶者の同意を要求しようとする学説が多い。V. par ex. A. Rabreau, *loc. cit.*; J.-F. Hamelin et N. Jullian, *op. cit.*, n° 494, p. 281. Comp. Ch. Goldie-Genicon, *op. cit.*, p. 10. 賛意を示しつつ裁判官にとっては大胆な解釈であるとする。

[67] M. Nicod., *op. cit.* より一般的に，無益な複雑化をもたらす旨の批判として，V. par ex. A. Denizot, «L'entrepreneur individuel face à la dé-simplification du droit», *RTD civ.* 2022, p. 458.

[68] V. par ex. V. Legrand, «Réflexion autour du logement de la famille, un an après l'avènement de l'entrepreneur à double patrimoine», *LPA* avr. 2023, p. 18, spéc., p. 19. なお，施行令をも反映した詳解として，参照，モンセリエ＝ボン・前掲注53）。

## 2　1つのなかの1つ

　このように，主たる住居には特権的な位置づけが与えられている。ここで「尊厳資産（patrimoine de dignité）」を掲げる近時の議論を参照しよう[69]。

「一定の財は，それが通常の財であり資産に含まれる（patrimoniaux）ものであっても，債権者の一般担保権のメカニズムから外されている。そうした財は，人の資産の中で，《生活のために残されるべきもの（reste à vivre）》[70]の確保のために区別された財産体としてまとまりを成している。それ故に，債権者との関係で差し押さえることができないと規定されているのであり，人（人格）を目的として充当された資産（patrimoine affecté à la personne）と表現することができる。この資産は，人から引き剥がすことができない。〔…〕この（資産本体からの）取り分けは，人の尊厳の保護（protection de la dignité de la personne）によって正当化される，と考えることができる。対象となる財は，死活に関わる財（biens vitaux）[71]であり，これを持つことで，人は，物質的かつ心理的に尊厳を持って生きることができる。また，最低限の社会への包摂が確保される。」

　この立論は，財産法上の原則を排する各種の規律から帰納的に導かれている。順不同でいくつか引いてみよう。第1に，狭義の夫婦財産制が何であれ適用される基礎財産制（régime primaire）上の規律が挙げられる。すなわち，家族住居（logement familial）及び付属動産に関して，名義の如何にかかわらず，その処分には夫婦両名の同意を要するとの規律がある（215条3項）[72]。第2に，相続法上，生存配偶者に認められる1年の短期居住権がある。公序とされ，遺言によっても排除できない（763条）。第3に，各種の差押禁止の規律がある。なかでも上記の個人企業者の主たる住居の差押禁止が特筆されている。元来，こ

---

[69]　J. Rochfeld, *op. cit.*, p. 478.
[70]　ここでは住居等を拾いうるように訳したが，reste à vivre は，保証人に対する請求につき「最低限の財産（minimum de ressources）」（額は消費法典が定める）を奪ってはならない旨を規定する民法典の条文（現2307条。1998年7月29日の法律に由来）を説明する講学上の表現である。消費法上の意義につき，町村泰貴「フランス消費者倒産の実務（下）」商学討究49巻2・3号73頁以下（1998），特に89頁以下（「生活留保」と訳出されている）。
[71]　V. par ex. Ph. Chauviré, «Les biens vitaux. État de nécessité et vigueur du droit de propriété», in V. Malabat et A. Zabalza (dir.), *La propriété au 21ᵉ siècle : Un modèle ancestral toujours adapté aux grands enjeux de notre environnement?*, Dalloz, 2021, p. 61 et s.
[72]　『フラ』48-49頁〔齋藤〕。邦語文献についても同所を参照。

の規律こそが「尊厳資産」の着想源であった[73]。

　以上の「尊厳資産」論[74]は，「資産」に含まれる財でありながら，資産性(財産的性格)が否定される，というパラドクシカルな推論に基づく[75]。ここで「資産」の概念のもう一つの前提を想起する必要がある。資産という財産体ないし法的包括体は，その内包の変容にもかかわらず同一性を保つ。このメカニズムは，物的代位によって説明されるが，同時に，そこに含まれる諸要素がすべて金銭的価値として把握されるとの前提に支えられている[76]。住居は，金銭的価値に還元されない重要性を帯びており，「人」の尊厳の確保にとって不可欠な財である。別様に表現すれば，尊厳資産は「人＝資産の等式」にグラデーションがあることを示唆する。財の中には，「人」それ自体から切り離しえないものがあり[77]，「資産」の中でも特別の配慮を要する。その実定法上の一つの反映が，一般担保権の対象からの除外，すなわち差押禁止である，と整理で

---

[73] J. Rochfeld, «Initiative économique – Résidence principale – Insaisissabilité», *RTD civ.* 2003, p. 743（差押禁止を導入した 2003 年法の解説）。この立論を基礎とする近時のテーゼとして，L. Lauvergnat, *L'insaisissabilité*, préf. de S. Amrani-Mekki, mare&martin, 2022.

[74] Rochfeld の尊厳資産論はさらに野心的なものでもある。家族へのフォーカスは，《等式》の左側が集合的 (collectif) な存在（しかし法人でないもの）でもよいことを導くためのステップとなっている。すなわち，同じく patrimoine の語で表現される事柄，例えば「世界遺産 (patrimoine mondial)」に代表される人類全体の資産を取り込み，かつ，コモンズ論，将来世代論を意識して「コモンズ資産 (patrimoine commun)」が構想される。とりわけ気候変動問題が念頭に置かれる。融通無碍であるとの批判を向けることは容易いが（前掲注 60）の批判が妥当する），魅力に富んだ立論であるように思われる。

[75] J. Rochfeld, *op. cit.* (note 16), p. 480.「尊厳資産は，ある《目的への充当 (affectation)》を軸としてまとまりを成す。それは，なんらかの活動 (activité) ではなく，人及びその家族の尊厳の保護を本質とする。尊厳資産は，資産中の財 (biens patrimoniaux)（収入，住居など）から構成されるものではあるが，《資産外》の財 (biens «extra-patrimoniaux») の制度に服する。」 patrimoniaux の語は，資産に属することと，財産的価値を持つことの両方を指しうるが，多義的であることを意味しない。同じ事柄の両面である。

　なお，引用中の「活動」という表現とその否定は，「人」は活動領域に応じて資産を複数持ちうるとの立論（A.-L. Thomat-Raynaud, *L'unité du patrimoine: Essai critique*, préf. de D. Tommasin, Defrénois, 2007. 邦語文献として，小峯庸平・責任財産の分割と移転〔商事法務，2020〕）を意識したものである。

[76] 拙稿・前掲注 7) 247-248 頁。

[77] なお参照，R. Demogue, *Les notions fondamentales du droit privé: Essai critique*, A. Rousseau, 191, p. 389, cité également par Rochfeld, *op. cit.* (note 16), p. 460（Rochfeld 著は Demogue 著の現代版たることを意識する）。Demogue 著も「資産」の項目を持つところ，上記箇所では，当時の差押禁止の規律を念頭に「小さな資産 (petit patrimoine)」の存在が指摘される。

きるであろう。

　ただし，尊厳資産に属する住居は，金銭的価値が大きいことにも留意する必要がある。当該家族にとって，それを供するのでなければ与信にアクセスできないことも多いはずである。よって，手続を尽くせば主たる住居の差押禁止の利益を放棄できることにも大きな意義が認められる[78]。つまり，通常の「資産」に戻す方途は確保されていなければならない。「尊厳」は，本人が放棄を望むのにもかかわらず，保持するよう強いられるべきものではない，ということかもしれない。

　最後に水野教授の論考に立ち戻ろう。「個人財産制」の下でも家族の保護が要請される旨が指摘された後に，次のように述べられる。

「西欧法においては，・家・族・の・生・存・が・依・拠・す・る・財・産については，相続におけるほか，夫婦財産制によって，所有権者の恣意的な処分に制限が加えられている」（水野・前掲注1）90頁）〔圏点筆者〕。


　「家族の生存」が「個人」の尊厳ある生にとってもベースラインであると理解するならば，そのための財産の保護は「個人財産制」の付随的要素ではなく，それを欠けば制度自体が成り立たない本質的要素であるといえるであろう。本稿による「母法」の現在の観察が，些かなりともこうした評価を裏付けるものとなっていれば，所期の目的は達せられたと考える。

---

[78] L. Lauvergnat, *op. cit.*, n° 259 et s., p. 259 et s. は，「主観的尊厳（dignité subjective）」と表現し，保護を求めるか否かの任意性・請求権的性格を強調する。

# フランス法における AMP（生殖補助医療）と親子関係

小沼イザベル

 Ⅰ 女性カップル・独身女性への AMP 適用
 Ⅱ 出自を知る権利の導入
 Ⅲ 2021 年生命倫理法改正後の動向
結論にかえて

　2023 年 8 月 3 日付ル・モンド紙で，2021 年 8 月 2 日の生命倫理法（法律第 2021-1017 号）から 2 年経ち，政府が生殖補助医療申請の「爆発的な増加」に応えるべく，新たに卵子凍結保存センターを増設する方針である旨報じられた。これに対し，医政・医療職特別大臣アニエス・フィルマン・ル・ボド（当時）は，同法が「女性側の真の期待に応えている」ことの証しであるとコメントした[1]。
　2021 年 8 月 2 日の生命倫理法以前は，男女婚姻カップルに限り医療的な理由でのみ生殖補助医療（AMP）[2] が可能であった。同法により，女性カップル・独身女性による AMP 利用が認められ，その目的も必然的に非医療的なものとなった。さらに，同性カップル（生殖補助医療の性質上女性に限る）内の親子関係も制度化され[3]，AMP により出生した人に，出自を知る権利をも初め

---

1) https://www.lemonde.fr/politique/article/2023/08/03/deux-ans-apres-la-loi-elargissant-la-pma-pour-toutes-le-gouvernement-tente-de-repondre-a-l-explosion-des-demandes_6184295_823448.html
2) 1994 年生命倫理法制定以降，PMA と並び AMP という言葉が使用される。それは，医療的補助生殖（PMA, Procréation médicalement assistée）ではなく，生殖を目的とする医療的補助（AMP, Assistance médicale à la procréation）と考えることで，生殖ではなく医療的補助を法的規制の対象とするものである。換言すれば，生殖が，医療的補助だけでなく法律的な補助の対象ともなり得ることを意味する。本稿では以上を踏まえ，フランスにおける生殖補助医療を AMP と表記する。
3) 2021 年の法律は邦語でも詳しく紹介されているので，ここでは必要な範囲でのみその内容を説明することとする。小門穂「フランス生命倫理法 2021 年改正の動向」医事法研究 121-129 頁（2021），幡野弘樹「家族法――現代フランスにおける生殖補助医療と法」岩村正彦＝大村敦志＝齋藤哲志・現代フランス法の論点（東京大学出版会，2021），奈良詩織「フランスの生命倫理に関する法律の改正」国立国会図書館調査及び立法考査局・外国の立法：立法情報・翻訳・解説（国立国会図書館，

て認めたことで，フランス社会とその法システムに大きな変革をもたらした。反面，同法がフランス社会と法に変化をもたらしたと考える以前に，以下の理由から，2021 年改正自体が社会的・法的変遷の結果であるとの見方が，フランスでは特に有力である。

まず一点目に，ひとり親，特に母子家庭が増加したことが挙げられる。フランス国立統計経済研究所（INSEE）によれば[4]，2020 年のひとり親家庭（familles monoparentales）の割合は 25％ に上昇する一方，いわゆる伝統的家族[5]は同調査で 66％，その中でも婚姻（異性）カップルとその子どもの家族構成は 2018 年に初めて 50％ を割り，同調査では 45％ を記録している。そこで，婚姻家族モデルがマイノリティ化していることが指摘された。

二点目に，男性カップルと女性カップルの間で人工授精により誕生した子どもの存在が挙げられる。すなわち，両カップルのうち，父親となる人と母親となる人がそれぞれ（法律の枠外で）人工授精を行い，生まれた子供と（法的に）親子関係を結ぶ。それにより，子どもには法的な父親（認知）と母親が存在し，婚姻カップルでなくとも民法 371-1 条の規定に従い共同で親権を行うこととなる。その上，父親の男性パートナーと母親の女性パートナーと計四人の「親」をどう社会的・法的に消化するか，が話題になった。

最後に，2013 年 5 月 17 日の民法改正が挙げられる。同改正は，1999 年に制度化されたパックス（民事連帯協約）の延長線上にあり，同性婚を合法化した法改正として知られているが，同時に，同性婚カップルによる養子縁組をも合法化するものであった[6]。なお後者は，同性婚カップルが，養子制度という限られた枠内であれ，親となる可能性を法的に認められた点で，オモパランタリテ Homoparentalité（同性の親による親権・育児権）を超えて，オモパランテ Homoparenté（同性の親と子の間の親子関係 Filiation）を導入したものと理解される[7]。

---

2022）51-104 頁など。
[4]　https://www.insee.fr/fr/statistiques/5422681
[5]　Famille « traditionnelle »，すなわちカップルとその子供（うち少なくとも一人は未成年）を指す。
[6]　2022 年 2 月 21 日付法律第 2022-219 号による民法改正以降，養子制度は婚姻していないカップル（パックス・事実婚，異性・同性を問わない）にも適用される。
[7]　オモパランテ推進派の代表的な著書（社会学）として Martine Gross, *Qu'est-ce que l'homoparentalité ?* Petite bibliothèque Payot, 2012 が挙げられる。なお，オモパランテが養子制

上記のように，フランス民法は徐々に確実に変化をとげ，同性カップルが合法化され，そしてそのパランテが法的に確立されていき，2021年の法律に至ったと考えるのが妥当である．同法以降も禁止されているものに，代理母出産，男性カップルのAMP（代理出産を含む[8]），カップル内死後凍結配偶子・受精卵の使用がある．さらに着床前診断も例外的に認められるのみ[9]で，禁止原則が保持される．État civil上性変更したトランス男性が（身体上女性として）AMPを行うことも禁止されている．

　以上，2021年法律以降，合法化された事項，禁止事項などを簡単に紹介した．本稿では，3年経った現在，同法で最も注目されている二事項に焦点を当て，注意点・問題点[10]などを検討していきたい．すなわち，女性カップル・独身女性へのAMP適用（1条・6条）と，出自を知る権利の導入（5条）である．さらに，2021年法律以降の動向にも注目したい．

## I　女性カップル・独身女性へのAMP適用

### 1　医療的AMPから「親となる計画（Projet parental）」へ

　「全ての女性」に対するAMPの解禁は，2021年8月2日の生命倫理法の主眼であるが，すでに2017年6月15日付けで，CCNE（Comité consultatif national d'éthique，国家倫理諮問委員会）が肯定的な意見書を出していた[11]．これは，エマニュエル・マクロン大統領が選挙時に公約として掲げた政策の一つであり，

---

　　度であれAMPであれ認められるようになることに対し，懐疑的な意見も寄せられた．すなわち，親子関係Filiationのベースを男女間の生殖に見る従来の構図に終止符を打つのであれば，まずはその意味を完全に把握すべきだとの立場である．法学的観点からは，Hugues Fulchiron, « Parenté, parentalité, homoparentalité. À propos de l'arrêt de la première Chambre civile du 24 février 2006 », Dalloz, 2006, pp. 876 など．

8) 男性カップルが外国で代理出産を依頼し，出産した女性が母親となり，カップルの一方の男性が父親として登録される場合，その子にはすでに二人親がいることになるので，他方の男性との法的関係は普通養子関係（adoption simple）に限られる．

9) すでに診断されている重篤な遺伝性疾患（嚢胞性線維症，筋ジストロフィーなど）の感染を予防する場合のみ．

10) 上院（Sénat）の年間報告（« Bilan annuel de l'application des lois au 31 mars 2022 », Rapport d'information, n° 658, 9 juin 2022, https://www.senat.fr/rap/r21-658/r21-65829.html）参照．

11) CCNE報告に関する邦語文献として，力丸祥子「同性間カップルが子を持つ権利とフランス生命倫理法改正への動き」比較法雑誌52巻4号127-188頁（2019）．

CCNE意見書を受け，2018年に生命倫理法の改正が政策アジェンダに組み込まれた。

その結果が，2021年の法律である。具体的には，AMPの範囲を女性カップルと独身女性に広げ，AMPの目的も，医学的理由（不妊症もしくは重篤な遺伝性疾患の感染を予防する目的）から，「親となるプロジェクトの実現を可能にする」（L'assistance médicale à la procréation est destinée à répondre à un projet parental）ためと改められた（2021年法律1条，公衆衛生法 Code de la santé publique L 2141-2条）。すなわち，AMPを治療としてだけでなく，積極的に親となる手段の一つとして幅広く活用していくことが期待されているのである。

なお，AMPの範囲が拡大されたことの意味は大きい。以前のAMPが家族計画（planning familial）の文脈で不妊症・遺伝性疾患への対処法として活用されていたのに対し，同法は（婚姻）家族ではなく個人に焦点を当て，AMPを「親となる計画（projet parental）」の実現手段の一つとした。規制事項はもっぱら年齢制限であり，2021年9月28日付デクレ（政令に匹敵）により詳細に定められた。これにより，AMPを目的とする配偶子の採取は，女性は43歳の誕生日まで，男性は60歳の誕生日まで可能とされた。また，人工授精，配偶子の使用または胚移植の対象となりうるのは，妊娠を希望する女性は45歳の誕生日まで，その相手方は60歳の誕生日までとされた（2021年10月26日付アレテ，省令に匹敵）。さらに上記デクレにより，AMPを目的とする配偶子の自己保存は，女性は29歳から37歳まで，男性は29歳から45歳までとされ，上記法律のもと，医学的理由・治療目的でない配偶子の自己保存も可能になった。

以上のように，AMPを医学的問題（不妊・遺伝性疾患等）から切り離すことで，女性カップル・独身女性をその対象とすることが可能となった。この場合，女性カップル間のAMPに限り，妊娠前に公証人（notaire）立会いのもと，共同認知（reconnaissance conjointe anticipée，21年法律6条，民法342-11条）を行うものとされ[12]，新しい親子関係がここにおいて創設された。当該認知により，妊娠・出産していない女性，すなわち「意思の母」（mère d'intention）と，AMP

---

12) 妊娠前共同認知は，子の母親と婚姻関係にない父親による胎児認知（reconnaissance anticipée de paternité）と区別する必要がある。前者は，AMPによる妊娠前に，公証人の立会いのもと行われるのに対し，後者は，受胎後出生前に，自治体窓口にて行われる。

女性カップルが妊娠前共同認知を行い AMP で誕生した子供の出生証明書モデル
**Modèle d'acte de naissance en cas d'AMP par un couple de femmes en cas de production de la reconnaissance conjointe anticipée au jour de l'établissement de l'acte**

Acte de naissance N° ..............

Prénom(s)NOM
_____
ENFANT : NOM : .........suivant déclaration conjointe du .........(date de la déclaration)(1)
(1ère partie : ...... 2nde partie : ......)(2)
Prénom(s) :
Sexe : ............
Né(e)(3)le : (jour, mois, année) à : ............heure(s)............ minutes
à : (lieu de naissance)
_____
MÈRE(4) : NOM : ..............
Prénom(s) : ...........
Née le : jour, mois, année
à : commune (département ou pays)
Profession :
Domicile :
_____
MÈRE(5) : NOM : ..............
Prénom(s) : ...........
Née le : jour, mois, année
à : commune (département ou pays)
Profession :
Domicile :
_____
ÉVÈNEMENTS RELATIFS À LA FILIATION (antérieurs à l'établissement du présent acte)
Mariage des mères le....
Reconnu(e)conjointement le...(date de la reconnaissance conjointe anticipée)devant Maître
......(Prénom NOM), notaire à......(lieu de l'office), office notarial n°...(N° CRPCEN)
_____
Parent(s)déclarant(6) :
Tiers déclarant : Prénom(s), NOM, âge, profession, domicile
Date et heure de l'acte : jour, mois, année, heure(s), minute(s)
Après lecture et invitation à lire l'acte, Nous, Prénom(s), NOM, (qualité de l'officier de l'état civil) avons signé avec le(s)déclarant(s).
Signatures         du(des) déclarant(s)         de l'officier de l'état civil
_____

MENTION(S)

(1) A compléter en cas de déclaration conjointe
(2) A compléter, le cas échéant, dans le cas d'un double nom de famille, préciser: 1ère partie: ....et 2nde partie: ...
(3) Sélectionner selon le sexe de l'enfant
(4) Indiquer l'identité de la mère qui a accouché de l'enfant
(5) Indiquer l'identité de la mère qui n'a pas accouché de l'enfant
(6) Préciser, le cas échéant, les prénoms et nom de la mère de la manière suivante : « Parent déclarant: Prénom(s)NOM, la mère »

司法省ウェブサイトより (https://www.justice.gouv.fr/sites/default/files/migrations/portail/bo/2021/20210930/JUSC2127286C.pdf)

出生子の間に親子関係が生じる。妊娠・出産女性との親子関係には従来通り民法 311-25 条が適用され，出生証明書に記載された女性が母親となる[13]。

なお，共同認知を行うにあたって，カップル形態に特別な制限はなく，パックス・法律婚・ユニオンリーブル（事実婚）等が考えられる。この際公証人は，妊娠・出産する母親の身分証明事項，妊娠・出産していない方の母親の身分証明事項を確認し，これら項目はその後子供の出生証明書に記載される。

## 2　2021 年生命倫理法改正の原動力としてのネオロジズム

2000 年代からフランス家族法・家族モデルが変遷していった背景に，新しい家族構成のあり方を認めるべく，さまざまな用語が登場したことが挙げられよう。元来法学においては，親子関係を定義する概念 Filiation が母子間・父子間の法的なつながりを規制してきた。なお，フランス法において親子関係が必ずしも遺伝的つながりを示すものでないことに関しては，水野紀子教授の研究をはじめ論じられてきたところである[14]。法的な親が必ずしも遺伝的な親でない反面，法的な「親」でないにも関わらず日常的に子供の面倒を見る「社会的な親」の存在が注目された。そこで，親としての日常的役割を，特にパランタリテ parentalité という言葉で表すことにより，法的な身分と区別するに至る。すなわち，小さな子供を育て，年上の子供を教育し，同じ屋根の下で一緒に暮らす状況を，一種の親子間の絆として認識し言語化してきたのである。パランタリテという言葉自体，1980 年代に dysparentalité（親としての役目を果たさない状態）とマイナスの意味で使用されて以降，徐々に社会的な絆を認めさせる強力な手段となり，1990 年代からは活動家の間で活発に使われた。1990 年代末には homoparentalité（パックスで認められた同性カップル内で）[15]，copa-

---

13) 共同認知は，AMP が外国で行われた場合も含めてフランスで効力を有するものとされる（司法大臣による 2021 年 9 月 21 日付け通達）。2024 年 8 月 4 日までの期限付きで，生後共同認知も可能とされたが，それ以降は養子制度のみが適用される。
14) 水野紀子「実親子関係と血縁主義に関する一考察――フランス法を中心に」日本民法学の形成と課題（下）（星野英一先生古稀祝賀）（有斐閣，1996）1131 頁以下，羽生香織「実親子関係確定における真実主義の限界」一橋法学第 7 巻第 3 号 1013-1085 頁（2008）など。
15) パランタリテが同性カップルと子供間の絆を示す用語として使用されたものが，オモパランタリテ homoparentalité である。1997 年に Association des Parents et futurs parents Gays et Lesbiens（APGL）によって創設された。

rentalité（離婚の増加から，別居する親間で），pluriparentalité（家族構成の多様化により，複合家族等において複数の大人が親としての役割を果たすケース）など，多々使用された[16]。元来心理学・社会学で使われていた概念が法学の分野にも浸透していったケースである。たとえば法律用語辞典でも「親族関係・親子関係とは対照的に，法的な親ではない第三者（義父母，同居人，パートナー，祖父母など）が子どもに対して親権の一部を行使すること」と定義されるに至った[17]。

そもそもフランスで家族を社会的に規律する規範として，家族計画 planning familial があった。その目的は，1950年代以降，避妊や中絶に関する知識を広めることにより，特に婚姻モデル内において，女性による生殖管理を推進することにあった。「幸福な母性（la maternité heureuse）」の名のもと，「医学的・精神的・社会的に調和のとれた幸福な家族を設計する」ことをその究極的な目的とし，同時に未婚女性が子供を産むことに対しては「未婚の母（fille-mère）」としてネガティブなレッテルが貼られた[18]。近年の生殖補助医療，そして2021年の法改正は，このように家族計画を推進してきたフランスにおいて，新しい家族形態・家族の多様性を支える中心的概念，すなわち projet parental（親となる計画）が台頭してきたことの帰結だとする見方が有力である。すなわち，結婚・妊娠・出産を経て親となっていた構図が，「親となる計画」という包括的な概念のもと，親となる意思の重要性を確認することで，「生殖，さらには親としての役割形態に大きく影響が及び」，ひいては子を持つ権利（droit à l'enfant）につながるものと分析されている[19]。

今回の法改正で導入された妊娠前共同認知は，女性カップルが AMP を行う場合に，その projet parental を形式化する目的で作られた新たな法的手続きである。従来の養子手続きが大変手間と時間のかかるものであったため，AMP により子を設ける女性カップルに限り，プロセスを簡略化したものといえよう。さらにそれは，子供の身分・利益を守り保障するものとされた。

---

16) Monique Besse, « La parentalité: une mise au neutre des parents ? », *Vie Sociale et Traitements*, n° 110, 2011, pp. 30-35.
17) Gérard Cornu (dir.), *Vocabulaire juridique*, Paris, PUF, 2011, pp. 727.
18) Marie-Françoise Lévy, « Le Mouvement français pour le planning familial et les jeunes », Vingtième Siècle. Revue d'histoire, n° 75, 2002, pp. 75-84.
19) Philippe Charrier, Gaëlle Clavandier, *Sociologie de la naissance*, Paris, Armand Colin, 2013（特に第8章 « Du projet parental au "droit à l'enfant" ? », pp. 216-238 参照）。

一見女性を擁護しているように見える妊娠前共同認知を必ずしも歓迎できないという批判的な意見もある。すなわち，女性カップルのみ，（生物学的）第一母性と（意思的）第二母性を区別し，生物学的／非生物学的基準を形式化することに疑問が呈されているのである。異性カップルであれば，婚姻関係の場合父性の推定が働き，そうでない場合は（胎児）認知という形で父性が法的に認められる。ここに AMP の別枠はなく，生物学的にカップルの子供である場合と同じ方法で親子関係が生じる。それに対し，「なぜ第二の母性は，妻が精子提供を利用する男性の場合と同じように取り扱われないのか」，「女性カップルにも異性間婚姻カップルと同じ規則が適用されても構わないのではないか」等，女性カップルであっても，通常の親子関係法と区別することなく，提供精子を用いた人工授精として既存の制度を適用することに何ら問題はないはずだとの声が上がっている[20]。出生証明書では，精子提供を受けていること，すなわち AMP による誕生であることが，異性間カップルではわからないよう配慮されていることに比べ，女性カップルの場合は，AMP を利用した事実が公的に記録されることで何らかの差別が生じる危険性が指摘されている。なお，これらの疑問は，前述の Hugues Fulchiron 教授の根本的な問い（前掲注 7）参照），すなわち Filiation の概念を再検討することなく，政治的な理由で法律が変わったことの帰結といえよう。

## II　出自を知る権利の導入

### 1　出自を知る権利の適用状況

　2021 年 8 月 2 日の生命倫理法は，AMP により誕生した子供に，出自を知る権利（droit à l'accès aux origines）を認めた（2021 年法律 5 条，公衆衛生法 L2143-2 条）。同権利についてはすでに先行研究が詳細に論じているので[21]，ここで改めて内容を紹介することはしないが，まずは匿名原則との関係に注目したい。

---

20) Marie Mesnil, « La parenté d'intention en droit français. Nouvelle figure du système de filiation ? », *Revue des politiques sociales et familiales*, vol. 139-140, n° 2-3, 2021, pp. 99-108.
21) 平田厚「出自を知る権利」法律論叢 95 巻 6 号 143-173 頁（2023），前澤貴子「フランスの『出自を知る権利』の創設——生殖補助医療と出自を知る権利」国立国会図書館　調査と情報―ISSUE BRIEF―1247 号 1-14 頁（2023）など。

元来，1994年生命倫理法制定の際，フランス憲法評議会 Conseil constitutionnel は第三者提供者の匿名性を認めた[22]。その後，2012年に匿名出産の合憲性が問われる中，再び同評議会で出自へのアクセスが議論された。そこでも秘密出産は「私生活の尊重や通常の家庭生活を営む権利」を侵害しないとして，憲法との適合性が確認された[23]。

　このような文脈で，出自を知る権利が2021年に認められたとき，フランスの AMP を特徴づける匿名原則との関係が問われた。そこで出自を知る権利と匿名原則の間に矛盾はなく，後者が原則であり続けることに変わりはないことが確認された。すなわち，提供者もさることながら，AMP を行う側，さらには AMP により出生した子供のアイデンティティも匿名原則に守られ，たとえ AMP 時に配偶子受容側が提供者の身元を知りたくとも情報を得ることは不可能ということである。

　出自を知る権利は，成人年齢18歳に達した子供のみ行使しうる権利であり[24]，提供者に関する非特定データ（年齢・身体的特徴・家族構成・職業・出生国・提供の動機など）や提供者の身元にアクセスする権利が認められる。提供者情報の開示は，その同意が必要条件であるため，2021年法律以前に行われた IAD により生まれた子供においては，「第三者ドナーの非特定情報及び身元情報へのアクセス委員会」(Commission d'accès aux données non identifiantes et à l'identité du tiers donneur[25]) が，その都度提供者にかけ合い，情報伝達を試みることとされた[26]。そして，2022年8月25日付けデクレ No. 2022-1187 を受け，2022年9月1日以降は，情報開示に合意をした者以外は配偶子提供ができなくなり，さらに2025年3月31日以降は情報伝達に合意をした提供者の配

---

22) Conseil constitutionnel, décision n° 94-343/344 DC du 27 juillet 1994.
23) Conseil constitutionnel, décision n° 2012-248 QPC du 16 mai 2012.
24) この点，AMP により誕生した事実を子供に伝えるのは，親の自由とされる。したがって，同権利を行使できるのは，当然 AMP の事実を知らされた子供のみである。
25) 労働・保健・連帯省の管轄下におかれ，出自を知る権利を保障する目的で設けられた委員会。
26) 生命倫理と医療法を専門とするパリ弁護士会所属 Catherine Paley-Vincent は，2022年9月3日以前のドナーの情報管理に鑑み，「同法の施行は『世紀末的』な複雑さ (complexités « apocalyptiques ») を呈している」とコメントしている。Catherine Paley-Vincent, « Assistance médicale à la procréation: l'accès aux origines. La loi de bioéthique du 2 août 2021 ouvre à l'enfant majeur l'identité du donner », *Journal du Droit de la Santé et de l'Assurance - Maladie*, n° 32, mai 2022, pp. 22-27.

偶子しか使用できない体制(いわゆる「新体制 nouveau régime」)に移行する。なお,合意を条件とすることで提供者の数が減るのではないかと危惧されたが,2023年3月8日に公表された生物医学庁(Agence de la biomédecine)のデータによると,現時点でそのような事実はないとのことである(Ⅲ参照)。

## 2　姦通との混同,そして親子関係の混乱というリスクを超えて

　AMPの中でも,提供者を必要とする非配偶者間体外受精(insémination artificielle avec donneur,本文ではIADと表記,「配偶者」はカップル形態を問わず広義で用いる)の導入により,生物学的・遺伝的な「親」と法的な親を明確に区別する必要が生じた。フランスでは,その理由に親子関係の混乱のリスクが挙げられた。しかしその背景には,明確な線引きなしではIADの存在自体が危うかったという歴史的文脈もある。1940年代から1950年代にかけて,欧米ではIADがキリスト教各当局の目には姦淫行為として映り厳しく非難され,IADの分類をめぐる司法騒動が生じた[27]。アメリカでは1954年,最高裁がDoornbos v Doornbos 事件でIADは公序良俗に反するとした一方,1948年ニューヨーク州最高裁判所は夫の同意のあるIADから生まれた子は嫡出子であるとの判決を下し,後者は多くの判例に支持され,その後州法でも取り上げられた[28]。プロテスタント系の国では,その合法化が主流となり,1964年ジョージア州は,父親と母親の同意がある限り,IADによって生まれた子どもの合法性を認める規定を採択し,ニューヨーク市衛生法(1959年)とオクラホマ州(1967年)はIADに関する法的枠組みを設け,これによりIAD合法化の波が高まった。そしてついに1968年,カリフォルニア州最高裁判所が,People v. Folmer J. Sorensenにおいて判例を覆し,IADに同意した夫の法的父子関係を認め,その姦通性を決定的に否定した[29]。スコットランドでも,1958年にエジンバラでIADは不貞行為に相当しないと判断され,IADに同意していない夫からの離婚申請が却下された。フランスでは,1976年に判例が覆され,不貞

---

27) Emmanuel Betta, *L'autre Genèse. Histoire de la fécondation artificielle*, Paris, Hermann, 2017.
28) Jennifer Merchant, « La procréation médicalement assistée: enjeux et politiques », *Revue française d'études américaines*, n° 77, 1998, pp. 46-61.
29) Bertrand Pulman, *Mille et une façons de faire les enfants. la révolution des méthodes de procréation*, Paris, Calmann-Lévy, 2010.

行為には完全な性交渉が必要であるとされ[30]、イギリスも 1980 年代に同じ道をたどった[31]。

以上のように、提供者と IAD により出生した子との関係を法的に規律することは、その国における家族間の絆を問う根本的な問題であり、IAD を社会的に認めさせる必要条件でもあった。このような文脈の中、出自を知る権利に対する抵抗をなくすには、配偶子提供者＝「親」ではないというスタンスを徹底的に浸透させる必要があった。すなわち、IAD を法規制するにあたり、第三者提供者の法学的な位置づけを明らかにする必要があり、匿名原則がそれに対する有力な答えであった。今回出自を知る権利を導入するにあたり、出生者の権利の内容が詳細に定められ、提供者と直接会うことや提供者との親子関係の発生は含まれないものとされたのも、このような理由による。

それでもなぜ、あえて出自を知る権利が導入されたのだろうか。少なくとも以下の 2 点は検討に値すると思われる。

まずは、フランスにおける AMP に対する社会的認識の変化が挙げられよう[32]。社会学者イレーヌ・テリーは、AMP のうち特に IAD を、「知らぬ存ぜぬ（Ni vu ni connu）」的な無責任な制度であると指摘し、批判した[33]。さらに、ドナーと親とは別であることを IAD 関係者に理解してもらい、生物学的な関係と社会・教育的な関係を区別すべく、親に対しても出生子に対しても精神科

---

[30] Simone Novaes, « La procréation par insémination artificielle. Perception et gestion des risques dans la procréation par insémination artificielle avec sperme du donneur (IAD) », *Culture technique*, n° 11, 1983, pp. 166-173.

[31] 日本では、1949 年に最初の IAD が安藤画一博士の下、慶應義塾大学にて行われた。女性の姦通は、1947 年までは刑法で罰せられ（姦通罪）、民法上の離婚原因となっていた。そこで、IAD は女性側の姦通行為になるのか、日本でも議論の的となる。これに対し社会党女性運動家加藤シヅエ（1897-2001）は、二つの理由で IAD に懐疑的であった。第一に、IAD が家族の私的財産を継承するために利用されること、第二に、IAD が男女非対称的であることが問題視された。すなわち、「精子が妻以外の女性に注がれる」ことの危険性は、GPA（代理母出産）の前兆ではなく、まだ記憶に新しい妾制度復活のリスクを含むものとされたのである。Isabelle Konuma, « Insémination artificielle avec donneur ou acte adultérin ? L'imaginaire autour du tiers donneur au Japon », *in* Doris Bonnet, Fabrice Cahen, Virginie Rozée (dir.), *Procréation et imaginaires collectifs. Fictions, mythes et représentations de la PMA*, Paris, Ined Éditions, 2021, pp. 105-112.

[32] Paley-Vincent, *op. cit.*

[33] Irène Théry, *Des humains comme les autres. Bioéthique, anonymat et genre du don*, Paris, Éditions de l'EHESS, 2010.

医や心理学者の不断の働きかけがあったことも否めない[34]。

次に，国際法の流れも重要である。その中でも 1989 年の児童の権利に関する条約が挙げられる。その 7 条では，子どもは「できる限り」両親を知る権利を有するとされている。さらに欧州人権条約（ECHR）8 条は，「すべての人は，私生活および家族生活を尊重される権利を有する」と定めており，1989 年 7 月 7 日の判決（Gaskin v. United Kingdom, no. 1045483）において，欧州人権裁判所は，この権利に「人間としてのアイデンティティを確立する」要素が含まれると判示した。また，2006 年 7 月 13 日判決（Jäggi v. Switzerland, no. 58757/00）においても，欧州人権裁判所は「自分の個人的アイデンティティの重要な要素，すなわち自分の親のアイデンティティに関する情報」を得ることは，出生者の発達に寄与し，「重大な利益」になると判断した。

以上のような歴史的展開から，IAD がいかに道徳的・倫理的配慮の対象となり続けたか，そしてそれを法律で規定することがいかに困難であるかがわかる。

## Ⅲ 2021 年生命倫理法改正後の動向

2023 年 12 月 13 日に，「2022-2026 年ヒト生殖・胚研究・遺伝学（PEGh）に関する閣僚計画の国家政策追跡委員会（comité national de suivi du plan ministériel 2022-2026 pour la Procréation, l'Embryologie et la Génétique humaines（PEGh））」の会合が開かれた。同委員会は，労働・保健・連帯省（Ministère du Travail, de la Santé et des Solidarités，現名称），生物医学庁のもとに設けられた機関であり，この日，生命倫理法実施にあたり，フランス全土の配偶子提供および自己保存センターを対象に行った調査結果を発表した[35]。以下に同報告書の内容を紹介する。

2021 年 8 月 2 日生命倫理法のもと，出自を知る権利を導入することにより，精子提供の減少が危惧されており，反対派の有力な意見の一つだった。しかし，

---

34) Paley-Vincent, *op. cit.*
35) https://www.agence-biomedecine.fr/AMP-des-demandes-de-prises-en-charge-toujours-a-la-hausse-mais-des-dons

同報告書によると逆にドナーの数が増えていることがわかる。2023年上半期の女性卵子ドナー候補者は506人であった。2022年の同候補者数は990人，6か月平均数は495人となる。したがって半年単位で比較すると11人の上昇となっている。

なお，フランスでは，卵子提供によるIAD待機者数が，2022年12月に2077人，2023年6月30日には2315人と増えていることもわかった。その内訳は，89.1%が男女カップル，8.9%が独身女性，1.9%が女性カップルとなっている。

精子ドナー候補者数も安定傾向を示しており，2019年は317人，2021年（コロナ禍の年は省く）にはほぼ600人であったのに対し，2022年には714人であった。2023年は676人と減少しているが，「旧体制」(ancien régime)の精子（提供者の情報開示に対する合意なし）が2025年3月31日以降は使用できなくなるため，生物医学庁によると今後，少なくとも年間1400人の精子提供者が必要となる[36]。

その背景に，改正法施行から2年以上が経過し，女性カップルや未婚女性の精子提供によるAMP初申請数が急増していることが挙げられる。たとえば，2022年下半期は1545件のAMP初申請数が記録されたのに対し，2023年上半期は2851件と，84.5%の増加となっている。さらに，同時期の数値によれば，精子提供によるAMP待機者数は約5430人で，内訳は41.1%が女性カップル，40.2%が独身女性，18.4%が男女カップルとなり，同法により新たにAMPが可能になった女性層が圧倒的多数を占める。

以上のように提供卵子・精子の需要が絶え間なく増加していることを受け，生物医学庁は「Vous ne voulez pas faire d'enfants？ #FaitesDesParents」[37]と題した配偶子提供を奨励する新たな全国的情報キャンペーンを2023年末に開始した。多様なプロフィールを持つ新たな配偶子提供者を迅速かつ大量に募集することを目的としている。

---

[36] 2024年7月2日付生物医学庁報告（https://presse.agence-biomedecine.fr/assistance-medicale-a-la-procreation-amp-lagence-de-la-biomedecine-a-besoin-de-doubler-le-nombre-de-donneurs-pour-faire-face-a-une-demande-qui-ne-faiblit-pas/）

[37]「子作りはいや？ #親を作ろう」というキャッチフレーズで卵子・精子の提供を呼びかけている。その対象に大学生が挙げられており，大学構内にチラシやポスターを貼り，宣伝文句付きのコンドームの配布活動等を行っている。

## 結論にかえて

　2023年6月末時点で，すでに343件の女性カップルおよび未婚女性のAMPによる出産が確認された。今回の改正の意味するところをまとめつつ，ここまで範疇に入らなかった人口問題を取り上げたい。

　個人の自由意思，身体を個人的にコントロールする権利，子孫を残す自由の尊重を謳う声は，ここ30年ほど，家族の多様性を支持する知識人・市民社会から広く上がり，法的な変化をもたらす原動力となった。政治的にはフランスにおける改革勢力の代表層であり，生物学的な親子間のつながりを絶対視せず，社会的現実を法律に反映させることをモットーとしている。なお，フランスの場合，社会学や心理学の貢献が大きかったことは否めないだろう。道徳や私生活といった領域から国家を退かせるべく，あくまでルールは個人の自由意思であり，国家が良い親を定義するのではなく，市民社会と将来の親がそれを決定すべきだとする立場である[38]。

　反面，国家からの自由と謳われた改正ではあるが，見事にフランスの出生政策とマッチしているのも事実である。今までヨーロッパ内でも高い出生率を誇っていたフランスであるが，2023年の特殊出生率は1.68と非常に低い数値で，2021年の1.83，2022年の1.79をさらに大幅に下回る数値を記録した。これを受け，エマニュエル・マクロン大統領は2024年1月16日の記者会見で，「人口的再軍備（réarmement démographique）」の必要性を説き[39]，その方法として不妊治療，さらに卵子凍結などを挙げた。このような発言に対し，即行フェミニスト団体（Fondation des femmes など）からクレームが入り，さらに政治的にも知識人から多数批判の声が上がった。

　女性の生殖の自由を謳う政策とは言われているが，有効な出生率上昇手段とされている以上，今後も慎重に動向を見守る必要があろう。

---

38）Daniel Borrillo などがその代表的な論者である。
39）https://www.publicsenat.fr/actualites/societe/mal-choisi-reactionnaire-fascisant-le-rearmement-demographique-de-macron-passe-mal

# フランスの養子縁組における公証人の機能
## ──養子となる13歳以上の者の同意を中心として

足立公志朗

序
Ⅰ　フランスにおける養子縁組成立の手続
Ⅱ　養子による同意に対する公証人の役割
結論──本稿のまとめと今後の課題

## 序

### 1　本稿の目的

本稿の目的は，フランス養子縁組手続に対する公証人の関与の一端を示すことである。養子は，「意思」による親子関係の形成であり，養子縁組の成立にとって，当事者の意思が重要であることは日仏いずれにとっても変わりがない。フランスでは，この意思は「同意（consentement）」という形で示されるところ，本稿ではその同意に対する公証人（notaire）[1]による関与を検討する。

### 2　対　　象

フランス法における公証人実務の重要性は，水野紀子先生[2]をはじめ多くの研究者が強調するところであり，フランスの公証人実務について，我が国には主に不動産取引，及び相続について研究の蓄積がある。これに対して，本稿ではこれまでにあまり注目されなかった養子縁組[3]における公証人実務に注目す

---

[1]　« notaire » の訳語の選択は一つの問題であり，「ノテール」や「事務弁護士」（伊藤昌司「遺留分権利者と受遺者（＝相続人）間の『共有』関係の解消」法政研究 68 巻 1 号 448 頁（2001））との訳語が提案されることもあるが，本稿ではさしあたり「公証人」の語を充てている。

[2]　水野紀子「個人財産制と法手続に関する一考察」民法学の継承と展開（中田裕康先生古稀記念）（有斐閣，2021）78 頁等。

[3]　フランス養子法については多くの研究が積み重ねられており，フランスにおける養子制度の実態に迫る研究も見られる。紙幅の都合で，ここでは近時の研究として，金子敬明「養子制度の利用実

る。そして、養子縁組の成立のために同意が求められる者として、①養子となる者の実親、②養子となる者（13歳以上の場合）、及び、③養親のパートナーが挙げられるところ[4]、本稿では②養子となる者の同意を検討する。

　その理由であるが、子どもの利益を実現するための一装置として公証人の機能が注目に値するからである。フランスの養子縁組は後述の通り判決によって成立するが[5]、その際に最も重視されるのは子どもの利益であり、裁判所は個別の事件においてその縁組が子どもの利益に適合するか否かを判断する。他方で、フランスでは公証人が（養子縁組の一部ではあるが）裁判所による手続前に養子となる子どもと接触し、中立的な立場から情報提供を行う。これも子どもの利益を実現するための装置と考えるならば、日本の家族法において子どもの利益を守るために必要な装置を検討するための手がかりになりうる。本稿はかかる検討の準備作業として、養子となる者の同意を受領する公証人の機能に焦点を当てる。

### 3　本稿の構成

　Ⅰでは、フランスにおける養子縁組成立の手続を概観し、13歳以上の者が養子となる場合にその同意が裁判手続の前に得られるべきことを確認する。それを踏まえて、Ⅱにおいて、養子となる者の同意を受領する公証人の機能について検討する。

## Ⅰ　フランスにおける養子縁組成立の手続

　本章では、1において、完全養子と単純養子の二分法がフランス養子法の基

---

　態」千葉大学法学論集25巻4号155頁以下（2011）、栗林佳代「フランスの養子縁組制度——養子法の概要と現地調査による実務の実態」佐賀大学経済論集47巻6号1頁以下（2015）、石綿はる美「フランス法」大村敦志監修・各国の親子法制（養子・嫡出推定）に関する調査研究業務報告書（商事法務研究会、2018）91頁以下を挙げるに止める。

4) フランスの公証人のゴダン（Godin）は、養子縁組への同意を巡る公証人の役割を分析する論文（François-Bernard Godin, « Les consentements à l'adoption et le rôle du notaire », La semaine juridique - Notariale et immobiliere -, N° 14 - 8 avril 2022, n° 1138）において、この三者に場面を分けて議論を展開する。

5) かかる意味で、フランス養子法は「契約型養子法ではなく宣告型養子法」であると指摘される（水野紀子「第18回　養子法を考える」法教507号68頁（2022））。

本構造であることを確認した上で，2において，完全養子と単純養子のいずれにおいても縁組成立のために裁判手続が必要であり，養子となる者の同意がその手続の前に得られるべきであることを説明する。

## 1 フランス民法典における養子の規定の構造

フランス民法典における養子は，元の親子関係を断絶する完全養子[6]，及び，元の親子関係に養親子関係を追加する単純養子の二つからなる。この構造は，1966年7月11日法律第500号による[7]。同法律は，民法典第1編・第8章の規定を3節から構成し，冒頭の2節を完全養子及び単純養子に充てた。そして，養子縁組の要件及び手続については，完全養子に関する第1節の規定の多くを単純養子に準用するという形式をとった（2022年オルドナンスによる改正前の旧第361条）。

ところで，フランス民法典における養子に関する規定の構成は，2022年法律[8]と2022年オルドナンス[9]（以下，両者をまとめて「2022年改正」と呼ぶ）によって大きく変化した。まず，2022年法律によって，民法典及び関連する法律が改正された。主たる改正点は，養子縁組が，婚姻した夫婦[10]に限らず，パクスによるカップル及び同棲カップルにも認められたという点である[11]（以下

---

[6] 西欧法における断絶型の養子が日本の特別養子のモデルである。日本の特別養子制度について，水野紀子「特別養子制度の立法について——米倉明著・民法研究第4巻『特別養子制度の研究』（新青出版 1998年刊）を読んで」新しい家族34号60頁以下（1999）を参照。

[7] 稲本洋之助・フランスの家族法（東京大学出版会，1985）83頁。

[8] 養子の改革を目的とする2022年2月21日の法律第219号（La loi n° 2022-219 du 21 février 2022 visant à réformer l'adoption）。その紹介として，足立公志朗「養子法の改正——養子の改革を目的とする2022年2月21日の法律第219号」日仏法学32号176頁以下（2023）を参照。

[9] 養子の改革を目的とする2022年2月21日の法律第219号第18条の適用に関する2022年10月5日のオルドナンス第1292号（L'ordonnance n° 2022-1292 du 5 octobre 2022 prise en application de l'article 18 de la loi n° 2022-219 du 21 février 2022 visant à réformer l'adoption）。その紹介として，足立公志朗「養子法の改正——養子の改革を目的とする2022年2月21日の法律第219号第18条の適用に関する2022年10月5日のオルドナンス第1292号」日仏法学32号179頁以下（2023）を参照。

[10] 2013年5月17日の法律第404号により，フランスでは同性婚が認められているが，婚姻カップルを意味する語として，本稿では便宜的に「夫婦」という語を用いる。

[11] その背景には，再構成家族のあり方も多様になっており，パクスや同棲による再構成家族も増加していることが指摘されている（Jacques Combret, Gilles Raoul-Cormeil, « L'adoption après la loi n° 2022-219 du 21 février 2022: entre ruptures et continuité », Defrénois, n° 12, 24 mars 2022,

「カップル」と表記する際は婚姻，パクス及び同棲を含むものとする）。次に，2022年オルドナンスによって，養子縁組に関する民法典第1編・第8章の規定が手続の順に配置され，完全養子に関する規定の準用が整理された。すなわち，第1節「養子縁組の要件」，第2節「養子縁組の手続及び判決」，第3節「養子縁組の効果」，第4節「カップルの他方の子の養子縁組」，第5節「国際養子縁組，法律の抵触，及び，外国で宣告された養子縁組のフランスにおける効果」である。

このように条文の編成は大きく変化したが，フランスの養子制度が完全養子と単純養子から成ることは2022年改正後も変わりないため，両者の区別に注意が必要である。しかし，養子縁組の成立に裁判手続が必要であるという点で両者には重要な共通点が認められるため，本稿では完全養子と単純養子とを特に区別せず，必要に応じて両者の差に言及する。

なお，以下に引用する条文は特段の記載がない場合，2022年改正後の民法典の条文である。また，社会活動家族法典（Code de l'action sociale et des familles）は « CASF »，民事訴訟法典（Code de procédure civile）は « CPC » と表記する。

## 2　裁判上の手続

本節では，養子となる者の同意の位置づけを明らかにするために，(1) において，養子縁組が成立するためには（単純養子であれ完全養子であれ）裁判所による判決が必要であることを確認し，次に (2) において裁判上の手続を概観する。なお，養子縁組のために必要な手続は他にも存在するが，紙幅の都合でその紹介は他の文献に委ねる[12]。

### (1) 判　決

フランスにおける養子縁組は，単純養子縁組と完全養子縁組のいずれについ

---

p. 24）。
12) 例えば，養子縁組成立のために，養子縁組を目的とする託置（placement en vue de l'adoption）が必要とされる場合がある。この手続は，養親となる者に現実に養子となる子を引き渡すことであり，これによって親子関係を争うことができなくなり，また，実方家族への子の返還が禁止される（第352-2条第1項）。詳細は，石綿・前掲注3）99〜100頁を参照。

ても判決（jugement）が必要である。養子縁組のための訴訟事件は，養親の申請（requête）によって開始する（CPC 第 1168 条第 1 項）。司法裁判所（tribunal judiciaire）[13]が養子縁組を宣告するが（第 353-1 条第 1 項）[14]，縁組を宣告する判決には理由が付されない（第 353-1 条第 7 項）[15]。

養子縁組を宣告する判決は，民事身分登録簿に記載（単純養子縁組）又は転記（完全養子縁組）される（第 354 条第 1 項）[16]。特に，完全養子縁組における判決の転記は，養子の出生証書に代わる（同第 2 項）。元の出生証書は無効とみなされる（CPC 第 1175-1 条第 3 項[17]）。

### （2） 裁判手続の内容

ここでは裁判手続の中で審査される内容の概略を述べるが，それに加えて，手続上子どもの利益が重視されていること[18]も確認する。

（a） 法律上の要件，及び，子どもの利益への適合性　　裁判所は訴訟係属から数えて 6 か月の期間内に，法律上の要件が満たされているか，養子縁組が子どもの利益に適合するかを審査する（第 353-1 条第 1 項，CPC 第 1171 条第 1 項第 1 文）。

ここでは，Ⅱの準備として，養子縁組の成立要件の 1 つである，養子となる者の同意について補足する。養子となる者が 13 歳以上の場合，縁組に対する

---

13） 2019 年 3 月 29 日法律第 222 号により，2020 年 1 月 1 日以降，従来の大審裁判所と小審裁判所が司法裁判所に再編された。
14） 但し，縁組の効果が発生するのは，縁組の申請の提出日である（第 355 条第 2 項）。
15） 同項の反対解釈として，養子縁組を拒絶する判決には，当事者による控訴申立てのため，理由が付されなければならない（Vincent Égéa, *Droit de la famille*, 4$^e$ éd., LexisNexis, 2022, n° 1069, p. 501; 石綿・前掲注 3） 100 頁）。
16） Hubert Bosse-Platière, Marianne Schulz, « V° Adoption - Fasc. 40: FILIATION ADOPTIVE. - Procédure d'adoption », JurisClasseur Notarial Répertoire, 2022, n° 35.
17） 同旨の規定は，元々民法典に存在していたが（2022 年オルドナンスによる改正前の旧第 354 条第 5 項），2022 年オルドナンスによって削除され，それに代わり，CPC 第 1175-1 条の第 3 項が 2022 年 12 月 23 日のオルドナンス第 1630 号によって新設された。
18） 2022 年法律に重要な影響を及ぼした報告書（Monique Limon, Corinne Imbert, *Vers une éthique de l'adoption : Donner une famille à un enfant*, Rapport parlementaire, 2019, p. 12）によると，養子縁組において重要視されるのは，①子どもの利益，及び，②家族に子どもを与えるのではなく，子どもに家族を与えるという配慮の 2 点である。なお，養子法に限らずフランス親子法を論じる際には，子どもの利益という要素がなにより重視されると指摘されている（水野紀子「家族」北村一郎編・フランス民法典の 200 年（有斐閣，2006） 173 頁を参照）。

その者の同意の有無も合わせて審査される。この同意は，現実には裁判手続の開始前に得なければならない。実際，申請の際に裁判所に提出する申請用紙には，養子となる13歳以上の者による同意に関する欄が設けられており[19]，その説明書には，同意に関する書面が必要書類のリストの中に挙げられている[20]。つまり，養子となる者の同意を証明する書面が裁判手続を開始するために必要なのである[21]。

　　(b) 子の意見の聴取　　養子となる者は裁判手続の当事者ではないが，その者が事理弁識能力を有する未成年者[22]である場合，その意見聴取が必要である（第353-1条第2項）。2016年に新設された本条に基づく意見聴取は，未成年者が自身の関与する手続において意見聴取される権利（第388-1条）[23]に由来する。養子となる者が事理弁識能力を有する未成年者の場合，単身で聴取されることも可能であるが，弁護士又は本人が選ぶ者が同席することもできる（同第4文）。この手続は養子縁組の要件ではないが，義務的である[24]。

　　(c) 認定の有無　　国家被後見子[25]又は外国人（パートナーの子については除外）を養子とする場合，裁判所は，申請者が養子縁組のための認定（agrément）を得ているか否かを確認する（第353条第1項）。養子縁組のための認定は，県会議長が行う[26]。認定の有無を確認する手続は，子どもの利益を目的とするもの（CASF L. 第225-2条第2項）であるが，養親が認定を得ていない場合であっても，裁判所は，申請者が子を受け入れることに適しており，か

---

19) Cerfa n° 15742＊03,《Requête en adoption plénière d'un enfant par une personne à titre individuel》, p. 3 (https://www.formulaires.service-public.fr/gf/getNotice.do?cerfaNotice=%2301&cerfaFormulaire=15742).
20) Notice n° 52190 # 03,《Notice Requête en adoption plénière d'un enfant par une personne à titre individuel》, p. 5 (https://www.formulaires.service-public.fr/gf/getNotice.do?cerfaNotice=%2301&cerfaFormulaire=15742).
21) Bosse-Platière et Schulz, *supra* note (16), n° 26.
22) フランスにおける成人年齢は満18歳である（第414条）。
23) 同条は，児童の権利条約第12条に基づき，1993年1月8日法律第22号によって設けられた。
24) Bosse-Platière et Schulz, *supra* note (16), n° 24.
25) 国家被後見子（pupille de l'État）は，CASFの規定により児童社会援助局（ASE, Service de l'aide sociale à l'enfance——県におかれた，児童福祉担当の行政機関）に預けられており，国による特別の後見制度の下におかれている子である（山口俊夫編・フランス法辞典（東京大学出版会，2002）471頁を参考にした）。
26) 養親候補者が認定を受ける手続については，石綿・前掲注3) 100〜101頁を参照。

つ，養子縁組がその子の利益に適合すると裁判所が評価する場合，養子縁組の宣告をすることができる（第353条第2項)[27]。

## II 養子による同意に対する公証人の役割

養子となる者が13歳以上である場合，養子縁組成立のためには原則としてその同意が必要であり，また，氏名の変更に対する同意が求められる場合もある。その場面において公証人はどのような関与をなすか。以下では1において，養子縁組の成立要件として要求される養子の同意を分析し，次に2において，氏名の変更に対する同意を分析する。これによって，養子となる者に対する公証人の関与の一端を示す。

### 1 養子縁組成立のための同意

本節における検討の前提として，養子となる者の類型を確認する。第344条は，養子となる者の類型を4つ挙げる。①両親又は親族会が養子縁組に対して有効に同意した未成年者（第1号），②国家被後見子親族会が養子縁組に対して同意した国家被後見子（第2号），③第381-1条及び第381-2条所定の要件において裁判上放任宣言がされた子（第3号），④成年者（第4号－但し完全養子縁組には第345条所定の要件がある）である。

さて，本節の検討対象は，13歳以上の養子による縁組に対する同意である。これは，養子縁組の要件の1つである。その根拠となる第349条によると，13歳以上の養子はその養子縁組に自ら同意することになっており（第1項），その方式は，第348-3条第2項所定の方式に従う（第2項）。この同意は，養子縁組

---

[27) 但し，ASEや認可養子縁組団体（OAA, Organisme autorisé pour l'adoption——県会議長から認可を受けた，養子縁組の斡旋を行う民間の団体）が養子計画を立てる段階において，この認定を得ていない者が養親候補者としてリストアップされることはほとんどありえないと指摘されている（金子敬明「養子制度」大村敦志他編・比較家族法研究——離婚・親子・親権を中心に（商事法務，2012）188頁）。

なお，2022年法律により，OAAによる国内縁組の斡旋は終了したため，現在OAAは国際縁組の斡旋のみを行っている。民間団体であるOAAによる国内縁組斡旋の廃止には，行政機関であるASEに子を預けたくないという親がいることもあって，批判がある（Sophie Prétot, « La reprise en main étatique de l'adoption interne: une fausse bonne idée », La semaine juridique - Notariale et immobilière -, N° 14 - 8 avril 2022, n° 1135, n° 6, p. 33）。

の宣告までいつでも撤回することができる（第3項）。なお，この規定は完全養子か単純養子かを問わず，養親の属性も問わない。

そこで以下では，(1)において同意の主体を確認した上で，(2)において同意の方式を検討し，公証人の関与について説明する。(3)ではその同意の撤回について検討し，実親による同意の撤回との対比における特色を指摘する。最後に補足として，(4)において同意が例外的に不要となる場合を説明する。

### (1) 主　体

養子となる者が13歳以上である場合，その同意は自ら（personnellement）することが求められる（第349条第1項，第458条第2項）。したがって，養子となる者が13歳以上であるならば，その者が被後見成年者であったとしても，その同意は原則として自らなされなければならない[28]。

### (2) 方式——公証人の関与の可能性

同意の方式は，第348-3条第2項の方式に従う（第349条第2項）。第348-3条第2項は，養子が未成年者である場合，実親による同意が求められるところ（第344条第1号），その同意の方式に関する規定である。第348-3条第2項は，「養子縁組への同意は，フランスの若しくは外国の公証人の面前で，又は，フランスの外交官若しくは領事官の面前で与えられる。養子縁組への同意は，同様に，子が児童社会援助局に引き渡されたときは，その機関によって受領されることができる。」と定める。したがって，養子による同意は，フランスの公証人若しくは外国の公証人の面前で，又は，フランスの外交官，領事官の面前で与えられることになっており，他方で，子が児童社会援助局（Service de l'aide sociale à l'enfance. 以下「ASE」と表記する）に引き渡されている場合は，その機関によって受領される。そして，養親は，養子縁組成立のための申請において，同意を証する書面を添付資料として裁判所に提出する。

それでは，養子となる者の同意にフランスの公証人が関与するのはどのような場合か。養子となる者が外国に住み，フランス法が適用される場合，外国の公証人の面前か，フランスの外交官・領事官の面前で同意をする[29]。それ以外

---

[28] Anne-Marie Leroyer, *Droit de la famille*, PUF, 2022, n° 864, p. 658.

の場合に，ASE 又はフランス公証人が同意を受領する。ASE が同意を受領するのは，養子となる者が ASE に引き渡されている場合である。前掲した養子となりうる者の類型の内，ASE に引き渡される場合は，第1に養子となる者が2歳未満である場合（原則－第348-4 条本文[30]），第2に養子となる者が国家被後見子である場合（第344 条第2号），第3に裁判上の放任宣言がされた子の一部（第381-2 条により ASE が受け入れる場合）である。フランス公証人が養子となる者の同意を受領するのは，それ以外の場合である。一例を挙げるとパートナーの子を養子とする場合であり，これはフランスにおける近時の養子の相当部分を占めている[31]。

養子縁組に対する養子による同意が公証人によって受領される場合，公証人は養子となる者に対して養子縁組の帰結を説明する[32]。その根拠として挙げられるのが，第348-3 条第1項である。同項は，実親が子を養子に出す際の同意に関する規定であるが，その同意は「自由であり，子の出生後に対価なく得られており，養子縁組の帰結について明示された」ものでなければならない[33]。この規定は条文上は養子による同意には適用されないが，養子による同意も自由に対価なくしてなされるべきであり，同意を公証人が受領する場合には公証人による情報提供が必要であると指摘されている[34]。

公証人が養子となる者に提供する情報は，第1に養子縁組の帰結に関わるも

---

29) Hubert Bosse-Platière, Marianne Schulz, « V° Adoption - Fasc. 21: FILIATION ADOPTIVE. - Adoption plénière. - Conditions préalables à l'adoption. Conditions relatives aux adoptés », JurisClasseur Notarial Répertoire, 2022, n° 50.
30) 養親と養子との間に6親等以内の血族又は姻族関係が存在する場合か，パートナーの子の養子縁組の場合が例外である（第348-4 条但書）。
31) 2018 年の統計によると，2018 年における実親の「配偶者」による養子縁組は，完全養子縁組の59%（完全養子全体で2925 人の内1720 人），単純養子縁組の90%（単純養子全体で9550 人の内8620 人）を占める（Zakia Belmokhtar, « L'adoption de l'enfant du conjoint en 2018 », Infostat Justice, n° 175, 2020, p. 3（https://www.justice.gouv.fr/sites/default/files/migrations/portail/art_pix/stat_Infostat_175.pdf））。
32) Godin, *supra* note (4), n° 22, p. 47. その前提として，公証人の負う助言義務を無視することはできない。詳細は，横山美夏「フランスの公証人制度をめぐる最近の動向」みんけん641 号7頁（2010）を参照。
33) この点は，2022 年改正前の旧第370-3 条第3項に規定されており，これは国際養子縁組に関する規定であったが，2022 年法律により完全養子に関する第348-3 条第1項（単純養子にも準用）に規定され，2022 年オルドナンスによって条文番号を変えずに現在の位置に収まっている。
34) Godin, *supra* note (4), n° 3, pp. 43-44.

のである。例えば，親子関係の帰趨（完全養子の場合は元の親子関係が消滅し，単純養子の場合は新たな親子関係が付加される），実親及び養親との権利義務関係，氏名の変化とそれに対する同意の権利が挙げられる。第2に同意の撤回に関わるものである。例えば，養子となる者による同意の撤回権，及び，撤回の方式である（CPC 第1165条第1項）。いずれについても，同意証書にその情報の全部又は一部を掲げることが提案されている[35]。

### (3) 撤　　回

養子となる13歳以上の者は，一度与えた同意を撤回することができる[36]。その期間には制約がなく，養子縁組の宣告までいつでも撤回可能である（第349条第3項）。撤回の方式は特に定められておらず，公証人が受領する必要すらない[37]。

これらの点は，未成年者を養子とする場合における，実親による同意の撤回について，撤回の期間が2か月に限定され，撤回の方式が定められていること（第348-5条第1項）と対照的である。実親による同意の撤回は，養子縁組の手続を円滑に進めるために，厳しく制約されているのに対し，養子となる者の同意の撤回は容易になしうるという点で，養子となる者の利益に配慮されていることが窺える。

### (4) 同意不要の場合

以上の原則に対して，養子となる者の同意がなくても養子縁組が成立する場合もある。第350条は，13歳以上の未成年者又は被保護成年者が自ら同意する状態にない場合，養子縁組が養子の利益に適合するならば，裁判所は，特別管理人又はその者に関する代理権を伴う法的保護手段が課された者の意見を受領した後で，養子縁組を宣告することができる旨規定する。この規定は2022年法律によって第348-7条として設けられたものであり，2022年オルドナンスにより若干の語の修正[38]を受けた上で現在の位置に収まった。

---

35) Godin, *supra* note（4），n° 22, p. 47.
36) 養子による同意の撤回が認められたのは，2010年12月22日法律第1609号による。
37) Godin, *supra* note（4），n° 24, p. 47.
38) 2022年法律によって設けられた第348-7条には，« d'un mineur âgé de plus de treize ans ou

本条の趣旨であるが，13歳以上の未成年者又は被保護成年者が精神障害等のために自ら同意することができない場合，その者を養子とする養子縁組を成立させることができなかった。なぜなら，養子縁組に対する養子による同意は代理に親しまないからである（第458条第1項）。そのため，養子縁組という保護手段，家族生活を手にする手段が奪われる点が問題視された。そこで，本条によって，養子となる者が自ら同意することができない状態であっても，養子縁組を宣告することが可能となるのである[39]。但し，この場合も，養子縁組が養子の利益に適合しなければならず，また，裁判所は，特別管理人又は法的保護手段が課された者の意見を聴取しなければならない。

## 2　氏名の変更に対する同意

本節において検討するのは，養子縁組に伴う氏名の変更に対する養子の同意である。氏（nom）及び名（prénom）の変更は，完全養子と単純養子とでその内容が異なる。そこで以下では両者を区別して順に説明し（(1)，(2)），その後で公証人による関与について説明する（(3)）。

### (1) 完 全 養 子

(a) 氏　完全養子における氏の変更に対して，養子には同意をする機会がない。そこで以下では，氏に関する原則のみを説明する。

完全養子縁組により養子には養親の氏が与えられる（第357条第1項）。

カップルが共同して養親となる場合，養親は共同の申述により，子の氏を養親の一方の氏にするか，双方それぞれ1つの氏を限度として，順序を決定し連

---

d'un majeur protégé hors d'état d'y consentir personnellement » と記されており，「自ら同意する状態にない（hors d'état d'y consentir personnellement）」という句は「被保護成年者（un majeur protégé）」のみを修飾するように見えた。この理解によると，養子となる者が13歳以上の未成年者である場合，その者が同意可能な状態にあったとしても，その同意なくして養子縁組を宣告しうることになる。しかし，2022年オルドナンスは「双方（l'un et l'autre）」という句を挿入することで，「自ら同意する状態にない」という句が「13歳以上の未成年者」をも修飾することを明示した。したがって，13歳以上の未成年者について本条が適用されるのは，その者が自ら同意する状態にない場合に限られる（Nathalie Baillon-Wirtz, « Ordonnance du 5 octobre 2022: un nouveau cadre formel pour l'adoption », La semaine juridique - Notariale et immobilière -, N° 41-42 - 14 octobre 2022, n° 944, p. 10）。

39) Leroyer, *supra* note (28), n° 864, p. 658.

結された二重の氏にするかを選択する（同第2項）。共同の申述がない場合，子の氏は，親の双方それぞれ最初の1つの氏を限度としてアルファベット順で連結された二重の氏となる（同第4項）。

　上記の養親による氏の選択は一回限りである（同第3項）。例えば既にカップルに実子がいる場合には，この選択権は行使できず，その実子の氏が養子の氏となる（同第5項）。

　養親の双方又は養親の一方が二重の氏を持つ場合，書面による共同の申述により，その氏の1つのみを養子に与えることができる（同第6項）。

　以上のルールは，パートナーの子を完全養子とする場合にも妥当する（第370-1-5条第1項～第5項）。

　(b) 名　　裁判所は，養親の請求により，養子の名を変更することができる（同第7項前段）。このとき，養子が13歳以上であるならば，その養子自らの同意が要求される（同後段）。この同意は，2022年法律によって設けられたものである。養親による名の変更の請求は，原則として養子縁組のための申請と同時でなければならない。裁判所が，縁組の判決と共にこの点について宣告することができるようにするためである[40]。この点は，パートナーの子を完全養子とする場合も同様である（第370-1-5条第6項）。

### (2) 単純養子

　(a) 氏　　単独養子の場合，原則として養子の氏に養親の氏が付け加えられる（第363条第1項前段）。この場合，養子が13歳以上[41]であるならば，その養子の同意が要求される（同後段）[42]。

　しかし，（単身の）養親と養子の少なくとも一方の氏が二重の氏である場合，養親の氏の1つが養子の氏の1つに付加されることになる。その選択及び順序は養親が決定する（同条第2項第1文及び同第2文）。このとき，養子が13歳以

---

40) Danielle Montoux, « V° Adoption - Fasc. 20: ADOPTION. - Adoption simple. - Adoption plénière. - Effets », JurisClasseur Notarial Formulaire, 2023, n° 18. なお，縁組判決後，第60条により名を変更することは可能であり（Hubert Bosse-Platière, Marianne Schulz, « V° Adoption - Fasc. 35: ADOPTION PLÉNIÈRE - ADOPTION SIMPLE. - Effets », JurisClasseur Notarial Répertoire, 2022, n° 13)，この点は単純養子についても同様である（Ibid., n° 43)。
41) 2022年法律により「成人」から「13歳以上」に改正された。
42) この点は，パートナーの子を単純養子とする場合も同様である（第370-1-7条第1項）。

上であるならば，その養子の同意が要求される（同第2文）。意見が一致しない場合，又は，選択がなされなかった場合，養子の最初の氏の後に養親の最初の氏を付加する（同第3文）[43]。

以上に対して，養親がカップルである場合，養子の氏に付加されるべき養親の氏は1つに限定される。養子の氏が二重である場合，保存されるべき氏の選択，氏の順序は養親が決定する（同条第3項第1文及び第2文）。この場合，養子が13歳以上であるならば，その養子の同意が要求される（同第2文）。意見が一致しない場合，又は，選択がなされなかった場合，養子の最初の氏の後にアルファベット順による養親の最初の氏を付加する（同第3文）。

但し，養親の請求により，養子が養親の氏のみを持つように裁判所が決定することも可能である（同第4項第1文）。カップルの共同縁組の場合，養子の氏は，養親の一方の氏にするか，双方それぞれ1つの氏を限度として，順序を決定し連結された二重の氏にするかを選択することができる（同第2文）。この請求は縁組の後に提起することも可能である（同第3文）。以上の点について，養子が13歳以上ならばその養子自らの同意が必要である（同第4文）。

(b) 名　完全養子の場合と同じく，養子縁組に伴い養子の名の変更が可能である。裁判所は，養親の請求により，養子の名を変更することができる（同第5項前段）。このとき，養子が13歳以上ならば，その養子自らの同意が要求される（同後段）。パートナーの子を単純養子とする場合も同様である（第370-1-7条第4項）。

(3) 同意の方式——公証人の関与の可能性

養子の氏名の変更につき，養子となる者が13歳以上の場合における養子の同意の時期や方式について，民法典には特に定めがない。しかし，養子縁組の成立と同時に氏名の変更に関する判断を裁判所に求める場合，養親は縁組の申請と共に，氏名の変更に関する申請も同時に行う[44]。養子となる者が13歳以上のとき，その者の同意を得る方法として，裁判所における申述を求めること

---

43) この点は，パートナーの子を単純養子とする場合も同様である（第370-1-7条第2項）。但し，これらの原則に対し，養親の申立てにより，裁判所は養子が元の氏を保持するように決定することもできる（同第3項）。
44) 養子となる者の名について，Montoux, *supra* note (40), n° 18を参照。

も指摘されているが，公証人が養子縁組に対する同意証書を作成する際，氏名の変更に関する同意もそこに含めうることが指摘される[45]。この場合，公証人は氏名変更に関する情報を養子に提供することになる[46]。

## 結論——本稿のまとめと今後の課題

　養子縁組成立のための裁判手続は，原則として養親の主導によって進められる。養子となる者の同意も養親の主導によって得られると考えられる。それに対して，裁判所は養子縁組が養子となる者の利益となるか否かを審査し，(事理弁識能力がある場合）養子となる者の意見も聴取するなど，養子縁組が養親による「子への権利（droit à l'enfant）」を満たすものではないことを具現化している[47]。

　本稿では，養子となる者が13歳以上の者である場合，この裁判手続に至る前に，養子縁組の成立，養子縁組の重要な効果においてその同意が求められていること，養子となる者の同意の撤回は比較的容易であって，拒否権が行使しやすいことを確認した。さらに，この場面に公証人が関与する場合，養子となる者には同意をなすために必要な情報が与えられることを確認した。公証人によるこの種の関与は中立的な立場からなされるものであって，子どもの利益を実現することを主たる目的とするものではないが，養子となる者の自由な意思決定に資するという点で，子どもの利益を実現する一装置として機能しうると考えられる。

　そうなると次に問題となるのは，中立的な立場から情報提供をした上で同意を受け取る公証人と，養子となる者の利益を審査する裁判所との機能分担である。さらに，養子縁組の重要な当事者である実親の同意にも公証人の関与の可能性があり，この点も検討に値する。これらの点は今後の課題となる。

---

45) Godin, *supra* note (4), n° 21, p. 46.
46) Godin, *supra* note (4), n° 21, p. 46.
47) Danielle Montoux, « V° Adoption - Fasc. 10: ADOPTION. - Adoption simple. - Adoption plénière », JurisClasseur Notarial Formulaire, 2023, n° 4.

# 別居親の再婚と養育費の取決め
## ──カナダ法及びオーストラリア法からの示唆

ローツ マイア

 I　は じ め に
 II　カナダ法の仕組み
 III　オーストラリア法
 IV　考　察
 V　お わ り に

## I　は じ め に

 日本で再婚・再々婚家庭が増えている。そのため，未成年の子がいる父母が離婚し，その一方或いは両方が再婚した場合，別居親が事情変更を理由とする養育費減額（或いは免除）請求をする事件が目立つようになっている[1]。しかし，このいわゆる再婚事例における養育費に関する取り決めの在り方につき明確なルールがなく，父母の合意や裁判官の裁量に委ねられている。

 以上のような現状の中で，様々な検討すべき課題が浮き彫りになっている。例えば，別居親が再婚し，再婚相手との間に新たに子ども（本稿で，この子どものことをSFC〔second family child〕と記す）が生まれた場合[2]，このことを理由

---

1) 公表裁判例として，大阪高決平成 28・10・13 家判 19 号 95 頁，札幌高決平成 30・1・30 家判 23 号 60 頁，広島高決令和元・11・27 家判 27 号 44 頁（いずれも別居親が再婚した事案），福岡高決平成 26・6・30 家判 1 号 88 頁，東京高決平成 28・7・8 家判 10 号 73 頁（別居親・同居親の両方が再婚した事案）等がある。公表裁判例の分析として，犬伏由子「再婚に伴うステップファミリー当事者の扶養義務と養育費の支払い──裁判例分析を中心として」家判 39 号 12 頁（2022），生駒俊英「継親子養子縁組から生じる問題──扶養義務の関係と養育費変更の始期」末川民事法研究 7 号 47 頁（2021），早野俊明「子連れ再婚家族（ステップ・ファミリー）の法律関係──連れ子の養育費について」戸時 589 号 40 頁（2005）等がある。
2) 本稿でいう「SFC」は養育費義務者の実子及び養子のみを含む。いわゆる再婚事例の養育費につき検討する際に，（養子縁組がされていない）継子の存在が，実際には大変重要な意味を持ち，合わせて検討すべきである（そして，カナダ法とオーストラリア法において，継親子関係をめぐる規

に，以前取り決められた前婚の配偶者との間の子ども（本稿で，この子どものことをFFC〔first family child〕と記す）の養育費の減額を，そもそも認めるべきなのか，それはなぜなのか，この２つの問いは，別居親のその子に対する扶養義務の性質にも関わる課題であると言えよう。更には，変更後の養育費の具体的金額をどう算定すべきなのか（算定の際に父母の新しい配偶者の収入を考慮すべきか，といった点を含めて）等と言った問題も生じる。

家族の多様化により，養育費義務者（或いは養育費権利者の親）が再婚した場合の養育費の在り方につき，諸外国でも以前から関心が高い[3]。本稿では，このいわゆる再婚事例におけるFFCの養育費につき，それぞれ異なるアプローチをとっているカナダ及びオーストラリアの仕組みを紹介する。両国の現行制度及びこれまでの議論を紹介・分析することにより，上述の諸課題につき日本の法律・裁判運営を再考する際に，有意義な視点が得られると考えられる。

なお，本稿では，養育費義務者が再婚し，その再婚相手との間に新たに子どもが生まれ，かつ，養育費義務者が現在もその新たな子と同居しているケース（本稿で，「いわゆる再婚家庭」と記すこともある）について紹介・検討する。すなわち，FFCの同居親（養育費義務者の前婚相手）が再婚した場合の考え方，及び，養育費義務者に複数の「別居家庭」がある場合（養育費義務者が２回以上離婚等をしており，それぞれの婚姻等から子どもが生まれた場合）[4]の取り扱いを，紙幅の都合上，検討の対象外とする。更に，養育費義務者の新しい家庭に継子（再婚相手の連れ子）がいる場合も，本稿では検討対象としない。なお，本来，広義の「再婚事例」と養育費について議論する際に，これらの事案・事情についても合わせて考慮する必要があることは言うまでもなく，これらについて別稿において論じたい。

---

律・考え方が，興味深いことに，根本的に異なる）が，本稿では紙幅の関係上，省略する。

[3] M. Minow, How Should We Think About Child Support Obligations?, in: I. Garfinkel et al. (eds.), *Fathers Under Fire* (New York: Russel Sage Foundation, 1998), pp. 302-330; D. R. Meyer, C. Skinner & J. Davidson, Complex Families and Equality in Child Support Obligations, *Children and Youth Services Review 33* (2011), pp. 1804-1812; E. Claessens & D. Mortelmans, Challenges for Child Support Schemes: Accounting for Shared Care and Complex Families, *Journal of European Social Policy 28(3)* (2018), pp. 211-223 等。

[4] 例えばオーストラリア法では，本稿でいう「いわゆる再婚家庭」と，養育費義務者に複数の，それぞれ別々の家庭で生活している別居子がある事案で，養育費の計算方法が異なるが，後者につき，紙幅が限られているため本稿では紹介できない。

また，本稿でいう「再婚」，「前婚」は，カナダ法・オーストラリア法の議論においては，事実婚を含む。

## II　カナダ法の仕組み

### 1　養育費制度一般について

　カナダでは，従来，養育費をめぐる判断が裁判官の裁量に委ねられていた。しかし，養育費に関する裁判の結果が不透明であったこと，更には，（ひとり親家庭の高い貧困率が社会問題化していたのに）裁判で命じられた養育費額が低額であったこと等が，強く批判されるようになった[5]。これらの課題を改善すべく，1997年に「連邦養育費ガイドライン」(Federal Child Support Guidelines〔CSG〕，以下「CSG」と記す[6]）が制定され，連邦の離婚法（Divorce Act）に組み込まれた[7]。CSGの制定目的は，養育費の金額の一貫性（consistency，同様の事案で同様の金額が命じられること），確実性（certainty）及び，養育費の増額を促進することであった[8]。養育費額の「確実性」を保障するために，カナダの立法者は，裁判官の裁量を大幅に縮小させ，CSGで定められた算定表[9] 通りの金額を大原則とした（CSG s 3(1))[10]。すなわち，CSGはそのタイトルに「ガイドライン」という単語が含まれているが，実際には，裁判所が，ごく僅かな例外を除いて，CSGが定める算定表通りの金額（「table amount」と言う）を命じなければならない。養育費義務者に新たに扶養すべき家族ができた場合等が，その僅かな例外となり得る[11]が，後述の通り，実際の運用ではこのことを理由とす

---

[5] J. D. Payne & M. A. Payne, *Child Support Guidelines in Canada 2020*（Toronto: Irwin Law, 2020), p. 1.

[6] *Federal Child Support Guidelines*, SOR/97-175, 連邦の離婚法（*Divorce Act*, R. S. C. 1985, c. 3 (2$^{nd}$ Supp.)）の一環として制定されている。

[7] 連邦の離婚法（CSGを含む）は，原則として法律婚をしていた父母が離婚する場合に適用され，事実婚・別居中の場合は，州・準州のガイドラインが適用される。州・準州のガイドラインは，（ケベック州を除いて）連邦のガイドラインに類似している。

[8] Payne & Payne (supra note 5), p. 342.

[9] 算定表は，それぞれの州・準州専用のものが用意されている。養育費支払義務者の居住する州・準州の算定表が適用される（CSG s 3(3))。

[10] Payne & Payne (supra note 5), p. 342.

[11] その他に法が定めている例外として，例えば子が未成年者でなくなった場合（s 3(2)(b))，養育

る養育費の減額請求がほとんど認められない。

なお，CSG により養育費（算定表額）は，養育費義務者の収入（受け取る側の親の収入は考慮されないいわゆる「（義務者）所得パーセント方式」）及び子どもの数によって算出される[12]。

## 2　いわゆる再婚事例における FFC の養育費に対する考え方

カナダ法においては，養育費義務者が再婚し，SFC が生まれたとしても，このことは FFC の養育費額に影響を与えず，義務者は依然として FFC に対し算定表通りの金額（full table amount，義務者が扶養すべき者が増える前と変わらない金額）を支払い続けなければならない（CSG s 3(1)）。

なお，CSG s 3 の例外として，養育費義務者が裁判所に対し，自身の再婚・SFC の誕生等をもって，FFC につき算定表通りの養育費を支払った場合，養育費義務者に「過度の苦難」（undue hardship[13]）が生じることを主張し，養育費の減額を求めることができる（CSG s 10）。しかし，裁判例における CSG s 10 の「過度の苦難」をめぐる解釈・判断が厳格で，実際にはほとんどの場合は減額が認められない。以下詳しく説明する。

CSG s 10 は次の通り定める。まず，算定表による養育費を支払った（払い続けた）結果，養育費義務者が「過度の苦難」に陥る場合，裁判所が算定表と異なる養育費額を命じることができるとする（s 10(1)）。次に，「過度の苦難」の原因となり得る場合を，いくつか例示している。具体的には，(a)養育費義務者に異常に多額の借金がある場合（ただし，父母が離別する前に義務者が負ったものであり，かつ，父母及びその子を扶養するために負った合理的なものに限る）（s 10(2)(a)），(b)養育費義務者と FFC との養育時間（parenting time，日本法の親子交流〔面会交流〕）の実施にかかる費用が異常に高い場合（s 10(2)(b)），(c)養育

---

費義務者の年収が 150,000 カナダドルを超えている場合（s 4），兄弟の一部が主に養育費義務者と生活している場合等がある。

12) 養育費の額はオンライン（カナダ法務省のウェブサイト）で計算できる（https://www.justice.gc.ca/eng/fl-df/child-enfant/2017/look-rech.aspx, 2024/4/1 閲覧）。

13) "Undue hardship" の和訳として，「不当な負担」や「過度な困難」等も考えられるが，CSG s 10 の文脈での "undue hardship" の解釈として，後述の通り，裁判例等においてこの 2 つの単語の文字通り・辞書通りの意味が重視され，現在この解釈が定着しているため，本稿では，そのような解釈上の意味に最も近い「過度の苦難」と訳すことにした。

費義務者に，裁判所の決定，命令，或いは書面上の離別合意書に基づき扶養すべき者がいる場合（s 10(2)(c)），(d) 養育費義務者が，法律により，当該子（FFC）以外の子を扶養する義務を負う場合（s 10(2)(d)），(e) 養育費義務者が，病気又は障害のため生活必需品を取得することができない者に対し法律上の扶養義務を負う場合（s 10(2)(e)）である。

　上記(c)には，養育費義務者に複数の「別居家庭」がある場合（2 人以上の元パートナーがあり，それぞれとの間に子どもがおり，かつ，それらの子どもの養育費につき裁判所の決定・命令等が出されている場合）等が該当する。上記(d)には，本稿が着目するいわゆる再婚事例（扶養義務者が現在もその再婚相手と SFC と同居している事案）が該当する。

　なお，CSG s 10 に基づき養育費の減額が認められるには，「過度の苦難」の存在だけでは不十分である。ある事案で，「過度の苦難」が生じると判断された場合，次のステップとして，裁判所が養育費の減額を求める者の世帯の生活水準及び養育費権利者（親）の世帯の生活水準を比較することになる。そして，養育費義務者の世帯の生活水準が，権利者のそれと比べて高いことが判明した場合，減額の請求は認められないと規定されている（s 10(3)）。比較の対象が「世帯の生活水準」であるため，養育費義務者及び養育費権利者の所得等だけではなく，両方の新しいパートナー（更には，その他の同居人）の所得等も考慮される。

　実際に，再婚家庭のニーズを主な理由とし，CSG s 10 に基づく養育費減額請求が頻繁にされており，裁判例が蓄積されている。しかし，前述の通り，裁判例における CSG s 10 の「過度の苦難」の判断が非常に厳しく，ほとんどの場合，養育費の減額は認められない[14]。また，多くの場合，CSG s 10 上の判断のステップ 2 である義務者・権利者それぞれの世帯の生活水準の比較までも行かず，s 10 上の判断の最初のステップである「過度の苦難」の有無の判断の段階で，そもそも「過度の苦難」が認容されず，減額が否定される。

---

14) D. A. R. Thompson, The Second Family Conundrum in Child Support, *Canadian Journal of Family Law Vol. 18* (2001), pp. 227-268; C. Rogerson, Child Support and Serial Family Formation (2012), unpublished paper prepared for the Federation of Law Societies, National Family Law Programme, Halifax, N. S., July 2012. 筆者が行った 2012 年後半〜2022 年の裁判例の研究（近時公表予定）でも，同様の傾向が見られた。

既述の通り，カナダの裁判例における，養育費義務者の「過度の苦難」に基づく養育費減額の認容基準は，非常に厳しい[15]。養育費義務者が再婚し，SFCが生まれたという事実が存在するのみでは，「過度の苦難」は認められないという解釈が定着している。また，義務者の再婚家庭が経済的に窮屈な状況にあるという実態でも不十分である。すなわち，「単なる苦難（"hardship"）」では足りず，「その苦難が過度なもの（"undue"），すなわち，その程度が格別で（"exceptional"），過剰で（"excessive"），均衡を欠くもの（"disproportionate"）でなければならない」とされる[16]。また，CSG s 10(1) の文言から，「過度の苦難」の判断のステップ１及びステップ２の両方をクリアしても，裁判所が裁量により減額を否定することができると解される[17]。

　「過度の苦難」に基づく養育費減額のハードルが高い理由につき，立法者・裁判例において次の説明がされている。まず，CSG の制定目的として掲げられた養育費裁判の結果の一貫性・確実性の要請，及びこれを保障するために，個別事案における裁判官の裁量を縮減することが，いわゆる再婚事例（及びその他 CSG s 10 に基づく請求があり得る事案）においても，当然求められるとされている[18]。また，CSG s 10 に基づく減額請求一般につき，算定表に記載されている金額がそもそも養育費の最低金額を意味することが強調され，この最低金額を更に減額するには，非常に慎重であるべきであるとされる[19]。次に，いわゆる再婚事例の場合，養育費義務者が，自身が FFC に対し責任・義務を負っていると認識しながら，再婚し，新しく子どもを設けたという義務者の自己責任が重視されている。したがって，そもそも，養育費義務者が自身の経済力

---

15) Hanmore v Hanmore, [2000] AJ No 171 (CA); Locke v Goulding, 2012 NLCA 8; Cole v Jerome, 2017 NWTSC 28 等。
16) Van Gool v. Van Gool (1998), 166 D. L. R. (4th) 528 (B. C. C. A.) para. 51 等。Payne & Payne (supra note 5), p. 341 も参照。
17) Payne & Payne (supra note 5), p. 341.
18) Payne & Payne (supra note 5), p. 342.
19) Department of Justice Canada, *Children Come First: A Report to Parliament Reviewing the Provisions and Operation of the Federal Child Support Guidelines — Vol. 2*, 2002, https://www.justice.gc.ca/eng/rp-pr/fl-lf/child-enfant/rp/v2/v2_4.html（2024/2/11閲覧）。Thompson (supra note 14), p. 251 も参照（アメリカと比べて，カナダの算定表通りの養育費の額がそもそも低いと指摘し，このこともいわゆる再婚事例での養育費に対する運営に影響している可能性について言及する）。

等を考慮してから扶養すべき家族を増やすべきであったとされる[20]。更に，(いわゆる再婚事例に限らず) 養育費義務者が，「過度の苦難」に満たない苦難に陥っている場合，FFC に対する責任が他の債務より優先され，養育費の減額請求をするより，まずは自身の支出・債務を再整理しなければならないと強調されている[21)22]。

なお，CSG s 10 に基づき養育費の減額が認められた場合，その具体的な額の算定方法が各裁判官の裁量に委ねられており，裁判例において様々な算定方法が見られる[23]。算定方法が裁判官の裁量に委ねられている理由として，離婚後の家庭状況が様々であることから，個別具体的な事案における判断が求められることが挙げられている[24]。なお，FFC への養育費が CSG s 10 に基づき減額される場合でも，その金額がゼロになることはほとんどないようである。低所得の義務者でも，親の役割・義務を強調すべく，せめて象徴的態様 (symbolic gesture) としての少額の養育費が命じられるという[25]。このことからも，カナダ法において養育費支払義務が，親の重要な義務として捉えられていることが分かる。

当事者，特に再婚した養育費義務者から，以前から，カナダの現行制度に対し批判の声が上がっている。すなわち，現在の裁判運用等により SFC らが経済的に困難な状況に陥り，SFC ら及び再婚家庭への配慮が極めて不十分であると唱えられている[26]。もっとも，現在，改正の動きはないようである。

---

20) Jackson v. Holloway, [1991] S. J. No. 691 (Q. B.) 等。
21) Payne & Payne (supra note 5), p. 341.
22) 以上のような考え方の背景として，カナダでのひとり親家庭 (特に母子家庭) の貧困率や，基本的に公的扶養より私的扶養が優先されることが考えられる。
23) Rogerson (supra note 14), pp. 27-28; Thompson (supra note 14), p. 246ff.
24) Dept. of Justice Canada (supra note 19).
25) Payne & Payne (supra note 5), pp. 341-342. Thompson (supra note 14), p. 240ff. も参照。
26) Rogerson (supra note 14), p. 1.

## Ⅲ　オーストラリア法

### 1　養育費制度一般について[27]

#### (1) はじめに

オーストラリアの現行の養育費制度（Child Support Scheme）は，1988-1989年に導入された。現行制度の下では，養育費額の算定や徴収が行政により運営されており[28]，オーストラリアの厚生福祉省（Services Australia, 旧 Department of Human Services）の管轄のもとにある Child Support（「養育費」，旧 Child Support Agency〔養育費事務局〕）という行政機関が，法律（1989年の養育費〔算定〕に関する法律〔Child Support（Assessment）Act 1989. 以下「CS(A)A」と記す〕）で決められた計算式を利用して養育費を算定する[29]。

#### (2) 2008年の養育費制度改正

オーストラリアの養育費制度は，2006-2008年に大きく改正された[30]。この改正は3つの段階に分けられ導入・施行されたが，改正の最も重要な部分であった養育費算定のための新方式が，2008年1月から施行されたことから，以下，この改正を「2008年の養育費制度改正」と呼ぶ。

---

[27] オーストラリアの養育費制度に関する日本語文献として，下夷美幸「オーストラリアにおける養育費制度」棚村政行編著『面会交流と養育費の実務と展望——子どもの幸せのために』（日本加除出版, 2013）290頁以下，同「オーストラリアの養育費制度——もうひとつのアングロサクソンモデル」養育費相談支援センター『養育費確保の推進に関する制度的諸問題』（家族問題情報センター, 2012）40頁以下がある。英語文献としては，B. Fehlberg et al. (2014), *Australian Family Law: The Contemporary Context 2nd ed.* (Oxford Univ. Press, 2014), Chapter 11 'Child Support'; *Australian Master Family Law Guide 10th ed. (print edition)* (Wolters Kluwer, 2019), Chapter 21 'Child Support and Maintenance' 等が詳しい。

[28] 1988-1989年改正以前は，養育費の取り決め等が父母の合意或いは裁判官の裁量によりその決定で行われた。ひとり親家庭，特に母子家庭の貧困率が高かったことが注目されはじめた中，裁判所により命じられた養育費が低額であったこと，子育ての実際のコストを反映していなかったことや，養育費の履行確保が十分に機能していなかったこと等が強く批判され，1988-1989年の改正に至った。ひとり親家庭への公的援助の増加（及びそれにともなう納税者負担の増加）も背景にあったという (Aus. Master Family Law Guide (supra note 27), p. 930; Fehlberg et al. (supra note 27), p. 416ff.)。

[29] 養育費の額は政府のウェブサイトで簡単に計算できる（https://processing.csa.gov.au/estimator/About.aspx, 2024/7/1閲覧）。

[30] 2008年の養育費制度改正についての日本語紹介は，下夷・前掲注27)（2012）44頁以下。

現行制度が導入された1989年以降も，養育費制度が養育費義務者及び権利者を公平（fair）に扱っているか，制度設計の従来の目標であったひとり親家庭の貧困の解消に役立っているか，国（納税者）への負担軽減につながっているか等につき，議論・研究され続けてきた[31]。そして，特に以下の点につき批判がされた。すなわち，養育費を受け取る側の親等は，養育費の額が低すぎることや，履行確保の仕組みが未だに十分に機能していないことを問題視し，他方で，養育費義務者等は，子との面会交流に関わる費用が養育費の算出の際に十分に反映されていないことや，（特に養育費義務者の大多数を占める父親らが）FFCへの養育費が高すぎる結果，再婚家庭が経済的困難に陥り，自身（及びSFCら）が不公平に扱われている等と唱えた[32]。

　以上のような批判を受け，政府は養育費制度の改正に着手し，制度改正のための具体的提言を行うことを業務とする，養育費に関する連邦検討委員会（Ministerial Taskforce on Child Support，以下「Taskforce」）を設立した。同委員会は，以上の批判に加え，制度改正を必要とする要因として，（多くの場合，子の養育を主に行う）女性の職場進出等といった社会変化を指摘し，更に，2006年に実施された家族法改正にも言及した[33]。この2006年の家族法改正とは，父母双方の子の養育への関与を促し，かつ，増加しつつある父親の養育参加を評価するために，父母の離別後の共同養育を推奨するよう，子の養育をめぐるFamily Law Act 1975の規定等を大きく変えたものであった[34]。2006年の家族法改正の基本理念の一つであった父母の離別後の共同養育の推奨が，2008年の養育費制度改正にも強い影響を与えた[35]。

　以上を背景に，2008年の養育費制度改正の主な目的として，次の点が掲げ

---

31) Fehlberg et al. (supra note 27), p. 424.
32) Ministerial Taskforce on Child Support, *In the Best Interests of Children — Reforming the Child Support Scheme: Summary Report and Recommendations*, Commonwealth of Australia, 2005（以下「Taskforce」と記す）, p. 79; Fehlberg et al. (supra note 27), p. 425; B. Smyth & R. Weston, Attitudes to Child Support, *Family Matters* 71 (2005), pp. 46-57.
33) P. Parkinson, The Future of Child Support, *Univ. of Western Australia Law Review* 33 (2007), pp. 179-206 (p. 186ff.) 等.
34) 2006年の家族法改正の和文紹介として，駒村絢子「離婚後の子の監護法制に関する一考察——オーストラリア連邦家族法における離別後の共同養育推進を手がかりに」法学政治学論究84号163頁以下（2010）等がある。
35) Parkinson (supra note 33), p. 181 等参照。

られた。(1)父母の双方を養育費の支払者として扱うこと，(2)養育費算定に利用される子育てコストの表を，より現実を反映するように見直すこと，(3)別居親と子との面会交流に関わる費用等を，養育費算定において従来よりも考慮すること，(4)SFCへ従来よりも配慮すること。これらの目的を達成するために，(前述のTaskforceの提言をほぼそのまま反映させて)次のような改正が行われた。第一に，従来のいわゆる所得パーセント方式(養育費義務者の所得の一定割合を養育費とする方式)から，いわゆる所得シェア方式(両親の所得比を用いて計算する方式)[36]に切り替えられた。第二に，養育費の算定に使われる子の養育に関わるコストが，現実社会の実態をより正確に反映するように根本的に見直された[37]。第三に，別居親が子との面会交流に費やす費用，及び，子が別居親のところで過ごす宿泊日数が，養育費算定の際に以前より考慮されるようになった。第四に，養育費算定にあたり養育費義務者の所得から引かれる必要生活費(self-support amount)が増額された[38]。また，2008年の改正以降，両親の所得が養育費の算出の際に考慮されるようになるとともに，養育費義務者・権利者の必要生活費が同額とされた[39]。最後に，いわゆる再婚事例で，FFCとSFCをより平等に扱うように，公式に修正が加えられた(後程，詳しく説明する)。

---

[36] この方式は，離婚後も父母の双方が子の養育に関わるという考え方を前提に，養育費も両方が出し合うという考え方を反映するものである。

[37] なお，新公式により子の養育にかかるコストの計算に当たって，複雑な理論経済学上のモデリング及び分析が利用された一方，現実社会における子育て費用をめぐる実態調査等があまり参照されなかったこと等から，改正の結果出来上がった新「子育てコスト表」の金額が，やや低額であるとの指摘もある (Fehlberg et al. (supra note 27), pp. 442-443)。また，子育てコストの見直しの一つのポイントとして，次のようなものがある。2008年改正までは，養育費が養育費義務者の収入のうち法律で決められた一定の％として計算された(全ての義務者について，同じ％が適用された)。しかし，Taskforceが，義務者の収入が上がるにつれ，子育てにあてる金額が全収入のうち占める割合が，実際には低くなるという現実を明らかにし，新「子育てコスト表」にもこのことが反映された。すなわち，改正前と比べて，高所得の養育費義務者が支払うべき養育費額が，減額された。

[38] 2024年度の養育費算定の際の親の必要生活費は28,463オーストラリアドル(約304万円)／年である (Australian Government, Child Support Guide (Version 4.82), 1 July 2024, '2.4.2 Formula tables and values', https://guides.dss.gov.au/child-support-guide/2/4/2, 2024/5/5閲覧)。

[39] 改正前までは，養育費権利者の所得が割と高額(週当たりの平均収入以上)であった場合にのみ，その所得が養育費算出の際に考慮され，また，養育費権利者の必要生活費が義務者のそれと異なっていた。

2008年の養育費制度改正の効果及び改正への評価は様々であった。一方で，父母の双方を養育費の支払者として扱う点等で，前述の2006年の家族法改正の理念，すなわち，両親の離別後の両親による共同養育の実施の促進にそった改正となったことが評価され，全体として，規定上，父母がより平等に扱われるようになったとの指摘があった[40]。他方で，一般的傾向として，改正後の養育費算定額が，改正前と比べて減少したことが明らかにされ[41]，ひとり親家庭の貧困が相変わらず深刻な社会問題であり続けている中，養育費義務者の責任（経済的負担）が軽減されたことが強く批判された[42]。

### (3) 現行制度の基本的仕組み

　CS(A)A s 3(1)は，子の両親が，子の扶養の第一義的義務者であると明記する。養育費は父母の課税所得，子どもの数及び年齢，それぞれの親の養育割合（それぞれの親が，実際に子の養育を実施している日の宿泊日数をもとに計算される）を考慮して算定される[43]。養育費の金額を計算する前に，父母それぞれの課税所得から同額の必要生活費が引かれる。算定に利用される，算定の対象となる子どもの養育にかかる費用（「子育てコスト」という）は，毎年更新される「子育てコスト表」（The Costs of the Children Table）の通りとなる。多様な家族構成等に対応するように，6つの算定方式が用意されているが，ほとんどのケー

---

40) Parkinson（supra note 33），p. 190ff. 等。
41) B. Smyth & P. Henman, The distributional and financial impacts of the new Australian Child Support Scheme, *Journal of Family Studies 16(1)*（2010），pp. 5-32（pp. 15ff, 26ff）; V. Son et al, The Impact of Child Support Changes on the Financial Living Standards of Separated Families in Australia, *Australian Journal of Family Law 28*（2014），pp. 193-232（pp. 226-227）.
42) Fehlberg et al.（supra note 27），pp. 414，427，439ff 等。2008年改正一般が，養育費義務者の大多数を占める父親らに有利に働いたことや，改正議論において，養育費義務者の方の主張の多くが受け入れられ，新公式等に反映されたことを指摘・批判する文献として，Fehlberg et al.（supra note 27），p. 426 ff; K. Cook & K. Natalier, The Gendered Framing of Australia's Child Support Reforms, *International Journal of Law, Policy and the Family 27(1)*（2013），pp. 28-50（p. 35ff）を参照されたい。
43) 2008年改正以前の計算式と比べ，現行の公式は非常に複雑である。養育費の計算の仕方の具体的な説明は，下夷・前掲注27）（2012）47頁以下，及び Services Australia のウェブサイト（https://www.servicesaustralia.gov.au/child-support-assessment-formula?context=21911，2024/7/1閲覧）を参照されたい。なお，養育費の算定額は少なくとも15か月ごとに，それぞれの家庭の現状（収入の変動等）に合わせて調整される（CS(A)A s 7A(3)(a)）。

スでは基本公式が利用される[44]。

## 2　いわゆる再婚事例における FFC の養育費に対する考え方

現行の養育費制度が創設された 1989 年以降，養育費義務者が再婚した場合の対応が組み込まれている。当初から，養育費義務者が再婚した場合等，複数の家庭に扶養すべき子どもがいる場合，養育費を計算する際にこの事態を何らかの形で反映・考慮する必要があることが強く認識されていた[45]。そこで，いわゆる再婚事例で FFC の養育費の算定を行う前に，再婚家庭のために予め決まった金額（現行制度で言う養育費義務者の必要生活費及び SFC の養育のための金額〔当初は割と低額〕）を引いておく，という仕組みが提案された。このような仕組みを採用することで，FFC 及び SFC 両方のニーズを考慮することができると考えられたからである[46]。

当初から，FFC と SFC の優先順位（優先順位があるべきかどうかを含めて）につき議論され，結果的に，全ての関連する利益のバランスをとることが困難であるとしながら，「当事者の全ての子どもをできる限り公平に（as equitably as possible）扱う」という方針が取られた[47]。当時の議論において，一方では，SFC の存在が FFC の養育費算定の際に全く考慮されなければ，FFC の養育費が養育費義務者の収入の相当割合を占めることになり，その結果，セカンド・ファミリーの子の養育のために必要なお金が確保できない場合が生じると指摘された[48]。他方で，FFC の養育費算定の際に，予め養育費義務者の収入から SFC を考慮した一定の金額を引いておくという仕組みが，場合によって SFC により有利に働く（すなわち，養育費義務者の収入のうち，より高い割合が

---

44) 基本公式以外の計算式が利用されるのは，例えば，子の養育者が親以外の者である場合や，養育費義務者に複数の別居家庭がある場合等である。算定方式は，養育費（算定）法の Part 5 に，その規定が置かれている。

45) Commonwealth of Australia, *Child Support ― Formula for Australia: A Report from the Child Support Consultative Group*, Australian Government Publishing Service, Canberra (1988)（以下「CSCG レポート」と記する），p. 58ff.

46) CSCG レポート，p. 73 等参照。

47) CSCG レポート，p. 73.

48) Ibid. また，特に低所得の家庭の場合，セカンド・ファミリーの方が公的援助に頼りがちになるおそれが懸念され，養育費制度の運用により，単に公的援助の対象がファースト・ファミリーからセカンド・ファミリーへとシフトするという実態を避けるべきであるとされた（同上）。

SFC に当てられる）結果になる可能性があることも指摘された[49]。更に、養育費義務者が、通常、セカンド・ファミリー（自身が同居している家庭）を優先する傾向があるという実態も認識されていた[50]。加えて、養育費制度の在り方次第で、例えば FFC への養育費が高すぎる場合等、養育費義務者が再婚をためらうことが想定され、再婚を防ぐ制度設計は避けるべきであると政府のコンサルティング・グループが訴えた[51]。結果的に、前述の提案通りの仕組みが、FFC と SFC をできる限り公平に扱う仕組みであると判断され、採用された。

なお、前述の通り、1989 年以降、いわゆる再婚事例での FFC の養育費査定の方法が、養育費制度に対する批判の中でも最も対立が激しい論点の一つとなった[52]。特に再婚した養育費義務者（多くは父親）[53] から、SFC への配慮が不十分である等といった批判が続き、2008 年改正以前にも、養育費義務者の必要生活費の増額、SFC の分の控除額の見直し等といった修正が、何回か行われた[54]。

以上のような批判を受け、前述の Taskforce が、公式により養育費義務者の全ての子どもを平等・公平に扱うことの難しさを改めて指摘しながら[55]、旧公式が、実際には FFC にとってより有利に働いているとし、制度改善の必要性を訴えた[56]。具体的には、養育費義務者の課税所得からの控除額（養育費義務

---

49) なお、この場合、ファースト・ファミリーがひとり親家庭のための公的手当等を受給しているであろうことから、そのことで不公平が是正されるとされた（CSCG レポート、pp. 73-74）。
50) Ibid., p. 74.
51) Ibid. なお、同時に、SFC の誕生で FFC への養育費が減額・免除されることを養育費義務者が意識して、あえて新しい子どもを設けることで FFC への養育費の支払いを避けようとするといったことが生じうるとの懸念も示した（同上）。
52) Fehlberg et al. (supra note 27), p. 445; A. Horin, Second-Marriage Fathers Not So Poor, *Sydney Morning Herald*, 28 Nov. 2001.
53) オーストラリアでは、少なくとも当初、母親より父親の方が再婚する者が多かった（Fehlberg et al. (supra note 27), p. 445 及び同頁の注 186 で挙げられている文献）。
54) Taskforce (supra note 32), p. 50ff.
55) すなわち、確かに、FFC へ一定額の養育費が支払われるが、それに先立って、養育費義務者の収入から SFC の養育のための一定の金額が引かれるのに加え、FFC の養育費が支払われた後の養育費義務者の収入の残額は、セカンド・ファミリーに与えられることになる。そのため、制度改正の際に「おおよその平等」（"approximate equality"）を、実際の目標とするよりは、理想として目指すべきであるとした（Taskforce (supra note 32), p. 120. また、養育費制度が、FFC と SFC を平等に扱うよう「努めるべきである」ともした（ibid., p. 117））。
56) Taskforce (supra note 32), pp. 98-99.

者の必要生活費及び SFC の養育のための費用）が低いとした[57]。なお，ここで注意すべきなのが，旧公式が高収入の養育費義務者の場合に，養育費義務者とその再婚家庭に不利に働いた（すなわち，再婚家庭のために「取っておく」控除額の方が，FFC に支払うべき養育費額より，明らかに低かった）が，高収入の義務者以外の義務者の場合は必ずしもそうではなかったことである[58]。

そこで，旧公式の仕組み（すなわち，養育費義務者の収入から，その必要生活費に加え，SFC の養育に充てる一定の金額を引いてから，残りの金額をもとに FFC の養育費を算定する仕組み）を維持しながら，算定の結果をより公平にするために，次のような修正が加えられた[59]。まず，SFC の養育のための費用として，改めて養育費義務者の収入から引かれる金額（これを「relevant dependent child amount」という[60]）が，FFC の養育費の算定の際に使われる「子育てコスト表」通りの金額とされた[61]。次に，全ての養育費算定のケースに適用される修正だが，いわゆる再婚事例における FFC への養育費の金額にも影響を与えたものとして，前述の通り，養育費義務者の必要生活費の額が増額された[62]。

2008 年の養育費制度改正のいわゆる再婚事例に関わる部分の実際の効果及び改正への評価は様々であった。まず触れておきたいのは，2008 年の養育費制度改正に先立って実施された，オーストラリア国民の養育費の在り方に関する意識調査[63]の結果である。養育費についての国民一般（女性一般のグループ，

---

[57] Ibid. Taskforce は，SFC 或いは FFC のどちらかを養育費制度により「制度的に不利に扱ってはならない」(should not be systematically more disadvantaged) ということを制度の方針として明記した。

[58] Ibid.

[59] Australian Government, *Child Support Scheme Reforms, Fact Sheet 14: Second families — new arrangements* (2008), https://www.dss.gov.au/our-responsibilities/families-and-children/publications-articles/child-support-scheme-reforms-factsheets/fact-sheet-fourteen-second-families-new-arrangements?HTML (5/5/2024 閲覧).

[60] ここで言う「relevant dependent child」とは，養育費義務者と現在同居している実子，養子，（裁判所の命令により養育費義務者が扶養義務を負うとされる）継子のことを言う。

[61] 以前の relevant dependent child amount の金額が，養育費義務者の収入額に左右されない，法律で設定された一定金額 (flat rate) であったのに対し，改正後の「子育てコスト表」の金額は養育費義務者の具体的収入額に基づいて算出されるものである。

[62] なお，オーストラリアでは，再婚事例での FFC の養育費を算定する際に，養育費義務者（及び養育費権利者）の新しい配偶者の収入は一切考慮されない。

[63] B. Smyth & R. Weston, A Snapshot of Contemporary Attitudes of Child Support, AIFS Research Report No. 13 (2005)（いわゆる再婚事例の場合の養育費については，43 頁以下）。

男性一般のグループ）及び養育費義務者の男性，養育費権利者の女性（合計4つのグループ）の，養育費についての意識を調べたものである。この調査結果によると，調査の対象となったグループのうち3つのグループ（養育費義務者男性グループ以外）の回答者の多数が，養育費義務者に新しい子どもが生まれたことを理由に，FFCへの養育費を減額させるのが適切ではないと考えていたという[64]。改正議論と国民意識に，大きなずれがあったと言えよう。

次に，2008年改正は，養育費義務者の全ての子どもをできるだけ平等・公平に扱うことを目指したはずであったが，実際には，改正の結果SFCが優先される制度になったのではないかとの指摘がされている[65]。この点については，SFCの養育のための費用として予め「取っておく」relevant dependent child amountが，「子育てコスト表」通りの金額とされたことの影響が大きいとされる。このことに加え，養育費義務者が，通常，再婚家庭のニーズを優先すること，及び，ひとり親家庭の貧困率が相変わらず高いことを考えると，立法者として，SFCを優先させる効果をむしろ減少・後退させるべきであったとの指摘もある[66]。

なお，2008年改正が実際の養育費の額に与えた影響に関する研究によると，改正の結果，いわゆる再婚事例でのFFCの養育費の額が，改正前と比べて減額されたのは，高収入の義務者の場合のみであり，養育費義務者全体の6−7割ぐらいが，改正で「損」をした（すなわち，FFCへの養育費が増額した）という[67]。今回の大改正の中の様々な修正の総合的な効果であるとされ，また，今回の改正は一般的に高所得の養育費義務者に有利であったが，再婚家庭は低所得の家庭が多いということが，以上のような実態となった一つの理由として挙げられている[68]。結果的に，改正の目的の一つであったFFCとSFCのより平等な扱いは，必ずしも実現したとは言えない。

以上のように，2008年の養育費制度改正で，少なくとも理念上，再婚家庭への配慮がされたが，（前述のような実態もあり）改正後も，再婚した養育費義

---

64) Taskforce（supra note 32），p. 99 でも引用されている。
65) Fehlberg et al.（supra note 27），p. 446.
66) Ibid.
67) Smyth & Henman（supra note 41），p. 23ff.
68) Smyth & Henman（supra note 41），pp. 26-27.

務者らから,養育費制度に対する不満の声が上がっている[69]。(改正前と変わらず) FFC の養育費が高いため,再婚家庭・SFC が経済的に苦しい状況に置かれている等という不満である。

## Ⅳ 考　察

本稿のオーストラリア法及びカナダ法の概要からも明らかであるように,国によって,そして,同じ英米法の国の中でも,いわゆる再婚事例における養育費につき,様々なアプローチが取られている[70]。また,それぞれのアプローチの裏に,様々な方針や理念があるとされる[71]。以下,これらにつき考察する。

### 1　いわゆる再婚事例での養育費に対する基本的アプローチ

いわゆる再婚事例での FFC の養育費に関する考え方として,例えば次のようなものがあり得る。(1) FFC(或いはファースト・ファミリー)を優先的に保護するアプローチ,(2)養育費義務者の全ての子どもを平等に扱うアプローチ,(3) SFC(或いはセカンド・ファミリー)を優先的に保護するアプローチ[72],(4)ケース・バイ・ケースで判断するアプローチ等である[73]。

カナダ法は,上記(1) FFC を優先するアプローチ(このアプローチを「ファー

---

69) D. Stambulich et al., "Some of My Children are Worth More Than Others", *Marriage & Family Review* 48 (2012), pp. 769-791 (p. 788ff) 等。Stepfamilies Australia, *How the Child Support System Works for Stepfamilies* (2011) (https://stepfamily.org.au/research/ で閲覧可能,2024/6/1 閲覧)も参照。
70) Meyer et al. (supra note 3, 14 か国のアプローチを対象とした比較研究),Claessens & Mortelmans (supra note 3, 8 か国のアプローチを対象とした比較研究),Thompson (supra note 14, p. 248ff が英米法の国々のアプローチの比較)。
71) Ibid.
72) Thompson は,いわゆる再婚事例における養育費に関するアプローチを類型化する際に,本稿で挙げている(3)「セカンド・ファミリー優先」という類型を使わず,「let the second families succeed」(セカンド・ファミリーを成功させる)というアプローチ・類型を使う (Thompson (supra note 14), pp. 253, 258ff.)。Thompson のこの類型は,あらゆる場合にセカンド・ファミリーを優先させるのではなく,むしろ(1)のファースト・ファミリーを優先するアプローチのバリエーションとして位置づけられ,比較的「ハードな」事案においてのみ,セカンド・ファミリーを優先すべきであるとするものである (ibid., pp. 258-259)。
73) Thompson (supra note 14), p. 253 を参照。

スト・ファミリー（ズ）・ファースト」〔first family/ies first〕と呼ぶことがある[74]）の典型例である。すなわち，養育費義務者の再婚及びSFCの誕生が，原則としてFFCの養育費の額に影響しない。なお，前述の通り，カナダの場合は，極めて例外的な場合に，養育費義務者からの請求を受け，裁判所により減額が認められることがある。

　他方で，オーストラリア法は，前述の通り，方針として上記(2)養育費義務者の全ての子どもを（できるだけ）平等に扱うというアプローチを目指しているが，実際には上記(3)SFC（或いはセカンド・ファミリー）を優先するアプローチに近いのではないかとの指摘もある。オーストラリアでは，SFCが生まれた場合，FFCの養育費の計算に当たって，まず，養育費義務者の収入からSFCの養育のための費用を引いて（「取っておいて」）から，残りの金額をもとにFFCの養育費を（再）算定するという仕組みにしている。このようなアプローチは，Meyer教授らが指摘するように，少なくとも理念的には，養育費義務者と同居しているSFCを，FFCより優先していると言える[75]。オーストラリアは，前述の通り，具体的な計算の仕方等を工夫することで，できる限り，SFCとFFCのどちらかが優先されない（或いは，不利に扱われない）制度設計をしようとしていた。2008年の養育費制度改正に際し，養育費計算の際に，FFC・SFC両方につき，同じ「子育てコスト表」を使用するというルールにしたことが，両者の平等な扱いの証の一つとして挙げられた。しかし，オーストラリアの現行の算定方法では，いわゆる再婚事例において，規模の経済性（economies of scale）等がどの程度反映されているかが必ずしも明確ではなく，それぞれの子どもが本当に「平等」に扱われているかが，必ずしもはっきりしない。

　ここで，養育費義務者にセカンド・ファミリーがある場合，もし養育費義務者の全ての子どもを平等，或いは公平に扱うことを目標とするのなら，考えるべき課題の一つが見えてくる。すなわち，ここでいう「平等」・「公平」が具体

---

74) Thompson (supra note 14), p. 250 等。
75) Meyer et al. (supra note 3), p. 1808. また，例えば2006年当時のニュージーランドでは，このアプローチが取られたが，象徴的な意味を有するだけでなく，実際の金額を見ても，最終的にSFCに割り当てられたその養育のための費用の額が，FFCの養育費として命じられた額より高かった傾向が見られたという（ibid. なお，その計算は2006年当時の制度・法によるものである）。

まず，義務者の全ての子ども（義務者と同居している子どもを含む）の養育のために，全く同じ金額を割り当てるという考え方があり得る。しかし，そうすると，SFCが養育費義務者と同居することにより得られる様々な経済的メリットが，（それらの経済的メリットの具体的金額を算出することが難しいこともあり）養育費の計算に際し正確に考慮・反映されないおそれがあり[77]，結果的にはFFCにとって不公平な結果になりがちであると言えよう（特にSFCが二人親家庭で生活し，FFCがひとり親家庭で生活している場合，不公平な結果になる恐れがある）。オーストラリアの現在のアプローチは，金額の平等を通してFFCとSFCの平等・公平をアピールしているが，正に前述のような課題が見えてきている。

　次に，金額の平等ではなく，例えば養育費義務者の全ての子どもの生活水準が同じであることを目指すという方針があり得る[78]。しかし，子どもの生活水準を計る際に，その子どもが生活している世帯全体の生活水準を計ることになろう。そして，その際に，同居親・別居親それぞれの新しい配偶者・その他の同居人の収入等をどう考慮すべきか，その法的根拠が何なのか等といった新たな課題が生じる[79]。更に，このアプローチのデメリットとして，養育費権利者の就労意欲（収入を得る意欲）の低下につながる恐れがあることも挙げられてい

---

76) Thompson (supra note 14), p. 261ff 等も参照。養育費義務者に複数の（それぞれ別の家庭で生活している）別居している子がいる場合も同様の問題が生じる。

77) Meyer et al. (supra note 3), pp. 1806, 1807, 1808 等参照。

78) Thompson (supra note 14), p. 262 等参照。

79) 養育費義務者（或いは・及び権利者〔親〕）の新しいパートナーの収入（の有無）を，FFCの養育費を算定する際に考慮するかにつき，国際比較で見ると，非常に多様なアプローチが見られる（Claessens & Mortelmans (supra note 3), p. 214ff.，養育費義務者の新しいパートナーのみにつき）。例えば，養育費義務者の新しいパートナーに収入がない場合のみ，その事実に配慮する国，新しいパートナーに収入がある場合の全部或いは一部を考慮する国等がある。本稿で紹介したオーストラリアとカナダも，全く異なる考え方を示している。オーストラリアでは，いわゆる再婚事例において，養育費義務者（及び子の同居親）の新しいパートナーの収入を全く考慮しないのに対し，カナダでは，CSG s 10 に基づく減額請求がされた場合，裁判所が（その判断のステップ2として）子の父母双方の新しいパートナー（及びその他の同居人）の収入を考慮する。さらに，カナダの裁判例では，養育費義務者の再婚相手が専業主婦である場合，そのことをライフ・スタイル・チョイスとみなすことがあり，養育費減額をかえって認めにくくする要因となり得る（Thompson (supra note 14), pp. 242-243, 256）。

る[80]。

　最後に，再婚事例での基本的アプローチの話に戻るが，本稿で紹介した2か国において，現行の養育費制度制定以前は，全ての養育費ケースにおいて，上記(4)ケース・バイ・ケースの判断がされ，個別事案での判断が完全に裁判官の裁量に委ねられていた。なお，このアプローチのバリエーションとして，父母のどちらも再婚していない「単純」な事案においては，算定表や算定式を適用し，いわゆる再婚事例等の場合は，養育費の判断を裁判官の裁量に委ねるというアプローチもあり得る[81]。いわゆる再婚事例等の場合，養育費の判断を完全に裁判官の裁量に委ねることで，多様な家族関係等といった諸事情に柔軟に対応できるというメリットがあると言える一方，他方で，裁判の結果が不透明になる可能性が高く，法的安定性の観点から望ましくないと言わざるを得ない[82]。

## 2　再婚事例での養育費に対する各アプローチの背景と理念

　カナダとオーストラリアにおいて，それぞれの異なるアプローチを裏付ける理念・理由につき改めてまとめる。まず，カナダのFFCを優先するアプローチにつき，立法者・裁判例は，子ども（特に既に生まれているFFCを念頭に）に対し責任を負うのが第一次的に親であることを前提に，新たな子どもを設ける前に，子ども全員を養う経済力が自分にあるかどうかを，親がきちんと考えなければならず，経済的余裕がなければ，新たな子どもを設けるべきではない（逆に言えば，経済的余裕がないのに新たな子どもを設けたのは自業自得であり，FFCに対する扶養義務を軽減・免除する理由にはならない）と唱える。すなわち，親が親としての責任を常に認識すべきであり，複数の家庭及び子どもを養う金銭的

---

80) Thompson（supra note 14），p. 263.
81) カナダのCSG s 10がこのアプローチに該当するという見方もできるが，本稿では，制度の大前提が再婚事例でも算定表額を命じること，及び裁判実務においてCSG s 10に基づく減額請求のハードルが高いことから，カナダのアプローチを，上記(1)FFC優先のアプローチとして分類している。
82) なお，カナダでは，CSGが制定される前の裁判例において，裁判官の裁量に委ねられたとはいえ，裁判運営上の方針として，いわゆる再婚事例の場合，ファースト・ファミリーとセカンド・ファミリーのニーズのバランスが図られたという（Thompson（supra note 14），p. 264）。すなわち，従来も，全く何の方針もなかったわけではないようである。

余裕がなければ, 新たに子どもを設けるべきではないとのメッセージを, 法と裁判官が強く発信している。しかし, このアプローチに対し, 少なくとも北米では, SFC から見てどうしようもないこと（親の離婚・再婚等）で自身が不利な状況に置かれるため, SFC への差別と言うべきであり, 更に, 養育費義務者の再婚の自由を侵害する等といった批判も見られる[83]。

他方で, オーストラリア法は, SFC の誕生が, 当然に FFC の養育費の変更（減額）につながるという, 根本的に違う前提に立ち, 加えて, SFC の誕生を契機とする FFC の養育費の算定の仕方として, 養育費義務者の収入から予め SFC の養育のために必要な金額を引いてから, 残りの金額をもとに FFC の養育費を（再）算定するという方法を採用している。立法者は, このような算定方法を採用することで, FFC と SFC 両方の立場が保護され, しかも両方が（ほぼ）平等に扱われる結果となる, と説明しており, 養育費義務者の全ての子どもの平等を方針・理念として掲げている。更に, 養育費制度の立法・改正議論の中で, 養育費の算定にあたり SFC の誕生及びその養育に係る費用を考慮しないことが, 養育費義務者の再婚を妨げる原因（義務者の婚姻・再婚の自由を制限する原因）となりかねず, 正当でないという主張もされている。

既述の通り, オーストラリアとカナダの養育費制度の設計・改正の背景には, 両国のひとり親家庭の高い貧困率, 及びその貧困率が国の財源に及ぼした影響があった。ひとり親家庭のもともとの貧困に加え,（義務者の）再婚が増えるにつれ, 義務者による FFC への金銭的貢献が減った結果, ファースト・ファミリーの経済状況が更に悪化したという事実が, 政府等により認識され, 両国において, 国・納税者への負担を減らすためにも, いわゆる再婚事例における養育費につき, その負担配分の仕方が, 当然に, 慎重に議論された。

以上をまとめると, いわゆる再婚事例での養育費について考える際に,(1) FFC と SFC の利益・権利及びこれらの権利の優劣（そもそも優劣をつけることが妥当かどうかを含めて）,(2) FFC の, その両方の親から扶養を受ける権利と, 養育費義務者の再婚し新しい家庭を設ける権利の緊張関係が浮き彫りにされる。更には,(3) ひとり親家庭等の貧困が国・納税者にもたらす負担, 言い換えれば, 父母の離婚後の子の扶養への私的・公的責任の配分の在り方も問われる。

---

83) Thompson (supra note 14), p. 257.

再婚家庭が増えている中，養育費算定等に関するルール設定及び裁判運営において，これらの利益等のバランスをどのように図るべきかにつき，更なる慎重な検討が必要であると言えよう。

また，カナダとオーストラリアのアプローチを比較してみると，いわゆる再婚事例だからこそ浮き彫りにされるより大きい問いが，はっきりと見えてくる。すなわち，養育費義務者のその子（特に別居子）に対する養育費義務（扶養義務）の性質はそもそもどのようなものなのか，簡単に変更・減額を許すような性質のものなのかである。日本を含む多くの国々でのひとり親家庭の高い貧困率を考えると，養育費支払義務は，子の生存にも関わる重要な義務であるはずである。このことを考えると，オーストラリアのように，SFCが生まれたらFFCの養育費を自動的に変更すべきものなのか，それとも，カナダのように，厳格な条件を設定し，極めて例外的な場合にのみ変更を認めるべきなのか，その選択をどう理由づけるのか，日本においても，これから改めて検討すべきであるのではないか。いわゆる再婚事例の場合あまりにも簡単にFFCへの養育費の減額・免除を認めると，養育費義務者が再婚・新たな子の誕生を，FFCへの責任からの逃げ道とするおそれがあると言う指摘[84]にも，一理あると言わざるを得ない。

## V　おわりに

本稿で紹介したカナダ法及びオーストラリア法の仕組みからも分かるように，いわゆる再婚事例での養育費に対するアプローチとして，様々な考え方があり得る。カナダのように，FFCを「優先」し，よほどの事情がない限り養育費の変更を認めず，養育費義務者に新しい家庭ができたからと言って，このことがFFCに対する義務・責任に原則として何ら影響も与えないといった考え方がある。日本を含む多くの国で社会問題となっているひとり親家庭の貧困率等を考えると，一定の説得力のある考え方である。

他方で，オーストラリアのように（少なくとも理念として），養育費義務者の全ての子どもを平等・公平に扱おうとするアプローチにも，一定の合理性があ

---

84) Claessens & Mortelmans (supra note 3), p. 221 等も参照。

る。前婚の子に対し養育費を支払う義務を負う養育費義務者が再婚し，新しい子どもを設けたことが，その新しい子どもの責任ではないこと等を考えれば，尚更である。しかし，養育費義務者の全ての子どもを平等・公平に扱おうとすると，その「平等」・「公平」をどう理解し，どう実現すべきかという新たな課題が生じる。規模の経済性等も考慮に入れ，丁寧に考える必要がある。また，更なる課題として，養育費義務者及び権利者（親）の家族構成が多様化・複雑化する中，義務者（の同居家庭）の生活水準と，FFC が主に生活している家庭の生活水準（父母それぞれの再婚相手の収入〔その有無を含めて〕）も考慮に入れるべきか，入れるのであればその法的根拠は何かといった問題についても検討する必要がある。

　日本法は，養育費の取決めにおいて，子どもの最善の利益を最優先すべきであるとする（民法 766 条参照）。当然，いわゆる再婚事例においてもそうである。一方では，FFC の利益（生活基盤等）を守り，別居親が再婚しても FFC に対する責任を引き続き果たすような制度運営・設計が求められる。他方では，SFC の利益も害されないよう，両者の利益のバランスを慎重に図る必要がある。FFC に対する養育費の減額・免除を容易に認める現行制度の運営を，以上のような観点から見つめ直す必要があると思われる。その際に，本稿で紹介・検討したカナダやオーストラリアでの仕組み，その理由付け及びこれまでの議論が参考になることを願いたい。

＊本研究は JSPS 科研費 K21K012130 及び東北大学の研究大学強化促進事業「若手リーダー研究者海外派遣プログラム」の助成を受けたものである。

# ドイツ世話法改正後の親権者による財産管理権への規制について

合 田 篤 子

I　はじめに
II　ドイツにおける親の財産配慮に関する制度について
III　2023年改正法後の家庭裁判所の許可を要する制度
IV　結びに代えて

## I　はじめに

　ドイツでは 2023 年 1 月 1 日より「後見法及び世話法を改正するための法律 (Gesetz zur Reform des Vormundschafts- und Betreuungsrechts Vom 4. Mai 2021 (BGBl IS. 882)〔以下,「2023 年改正法」とする〕)が施行されている。法律名からも明らかなように，2023 年改正法の主眼は世話（成年後見）と未成年後見におかれていたが，親権者（以下，ドイツ法に関しては「親」又は「親の配慮権者」とする）の財産管理権（以下，ドイツ法に関しては「財産配慮（Vermögenssorge）」とする）に関わる規定についても若干の改正がなされている[1]。詳しくは III で論ずるが，ドイツ民法（以下，「BGB」とする）には，親の財産配慮権の行使を規制する制度の一つとして，子にとって重要かつ危険な法律行為については家庭裁判所の許可を要するとの制度が設けられている。2023 年改正法前から，この家庭裁判所の許可の対象となっている法律行為の範囲が，あまりにも広範かつ複雑であったことが問題視されており，なおかつ，今日ではあまり利用されなくなった法律行為を見直し，許可制度の現代化・簡素化をはかることを目的に

---

[1] 2023 年改正法については，すでにいくつか条文訳が公表されているが（法務省大臣官房司法法制部編・ドイツ民法典第 4 編（親族法）〔法曹会，2023〕，ドイツ家族法研究会「親としての配慮・補佐・後見 (8)～(12)」民商 158 巻 5 号 134 頁以下〔2022〕，同 159 巻 2 号 121 頁以下〔2023〕，同巻 4 号 71 頁以下，同巻 6 号 266 頁以下，同 160 巻 3 号 199 頁以下〔2024〕），本稿でもこれらに負うところが多い。

法改正がなされた[2]。また，BGB1644条1項のように，これまで判例法として確立してきた家庭裁判所の許可の判断基準を明文化する等の改正もなされており，今般の法改正の内容について分析を加えることは，今後，日本法において親権者の財産管理権の規制の在り方を検討していく上でも一定の示唆が得られると思われる。日本と同様，ドイツにおいても高齢化が進んでおり，今後，未成年者への贈与等の増加が見込まれ[3]，世話人の財産管理権への規制のみならず，親の財産配慮に対する規制を検討していく意義は今後も失われない。

　そこで，本稿ではまず，2023年改正法の内容を紹介する前に，ドイツにおける親の財産配慮やそれを規制する制度について概観する（Ⅱ）。その上で，2023年改正法の改正内容を確認し，親の財産配慮を規制する制度として特に重要なBGB1643条から1645条について分析を行う（Ⅲ）。最後に，2023年改正法について要約すると共に，家庭裁判所の許可によって親権者の財産管理・代理権を規制する制度の意義について一言する（Ⅳ）。

## Ⅱ　ドイツにおける親の財産配慮に関する制度について

　私法では一般的に権利と義務の間で明確な区別がされるのに対して，親の配慮は，「義務的権利」として，権利的性質と義務的性質を同時に有しており，親にはそのような義務的権利を有することが基本法上も保障されている[4]（基本法6条2項[5]）。したがって，基本法に従い，父母は子のために配慮する権利義務を負い（BGB1626条1項1文），子を代理し（BGB1629条1項），財産を管理する。このような親の財産配慮の方法を定め，財産配慮権に一定の制限を加えているのが，主にBGB1638条から同1649条の規定である。紙幅の関係から，すべての規定を詳細に紹介することは難しいが，まずは，財産配慮の方法を定

---

2) BT-Drs. 19/24445, S. 286.
3) Felix R. Walter, Elterliche Vermögenssorge nach dem Gesetz zur Reform des Vormundschafts- und Betreuungsrechts, NZFam 2023, 241.
4) Münchner Kommentar zum BGB, 9. Aufl., 2024, zu §1626 Rn. 7 [P. Huber]（以下，Münchner/Huberで引用）；Gernhuber/Coester-Waltjen Familienrecht, 7. Aufl., 2020, §58 Rn. 29, Felix R. Walter, a. a. O. (Fn. 3), NZFam 2023, 242.
5) 基本法6条2項「子どもの育成及び教育は，親の自然的権利であり，かつ，何よりもまず親に課せられた義務である。この義務の実行については，国家共同体がこれを監視する」（高田敏＝初宿

めている制度について概観する。

## 1　財産配慮（管理）の方法について

わが国の規定と比較しながらドイツの財産配慮の方法についてまとめると次のようになる。たとえば，BGB1638条，同1639条は，日本民法830条と同様，第三者が無償で子に与えた財産の管理について定めている[6]。日本民法では，財産の管理の計算は，子が成年に達したときに行うものとされているが（民828条），BGB1640条によれば，子が未成年の間でも，死亡を原因として子が取得した財産等についての目録を家庭裁判所に提出することが義務づけられており（ただし，財産価額が15,000ユーロを超えない場合などの制限がある），当該財産目録を提出しない場合や不備があるときには，家庭裁判所が財産目録を作成するよう命ずることができる（BGB1640条3項）。また，子の名義によって新たに営業を開始した場合には，その種類，範囲を家庭裁判所に報告するよう父母に義務づけている（BGB 1645条）。さらに，ドイツ法の特徴として，金銭の運用方針について定めた規定がある（BGB 1642条[7]）。これは支出の必要性が見込まれていない金銭については，経済的財産管理の原則（der Grundsätze einer wirtschaftlichen Vermögensverwaltung）に従い，可能な限り安全かつ最大のリターンを目指して運用すべきという内容であり，子の財産であっても，投資せずに放置しておくべきではないという考え方に基づいている[8]。親には最新の経済的知識が求められているわけではないが，たとえば，子の資産が多く，親自身の知識や経験では十分な判断ができない場合には，ファイナンシャル・アドバイザーの関与が必要になることもあると解されている[9]。

---

　　正典編訳・ドイツ憲法集〔第8版〕〔信山社，2020〕215頁）。
[6] 親又は後見人がその事務を行うことができないときは，保護人（Pfleger）を付することになっているが（BGB1809条1項），次の2つの要件を満たす場合には，未成年者無償譲受財産保護人（Zuwendungspfleger）を付することになっている（BGB1811条1項）。①未成年者が，死因処分，死因贈与又は生前贈与により財産を取得したこと，②被相続人が終意処分により，また，贈与者が贈与の際に，親又は後見人が財産を管理してはならないと定めたことである。
[7] BGB1642条（金銭の運用）「父母は，その管理下にある子の金銭について，支出の支払いのために用意しておく必要がない限り，経済的財産管理の原則に従って，運用しなければならない」（法務省大臣官房司法法制部編・前掲注1）107頁を参考に試訳した）。
[8] Münchner / Huber, a. a. O. (Fn. 4), §1642 Rn. 1, 6.
[9] Münchner / Huber, a. a. O. (Fn. 4), §1642 Rn. 6.

## 2 財産配慮権を規制・制限する制度について

次に、このような親の財産配慮（権）を直接的に規制・制限する役割を果たしている制度について概観する。すでに拙稿でも紹介しているが[10]、BGB には、親の財産配慮権を規制する制度として以下のものが定められている。

第一に、自己契約、双方代理（Insichgeschäft）が禁止されている（BGB181条）。これにより、日本で利益相反行為とされている未成年者から親権者への贈与や未成年者が親権者に対し債権を譲渡する行為はそもそも親は代理できず、そのような行為をなす場合には、BGB1809条1項に基づき保護人（Pfleger）の選任が必要となる。また、2023年改正前より存在する制度であるが、親が子を代理して贈与することも禁止されており（BGB1641条）、これに反してなされた行為は無効である（BGB134条）。

第二に、例えば、親の配偶者や親の直系血族と子の間でなされる法律行為、質権、抵当権、船舶抵当権又は保証によって担保される子の親に対する債権の譲渡、そして、この担保の消滅もしくは減額を目的とする法律行為などの重要な法律行為については、親に代理権が認められない（BGB1629条2項1文、1824条1項1号）。また、親子間や親が代理する第三者と子との間の利益が著しく相反する場合には、代理権が剥奪され（BGB1629条2項3文、1789条2項3文及び4文[11]）、原則として、手続補佐人（Verfahrensbeistand）を選任することが必要になる（ドイツ家事事件手続法[12]〔以下、「FamFG」とする〕158条3項1号）。

第三に、重要で危険をともなう一定の法律行為については家庭裁判所の許可を得なければ親は子を代理することができない（BGB1643条）[13]。詳細については、後述するが、2023年改正法では、この制度についてさまざまな改正がなされている。

第四に、親の権利行使を直接的に制限するという方法ではないが、未成年者を過大な債務から保護するという制度もある（BGB1629a条）[14]。これは、親が

---

10) 拙稿「親権者による財産管理権の濫用的行使の規制」神戸51巻1号129頁以下（2001）。
11) 2023年改正法によって旧BGB1796条から同1789条2項3文及び4文に改正されている。
12) 以下、FamFGの条文訳については、法務省大臣官房司法法制部・ドイツ家事事件及び非訟事件の手続に関する法律（法曹会、2024）を参考にした。
13) 2023年改正前は、親が子の名で新しく営業行為を開始する場合には家庭裁判所の許可が必要とされていたが（旧BGB1645条）、改正法によって、家庭裁判所への報告義務に変更されている（BGB1645条）。

家庭裁判所の許可を得た上で行った法律行為であるにもかかわらず，その結果，子に過大な債務が生じた場合には，子の成年時点でいわば限定承認のように過大な債務の責任を限定する制度である（BGB1629a 条 1 項 1 文）。

その他，裁判所は子に陳述聴取し，子本人の印象を得なくてはならないという手続法上のルールも定められている（FamFG159 条 1 項）。ただし，財産のみに関する手続であって，本人の陳述聴取が事件の性質上，適切でないときは，本人の陳述を見合わせることができることにもなっている（FamFG159 条 2 項 4 号）。

## Ⅲ　2023 年改正法後の家庭裁判所の許可を要する制度

### 1　2023 年改正法の背景と目的

前述の通り，2023 年改正法は，当初は未成年後見（Vormundschaft）制度を改正することを出発点として議論が始まり，その後，世話法の改正がむしろ中心となったものであって，親の配慮に関する改正に主眼はおかれていなかった。以下では，立法の経緯を簡単に紹介する。

まず，ドイツ連邦司法消費者保護省（BMJV）は，2014 年 10 月 13 日に「後見法の改正に関する方針（Eckpunkte für die weitere Reform des Vormundschaftsrechts）」を公表した。この Eckpunkte は 5 つの方針，すなわち，①後見制度における身上配慮のいっそうの強化，②後見制度における人的資源の強化，③官庁後見における質の向上，④後見人の財産配慮の現代化と脱官僚化（Entbürokratisierung），⑤後見制度，世話制度，保護制度（Pflegschaft）に関する法制度の簡素化の 5 つから構成されていた[15]。

その後，2016 年 8 月 16 日の「後見法の改正に関する討議部分草案（Diskussionsteilentwurf zur Reform des Vormundschafsrechts）」に続き[16]，2018 年 9 月 7

---

14) BGB1629a 条の立法経緯等については，拙稿「ドイツにおける未成年者責任限定法の制定・内容・問題点」六甲台論集 49 巻 2 号 21 頁以下（2002）にて紹介している。
15) Eckpunkte の概要については，拙稿「ドイツにおける家庭裁判所による許可制度——後見人等の財産管理権を規制する制度として」金沢 59 巻 2 号 273 頁，286 頁以下（2017）参照。
16) その他，討議部分草案については，拙稿「ドイツ後見法の改正に関する討議部分草案」金沢 60 巻 2 号 251 頁以下（2018）参照。

日，ドイツ連邦司法消費者保護省は「後見法改正法の連邦司法消費者保護省第二討議部分草案（2. Diskussionsteilentwurf des Bundesministeriums der Justiz und für Verbraucherschutz Entwurf eines Gesetzes zur Reform des Vormundschaftsrechts）」を公表した。ここで初めて，後見法と世話法との規定の関係や財産配慮（財産管理）に関する条文案が示される等，その全体像が明らかになった[17]。草案内容のポイントとしては同じく5つが挙げられており，財産配慮については，現代化及び脱官僚化を図ることが目的として掲げられている。つまり，財産配慮に関する多くの規定が1900年のBGB施行以来，文言上，本質的には変更されておらず（たとえば，金銭を有利子で運用する義務〔旧BGB1806条からBGB1809条〕や所持人有価証券供託義務〔旧BGB1814条〕），時代に合わない複雑な制度になっていた。そこで，財産配慮については，未成年後見ではなく世話の部分に規定を直接置き，必要に応じて未成年後見や親の配慮の部分で世話法を準用する形にすることになった。このような背景の下，親の財産配慮に関して主として改正がされたのは，親が子を代理する場合に家庭裁判所の許可を必要とする法律行為に関する規定，すなわち，主として旧BGB1643条〔許可を要する法律行為〕，旧BGB1644条〔子への財産譲渡〕，旧BGB1645条〔新たな営業〕の規定であった。そこで，以下では，これらの規定の改正内容等について紹介，分析していく。

## 2　BGB1643条，1644条，1645条の紹介

2023年改正法の立法理由にも書かれているように[18]，裁判所の許可を要件とすることによって子や被後見人，被世話人の財産保護を図る制度自体はこれまでも評価されてきている。たとえば，重要かつ危険のある行為を細分化して具体的に定めることによって，許可を要する行為か否かの判断が明確にできるという点が実務上も評価されてきた。しかしながら，家庭裁判所が許可をするか否かの判断については，被世話人の希望や推定される意思（BGB1821条2項から4項）に対応させるべきである一方，制度や法律行為の対象等が複雑にな

---

17) 詳細については，拙稿「ドイツ後見法改正法第二討議部分草案——財産配慮を中心に」金沢61巻2号243頁以下（2019）参照。
18) BT-Drs. 19/24445, S. 286.

りすぎることによってかえって被世話人と第三者との契約が妨げられるような事態になることは望ましくないことから，許可を要する行為の簡素化と現代化が改正の目的とされた[19]。

以下では，改正BGB1643条，1644条，1645条の3つの条文訳を確認した上で[20]，立法理由等を中心に各条文の内容について説明を行う。

第1643条　許可を要する法律行為
(1)　父母は，第1850条から第1854条により世話人が世話裁判所の許可を得なければならない場合において，本条第2項から第5項において別段の定めがない限り，家庭裁判所の許可を得なければならない。
(2)　不動産担保権に関する処分及びその処分のための義務の設定については，第1850条による許可を必要としない。
(3)　子を単独で又は他方の親と共同して代理している一方の親の相続放棄によって初めて，子に対して相続又は遺贈の効力が生ずるときは，その親が子と共に相続人であった場合にのみ，第1851条第1号の例外として，許可を必要とする。遺産分割契約及び子が共同相続関係から脱退する（ausscheiden）旨の合意には，許可を必要としない。
(4)　父母は，第1853条第1文第1号の例外として，その契約関係が，子が成年に達した後なお1年を超えて継続する予定であるときは，使用賃貸借契約若しくは用益賃貸借契約又はその他子が定期金給付の義務を負う契約を締結するために，許可を得なければならない。ただし，次に掲げる場合には，許可を必要としない。
　　1. それが職業教育契約，雇用契約又は労働契約に関するとき。
　　2. その契約が子にとってわずかな経済的意味しか有しないとき。
　　3. 子が，成年に達した後20歳に達するまでの間に，不利益を被ることなく，その契約関係を解約できるとき。
　第1853条第1文第2号は，適用されない。
(5)　第1854条第6号から第8号は，適用されない。


第1644条　許可を要する法律行為に関する補充規定
(1)　その法律行為が，経済的な財産管理の原則（der Grundsätze einer wirtschaftli-

---

19) BT-Drs. 19/24445, S. 286.
20) BGB1643条から1645条の訳については，法務省大臣官房司法法制部編・前掲注1）107頁以下を参考にしつつ試訳した。

chen Vermögensverwaltung）を考慮して，子の福祉に反しないときは，家庭裁判所は，許可を付与する。
(2) 第1860条第2項を準用する。
(3) 第1855条から第1856条第2項並びに第1857条及び第1858条は，許可の付与について準用する。子が成年に達したときは，家庭裁判所の許可とあるのは，子の追認によるものとする。

第1645条　営業の報告義務
　父母は，子の名で新たに行う営業の開始，種類及び範囲について，家庭裁判所に報告しなければならない。

## 3　改正条文に関する分析
### (1) BGB1643条について
　(a) 総論　　まず，BGB1643条1項は2項〜5項に別段の定めがない限りは，世話法のBGB1850条から1854条を準用し，世話人が世話裁判所の許可を得る必要のある重要な法律行為について親が子を代理する場合には，家庭裁判所の許可を得なければならないと定める。ただし，親子関係という特殊性から，BGB1643条2項以下では，世話の場合とは異なり，家庭裁判所の許可が不要となる例外が多く定められている。なお，BGB1643条は，子の名で親が行う法律行為だけでなく，親が同意し，未成年者本人が行う法律行為も対象となる。

　(b) 第1項について　　BGB1643条1項によると，BGB1850条の不動産及び船舶に関する法律行為（旧BGB1821条に対応），BGB1851条の相続法上の法律行為（旧BGB1822条1号，2号に対応），BGB1852条の商法及び会社法上の法律行為，BGB1853条の反復的給付に関する契約，BGB1854条のその他の法律行為（他人の債務の引受，保証契約の締結等が含まれる）について親が子を代理する場合には，家庭裁判所の許可が必要となる。これらの規定はおおむね旧BGB1821条から旧BGB1823条の内容に対応するものであり，内容として大きな変更はない。ただし，BGB1851条5項（相続契約又は契約上の個別の処分を取り消すことを内容とする被相続人との契約の締結）及び6項（被相続人との相続契約において定められた遺贈，負担，準拠法選択の条項を遺言で取り消すことへの承諾）が

親子の場合にも準用されることになり，2023年改正前とは異なり，家庭裁判所の許可が必要となった（BGB2290条3項，2291条2項2文後段）。また，権利（Rechts）及び有価証券の処分については，2023年改正前と同様，許可は免除されたままである（2023年改正法後の本条はBGB1849条を準用していない）。

(c) 第2項について　BGB1643条2項は，世話の場合とは異なり，親が子の不動産担保権に関する処分を行う場合は家庭裁判所の許可が不要となる旨を定めているが，これは2023年改正前と変更はない（旧BGB1821条2項を踏襲）。

(d) 第3項について　BGB1643条3項1文は，旧BGB1643条2項2文を踏襲し，相続放棄に関するBGB1851条1号の例外を定めている。詳言すると，BGB1851条1号によれば，被世話人が相続や遺贈を放棄する場合には，世話人は世話裁判所の許可を得なければならない。親の場合も，原則として家庭裁判所の許可は必要となるが，次のような相続放棄の場合には，許可が必要となる場合が限定される。すなわち，子を単独で又は他方の親と共同して代理する一方の親が相続放棄をしてはじめて子に相続の効力が生じる場合には，家庭裁判所の許可は不要だが，その親が子と共に相続人であった場合に限っては家庭裁判所の許可を必要とする。原則として許可が不要な場合の理由は次の通りである。当該親はまず，相続を承認することのメリットとデメリットを事前に慎重に検討する機会を有しており，検討した結果，相続放棄することにした場合，通常は相続を承認することが不利であったと推測される。そのため，当該親が，家庭裁判所の許可を受けることなく，子について相続放棄をしても，子に不利益な危険が迫るということを危惧する必要はないからと説明されている[21]。

これに対して3項1文の後段によって許可が必要なのは，相続放棄をした親が子と共に相続人であった場合のみである。たとえば，父と子が共に母を相続し，父が相続放棄した結果，子が単独相続人となった場合には，父によってなされる子のための相続放棄は家庭裁判所の許可が必要となる[22]。なお，父が祖父の相続を放棄した結果，子に遺産が帰属した場合には，前述の通り，家庭裁

---

21) Münchner／Huber, a. a. O.（Fn. 4），§1643 Rn. 10．
22) Münchner／Huber, a. a. O.（Fn. 4），§1643 Rn. 12で紹介されている具体例である。

判所の許可は不要となる。

　また，2023年改正前からも世話人の場合とは異なり，親の場合の遺産分割契約については，家庭裁判所の許可は不要とされている。BGB1643条3項にその旨が直接明文化され，旧BGB1643条とは体裁は異なるが，内容に変更はない（旧BGB1643条1項も旧BGB1822条2号を準用しておらず，世話の場合と親の場合では異なるルールになっていた）。もっとも，遺産分割契約にBGB1643条の許可を必要とする法律行為が含まれている場合には，遺産分割契約も許可の対象になることは，改正前から解釈論上認められており[23]，実際の多くの遺産分割契約は家庭裁判所の許可を要するものと思われる。

　(e)　**第4項について**　BGB1643条4項は，親子関係における定期給付に関する契約に許可が必要な場合について定めている。これまでは，旧BGB1643条1項において旧BGB1822条5号を準用する形で定められていた。しかし，2023年改正法によって，BGB1643条4項に直接規定されることになり，理解しやすくなっている[24]。ただし，このような契約の最初の締結だけでなく，契約の変更，特に契約期間の延長についても対象となる。

　第2文では，許可を必要としない3つの場合を各号に列挙している。まずは，2023年改正法前と同様，職業教育契約，雇用契約，労働契約は，BGB1643条4項2文1号に基づき許可の対象とはならない。従来は，旧BGB1643条1項が旧BGB1822条6号および7号を準用していなかったことを根拠としていた。BGB1643条4項2文2号では，子にとってわずかな経済的意味しかない契約について，新たに許可を不要と定めた。「子にとってわずかな経済的意味しかない契約」とは，子にとって典型的な日常生活上の取引で，その対価（対象物）がすでに未成年者に与えられているか，定期的に発生しており，経済的負担が予測可能なものが含まれる[25]。次に，BGB1643条4項2文3号に規定された第3の例外は，判例法によって確立していた旧BGB1822条5号の適用範囲の

---

[23] J. von Staudingers Kommentar zum Bürgerliches Gesetzbuch, mit Einführungsgesetz und Nebengesetzen, 4. Buch, familienrecht, 2020 zu（以下では，Staudinger/執筆者名で引用）§1643, Rn. 45. [Heilmann].

[24] その他，旧BGB1822条5号とは異なり，「締結のために（zum Abschluss）」と改正され正確な文言となった。

[25] BT-Drs. 19/24445, S. 186.

解釈に焦点を当てたものである。これによれば，未成年者が成年に達した後1年を経過するまでは，経済的不利益を被ることなく契約を解約することが可能な契約については，例外的に許可を必要としない[26]。また，解約告知の際に子が履行すべき追加義務があるかどうか，または解約告知が他の理由（たとえば，従前の支払いが失効しているか，処理費用と相殺されているなど）により不経済であるかどうかも考慮しなければならない。第2号及び第3号では，たとえば携帯電話契約，ストリーミングサービス契約，スポーツジム契約，公共交通機関利用契約が対象となる[27]。

第3文は，世話の場合（BGB1853条1文2号）とは異なり，商業，農業又は林業に関する用益賃貸借契約は，2023年法改正前と同様，家庭裁判所の許可は不要とされている。従って，これらの用益賃貸借契約は，子が成年に達した後，1年を超えて継続する場合に限り，第1文に基づき許可の対象となる。

　(f) 第5項について　BGB1643条5項は，2023年改正前と同様，裁判上の和解又は仲裁手続のための合意（BGB1854条6号，旧1822条12号）及び担保の滌除もしくは減少させる行為（BGB1854条7号，旧BGB1822条13号）は世話の場合とは異なり，親は家庭裁判所の許可を不要とすることを定めている。なお，親が子を代理して行う贈与については，改正前と同様，BGB1641条によって禁止されている。

## （2）BGB1644条[28]について

　(a) 第1項について　BGB1644条1項は，親の完全な自治の原則や親の意思決定権の例外を定める規定としての性格が強調されたものになっている[29]。

BGB1644条1項では，「法律行為が，経済的な財産管理の原則を考慮して，子の福祉に反しないときは，家庭裁判所は，許可を付与する」と新たに定め，

---

26) BT-Drs. 19/24445, S. 186.
27) Münchner / Huber, a. a. O. (Fn. 4), §1643 Rn. 17.
28) 旧BGB1644条は「父母は，家庭裁判所の許可によってのみ譲渡することができる目的物を，子が結んだ契約の履行のため，又は自由な処分のために裁判所の許可なく子に譲渡することができない」と定めていたが，2023年改正法によって削除された。しかし，この削除は民法の内容を変更するものではなく，BGB110条との関係で不要な規定との理解から削除されている（BT-Drs. 19/24445, S. 187.）。
29) Staudinger/Heilmann, a. a. O. (Fn. 23) §1643, Rn. 49.

子の財産を管理する上での原則及び許可の基準を明文化した[30]。ただし，この考え方は，旧BGB1643条下でも裁判例で採用されていた見解[31]であり，法律行為が子の福祉に反するという正当な懸念がない限りは，原則として許可が認められるべきであるとされ，2023年法改正に際して明文化された[32]。家庭裁判所が許可を付与するか否かの判断基準[33]は，子の福祉が基準になるが，単に子の経済的利益のみならず，子の非財産的利益や全体的な利益を基準とすべきとされてきており[34]，職権に基づき裁判所は確認することができる[35]。

たとえば，OLG Zweibrücken 2012年6月14日決定（FamRZ 2012, 1961）は，母A（被相続人）の死亡によって相続人となった未成年子Bの父C（Aの相続人ではない）が，Aの遺産には複数の不動産が含まれていたが，Bが相続してもわずかな収益しか得られないこと等を理由に，子について相続放棄をするため家庭裁判所に許可を求めたが，却下された事案である。その決定理由の中で，許可の基準はもっぱら子の福祉であるが，子の経済的利益のみが決定的なのではなく，当該法律行為が子にとって全体的な利益となるか否かが重要であると述べ，特に相続放棄の場合は，遺産が債務超過でなければ，原則として相続放棄の許可を認める十分な根拠があるとはいえないとした。特に本件では，遺産がわずかな現金である場合や修理が相当必要な建物等が相続財産であったとしても，債務超過の状態ではないとして，相続放棄についての許可が認められなかった。

次に，OLG Zweibrücken 2016年7月21日判決（FamRZ 2017, 296）も同様のケースであるが，単独親権者である母が子の相続放棄について家庭裁判所に許可を申請した理由が，被相続人に相続財産があることを知らず，債務超過で

---

30) BT-Drs. 19/24445, S. 187.
31) Staudinger/Heilmann, a. a. O. (Fn. 23) §1643, Rn. 49.
32) BT-Drs. 19/24445, S. 187.
33) 家庭裁判所の許可の基準や手続については，拙稿・前掲注15) 284頁以下でも紹介している。たとえば，BGH1986年5月22日判決（NJW 1986, 2829）は，父の会社の債務を担保するため未成年の子であるXらが所有する土地に1200万マルクもの共同土地債務が設定されることとなったが，その当時，その父の会社はすでに破産状態に近く，そのような会社の経済状態を十分に究明することなく補助保護人を選任した後見裁判所の裁判官は職務上の義務を怠ったとして損害賠償請求が認められている。
34) Staudinger/Heilmann, a. a. O. (Fn. 23), §1643, Rn. 49., Soegel, §1643 Rn. 29.
35) Grüneberg, Bürgerliches Gesetzbuch, 82. Aufl., 2023, §1644 Rn. 2. [Isabell Götz].

あると母が思い込んでいたという事案であった。しかし，実際には，相続財産が債務超過であることを証明することはできず，被相続人は生前，生活保護も受給しておらず，債務者名簿にも登録されていなかった。それどころか，被相続人は抵当権の設定がない不動産の共同所有権を残していた。これに対して裁判所は，書面による照会で十分な情報を得ることができない場合には，職権探知主義に基づき必要に応じて，関係する当事者から直接事情を聴かなければならないと判示している[36]。

以上のように裁判例では，書面のみならず，職権探知主義に基づき関係当事者へのヒアリングも含め，何が子にとっての福祉にかなうかという難しい問題に対処していることがわかる。

その他，裁判所が許可を与えるか否かを検討する際には，BGB1626条2項の理念，すなわち，父母は子の発育の程度にふさわしい限りにおいて，子と共に親の配慮の問題について話し合い，相互理解に努めるということを踏まえて，子の意思も考慮しなければならないとされている。

(b) 第2項及び第3項について　BGB1644条2項では，免除の規定が準用されている。また，BGB1644条3項では，許可の付与や手続に関しては，BGB1855条からBGB1856条2項，BGB1857条及びBGB1858条に定める世話の規定を準用する旨定めている。すなわち，家庭裁判所の許可は，親に対してしなければならず（BGB1644条3項，1855条），親が家庭裁判所の必要な許可なく契約をした場合，契約の有効性は家庭裁判所の事後的許可による（BGB1856条1項参照）。契約の相手方の撤回権（BGB1857条）や単独行為（BGB1858条）については，世話の場合と同様のルールが適用される。

なお，民法総則の規定では，事後的な同意（Genehmigung〔BGB184条1項〕）と事前の同意（Einwilling〔BGB183条第1文〕）が区別されているのに対して，BGB1855条以下の許可（Genehmigung）は事前的許可と事後的許可の双方を意味する[37]。

---

36) OLG Brandenburg 2018年9月11日決定（FamRZ 2019, 392）も同旨。
37) Marie Herberger, Die gesetzliche Vertretung des Kindes durch die Eltern-Grundsätze und Ausnahmen, JA 2023,447.

### (3) BGB1645条について

旧BGB1645条は「父母は，家庭裁判所の許可を得ないで，子の名において新たな営業を始めることができないものとする」と定めていたが，2023年改正法によって，家庭裁判所の許可は不要となり，単に家庭裁判所への報告義務のみが課されることになった。しかし，立法理由書によれば，この改正は，結果において変更はないと解されている。その理由として，旧BGB1645条に基づき必要とされていた許可は，純粋に内部的な許可であり，かりに許可がなかったとしても，営業の範囲内で締結された行為の無効をもたらすものではなかったからと説明されている[38]。

## Ⅳ　結びに代えて

以上，2023年改正法によって，ドイツにおける親の財産配慮を規制する制度，とりわけ，家庭裁判所の許可制度に関わるBGB1643条から1645条がどのように改正されたかを紹介，分析してきた。

結論としては，形式面では大きな変更がなされたものの，その許可の対象となる法律行為に関しては大きな変更はなされておらず，親の財産配慮の規制制度として家庭裁判所に許可を求めるという制度の意義が否定されたわけではなかった。詳言するならば，2023年改正法によって改正されたのは，まずは，条文の体裁面である。改正前は，後見の規定を準用していたが，2023年改正法の体系に沿って，世話の規定を準用する形になった。また，BGB1643条4項については，旧BGB1643条のように準用規定を置くのではなく，直接，例外事項を条文化している点に特徴があり，複雑な規定形式が改善された点で一定の評価ができる。次に，これまで判例や学説上認められてきた許可の判断基準がBGB1644条1項で初めて条文化された点は重要な改正であると考える。もっとも，「経済的な財産管理の原則を考慮した子の福祉」とは具体的に何を意味するのかという問題は依然として残されているとの指摘もあり[39]，引き続

---

38) この点については，BGB1645条に関する立法理由書に直接説明はないが，世話に関するBGB1847条に関する立法理由に説明がある（BT-Drs. 19/24445, S. 281.）。
39) Felix R. Walter, a. a. O. (Fn. 3), NZFam 2023, 245.

き，裁判例，実務の積み重ねに注視していく必要がある。

　ところで，日本においては，かねてより親権者の財産管理権に対する規制制度が子の利益保護の観点から十分ではないと指摘されてきた[40]。具体的には，利益相反行為制度における特別代理人制度の問題点や，代理権濫用法理の限界などである。このような法的状況を踏まえ，筆者は，ドイツ民法のように家庭裁判所の許可によって親権者の財産管理・代理権を規制する制度がわが国においても参考になるのではないかという観点からこれまで研究を進めてきた。もっとも，家庭裁判所が親権者の代理権行使について許可という形で監督，介入するというドイツ法の制度を直輸入するような形での立法論は現実的ではない。水野紀子教授も，わが国の司法インフラの不備や脆弱性を問題視され，たとえば，家庭裁判所が後見制度等において監督機能を果たしていくことは事実上，非常に困難であると指摘されている[41]。令和6年の「民法等の一部を改正する法律」（令和6年法律第33号）により離婚後も共同親権を選択することが可能となり，家庭裁判所の負担がさらに重くなることが見込まれる。それでは，ドイツの家庭裁判所による許可制度からは何ら示唆は無いといえるであろうか。すでに拙稿でも指摘してきたところであるが，ドイツでは裁判官ではなく日本の裁判所書記官に相当する司法補助官（Rechtspfleger）[42]が許可の付与を判断することが多く，司法事務の担い手の拡大という点で参考になる。次に，たとえば，わが国では，遺産分割に関する利益相反行為について特別代理人を選任する審判の時点で，遺産分割協議書案を裁判所に提出するケースが散見される[43]。つまり，民法上は裁判所による許可制度を採用しているわけではないが，利益相反行為に関する裁判所の実務においては，「許可制的運用」[44]がなされているともいえる。そのような現状があるとするならば，本稿で紹介・分析してき

---

40) 拙稿「親権者の財産管理のあり方」二宮周平編集代表・現代家族法講座第3巻　親子（日本評論社，2021）240頁の脚注5の参考文献参照。
41) 水野紀子「財産管理と社会的・制度的条件」水野＝窪田充見編集代表・財産管理の理論と実務（日本加除出版，2015）11頁，19頁。
42) 司法補助官法（Rechtspflegergesetz）で裁判官から司法補助官に委譲されている職務が明確に定められているが，親の財産配慮に関わる事件は司法補助官に委譲されており，実務上もほぼ司法補助官が担当している（RPflG 3 条 2 項 a）。詳細については，拙稿・前掲注15）284頁以下参照。
43) 岡山地判平成22・1・22判時2146号59頁，東京地判令和2・12・25判時2513号42頁。
44) 坂野征四郎「親権者と未成年者・後見人と被後見人の利益相反」野田愛子＝梶村太市＝若林昌子＝床谷文雄編・新家族法実務大系第2巻（新日本法規出版，2008）428頁。

たようにドイツにおいて，家庭裁判所がどのような法律行為を許可の対象としているのか，あるいは，職権探知主義に基づきどのような点まで踏み込んで許可の可否を判断しているのか，といった点は，今後，わが国の家庭裁判所が担っていくべき職務を検討する上でも参考になると考える。2023年改正法により，親のみならず，世話人や後見人の財産配慮を規制する制度（裁判所の許可制度を含む）も改正がなされており，今般の改正法が財産配慮への規制の在り方にどのような影響を与えていくのかについても，引き続き検討を進めていきたい。

＊本研究はJSPS20K01392科研費の助成を受けたものです。

# アメリカ法における遺言の自由をめぐる一考察
―― 近時の議論を中心に

櫻 井 博 子

 I は じ め に
 II アメリカにおける相続と遺言
 III 処分の自由と信託
 IV お わ り に

## I は じ め に

　英米法を母法とする信託法が我が国に存在することに対し，水野紀子先生は「大陸法系体系のなかに信託という異物を抱え込んでいる現行法において，この両者の両立を求めるとすれば，信託が民法を壊さないように，信託の存在と影響を，立法的に，明瞭にしておく必要がある」[1]と述べられた。しかし，平成18年に信託法が改正された際，信託による遺留分の潜脱はできないことは確認されたものの，その旨を明示する規定が置かれることはなく，解釈に委ねられることになった[2]。その結果，遺留分の侵害請求の対象は，信託を設定し委託者から受託者に財産移転することであるとする信託財産説と，信託設定自体は遺留分を侵害する行為ではないが，受益者への受益権の付与行為が侵害行為であるとする受益権説を中心に学説の対立が生じている[3]。さらに平成30

---

1) 水野紀子「信託と相続法の相克――特に遺留分を中心にして」東北信託法研究会・変革期における信託法（トラスト60研究叢書，2006）127頁。例えば相続法の母法であるフランス法では，相続法の公序の観点から，被相続人の財産処分の自由を制限する規定が置かれていることを指摘する（同134頁）。
2) 寺本昌広・逐条解説新しい信託法〔補訂版〕（商事法務，2008）259-260頁。沖野眞已「信託法と相続分」水野紀子編・相続法の立法的課題（有斐閣，2016）27頁は，立法措置が見送られた原因のひとつとして，日本法では「相続法の公序」自体が不透明であることをあげる。
3)「信託と遺留分の問題は，平成18年に行われた信託法改正により受益者連続信託（信託91条）や遺言代用信託（信託90条）が導入されたことを契機に，活発に論じられるようになってきた」との指摘がある（角紀代恵「信託と遺留分をめぐって」能見善久＝樋口紀雄＝神田秀樹編・信託法制

年に，遺留分の侵害行為となるのは受益権を与える行為であるとした裁判例[4]が現れたことにより，さらに議論が錯綜した状況となっている[5]。

相続と信託をめぐる問題が生じる原因として，そもそも大陸法系と英米法系では相続というもの自体の理解が異なっていることが指摘されている[6]。大陸法や日本法における相続は，被相続人の人格の承継であり，被相続人の死の瞬間に相続財産が確定され，被相続人の人格を継承した相続人に当該財産が帰属し，遺産についても大きな権限を持つ。これに対し，英米法とりわけアメリカ法では，相続は，人格ではなく財産の承継とされ，被相続人に相続財産に対する広範な処分権限を認める。被相続人が遺言信託を設定した場合には，「相続財産が受益権に形を変えて——転換（conversion）されて——渡ることになる。しかし，大陸法は，このような財産の転換を知ら」[7]ないが，逆に英米法は，遺留分を知らない。すなわち「人格の承継」の相続体系に，「財産の承継」の相続制度で発展した制度を組み込もうとしているがゆえに，相続（遺留分）と信託の相克という，解決しがたい問題がある，とされる[8]。

アメリカ法では，相続人ではなく被相続人に相続財産の広範な処分権限を認めることを，理論的にどのように説明されているのだろうか。遺留分制度は存在しないとしても，相続人の保護との調整をどのように行い，そこにはいかなる問題が存在しているのか。本稿では，Philosophical Foundations of the Law of Express Trusts に掲載された，Paul B. Miller, Freedom of Testamentary Disposition[9] と，相続法と信託法の代表的なケースブックである，Robert H.

---

の新時代——信託の現代的展開と将来展望〔弘文堂，2017〕52頁）。
[4] 東京地判平成30・9・12金法2104号78頁。
[5] この争点は，多くの論考によって考察されているが，本稿では学説上の対立が生じていることを指摘するにとどめる。東京地裁判決の評釈を含めた近時の議論状況を扱うものとして，沖野眞已「信託契約と遺留分——東京地裁平成30年9月12日判決を契機として」比較民法学の将来像（岡孝先生古稀祝賀）（勁草書房，2020）531頁以下参照。
[6] 水野紀子「日本における民法の意義」信託法研究36号114-115頁（2011）。角・前掲注3) 62頁。
[7] 角・前掲注3) 62頁。
[8] 水野・前掲注1)。なお，溜箭将之「信託と遺留分の相克は解けないか——英米法研究者の思考実験」立教法学101号104頁（2020）は，他の大陸法系の国では，遺留分のような相続法の基礎となる制度が，信託や遺言などにより侵食されないような対策をしているため，比較法的にも，日本ほどこうした「相克」が生じている国はない，とする。
[9] Paul B. Miller, *Freedom of Testamentary Disposition, in* Simone Deling, Jessica Hudson & Irit Samet ed., PHILOSOPHICAL FOUNDATIONS OF THE LAW OF EXPRESS TRUSTS, 176 (2023).

Sitkoff & Jesse Dukeminier, Wills, Trusts, and Estates（11th ed. 2021）を参照し，近時の「遺言の自由」に対する理論的説明を明らかにし（Ⅱ），そのうえで，処分の自由としての信託設定と遺言との関係を論じる（Ⅲ）ことにより，現在のアメリカ法における「遺言の自由とその課題」を概観する。

## Ⅱ　アメリカにおける相続と遺言

### 1　基本原理としての処分の自由

　アメリカ法においては，財産所有者，すなわち相続の場面では被相続人の処分の自由が尊重されている。例えば，第3次財産法リステイトメント10条は，「財産の所有者は，その財産をほぼ無制限に自由に処分する権利を有する」と定める[10]。

　代表的な相続・信託法のケースブックの著者の1人である，Sitkoff は，最も妥当な秩序ある相続制度の在り方には，(a) 被相続人の財産を，配偶者，子供，その他の扶養家族や親族への継承を規定する強制継承または強制相続，(b) 遺言者の明確な意思が保存されている場合はその意思に，保存されていない場合は典型的な遺言者の意思を推定して遺言者の財産を分配する，被相続人の処分自由，(c) 遺言者の財産は，財産権が消滅することから国家が没収する，という3つがあり，多くの国々は，(a) の強制相続に近い制度を採用している，と述べる[11]。これに対しアメリカ法は，配偶者への継承権などの一部の制限を除き，(b) の被相続人の自由を原則とすることを，以下のように述べる[12]。

　　アメリカ相続法は，処分の自由を採用しており，デッドハンド・コントロールを認めている点で，現代の法体系の中でも独特なものである。……財産所有者が死後に自

---

10) Restatement (Third) of Property: Donative Transfers §10.1 cmt. a (2003) ("Property owners have the nearly unrestricted right to dispose of their property as they please.")．
　なお，Paula A. Monopoli, *Toward Equality: Nonmarital Children and the Uniform Probate Code*, 45 U. Mich. J. L. Reform 995, 1010 n. 94 (2012) は，処分の自由が，「所有者が死後に国家による財産の没収を回避する自由」を意味するものとして用いられる場合もあることを指摘する。
11) Robert H. Sitkoff & Jesse Dukeminier, Wills, Trusts, and Estates 19　(11th ed. 2021).
12) Robert H. Sitkoff, *Trusts and Estates: Implementing Freedom of Disposition*, 58 St. Louis U. L. J. 643, 644 (2014).

分の財産を自身の定めた条件で処分する権利は，財産権と呼ばれる権利の束の中の独立した権利として認識されるようになった。

判例において，広範な処分の自由が認められていることを示す古典的事例とされるのが Shapira v. United National Bank, 315 N. E. 2d 825（Ohio C. P. 1974）[13]である。被相続人が，アメリカ在住の二人の息子に，特定の人種の女性と，自分の死後7年以内に結婚するという条件を満たした場合に自身の遺産を承継させるという遺言を残して死亡した。これに対して息子の一人が，遺言の内容は違憲であり，公序に反するため無効となると主張して訴えたという事案であった。オハイオ州の裁判所は，この遺言は公序に反するものではないとして有効性を認めた[14]。その後，遺言者の信託条項と遺贈の取消の有効性が争われた In re Estate of Malloy, 949 P. 2d 804, 806（Wash. 1998）も，「遺言法に関するあらゆる議論の根底にある基本原則は，個人は死後，自己の財産を自己の欲望の赴くままに処分する権利と自由を有するということである」と述べて，処分の自由を認めている。

処分の自由は，アメリカ相続法における基本原理とされるが，富の不公平な分配やデッドハンド・コントロール（死後の意思の支配）などの社会的な問題を引き起こすとされ，古典的な法哲学者（プーフェンドルフやブラックストーン）や経済学者（ベンサムとミル）の著作から[15]，そして，分配的正義や平等主義に関

---

[13] この判例の詳細については，樋口範雄「〔判例紹介〕①遺言者の遺言処分の自由 Shapira v. United National Bank, 315 N. E. 2d 825（Ohio C. P. 1974）」樋口範雄編・アメリカにおけるエステートプランニングと相続（トラスト未来フォーラム，2023）157頁以下参照。

[14] Shapira 事件のような特定宗教の信仰者と結婚しなければ信託受益者たる地位を終了させるとする条件に対して，第3次信託法リステイトメント29条のコメント（Restatement (Third) of Trusts§29 cmt. i（Am. Law Inst. 2003））が，裁判所は，公序の判断において，受贈者の処分の自由と「他の社会的価値や，デッドハンド・コントロールがその後の行動や他者の個人的自由に対して及ぼす影響」とのバランスを考慮すべき，とする立場を示したことにより，Shapira 事件のような条件を課すことに対する制限を認めるべきかについて，議論が生じている（SITKOFF, *supra* note 11, at 14）。

[15] 処分の自由の根拠は，長らく論争の的となってきた。最も古いものが，ジョン・ロックが主張した，贈与者が死亡時に財産を分配する自然権を有するというものであり，「眉の汗を流して富を築いたのだから，受遺者は当然それを好きなように使う自由がある」といった説明がされてきた（Adam J. Hirsch & William K. S. Wang, *A Qualitative Theory of the Dead Hand*, 68 IND. L. J. 1, 6 (1992)）。しかし，ロック以来，遺言の自由に対する自然権を主張した者がほとんどおらず，ブラックストーンにも，遺言の自由が自然法に基づくものであることを真っ向から否定され，現在では支持を失っているという（*See* Miller, *supra* note 9, at 183-184）。

する最近の議論[16]まで，何世紀にもわたって批判の対象とされてきたことが明らかとなっている[17]。

## 2 処分の自由を支持する近時の議論

処分の自由を正当化する，説得的な理論に，下記の3つが挙げられる。

① 自律性　自律性は，財産の所有を通じて目的を追求する際に所有者によって享受される権能ひいては（遺言処分の）自由の範囲を拡大する。また，自分の死に直面する人々にとって，限定的ではあるが実存的に重要なコントロールの手段を生み出すものであり，慈善によって支援される人物や大義名分との同一化を通じて，自己オーサーシップを可能にする。そして，遺言による処分が豊かな表現行為である限り，本質的に価値のあるものとされる[18]。

② 社会的効用[19]　現在の多数説とされるのが，Kelly[20]を中心とする機能的観点からの見解である。社会全体の福利を最大化することに重点を置くこの機能的観点から見た場合，広範な処分の自由は，贈与者と受贈者の効用を増大させ，社会福祉を増大させるインセンティブを提供するものであるとされる[21]。

贈与者の効用は，死後，特に近親者に財産を渡す能力を有することで，社会の個々の構成員の福祉を向上させられることである。Edward C. Halbach, Jr. は以下のように説明する[22]。

社会は，それが提供できる幸福の総量に関心を持つべきであり，その構成員の多く

---

[16] David Haslett, *Is Inheritance Justified?*, 15 Phil. and Pub. Aff. 125 (1986).
[17] Miller, supra note 9, at 176, 182 (2023).
[18] David Horton, *Testation and Speech*, 101 GEO. L. J. 61, 65-66 (2012).
[19] この見解では，処分の自由は，贈与者の効用を最大化するだけでなく，社会厚生を増大させるインセンティブを贈与者と受贈者に与えるものであると説明される。相続の自由は，この福祉モデルの中にしっかりと位置づけられているわけではないが，法の社会福祉を最大化するという目標を促進する上で，贈与者の処分の自由をうまく補完している，と説明される。この見解を紹介するものとして，原恵美「遺言自由と介護に対する報酬の関係に関する覚書——アメリカの動向を中心として」東洋文化研究20号224頁以下（2018）。
[20] Daniel B. Kelly, *Restricting Testamentary Freedom: Ex Ante Versus Ex Post Justifications*, 82 FORDHAM L. REV. 1125 (2013).
[21] *See* Kelly, *supra* note 20, at 1135-38.
[22] Edward C. Halbach, Jr., *An Introduction to Chapters 1-4*, in DEATH, TAXES AND FAMILY PROPERTY 3, 5 (Edward C. Halbach, Jr. ed., 1977).

にとって，死後も，自分の大切な人たちが養われ，その人たちに残される遺産のおかげでより良い生活を享受できるかもしれないと生前に知ることは，大きな慰めであり満足感である。

これに対し，遺贈者の効用とは，贈与者が死亡時に財産の処分を指示できることで，知的な遺産計画が可能になる。贈与者は，処分の自由がない場合に遺産の処分を指示する政策立案者よりも，死亡時に財産を分配する方法について，受遺者の効用を最大化するような方法をよりよく理解している可能性が高い。「この情報上の優位性により，贈与者は最も価値の高い受贈者（例えば，才能のある子供や障害のある子供）を選ぶことができるかもしれない」[23]。もし処分の自由がなくなれば，贈与者の優れた知識は無視され，財産はより最適でない方法で分配されてしまう。処分の自由により，家族の必要性を最もよく知る者が，富を最も有益な用途に向けることができる[24]。

最後に処分の自由は，社会福祉を増大させる2つの重要なインセンティブを提供する。第一に，処分の自由は社会の富の最大化を促進する。死亡時に財産の処分を指示できるという知識は，個人が生前に生産性を高め，消費ではなく貯蓄や投資を行うインセンティブを与える。これとは対照的に，処分の自由が大幅に制限されれば，財産の潜在的な使い道がなくなるため，生産性や貯蓄に対するこのようなインセンティブは消えてしまうだろう。Kellyが示唆するように，「贈与者の効用だけでなく，社会の貯蓄や資本基盤にも影響を与える」[25]。このように，処分の自由は，生産性を高めるインセンティブを与えるものとして正当化される可能性があり，それは包括的な社会的利益をもたらす。

第二に，処分の自由は家族内の介護を奨励する。贈与者が死亡時に富の分配を指示できることを家族が知っていれば，高齢になったり病弱になったりした贈与者の世話をすることに積極的になるかもしれない。相続放棄の可能性は，家族の介護を奨励し，ひいては社会全体の福祉を促進する。

Adam J. Hirsch & William K. S. Wangは，処分の自由は社会サービス提供のための市場を支援し，「受益者に……社会サービスを提供することを奨励す

---

23) *See* Kelly, *supra* note 20, at 1136.
24) *Ibid.*
25) *Id.*

る」という意味において,「公益に資する」のであると説明する[26]。受益者が（遺贈者に）ケアと快適さを提供することを奨励する。したがって，相続放棄の可能性によるインセンティブがなければ，家族はドナーに介護を提供するかもしれないが，処分の自由は家族内介護の奨励するものとして正当化される可能性が主張されている[27]。

③ 道徳的価値　　Millerは，遺言処分を贈与の一形態と捉える新たなアプローチを提示する。すなわち，遺言処分は善意の贈与として位置づけられ，社会的儀礼の一部としての贈与の道徳的価値に基づいて正当化される。遺言の自由は，被相続人の意思による財産の無償譲渡を法的に認めるものであり，その典型的な行使は遺族や慈善団体への贈与である。このMillerの見解に基づけば，遺言による贈与は法的に有効な贈与の一種とされ，規範的にも社会的にも道徳的価値を有するものであると解釈される[28]。

Millerは，遺言の自由が社会的効用に基づいて正当化されるという主張に対しては，次のように反論する。まず，社会的効用に基づく議論が，経済効果に関する未証明の仮定に依拠している点を批判する。すなわち，遺言の自由がどの程度貯蓄や投資を促進するか，他の要因と比較してどれほどのインセンティブを与えるかは不明であり，これらの推論は複雑な経験的事実に基づくものであると指摘する。さらに，遺言の自由が扶養家族や慈善事業への私的提供を促進することにより，公的支出を抑制するとの主張も，反事実的な仮定に基づいていると論じる。Millerによれば，遺言の自由が制限された場合，他の私的手段や社会的仕組みが補完的に発展する可能性があり，その影響は不確実である。加えて，Millerは，社会的効用を過度に重視する議論が，遺言の自由が広範であることの問題点を無視している点を批判し，とりわけ，遺言の自由が相続放棄や不適切な提供を許容することにより，逆に社会的効用を損なう可能性があることを指摘している[29]。

Millerの議論は，遺言による贈与の道徳性とその意義に焦点を当て，遺言による自由の正当化を試みるものである。Millerは，遺言による贈与が単に法的

---

26) Hirsch & Wang, *supra* note 15, at 9.
27) *Ibid*. Kelly, *supra* note 20, at 1136.
28) Miller, *supra* note 9, at 177-178.
29) *Id*. at 187-189.

手続であるだけでなく，道徳的動機や意図を含む行為であり，他者への貢献や価値の実現に関わるものであると主張する。

**道徳的動機の表明**[30]　　Miller は，遺言による贈与が意図的な行為であり，その意図には道徳的な動機が含まれると述べる。被相続人は，他者に対する関心や愛情，感謝，正義感に基づいて財産を分配しようとする。遺言の自由が存在することによって，被相続人は自らの道徳的な動機を表明する機会を得る。Miller によれば，このような動機は，法的に保護され，尊重されるべきであり，遺言による贈与がその道徳的意義を持つ限り，その選択は正当化される。法律は道徳的動機を直接強制するものではないが，間接的に道徳的な選択を促進する役割を果たすものであって，したがって，法律は，被相続人の意図を尊重し，道徳的に動機付けられた選択を可能にするための枠組みを提供する。

**徳の実践**[31]　　Miller は，遺言による自由が道徳的に正当化される理由として，徳の実践を挙げる。遺言による贈与は，被相続人遺言者が他者の幸福や繁栄を促進するための美徳を表現する手段であり，その過程で被相続人は自らの人格を形成し，徳を実践することができる。具体的には，忠実さや寛容さ，親切心，友情といった徳が，遺言による贈与を通じて培われると Miller は述べる。遺言は，被相続人が最後に表明する自己の意図と動機を具現化するものであり，それゆえに道徳的・実存的な意味を持つ。遺言による自由は，被相続人が他者への責任を果たし，美徳を発揮するための重要な機会となる。

**財の実現と繁栄への貢献**[32]　　さらに，Miller は，遺言による贈与が道徳的価値を持つ理由の一つとして，それが受益者の繁栄に貢献する点を挙げる。遺言による贈与は，贈与を受ける側の幸福や繁栄を促進する手段であり，これによって人間関係や社会的結びつきが強化される。贈与が受益者の生活における重要な財産や機会の実現を可能にする限り，その贈与は道徳的価値を持つ。また，遺言による自由は，被相続人遺言者が他者のために価値ある行動を取ることを可能にし，その結果として人間的財の実現に寄与する点で，道徳的に意義があると Miller は強調する。

---

30) *Id.* at 193-195.
31) *Id.* at 195-197.
32) *Id.* at 197-199.

Miller は，遺言の自由が単に法的に許容されるだけでなく，道徳的な行為として評価されるべきだと主張する。贈与は被相続人の動機や意図，そしてその選択がもたらす影響を通じて，他者の繁栄や幸福に貢献し，それにより社会的な価値を実現する。法律は，このような贈与を可能にすることで，被相続人が自らの美徳を発揮し，他者に対して善を行う機会を提供するものである。これらの観点から Miller は，遺言の自由が道徳的に正当化されると述べる。

## Ⅲ　処分の自由と信託

### 1　「遺言の自由」への制限
#### (1)　検認手続と相続

　アメリカ相続法は，前述したように「遺言の自由」を認める。被相続人には，「生前と同様に，死後も自分の財産を好きなように処分する権利がある（強調は筆者による）」[33]かのように，遺言による自身の財産処分の影響を，死後も長らく保つことができることになる，という意味での「デッドハンド・コントロール」が認められている。例えば，遺言信託が設定された場合，遺言者が死亡した後にも，その信託条項に従って財産が管理される。

　こうした遺言の影響の長さに対しては，信託の存続期間の上限を約 90 年とする「永続禁止規則（Rule Against Perpetuities）」を置き，政策的に制限がかけられることが一般的であった。しかしこの半世紀ほどで，こうした禁止を廃止する動きがみられ，21 の司法管轄区が「永続禁止規則」を廃止しており，これらの州では，再度，「デッドハンド」の支配力が拡大している[34]。すなわち，被相続人は，遺言による財産処分が，自身の財産に対して影響力をもつ長さを自由に定めることができることになる。

　アメリカ相続法のもう 1 つの特徴とも言えるのが，被相続人が死亡時に所有していた財産が検認財産（probate property）か非検認財産（nonprobate property）かで，扱いが異なることである。

　検認財産については，遺産管理の開始，遺産に属する諸財産の収集，債権者

---
33) John H. Langbein, *Substantial Compliance with the Wills Act*, 88 Harv. L. Rev. 489, 491 (1975).
34) Horton, *supra* note 18, at 64.

らへの清算，遺産の決算や分配まで，遺産管理の全過程が検認裁判所の管轄に属する[35]。

その手続は，被相続人が遺言を残して死亡した場合と，無遺言で死亡した場合とで異なる。統一検認法典（Uniform Probate Code（UPC））[36]の定めによると，被相続人が遺言を残すことなく死亡した場合には，「無遺言相続」となり，平均的な無遺言被相続人が有したであろう意思の実現として，相続債権者らへの弁済終了後の残余財産について，生存配偶者，直系卑属に配分を認める[37]。直系卑属もいなければ，多くの場合，生存配偶者がすべての財産を相続することが認められている。

これに対し，被相続人が遺言を残して死亡した場合，まずは真正性の偽りの認定（false positive）を防止するため，厳格な手続のもと，遺言の有効性の確認が行われる。遺言者の遺言作成時の権利能力喪失や，不当な威圧（undue influence）の下で作成されたことを理由に遺言が無効であるとの主張がなされて提訴される場合もある。

有効な遺言である場合には，その遺言の内容に応じた配分が行われることになるが，無遺言相続，遺言による相続いずれの場合にも，州法が生存配偶者を保護する目的で，選択的（強制的）相続分（elective share, Forced share）の規定を置く[38]。

選択的相続分とは，生存配偶者に，被相続人の遺言に従って遺産を取得するか，または遺言を放棄して被相続人の遺産の持ち分の分配を得るか，の選択肢を与えられるものである[39]。

さらに生存配偶者以外に，未成年の子には，被相続人の債権者からの請求を免れる検認家産（probate homestead）や，1年を典型期間とする家族手当（family allowance）が付与される[40]。生存配偶者が，被相続人の持ち分を選択した場

---

[35] Id.
[36] 現在，18の州が採用しているが，厳密には州法ごとに規定の内容は異なる。
[37] 無遺言相続の詳細については，常岡史子「第4部 アメリカ法」大村敦志監修・相続法制の比較研究（商事法務，2020）158-180頁，同「配偶者相続権と法の役割——アメリカにおける検認裁判所の発展と配偶者の権利」ケース研究328号50-51頁（2017）。
[38] 州によって大きく2つに大別され，特に別産制度の場合に重要な役割を果たすとされる。常岡・前掲注37）「配偶者相続権と法の役割」52頁。
[39] 常岡・前掲注37）「第4部 アメリカ法」205頁。

合には，被相続人の遺言の内容がそのまま実現されないことになるため，これらの制度は「遺言の自由」に対する制限，として説明される。

### (2) 検認手続のデメリット

検認手続には，時間・費用・公開性の3つの問題があると指摘され[41]，1960年代には国民の不満が高まった[42]。検認手続を回避して被相続人の財産を移転するために，生前に信託を設定し，生前は撤回権限を保持して自己のための信託とし，死亡時に財産移転を可能とする信託が設定され，その有効性が争われていた事案において，「遺言的な性格を有する」ことを理由に信託の有効性を否定される場合もあった[43]これに対し，リーディング・ケースとされるFarkas v. Willams（125 N. E2d 600（Ill 1955））[44]が，実質的には形式要件を欠いた遺言であった信託を有効と認めたことにより，それ以降，「遺言代替（wills substitutes）」とされる検認手続外の財産承継（nonprobate property）の利用が促進されてきた[45]。検認対象外の中で最も活用されているのは，撤回可能信託である[46]。

生前撤回可能信託（living revocable trust）[47]とは，「主要な財産を信託財産と

---

40) SITKOFF, *supra* note 11, at 563. 常岡・前掲注37)「第4部 アメリカ法」201頁。
41) 沖野眞已「第5章 撤回可能信託」大塚正民＝樋口範雄編・現代アメリカ信託法（有信堂光高文社，2002）93頁。
42) Horton, *supra* note 18, at 80.
　　こうした不満の解消を目指し，統一遺産管理法典（Uniform Probate Code（UPC））が採用したのが，検認手続のインフォーマル化と，検認対象外財産承継の利用である。UPCの採用を含む各州の規定の内容や，検認手続のインフォーマル化については，溜箭将之「アメリカにおける財産承継の動態──統一遺産管理法典と検認対象外財産承継」道垣内弘人編・各国における遺言執行の理論と実態（トラスト未来フォーラム，2020）149-178頁参照。
43) SITKOFF, *supra* note 11, at 455.
44) 事案については溜箭・前掲注42) 153頁参照。
45) John H. Langbein, *The Nonprobate Revolution and the Future of Law of Succession*, 97 HARV. L. REV. 1108, 1116-17 (1984); Mark Glover, *The Solemn Moment: Expanding Therapeutic Jurisprudence Throughout Estate Planning*, 3 SUFFOLK U. L. REV. ONLINE 19, 19-20 (2015).
46) Restatement (Third) of Property: Donative Transfers§10.1 cmt. a (2003).
　　同規定には，撤回可能信託以外の遺言代替として，生命保険（life insurance），年金ないし被用者福利（POD）口座（pension and employee-benefit accounts），銀行その他の金融機関における共同口座（multiple-party accounts with banks and other financial intermediaries），死亡時払い契約（payable-or-transfer-on-death arrangements），生存者財産権付き合有権（joint ownership with right of survivorship），死亡給付金付き年金（annuities with death benefits）などがある。

し，委託者本人が受託者になり，自らの生前は受益者でもあり，死亡時点の財産承継者（残余財産受益者）を定め，さらに信託を撤回可能にすることにより，遺言と同様の内容」[48]で，検認手続きを経ずに財産承継可能とする非検認財産（nonprobate property）とするものである。

このような財産処分手段が承認されたことにより，生前撤回可能信託が設定された財産は，生存配偶者の選択的相続分の対象となるのか——撤回可能信託は，生存配偶者の選択的相続分という「処分の自由への制限」を排除し得るのか——で問題とされた。リーディング・ケースとされる Sullivan v. Burkin, 460 N. E. 2d 572（Mass. 1984）において，マサチューセッツ最高裁判所は，被相続人が生前に設定した撤回可能信託の財産を，選択的相続分との関係で遺産に含めることを認めた[49]。

―――――――――――――――――

　この点につき，岩藤美智子「遺言代用信託についての遺留分に関する規律の在り方」木南敦＝山田誠一・信託及び財産管理運用制度における受託者及び管理者の責務及び権限（トラスト未来フォーラム，2016）112頁（脚注15），樋口範雄「アメリカにおける相続や後見――公的制度に代わる私的自治の手法とその課題」樋口範雄編・アメリカ法における相続プランニングと信託（トラスト未来フォーラム，2023）3-4頁参照。さらに，同「アメリカにおける相続（死亡による財産承継）と生前信託の活用」武蔵野法学9号234頁（2018）は，撤回可能信託の利用が進んだことの背景の1つには，アメリカにおいて，弁護士の手に寄らない estate planning が推奨され，20年ほどをかけて徐々に，遺言から生前に撤回可能信託を設定することが普及していった事実の影響を指摘する。
47）撤回可能信託は，大別して2つの役割を果たすとされる。1つが委託者の判断能力喪失時の財産管理制度としてのものであり，もう1つが遺言代替方法としてのものである（沖野・前掲注2）84-98頁）。前者の財産管理としての撤回可能信託については，木村仁「信託の委託者の権利と後見人による代理公使について――アメリカの撤回可能信託を中心に」法と政治70巻1号40頁（2019），石川優佳「撤回可能信託における撤回権の行使権者」樋口範雄＝神作裕之編著・現代の信託法――アメリカと日本（弘文堂，2018）100頁以下参照。
48）樋口・前掲注46）「相続や後見」3頁。なお，生前撤回可能信託のみでは，完全に検認手続を排除しえないが，つぎ込み遺言（pour-over will）とされる，被相続人が死亡時に所有していた検認対象財産についても，包括的に財産受遺者を，同じ撤回可能信託の受託者とする旨の遺言を作成することで，遺産全体の統合が可能となる。この点を指摘するものに，木村仁「信託の委託者の権利と後見人による代理公使について――アメリカの撤回可能信託を中心に」法と政治70巻1号40頁（2019）。
49）事案と判旨の詳細については，溜箭将之「③遺言代替信託と遺留分：生存配偶者の保護――選択的相続分と正式遺産管理手続対象外の財産 Sullivan v. Burkin, 460 N. E. 2d 572（Mass. 1984）」樋口範雄編・アメリカにおける相続プランニングと信託（トラスト未来フォーラム，2023）185-188頁参照。また，同192頁及び岩藤・前掲注46）101-102頁が，Sullivan 事件以前の先駆的な裁判例として，Newman v. Dore（9 N. E. 2d 966（1937 N. Y.））が，「譲渡の虚偽性という判断基準」を採用していたことを明らかにする。

この見解は，撤回可能信託が遺産に含まれず，配偶者や債権者が請求権を有していないとした第2次リステイトメントを変更し，対象に含めた信託法第3次リステイトメント§25条（2）とも同様の方向性を取ったものと理解されていた[50]。

　しかし，その後の Bongaard v. Millen（793 N. E. 2d 335（Mass. 2003））では，第三者が指定した信託について，信託財産は被相続人の遺産に入り得ない，加算後遺産額に含まれないと判示された。州法や判例により，多くの州が被相続人の配偶者が設定した撤回可能信託は，生存配偶者の選択的持ち分の決定に含まれることを認めるが，対象とすることを認めない州もある[51]。この判決と Sullivan 判決の関係をめぐっては，見解が分かれている。UPCやリステイトメントなどにより，現状の大まかな方向性をたどることは可能だが，撤回可能信託の扱いについて州法ごとに対応が異なっている[52]。

## 2　生存配偶者以外の相続権と処分の自由

　撤回可能信託をはじめとする信託による処分の自由と，相続法規定との関係ではさらに，次の点も問題となる。

　すなわち，配偶者以外の家族の「相続権」を認容すべきか，という問題である。アメリカ法の処分の自由は，イギリス法から継受したものだが，イギリスをはじめとする他のコモン・ロー諸国では，被相続人の扶養家族のために，被相続人の財産の強制的な分配や，家族維持制度の下で裁判官が「不公平な」遺産計画を書き換えることを認めている[53]。配偶者以外に相続権を認めないのはアメリカ法のみとなっている[54]。このことから，近時では，生存配偶者と同様に，直系尊属にも相続権を認めるべきである，との主張が台頭している[55]。

---

50) 溜箭・前掲49）194頁。
51) SITKOFF, *supra* note 11, at 544.
52) 溜箭・前掲49）194-196頁は，撤回可能信託と選択的相続分の関係は，この2つの判例にとどまらず，州法ごとに対応が異なっていることを指摘する。
53) *See*. Miller, *supra* note 9, at 182.
54) 常岡・前掲注37）「第4部　アメリカ法」212頁参照。
55) Alexis A. Golling-Sledge, *Testamentary Freedom* Vs. the *Natural Right to Inherit: The Misuse of No-Contest Clauses As Disinheritance Devices*, 12 WASH. U. JUR. REV. 143（2019）; Glover Mark, *Freedom of Inheritance*, 2 UTAH LAW REVIEW 283（2017）.

## Ⅳ おわりに

　アメリカ法においては，多くの批判を受けながらも，社会的効用や，道徳的価値など多くの側面から，被相続人の相続の自由を正当化する理論的分析が行われ，今なお他の英米法圏とも異なる処分の自由が肯定されている。また現在では，いずれの見解においても，生存配偶者保護の観点からの処分の自由の制限は肯定されている。

　他方で，概観的な検討ではあったが「生前の処分」である撤回可能信託等の遺言代替手段により一層「処分の自由」の範囲が拡大する中で，撤回可能信託の対象財産と生存配偶者の選択的相続分の関係をめぐっては，州法も統一されておらず，また裁判例も一貫していないなど，議論が錯綜した状況にあることが確認できた。

　このことは，アメリカ法のなかでも，「信託」と「相続」の関係をめぐり，日本法とは異なる形での問題があることを示している。

　日本法とは相続の考え方も異なっており，直接的な示唆とはなり難いが，アメリカ法における相続と信託，とくに撤回可能信託の関係性については，今後，アメリカ法ではこれらの問題をどのように扱っていくのか，さらなる検討を行っていきたい。

# 低年齢化する消費者の契約トラブル抑止と家庭の役割・国家の介入

渡辺達徳

Ⅰ　はじめに
Ⅱ　低年齢化する消費者被害の抑止と民法（財産法）
Ⅲ　家庭教育・消費者教育等をめぐる法の現状
Ⅳ　むすびに代えて

## Ⅰ　はじめに

　未成年者は，民法上，自己の行為の意味を判断するための能力を欠くものとして，取引における法的保護の対象とされている。そして，成年年齢が2022年4月1日から満18歳に引き下げられたことに伴い，従来は法的保護の対象であった満18歳および満19歳の者（若年成人）に対する法的保護の在り方や，成年年齢に達するに先立っての消費者教育に関する議論が活発になっている。

　一方，未成年者が当事者となった取引をめぐる法的紛争の実態は，なかなか把握しづらい。その一因は，比較的少額の取引が多いために，未成年者側は家庭内の問題として片付けてしまい，相手方は金銭的・時間的コストを考慮して訴訟その他の法的措置を採るインセンティブに欠けることが多いところにもあろう。

　そうした中で，1つの参考データを提供するのは，国民生活センター消費生活相談データベース（以下「消費生活相談DB」という）である[1]。この消費生活相談DBは，全国の消費生活センター等と国民生活センターに寄せられた「消費生活相談情報」のデータを登載したものである。これは消費者側からの相談内容であって，相手方の反論・意見は反映されておらず，確定した事実が示されたものでもないが，そのような資料的意味を考慮した上で，法的紛争の端緒

---

1) https://datafile.kokusen.go.jp

を把握する一助として参照することは許されるであろう。

　試みに，消費生活相談 DB の検索条件において契約当事者を「20 歳未満」として検索すると（2023 年 11 月 2 日閲覧），国民生活センターで受け付けた直近 20 件の相談内容が示される[2]。そのうち 3 件は，契約当事者の年齢が不明だが，その相談内容から推して，いわゆる若年成人またはそれに近い年齢の者と思われる[3]。また，中学生が親の同意なしにスマートフォンの通信データを増量していたので取り消したいというケースおよび高校生が有料アダルトサイトに接続したので心配だとの相談が各 1 件ある。その他の 15 件は，未成年者が親の許可なくオンラインゲームで課金していたので，契約を取り消し，または返金を求めたいというものであり，15 件の契約当事者の属性は，幼児 1 件，小学生 7 件，中学生 4 件，高校生 3 件である。

　限られたデータではあるが，近時における未成年者の取引に伴う消費者被害は，インターネットや電子取引を舞台とした誘引性の強い娯楽・嗜好が温床となっていることを窺わせる資料であり，その契約当事者は低年齢化して小中学生が中心となっている。これは，近時の成年年齢の引下げに伴いスポットを浴びる若年成人の保護とは異なる考慮を要する場面のように思われる。

　こうした実態を踏まえて，低年齢化する未成年者の契約トラブルを抑止することを目指す場合に，法の現状と問題点をどのように考えるか，家庭教育・消費者教育にはどのような役割が期待されるか，国家はこの問題に対してどのように介入するべきか，といった諸点につきデッサンを描くのが，この小稿の目

---

2）このデータは，随時更新されているため，現在は，この小稿において引用したデータを同ウェブサイト上で閲覧することはできない。しかし，近時の報道も，小中高生が消費トラブルに巻き込まれるケースが増えていることを伝えている。岡山県の例として，2023 年 4 月～9 月の県消費生活センターへの相談件数のうち，小中高生に当たる 10～17 歳が当事者だったものが 54 件で前年同期の 32 件から約 1.7 倍増であり，また，岡山市消費生活センターへの相談件数は 37 件で，前年同期の 27 件から 10 件増えた。その多くを占めるのは，オンラインゲームなどでの課金によるトラブルだという。また，国民生活センターによると，小学生の子どもが親のクレジットカード情報を使ってライブ配信アプリで配信者に送金する「投げ銭」を繰り返し，30 万円以上を請求されたケースもあった（以上は，読売新聞オンライン 2023 年 12 月 6 日の記事 https://www.yomiuri.co.jp/national/20231206-OYT1T50086/ による〔閲覧は，2023 年 12 月 6 日〕）。

3）相談内容は，全身脱毛エステの契約におけるサロンの破産，QR コード決済アプリでお金を送ると倍になるという投稿に応じて送金してしまった場合の対応，包茎手術をキャンセルした場合のローン支払の問題が各 1 件である。

的である。

　この問題関心と向き合うアプローチは幾つかあろうが，この小稿では，民法（財産法）の視点（→Ⅱ）および主として小中学生までの発育段階に着目した教育の視点（→Ⅲ）から，今後の更なる検討に向けた手がかりを得るよう試みる。

　前者は，民法総則が未成年者保護の規定を置く以上は，それが有効に機能するかを確認することが必要であることに基づく。

　後者は，ここで念頭に置かれるトラブルの発生が，そもそも家庭や小中学校における教育の不首尾に還元されるかもしれない――むしろ「しつけ」の問題であることを強調したい論者もあろう[4]――ことを考慮するものである。ここでは，教育の場としての家庭，教育の内容に着目しての消費者教育およびこれら教育に関する基本姿勢を示す教育関連諸法につき，順次，目を向ける（なお，家庭教育や消費者教育の現状と問題点を検討する際も，教育関連諸法との関連を確認することが必要となる）。

## Ⅱ　低年齢化する消費者被害の抑止と民法（財産法）

　民法は，未成年者を制限行為能力者の一類型とし，未成年者が法律行為をするには，その法定代理人（親権者または未成年後見人。この小稿では，以下，特に断りのない限り親権者をもって代表させる）の同意を得なければならないものとし，これに反する法律行為を取り消すことのできるものとしている（5条1項・2項）。未成年者によるオンラインゲームでの課金に伴うトラブルは，当該未成年者がゲーム会社（ゲームソフト販売会社）のオンラインショップを通じてゲームソフトを購入したりゲームコンテンツをダウンロードしたりし，その決済を

---

[4]「しつけ」は，「礼儀作法を身につけさせること」（広辞苑第7版），「子供などに礼儀作法を教えて身につけさせること」（大辞林第4版）であり，判例も用いることばである（近時の一例として，最判平成27・4・9民集69巻3号455頁〔いわゆる「サッカーボール事件」〕）。子ども家庭庁は，主として「しつけ」と「体罰」との違いを説明する観点から，しつけとは，「子どもの人格や才能などを伸ばし，社会において自律した生活を送れるようにすることなどの目的から，子どもをサポートして社会性を育む行為」としている（パンフレット「体罰等によらない子育てを広げよう！」）。そして，しつけが親権の内容に含まれることに疑問の余地はない（厚生労働省・体罰等によらない子育ての推進に関する検討会「体罰等によらない子育てのために」〔2020〕5頁を参照）。しかし，「しつけ」の定義には，なお曖昧さや議論の余地が残り，法的観点から検討の根拠とするためには適切でないので，この小稿では，この概念に依拠することはしない。

同居する親のクレジットカードで行った後に，カードの利用明細を見た親がゲームソフト購入契約等の取消しを主張するというケースが典型である。このとき事業者側は，未成年者が年齢確認や親の同意を肯定するボタンを押した上で，決済に必要なカード情報（カード名義人，カード番号，有効期限，セキュリティコードなど）を入力していることをもって，未成年者が行為能力者であることを信じさせるための詐術であるとし（21条），取消しを認めない旨の主張をすることが多い。こうした紛争は，裁判例に現れることは少ないものの，国民生活センターADRの事例に多数現れている[5]。

　未成年者が相手方と対面せずパソコンによる情報入力だけで契約が完結する場合に，詐術の有無をどのように判断するかは，大きな問題である。経済産業省による「電子商取引及び情報財取引等に関する準則」は，単に年齢確認や生年月日記入画面に虚偽の入力をしたという事実のみでは詐術を用いたとはいえず，個別具体的事情を総合判断する必要があるとしている[6]。学説も，こうした方向性を支持するが[7]，この争点につき判断を示した裁判例は現れていない[8]。

## III　家庭教育・消費者教育等をめぐる法の現状

### 1　家庭教育とくに親権の行使

　未成年の子によるインターネット，オンラインゲームなどの利用に伴う諸問

---

[5] 国民生活センターのウェブサイトにおいては，「国民生活センターADRの実施状況と結果概要について」が各年度4回掲載される。例えば，令和5年度第1回の公表（令和5年6月28日）については，https://www.kokusen.go.jp/pdf/n-20230628_1.pdf。

[6] 経済産業省「電子商取引及び情報財取引等に関する準則」（2022年4月1日改訂）76頁以下（https://www.meti.go.jp/policy/it_policy/ec/20220401-1.pdf）。同「準則」は，電子商取引・情報財取引に係る市場の予見可能性を高める観点から，民法等の解釈を整理することを目的として，2002（平成14）年以降，改訂を重ねつつ公表されてきたものである。

[7] 坂東俊矢「消費者被害救済法理としての未成年者取消権の法的論点」消費者法研究2号84頁以下（2017），同「未成年者の行為能力の考え方に関する覚書」これからの民法・消費者法（I）（河上正二先生古稀記念）（信山社，2023）127頁以下，渡辺達徳「電子取引と未成年者保護」比較民法学の将来像（岡孝先生古稀記念）（勁草書房，2020）443頁。

[8] なお，国民生活センターの紛争解決委員を務めた筆者の経験に即して言えば，前掲「準則」が法的拘束力を持たない「指針」にとどまることから，事業者側は，その内容を一顧だにしないのが常である。

題は，家庭における教育の意義および重要性と密接な関連を持つことから，親権の効力に位置付けられる「監護および教育の権利義務」を確認することが出発点となるであろう。

親権を行う者は，子の利益のために子の監護および教育をする権利を有し，義務を負う（民820条〔「子の利益のために」は，平23法61により挿入〕）。同条をめぐっては議論が多いので，この小稿の関心に沿ってのみ学説の状況を簡単に整理する。具体的には，ア）親権の制度趣旨をどのようにとらえるか，イ）親権は誰に向けられたものか，ウ）親権の一内容として示された「教育」の具体的内容は何か，という相互に関連性を持つ3点である。

ア）親権の制度趣旨をどのようにとらえるか

明治民法の起草者は，現行820条に相当する旧879条について，親権は，子の発育を保護するための制度であると説明していた[9]。親権は，子を1人の社会人として養育すべき親の職分であるとするその後の見解も[10]，趣旨を同じくするであろう。それは，「子を養育し，社会化する」[11]という表現に収斂する。近時は，親権が子の利益・子の福祉のもとで行使されるべきことが強調され（現行820条），さらに，「児童の権利に関する条約（Convention on the Rights of the Child）」[12]が子の利益の優先（3条）や子の意見表明権（12条）を定めていることを受けて，子を保護の客体としてだけでなく「権利の主体」としてとらえる考え方が広く認められつつある。

イ）親権は誰に向けられたものか

この問いに対しては，明治民法の施行当時から，①子に対する純然たる私法上の義務であるとする説，②社会ないし国家に対する義務であるとする説，③それらの折衷的見解が存在しており，明治民法下の解釈としては②が有力であったと指摘されている[13]。近時は，②のみを主張するものはないが，親権は，

---

9) 梅謙次郎・民法要義巻之四〔第11版〕（和仏法律学校，1902）350頁。
10) 我妻栄・親族法（有斐閣，1961）328頁，於保不二雄編・注釈民法（23）（有斐閣，1969）50頁〔明山和夫〕。
11) 犬伏由子＝石井美智子＝常岡史子＝松尾知子・親族・相続法〔第3版〕（弘文堂，2020）183頁〔石井美智子〕。
12) 1989年の国連総会で採択，日本は1994年に批准。
13) 國府剛「親権」民法講座7 親族・相続（有斐閣，1984）259頁以下。なお，③に掲げた「折衷的見解」とは，親の権利といっても，所有権・債権のような厳格さを有せず，また，親の義務といっ

子を養育し、社会人として成長させるという子に対する義務、地位、職分であることを前提としつつ、社会に対する責任でもあるという②のニュアンスを残す見解もみられる[14]。ただし、どの考え方を採っても、具体的な解釈において大きな結論の差異をもたらすものではない[15]。

ウ）親権の一内容として示された「教育」の具体的内容は何か

明治民法の起草者は、ここにいう教育とは、子に授けるべき教育の程度、学校・職業教育・宗教教育の選択などを意味すると説明している[16]。学校教育を受けさせることに加えて、職業教育および宗教教育が——恐らくその他の教育の例示として——掲げられており、社会人として自活するために必要な職務上の能力向上や精神的成長を促すことも、教育に含まれることが示唆されている。また、旧822条（懲戒権〔令4法102により削除。現行821条を参照〕）の注釈として、親が子を懲戒場に入れるために裁判所の許可を必要とするのは、その処分が子の「徳育、智育、体育」に重大な影響を及ぼすためであると解説していることから推して[17]、「徳育、智育、体育」も、親権の行使としての「教育」に含まれると理解しているものと思われる。

戦後になって、親権の行使としての「教育」の具体的内容を定める出発点となるのは、国民がその保護する子女に普通教育を受けさせる義務を負うと定める憲法26条2項である（さらに、教基5条、学教29条・45条・49条の2）。これを前提として、近時は、子の教育に当たっての親の法的地位を「子が教育を受ける権利」に対応するものととらえ、子にとって必要な教育のしくみを整えるよう国に要求することが、親権の内容を構成すると考えられるに至っている[18]。

---

ても、それに対応する子の権利が確立するわけでもなく、ここでの権利・義務とは、社会的・倫理的要請がそのまま法律上の規範的要求となって示されたものであり、つまりは親が子の監護教育を為しまたは為すべき地位にあることを意味するにとどまる、という趣旨の学説を指している（國府・前掲268頁注5が、末川博「親権の制限及び剝奪」家族制度全集法律篇Ⅲ〔河出書房、1937〕184～185頁を引用して説く）。

14) 犬伏ほか・前掲注11) 183頁〔石井〕、常岡史子・家族法（新世社、2020）193頁。於保不二雄＝中川淳編・新版注釈民法（25）〔改訂版〕（有斐閣、2004）63頁〔明山和夫＝國府剛〕は、「今日では子の養育保護は単に親子間の私的問題として放任されているものではなく、むしろ同時にますます国家社会的任務ともせられている面の強い」ことを指摘する。

15) 中川良延「親権者の監護・教育義務」奥田昌道ほか編・民法学7（有斐閣、1976）162頁。

16) 梅・前掲注9) 351頁。

17) 梅・前掲注9) 356頁。

これに関連して注目すべきことが2つある。

第1に，教育の内容面において，「子どもが独立した人格者として生活を営みうるまでに成長する」ために，「職業技能的な生活能力」だけでなく，「文化的な社会生活を営んで行くためには自然と社会についてのある程度の知識の習得が不可欠」であり，かつ，この両者は，「学問や技術の進歩によって質量ともに拡大してきて」いることである[19]。このことは，「社会の進展に対応する能力を十分発達させていけるような教育のしくみ」と表現されることもある[20]。進展する社会に対応する能力を備えた独立した人格者として子を成長させることが教育の目的であるとの認識は，この小稿の問題関心にとっても示唆深い。

第2に，第1のような見方を承認する場合には，親権は，子が教育を受ける権利に対応する責務ないしは法的地位としてとらえられる。また，子の権利は，教育を受ける環境を整えるべき国および地方公共団体にも向けられたものであるから，親は国および地方公共団体に対して教育の目的に合致した諸環境を整えるよう要求すべきであり——これも「親権」の内容を構成する——，その結果，親権者，国および地方公共団体は，児童の心身の健やかな成長および発達並びにその自立を図る責任を負うことになる[21]。

## 2　消費者教育

消費者基本法は，その目的を謳う中で，同法が「消費者の権利の尊重」および「その自立の支援」等に関する基本理念を定めることを明記する（1条）。そして，消費者政策の推進は，「消費者に対し必要な情報及び教育の機会が提供され」ること，消費者が自らの利益の擁護および増進のため「自主的かつ合理的に行動することができるよう消費者の自立を支援すること」を基本として行われなければならないとする（2条1項）。さらに，「消費者の自立の支援に当たっては，……消費者の年齢その他の特性に配慮されなければならない」こと，「消費者政策の推進は，高度情報通信社会の進展に的確に対応することに配慮

---

18) 中川・前掲注15) 168頁，國府・前掲注13) 261頁。
19) 中川・前掲注15) 168頁。
20) 國府・前掲注13) 261頁。
21) 児童福祉法2条2項・3項。児童を心身ともに健やかに育成することにつき第一義的責任を負うのは保護者であり，国および地方公共団体は，児童の保護者とともに同じ責任を負う。

して行われなければならない」ことを掲げている（2条2項・3項，20条）。

ただし，同法の直接の名宛人は，国・地方公共団体および事業者・事業者団体，消費者団体であり（3条～8条），学校および家庭における消費者教育の推進については，地域や職域その他の様々な場におけるそれと並んで，国が必要な施策を講ずるものとし（17条1項），地方公共団体は，国に準じて施策を講ずる努力義務を負う（同条2項）。

消費者基本法において上のように整理された消費者教育の体系は，「消費者教育の推進に関する法律」（以下「消費者教育推進法」という）により具体化が図られている。

消費者教育推進法において目新しく映るのは，消費者教育とは，「消費者の自立を支援するために行われる消費生活に関する教育」「及びこれに準ずる啓発活動をいう」と定める中で，この教育には「消費者が主体的に消費者市民社会の形成に参画することの重要性についての理解及び関心を深めるための教育を含む」旨を併記したことである（2条1項）。そして，同法は「消費者市民社会」とは，「消費者が，個々の消費者の特性及び消費生活の多様性を相互に尊重しつつ，自らの消費生活に関する行動が現在及び将来の世代にわたって内外の社会経済情勢及び地球環境に影響を及ぼし得るものであることを自覚して，公正かつ持続可能な社会の形成に積極的に参画する社会をいう」と定義付けた（同条2項）。

さらに，消費者教育推進法においては，実践的な能力の育成，消費者市民社会の形成への参画と発展への寄与，消費生活に関する行動が内外の社会経済情勢および地球環境に与える影響等への情報提供，災害その他の非常事態における合理的行動といった多様な実践の場面が列記され，これが「基本理念」として括られている。ここでは，消費者の自立の正視というよりも，社会の形成に対する消費者の適切な行動への期待と，その責任の強調へと軸足が移されているかのような印象を受ける（なお，以下の3でも瞥見するとおり，消費者基本法の施行後，消費者教育推進法が施行されるまでの間に，教育基本法の改正が行われている。改正された教育基本法では，教育の目標の1つとして「主体的に社会の形成に参画し，その発展に寄与する態度を養うこと」が明記された〔2条3号〕）。

## 3 子が教育を受ける権利との関係

　子が教育を受ける権利（子の学習権）は，近代国家における憲法が等しく保障する基本的人権の1つである。したがって，国は，子の学習権を保障する義務を負う[22]。このことを起点として，教育に関する諸法規に関する文献においては，親の教育権，教師の教育権および国の教育への介入とその限界などが論じられてきた[23]。この問題を考えるに当たっては，憲法26条を受けた教育基本法の考え方を確認することが出発点となる。

　1947年に制定された同法（昭22法25）は，2006年に改正され，改正法は，同年12月22日から施行された（平18法120）。留意に値する点が2つある。

　第1に，同法の目的，方針または目標を示す規定の改正である。改正前1条（教育の目的）は，「教育は，人格の完成をめざし，平和的な国家及び社会の形成者として，真理と正義を愛し，個人の価値をたつとび，勤労と責任を重んじ，自主的精神に充ちた心身ともに健康な国民の育成を期して行われなければならない」と定めていた。改正後の現行1条においては，「真理と正義を愛し」から「自主的精神に充ちた」までの具体的属性が削除され（一方で，改正前の「平和的な国家」が現行規定では「平和で民主的な国家」に改められた），これらの属性は，整理された上で2条（教育の目標）1号から5号までにおおむね列挙されるかたちに改められた。2条においては，それに加えて，「豊かな情操と道徳心を培う」こと（1号）[24]，「公共の精神に基づき，主体的に社会の形成に参画し，その発展に寄与する態度を養うこと」（3号），「伝統と文化を尊重し，それらをはぐくんできた我が国と郷土を愛する」こと（5号）など，改正前の1条（教育の目的）および2条（教育の方針）になかった事項が追加列記された[25]。改正前

---

22) 有地亨「父母の監護教育権と公教育」現代家族法大系3（中川善之助先生追悼）（有斐閣，1979）248頁。
23) かつて「学力テスト最高裁判決」（最大判昭和51・5・21刑集30巻5号615頁）などをめぐり激しく争われた問題であるが，この小稿における直接の検討対象とされるものではない。
24) この小稿で問題としている消費者トラブルの場面は，善悪の判断（規範意識）の未発達すなわち「道徳心」の欠如に起因するものとして，道徳教育の実施・充実を重視すべきであるとの見解があり得る。法の規律には道徳の要素が含まれており，法と道徳とは支えあって社会を運営する規範を構成するものではあるが，教育基本法が教育の目標の1つに掲げる「豊かな情操と道徳心を培うこと」には，憲法や児童の権利に関する条約が求める教育とは別次元の夾雑物が含まれているという印象を拭えない。したがって，この教育基本法の下で道徳性に傾斜した家庭教育のプログラムを構想することには，無条件に賛成することができない。

は教育の目的として1条に明記されていた「個人の価値の尊重」および「自主的精神」は，現行規定では，教育の目的を実現するためと称する多様な目標（目じるし）の中に埋没した観がある[26]。

第2に，この小稿の問題関心に沿った改正事項として，現行法は，改正前にはなかった「家庭教育」に関する明文を新設した。

すなわち，改正前において，家庭教育は，7条（社会教育）の中で「家庭教育及び勤労の場所その他社会において行われる教育は，国及び地方公共団体によつて奨励されなければならない」と位置付けられるにとどまっていた。

これに対し，現行法の10条（家庭教育）1項は，「父母その他の保護者は，子の教育について第一義的責任を有するものであって，生活のために必要な習慣を身に付けさせるとともに，自立心を育成し，心身の調和のとれた発達を図るよう努めるものとする」とする。続く2項は，「国及び地方公共団体は，家庭教育の自主性を尊重しつつ，保護者に対する学習の機会及び情報の提供その他の家庭教育を支援するために必要な施策を講ずるよう努めなければならない」と定める。さらに，13条（学校，家庭及び地域住民等の相互の連携協力）は，「学校，家庭及び地域住民その他の関係者は，教育におけるそれぞれの役割と責任を自覚するとともに，相互の連携及び協力に努めるものとする」ことを明記した。子の保護者並びに国および地方公共団体の義務は，いずれも努力義務であるが[27]，同法の目的に照らして，国および地方公共団体が家庭教育に介入することを明確に宣言したものである。また，学校，家庭に加え「地域住民そ

---

25) 学校教育法は，これを受けて学校教育の目標を定める（義務教育として行われる普通教育の目標につき21条，30条〔小学校〕，46条〔中学校〕。なお，義務教育に入る前の幼稚園につき23条）。

26) 例えば，憲法13条に掲げられた「個人の尊重」が教育法に投影された表現であろう「個人の価値の尊重」は，「伝統と文化の尊重」や「我が国と郷土を愛する」ことと同列なのであろうか。少なくともこの小稿の筆者には，強い違和感がある。確かに，児童の権利に関する条約においても，教育の目的の1つとして，「児童の父母，児童の文化的同一性，言語及び価値観，児童の居住国及び出身国の国民的価値観……を育成すること」が掲げられている（29条1項（c））。これは，一見すると，本文に掲げた教育基本法2条5号と接近した内容のようにもみえる。しかし，改正教育基本法成立を受けての当時の内閣総理大臣の談話（https://www.mext.go.jp/b_menu/kihon/houan/siryo/06121913.htm）などを瞥見すると，そこには異なる趣旨が含意されているような印象を受ける。

27) 子の保護者については「努めるものとする」とされ，国および地方公共団体については「努めなければならない」と規定されるのは，いずれも努力義務であるが，後者のほうが義務付けの程度がやや重い趣旨を示すのであろう。

の他の関係者」をも含めて，子の教育に対して相互に連携および協力する努力義務を課したことも，新たな考え方を示すものである。

## 4 小　括

子の教育について，親権の一内容である親の監護教育権から出発する場合には，親は，家庭における教育を通じて，子を1人の社会人として養育する権利および義務（責務）を有し，またはかかる社会的立場にあるという理解が，長く支配的であったように見受けられる。その1つの到達点は，以下のような説明である。すなわち，「親は子に生命を与え，血をわけ合い，生活をともにするという家族内の親子関係に基づき，自分の子を監護・教育する責任を負い，そのような子どもを将来の社会の担い手として教育する義務を負う」[28]。そして，「家庭教育では，親は，監護・養育を発展させ，日常の共同生活の触れ合いの中で子に未来の社会の担い手となりうる知識・技術・態度を習得させる努力をしなければならない」[29]。

しかし，近時は，民法学と教育法学との視線の往復を通じて，憲法が保障する子が教育を受ける権利（子の学習権）（憲26条1項）と，親が子女に普通教育を受けさせる義務（同条2項）との対応関係に着目し，さらには，複雑化・高度化する現代社会の中で子が成長する上で，家庭教育だけでは万全を期すことのできない消費者という属性を踏まえた法の整備および政策の策定並びに公教育の重要性が論じられるようになっている。ここにおいて，家庭教育への国家の介入が不可欠となる[30]。しかし，その際，何を理念としてどのような介入がされるかについては，市民社会の自主・自立との関係に視線を投じながら検証されなければならない[31]。

---

28) 有地・前掲注22) 250頁。
29) 有地・前掲注22) 250頁。同論文では，これに続けて，「今日のような発展した社会で子どもが生活に必要な知識・技術を習得させる教育に対しては，親は十分な指導力をもたない」ので，これを「補完するものとして公教育が存在」するものとして，親権の内容としての家庭教育の実践と公教育を受けさせる義務とを区別する。
30) この小稿の主題からは離れるが，国家が公法的規制を通じて親権の内容やその行使の在り方に介入する重要な領域は，児童福祉法が規律する諸場面――児童相談所や児童福祉施設との連携を含めて――である。その概要については，於保＝中川編・前掲注14) 62頁〔明山＝國府〕。
31) この小稿は，家庭教育という場に限って国家の介入に伴う若干の問題を検討するにとどまる。より広く，少子高齢化社会においてケアを必要とする乳幼児，病人や障害者，高齢者などを念頭に置

消費者とりわけ年少の消費者の家庭教育に対する国の介入の基本的態度を検証する原点は，教育基本法および消費者基本法である。時系列的にみると，1968年に施行された消費者保護基本法を改正するかたちで，規制緩和および高度情報通信社会の進展に対応することを目的として，2004年に消費者基本法が施行され，次いで2006年に教育基本法が改正・施行された。その後，2012年に消費者教育推進法が施行されている。すなわち，消費者教育推進法は，一方では消費者基本法の目的を具体化することを目指して，他方では教育基本法の目的，目標等および家庭教育に関する新設規定を投影するかたちで，消費者教育の推進について定めている。

消費者教育推進法に示された顕著な特徴は，消費者教育が消費者の自立を支援するために重要であるとの認識を示した上で，消費者が消費者市民社会に参画し，その発展に寄与するべきことを明記したところにある。消費者庁の消費者教育ポータルサイトにおいては，消費者教育の具体的イメージを説明するために，「消費者教育の体系イメージマップ」が掲げられ，重点領域（タテ軸）とライフステージ（ヨコ軸）により整理された取組みのテーマ・目標が示されている[32]。この小稿の問題関心と関係の深い部分をみると，重点領域としての「選択し，契約することへの理解と考える態度」の項では，幼児期，小学生期および中学生期それぞれのライフステージにおける目標として，「約束やきまりを守ろう」（幼児期），「物の選び方，買い方を考え適切に購入しよう」（小学生期），「商品を適切に選択するとともに，契約とそのルールを知り，よりよい契約の仕方を考えよう」（中学生期）といった内容が示されている。一見すると異論の余地のないものであるが，消費者教育推進法1条の「目的」に掲げる同法3条の「基本理念」において，実践的な能力（1項），消費者市民社会の形成への参画・発展への寄与（2項），災害その他非常の事態における消費者の合理的行動への期待（6項）など，消費者の権利，ひいては個人の尊厳という理念

---

き，家族を典型とする私的領域でのケアの喪失と国家の介入の在り方につき将来展望を示すのは，水野紀子「公権力による家族への介入」同編・社会法制・家族法制における国家の介入（有斐閣，2013）159頁。

32) その趣旨を解説する「消費者教育の体系イメージマップとは」について，https://www.kportal.caa.go.jp/consumer/about/。同イメージマップそのものは，https://www.kportal.caa.go.jp/pdf/imagemap.pdf。このマップは，常に検証，改良が必要なものとして，"Ver. 1.0"とされている。

的価値の正視というよりも，消費者に向けて自己責任と社会貢献という期待に応える責務を課しているという印象が否めない[33]。

　最後に，教育基本法についてみると，2006年改正前の同法において，教育の目的とするべきものとして明記されていた「個人の価値をたつとび」，「自主的精神に充ちた」という国民の属性が，改正後の現行法においては，他の多様な事項とともに「教育の目標」の中に規定されるに至ったこと並びに家庭教育が父母その他の保護者の第一義的責任および努力義務である旨が明記されたことの意味が批判的に検証されなければならない。同法の規律は，その後，消費者教育推進法を通じて消費者教育の分野においても具体化されていったことになるが，消費者教育推進法に色濃く表れた特徴は，上に整理されたとおり，消費者市民社会の実現に向けた消費者の責務を強調したものとなっている。

## IV　むすびに代えて

　契約の主たる当事者を小中学生とし[34]，非対面のウェブ上取引により行われ，クレジットカードによる決済が予定された消費者契約トラブルを事前に抑止するための観点は，複数あり得る。

　小中学生がパソコンやスマートフォンを操作して成年者を装うことに伴う主として民法（財産法）上の問題点並びに事業者および行政の対応点については，IIおよび注6）7）8）において述べたとおりである。なお，消費者契約法上の

---

[33] なお，消費者教育推進法は，消費者教育を推進すべき名宛人として，直接には「家庭」を掲げていない（11条以下）。同法において，家庭は，学校，地域，職域等と並んで消費者教育が効果的に行われるために連携されるべき場の1つとして（3条4項），また，国，地方公共団体および国民生活センターが，学校，地域，職域等と並んで消費者教育に関して情報を収集・提供するよう努めるべき場の1つとして（18条1項），位置付けられることが意図されているようである。

[34] 国民生活センターの消費生活相談DBの検索条件において，契約当事者を「20歳未満」として2023年11月24日に検索した結果（Iおよび注2）を参照）。直近20件の相談事例のうち，未成年の子がスマートフォンでオンラインゲームをしたことに伴う課金のケースが11件あり，その当事者は，小学生5件，中学生4件，高校生2件である。そのほか，中学生がスマートフォンで高額なライブ配信サービスを利用したというもの，中学生が勝手にスマートフォンの通信データを増量したというものが，各1件ある。このように，相談事例として集計されたデータから読み取れる限り，トラブルとなった契約当事者のボリュームゾーンは小中学生であり，オンラインゲーム以外でも，インターネットやウェブ上の非対面取引が目立つようになっている。

消費者取消権および不当条項規制については，特に消費者が小中学生であることを前提とした規律を含むものではない。

また，この事例類型は，クレジットカード名義人の（同居）家族による不正使用の抑止という問題をも提起するが，子が親名義のクレジットカードのカード番号その他の情報を盗み見しているケースが典型的であって，カード約款上はカード名義人が免責される可能性は極めて低い。カード本体に書かれたカード情報以外の本人確認手段であって，同居の家族であっても知り得ないものの入力など，より精度の高い本人認証システムの構築も考えられるが，同居の家族の場合には，こうしたガードをもすり抜ける可能性が高まるであろう。

むしろ，小中学生を中心とした低年齢層が当事者となる現代的な契約上のトラブルを抑止するためには，遠回りのようであっても，教育の浸透と，その成果の発揮に待つところが大きい。小中学生を中心とする低年齢層が，かたちを変えて続々と現れる消費者トラブルに対峙するためには，より年長の未成年者が習得すべき知識や経験とは異なる次元において，人としてあるべき価値観を身に付ける必要があり，それは教育によりもたらされるよりほかない[35]。

そして，そこでの教育の目的は，子の「人格，才能並びに精神的及び身体的な能力をその可能な最大限度まで発達させること」（児童の権利に関する条約29条1項（a）を参照）を第一義とする。ここに消費者という属性を介在させて消費者市民社会への参画と社会形成への貢献を求めるのは，個人としての独立と尊厳を目指す教育の理念が浸透し，その実践が確保された段階で俎上に載せられるべき問題である[36]。

近時は，子が教育を受ける権利を有することを起点とし，子に教育を受けさせる親の義務（責務ないしは地位・立場）並びに国の役割および義務が相互に関

---

[35] 教育基本法は，幼児期（1歳から小学校就学の始期に達するまでの者）の教育について，それが「生涯にわたる人格形成の基礎を培う重要なものである」ことから，国および地方公共団体が幼児期の教育の振興に努めなければならないと定める（11条）。ただし，幼児期の教育であることに特に着目した教育の具体的目標や方法が示されているわけではない。なお，ここで「しつけ」概念に依拠しないことについては注4）を，また，いわゆる「道徳教育」を前面に据えることができないことについては注24）を，それぞれ参照。

[36] その意味において，親権の行使は社会に対する責任でもあるとの見解に与すること，また，子を社会（消費者市民社会）の発展に参画・寄与させるという目的の中に家庭教育を組み込むことの当否は，教育に関する諸法規が全体としていかなる方向に国民を導こうとしているかを見定めた上で，慎重に決すべきものであろう。

連付けられた上で，憲法，民法・消費者法，教育に関する諸法規等について，それら相互の関連にも目を配りつつ論じる傾向が顕著となっている。

　こうした潮流の中で，教育を受ける子の権利および親権の一内容を成す教育権は，必然的に国家の適切な介入を要請するものとなる。このことに対応して，親権を行う者には，憲法に定める「子が教育を受ける権利」や，児童の権利に関する条約の精神である子を「権利の主体」として認める理念が全うされるよう，適切な教育制度の制度設計を行い，これを実践するよう国に求める権利が保障される必要があり，家庭教育を含む子の教育への国家の介入において，こうした理念が巧妙に他の価値観にすり替えられることがないか，常に監視する姿勢が求められる[37]。

　子を教育する場として家庭を念頭に置くことができる場合には，家庭教育の原点は，育児にある。そこにおいても，「私たちは子どもの中に，将来民主主義社会をつくる芽を育てる」という着想は[38]，憲法および児童の権利に関する条約に定める理念の実現に向けて，子の教育が本来いかにあるべきかを言い当てたものであり，親権を行う者が子の利益のために行う教育の本質を衝いているといえよう。

---

[37] 親権の行使としての子の監護および教育に対する国の介入をめぐっては，親権の行使には原則として裁量の幅が認められるものであり，ただ，その行使が子の利益に反することが明らかであるような場合に，国家・社会がそこに介入していくことが大原則であろう（窪田充見・家族法〔第4版〕〔有斐閣，2019〕291頁）。

[38] 松田道雄・定本育児の百科（中）〈岩波文庫版〉（岩波書店，2008）544頁。同書は，1967年に刊行された『育児の百科』（岩波書店）を底本とし，1998年の著者死去後に『定本育児の百科（上）（中）（下）』（2007-2008）として岩波文庫に加えられたものである。本文に引用したのは，子どもが「1歳から1歳6ヵ月まで」の項のうち，「集団保育」「子どもの創造性を組織しよう」の中に現れた主張である。子どもの集団を民主主義の縮小模型と考えて，この理想像に子どもを適応させようとしても無理であり，「将来民主主義社会をつくる芽を育てる」しかない，という文脈で語られている。ここで「民主主義社会」について解説されているわけではないが，「自由な人間は，他人の自由を重んずる」こと，また，「平等な人間は，互いに他人の人格を尊重する」こと（尾高朝雄・久留都茂子補訂・法学概論〔第3版〕〔有斐閣，1984〕146頁参照），という民主主義の基本が念頭に置かれているのであろう。この小稿の筆者は，子どもが1歳から1歳6ヵ月までの生育段階に着眼して「民主主義社会をつくる芽を育てる」という見識に深い共感を覚える。

# 財産分与と詐害行為取消権
―― 被保全債権としての財産分与請求権

青 竹 美 佳

I 問 題 の 所 在
II 裁 判 例
III 学　説
IV ドイツ法との比較
V 分析と今後の課題


## I 問 題 の 所 在

　夫婦関係が破綻し離婚が検討されている段階で，財産の名義人である一方が将来の財産分与を逃れるため財産を処分するという事態に対処するために，他方は詐害行為取消しの制度に頼ることができるか。ここでは，未確定の財産分与請求権を被保全債権とみて，分与義務者の財産処分行為を詐害行為であるとして取り消しうるかが問題となる。この問題は，第1に，分与義務者の責任財産を維持することで財産分与請求権の実効性を確保するという詐害行為取消しの制度の一般的な目的の実現にとって重要である。第2に，この問題は，婚姻当事者の法定財産制である別産制において，一方名義の財産に対する実質的持分を他方に保障すること，すなわち法定財産制における清算による公平性確保にとって重要な意義を有する[1]。

　本稿は，この問題について，まず裁判例がどのような立場を示しているかを検討し，次に，これまでの学説における議論を概観し，ドイツの法定婚姻財産制における婚姻財産の清算の規定を，若干の比較法的考察を加えるために，確

---

1) 財産分与においてとりわけ居住用不動産を分与義務者が他方配偶者の同意なく処分する問題について，詐害行為取消権により対処しうるかという観点から下級審裁判例を分析する貴重な先行業績として，道山治延「詐害行為取消権と財産分与――債権法改正をめぐって　親族・相続法の立場から」福岡大学法学論叢54巻4号303頁（2010）がある。

認する。最後に，裁判例と学説を踏まえて問題を分析した上で，今後の課題を提示することとする。

## II 裁 判 例

　この問題について直接に判断を示す最高裁判所判決はまだ存在しないようである。しかし，下級審判決の中には，肯定および否定の判断を示すものが公表されている（後掲1，2）。また，財産分与請求権ではないものの，同様に未確定の段階での請求権が問題となる婚姻費用分担請求権を被保全債権とする詐害行為取消しを認めた最高裁判決がある（後掲3）。さらに，詐害行為取消しではなく債権者代位が問題とされた事例ではあるが，財産分与請求権を被保全債権とする債権者代位を否定した最高裁判決がある（後掲4）。これらの最高裁判決についても，後述のように，本稿が扱う問題と実質的に同様の問題と捉えられているため以下で取り上げることとする。

### 1　財産分与請求権を被保全債権とする詐害行為取消しを認めた下級審判決

①京都地判平成4・6・19判タ813号237頁

　この事案では，妻の夫に対する離婚等請求訴訟において，財産分与として本件土地に対する持分の譲渡等の請求が認容される蓋然性が極めて高い状況にあるにもかかわらず，夫は，訴訟係属中に，ほぼ唯一の財産である本件土地を妹に譲渡した。これに対して，妻は，財産分与請求権を被保全債権として，同処分を詐害行為であるとして取消しを求めた。裁判所は，「詐害行為取消権の被保全権利は，必ずしも，それが確実に現存していないとしても，成就の蓋然性の高い条件付債権，期限付債権などと同様に」，「近い将来発生する蓋然性の高い場合であれば足りる」として，未確定の財産分与請求権を被保全債権とする詐害行為取消しを認める判断を示した。

②大阪地判平成7・11・29判時1567号124頁

　同判決の事案では，妻が夫に対して離婚調停を経て離婚訴訟を提起し，第1審では離婚請求が認容され，財産分与請求が認められたが，夫が控訴したため財産分与は未確定の状況にあった。

夫は，離婚調停中に本件不動産をその母に売却したので，妻が，財産分与請求権を被保全債権として，夫の母に対して詐害行為取消権を行使した。裁判所は，「財産分与請求権は，協議あるいは審判等によって具体的内容が形成される」が「詐害行為取消権の成否を判断するにあたっては，その発生がかなりの蓋然性をもって予測されれば足りる」とし，本件では，第1審において財産分与の支払が既に命じられ，その存在がかなりの蓋然性をもって予測されたと推認されるとし，被保全債権が存在するとして，詐害行為取消しを認めた。

## 2 財産分与請求権を被保全債権とする詐害行為取消しを否定した下級審判決

③仙台高判昭和35・7・4高民集13巻9号799頁

妻が夫に対して離婚および財産分与を請求する訴えを提起したところ，離婚判決が確定する前に，夫が宅地を第三者に売却したのに対して，妻が詐害行為取消権に基づいて売買契約の取消しを求めて訴えを提起したが[2]，第1審は請求を棄却した。妻は，控訴理由において，具体的な債権の取得が確定していなくても，財産分与請求権はその意思が表示された後には協議や審判等によりいずれ一定の請求権となり，その性質は一般の財産権であるとみられること，また離婚判決が確定する前には財産分与請求権が発生しないとすれば，財産を保全する方法がないという不合理な結果が生じ，財産分与制度が意義を失うことを主張した。

裁判所は，本件のように財産分与の申立てが離婚訴訟に附帯してなされた場合には，「財産分与請求権はこれを認容する離婚判決が確定し，その効力が生じたとき，はじめて形成される」とし，「その判決が確定していない以上，法律制度上の抽象的財産分与請求権は発生したとしても，具体的財産分与請求権は未だ発生していないのであるから」，このような抽象的な権利を被保全債権とする詐害行為取消権の行使は認められない，と判示した。

④岐阜地判昭和57・11・29家月36巻2号95頁，判時1075号144頁

離婚調停を経た離婚訴訟の第1審判決は，妻の500万円の財産分与請求を認

---

[2] 同事案において，妻は主位的には債権者代位権に基づいて本件宅地の所有権移転登記の抹消手続を求めており，詐害行為取消権に基づく請求は予備的請求であった（高民集13巻9号804頁）。

容したが，控訴された。夫は，離婚調停が申し立てられた後，離婚訴訟提起前に，第三者に不動産を譲渡したため，妻は，財産分与請求権等を被保全債権として，債権者代位権および詐害行為取消権に基づいて所有権移転登記等抹消登記請求をした。裁判所は，「将来確定判決などによって具体的内容が形成されるまでは，その範囲および内容はいまだ不確定かつ不明確であるといわざるをえないから，かかる財産分与請求権は，これを被保全債権として債権者代位権を行使することのできないものであり」，「詐害行為より前に成立していた債権ともいい難く，これを被保全債権として債権者取消権を行使することもできない」と判示した。

⑤東京地判令和4・3・28（Lex/DB: 25604662）

夫が妻に対して離婚訴訟を提起し，裁判所が提示する予定であった財産分与の和解案について，妻が夫に対して分与すべき額は5279万円であることについて書面の通知があった。その後，妻が建物の持分を娘に贈与したところ，夫がこれを詐害行為であるとして同贈与等の取消しを求めて訴えを提起した。妻は，贈与当時に6500万円超の預金を有していた。裁判所は，同贈与は債務者の一般財産の減少により債権者が十分な満足を得られなくなる行為とはいえず詐害行為とはいえない，として取消しを否定した。

⑥東京地判令和5・3・22（Lex/DB: 25608842）

妻が夫を相手方として離婚調停を申し立てた後に，夫が区分所有権の持分1/2を，その母に売却し，その後夫婦は協議離婚した。約2か月後に，元妻は元夫を相手方として，財産分与調停を申し立てた。元妻が，元夫の母に対して，持分の売却につき財産分与請求権を被保全債権とする詐害行為取消しを求めた。裁判所は，詐害行為取消権の被保全債権となる債権は，詐害行為以前に発生したものであることを要するが，本件では，売買契約の時点では離婚が成立しておらず，売買契約後に，財産分与調停が申し立てられていることから，売買契約の時点で財産分与請求権が発生していたとみることはできないとして，詐害行為取消権の成立を否定した。

## 3 婚姻費用分担請求権を被保全債権とする詐害行為取消しを認めた最高裁判決

⑦最判昭和46・9・21民集25巻6号823頁

この事案では詐害行為取消しの可否が問題とされたが，被保全債権とされたのは財産分与請求権ではなく婚姻費用分担請求権である。財産分与請求権と婚姻費用分担請求権では，離婚を前提とするかしないかの違いがあるものの，一方から他方への清算や扶養を趣旨とする請求権であるという点，内容が未確定の段階で被保全債権と捉えることができるかという問題を孕む点では共通する。

事案は，別居状態にある妻と夫の家事調停において，夫が妻に対して生活費として毎月一定の財産を支払うとする合意が成立し，その支払の一部を滞納していたにもかかわらず，支払不能になることを知りながら，唯一の財産である本件土地建物を夫が第三者に売却したというものである。妻は，本件土地建物の処分を詐害行為であるとして取消しを請求した。本件土地建物の処分までに妻が夫に有していた生活費支払にかかる債権は，弁済供託によって消滅した。処分以後に弁済期の到来する債権については，原審は，婚姻費用分担債権の額は，夫婦の資産・収入・その他一切の事情により変化すべき性質を有し，売買代金債権のように確定しておらず，調停によって一応は一定額の定期金が定められているものの，事情の変化により変更または取り消される可能性があるから，本件処分以後に弁済期の到来する債権は，弁済期ごとに発生するものであり，確定的債権が存在するとしてこれを保全するために詐害行為の取消しをすることはできない，と判示した。

これに対して最高裁は，以下のような判断を示した。「将来の婚姻費用の支払に関する債権であつても，いつたん調停によつてその支払が決定されたものである以上，詐害行為取消権行使の許否にあたつては，それが婚姻費用であることから，直ちに，債権としてはいまだ発生していないものとすることはできない」。「けだし，これを未発生の債権とみるときは，調停または審判の成立直後，いまだ第1回目の弁済期の到来する以前に，債務者が故意に唯一の財産を処分して無資産となつたような場合には，債権者は，詐害行為取消権の行使により自己の債権を保全する機会を奪われることになり，右調停または審判が無意味に帰する結果を甘受しなければならなくなるからである」。

以上のように，最高裁は，婚姻費用分担請求権は，調停で支払が決定してい

る以上は，弁済期が到来していないものも含めて，変更または取り消される可能性があるものの債権として発生しており，弁済期が到来する前の処分についても，詐害行為であるとして取消しを認めることが可能であるとの判断を示している。

## 4 財産分与請求権を被保全債権とする債権者代位を否定した最高裁判決

⑧最判昭和55・7・11民集34巻4号628頁

この事案では，詐害行為取消しではなく，債権者代位が問題とされ，財産分与請求権が被保全債権となりうるかが問題とされている。財産分与請求権を被保全債権とする詐害行為取消しと債権者代位では，完全に同じであるとはいえないとしても，財産分与請求権を保全するという共通の目的が前提とされている。したがって，財産分与請求権を被保全債権とする債権者代位の許否は，詐害行為取消しの許否の問題を考察する上で参考になりうる。学説においても，両者は基本的には共通の問題として論じられている[3]。

同事案では，夫婦が別居し協議離婚したが，協議離婚が成立する約1か月前に，妻名義の複数の不動産につき，妻の母名義とする所有権移転登記がされた。夫が妻の母名義とされた不動産について妻の所有であることの確認を求め，妻に対する財産分与請求権を保全するため，妻に代位して，妻の母に対して所有権移転登記の抹消登記手続を求めた。原審は，代位行使を認め，財産分与請求権が被保全債権となる理由について，夫が8年近く妻との生活に寄与していることから，夫は妻に財産分与請求権を有し，具体的内容は審判により定められるとしても，「一種の財産的請求権」として夫に発生している，とした。

これに対して，最高裁は，財産分与請求権は「協議あるいは審判等によって具体的内容が形成されるまでは，その範囲及び内容が不確定・不明確であるから，かかる財産分与請求権を保全するために債権者代位権を行使することはできない」との判断を示した。

---

3) 鎌田薫「判批（最判昭和55・7・11）」法セ313号116頁（1981），山口純夫「判批（最判昭和55・7・11）」法時53巻5号124頁（1981）等。もっとも後述Vで述べるように，2017年債権法改正後の詐害行為取消しと債権者代位の違いを考慮する必要がある。

## 5 まとめと分析

　財産分与と詐害行為取消しの問題で特に重要となるのは，詐害行為取消し（または債権者代位）の要件としての被保全債権となりうる財産分与請求権（または婚姻費用分担請求権）とはどのような状態にあるべきかについてである。この問題については，裁判例は，内容が確定しているか否かを基準として重視している。被保全債権と評価しうる確定性について，財産分与を命じる確定判決等を要するとする下級審判決（③，④）は確定性について厳しい立場を示すものといえる。これに対して，別の下級審判決は，判決が確定する前において，あるいは上訴により未確定となっている場合においても，一定の内容の財産分与請求権が生じる蓋然性が高い状態になっていることで被保全債権の存在を認めうるとの判断を示している（①，②）。これは，完全に確定していることを要求すれば，離婚手続の係属中に一方による財産分与の実効性を妨げる行為に対処できないことを重視したためとみられる。

　最高裁は，確定性については，婚姻費用分担請求についての判断（⑦），財産分与の債権者代位についての判断（⑧）において，内容の変更がありうるとしても，少なくとも調停の成立あるいは当事者間での合意が成立していることを要求している。したがって，民法424条の詐害行為取消しの要件としての被保全債権となりうる財産分与請求権とは，少なくとも協議により具体的内容が決められた請求権である，とするのが判例の基準であるとみられる。

　なお，⑤判決は，財産分与義務者の無資力要件が備わらないということを理由として詐害行為取消しを否定している。ここで，詐害行為取消しを認めた①，②では，不動産の処分が全体として取り消されているが，これらは財産分与請求権を保全するための「転用事例」とみることもでき，詐害行為取消しの本来の要件が緩和され得るのではないかが問題として指摘されている[4]。財産分与

---

[4] 道山・前掲注1）306頁は，財産分与請求権を被保全債権とする詐害行為取消しについての下級審裁判例において「詐害行為取消権の転用」が始まっているとの評価を示す。鎌田・前掲注3）116頁は，財産分与請求権を被保全債権とする債権者代位についての上掲⑧最高裁判決について転用事例であるとの評価を示す。⑧の原審では，財産分与請求権は具体的な内容が定まる以前は金銭債権ではないから，代位について無資力要件は問題とならない，との判断が示されている（民集34巻4号648頁）が，天野弘「判批（東京高判昭和52・11・7）」判タ390号91頁（1979）は，⑧の原審を支持し，財産分与を回避する目的による財産処分につき背信行為により「あるべからざる状態」を生ぜしめるものと評価を加え，無資力要件が整わないことを理由として代位を否定するのは

では，処分された財産が不動産である場合においては，当該不動産上に請求権者が居住する可能性も含めて，清算や離婚後扶養の目的での財産分与請求権の保全が求められることがありうる。つまり，被保全債権が財産分与請求権である場合には，とりわけ不動産が処分された事案については，詐害行為取消しの伝統的な目的と異なる財産分与請求権の保全を目的とした「転用事例」が問題になっているとみられる。この目的は，不動産が処分された場合には，被保全債権の額に応じた責任財産の確保ではなく目的とされた不動産の取戻しを認めることにより達成されうる。このようにみると，財産分与請求権の保全を目的とする詐害行為取消しでは，財産分与の額が確定していることは必須の要件ではないのではないか，という見方も成り立ちうる[5]。

## III 学 説

離婚の前後に一方が将来の財産分与を回避するための財産処分をした場合に，他方が財産分与請求権を保全するために考えうる法的な理論構成について，詐害行為取消し（後述1），および，詐害行為取消し以外の方法（後述2）について，学説の議論をもとに検討することとする。

### 1 詐害行為取消しによる財産分与請求権の保全
#### (1) 被保全債権となる財産分与請求権の発生時期の3段階
上述の判例にみるように，財産分与請求権は——ある程度の蓋然性が確認さ

---

過酷であるとの立場を示す。ただし①では財産分与義務者の無資力が認定されている（判タ813号242頁）。
5) この見方は，目的物が不可分である場合には，被保全債権の額にかかわらず，原則として，詐害行為の全部の取消しと現物返還を請求することができるとされていること（最判昭和30・10・11民集9巻11号1626頁），民法424条の6は現物返還を原則とすることを示していると解されていること（潮見佳男・新債権総論I〔信山社，2017〕805頁，中田裕康・債権総論〔第4版〕〔岩波書店，2020〕320頁）からも支持しうる。詐害行為取消しにおいて，被保全債権と認めるための確定性は全ての場合に要求されているものとはみられていない。飯原一乗「判批（最判昭和46・9・21）」判タ271号66頁（1972）は，不確定の婚姻費用分担請求権が被保全債権となりうるかの問題について，詐害行為が一筆の不動産のように不可分の目的物についてされた場合には，被保全債権の多寡にかかわらず全部の取消しと取戻しが許されるため，被保全債権額を口頭弁論終結時までのものに限定して判決をする意味はない，と指摘する。

れれば被保全債権となりうるとする下級審判決があるものの——，協議や審判等により確定しなければ被保全債権とは認められていない。

どの段階で財産分与請求権が発生するかについては議論の蓄積がある[6]。もっとも，財産分与請求権の発生は，被保全債権の存在を認めるための必要条件に過ぎず，財産分与請求権が発生しているとみる場合においても，それを被保全債権と評価してよいかがさらに問われる。

我妻説は，離婚の事実および財産分与の3つの意義を認めうる事実（財産の清算の必要性・離婚後扶養の必要性・慰謝料請求権の発生）の存在により，当然に財産分与請求権が発生すると主張する[7]。この立場は，協議や審判により具体的内容が確定する前においても，財産分与請求権を被保全債権とみてよいとの立場につながる。

これに対し，財産分与請求権は，協議や審判によって形成されたときにはじめて発生し，それより前の段階では，請求権は発生していない，との立場がある[8]。この立場によると，協議や審判より前には被保全債権は発生しておらず，詐害行為取消しが認められる可能性はない。

---

6) 以下は，被保全債権は詐害行為時に既に発生しているものに限るとの前提とした議論である（千種秀夫・最判解民事篇昭和46年度155頁）。現行民法424条3項によれば，被保全債権は，詐害行為の前の原因に基づいて生じたものであればよく，これによれば被保全債権の発生自体は詐害行為の後でもよいと解される（潮見・前掲注5）753-754頁，中田・前掲注5）286-287頁）。したがって，以下の議論は，被保全債権の発生が詐害行為より前とされている部分は，より遅い時点，たとえば，取消請求の時点で被保全債権が発生しているかの問題に置き換えられる。

7) 我妻栄・親族法（有斐閣，1961）156頁。もっとも，この立場によると離婚成立前の被保全債権の存在を認める場合の説明は困難である。これに対して，山田隆子「財産分与請求権の保全方法」小山昇＝中島一郎編・裁判法の諸問題上（有斐閣，1969）716頁は，財産分与の本質が清算であることから，財産分与請求権は本来婚姻継続中に既に発生しており，財産分与の審判は権利の存在を確認するに過ぎない，とし，離婚成立前における被保全債権の存在を理論的に根拠づける。

8) 鈴木忠一「非訟事件の裁判と執行の諸問題」法曹13巻11号18頁（1961），同・非訟・家事事件の研究（有斐閣，1971）24頁は，我妻説に対して，分与させるか否か自体についても審判により判断されるのであり，審判前から分与請求権が当然に生じているとするのは法条に反するとして鋭い批判を提起する。谷田貝三郎＝国府剛「判批（仙台高判昭和35・7・4）」同志社法学71号41頁（1962）は，審判等により具体化する前の財産分与請求権は，請求権保全の必要性を立証することが不可能であるために権利の成立が認められないということを理由として被保全債権性を否定する。島津一郎「判批（最判昭和46・9・21）」判評160号124頁（1972）もこの立場を前提としているようであるが，財産分与請求権のうち慰謝料請求権は不法行為による損害賠償請求権であるということを理由として，金額が確定する前でも詐害行為取消権の被保全債権と扱うことが可能であるとする。

上の両説の中間的な立場として，財産分与請求権は協議や審判により内容が確定する前に既に発生しているが，この段階では「未定財産分与請求権」または「分与協議請求権」といった状態であり，協議や審判により現実的で具体的な権利として形成されるとの見方がある[9]。この立場は，協議や審判より前の財産分与請求権について不確定とはいえ保障すべき権利であるという面を強調する[10]。もっとも，不確定であるが保障すべき権利が発生しているとしても，これを被保全債権とみてよいか否かについては立場が分かれる。協議等で内容が確定する前には不確定であるとし被保全債権の存在を否定した前掲最判昭和55・7・11（前掲Ⅱ⑧）は，協議等で確定する前にも請求権は発生していることを前提としていることから，財産分与請求権の発生時期について，中間的な立場をとっていると評価されている[11]。

### (2) 被保全債権としての確定性について

　学説においては，被保全債権と認めるために財産分与請求権の確定性を厳格に求めることに対しては，多くの批判が提起されている。たとえば，山口説は，調停や審判がなければ被保全債権が存在しないとする基準は形式的に過ぎるとの批判的見解を示す。同説は，財産分与を逃れるための財産の隠匿から財産分与請求権者を保護することができないとするのは妥当ではなく，将来の財産分与請求権を保全するには，法制度上は債権者代位権または債権者取消権の方法しかないことから，分与の蓋然性がきわめて高い場合には被保全権利性を認めてもよい，とする[12]。

---

[9) 中川善之助＝青山道夫＝玉城肇＝福島正夫＝兼子一＝川島武宜・家族問題と家族法Ⅶ（酒井書店，1957）218-219頁〔山木戸克己〕，中川善之助編・註釈親族法（上）（有斐閣，1950）263頁〔福島四郎〕。

10) 山木戸・前掲注9) 218頁によると，審判前の財産分与請求権は「未定財産分与請求権」であるものの，民法768条のような規定が存在しなかった民法下では，財産の分与を約することは一方の恩恵に過ぎないと解されていたのと比較し，現行民法下では，審判前にも「正しく権利として分与を要求することができる」という点が強調されている。福島・前掲注9) 263頁は，審判前の財産分与請求権について絶対的権利として放棄できないとする。

11) 円谷峻「判批（最判昭和55・7・11）」金判623号52頁（1981），中井美雄「判批（最判昭和55・7・11）」ジュリ臨時増刊743号81頁（1981）。

12) 山口・前掲注3) 127頁。もっとも，後述2 (1) にみるように，処分前であれば審判前の保全処分等による一定の対処が可能である。

このように，財産分与請求権を保全することを目的として，内容確定前にも被保全債権が発生しうるとするとの解釈論は，多くの学説の主張するところとなっている[13]。そして，この解釈論を正当化する根拠として，円谷説は，債権者代位の転用事例を引合いに出し，賃借人や登記権利者等の必要性に応じた判例の柔軟な対応を挙げて，財産分与における被保全債権についても，審判等による確定といった画一的な基準をとるべきではないとの見解を示す[14]。また，星野説は，詐害行為取消しの要件についての原則が判例において修正されていることを上記解釈論の論拠として提示している。すなわち，詐害行為取消権は，債権者を財産減少行為から保護する制度であることから，詐害行為後に発生した債権については取消しが認められないと解されるが，詐害行為取消しの判例を分析すれば，制度の意義は広く捉えられ，「当該行為から債務者の不履行を危惧すべき相当の理由が認められる場合に対する債権者の保護という意味を持っている」とされる[15]。このことから，被保全債権性を認めるために内容が確定している必要はない，との見解を示す[16]。

　このように，財産分与請求権は必ずしも確定していなくても被保全債権と認めうるとの解釈論が学説上説得力をもって主張されている。しかし，このような解釈に対しては，重要な問題点も指摘されている。まず，責任財産の保全を図る目的を厳格に解する場合には，具体的な財産分与の内容が確定しなければ

---

[13] 鎌田・前掲注3) 116頁，中井・前掲注11) 82頁，下森定「判批（最判昭和 46・9・21）」別冊ジュリ 40 号 302 頁（1975）。中井・前掲 82 頁は，財産分与請求権を保全するための代位について，「将来のもしくは未必の利益」も代位を正当化するとし，同「判批（最判昭和 46・9・21）」立命館法学 101 号 112 頁（1972）は，婚姻費用分担請求権についても，財産分与請求権と比較して調停や審判による決定後も額の変更の可能性があり不確定な面があるとしながら，調停や審判による決定後は一応の確定性が付与され被保全債権となりうることを認めた上で，生じる不合理は範囲をどのように定めるかの問題として処理すべきであるとする。下森・前掲 302 頁は，不法行為に基づく債権を被保全債権とする場合を挙げ，内容の不確定性は取消権の行使を否定しないとの立場を示す。
[14] 円谷・前掲注11) 52-54 頁。もっとも，後述Ⅴに示すように，とくに 2017 年法改正後には，債権者代位と詐害行為取消しを同様に論じ得ない面がある。
[15] 星野英一「判批（最判昭和 46・9・21）」法協 91 巻 5 号 842-844 頁（1974）。なお，現行民法 424 条 3 項によれば，被保全債権は詐害行為の前の原因に基づいて生じたものであることを要するが，詐害行為の時点で発生している必要はない。この点については前掲注6) を参照。
[16] 星野・前掲注15) 844 頁は，婚姻費用分担請求権に基づく詐害行為取消しについて，取消しの対象が可分の場合における将来の定期金債権に基づいて取り消しうる範囲の問題に抽象化することができるとし，「かなりの蓋然性をもって予測されうる」額というほかない，と述べる。

保全を図るために必要な範囲が確定しないという制度目的からの問題が指摘されている[17]。また，手続の上でも，審判で内容が確定していない段階で，訴訟手続で財産分与の内容を判断すれば，家裁の審判事項を地裁で判断することになるという問題も指摘されている[18]。

## 2 詐害行為取消し以外に財産分与請求権を保全する可能性

詐害行為取消し以外に財産分与請求権を保全する法的根拠として，財産分与の対象となりうる財産の処分を虚偽表示または公序良俗違反により無効であると主張することが可能である[19]。その他の財産分与請求権を保全する方法として以下の可能性がありうる。

### (1) 審判前の保全処分等

財産分与の実効性を確保するには，財産処分がされる前であれば，財産分与審判における審判前の保全処分（家事105条1項。審判のみならず調停の申立てによっても保全処分の申立てが可能とされる），離婚訴訟に附帯して財産分与の申立てがなされた場合（人訴32条1項）における仮処分によることが可能である[20]。審判前の保全処分の執行と効力については民事保全法の規定に従うこととされ（家事109条3項），財産分与請求権の保全処分が認められて家庭裁判所が不動産処分禁止の仮処分を命じる場合には，仮処分の執行は登記をする方法による（民保53条1項）。これにより財産分与審判係属中の不動産処分を未然に防ぐこ

---

17) 大津千明「判批（最判昭和55・7・11）」別冊ジュリ99号47頁（1988），下森・前掲注13) 302頁。取消しの対象が可分の場合には，取消しの範囲が債権の額に限られるため（424条の8第1項）この問題がとくに重要である。
18) 大津・前掲注17) 47頁，篠田省二・最判解民事篇昭和55年度262頁。
19) 上記Ⅱ④岐阜地判昭和57・11・29などでは，当事者は424条の他に，虚偽表示による意思表示の無効を主張している。なお谷口知平「判批（最判昭和46・9・21）」民商66巻6号170頁（1972）は，調停条項による将来の定期金債権である婚姻費用分担請求権を被保全債権として詐害行為取消しを認める立場を，「社会的効用」から支持するものの，詐害行為取消しの従来の一般的解釈からみて「飛躍的」であるとし，取消しではなく，公序良俗違反を理由として無効と解する可能性も指摘する。
20) 家事事件手続法の成立により廃止された家事審判規則が，以前は審判前の保全処分の法律上の根拠とされていた。谷田貝＝国府・前掲注8) 50頁，山主政幸「離婚による財産分与請求権保全のための仮処分の許否」判評32号7頁（1960）。

とができる[21]。もっとも，審判前の処分等は，財産が名義人のところにあり，処分の危険がある場合にとられる措置であり，財産が処分された後に，将来の財産分与請求権を保全するには基本的には機能しないとの指摘がある[22]。

### (2) 夫婦財産制からのアプローチ——他人物譲渡の構成

法定財産制としては別産制を原則としつつ，離婚時には財産分与による潜在的持分の取戻しにより清算されるという理解が，判例（最大判昭和36・9・6民集15巻8号2047頁）の立場であり，民法762条の文言および立法趣旨から解釈論の出発点となっている[23]。これによれば，婚姻中に夫婦の一方がその特有財産を第三者に譲渡した場合には，他方配偶者はそれに持分を有しないために財産分与の実現が妨げられ，本稿が扱う問題の発端となる。しかし，別産制では夫婦の一方が他方より少ない収入しか得ていないため特有財産が少ない場合に不公平が生じるとして，別産制とは異なる見方が提示されている。その中で，民法762条では2項が原則であり，法定財産制として共有財産制がとられているという理解によれば[24]，財産分与については離婚時より前に既に財産の1/2の持分権として確定しているため，たとえば夫婦の一方が共有財産を第三者に譲渡した場合には，自己の持分を超える部分については他人物の譲渡であり，他方が持分を第三者に主張することにより，財産分与の内容を実現することができるとの結論を導くことができる。しかし，共有説をもとに財産分与の確保を図ることは，民法762条の趣旨から受け入れ難いというのが学説における共通の認識である[25]。

---

21) なお，保全処分のためには，本案となる財産分与の申立てが認容される蓋然性が必要とされる。この点については，梶村太市＝徳田和幸編著・家事事件手続法〔第3版〕（有斐閣，2016）610頁，松本博之・人事訴訟法〔第4版〕（弘文堂，2021）322頁を参照。
22) 山口・前掲注3) 126-127頁，同「判批（最判昭和55・7・11)」別冊ジュリ78号43頁 (1982)。
23) 窪田充見・家族法〔第4版〕（有斐閣，2019）70頁，常岡史子・家族法（新世社，2020）67頁，二宮周平編・新注釈民法(17)（有斐閣，2017）258-259頁〔犬伏由子〕。
24) 髙根義三郎「夫婦財産共有について」判時73号2頁 (1956) は，共有財産制の原則を憲法14条，24条，および民法768条によって根拠づける。共有財産の原則に基づき，夫婦の一方の収入は，夫婦によって得た財産として，民法762条2項の共有の推定ではなく取得時に当然に半々で分割され，婚姻継続中に各自に帰属するとみる。このようにして各自に帰属することとなる財産によって，各自が自己名義で不動産等を購入した場合に，購入した不動産等は各自の特有財産となる（民法762条1項）。

そこで，別産制を前提としながら夫婦間での財産的な公平性を図るために夫婦で協力して得た財産を夫婦間で確実に公平に分配する法的根拠を明らかにする理論構成が提唱されてきた。この理論構成を代表する我妻説は，法定財産制として別産制を前提としつつ，夫婦が協力して取得した不動産や預金債権などで夫婦の一方名義になっている財産は，実質的には共有に属するとみる[26]。同様に夫婦間での財産的公平性を図る理論構成を提唱する有地説は，民法762条と同768条とを連携させた解釈を図り，民法762条は第三者との関係で別産制とし，民法768条においては夫婦間では夫婦で協力して得た財産を名義にかかわらず共有とみて平等に清算されるとの理論構成を提示する[27]。佐藤隆夫説は，夫婦間で財産が共有されているとみる根拠として民法762条1項と2項が対等な関係にあるとし，婚姻生活を営む上で生じた所得について，2項に基づいて一方名義の財産に対する他方の持分を評価する[28]。これらの有力説においては，夫婦の共有とされる財産は，夫婦間では離婚時の財産分与により清算されるべきであるが，第三者に対しては，取引の形式的画一性の要請から，夫婦の一方が財産の共有を主張することができないとされる[29]。したがって，夫婦の一方が第三者に共有財産を譲渡したときは，他方は第三者に共有持分を主張することができず，財産分与の実現が妨げられることとなる。

つまり，夫婦財産制と財産分与の関係については，有力説にしたがったアプローチによっても，財産分与を妨げるような夫婦の一方による第三者への財産処分から，他方の財産権を守ることはできない[30]。

---

25) 緒方直人「財産分与請求権の本質」有地亨編・現代家族法の諸問題（弘文堂，1990）224-225頁，佐藤義彦「離婚による財産分与——その清算概念についての一考察」太田武男編・現代の離婚問題（有斐閣，1970）381頁。
26) 我妻・前掲注7）102-103頁。
27) 有地亨・新版家族法概論〔補訂版〕（法律文化社，2005）110-111頁。
28) 佐藤隆夫・現代家族法Ⅰ親族法（勁草書房，1992）120-121頁。
29) 我妻・前掲注7）102-103頁。有地・前掲注27）111頁でも同様の結論が導かれる。佐藤・前掲注28）121頁は，夫婦により財産が共有されているとの理論構成は，一方による共有財産処分を制限する意義を有するとされる。もっとも，対外的な取引の安全という観点から，第三者に共有関係を主張するには，処分の制限の必要な財産を具体的に例示するなど立法による対処が必要であるとする。

## Ⅳ　ドイツ法との比較

　財産分与請求権の保全の方法については，諸外国の立法例が参考になるが，ここでは，法定財産制として，日本と同様の別産制を基礎とした制度が採用されているドイツ法の制度を一瞥し若干の比較を行う。

　現在の日本の法定財産制は，比較法的にみて純粋別産制であるとされ，19世紀後半の立法段階におけるドイツの財産制を参考に日本の家族法に取り入れられたと指摘されているが[31]，ドイツの財産制の詳細をそのまま取り入れたというわけではない。現在のドイツの法定財産制である剰余共同制では（ドイツ民法1363条-1390条），婚姻当事者の各自が財産を有し，別々に管理するのを原則とするので（ドイツ民法1363条2項，1364条），日本の法定財産制と同様に別産制を基礎にしているといえるが[32]，日本の制度とは異なり，財産の清算方法について詳細に規定が置かれている。死亡における剰余の清算についてのドイツ民法1371条，その他の婚姻解消時の剰余の清算についてのドイツ民法1372条-1390条の規定があり，清算について全部で20か条が用意されている。これらの詳細な規定は日本の夫婦財産制度には取り入れられていない。民法の財産の清算に関する規定は，死亡における生存配偶者の相続権についての民法890条，900条，離婚時の財産分与についての民法768条くらいである。

　ドイツの法定財産制における財産の清算を保全するための規定として重要なのは，ドイツ民法1375条である。同条によると，婚姻当事者の一方が財産の

---

30) 犬伏由子「法定財産制」石川稔＝中川淳＝米倉明・家族法改正への課題（日本加除出版，1993）157頁。水野貴浩「現行法定財産制の下での夫婦の一方の破産」戸籍時報815号26頁（2021）は，第三者との関係での権利主張が制限されることから，我妻説に代表される有力説の限界を指摘する。
31) 近藤英吉・夫婦財産法の研究（巖松堂書店，1928）222-223頁。1888年の第一草案では，法定財産制については，フランス民法，ベルギー民法を参考に所得共通制（Errungenschaftgemeinschaft）が採用されていた（第一草案1842条）（三宅篤子「現行夫婦財産制の問題点」社会関係研究第1巻1号155頁（1995），人見康子・現代夫婦財産法の展開（鳳舎，1970）167-172頁）。その後，第一草案は修正され，1890年に公布された旧民法では，法定財産制は，所得共通制から管理共通制（Verwaltungsgemeinschaft）へと変更された（旧民法財産取得編426条-435条）。管理共通制では，夫婦は各自が特有財産を有するのを基本とし，夫が妻の財産に対して管理権を有することとされた（中川善之助編・註釈親族法（上）（有斐閣，1953）188頁〔谷口知平〕）。
32) Bamberger/Roth/Hau/Poseck, BGB, 5. Aufl. 2023, S. 591 [Scheller/Sprink], Dieter Schwab, Familienrecht, 31. Aufl. 2023, S. 95-96.

清算を回避するために財産処分をした場合には，そのような財産は清算の対象となる財産に算入されることとなっている（ドイツ民法1375条2項[33]）。そして，そのように算入される場合として，婚姻当事者の一方が一定の贈与をした場合（同項1号），財産を浪費した場合（同項2号）に加えて，婚姻当事者の他方を害する意図をもって行為をした場合（同項3号）が規定されている。このようにして，別居や離婚による財産の清算を回避するための財産処分から，他方を保護する具体的な規定が置かれている。そして，一方が財産の清算を請求するときは，清算請求権の額の算定のために，他方に財産の情報を提供する義務が課されている（ドイツ民法1379条）。また，ドイツ民法1365条によると，一方が全財産を処分するには他方の同意を得る必要があるが，同条はドイツにおける法定財産制は完全別産制ではないということを示している。

このようにみると，民法の法定財産制における財産の清算は，ドイツ民法の法定財産制における清算と比較して，一方が財産処分をした後の清算請求権の保全という面では不十分であることが確認される。

## V　分析と今後の課題

財産分与請求権を被保全債権とする詐害行為取消しは，債務者の責任財産を回復するだけではなく，財産分与逃れの背信的な処分から財産分与請求権を守る意義を有することが，有力に主張されてきた（上述Ⅲ1(2)）。この意味で財産分与請求権が被保全債権とされる事例は詐害行為取消しの転用事例とされ，被保全債権の確定性は厳しく要求されないのではないかが問われている。ここで協議等により具体的内容が形成されるまでは財産分与請求権は被保全債権と認められないとする立場によると，審判前の保全処分（家事105条1項）等による対処が間に合わなかった場合に，既になされた財産分与逃れの背信的な処分から財産分与請求権を守ることが難しくなろう。

また，婚姻財産法上の理論によっては，既になされた財産分与逃れの処分から財産分与請求権を保護することは現状では困難である。この問題に対処する

---

33) 以下のドイツ民法訳は，窪田充見＝西谷祐子監修「ドイツ民法典第4編（親族法）」法務資料468号（2022）を参考にしている。

ために，夫婦間で財産を共有するとみる有力説による場合には，夫婦間では共有物の持分を主張できるが，一方が共有物を第三者に譲渡してしまえば，他方は持分を第三者には主張できないこととなり，財産分与請求権の実効性は確保されず，この点では別産制説の場合と同様である。ドイツ法のように婚姻当事者間の清算を保障するための特別の制度があれば別であるが，財産分与請求権の実効性の確保を図る法的手段は，現行民法では限られている。そこで，被保全債権としては詐害行為取消しの本来の制度趣旨からは不十分である可能性があるとしても，未確定な段階にある財産分与請求権を被保全債権とした取消しは認められるのではないかという問題が考慮に値する。別産制における財産分与について潜在的持分の清算や離婚後扶養を実現することは夫婦間の財産的平等という観点からも重要であると解されている[34]。

　以上のことから，財産分与請求権を被保全債権とする詐害行為取消しにおいては，財産分与請求権の具体的内容が協議等で確定する前の段階であっても，財産分与義務が生じる蓋然性が高いにもかかわらず財産処分された場合には，被保全債権の要件は満たされていると評価してよい場合があると考えられる。

　もっとも，確定する前の財産分与請求権でも被保全債権となり得ると解する場合には，詐害行為取消制度からみて少なくとも2点の問題に直面する。第1に，被保全債権の確定性が一定の場合には条文上求められている点である。たしかに，処分された財産が不可分の不動産などである場合には，原則として詐

---

[34] 浦野由紀子「配偶者の居住権保護・相続分見直し」論究ジュリ20号8-11頁（2017），西希代子「配偶者相続権」水野紀子編著・相続法の立法的課題（有斐閣，2016）75-80頁等の，2018年の相続法改正に向けた論考においては，別産制における夫婦間での財産の清算を相続法に任せるのではなく夫婦財産制で実現すべきとの視点が提示されている。2024（令和6）年の法改正（令和6年法律第33号。5月24日公布。公布から2年以内に施行）により，財産分与の判断の考慮要素として「当事者双方がその婚姻中に取得し，又は維持した財産の額及びその取得又は維持についての各当事者の寄与の程度」が明示され，「各当事者の寄与の程度は，その程度が異なることが明らかではないときは，相等しいものとする」とされた（改正後民法768条3項）。これにより，実質的共有財産の1/2の財産分与請求権を一方が取得できる確実性が以前より高まるものとみられる。また，同法改正では，財産分与請求の申立てがあり，必要があると認められるときは，裁判所は，当事者に対して財産の状況に関する情報開示を命ずることができるとされ（改正後家事152条の2，改正後人訴34条の3），さらに，財産分与請求権の期間制限について離婚時から2年であるところを5年に伸長することとされている（改正後民法768条2項ただし書）。これにより，協議や審判で具体的な財産分与請求権の内容が決まる前にも，権利の内容および実現における確実性が以前より高まるとの見方が可能である。

害行為の全部を取り消すことができ（民法424条の6参照），ここでは被保全債権の額が厳密に確定していることは要求されていないとみられる（最判昭和30・10・11民集9巻11号1626頁もこの立場を示す。前掲注5）参照）。しかし，処分の目的が可分である場合には，債権の額の限度でのみ取消しを請求できるとされているため（民法424条の8第1項），額の面で確定性が要求されると言わざるを得ない。第2に，とりわけ2017年債権法改正後の詐害行為取消権について，債権者代位権とは異なり，転用事例を認める規定は設けられず（債権者代位権については民法423条の7），責任財産を保全するための制度の原則が条文上は貫かれているといえる。そのことから，詐害行為取消権の被保全債権は金銭債権に限定されていることが根拠づけられ，特定物債権は損害賠償等の金銭債権に変わり得るとして被保全債権と認められるとする判例の基準（最大判昭和36・7・19民集15巻7号1875頁）は狭く解されるべきことが指摘されている[35]。この点，被保全債権としての財産分与請求権については，協議や審判等を経て最終的に金銭債権になり得るが，居住用財産の確保を求めることも典型例として存在し，内容が具体化する前の段階で金銭債権に変わり得ると評価できるかが問題である。

　第1の点について，確定する前の段階で被保全債権となり得るのは，処分された財産が居住用不動産など不可分である場合を原則とすると考えられる。もっとも，第2の点に関しては，確定する前の段階で，財産分与請求権を金銭債権に変わり得るとみて被保全債権と扱うこと，あるいは財産分与請求権を特別に被保全債権と扱うことが可能であるかについては，詐害行為取消制度の趣旨についての判例・学説を踏まえた熟考を要する問題である。財産分与の実現が清算と離婚後扶養による夫婦間の財産的平等につながり[36]，間接的にはこどもの貧困の回避にも重要な意義を有することがあることから，現段階では肯定的に解したいが，本稿の狭い範囲での不十分な検討のみでは結論には全く及ばないところであり，今後の課題とする。

---

[35] 潮見・前掲注5）750頁は，同判決について，詐害行為取消権行使時点までに，特定物債権が損害賠償請求権になっていなければならない趣旨であるとし，特定物を取り戻したとしても，その特定物を，債権者が自らの債権の弁済に充てることは，民法425条の趣旨に反し許されない，と論じる。

[36] 水野紀子「財産分与と婚約・内縁を考える」法教501号81-85頁（2022）は，夫婦財産制の下での財産分与による清算の重要性をフランス法等との比較で強調し，離婚後扶養についても清算と区別して確保すべきことを提唱する。

# 遺産分割協議・相続の放棄と詐害行為取消権
## ——詐害行為取消権の効果論からの分析

森 田 宏 樹

　Ⅰ　序　　論
　Ⅱ　フランス法における遺産分割協議・相続の放棄と詐害行為取消訴権
　Ⅲ　詐害行為取消権の効果論からみた分析検討
　Ⅳ　結　　論

## Ⅰ　序　　論

　民法424条2項は，「財産権を目的としない法律行為」は詐害行為取消権行使の対象とならない旨を規定しているが，相続法上の行為が詐害行為取消権行使の対象となりうるかについて，判例は，相続の放棄と遺産分割協議とでは異なる解決を採っている。すなわち，相続の放棄は，詐害行為取消権行使の対象とならないとするのに対し（[1] 大判昭和10・7・13新聞3876号6頁，[2] 最判昭和49・9・20民集28巻6号1202頁），遺産分割協議は，詐害行為取消権行使の対象となりうるものと解している（[3] 最判平成11・6・11民集53巻5号898頁）[1]。

### 1　判例および通説

　判例およびそれを支持する通説によれば，相続の放棄と遺産分割協議とで解決が異なることは，次のような2つの観点から正当化されている[2]。

#### (1) 行為の性質——相続資格の得喪を目的とする行為

　第1に，相続資格の得喪を目的とする行為であるかという行為の性質の相違

---

[1] 本稿で検討する問題については，森田宏樹「遺産分割協議と詐害行為取消権」民法判例百選Ⅲ親族・相続〔第3版〕（2022）154-155頁において簡潔に論じたが，本稿は，これをより詳しく検討するものである。
[2] 佐久間邦夫・最判解民事篇平成11年度479-480頁を参照。

である。

　(a) **遺産分割協議**　一方で，[3]判決は，共同相続人間で成立した遺産分割協議を，「相続の開始によって共同相続人の共有となった相続財産について，その全部又は一部を，各相続人の単独所有とし，又は新たな共有関係に移行させることによって，相続財産の帰属を確定させるもの」（傍点筆者）であると捉えることから，「その性質上，財産権を目的とする法律行為」であるということができるとの帰結を導いている[3]。ここでは，遺産分割協議は，「明示又は黙示による相続の承認によって遺産共有の状態となった後に，相続資格者の間で財産の帰属を確定する行為」であり[4]，相続資格の得喪はその目的には含まれないから，財産権を目的とする行為であると捉えられるわけである。

　(b) **相続の放棄**　他方で，[1]判決は，相続の放棄は，「当事者の意思より云へば相続其のものの拒否に外なら」ないとする。そして，[2]判決も，相続の放棄を「身分行為」とするが，これは，相続の放棄を「相続資格を遡及的に喪失させるもの」と捉えるもの[5]と解される。そのうえで，「相続の放棄のような身分行為については，他人の意思によつてこれを強制すべきでな」く，これを詐害行為として取り消しうるとするときは，「相続人に対し相続の承認を強制することと同じ結果となり，その不当であることは明らかである」と判示する[6]。これによると，相続の放棄は，相続資格の得喪をその目的とするものであることから身分行為としての性質を有すると捉えられ，債務者の自由な

---

[3] [3]判決の後に，[4]最判平成21・12・10民集63巻10号2516頁は，国税の滞納者を含む共同相続人の間で成立した遺産分割協議が，国税徴収法39条にいう「第三者に利益を与える処分」に当たりうるとしたが，その理由として，「遺産分割協議は，相続の開始によって共同相続人の共有となった相続財産について，その全部又は一部を，各相続人の単独所有とし，又は新たな共有関係に移行させることによって，相続財産の帰属を確定させるものである」と述べて，[3]判決と全く同一の判示をしている。国税徴収法39条の立法趣旨は，滞納者の財産処分が詐害行為となるような場合に，その受益者に対して第二次納税義務を課すことにより，実質的に詐害行為の取消しをしたのと実質的に同様の効果を得ようとするものであるとされており（吉国二郎ほか編・国税徴収法精解〔令和3年改訂〕〔大蔵財務協会，2021〕368頁），[3]判決と[4]判決とは扱った問題に一定の共通性がある。
[4] 佐久間・前掲注2) 480頁。
[5] 佐久間・前掲注2) 479頁。
[6] 井田友吉・最判解昭和49年度64頁は，相続の承認・放棄などが間接的には債務者の財産上の利益にマイナスの影響を及ぼすような場合でも詐害行為取消しの対象とならないのは，債務者の人格的自由な行為にまで干渉することは許すべきでないと考えられるからであると説明する。

意思を尊重すべきであるとされる。

## (2) 財産減少行為——行為の遡及効

第2に，相続人の行為によってその責任財産が減少したものと捉えることができるかという観点からの違いである。

　(a) 遺産分割の遡及効——移転主義　　一方で，上にみた［3］判決は，遺産分割協議を，相続の開始により相続財産が共同相続人の共有になったことを前提として，共同相続人間で持分権を相互に移転することにより，相続財産の帰属を定めるものと捉える「移転主義」に立つものである。これを前提とすれば，相続分に満たない財産を取得した相続人については，遺産分割協議は財産減少行為に当たると評価することができる。したがって，当該相続人の債権者は，詐害行為取消権の行使により，相続分を超える相続財産を取得した相続人である受益者に対して，逸出した財産の回復を請求することができることになろう[7]。

　もっとも，遺産分割には遡及効があり（民法909条本文），その効力は相続開始時に遡及するから，これを前提とするときは，遺産分割協議を，その内容に従って相続人が被相続人から直接に相続財産を取得するものと捉える「宣言主

---

[7]　［3］判決は，相続開始後に相続人に対する連帯保証債権を取得した債権者が詐害行為取消権を行使した事案であり，債権者に相続人の本件建物の法定相続分を引当てとする合理的な期待が認めやすいものであった。

　これに対し，相続開始前から相続人に対する債権を有していた債権者はどうか。被保全債権の取得時を基準とするときは，法定相続分に満たない相続財産を取得する遺産分割協議がされた場合でも，債務者の責任財産が減少したとはいえない。しかし，詐害行為取消権の成立要件としては，被保全債権は，詐害行為より前の原因に基づいて生じたものであれば足りることからすれば（民法424条3項），この場合にも債務者の無資力などの所定の要件を充たせば，詐害行為取消権の行使は認められよう。

　他方で，相続債権者（被相続人の債権者）はどうか。各相続人は原則として法定相続分に応じて積極財産とともに相続債務も承継するから（民法902条の2），被相続人が有していた財産が相続分に応じて各相続人に承継される場合には，相続債権者は，各相続人が承継した相続債務について，各相続人が相続財産について取得した持分に対して強制執行を行うことにより，相続開始前と同様に相続財産全体から，被相続人に対して有していた相続債権を回収することが可能である。しかし，遺産分割により当該財産について相続分に満たない持分を取得した相続人がいる場合には，相続債権の全額を回収することができないおそれが生ずる。したがって，このような場合には，財産減少行為に当たるとして遺産分割協議を詐害行為として取り消すことにより，当該相続人の相続分を回復することを認めてよいであろう。

義」の見方も成り立ちうる。これによると，遺産分割協議に相続人の財産減少行為を見出すことはできない。しかし，遺産分割の遡及効は第三者の権利を害することはできず（同条ただし書），判例によれば，「第三者に対する関係においては，相続人が相続によりいったん取得した権利につき分割時に新たな変更を生ずるのと実質上異ならない」とされる[8]。そして，第三者には，相続人の法定相続分を差し押さえた債権者が含まれることからすれば，相続人の債権者との関係では宣言主義は妥当せず，遺産分割の遡及効は，債務者の責任財産を保全して強制執行を準備することを目的とする詐害行為取消権の行使を妨げるものではないということができよう。

(b) 相続の放棄の遡及効——宣言主義　他方で，相続の放棄には遡及効があり（民法939条），相続の放棄をした相続人は相続資格を遡及的に失うことを前提とするときは，「相続の放棄はそもそも遺産を相続人の一般財産へ組み入れることを否定するもの」と捉えられる[9]。これによると，相続の放棄をした相続人は被相続人から相続財産を承継することはなく，相続を承認した共同相続人のみがこれを承継することになる。

このような相続の放棄の宣言主義を前提とするときは，相続の放棄は，「既得財産を積極的に減少させる行為というよりはむしろ消極的にその増加を妨げる行為にすぎない」（傍点筆者）とみるべきことになるから（[2]判決。[1]判決も同旨を述べる），詐害行為取消権の行使の対象となるような財産減少行為を見出すことはできない。

もっとも，相続の放棄についても，相続人の債権者との関係ではその遡及効が制限されると解するときは，相続人の1人が相続開始によって取得した相続分を，相続の放棄をすることにより，他の共同相続人に移転させる財産減少行為として，これを捉えることは可能である。この点につき，[1]判決は，「遺産相続は名は相続なりと雖其実質は即財産関係の承継に外ならず故に」，この点

---

8) 最判昭和46・1・26民集25巻1号90頁は，このような捉え方を前提として，遺産分割により相続分と異なる権利を取得した相続人は，登記を経なければ，分割後に目的不動産につき権利を取得した第三者に対し，相続分を超える権利の取得を対抗することができないとする。平成30年の民法改正により新設された899条の2第1項がこれを明文化している（堂薗幹一郎＝野口宣大・一問一答新しい相続法〔第2版〕（商事法務，2020）162-163頁を参照）。

9) 佐久間・前掲注2) 480頁。

からいえば，相続の放棄は詐害行為「取消権の対象たり得るが如し」としたうえで，遺産相続の放棄は，形式的にこれをみれば，「被相続人の死亡によって当然開始したる相続により既に相続人に帰属したる財産を相続の放棄によって喪失するもの」(傍点筆者)であって，「既存財産の減少を来す行為」であると捉える見方も成り立ちうることを指摘する[10]。

しかし，[1]判決は，上記のような見方に対して，第1に，当事者の意思からいえば，相続の放棄は「相続其のものの拒否に外ならず」，「一旦発生したる相続の効果を後に至りて廃止せんとするもの」ではなく，第2に，したがって

---

10) [2]判決は [1]判決と「ほぼ同様の理由づけ」を述べるとされるが (井田・前掲注6) 66頁)，本文に掲げた [1]判決の判示部分については，[2]判決にはこれに対応する判示が存しない。

相続人による相続の放棄が既存財産の減少行為と捉えることができるかについては，詐害行為取消権を行使するのが，被相続人の債権者 (相続債権者) と相続人の債権者とでは利益状況が異なるが，[1]判決と [2]判決とは，その事案類型を異にしている (この点に関しては，池田恒男「判批」法協93巻4号618頁 (1976)，吉田邦彦「判批」家族法判例百選〔第4版〕(1988) 204頁，伊藤昌司「判批」リマークス21号27頁 (2000)，道垣内弘人「判批」法協135巻11号2754頁 (2018)，七戸克彦「相続放棄・事実上の相続放棄の法律問題」法政研究89巻3号672頁 (2022) などを参照)。

すなわち，一方で，[2]判決は，A会社の代表取締役である被相続人BがA会社に株金の払込債務を負っていたが，Bの相続人全員であるYらが相続放棄をしたため，A会社の破産管財人XがYらに対して相続放棄の意思表示の取消しと上記株金の支払を求めて訴えた事案である。他方で，[1]判決は，必ずしも明確ではないが，判決理由からみると，相続人の1人であるYが相続の放棄をしたのに対し，Yの債権者Xが，遺産中の物件のYの持分について相続放棄の取消しを訴求した事案のようである。つまり，[2]判決は，相続債権者が相続人の相続放棄を取り消して当該相続人に相続債務の履行を請求した場合であるのに対し，[1]判決は，相続人の債権者が当該相続人の相続放棄を取り消して，当該相続人から他の共同相続人に対する不動産の持分権の回復を請求した事案であるといえる。

このような事案類型の区別を前提とすると，相続の放棄が既存財産の減少行為に当たるか否かに関して，相続放棄の遡及効の及ぶ範囲が問題となるのは，相続人の債権者についてのみである。

相続債権者については，「既得財産」を被相続人が相続開始時に有していた財産と捉えるときは，相続人が相続を放棄したことにより，相続人の固有財産が相続債務の引当て財産にならないというにすぎず，そのことから，「既得財産を積極的に減少させる行為というよりはむしろ消極的にその増加を妨げる行為にすぎない」([2]判決) ということができる。この場合は，相続放棄の遡及効は結論を左右しない。[2]判決にいう「相続人の意思からいっても，また法律上の効果からいっても」とは，相続の放棄によって相続人とはならないことをいうものと解されよう。

これに対し，相続人の債権者の場合には，相続放棄の遡及効を制限的に解すれば，当該相続人が相続開始によって取得した相続分を，相続の放棄によって他の共同相続人に移転させる財産減少行為として捉えることも可能であり，相続放棄の遡及効が及ぶ範囲をどのように捉えるかによって結論が左右されることになる。

以上からすると，[1]判決の上記の判示部分が [2]判決では再録されていないのは，両者における事案類型の相違を反映したものであるとみることもできよう。

法律も，相続の放棄に遡及的効果を与えて初めから相続がなかったのと同一の効果を生ぜしめるものとしていることを述べて，これを「既得財産の減少と見んよりは寧ろ財産の増加を妨ぐるに過ぎざる行為」とみるのが妥当であると結論を導いている[11]。

さらに，相続の放棄と登記に関する判例（最判昭和42・1・20民集21巻1号16頁）によれば，民法915条が熟慮期間を定めたのは，「相続人に権利義務を無条件に承継することを強制しないこととして，相続人の利益を保護しようとしたもの」であり，上記期間内に家庭裁判所に放棄の申述をすると，「相続人は相続開始時に遡ぼつて相続開始がなかつたと同じ地位におかれることとなり，この効力は絶対的で，何人に対しても，登記等なくしてその効力を生ずる」と解している。上記のような［1］判決および［2］判決が示した相続の放棄の効力の捉え方は，こうした判例法と整合的なものである[12]。

以上のように，判例の立場では，遺産分割協議は，共同相続人という相続資格者間で財産の帰属を確定する行為であるのに対し，相続の放棄は，相続資格の得喪を目的とした行為である点でその性質に相違があり，そのことから，後者では，相続の放棄の自由が重視されている。

そして，このことは，法技術的には，遺産分割協議または相続の放棄の遡及効の及ぶ範囲の相違として構成されている。すなわち，遺産分割協議では，相続人の債権者との関係では分割協議の遡及効が制限され，移転主義が妥当するのに対し，相続の放棄では，放棄の遡及効は何人に対しても絶対的に生ずるものとされ，相続人の債権者との関係においても宣言主義が妥当するとされる。

このような遡及効の及ぶ範囲の相違による説明に対しては，形式論にすぎないと批判する見解もある[13]。確かに，遡及効それ自体は法技術にすぎないが，

---

11) ［2］判決も，「相続人の意思からいつても，また法律上の効果からいつても，これを既得財産を積極的に減少させる行為というよりはむしろ消極的にその増加を妨げる行為にすぎないとみるのが，妥当である」（傍点筆者）と判示しており，その限りでは，本文に掲げた［1］判決の理由づけを単に要約して踏襲したようにもみえるが，注10) で論じたように，その含意するところは事案類型に応じた違いがあるとみることもできよう（なお，道垣内・前掲注10) 2752-2753頁は，［2］判決は，上記の部分については［1］判決と同一の判示を避けていると指摘する）。

12) 佐久間・前掲注2) 480頁，道垣内・前掲注10) 2753頁など。

13) この点につき，潮見佳男「判批」銀法572号60頁（2000）は，［2］判決は「『実質的価値判断』について何ら論及していない」と批判する。なお，前田陽一「相続法と取引法——相続人債権者の債権保全を中心に」伊藤進ほか編・現代取引法の基礎的課題（椿寿夫先生古稀記念）（有斐閣，

遡及効の及ぶ人的または時的な範囲を定めるに当たっては，その基礎には実質的な価値判断が存するのであって，単なる形式論との批判は当たらないであろう。

詐害行為取消権の行使の対象となるか否かについて，遺産分割協議と相続の放棄との結論の相違は，遺産分割協議ないし相続の放棄における相続人の自由と，債務者である相続人の相続分を責任財産として強制執行をする権利を保全する債権者の利益との優劣についての利益考量により導かれた価値判断の違いがそこに投影されていると評価することができよう[14]。

以上のように，判例は，詐害行為取消権行使の対象となりうるか否かに関して，遺産分割協議と相続の放棄とで峻別して，前者についてはその対象となりうるのに対し，後者はその対象とならないという立場を採るものと理解されている[15]。そして，通説は，このような判例の考え方を，遺産分割協議および相続の放棄に関する判例法理と整合的なものであり[16]，民法の構造に整合的である[17]と評価して，これを支持している[18]。

---

1999）681-682 頁，吉田・前掲注 10）205 頁なども参照。

[14] この点につき，工藤祐厳「判批」NBL694 号（2000）〔①〕74 頁（同旨として，同「債権者代位権・詐害行為取消権」川井健＝田尾桃二編集代表・転換期の取引法——取引法判例 10 年の軌跡」（商事法務，2004）〔②〕283 頁）は，移転主義・宣言主義の峻別論は，「論理必然的なものというよりは，関係当事者の利益関係についての価値判断の帰結であり，所詮は説明のための道具にすぎ」ないと評している。

[15] 潮見・前掲注 13）59 頁〔相続放棄と遺産分割協議を峻別する構成を採用したとする〕，道垣内・前掲注 10）2754 頁〔判例法理としては，相続放棄については一般に詐害行為取消しの対象とならないというものだと理解すべきとする〕，片山直也「判批」民法判例百選Ⅱ債権〔第 5 版 新法対応補正版〕（2005）43 頁など。

[16] この点を指摘するものとして，道垣内・前掲注 10）2751-2754 頁，片山・前掲注 15）43 頁，池田恒男「判批」家族法判例百選〔第 5 版〕（1995）208-209 頁，工藤・前掲注 14）①74 頁など。

[17] 中田裕康・債権総論〔第 4 版〕（岩波書店，2020）292 頁。

[18] このほか，遺産分割協議と相続の放棄を峻別する判例を支持する学説としては，右近健男「遺産分割協議と詐害行為——最高裁判決を中心として」金法 1576 号 45 頁（2000），千藤洋三「判批」判評 494 号 31 頁（2000），渡辺達徳「判批」法セミ 541 号 107 頁（2000），池田恒男「判批」家族法判例百選〔第 6 版〕（2002）141 頁，同・前掲注 10）619 頁のほか，我妻栄・新訂債権総論（民法講義Ⅳ）（岩波書店，1964）177 頁，於保不二雄・債権総論〔新版〕（有斐閣，1972）183-184 頁，奥田昌道・債権総論〔増補版〕（悠々社，1992）291 頁，平井宜雄・債権総論〔第 2 版〕（弘文堂，1994）287 頁，林良平（安永正昭補訂）＝石田喜久夫・高木多喜男・債権総論〔第 3 版〕（青林書院，1996）193-194 頁〔石田喜久夫〕，鈴木禄弥・相続法講義〔改訂版〕（創文社，1996）29 頁，221 頁，内田貴・民法Ⅲ債権総論・担保物権〔第 4 版〕（東京大学出版会，2020），奥田昌道＝佐々

## 2 有力説

　他方で，学説では，遺産分割協議と相続の放棄とを峻別する判例を批判して，相続の放棄も詐害行為取消権行使の対象となりうることを認める見解が一部に有力に主張されている[19]。もっとも，この有力説においても，問題の捉え方が大きく異なるわけではない。

　すなわち，一般に，家族法・相続法上の権利義務の得喪を目的とする身分行為にも，財産の管理・処分の性質を有するものが含まれている場合には，身分行為における債務者の意思の尊重と取消債権者の共同担保の保全の必要性という利益相互の調整問題が生ずる。そのさい，身分行為においては，債務者の意思の尊重が重要であるとしても，それよりも，債務者の一般財産からの債権回収に対する取消債権者の期待利益の保護の要請が優越すると評価されるときは，詐害行為取消権行使の対象となると解することができる。相続の放棄についても，債務者の自由意思の尊重の要請も絶対的なものではなく，債務者の責任財産の増加に対する債権者の期待利益が保護に値するときは，債務者には，無資力であるにもかかわらず債権者を害する自由は認められないと説かれる[20]。

　これによると，相続債権者（被相続人の債権者）は，被相続人の責任財産のみを引当てとしていたのであるから，相続人の固有財産に対する期待利益は保護に値しないが[21]，相続人の債権者については，債務者の責任財産の増加に対す

---

木茂美・新版債権総論中巻（判例タイムズ社，2021）451-455頁，平野裕之・債権総論〔第2版〕（日本評論社，2023）209頁，山野目章夫・民法概論3債権総論（有斐閣，2024）220頁など。

19) このような見解として，竹屋芳昭「判批」民商73巻1号100-101頁（1975），椿寿夫「相続の承認・放棄と債権者」判タ403号18頁（1980），大島俊之「相続放棄と債権者取消権・2完」法時57巻9号（1985）[①] 120-123頁〔同・債権者取消権の研究（大阪府立大学経済学部，1986）[②] 60-69頁〕，同「相続と債権者取消権」現代民法学の理論と実務の交錯（高木多喜男先生古稀記念）（成文堂，2001）[③] 356-358頁，前田達明・口述債権総論〔第3版〕（成文堂，1993）281-282頁，吉田・前掲注10）205頁，前田・前掲注13）681-683頁，田尾桃二「判批」金判1091号55頁（2000），潮見佳男・新債権総論Ⅰ（信山社，2017）768頁，同・詳解相続法〔第2版〕（弘文堂，2022）74-75頁，鹿野菜穂子「遺産分割協議と私的自治――身分行為性の原則の検証」法時75巻12号81頁（2003），石田穰・民法大系（4）債権総論（信山社，2022）470-472頁など。

　なお，この点に関する学説状況を整理したものとして，浅妻章如「判批」法協130巻7号1736-1741頁（2013）などを参照。

20) このような問題の定式化については，潮見・前掲注19）新債権総論Ⅰ767-771頁，同・前掲注13）60-61頁，鹿野・前掲注19）80-82頁などを参照。

21) 相続人の相続放棄について，相続債権者に詐害行為取消権の行使を認める見解は見当たらない。これを明示的に述べるものとして，椿・前掲注19）17頁，大島・前掲注19）③356頁，吉田・前

る期待利益が保護に値する場合がありうるとされる。

　また，遺産分割協議との関係では，遺産分割協議は，共同相続人のうちのある者が他の共同相続人にその持分の全部を譲渡する場合には，「事実上の相続放棄」であるといわれるように，相続の放棄とかなりの同質性がみられることからすれば，遺産分割協議は詐害行為取消権行使の対象となるが，相続の放棄は対象とならないと解するのは，バランスを欠いているとの批判がされる[22]。

　そのうえで，債務者の責任財産の増加に対する債権者の期待利益に要保護性が認められるかについては，論者によって利益衡量の中身は異なるが，具体的な衡量の観点ないし要素を提示して検討が行われている[23]。

## 3　本稿の課題

　以上に検討したように，従来の判例および学説における議論は，相続の放棄を詐害行為取消権行使の対象とすることができるかという要件論に集中したものであったとみることができる。債務者の行為が，相続法上の権利義務の得喪を目的とする身分行為と，財産権を目的とする処分行為という双方の性質を併有している場合に，身分行為における債務者の自由意思の尊重と，債務者の責

---

掲注10）205頁，工藤・前掲注14）①75頁，同・前掲注14）②284頁，潮見・前掲注19）新債権総論Ⅰ768頁，鹿野・前掲注19）81頁など。

[22]　この点を指摘するものとして，竹屋・前掲注19）100頁，道垣内弘人「判批」法教233号147頁（2000），吉田・前掲注10）205頁，前田・前掲注13）682頁，潮見・前掲注19）新債権総論Ⅰ769頁など。

[23]　相続の放棄について相続人の債権者に詐害行為取消権の行使を認めるべきかの判断に当たって，その要保護性が異なるとされる指標として，次のような観点が示されている。

　第1に，相続債権者と相続人の債権者の利益対立の観点から，相続財産がプラスで，相続人の固有財産が債務超過の場合に限って，相続人の債権者に詐害行為取消権が認められるかが問題となりうるとする見解がある（椿・前掲注19）17-18頁，工藤・前掲注14）①75頁，同・前掲注14）②284-285頁など）。

　第2に，相続人の債権者が債権を取得した時期について，相続開始後に債権を取得した相続人の債権者に限定して，詐害行為取消権を認める見解がある（谷口知平編・注釈民法（25）相続（2）〔再版増補〕（有斐閣，1981）359頁〔谷口知平〕，竹屋・前掲注19）100頁，工藤・前掲注14）①74-75頁，同・前掲注14）②284-286頁など）。

　第3に，債務者の悪性の程度が高い場合に限って，詐害行為取消権を認める見解もある（片山・前掲注15）43頁〔共同相続人間で共謀し相続放棄に仮託してまたは放棄を偽装して詐害的な財産処分がされた場合に限定する〕，加藤雅信・新民法大系Ⅲ（有斐閣，2005）263頁〔強い詐害の意図がある場合に限定する〕，宮下修一「遺産分割協議・相続放棄と詐害行為取消権」法政論集297-298頁（2017）〔債務者および受益者の主観的要件による限定〕など）。

任財産の増加に対する取消債権者の期待利益の保護とを衡量したときに，後者が前者に優越する場合がありうるのか，かりにありうるとすれば，その要件は何かである。

しかし，他方で，かりに遺産分割協議や相続の放棄について詐害行為取消権の行使が認められるとされた場合に，どのような法律関係が生ずるかという効果論については，従来の学説では，この点に立ち入って検討するものはほとんどみられない。

さらに，判例・通説を批判する有力学説には，比較法的な正当化の論拠として，遺産分割協議のみならず，相続の放棄についても，明文の規定により相続人の債権者に詐害行為取消権の行使を認めるフランス法を援用する見解もある[24]。しかし，それらでは，断片的な検討がされるにとどまっており，とりわけ効果論についてはほとんど関心が払われていない[25]。

そこで，本稿では，詐害行為取消権の効果論の観点から，フランス法との比較により，遺産分割協議および相続の放棄に対して詐害行為取消権の行使を認めることの法的意義について分析検討することにより，従来の議論に欠けていた新たな視角を提示することにしたい。

## II フランス法における遺産分割協議・相続の放棄と詐害行為取消訴権

### 1 遺産分割協議と詐害行為取消訴権

#### (1) 詐害的分割に対する事前的な回避手段の制度化——遺産分割に対する異議申立て

(a) 共同相続人の遺産分割協議への参加　　フランス民法882条は，遺産分割協議に関して，詐害行為取消訴権に関する特則として，共同相続人の債権者

---

[24) 相続の放棄に対する詐害行為取消権についてフランス法に言及するものとして，竹屋・前掲注19) 95-101頁，大島俊之「相続放棄と債権者取消権・1」法時57巻8号 (1985)〔①〕118-120頁〔同・前掲19) ②34-41頁〕，前田・前掲13) 663-664頁，671-672頁，吉田・前掲注10) 204頁など。

25) その例外として，簡潔ながら効果論にも言及するものとして，谷口知平＝久喜忠彦編・新版注釈民法 (25) 相続 (2)〔補訂版〕(有斐閣, 2013) 510-511頁〔谷口知平＝松川正毅〕など。

は，その権利を害する分割がされることを回避するために，遺産分割が完了する前に，それに参加する旨の「遺産分割に対する異議申立て（opposition à partage）」[26]をすることができると規定する[27]。

これにより，債権者が異議申立てをした場合には，共同相続人[28]は当該債権者を分割に招集して参加させる義務を負い，当該債権者は分割に参加して，法律上の規律に従って分割がされているかを監視することができる[29]。

---

26) もっとも，「遺産分割に対する異議申立て」といっても，遺産分割の実行を妨げるものではないので，適切な名称の選択ないし性質決定ではないと指摘される（Mazeaud-Leveneur (Sabine), *J-Cl. Notarial Répertoire*, V° Partage, Fasc. 180: Successions - Paiement des dettes - Créanciers opposants, 2022, n° 3; Mazeaud (Henri et Jean) et Chabas (François), *Leçons de droit civil*, t. 4, 2ᵉ vol., 5ᵉ éd., par Leveneur (Laurent) et Mazeaud-Leveneur (Sabine), 1998, n° 1777, p. 906; Pérès (Cécile) et Vernières (Christophe), *Droit des successions*, 2018, n° 842, p. 753 など）。
27) フランス民法882条は，「共同分割人の債権者は，分割がその者の権利を詐害して行われることを回避するために，その者を参加させずに分割の手続が行われることに対して異議を申し立てることができる。債権者は，自己の費用で分割に関与する権利を有する。ただし，その者を除外して，かつ，その者が行った異議申立てにかかわらず，分割の手続を行った場合でなければ，完了した分割を攻撃することができない」と規定する。

同条が規定する遺産分割に対する異議申立てについて簡潔に紹介するものとして，星野英一「遺産分割の協議と調停」家族法大系Ⅵ 相続（1）（中川善之助教授還暦記念）（有斐閣，1960）363-364頁など。
28) フランス民法882条にいう共同相続人の債権者には，「相続債権者（créanciers successoraux）」は含まれない。相続債権者は，被相続人の総財産を引当てにすればよいから，保護の必要はないとされる。もっとも，単純承認後は，相続債権者も共同相続人の債権者となるから，その資格において異議を申し立てることができる（Grimaldi (Michel), *Droit des successions*, 8ᵉ éd., 2020, n° 933, p. 741; Malaurie (Philippe) et Brenner (Claude), *Droit des successions et des libéralités*, 10ᵉ éd., 2022, n° 806, p. 620; Brenner (Claude), *Rép. droit civil*, Partage: droit commun, 2020, n° 255; Mazeaud-Leveneur, *supra note* 26), n°ˢ 4-5; Mazeaud et Chabas, par Leveneur et Mazeaud-Leveneur, *supra note* 26), n° 1777, p. 906; Flour (Jacques) et Souleau (Henri), *Droit civil, Les successions*, 3ᵉ éd., 1993, n° 416, p. 285 など）。

他方で，判例は，遺産共有中に，共同相続人から特定の相続財産の共有持分を取得した第三者など，遺産分割について正当な利益を有する者については，異議申立ての資格を認めている（Grimaldi, *ibid.*, n° 933, p. 741; Malaurie et Brenner, *ibid.*, n° 806, p. 620; Brenner, *ibid.*, n°ˢ 252-253; Mazeaud-Leveneur, *supra note* 26), n°ˢ 16-17; Mazeaud et Chabas, par Leveneur et Mazeaud-Leveneur, *supra note* 26), n° 1777, p. 906; Flour et Souleau, *ibid.*, n° 416, p. 285 など）。
29) この点につき，Grimaldi, *supra note* 28), n°ˢ 933-935, pp. 741-743; Malaurie et Brenner, *supra note* 28), n°ˢ 805-807, pp. 619-621; Brenner, *supra note* 28), n°ˢ 268-274; Mazeaud-Leveneur, *supra note* 26), n°ˢ 31-37; Mazeaud et Chabas, par Leveneur et Mazeaud-Leveneur, *supra note* 26), n°ˢ 1776-1780, pp. 905-907; Terré (François), Lequette (Yves) et Gaudemet (Sophie), *Droit civil, Les successions, les libéralité*, 5ᵉ éd., 2024, n°ˢ 1160-1161, pp. 1114-1116; Pérès et Vernières, *supra note* 26), n°ˢ 841-842; Sériaux (Alain), *Les succession, les libéralités*, 2ᵉ éd., 1993, n° 177, pp. 344-

さらに，判例は，遺産分割に対する異議申立ての実効性を確保するため，異議に処分禁止効を付与している[30]。これにより，異議は「保全的差押え（sasie conservatoire）」と同等の効果を有することになり，共同相続人の債権者が異議申立てをした後は，共同相続人はその持分を譲渡しても，債権者に対する関係ではその効力を生じない。

　(b)　共同相続人の債権者を参加させずに遺産分割が行われた場合　これに対し，共同相続人の債権者が異議申立てをしたにもかかわらず，当該債権者を分割に参加させずに，その権利を害する遺産分割を行った場合には，フランス民法882条に基づいて，債権者はその分割の取消しを請求することができる。これは，異議申立てを行った債権者による遺産分割の取消しに関する特殊な訴権であり，一般法上の詐害行為取消訴権とは，次の２点において異なるとされる[31]。

---

　345; Flour et Souleau, *supra note* 28), n^{os} 416-418, pp. 284-286; Flour (Jacques), Aubert (Jean-Luc), Savaux (Éric), Andreu (Lionel) et Forti (Valerio), *Droit civil, Les obligations*, t. 3, *Le rapport d'obligation*, 10^e éd., 2022, n° 22, pp. 31-32 など。

30) この点につき，Malaurie et Brenner, *supra note* 28), n° 807, pp. 620-621; Brenner, *supra note* 28), n^{os} 275-277; Mazeaud-Leveneur, *supra note* 26), n° 43; Mazeaud et Chabas, par Leveneur et Mazeaud-Leveneur, *supra note* 26), n° 1779, p. 907; Terré, Lequette et Gaudemet, *supra note* 29), n° 1161, p. 1116; Pérès et Vernières, *supra note* 26), n° 842, p. 754; Sériaux, *supra note* 29), n° 177, p. 345; Flour et Souleau, *supra note* 28), n° 417, p. 285 など。

　この点に関する判例として，Req., 18 févr. 1862, *D. P.*, 1862, 1, 224; Cass. civ., 30 juill 1895, *D. P.*, 1896, 1, 369, rapport Faye, note Glasson (E.); Req., 10 juin 1902, *D. P.*, 1904, 1, 425; *S.*, 1904, 1, 121, note Naquet (E.); Cass. civ. 1^{re}, 10 avril 1973, n° 71-14.796; *Bull. civ.* I, n° 137 など。

31) フランス民法882条に基づく取消訴権の性質決定については，学説にニュアンスがみられるが，実質的な内容において見解の対立があるわけではないといえる。

　Malaurie et Brenner, *supra note* 28), n° 808, p. 621〔同882条は共同相続人の債権者による詐害行為取消訴権の行使について法律上の制限要件を課したうえで，その要件および効果の点で優遇措置を定めたものとする〕のほか，Brenner, *supra note* 28), n° 394〔遺産分割の取消しの場合における詐害行為取消訴権の行使についての補充的な要件を定めたものでなく，異議申立てをした債権者による遺産分割の取消し（révocation）に全く特有な制度に服する自律的な措置を含むものであるとする〕; Mazeaud-Leveneur, *supra note* 26), n^{os} 38-39〔その効果が遺産分割の取消しであって，対抗不能ではないことから，詐害行為取消訴権ではないとする〕; Mazeaud et Chabas, par Leveneur et Mazeaud-Leveneur, *supra note* 26), n° 1780, p. 907〔詐害性の立証を不要とする特殊な性質をもつ詐害行為取消訴権であるとする〕; Planiol (Marcel) et Ripert (George), *Traité pratique de droit civil français*, t. 4, *Succession*, 2^e éd., 1956, par Maury (Jacques) et Vialleton (Henri), n° 698, p. 949〔詐害行為取消訴権に類似した訴権であるが，債権者の異議申立てを無視した事実に詐害性について反証不能な推定を認めて，その立証は不要であることから，「廃罷訴権（action révocatoire）」の名称の維持が相応しいものとする〕など。

一方で，その要件においては，異議申立てを行った債権者を参加させないで遺産分割を行った場合には，その事実自体から「詐害性（fraude）」について反証不能な推定がされ，当該債権者は，その立証を要せずに，分割の取消しを請求することができる[32]。ただし，分割が債権者の権利に損害を生じさせるものであったことの立証は必要である[33]。

　他方で，その効果においては，詐害行為取消訴権とは異なり，当該債権者に分割を対抗しえないというにとどまらず，「万人に効果が及ぶ（erga omunes）」ものとして，遺産分割の効力が消滅する。したがって，真の意味での分割の「取消し（révocation / annulation）」がされる。その結果，遺産分割がなかった状態になり，「再分割」が必要となる[34]。

　(c)　共同相続人の債権者が遺産分割に対する異議申立てをしなかった場合　　フランス民法 882 条は，債権者が異議申立てをしないで遺産分割が完了した場合は，遺産分割を取り消すことはできないと規定する。これを受けて，詐害行為

---

32) この点につき，Grimaldi, *supra note* 28), n° 934, p. 742; Terré, Lequette et Gaudemet, *supra note* 29), n° 1161, p. 1116; Malaurie et Brenner, *supra note* 28), n° 808, p. 621; Brenner, *supra note* 28), n° 397; Mazeaud-Leveneur, *supra note* 26), n°s 38-39; Mazeaud et Chabas, par Leveneur et Mazeaud-Leveneur, *supra note* 26), n° 1780, p. 907; Planiol et Ripert, par Maury et Vialleton, *supra note* 31), n° 698, p. 949; Flour et Souleau, *supra note* 28), n° 418, p. 286; Pérès et Vernières, *supra note* 26), n° 842, p. 754; Sériaux, *supra note* 29), n° 177, p. 345; Terré (François), Simler (Philippe), Lequette (Yves) et Chénedé (François), *Droit civil, Les obligations*, 13e éd., 2022, n° 1583, p. 1735 など。

33) この点につき，Grimaldi, *supra note* 28), n° 934, p. 742; Terré, Lequette et Gaudemet, *supra note* 29), n° 1161, p. 1116; Brenner, *supra note* 28), n° 397; Mazeaud-Leveneur, *supra note* 26), n° 39; Mazeaud et Chabas, par Leveneur et Mazeaud-Leveneur, *supra note* 26), n° 1780, p. 907; Planiol et Ripert, par Maury et Vialleton, *supra note* 31), n° 698, p. 949; Flour, Aubert, Savaux, Andreu et Forti, *supra note* 29), n° 22, p. 32; Terré, Simler, Lequette et Chénedé, *supra note* 32), n° 1583, p. 1735 など。

34) この点につき，Malaurie et Brenner, *supra note* 28), n° 808, p. 621; Brenner, *supra note* 28), n° 398; Mazeaud-Leveneur, *supra note* 26), n°s 39-40 などを参照。

　このほか，その効果を「取消し（annulation）」とするものとして，Grimaldi, *supra note* 28), n° 934, p. 742; Terré, Lequette et Gaudemet, *supra note* 29), n° 1161, p. 1116; Flour et Souleau, *supra note* 28), n° 418, p. 286; Pérès et Vernières, *supra note* 26), n° 842, p. 754; Sériaux, *supra note* 29), n° 177, p. 345; Terré, Simler, Lequette et Chénedé, *supra note* 32), n° 1583, p. 1735 など。

　この点に関する判例として，Cass. civ. 7 avril 1886, *D. P.*, 1886, 1, 329; Cass. civ. 1re, 27 oct. 1959, *Bull. civ.* I, n° 442; Cass. civ. 1er, 2 fév. 1977, n° 75-10.438; *Bull. civ.* I, n° 68; *D.*, 1977, I. R., p. 246 など。

取消訴権について規定する2016年オルドナンスによる改正[35]前のフランス民法旧1167条2項[36]は，相続の章に規定された権利については，そこで定める規律に従わなければならないと規定していた。

このように，詐害的な遺産分割がされることを回避するために，遺産分割が完了する前の異議申立てという事前の予防的保護を定めるとともに，債権者がそのような措置を講じなかった場合には，事後的に詐害行為を理由に取り消すことを認めないこととしたのは，一方で，遺産分割が相続人の債権者を詐害する手段として用いられる危険性が高いこと，他方で，遺産分割が家族やそれに関係する第三者の利益が複雑に入り組み，これに重大な影響を及ぼすことを，立法者が考慮したことによるとされる[37]。

### (2) 詐害的分割に対する事後的な救済手段——一般法上の詐害行為取消訴権

既にみたように，フランス民法882条は，共同相続人の債権者は，遺産分割

---

35) この点については，後掲1 (3) 参照。

36) フランス民法旧1167条2項は，「相続の章および婚姻ならびに夫婦財産制度に関する契約の章に定められた債権者の権利については，同章に規定された規律に従わなければならない」と規定する。

37) フランス民法882条が定める事前の予防的保護の制度趣旨については，Malaurie et Brenner, *supra note* 28), n° 805, p. 620〔遺産分割は詐害の手段に利用される可能性があることと，遺産分割の安定性の要請の調和を図ったものとする〕；Brenner, *supra note* 28), n° 247〔遺産分割の安定性と詐害行為に対する共同相続人の債権者の保護の調和を図ったものとする〕；Mazeaud-Leveneur, *supra note* 26), n° 3〔特別に複雑な行為である遺産分割について，債権者に一般法上の要件のもとで訴権を認めるのは妥当でなく，遺産分割の安定性を確保しつつ債権者の正当な権利の保護を図るものとする〕；Mazeaud et Chabas, par Leveneur et Mazeaud-Leveneur, *supra note* 26), n° 1776, p. 903〔すべての家族の利益と共同相続人の多数の第三者の利益が入り組んだ複雑な操作であることを立法者は評価したと述べる〕；Flour et Souleau, *supra note* 28), n° 418, p. 286〔遺産分割は，複合的ないし複雑に利害が入り組んだ行為であって，安定性が要請されるから取消しは重大なことであり，他方で，詐害的な分割から債権者を保護する要請があることを指摘する〕；Malaurie (Philippe), Aynès (Laurent) et Stoffel-Munck (Philippe), *Droit des obligations*, 12ᵉ éd., 2022, n° 755, p. 673〔分割の複雑性を指摘する〕；François (Jérôme), *Traité de droit civil*, t. 4, *Les obligations, Régime général*, 6ᵉ éd., 2022, n° 421, p. 447〔遺産分割は，多数の者の利益が入り組んだ複雑な操作であるとともに，詐害の手段になりやすいことも考慮したものとする〕；Flour, Aubert, Savaux, Andreu et Forti, *supra note* 29), n° 22, p. 32〔家族の諸利益を調整して解決を図るものであるから，安定性が特に要請されるとする〕；Terré, Simler, Lequette et Chénedé, *supra note* 32), n° 1583, p. 1735〔遺産分割は，その実現において交錯する人的および家族的な考慮を要するとともに，第三者の主導で再検討されることは極めて重大なことであり，複雑性を有することによるとする〕など。

が完了する前に異議申立てを行わなかった場合には，遺産分割を攻撃することはできないと規定する。もっとも，判例は，一定の場合に事後的な救済として，一般法上の詐害行為取消訴権を行使することを認めている[38]。

(a) 遺産分割が急いでされた場合 (partage précipité)　第1に，共同相続人の債権者による異議申立てを妨げることを意図して，共同相続人が共謀して，急いで遺産分割がされた結果，債権者が異議申立権を行使することができなかった場合には，債権者は，詐害行為を理由とする遺産分割の取消しを訴求することができる[39]。これは，フランス民法882条の定める予防的保護の制度が十分に機能しない場合について，判例がその例外として認めたものである。

それでは，遺産分割に対して詐害行為取消訴権の行使が認められる場合には，その効果はどうなるのか。これは，一般法上の詐害行為取消訴権に基づくものであり，その行使の効果は，異議申立てを無視して分割がされた場合のように，

---

[38] この点につき，Grimaldi, *supra note* 28), n° 935, p. 743; Terré, Lequette et Gaudemet, *supra note* 29), n° 1161, pp. 1115-1116; Malaurie et Brenner, *supra note* 28), n° 809, p. 621; Brenner, *supra note* 28), n°s 400-408; Mazeaud-Leveneur, *supra note* 26), n°s 60-67; Mazeaud et Chabas, par Leveneur et Mazeaud-Leveneur, *supra note* 26), n° 1776, p. 906 et n° 1780, pp. 907-908; Sériaux, *supra note* 29), n° 177, pp. 345-346; Pérès et Vernières, *supra note* 26), n° 843, p. 755; Flour et Souleau, *supra note* 28), n° 418, p. 285; Flour, Aubert, Savaux, Andreu et Forti, *supra note* 29), n° 22, p. 32; Sautonie-Laguionie (Laura), *Rép. droit civil*, Action paulienne, 2022, n° 17; Planiol et Ripert, par Maury et Vialleton, *supra note* 31), n° 700, pp. 950-951 などを参照。

[39] この点につき，Grimaldi, *supra note* 28), n° 935, p. 743; Terré, Lequette et Gaudemet, *supra note* 29), n° 1161, p. 1115; Malaurie et Brenner, *supra note* 28), n° 809, p. 621; Brenner, *supra note* 28), n° 407; Mazeaud-Leveneur, *supra note* 26), n°s 61-64; Mazeaud et Chabas, par Leveneur et Mazeaud-Leveneur, *supra note* 26), n° 1780, pp. 907-908; Planiol et Ripert, par Maury et Vialleton, *supra note* 31), n° 700, p. 951; Flour et Souleau, *supra note* 28), n° 418, p. 285; Sériaux, *supra note* 29), n° 177, pp. 345-346; Pérès et Vernières, *supra note* 26), n° 843, p. 755; Flour, Aubert, Savaux, Andreu et Forti, *supra note* 29), n° 22, p. 32; Sautonie-Laguionie, *supra note* 38), n° 17 などを参照。

　この点に関する判例として，Req., 14 févr. 1870, D. P., 1871, 1, 21〔「共同分割者の詐害共謀 (concert frauduleux) によって債権者が遺産分割に対して異議申立てをすることができなかった場合には，882条は適用されない」と判示する〕のほか，Req., 4 févr. 1857, D. P., 1857, 1, 255; Cass. civ., 28 avr. 1900, S., 1900, 1, 277; D. P., 1901, 1, 17; Req., 25 juin 1935, D. H., 1935, 474; Req., 1ᵉʳ mai 1945, S., 1945, 1, 99; Cass. civ. 1ʳᵉ, 25 janv. 1965, *Bull. civ.* I, n° 74; Cass. civ. 1ʳᵉ, 16 juin 1981, n° 80-12.768; *Bull. civ.* I, n° 212; D., 1982, I. R., p. 123, obs. Vasseur (Michel); *RTDCiv.*, 1982, p. 406, obs. Nerson (Roger) et Rubellin-Devichi (Jacqueline); Cass. civ. 1ʳᵉ, 22 oct. 1985; n° 84-15.305; *Bull. civ.* I, n° 269; Cass. civ. 1ʳᵉ, 3 déc. 1985, n° 84-11.556; *Bull. civ.* I, n° 334; *RTDCiv.*, 1986, p. 601, obs. Mestre (Jacque) et 1987, p. 134, obs. Patarin (Jean); Cass. civ. 1ʳᵉ, 17 févr. 1987, n° 85-11.114; *Bull. civ.* I, n° 61; Cass. civ. 1ʳᵉ, 28 nov. 2000, n° 98-10.778.

遺産分割が無効となるのではなく，遺産分割の対抗不能である。これによると，遺産分割の取消しは，取消債権者のためにのみ効果を生じ，当該債権者の利益を超える部分については，遺産分割は共同相続人のためにその効力を保持している[40]。

(b) **遺産分割が仮装された場合**（partage fictif） 第2に，遺産分割の外形を偽装して，贈与ないし無償処分（libéralité）などの遺産分割とは異なる性質の行為がされた場合である。

この場合には，遺産分割は「虚偽表示（simulation）」であるから，フランス民法882条の適用はなく，共同相続人の債権者は異議申立てをしなくても，詐害行為取消訴権の行使を妨げられることはない。その結果，債権者は，2段階の手続によって，その効力を攻撃することができる。すなわち，第1段階として，債権者は，遺産分割について「虚偽表示確認請求（action en déclaration de simulation）」をすることができる。その結果，遺産分割の外形のもとに隠匿された処分行為が確認された場合には，第2段階として，当該処分行為について詐害行為を理由とする取消しを訴求することができる[41]。

---

40) この点を明示的に指摘するものとして，Mazeaud-Leveneur, *supra note* 26), n° 65 など。

　これに対し，この場合も，遺産分割により各共同相続人が取得した財産の再評価が必要となるから，その効果は無効であり，フランス民法882条により異議申立てをした債権者を参加させずに分割した場合における遺産分割の取消しと同じであると解して，再分割が必要となるとする見解もあるが（Sautonie-Laguionie (Laura), *La fraude paulienne*, 2008, n° 707, pp. 491-493），少数説にとどまる。

41) この点につき，Grimaldi, *supra note* 28), n° 935, p. 743; Terré, Lequette et Gaudemet, *supra note* 29), n° 1161, p. 1115; Malaurie et Brenner, *supra note* 28), n° 808, p. 621; Brenner, *supra note* 28), n° 406; Mazeaud-Leveneur, *supra note* 26), n° 66; Mazeaud et Chabas, par Leveneur et Mazeaud-Leveneur, *supra note* 26), n° 1776, p. 906; Planiol et Ripert, par Maury et Vialleton, *supra note* 31), n° 700, p. 951; Flour et Souleau, *supra note* 28), n° 418, p. 285; Pérès et Vernières, *supra note* 26), n° 843, p. 755; Flour, Aubert, Savaux, Andreu et Forti, *supra note* 29), n° 22, p. 32; Sautonie-Laguionie, *supra note* 38), n° 17 などを参照。

　この点に関する判例として，第1段階につき，Req., 27 nov. 1844, *D. P.*, 1845, 1, 39; Req., 22 mai 1854, *S.*, 1855, 1, 20; Req., 27 déc. 1926, *S.*, 1927, 1, 111; Req., 7 mai 1929, *S.*, 1929, 1, 258; Req., 22 janv. 1930, *S.*, 1930, 1, 215; Cass. civ. 1$^{re}$, 5 nov. 1991, n° 90-16.258; Défrénois, 1992, p. 895, note Forgeard (Marie-Cécile); Cass. civ. 1$^{re}$, 6 mars 1996, n° 93-17.910; *Bull. civ.* I, n° 125; *RTDCiv.*, 1997, p. 718 obs. Patarin (Jean) et p. 940, obs. Mestre (Jacques); *JCP* éd. G., 1996, I, 3962, n° 8, obs. Wiederkehr (Georges); *Défrénois*, 1996, 1348, obs. Champenois (Gérard) など。

## (3) 2016 年オルドナンスによる債権法改正の影響

　フランス民法典の債権法改正にかかる 2016 年 2 月 10 日オルドナンス第 131 号[42]による改正により，詐害行為取消訴権に関する一般規定（1134-1 条）から，遺産分割についてはフランス民法 882 条がその特則として適用されることを定めるフランス民法旧 1167 条 2 項に相当する部分が削除された。

　かかる改正の趣旨については，フランス民法旧 1167 条 2 項の削除によって導かれる帰結がはっきりしないとする見解もあるが[43]，上記一般規定に対する特則である 882 条の規定はそのまま維持されていることから，この点に関する実定法に何らの変更をもたらすものではないと解するのが多数説である[44]。

---

　第 2 段階につき，Cass. civ. 1$^{re}$, 29 mai 1979, n° 78-10.165; *Bull. civ.* I, n° 157; *Defrénois* 1980, art. 32867, p. 605, obs. Champenois（Gérard）; *D.*, 1979, p. 496, obs. Martin（Didier）; *RTDCiv.*, 1980, p. 406, obs. Nerson（Roger）et Rubellin-Devichi（Jacqueline）など。

42) 契約，債権債務関係の一般的制度および証明の法を改正する 2016 年 2 月 10 日オルドナンス第 131 号（Ordonnance n° 2016-131 du 10 février 2016 portant réforme du droit des contrats, du régime général et de la preuve des obligations）。

43) Deshayes（Olivier）, Genicon（Thomas）et Laithier（Yves-Marie）, *Réforme du droit des contrats, du régime général et de la preuve des obligations*, 2$^e$ éd., 2018, p. 807 は，改正後はすべての遺産分割に一般法上の詐害行為取消訴権が適用可能であり，新規定は，旧 1167 条 2 項のもとで例外的に詐害行為取消訴権の行使を認めていた改正前における判例の到達点として分析しうるものなのか，あるいは，旧 1167 条 2 項の削除を遺憾とする立場を支持し，1341-2 条は一般的規律を表現するのに対し，882 条は特則としてその適用を免れることに変わりないと解されるのか，1167 条 2 項の削除から導かれる帰結ははっきりしないと述べる。

44) この点につき，Chantepie（Gaël）et Latina（Mathias）, *Le nouveau droit des obligations*, 2$^e$ éd., 2018, n° 923, pp. 835-836〔債権者は，一般規定である 1341-2 条と 882 条が定める特別な保護措置を任意に選択しうるのかについては，後者は事後的手段である詐害行為取消訴権と両立しえないから，特則のみが適用されると解すべきであるとする〕; Douville（Thibault）et al., *La réforme du droit des contrats, commentaire article par article*, 2016, p. 338〔Alleaume（Christophe）〕〔基本的に変更はなく，特則は削除されておらず適用され続けるとする〕; François, *supra* note 37), n° 421, pp. 446-447〔参照された特則規定は変更されておらず，旧 1167 条 2 項の削除の影響はない〕; Julienne（Maxime）, *Régime général des obligations*, 4$^e$ éd., 2022, n° 492, p. 338〔詐害行為取消訴権の特則たる制度（882 条）は存在しており，一般則に当然に優先して適用されるべきであるから，旧 1167 条 2 項の削除により変更はない〕; Flour, Aubert, Savaux, Andreu et Forti, *supra* note 29), n° 22, p. 31〔旧 1167 条 2 項が参照を指示した 882 条は削除されておらず，同項の削除により変更はない〕; Terré, Simler, Lequette et Chénedé, *supra* note 32), n° 1583, p. 1735〔旧 1167 条 2 項は特則の参照を指示するにとどまるが，特則は存続しており変更はない〕; Sautonie-Laguionie, *supra* note 38), n° 16〔882 条は存続しており，実定法に変更はない〕など。

## 2　相続の放棄と詐害行為取消訴権

フランス民法779条[45]は，相続人が相続を放棄した場合における相続人の債権者による詐害行為取消しについて規定している[46]。同条は，2006年6月23日法律第728号により，フランス民法旧788条[47]を改正したものであるが，若干の修正点を除くと，相続の放棄に関する詐害行為取消訴権の性質および要件・効果について，その実質的な内容を変更するものではない[48]。

### (1) フランス民法779条1項が規律の対象とする2類型

フランス民法779条1項が規律の対象とするのは，(a) 相続人が相続の承認または放棄の選択権を行使しない場合，および，(b) 相続人が相続を放棄した場合である[49]。このうち，フランス民法旧788条1項は，(b)の場合のみを

---

45) フランス民法779条（2006年6月23日法律第728号による改正）
①相続を承認せず，または債権者の権利を害して相続を放棄する者の債権者は，その債務者に代わって，債務者の名で相続を承認することを裁判上許可させることができる。
②承認は，これらの債権者のために，かつ，それらの債権の額を限度としてのみ効力を生ずる。承認は，相続人に対してはいかなる効果も生じない。

46) フランス民法779条については，Grimaldi, *supra note* 28), n[os] 477-481, pp. 383-386; Malaurie et Brenner, *supra note* 28), n° 131, pp. 134-135; Terré, Lequette et Gaudemet, *supra note* 29), n° 780, pp. 741-744; Sériaux (Alain), *J-Cl. Civil Code*, Art. 768 à 781 - Fasc. unique: Successions, L'option de l'héritier, Dispositions générales, 2020, §73-81; Le Guidec (Raymond) et Lesbats (Christophe), *Rép. droit civil*, V° Succession: transmission, 2022, n[os] 89-110 などを参照。
　2006年改正前については，Mazeaud et Chabas, par Leveneur et Mazeaud-Leveneur, *supra note* 26), n[os] 1075-1077, pp. 381-383; Planiol et Ripert, par Maury et Vialleton, *supra note* 31), n[os] 261-263, pp. 402-405 などを参照。

47) フランス民法旧788条
①債権者の権利を害して相続の放棄をする者の債権者は，その債務者に代わって，債務者の名において相続を承認することを裁判上許可させることができる。
②この場合において，放棄は，債権者のためにのみ，かつ，その債権の額を限度としてのみ，取り消される。放棄は，放棄した相続人のためには，取り消されない。

48) Sériaux, *supra note* 46), §73; Massip (Jacques), note, *JCP* éd. N, 2013, 1264, p. 33; Le Guidec et Lesbats, *supra note* 46), n° 98 などを参照。フランス民法779条は，同旧788条1項との関係では，①相続人が選択権を行使しない場合にも同じ解決が妥当すること，②債権者の権利行使には裁判所の許可が必要であること，の2点において明確化を図っている（Vernières (Christophe), *Dalloz action, Droit patrimonial de la famille*, Ch. 241. Option successorale: droit d'option, 2021, n° 241.104, p. 579 を参照）。

49) Grimaldi, *supra note* 28), n° 478, pp. 384-385; Terré, Lequette et Gaudemet, *supra note* 29), n° 780, pp. 741-742; Sériaux, *supra note* 46), §77.

規定していたが，2006年改正により，フランス民法779条1項は，(a)の場合も含めて規律を定めている。

(a) 相続人が相続の承認または放棄の選択権を行使しない場合　　第1に，相続人が相続の承認または放棄の「選択権（option）」を行使しない場合である。この場合には，相続人の債権者は，債権者代位訴権に基づいて，裁判所の許可を得て，債務者である相続人に代位して相続を承認することができる。これは，債権者代位訴権の一般規定の適用によるものである。債権者代位訴権に基づく行使が認められるのは，相続の承認または放棄の選択権は，債務者の一身に専属する権利ではないことを理由とする[50]。

もっとも，フランス民法779条が規定する債権者代位訴権に基づく相続人の選択権の代位行使は，債権者代位訴権の一般規定（フランス民法1341-2条，旧1166条）に基づく代位行使とは，次の点において異なっている[51]。

一方で，その要件においては，一般規定に基づく債権者代位訴権の行使では，事前の裁判所の許可は不要であるのに対し，フランス民法779条に基づく相続人の選択権の代位行使では，裁判所の許可を得なければ行使することができない[52]。

他方で，その効果においては，一般規定に基づく債権者代位訴権の行使は，原則としてすべての債権者および債務者にその効果が及ぶのに対し，フランス民法779条に基づく相続の承認は，選択権を代位行使した債権者に対する関係においてのみ，その効力を生ずる。その結果，債権者代位訴権を行使しない債権者に対しては承認の効果が生ぜず，当該債権者は債務者が相続した財産を差し押さえることはできない。また，債務者は，相続の承認または放棄の選択権をなお保持している[53]。

このようなフランス民法779条が規定する相続人の選択権の代位行使が，債権者代位訴権の一般規定とは異なる特別な規律を定めていることは，相続の承認または放棄の選択権は，相続人の一身に専属する権利ではないとしても，相

---

50) Grimaldi, *supra note* 28), n° 478, p. 384 など。
51) Grimaldi, *supra note* 28), n° 478, p. 384.
52) Grimaldi, *supra note* 28), n° 478, p. 384.
53) Grimaldi, *supra note* 28), n° 478, p. 384; Terré, Lequette et Gaudemet, *supra note* 29), n° 780, p. 742.

続人の個人的な性質を有する権利であることによって正当化される[54]。

その結果，(a)の場合におけるフランス民法779条に基づく債権者代位訴権は，その規律内容において，(b)で述べる詐害行為取消訴権と共通する性質を併有したものとなっている[55]。

このことは，次のように説明される。すなわち，(a) 相続を承認しないという不作為と (b) 相続の放棄とは，相続人の消極的行為と積極的行為という点で相違はあるが，その機能としては共通する面がある。しかし，(a)の場合における相続人の不作為は法律行為ではないため，詐害行為取消訴権の対象となると解するのは困難である。したがって，(a)の場合には，債権者は詐害行為取消訴権を行使することなく，直ちに債権者代位訴権を行使することとなるが，その機能の共通性に鑑みて，その要件および効果については，後述のような(b)の場合におけるのと同様の規律が適用されることを定めたものと捉えることができる[56]。

(b) **相続人が相続を放棄した場合**　第2に，相続人が相続を放棄した場合である。この場合には，放棄した相続人の債権者は，裁判所の許可を得て，その債権額の限度で相続の放棄を取り消したうえで，債務者である相続人に代位して相続を承認することができる。

これは，相続人の債権者が詐害行為として相続の放棄を取り消すとともに，相続人に代位して相続を承認するものであり，詐害行為取消訴権と債権者代位訴権という2つの訴権を「融合」ないし「結合」した性質を有するものである[57]。

もっとも，ここでの債権者代位訴権は，一般規定に基づく債権者代位訴権とは次の点において規律が異なっている[58]。

---

54) Grimaldi, *supra note* 28), n° 478, pp. 384-385.
55) Grimaldi, *supra note* 28), n° 478, p. 384; Sériaux, *supra note* 46), §74; Térre, Simler, Lequette et Chénedé, *supra note* 32), n° 1579, p. 1731 など。
56) François, *supra note* 37), n° 414, pp. 437-438 の分析を参照。
57) Grimaldi, *supra note* 28), n° 478, p. 385; Terré, Lequette et Gaudemet, *supra note* 29), n° 780, p. 742; Sériaux, *supra note* 29), n° 148, p. 285; *Id., supra note* 46), §74; Malaurie (Philippe) et Brenner (Claude), *Droit des successions et des libéralités*, 7ᵉ éd., 2016, n° 181, p. 130; Massip, *supra note* 48), p. 32; Santonie-Laguionie, *supra note* 39), n° 696, p. 483 など。
58) François, *supra note* 37), n° 414, pp. 437-438; Grimaldi, *supra note* 28), n° 478, p. 385; Massip, *supra note* 48), p. 32 など。

すなわち，一方で，その要件においては，一般規定に基づく債権者代位訴権の行使では，事前の裁判所の許可は不要であるのに対し，ここでの債権者代位訴権に基づく相続の承認は，裁判所の許可を得なければ行使することができない。

他方で，その効果においては，一般規定に基づく債権者代位訴権の行使は，原則としてすべての債権者および債務者にその効果が及ぶのに対し，この場合における債権者代位訴権に基づく相続の承認は，代位行使した債権者に対する関係においてのみその効果を生ずる。

その結果，(b)の場合におけるフランス民法779条に基づく債権者代位訴権は，その規律内容において，詐害行為取消訴権と共通する性質を併有するものとなっている。このことは，詐害行為取消訴権に基づく相続の放棄の取消しの効果は，取消訴権を行使した債権者のためにのみ生ずるものであるから，詐害行為取消訴権に続いて行使される債権者代位訴権の要件および効果も，詐害行為取消訴権が認められる範囲に限定されることは，その論理的な帰結であると説明される[59]。

以上のように，フランス民法779条では，旧788条が規定する(b)の場合と並んで，(a)の場合を対象に含めるとともに，両者の規律が同一のものとなるように定められているとみることができよう[60]。

### (2) フランス民法779条に基づく詐害行為取消訴権の要件

フランス民法779条が規定する詐害行為取消訴権についても，詐害行為取消訴権の一般規定であるフランス民法1341-2条が適用されるが[61]，これによれば，(a) 債権者に損害を生じさせる債務者の行為であること（債権者の「損害(préjudice)」），および，(b) 債務者が債権者の権利を害することを知ってした

---

59) François, *supra note* 37), n° 414, p. 438 ; Grimaldi, *supra note* 28), n° 478, pp. 385-386 ; Sériaux, *supra note* 46), §74.

60) Sériaux, *supra note* 46), §77 ; François, *supra note* 37), n° 414, p. 438 ; Binet (Jean-René), La sécurisation de l'option successorale, entre conservation dynamique et innovations prudentes, À propos de la loi du 23 juin 2006, *Droit de la famille*, 2006, n° 12, étude 55, n° 36 ; Le Guidec (Raymond), obs., *JCP* éd. G., 2008, I, 108, n° 2 など。

61) Grimaldi, *supra note* 28), n° 478, p. 385 ; Mazeaud et Chabas, par Leveneur et Mazeaud-Leveneur, *supra note* 26), n° 1077, p. 383 など。

行為であること（債務者の「詐害の意思（fraude）」）がその要件となる[62]。

(a) 債権者の「損害」　　一方で，詐害行為取消訴権が成立するには，債務者の「財産減少行為（acte d'appauvrissement）」によって，債務者の無資力を生じさせ，または悪化させたことが必要である。

相続の放棄については，相続財産の積極財産が消極財産を上回る場合において，相続人が，被相続人の死亡により当然に取得した相続財産を手放すことは，「財産減少行為」に当たると解されている[63]。

そして，相続人が無資力であり，かつ，相続財産が債務超過ではないことが立証されれば，相続の放棄により債権者に損害を生じさせたことが認められる[64]。

(b) 債務者の「詐害の意思」　　他方で，相続の放棄が債権者に損害を与え

---

62) Malaurie, Aynès et Stoffel-Munck, *supra note* 37), n$^{os}$ 755-757, pp. 672-675; Térre, Simler, Lequette et Chénedé, *supra note* 32), n$^{os}$ 1586-1597, pp. 1737-1749; Flour, Aubert, Savaux, Andreu et Forti, *supra note* 29), n$^o$ 22, p. 32 など。

なお，相続の放棄は，相続人の単独行為であるから，受益者である第三者の詐害行為に対する「共謀（complice）」は要件とならない（Mazeaud et Chabas, par Leveneur et Mazeaud-Leveneur, *supra note* 26), n$^o$ 1077, p. 383 など）。

63) Grimaldi, *supra note* 28), n$^o$ 385, p. 478; Flour, Aubert, Savaux, Andreu et Forti, *supra note* 29), n$^o$ 20, p. 30

一般に，「財産減少行為」については詐害行為取消訴権が認められるのに対し，「財産の増加を拒絶する行為（refus d'enrichissement）」については詐害行為取消訴権は認められないと解されており，両者の区別が問題となる。

この点に関して，ローマ法とフランス法との相続による財産承継の捉え方の違いを指摘する見解がある。すなわち，ローマ法では，相続の承認をしない限り相続人とはならず，相続の放棄は財産増加を拒絶するにすぎないとされたのとは異なり，フランス法では，古法以来，相続財産の所有権は相続開始により既に相続人に移転しているとされたことから，相続の放棄は，相続人が取得した相続財産を失うものであって，財産減少行為であると捉えられてきたとされる（Malaurie et Brenner, *supra note* 57), n$^o$ 181, p. 130; Mazeaud et Chabas, par Leveneur et Mazeaud-Leveneur, *supra note* 26), n$^o$ 1077, pp. 382-383 など。Sautonie-Laguionie, *supra note* 40), n$^o$ 539, p. 374 も参照）。

これに対し，フランス法においても，相続の放棄により相続開始時に遡って相続人とならなかったものとみなされるから（フランス民法 805 条），上述のような説明による区別は不正確であると批判する見解がある。これによると，詐害行為取消訴権が認められるかは，財産の増加を拒絶する行為についても，財産減少行為と同等の保護が債権者に与えられるべきか否かによって定まるとされる。そして，相続の放棄については，同 779 条がその旨を明文で規定していると説明される（François, *supra note* 37), n$^o$ 414, pp. 437-438. 同旨として，Térre, Simler, Lequette et Chénedé, *supra note* 32), n$^o$ 1593, p. 1742 など）。

64) Grimaldi, *supra note* 28), n$^o$ 478, p. 385; Sériaux, *supra note* 46), §77; Le Guidec et Lesbat, *supra note* 46), n$^o$ 103 など。

ることについて債務者が認識していることが立証されれば，債務者の詐害の意
思が認められる[65]。

### (3) 詐害行為取消訴権の行使主体——相続人の債権者

フランス民法779条は，相続の放棄に対して詐害行為取消訴権を行使することができるのは，「相続人自身の債権者（créanciers personnels）」であると規定する。

これによると，相続債権者（被相続人の債権者）は，フランス民法779条に基づく債権者代位訴権および詐害行為取消訴権を行使することはできない。これは，相続資格保有者（successible）は，相続の承認をしない限り，相続人ではなく，相続債権者の債務者ではないことによる[66]。

### (4) 詐害行為取消訴権・債権者代位訴権の行使の効果

フランス民法779条2項は，同条1項が規定する相続人が相続の承認をしない場合，またはその債権者の権利を害して相続の放棄をした場合において，当該相続人の債権者が裁判所の許可を得て当該相続人に代位して行った相続の承認は，当該承認をした債権者に対する関係において，かつ，その債権額の限度でのみ，その効力が生ずるが，当該相続人に対してその他の効力は生じないと規定する。

　(a) 相続人が相続の放棄をした場合　まず，相続人が相続の放棄をした場合には，当該相続人の債権者は，裁判所の許可を得て，詐害行為としてその債権額の限度で相続の放棄を取り消したうえで，債務者である当該相続人に代位

---

[65] Grimaldi, *supra* note 28), nº 478, p. 385 ; Sériaux, *supra* note 46), §77 ; Mazeaud et Chabas, par Leveneur et Mazeaud-Leveneur, *supra* note 26), nº 1077, p. 383 など。
[66] Terré, Lequette et Gaudemet, *supra* note 29), nº 780, pp. 743-744 ; Grimaldi, *supra* note 28), nº 481, p. 386 ; Malaurie et Brenner, *supra* note 28), nº 131, p. 135 ; Sériaux, *supra* note 46), §75 ; Le Guidec et Lesbat, *supra* note 46), nº 101 ; Mazeaud et Chabas, par Leveneur et Mazeaud-Leveneur, *supra* note 26), nº 1077, p. 383 など。2006年改正前の判例として, Req., 29 mars 1909, 2ᵉ et 3ᵉ arrêts, *D. P.*, 1910, 1, 421 など。

　なお，相続債権者は，相続資格保有者に対して，相続開始から4か月を経過した後は，選択権の行使を催告することができる。そして，相続資格保有者は，催告時から原則として2か月以内に選択をしなければならず，当該期間内に選択をしない場合は，単純承認をしたものとみなされる（フランス民法771条2項，772条）。

して相続を承認することができる。この場合に生ずる法律関係はどのようなものなのか[67]。

既にみたように，この場合において債権者が行使する訴権は，詐害行為取消訴権と債権者代位訴権という2つの訴権が融合したものであるが，詐害行為取消訴権は「対抗不能訴権（action en inopposabilité）」であり，相続の放棄は，その債権額の限度で，取消債権者に対抗することができないことを宣言するものである。したがって，債権者が当該相続人に代位して行う相続の承認の効力は，取消債権者に対する関係で，かつ，その債権額の限度でのみ生ずることになる。これにより，取消債権者は，当該相続人が相続を承認していたならば取得したであろう相続財産からその債権の弁済を受けることが可能となる。

しかし，それ以外のすべての者との関係においては，相続の放棄はその効力を保持している。

すなわち，第1に，他の共同相続人との関係においても，また，相続債権者との関係においても，当該相続人がした相続の放棄は有効であるとされる。その放棄が取り消されても，当該相続人は放棄者であって，被相続人の積極財産および消極財産を包括的に承継する相続人となるわけではない。

その結果，一方で，相続を放棄した相続人が相続を承認していれば取得することができた相続分を構成する積極財産のうち，取消債権者がその債権の弁済を受けた残余部分については，相続を承認した他の各共同相続人にその相続分に応じて帰属することになる（フランス民法805条2項，旧786条）。

他方で，判例によれば，相続債務は，相続を放棄した相続人が承継することはなく，相続を承認した各共同相続人がその相続分に応じて承継する。したがって，相続債権者は，相続を放棄した相続人に対して，その相続分に応じて相続債務の弁済を請求することはできない[68]。

---

67) Grimaldi, *infra note* 68); *Id., supra note* 28), n° 478, pp. 385-386; Terré, Lequette et Gaudemet, *supra note* 29), n° 780, p. 742; Sériaux, *supra note* 46), §79-81; Bicheron, obs., *infra note* 68); Vareille (Bernard), obs., *Defrénois* 2020, n° 27, p. 37; François, *supra note* 37), n° 433, pp. 459-460; Le Guidec et Lesbats, *supra note* 46), n°ˢ 106-108 Mazeaud et Chabas, par Leveneur et Mazeaud-Leveneur, *supra note* 26), n° 1077, p. 383; Planiol et Ripert, par Maury et Vialleton, *supra note* 31), n° 263, pp. 403-404など。なお，谷口＝久喜編・前掲注25）510-511頁〔谷口＝松川〕も参照。

68) Cass. civ. 1ʳᵉ, 14 nov. 2006, n° 03-30.230; *Bull. civ.* I, n° 492, p. 438; *JCP* éd. G., 2008, I, 108, n° 3,

この点に関して，相続を放棄した相続人は，その放棄が詐害行為として取り消されても，相続債務を承継しないとする判例の解決に対しては，一部の学説による批判がある。これによると，相続の放棄が取り消された相続人は，取消債権者の債権額の限度で相続財産を承継するのに，相続債務は承継しないとするのは，放棄者の詐害行為から生ずる負担を他の共同相続人に負わせるものであって不当であるとされる[69]。これに対して，通説の立場からは，法的には相続を承認した共同相続人が積極財産と消極財産をともに承継するのであって，両者の分配の不均衡は事実上のものにすぎないと反論される。そして，判例の帰結は，法律が相続人の債権者に認めた詐害行為取消訴権の原則それ自体と結びついたものであって，その適用を廃止するのでなければ，相続債権者に対して相続人の債権者が優先するという結論に変わりはないとされる[70]。

　第2に，取消債権者が債務者である当該相続人に代位して行った相続の承認の効力は，詐害行為取消訴権および債権者代位訴権を行使しない他の債権者に

---

　　obs. Le Guidec（Raymond）; *RTDCiv.*, 2006, p. 600, obs. Grimaldi（Michel）; *AJ fam.*, 2006, p. 468, obs. Bicheron（Frédéric）; *LPA*, 2007, nº 127, p. 14, note Yildirim（Gulsen）; *RJPF*, 2007/1, nº 45, p. 28, obs. Casey（Jérôme）.

　　本件事案は，次のとおりである。死亡したAには相続人として3人の子B，C，Yがいたが，Bが相続を放棄したため，Bの債権者Dが判決により許可を得て，民法典旧788条に基づいてBに代わって相続を承認した。Bが取得すべきであった積極財産の相続持分はすべてDの債権の弁済に充てられた。他方で，相続債権者X（全国老齢年金金庫）が相続を承認した2人の相続人CおよびYに対して，相続債務の支払を請求したのに対し，Yは相続財産の3分の1しか承継していないと主張して，相続債務の負担割合について異議を申し立てたので，XはYに対して相続債務の2分の1の支払を求めて訴えを提起した。

　　本判決は，「債務者に代わって相続を承認することについて裁判所の許可を得た債権者は，民法〔旧〕788条の適用により，死亡した者の相続人になるわけではない。その訴権は，放棄者がした選択について何ら影響することはなく，放棄者の相続持分はその共同相続人に帰属し，共同相続人はその相続分に応じて相続債務を支払う義務を負う」と判示して，Xの請求を斥けた原審判決を破棄した。

[69] Casey, *supra* note 68）。カゼィは，その指摘する問題点の解決策として，一方で，フランス民法779条または805条2項の改正ないし限定解釈により，相続を放棄した相続人は，当該相続人の債権者だけでなく，共同相続人にも相続の放棄を対抗することができないとすること，他方で，同779条の規定する詐害行為取消訴権をごく例外的な場合にしか適用しないことが考えられるとする。このうち，前者の解決は，必然的に相続債権者にも相続の放棄を対抗することができないことになり，上記訴権を行使した相続人の債権者の相続債権者に対する優先的地位が失われることについての評価が問題となることを指摘する。

[70] Sériaux, *supra* note 46), §80.

は及ばない。その結果，上記訴権を行使しない債権者は，取消債権者が回復した財産からその債権の回収を行うことはできない。

　　(b) 相続人が相続の承認または放棄の選択権を行使しない場合　　相続人が相続の承認または放棄の選択権を行使しない場合には，当該相続人の債権者は，裁判所の許可を得て，債務者である当該相続人に代位して相続を承認することができる。

　既にみたように，この場合において債権者が行使する訴権は，債権者代位訴権であるが，詐害行為取消訴権の性質を併有したものであり，その効果は，(a)の場合において生ずる法律関係と異なるところはない。したがって，債権者が当該相続人に代位して行う相続の承認の効力は，取消債権者に対する関係で，かつ，その債権額の限度でのみ生ずることになる。

　これによると，当該相続人は，債権者が当該相続人に代位して相続を承認しても，当該相続人は，相続の承認または放棄の選択権を保持している。その結果，上記の部分以外については，当該相続人は相続の放棄をすることができる[71]。

　　(c) 放棄した相続人に対する共同相続人の求償の可否　　相続を放棄した相続人の債権者が，裁判所の許可を得て，詐害行為取消訴権を行使し，当該相続人に代位して相続を承認した場合には，取消債権者が当該相続人が取得した相続財産からその債権の回収を図ることにより，他の共同相続人が取得した相続財産は，その債権額の限度で減少することになる。この場合において，相続を承認した他の共同相続人は，相続を放棄した相続人に対して求償することはできるか。放棄した相続人がその後に資力を回復したときには，それを論ずる実益がある。

　この点については，相続を放棄した相続人に対する共同相続人による求償の可否について，以前から学説に見解の対立がみられたが[72]，近時は，放棄した

---

71) Grimaldi, *supra note* 28), n° 478, pp. 384-385; Terré, Lequette et Gaudemet, *supra note* 29), n° 780, p. 742; Sériaux, *supra note* 46), §79-80; Mazeaud-Leveneur (Sabine), Les conséquences du silence de l'héritier sur l'option successorale, *JCP* éd. N, 2012, 1399, n° 16, p. 38 など。

72) この点に関して，相続を放棄した相続人に対する共同相続人の求償を肯定する見解として，Duranton (Alexandre), *Cours de droit français suivant le Code civil*, t. 6, 4ᵉ éd., 1844, n° 520bis, pp. 629-632; Toullier (Charles-Bonaventure-Marie), *Le droit civil français, suivant l'ordre du Code*, t. 4, 5ᵉ éd., 1839, n° 349, p. 361; Huc (Théophile), *Commentaire théorique et pratique du Code civil*, t.

相続人に対する共同相続人の求償が認められると解するのが通説である[73]。

　すなわち，既にみたように，放棄した相続人の債権者が当該相続人に代位して行う相続の承認の効力は，取消債権者に対する関係で，かつ，その債権額の限度でのみ生ずることになる。これにより，取消債権者は，当該相続人が相続を承認していたならば取得したであろう相続財産からその債権の弁済を受けることが可能となる。

　しかし，相続の放棄は，それ以外の者に対する関係においては，その効力を保持しており，当該相続人と他の共同相続人との関係では，当該相続人がした相続の放棄は有効である。放棄した当該相続人が相続により取得するはずであった相続財産は，相続を承認した他の共同相続人に排他的に帰属している。

　したがって，他の共同相続人はその取得した相続財産が取消債権者に対する放棄者の債務の弁済に充てられたことを理由として，その債権額について求償することができると説かれる。

---

5, 1893, n° 191, pp. 232-233 ; Aubry (Charles) et Rau (Charles-Frédéric), *Cours de droit civil français d'après la méthode de Zachariae*, 5ᵉ éd., 1917, t. 9, par Bartin (Étienne), § 613, text et note 44, pp. 600-601 ; Colin (Ambroise) et Capitant (Henri), *Cours élémentaire de droit civil français*, t. 3, 10ᵉ éd., par Julliot de la Morandière (Léon), 1950, n° 1079, p. 553 など。

　これに対し，相続を放棄した相続人に対する共同相続人の求償を否定する見解として，Marcadé (Victor-Napoléon), *Explication théorique et pratique du Code civil*, 8ᵉ éd., t. 3, 1894, n° 230, p. 173 ; Demolombe (Charles), *Cours de Code napoléon*, t. 15, *Traité des successions*, t. 3, 1879, n° 89, pp. 80-82 ; Demante (Antoine Marie) et Colmet de Sainterre (Edmond), *Cours analytique de Code civil*, t. 3, 2ᵉ éd., 1885, n° 108, p. 169l ; Laurent (François), *Principes de droit civil français*, 4ᵉ éd., t. 9, 1873, n° 479, p. 549 ; Baudry-Lacantinerie (Gabriel) et Wahl (Albert), *Traité théorique et pratique de droit civil*, t. 11, *Des successions*, t. 2, 2ᵉ éd., 1899, n° 1723, pp. 408-409l ; Planiol (Marcel), *D. P.*, 1900, 1, 217 ; Planiol et Ripert, par Maury et Vialleton, *supra* note 31), n° 263, pp. 404-405 など。なお，Le Guidec et Lesbats, *supra* note 46), n° 109 も参照。

　求償否定説は，相続の放棄が取り消されたことにより，取消債権者の債権額の限度では，相続財産は放棄した相続人の責任財産に回復されたものと捉えるのに対し，求償肯定説は，それはあくまで取消債権者との関係で「擬制」されるにすぎず，放棄した相続人と他の共同相続人との関係では，他の共同相続人に帰属する財産であると捉える。

　なお，谷口＝久喜編・前掲注25) 511頁〔谷口＝松川〕も参照。

73) Grimaldi, *supra* note 68) ; *Id.*, *supra* note 28), n° 478, p. 386 ; Terré, Lequette et Gaudemet, *supra* note 29), n° 780, p. 742 ; Vareille (Bernard), obs., *Défrénois* 2020, n° 27, p. 37 など。

## III 詐害行為取消権の効果論からみた分析検討

### 1 遺産分割協議と詐害行為取消権の効果
#### (1) 効果論からみたフランス法との比較
　　(a) 事前的な回避手段の制度と事後的な詐害行為取消権の二元システム　　IIで検討したように、詐害的な遺産分割がされた場合における債権者の救済手段として、事前的な予防的措置の制度と、事後的な詐害行為取消権の行使という二元的な救済手段が用意されていることは、フランス法と日本法とに共通である。

　すなわち、一方で、事前的な予防的措置としては、フランス法では、相続人の債権者の遺産分割に対する異議申立権を認め、当該債権者を分割に参加させずにその権利を害する遺産分割を行った場合には、当該債権者は分割の取消しを請求することができる。これと同じく、日本法でも、相続人の債権者は分割に参加することができ（民法260条1項）、分割への参加を請求した債権者を参加させないで分割をしたときは、その分割は当該債権者に対抗することができない（同条2項）。

　他方で、事後的な救済手段としては、フランス法と日本法のいずれにおいても、詐害的な遺産分割がされた場合には、相続人の債権者は、一般法上の詐害行為取消権を行使することができる。

　もっとも、事後的に一般法上の詐害行為取消権の行使が認められる要件については、両者に相違がある。

　フランス法では、債権者が異議申立てをしないで遺産分割が完了した場合は、遺産分割を取り消すことはできないとされ、詐害行為取消訴権の行使が認められるのは、共同相続人の債権者による異議申立てを妨げることを意図して、共同相続人が共謀して急いで遺産分割がされた結果、債権者が異議申立権を行使することができなかった例外的な場合に限られる。

　これに対し、日本法では、債権者は分割協議に参加の申出をしなくても、分割後に詐害行為取消権を行使することは妨げられない。この点につき、日本法でも、債権者の分割への参加の請求とその分割からの除外という民法260条2項が規定する要件を充たす場合に限定して、詐害行為取消権の行使が認められると説く有力説が存したが[74]、判例はこの見解を採っていない。日本法では、債権者が遺産分割協議に参加を請求する機会が実効的に確保されているわけで

はなく[75],遺産分割協議への参加請求がなかったということだけを理由として詐害行為取消権の行使を否定することは,実質的にみて妥当ではないことによる[76]。

　(b) 事前の回避手段における効果論　　次に,事前に遺産分割への参加を請求した債権者を分割に参加させずに,その権利を害する遺産分割がされた場合の効果はどうか。

　フランス法では,真の意味での遺産分割の取消しであって,遺産分割の効力が消滅し,再分割が必要となるとされる。これに対し,日本法では,参加を請求した債権者に分割を対抗することができないと規定される（民法260条2項）。これによると,当該債権者との関係では,遺産分割がなかったものとして,その権利を行使しうることになろうが,必ずしもはっきりしない[77]。

## (2) 日本法における効果論——遺産分割協議の詐害行為取消しの効果

　他方で,事後的に詐害行為取消権の行使が認められる場合に生ずる効果は,いずれにおいても,一般法上の規律の適用により導かれるものである。この場合に,フランス法では,遺産分割が無効となるのではなく,それを取消債権者

---

74) 川島武宜・民法（三）人・親族・相続・法人〔3版（改訂増補）〕（有斐閣, 1955）166-167頁, 星野・前掲注27）376頁（民法260条は債権者取消権を規定したものと解する）, 中川善之助＝泉久雄・相続法〔第3版〕（有斐閣, 1988）318頁, 吉田・前掲注10）205頁など。なお, 起草者の梅は, 債権者が協議に参加して意見を述べたが聴き入れられなかった場合に, 分割が詐害行為を構成するときは詐害行為取消権を行使することができると説いていたが（梅謙次郎・民法要義巻之二物権篇〔訂正増補第31版〕（有斐閣, 1911）215-216頁）, 協議に参加しなかった場合にも詐害行為取消権の行使が認められるかははっきりしない。

75) 遺産分割協議はいつでもすることができ, 共同相続人はこれについて相続人の債権者および相続債権者に通知する義務を負っていない（我妻栄＝有泉亨補訂・新訂物権法（民法講義Ⅱ）（岩波書店, 1983）333頁）。

76) 佐久間・前掲注2）478-479頁, 484頁を参照。

77) この点について, 学説には, 単純な共有物分割と異なり, 複雑な要素からなる複合的行為である遺産分割については, かかる解釈は妥当ではないとして, 債権者の保護は債権者取消権によるべきであるとする見解（高木多喜男「遺産分割と債権者」判タ403号38頁（1980）〔同・遺産分割の法理（有斐閣, 1992）207頁〕）がある一方で, これをフランス民法882条と同じに, 債権者取消権の趣旨と解して, 共同相続人の債権者はその共同相続人のした協議の意思表示を取り消し, かくて持分を差し押さえることができ, 相続債権者は, 共同相続人全員について協議の意思表示を取り消し, かくて共有状態に復した遺産に執行できるものと解する見解などが説かれる（星野・前掲注27）371-372頁。同旨として, 川島・前掲注74）166-167頁）。

に対抗することができないとされる。これによると，遺産分割の取消しは，取消債権者のためにのみ効果を生じ，当該債権者の利益を超える部分については，遺産分割は共同相続人のためにその効力を存続しているとされる。

それでは，判例を前提とするとき，遺産分割協議を詐害行為として取り消した場合には，その効果としてどのような法律関係が生ずることになるのか。

第1に，遺産分割協議を取り消すといっても，その取消しの範囲はどのように解されるのか。

判例が採用する遺産分割協議の移転主義的な理解によれば，遺産分割協議は，相続の開始によって相続財産が共同相続人の法定相続分による共有になったことを前提として，共同相続人間で持分権を相互に移転することにより，相続財産の帰属を定めるものと捉えられる。これによると，相続分に満たない相続財産を取得した相続人にとっては，遺産分割協議は財産減少行為に当たると評価することができる[78]。したがって，当該相続人の債権者は，詐害行為取消権の行使により，相続分を超える相続財産を取得した受益者である相続人に対して[79]，その相続分を超える持分について，逸出した財産の回復請求が認められることになろう[80]。

---

[78] ここで，債務者である相続人が相続分に満たない財産を取得したとして詐害行為を構成するかを判断するさいに基準となる「相続分」は，法定相続分と具体的相続分のいずれなのかという問題がある（佐久間・前掲注2）481-482頁などを参照）。この点については，具体的相続分が基準となると解する見解が多数説である（佐久間・前掲注2）482頁，道垣内・前掲注10）2754頁，右近・前掲注18）45頁，伊藤・前掲注10）29頁，千藤・前掲注18）32頁など）。

もっとも，[3]判決の原審は，寄与分および特別受益について具体的な主張立証がされていないとして法定相続分による取消しを認めており，受益者が立証責任を負うとすると，実際上は法定相続分が一応の基準として機能することになろう（道垣内・前掲注10）2755頁，片山・前掲注15）43頁などを参照）。さらに，そもそも相続人の債権者は，詐害行為がなければ法定相続分による持分の差押えが可能であり，具体的相続分は遺産分割手続における分配の前提となる計算上の価額またはその割合であって，それ自体が実体法上の権利関係とはいえない（最判平成12・2・24民集54巻2号523頁）ことからは，債権者との関係では，法定相続分を基準として取消権の行使が認められると解することもできよう。こう解するときは，債権者は法定相続分を超える持分の移転を詐害行為として取り消しうるが，本文に後述するように，相続人間では具体的相続分を考慮した遺産分割協議が有効に存続するから，これに基づいた不当利得による調整が図られることになろう。

[79] 詐害行為取消権の行使の相手方となる受益者は，相続分を超えて相続財産を取得した相続人に限られるのか。受益者とは，「債務者の行為（詐害行為）の相手方でそれによって利益を受けた者」とされるが（中田・前掲注17）280頁など），ここで利益を受けたかは，遺産分割協議の前後の状態を比較して評価されるとすれば，受益者とは，相続分を超えて財産を取得した者を意味すると解することができよう。

これを［3］判決に即してみると，本件事案は，3人の共同相続人のうち，Xに対して連帯債務を負う妻Bは持分を取得しないものとし，子であるY₁・Y₂は持分2分の1ずつの割合で遺産である借地上建物の所有権を取得する旨の遺産分割協議がされ，その旨の所有権移転登記がされたものである。原審は，本件遺産分割協議は，実質的には相続人間の贈与をするのと同視しうるとの理由から，これを詐害行為として取り消すことができるとして，XのY₁・Y₂からBに対する各6分の1の持分権の移転登記請求を認めた。したがって，詐害行為取消権の行使の対象となるのは遺産分割協議であるが，そのうち，取消しの効力が生ずる範囲は，Y₁・Y₂がそれぞれの法定相続分を超えてBから取得した持分権の移転に限定されるとみることができよう。

その結果，遺産分割前における法定相続分を持分とする相続人名義の登記がされたのと同様の結果が顕出されたものとなっている[81]。もっとも，遺産分割協議によりY₁・Y₂が本件建物の法定相続分に相当する持分について確定的に取得した部分は取消しの対象となっていないから，遺産分割協議全体が取り消されて，遺産分割がされる前の遺産共有の状態が回復され，再分割を要することになるわけではない。

以上からすれば，遺産分割協議を詐害行為として取り消す場合にも，その取消しの範囲は，受益者である相続人がその相続分を超えて取得した持分に限定されるものであり，一部取消しと捉えることができる。

第2に，遺産分割協議の取消しの効力が及ぶ人的範囲の観点からは，どのように解されるのか。

遺産分割協議を取り消すといっても，［3］判決当時の判例法理によれば，詐害行為取消しの効果は，取消債権者と受益者との間でのみ効力を生ずる相対的取消しであり，債務者にはその効力は及ばないと解されていたことを踏まえれば，［3］判決も，共同相続人間では，遺産分割協議は有効であることを前提と

---

80) この点に関して，［4］判決は，［3］判決と同様に遺産分割協議の移転主義的な理解を採るが，これを前提として，国税の滞納者を含む共同相続人の間で成立した遺産分割協議が，「滞納者である相続人にその相続分に満たない財産を取得させ，他の相続人にその相続分を超える財産を取得させるものであるときは，国税徴収法39条にいう第三者に利益を与える処分に当たり得るものと解するのが相当である」（傍点筆者）と判示していることが留意される。

81) 佐久間・前掲注2) 486頁注20。

するものと解されよう。このように捉えると，共同相続人間では，遺産分割協議が取り消されるわけではなく，取消債権者との関係において，債務者である相続人から受益者である相続人に対して，その相続分を超える持分を取得させた部分のみが取り消されると解すべきであろう[82]。

平成29年改正法のもとでは，取消しの効力は債務者にも及ぶとされるが，相対的取消しの考え方は維持されていると解するのが通説であり[83]，債務者およびそのすべての債権者には及ぶが，それ以外の者には及ばない（民法425条）。これを前提にすると，債務者以外の相続人の全員が相続分を超える財産を取得した受益者であり，かつ，受益者全員が被告となる場合を除けば，遺産分割協議を詐害行為として取り消しても，その取消しの効力はすべての共同相続人に及ぶわけではない。したがって，共同相続人間では，遺産分割協議は有効なまま存続することになろう。

ところで，詐害行為取消権は，取消債権者が債務者に対して有する債権を保全するために，債務者の詐害行為によって受益者に移転した逸出財産を債務者の責任財産に回復することを目的とするものであるから，その行為の取消しを請求することができる範囲は，取消債権者が自己の債権を保全するために必要な範囲に限定されている[84]。すなわち，①取消債権者の債権額が詐害行為の目的となる財産の価額に満たず，かつ，その財産が可分であるときは，債権者は，被保全債権額の限度においてのみ，その行為の取消しを請求することができる（民法424条の8第1項）。また，②財産の返還が困難であるため価額の償還を請求する場合にも同様に，債権者は，被保全債権額の限度においてのみ，その行為の取消しを請求することができる（同条2項）。

このような取消債権者の被保全債権額に取消しの範囲を限定する規律のもとでは，その被保全債権額が，すべての受益者が相続分を超えて取得した持分の

---

82) 片山・前掲注15) 43頁など。これに対し，遺産分割協議は無効となり，再分割になると解する見解もあるが（右近・前掲注18) 46頁，田尾・前掲注19) 55頁など），判例法理である相対的取消しの考え方とは整合しない。

83) 中田裕康ほか・講義 債権法改正（商事法務，2017）141-142頁〔沖野眞已〕，小粥太郎「詐害行為取消権（2）——行使・効果」潮見佳男ほか編・詳解改正民法（商事法務，2018）215-217頁，中田・前掲注17) 312-313頁，潮見・前掲注19) 新債権総論Ⅰ 740-741頁などを参照。

84) 筒井健夫＝村松秀樹・一問一答107頁，中田・前掲注17) 316-318頁，潮見・前掲注19) 新債権総論Ⅰ 820-823頁など。

総額を上回るような場合でなければ，他の共同相続人全員が被告となることはない。

　以上を要するに，遺産分割協議が詐害行為として取り消されたとしても，第1に，その取消しの範囲は，受益者である相続人がその相続分を超えて取得した相続財産の持分に限定され（一部取消し），第2に，その取消しの効力は，債務者および受益者以外の相続人には及ばないから，すべての共同相続人に及ぶわけではない。したがって，共同相続人間では，遺産分割協議は有効である。

　これを前提とすると，その相続分を超えた持分の取得が取り消された受益者である相続人は，債務者である相続人に対して，自己が取得すべき財産の出捐によって被保全債務が弁済されたことになるから，それを理由として不当利得に基づく求償をすることができよう。

### (3) 受益相続人の反対給付の扱い

　平成29年改正法によれば，詐害行為取消しの効力は債務者にも及ぶとされたことから，債務者がした財産の処分に関する行為が取り消されたときは，受益者は，債務者に対し，その財産を取得するためにした反対給付の返還を請求することができる（民法425条の2前段）。また，債務者がその反対給付の返還をすることが困難であるときは，受益者は，その価額の返還を請求することができる（同条後段）。

　遺産分割協議が，共同相続人間における持分の交換的な移転を内容とするものと捉えるときには，債務者から受益者に対するその相続分を超える持分権の移転について，受益者の反対給付を観念しうる場合もありうる。もっとも，受益者の反対給付が債務者に対してされた場合には問題を生じないが，反対給付が債務者以外の相続人に対して複合的な形でされたような場合には，二当事者間における給付と反対給付に還元するのが困難な場合もありえよう。このような場合には，相続分を超える部分のみを現物返還することは困難であるとして，一部取消しの限度での価額償還の方法によることになろう。この場合においても，共同相続人間では遺産分割協議が有効であることには変わりない。

### (4) 小　　括

　遺産分割協議が詐害行為として取り消されたとしても，遺産分割協議それ自

体が効力を失って，遺産分割前の遺産共有の状態に戻り，再分割を要するわけではない。

ここでは，詐害行為取消権の趣旨は，取消債権者が，相続分に満たない相続財産を取得した相続人である債務者の財産減少行為を取り消したうえで，その被保全債権額の限度で，逸出した財産を受益者から当該債務者の責任財産に回復して，それに対する執行を可能とすることにある。

共同相続人の遺産分割の自由は，そのような詐害行為取消権の制度目的を実現するために必要な限度で一定の制約を受けることとなるが，その自由が全面的に否定されるわけではなく，遺産分割協議は共同相続人間では有効である。このような効果論の観点からみても，遺産分割協議が詐害行為取消権行使の対象となりうると解することには，十分な合理性が認められよう。

## 2 相続の放棄と詐害行為取消権の効果
### (1) 効果論からみたフランス法との比較
(a) 相続人の債権者——被保全債権の存在　フランス法では，相続の放棄について詐害行為取消訴権の行使が認められるのは，相続人の債権者に限られており，相続債権者は相続を承認するまでは相続人に対する被保全債権を有しないことから，詐害行為取消訴権は認められていない。

これと同じく，日本法においても，相続の放棄について詐害行為取消権の行使を認める有力説では，相続人の債権者について検討がされるにすぎず，相続債権者に詐害行為取消権を認める見解は見当たらない。理論的にみても，相続債権者については，相続の放棄をした相続人に対して被保全債権を有するとはいえないから，相続の放棄について詐害行為取消権の行使は認められないと解すべきであろう[85]。

---

85) 相続人の相続の放棄について相続債権者に詐害行為取消権が認められるには，当該相続人が被相続人から相続債務を承継することにより，相続債権者が当該相続人に対して被保全債権を有することが必要である。しかし，相続の放棄をした相続人は，初めから相続人とならなかったものとみなされるので，相続債権者は，詐害行為取消権を行使する時点では，相続人に対する被保全債権を有していないことになる。相続債権者との関係で相続の放棄の遡及効を制限的に解したとしても，この結論に変わりはない。

また，取消しの効果の観点からみれば，相続債権者が相続人の相続の放棄を取り消すのは，当該相続人に相続債務を承継させて相続人の固有財産からその回収を行うことを可能とするためである

以下では，相続の放棄をした相続人の債権者は，当該放棄について詐害行為取消権を行使することが可能であるとの解釈を採った場合に，その効果として生ずる法律関係はどのようなものになるのかについて検討しよう。
　　(b) 共同相続人間における相続の放棄の有効性　　Ⅱ2で検討したように，フランス法では，相続の放棄は，取消債権者との関係で，かつ，取消債権額の限度で生ずるにすぎず，共同相続人間においては，相続の放棄それ自体はその効力を保持しているとされる。相続資格の得喪という身分行為に関する部分には詐害行為取消しの効力は及んでおらず，相続を放棄した相続人がその取消しによって相続人となるわけではない。相続の放棄の取消しは，あくまでも放棄した相続人が相続を承認したとすれば取得しえたであろう相続財産を，当該相続人の責任財産に回復して，執行の対象とするという財産法上の効果しか有しないのである。
　これに対し，わが国における判例および学説では，相続の放棄が詐害行為取消権の行使の対象となることについての否定説と肯定説のいずれにおいても，相続の放棄を詐害行為として取り消した場合には，その効果として，当該相続人は相続を単純承認したものとみなされ，相続人となると解する点では，共通している[86]。このようなわが国の判例および学説をフランス法の状況と対比す

---

から，相続の放棄を取り消さなければ相続人は相続債務を承継しないことがその前提となっているはずである（相続の放棄を取り消さなくても相続人に対して相続債務の支払を請求しうるのであれば，そもそも相続の放棄を詐害行為として取り消す必要はない）。
　したがって，理論的にみても，相続債権者は，相続を放棄した相続人に対して被保全債権を有しておらず，相続人の相続放棄について詐害行為取消権は認められないと解するべきであろう（これとほぼ同旨を指摘するものとして，椿・前掲注19) 18頁，池田・前掲注10) 619頁，内山尚三「判批」家族法判例百選〔第3版〕(1980) 235頁，工藤・前掲注14) ①75頁，内田貴・民法Ⅳ親族・相続〔補訂版〕（東京大学出版会，2004) 354頁，奥田昌道編・新版注釈民法 (10) Ⅱ 債権 (1)（有斐閣，2011) 840頁〔下森定〕など）。
　フランス法では，相続人の債権者には，相続の放棄に対する詐害行為取消訴権を認めるが，相続債権者には，相続の放棄に対する詐害行為取消訴権を認めていないのも，これと同様の理由によるものである。

86) 否定説に立つ判例は，「もし相続の放棄を詐害行為として取り消しうるものとすれば，相続人に対し相続の承認を強制することと同じ結果」となる（傍点筆者）と判示しており（[2]判決），判例を批判する肯定説も，この前提を共有している（潮見・前掲注19) 新債権総論Ⅰ 767頁などを参照）。
　もっとも，肯定説の中でも，大島教授は，相続放棄の取消しを認めると相続人に対して相続の承認を強制することになるとの否定説の論拠に対して，相続放棄の取消訴訟は，通常，放棄をした相続人の債権者と他の共同相続人との間で行われるが，取消判決の効力は，訴訟当事者ではない債務

ると，次のような批判的な視角を提供するものといえよう。

　すなわち，一方で，わが国の判例・通説である否定説との関係でみれば，相続の放棄を詐害行為として取り消しても，債務者である相続人が相続を承認したとすれば取得しえたであろう相続財産の回復をもたらすという財産法上の効果が生ずるにすぎず，相続資格の得喪という身分法上の効果を生ずるものではないと解することが可能であるとすれば，相続人に対して身分行為としての相続の承認を強制するものであって不当であるとの肯定説に対する批判は当たらないことになる。したがって，それのみを理由として，相続の放棄は詐害行為取消権の行使の対象とならないと解することは，説得的なものではないことになろう。

　他方で，相続人の放棄の自由よりも，相続人の債権者が相続財産に対して有する期待利益のほうが大きい場合には，相続の放棄であっても詐害行為取消権の行使の対象となると解すべきであると主張する有力説との関係でみれば，かりに債務者の責任財産の増加に対する債権者の期待利益が保護に値するとしても，相続の放棄を詐害行為として取り消すことが，相続人に対して相続の承認を強制するものであるとすれば，相続人の自由意思に対する過剰な介入であって認めがたいというべきであろう。

### (2) 日本法における効果論——相続の放棄の詐害行為取消しの効果

　それでは，そもそもわが民法の解釈論として，相続人の債権者が当該相続人の相続の放棄を詐害行為として取り消すことは，その効果として，当該相続人が相続を承認したことになり，相続債務を承継することになるのだろうか。この点については，次の2つの観点から検討する必要があろう。

　第1に，相続の放棄の取消しの効力は，共同相続人の全員に及ぶのか。

　相続を放棄した場合には，放棄した相続人の相続分は，他の共同相続人にそれぞれの相続分に応じて帰属することになる。そうすると，他の共同相続人に

---

者（放棄をした相続人）には及ばないから，相続放棄は，相続債権者または他の共同相続人等との関係においては，相変わらず有効であり，相続放棄の取消しを認めたとしても，債務者の放棄の自由が侵害されることはないとの反論をしている（大島・前掲注19）①120頁〔同・前掲注19）②61-62頁〕，同・前掲注19）③356-357頁）。しかし，このような見方は，肯定説においても共有されていない。

帰属することとなった，放棄した相続人が有していた相続分のすべてを逸出財産として回復するために，受益者である他の共同相続人の全員を被告として，放棄した相続人から他の共同相続人に対するその相続分を構成する財産の移転の全部を取り消し，その回復を請求するという場合であれば，債務者である放棄した相続人および他の共同相続人に対しても詐害行為取消しの効力が及ぶということができよう。

　しかし，既にみたように，詐害行為取消権により，取消債権者が債務者の行為の取消しを請求することができる範囲は，自己の債権を保全するために必要な範囲に限定されている。すなわち，①取消債権者の債権額が詐害行為の目的となる財産の価額に満たず，かつ，その財産が可分であるときは，債権者は，被保全債権額の限度においてのみ，その行為の取消しを請求することができる（民法424条の8第1項）。また，②財産の返還が困難であるため価額の償還を請求する場合にも同様に，債権者は，被保全債権額の限度においてのみ，その行為の取消しを請求することができる（同条2項）。

　これを前提とすると，共同相続人の1人がした相続の放棄をその債権者が取り消した場合に，取消しの範囲を債権者の被保全債権額に限定する上記の規律のもとで，その取消しの効力が他の共同相続人全員に及ぶのは，相続の放棄をした相続人の相続分を構成する財産の移転のすべてについて，他の共同相続人の全員を被告として詐害行為取消請求権を行使することが必要である場合に限られることになろう。そうすると，このような例外的な場合を除けば，相続の放棄の取消しの効力は，共同相続人の全員には及ばないことになる。

　したがって，相続の放棄は，原則として，共同相続人間においては有効であることになろう。相続を放棄した相続人は，その放棄が取り消されても，相続の承認を強制されることはなく，相続人になるわけでもない。

　第2に，相続の放棄の取消しは，被相続人が相続債権者に対して負っていた相続債務を，相続を放棄した相続人に承継させるという効果をもたらすものなのか。

　一方で，相続の放棄の取消しの効力が及ぶ人的な範囲の観点からみるとどうか。詐害行為取消しの効力は，取消債権者および受益者のほか，債務者および「その全ての債権者」に対しても及ぶが，それ以外の者には及ばない（民法425条）。そして，相続の放棄をした相続人は，初めから相続人とならなかったも

のとみなされるので，相続債権者は，詐害行為取消権を行使する時点では，当該相続人に対する被保全債権を有していない[87]。

したがって，相続債権者は「その全ての債権者」に当たらないから，相続の放棄の取消しの効力は，相続債権者には及ばない。そうすると，相続の放棄の取消しの効力として，相続債権者に対する関係において，当該相続人が相続を放棄しなかったものとされることはなく，相続債務を承継するという効果が生ずることはない。

他方で，詐害行為取消権の制度趣旨からみるとどうか。詐害行為取消権は，債権者が債務者の詐害行為を取り消したうえで，逸出した財産を回復して債務者の責任財産を保全することを目的とするものである。債務者である相続人が相続を放棄すると，当該相続人が相続を承認していれば負うはずであった相続債務は，他の共同相続人がその相続分に応じて承継することになる。もっとも，相続債務は消極財産であって，それを債務者のもとに回復しても，債務者の責任財産を保全することにはならない。債務者が相続債務を承継することは，取消債権者にとっては，債務者の固有財産を引当てとする債権者が増えることであって，むしろ不利益である。

このように考えると，相続人の債権者が債務者である相続人の相続の放棄を詐害行為として取り消しても，当該相続人に相続債務を承継させることが，逸出財産の回復請求という取消判決の実体的な内容に含まれると解することはできないであろう。

あるいは，従来の学説が，相続の放棄を取り消すことによって，放棄した相続人は単純承認したものとみなされると解するのは，熟慮期間内に限定承認または相続の放棄をしなかった場合には，単純承認をしたものとみなされるとの規律（民法921条2号）が適用されることを前提としているとみることもできよう。この点は，そのような規律が存しないフランス法では，取消債権者は，詐害行為取消訴権の行使により相続の放棄を取り消したうえで，債権者代位訴権により債務者である相続人に代わって相続を承認する必要がある──ただし，承認の効力は，取消債権者との関係で，かつ，その債権額を限度として生ずる──のとは異なる。

---

87) 前掲注85) およびこれに対応する本文を参照。

しかし，日本法のもとでも，相続の放棄が詐害行為として取り消された場合において，その取消しの効力は，すべての者に対して絶対的に生ずるものではない。したがって，上記の規律が適用されるとしても，単純承認したものとみなされるのは，取消しの効力が及ぶ人的な範囲に限られるものといえよう。そうすると，相続の放棄の取消しの効力は，他の共同相続人に対する関係でも，相続債権者に対する関係でも生じないから，相続の放棄をした相続人は，相続人とみなされることはなく，相続債務を承継することもないといえよう。

以上を要するに，相続人の債権者が当該相続人の相続の放棄を詐害行為として取り消したとしても，共同相続人間においては，相続の放棄は有効であり，相続債権者に対する関係でも，当該相続人は，相続人となるわけではなく，相続債務を承継することもない。

### (3) 相続債務の承継の問題

以上のように問題を整理すると，相続を放棄した相続人の債権者がその放棄を詐害行為として取り消すことができるか否かを検討するさいに問題となるのは，それが相続の承認を強制することにより，相続資格を取得させるという身分法上の効果をもたらすものであるかではなく，実はそれとは別の点にあるということができよう。

すなわち，相続人の債権者が当該相続人の相続の放棄を詐害行為として取り消した場合には，当該相続人が相続を承認していたならば取得したであろう相続財産（積極財産）は，受益者である他の共同相続人から回復され，当該相続人の責任財産として取消債権者の債権回収の対象財産となる。他方で，相続債務（消極財産）については，共同相続人間および相続債権者には取消しの効力は及ばないから，相続の放棄は有効であって，当該相続人が相続債務を承継することはない。その結果，相続債務は，他の共同相続人がその法定相続分に応じて分割承継することになる（民法902条の2）。そうすると，相続を放棄した相続人は，取消債権者との関係では，その被保全債権の回収のために必要な範囲で相続財産を承継するが，相続債務は承継しないという事態が生ずる。このような法律関係が生ずることが不合理ではないかが問題となろう。

この場合に，理論的には，取消債権者が，受益者である共同相続人から相続を放棄した相続人に回復された相続財産の持分からその債権の回収を行ったと

きは，他の共同相続人は，共同相続人間では自己に帰属するものとされる相続財産の持分からの出捐により，相続を放棄した相続人の債務を弁済したものとして，当該相続人に対して，不当利得に基づく求償をすることができる。もっとも，相続の放棄をした相続人は無資力であるのが通常であるから，その資力が回復しない限り，実際には求償は困難であろう。他の共同相続人からみれば，相続を放棄した相続人は，相続債務は承継しないのに，取消債権者に対する債務は，他の共同相続人が取得するはずであった相続財産からの出捐で弁済がされることになり，かかる帰結が不当ではないかが問われよう。

### (4) 相続の放棄と登記の局面との共通性――相続の放棄の遡及効の貫徹

これと共通する問題は，相続の放棄と登記（民法177条）においても存したところである。すなわち，判例によれば，相続人は，相続の放棄をした場合に，相続開始時に遡って相続人でなかったことになり，「この効力は絶対的で，何人に対しても，登記等なくしてその効力を生ずると解すべきである」とされる[88]。これによると，放棄した相続人が取得することができた相続財産の持分を，相続の放棄によって他の共同相続人がその相続分に応じて取得したことは，登記なくして，放棄した相続人の債権者に対抗することができることになる。

これに対し，判例とは異なり，相続の放棄の遡及効を制限して，相続を放棄した相続人の持分は，当該相続人から他の共同相続人に対してその相続分に応じて移転すると捉えたうえで，他の共同相続人がその持分の取得を当該相続人の債権者に対抗するには，登記を要すると解した場合にはどうなるのか。

他の共同相続人は，相続の放棄により当該相続人からその持分を取得したことを登記しなければ，放棄した相続人の持分について差し押さえた当該相続人の債権者に対抗することはできない。そうすると，放棄した相続人の持分について利害関係を有する債権者との関係では，当該相続人は相続財産について持

---

[88] 最判昭和42・1・20民集21巻1号16頁は，相続の放棄をした場合には，「相続人は相続開始時に遡ぼつて相続開始がなかつたと同じ地位におかれることとなり，この効力は絶対的で，何人に対しても，登記等なくしてその効力を生ずると解すべきである」として，相続の放棄をした相続人の債権者が，相続の放棄後に，相続財産たる未登記の不動産について，当該相続人も共同相続したものとして，代位による所有権保存登記をしたうえ，持分に対する仮差押登記を経由しても，その仮差押登記は無効であるとする。

分を取得したことになる。他方で，当事者である共同相続人間では相続の放棄は有効であって，相続を放棄した相続人は相続債務を承継せず，他の共同相続人がその法定相続分に応じてこれを分割承継することになる。この事態は，上述したように，放棄した相続人の債権者が詐害行為を理由として相続の放棄を取り消した場合に生ずる法律関係と同じである。

相続の放棄と登記に関して，このような法律関係が生ずることについて，判例を支持する通説の立場からは，「放棄については，遡及効を徹底させないと，第三者との関係では権利は無にならないが，債務は絶対的に承継しないという不都合な結果を招くこと」になり，「分割と放棄とでは，制度上遡及効の意味が異なることを無視することができない」(傍点筆者) と指摘されていたところである[89]。

こうしてみると，判例が，相続の放棄の遡及効に関して，相続の放棄の効力は「絶対的で，何人に対しても，登記等なくしてその効力を生ずる」と解することは，相続を放棄した相続人が，その債権者との関係では相続財産について持分を取得するが，相続債務は承継しないという法律関係が生ずることを回避するという点においても，意義を有するものであるとみることができよう。このように解するときは，そのような制度上の価値判断は，相続の放棄の詐害行為取消しについても，同様に妥当する。言い換えれば，判例法との整合性から，詐害行為取消権の要件面において検証したことは，その効果面においても妥当すると評価することができよう。

## Ⅳ 結 論

遺産分割協議や相続の放棄が詐害行為取消権の行使の対象となりうると解するときに，詐害行為取消しの効果として生ずる法律関係はどのようなものにな

---

89) 藪重夫「相続放棄と登記」現代家族法大系 5 相続 Ⅱ 遺産分割・遺言等（中川善之助先生追悼）（有斐閣，1979）122-123 頁。これと同旨として，星野英一「判批」法協 85 巻 2 号 223 頁（1968）は，「相続人が相続債務の負担から免れるだけでなく，個人債務つき相続財産を責任財産とできるのはおかしい，結局相続した相続人にいっそうの負担をかけることになる」と指摘する。このほか，山本敬三「判批」民法判例百選Ⅲ親族・相続〔第 2 版〕（2023）161 頁も「こうした不公平を避けるために遡及効を貫くことが要請される」とする。

るのか。

　詐害行為取消権は，債務者の詐害行為によって逸出した財産を回復して債務者の責任財産を保全することを目的とするものであるから，その取消しの効果は，取消債権者が自己の債権を保全するために必要な範囲に限られる。

　一方で，遺産分割協議については，これを共同相続人間における持分の交換的移転と捉えるときは，債務者である相続人が相続分に満たない財産を取得した場合には，当該相続人の債権者は，遺産分割協議を詐害行為として取り消すことができる。

　この場合において，その取消しの効力が生ずる範囲は，受益者である相続人がその相続分を超えて取得した相続財産の持分を，逸出財産として債務者の責任財産に回復する部分に限定される。他方で，その取消しの効力は，債務者および受益者以外の共同相続人には及ばないから，共同相続人間では，遺産分割協議はなお有効である。遺産分割そのものが取り消されて，遺産分割前の共有状態に戻るわけではない。

　他方で，相続の放棄についても，何人に対しても絶対的にその効力を生ずるとする判例の考え方を修正して，その遡及効を解釈により制限することにより，相続を放棄した相続人が取得するはずであった相続財産の持分を他の共同相続人にその相続分に応じて取得させるものと捉えるときは，当該相続人の債権者は，相続の放棄を詐害行為として取り消すことができるとの解釈も成り立ちうるところである。

　この場合において，その取消しの効力が生ずる範囲は，受益者である相続人に帰属した相続を放棄した相続人の相続財産の持分を，逸出財産として債務者の責任財産に回復する部分に限定される。他方で，相続の放棄の取消しの効力は，債務者および受益者以外の共同相続人には及ばないから，共同相続人間では，相続の放棄はなお有効である。したがって，相続を放棄した相続人は，相続の承認を強制されることはなく，相続人となって相続債務を承継することもない。

　以上のように，効果論の観点から検討するときは，遺産分割協議と相続放棄とでは，相続資格の得喪がその目的に含まれるか否かについて行為の性質に相違がある――すなわち，前者は，相続資格者間で相続財産の帰属を確定する財産権を目的とする行為であるのに対し，後者は，相続資格を遡及的に消滅させ

る点で身分行為としての性質を有する——とはいえないから，このような理由のみによって，詐害行為取消権の行使の可否について異なる解決が採られていることを正当化することは困難であろう。

　両者で異なるのは，遺産分割協議は，積極財産としての相続財産の帰属を定めることを目的とするのに対し，相続の放棄には，積極財産のみならず，消極財産としての相続債務を承継するかという問題が含まれる点にあるといえよう。遺産分割協議を「事実上の相続放棄」と捉えて，相続の放棄との共通性を強調するのは，この点を考慮に入れていない点で，問題の一面しか捉えていないとの批判がされよう。

　ここで問題とされるべきは，相続の放棄を詐害行為として取り消した場合に，その効果として，取消債権者との関係で，相続財産については，放棄した債務者が相続を承認したとすれば取得することができた相続分は，逸出財産としてその責任財産に回復されるのに対し，相続債務は他の共同相続人のみが承継するという法律関係が生ずることをどのように評価するかである。

　この点に関して，フランス法における通説のように，詐害行為取消訴権は，相続人の債権者に，債務者である相続人の相続放棄によって逸出した財産を回復させることを目的とすることから必然的に生ずる法律関係として，これをやむを得ないものと評価するのであれば，相続の放棄が詐害行為取消権の行使の対象となることを肯定することも可能であろう。

　これに対し，相続を放棄した相続人は，相続債務は承継しないのに，積極財産のうち相続を承認したとすれば取得することができた相続分については取消債権者に対する債務の引当て財産となるのは，共同相続人間の公平を欠くと評価するときは，こうした事態が生ずるのを回避するには，相続の放棄について詐害行為取消権の行使の対象となることを否定するほかないであろう。

　この点に関して，相続の放棄の遡及効を貫徹し，何人に対しても絶対的にその効力を生ずると解する判例の準則は，相続の放棄と登記が問題となる局面において上記のような法律関係が生ずることを回避することを含意していたとすれば，相続の放棄の詐害行為取消しが問題となる局面でも，これと同様に解することが，従来の判例法と整合的な解決であるということができる。詐害行為取消権の行使の可否について，遺産分割協議と相続の放棄とで区別する判例は，このような観点から正当化することが可能であろう。

# 請求異議手続における「子の拒絶」の考慮可能性

今 津 綾 子

I はじめに
II 学説及び裁判例の分析
III 検 討
IV 結 び

## I はじめに

　債務の中には，その履行にあたって債権者及び債務者とは別の法主体の利益を考慮せざるをえないものがある。具体的には，父母の一方から他方に対して子を引き渡すことを内容とする債務，あるいは父母の一方が他方と子との間の親子交流[1]を妨げないことを内容とする債務が挙げられる。これらは，父母の一方が他方に対して負う義務という体裁をとるものの，その内容は「子の利益を最も優先して考慮」して定めるとされており（民766条1項参照），債権債務関係の当事者ではない第三者（子）の利益が問題となる点において特殊性を有する。ここでは，履行がなされるかどうか，どのような態様で履行されるかが，債権者，債務者のみならず子の生活状況，ひいてはその後の人生にも大きな影響を与えるから，任意であれ強制であれ，その履行過程においては「子の年齢及び発達の程度その他の事情を踏まえ，できる限り，……子の心身に有害な影響を及ぼさないように配慮しなければならない」（民執176条参照）。

---

1) 平成23年の民法改正により「面会及びその他の交流」の語が用いられたことから（民766条1項），実務では（従前の「面接交渉」に代えて）面会交流と称されてきたが（本稿でも文献等の引用に際してはこれらの語を用いる），近時は本文のように親子交流と呼ぶことが多い。それを踏まえ，令和6年の「民法等の一部を改正する法律（令和6年法律第33号）」では，法文上も「親子の交流」（改正民817条の13見出し参照），あるいは「親子交流」（改正人訴34条の4，改正家事152条の3の各見出し参照）の語が用いられている。

ところで，実務においては，上に挙げたような債務に係る強制執行が予期され又は現に申し立てられている段階で，債務者が「子が履行を拒絶している」と主張してそれを回避しようとする例が少なくない。もともと強制執行は債務者の意に反してでも履行を実現することを可能にする手続であって，債務者自身が履行を拒んでいるという事情は何の意味ももたないのであるが，子の拒絶であれば話は違ってくる。上述のように，子の引渡しや親子交流の実施は究極的には子の利益を図るためのものであるから，子が拒絶している以上強制執行は許されないのではないかと疑う余地があり，債務者もまさにそのような思いから拒絶の主張をするのであろう。

本稿では，子の引渡し及び親子交流を実施すべき義務を内容とする債務名義が作成された後，その履行に際して「子の拒絶」が主張される場面，その中でもとくに議論がいまだ定まっていないと思われる請求異議の訴えの場面を中心に，子の拒絶という事情が手続上どのように位置づけられ，どのように処遇されるべきものであるかを検討する。

## II　学説及び裁判例の分析

### 1　問題となる場面

子の引渡しや親子交流の実施を内容とする債務名義[2]の成立後，子が拒絶しているとの主張が問題となりうる場面として，①再審判，②間接強制，③請求異議の訴え，が挙げられる。なお，ここで想定するのは，債務者が①ないし③の手段をもってそれを主張する時点において子が履行を拒絶している旨の主張である（債務名義作成当時から一貫して拒絶しているとの主張にも意味がないわけではないが[3]，目の前の引渡しや親子交流の実施を回避しようとする場合に意味をもつのは

---

[2] 以下の本文では家事審判を念頭に置くが，子の監護に関する処分については調停手続の利用も可能である（家事244条・別表第二3の項）。また，審判前の保全処分（同105条。審判事件の係属中に限らず，調停事件の係属中でも可能である）として引渡し等が命じられる場合もある。なお，子の引渡しについては，民事訴訟の判決において命じられることもありうるが，請求権者が限られること，家事事件手続と異なり専門機構の活用もできないことから，現在はあまり利用されていない（二宮周平編・新注釈民法（17）（有斐閣，2017）345頁〔棚村政行〕）。

[3] すでに間接強制決定がなされている場合，過去の時点における子の拒絶を主張することにも一定の意味があろう。すなわち，当該決定に対する請求異議の訴え（支払済みである場合には強制金相

「今まさに拒絶している」との主張であろうから，このように解しておく）。

　①については，民法上，「家庭裁判所は，必要があると認めるときは，〔当初の審判における〕定めを変更し，その他子の監護について相当な処分を命ずることができる」とされているから（民766条3項），当事者が再度の審判を求めることはもちろん可能である（家事別表第二3の項）。そのため，債務者が子の拒絶を主張する場面の一つとして，家庭裁判所における再審判が想定される。

　②は，債務者に対して心理的強制を働かせることによりその自発的な履行を促す執行方法である。間接強制の申立てを受けた裁判所は，債務者に対して債務名義に掲げられた給付をすべきことを命ずるとともに，それを履行しない場合には一定額又は遅延の期間に応じた金銭を支払うよう命ずる決定を下すことになる。この場合，裁判所はあらかじめ相手方を審尋すべきこととされているため（民執172条3項），その場で相手方債務者から子の拒絶という事情が主張されることが想定される。また，当該決定に対しては執行抗告が可能であることから（同条5項），抗告審において同様に子の拒絶が主張される例も少なくない。

　なお，令和元年民事執行法改正により，子の引渡しの強制執行については間接強制のほかに直接的な強制執行（民執174条1項1号）が認められることとなった[4]。ここでは，裁判所の決定にもとづいて執行官が「子の監護を解くために必要な行為」（民執175条1項・2項）を担う仕組みが採用されており，当該決定に際しては原則的に債務者を審尋すべきこととされているから（同174条3

---

　　当額の返還請求訴訟）において，「〇年〇月時点では子が拒絶していたから，当該月の強制金支払義務は存在しない（あるいは，義務の履行を求めるのは権利の濫用である）」と主張することが考えられる（間接強制決定に対する請求異議の訴え及び不当利得返還請求訴訟の可否については，山本和彦ほか編・新基本法コンメンタール民事執行法〔第2版〕（日本評論社，2023）453頁〔大濱しのぶ〕参照）。
4) 改正前は執行官が執行機関となり引渡執行を実施する実務が確立していた（民執169条参照）。執行に際して債務者や子自身が「引渡しには応じない（と子が言っている）」と主張する例は少なくなく，現行法下の引渡実施においても同様であろうと見込まれる。この場合，執行官としては，債務者や子の「説得」を試みることになろうが（民執175条1項），「子に対して威力を用いることはできない」から（同条8項），翻意させることができなければ執行不能として事件を終了せざるをえない（民執規163条2号）。ただ，債務名義は依然として有効であり，債権者は同一の債務名義にもとづいて再度の強制執行を試みることが可能であるから，このような形で執行が阻止されても根本的な問題解決にはならない。

項本文），間接強制におけるのと同様に，今後は直接的な強制執行においても，審尋の場で子の拒絶という事情が主張される場面が増えてくるものと想定される。

③にいう請求異議の訴えとは，債務者のイニシアチブで債務名義の執行力を排除することを目的とする手続である。債務者は，「請求権の存在又は内容について」の異議を述べることができるほか（民執35条1項前段），解釈上は権利の濫用を異議事由と認める余地もあるとされており（最判昭和37・5・24民集16巻5号1157頁参照），子の拒絶はこれらの異議事由を基礎づけるものとして主張されうる。

## 2　学説及び裁判例の状況
### (1) 再審判又は再調停における主張可能性

上記1に挙げたもののうち，①の再審判における主張が可能であることについては異論がない。例えば，父母間で子の親権や監護権を争った結果，相手方に親権等があるとして子の引渡しを命じられた債務者は，引渡しの前提となっている親権者や監護者の指定を変更する審判を申し立てることができ（民766条3項，家事別表第二3の項），そこで親権等が自らにあると認められれば，子の引渡しを免れることができる。また，債権者と子との親子交流の実施を妨げないよう命じられた債務者は，そこで定められた実施要領（親子交流の一回当たりの長さや頻度等）を見直して子に負担のない形に改めるよう求めるほか，交流自体を差し控えるべきである場合には親子交流の禁止[5]を求めて，審判の申立てをすることが可能である。

再度の審判においては，当初の審判においてそうであるのと同様，子の引渡しを命ずべきかどうか（その前提として親権者や監護者をいずれと定めるべきか）を決するにあたっては「子の年齢，性別，心身の状況」等に加え，「子の意向・

---

[5] 債務名義たる審判の取消しを求めることも考えうるが，そうすると親子交流について父母間に何ら定めのない状態に復することになってしまう。したがって，子が（頻度や方法ではなく）親子交流そのものを拒絶しており，その実施が子の利益にならないと考えるのであれば，本文のような判断を求めるほうが適当であろう（債務者が申立の趣旨として親子交流の実施を命ずる審判の取消しを求めると記載したのに対して，一定期間の禁止を求める趣旨と解した裁判例がある。名古屋家一宮支審平成28・9・16判時2367号62頁）。

心情」などが総合的に考慮されるし，親子交流を実施すべきかどうか及びその頻度を決するにあたっては「子どもの心理状態」，「〔親子交流〕に対する子の態度」などが考慮される[6]。子の意思を正確に把握することは必ずしも容易でないが，家庭裁判所はそのための手段として「子の陳述の聴取，家庭裁判所調査官による調査その他の適切な方法」を用いることができるとされている（家事65条。同58条も参照）。とりわけ行動科学の分野における専門的知見を有する家庭裁判所調査官により行われる子の意向・心情調査は，家庭裁判所における家事事件手続に特有の調査方法であり，実務上も広く活用されている。

債務者が再審判の場において子の拒絶を主張して争う場合，裁判所は，それが子の真意に出たものであるかどうかを適切な方法で吟味したうえで，判断の一考慮要素として斟酌することになろう。

### (2) 間接強制における主張可能性

間接強制の申立てに対して，債務者が，「子が拒絶している」と主張して間接強制決定を回避しようとする例は実務上しばしばみられる。ここで子の拒絶を持ち出すことには，①履行完了により債務は消滅したから執行できない，②子の意に反して履行するのは子の利益（福祉）に反するから執行できない，③子の協力が得られないのに強制することはできないから執行できない，などといった主張を根拠づける意味があると考えられるが，これらの主張によって間接強制を否定することはできるのだろうか[7]。

まず，①の主張について検討する。例えば，子を引き渡すべき義務を負う債務者が債権者との待ち合わせ場所に子を連れて行ったところ，子が債権者を拒絶して帰宅したがったため，引渡しには至らなかったとする。この場合に，

---

[6] 二宮編・前掲注2）341頁・362頁〔棚村〕。
[7] 裁判例には，債務者に義務違反のおそれがないことをもって間接強制を否定したものがある（東京高決平成23・3・23家月63巻12号92頁。東京高決平成24・6・6判タ1383号327頁③事件も同旨）。子の引渡しを求める債権者の権利が「子の引取りを妨害しないことを求める不作為請求権である」ことを前提に，不作為執行の要件を充足しない旨を述べたものであるが，前提そのものに疑義があり（債務者には子の状況等に応じて種々の作為義務が想定できるのであって，何もしないことがむしろ作為義務違反になると指摘するものとして，村上正子「判批」民商146巻3号124頁(2012)。本文後掲平成31年決定も，「子の引渡しを命ぜられた者は……子の心身に有害な影響を及ぼすことのないように配慮しつつ，合理的に必要と考えられる行為を行って，子の引渡しを実現しなければならないものである」と述べている），一般化はできない。

「結果的に引渡しは実現しなかったが，それは子の拒絶によるものであって，債務者は引渡しのためにできることはすべて行った。したがって，すでに履行は完了している。」などと主張された場合，それは間接強制を否定する理由になるだろうか。子の引渡しや親子交流の実施を内容とする権利（義務）の法的性質には議論があり，何をもって履行の完了と評価できるかは必ずしも明確でないが[8]，仮に履行完了による債務消滅を認めうるとしても，間接強制の手続において主張することについては消極に解される。執行手続には権利判定機関と執行機関の分離という基本原則が存在しており，執行機関が執行債権の存否や内容を判断することは予定されていないからである。裁判例にも，子の引渡しを命ずる家事審判にもとづく間接強制の申立ての許否が争われた事案において，債務者が，自分としては引渡しに異論はなく子を説得したものの，子が債権者との生活を拒絶しているから間接強制になじまない，などと主張したのに対して，傍論としてではあるが，「〔債務者〕の主張を，既に本件の債務を履行し債務が消滅したとの主張と解しても，これは，請求異議の事由として主張すべきことであって……主張自体失当である」と述べたものがある（東京高決平成20・7・4家月61巻7号53頁）。なお，学説には，執行手続において履行の抗弁を顧慮することを一定の範囲で許容する見解もあるが，そこで想定されているのは「明らかに履行していたと認められる場合」，「債権者が……争わない場合」，あるいは「文書によって履行の証明ができる場合」であって，そうでない場合には請求異議の訴えによるべきものとされている[9]。子の引渡し等の債務は履行済みであるかどうかが一義的に明白である又は容易に証明できるとはいいにくいことから，この見解によっても結論は異ならないであろう。

　次に，②について検討する。裁判例には，「子が〔債権者〕に対し，その従前の養育態度などに起因する強い拒否的感情を抱いていて，面接交渉が，子に情

---

[8] 村上正子ほか・手続からみた子の引渡し・面会交流（弘文堂，2015）159頁〔安西明子〕は本文のような場合を履行完了とみているようであるが，これによって債務が全面的に消滅するといってよいかは疑問である（本文後掲平成31年決定でも，本文と同様の主張に対して「引渡しを実現するため合理的に必要と考えられる〔債務者〕の行為」は想定しにくいとの評価が示されているが，「〔事案〕の経過からすれば，現時点において」との留保が付されている）。

[9] 松本博之・民事執行保全法（弘文堂，2011）329頁・331頁。「訴訟経済」の観点から一定の範囲で履行の抗弁を許す必要がある一方，無制限に許すのでは「債務者に執行手続を引き延ばす手段を与え」てしまうことから，本文のような場合分けがされている。

緒的混乱を生じさせ，子と〔債務者〕との生活関係に悪影響を及ぼすなど，子の福祉を害する恐れがあるといった……事情」があれば，債務者による不履行に「正当の理由」があるものとして間接強制が否定されうる，との理解を示すものがある（神戸家決平成14・8・12家月56巻2号147頁。この事案では，第一審が「現に未成年者を監護している親の反対を押し切って面接交渉を強制的に実現すること」は「子の福祉に反する結果となる可能性が高い」ことを理由に「面接交渉の義務については，その方法の如何を問わず，強制執行をすることは許されない」としたのに対して〔神戸家龍野支決平成13・12・7家月56巻2号144頁〕，抗告審が「面接交渉義務を負う者が，正当の理由がないのに義務の履行をしない場合には，面接交渉権を行使できる者は，特別の事情がない限り，間接強制により，権利の実現を図ることができる」として事件を差し戻したため〔大阪高決平成14・1・15家月56巻2号142頁〕，差戻第一審である上掲神戸家決平成14・8・12において「正当の理由」，「特別の事情」の有無が争われたという経緯がある）。もっとも，その上訴審は，「正当な理由」に当たる事情は「請求異議の事由として主張し得るにとどま」り，債務名義成立後の事情の変更をいう趣旨であれば再審判によるべきである，と述べて原審の判断を否定しており（大阪高決平成15・3・25家月56巻2号158頁），この判断は以降の裁判例でも踏襲されている（岡山家津山支決平成20・9・18家月61巻7号69頁）。したがって，裁判実務では，子が拒絶しており義務の履行は子の利益に反する旨の主張は間接強制を否定するものとしては機能していないようである。

では，③の子の協力が得られないのに強制することはできないから執行できない，という主張はどうか。「債務者カ其意思ノミニ因リ為シ得ヘキ行為ニシテ第三者之ヲ為シ得ヘカラサルモノナルトキ」に限り可能であるとするかつての明文規定（旧々民訴734条）は現行法では削除されているが，学説上は引き続き間接強制をするには自己の意思のみによって履行できる債務であることを要すると解されてきた[10]。近時の判例も，執行債権が「それ自体，性質上〔債務者〕の意思のみで履行することができる」ことをもって間接強制の申立ては「民事執行法上その要件が満たされて」いると判示しており，上記と同様の解釈を前提としていると思われる（最決平成27・1・22判時2252号33頁，最決平成27・1・22判時2252号36頁。また，債務者が自己の意思だけでは履行できない債務で

---

10) 鈴木忠一＝三ヶ月章編・注解民事執行法（5）（第一法規，1985）98頁〔富越和厚〕。

あると主張した事案において間接強制を否定した例として，最決平成 27・6・3 金判 1471 号 20 頁がある）。

　もっとも，学説では，単に第三者の協力が必要であるというだけでなく，「債務者が第三者の協力を得るために期待可能なことをすべて行った」かどうかによって間接強制の可否を決すべきであるとの見解が有力になっており[11]，子の引渡しや親子交流の場面でもこれに依拠するとみられる裁判例や学説が現れていた[12]。そして，近時，最高裁もこうした理解に親和的といえる判示をするに至った（最決平成 31・4・26 判時 2425 号 10 頁。以下，「平成 31 年決定」という）。そこでは，子の拒絶が明確であることを含む諸事情を考慮して「〔子〕の引渡しを実現するため合理的に必要と考えられる〔債務者〕の行為」を「具体的に想定することが困難」といえる場合，「〔債務者〕に対して金銭の支払を命じて心理的に圧迫することによって〔子〕の引渡しを強制することは，過酷な執行として許され」ず，債権者による間接強制の申立ては「権利の濫用」にあたる，との判断過程を経て，間接強制が否定されている[13]。ただ，具体的にどのような事情があれば上にいう「想定……困難」と評価されるかはなお不明瞭なところがあり，同決定を引用する後続の裁判例でも結論は分かれている（間接強制を不許とする例として，名古屋高金沢支決令和 4・3・31 判タ 1510 号 194 頁。許容する例として，最決令和 4・11・30 判タ 1506 号 33 頁）。

　いずれにせよ，最高裁自身が述べているように，「子の引渡しを命ぜられた者は……子が引き渡されることを望まない場合であっても」「子の心身に有害な影響を及ぼすことのないように配慮しつつ，合理的に必要と考えられる行為を行って，子の引渡しを実現しなければならない」のであって，「子が債権者

---

11) 松本・前掲注 9）330 頁。
12) 高松高決平成 13・3・7（公刊物未登載。釜元修＝沼田幸雄「面接交渉と強制執行」判タ 1087 号 46 頁注 7（2002）で紹介されている），大阪高決平成 24・3・29 判時 2288 号 36 頁。山本和彦「間接強制の活用と限界」曹時 66 巻 10 号 2738 頁（2014），花元彩「面会交流の間接強制──子の意思または福祉の取扱いをめぐって」桃山法学 27 号 87 頁（2017）。
13) ここでいう権利の濫用との評価は，主として債務者側の事情を考慮した結果として導かれるものである。これに対して，裁判例には，「面接交渉が，もっぱら〔債務者〕に対する復縁を目的とするものであるとか，その方法，手段が不適当である」場合には，「面接交渉が権利の濫用に当たる」ため，間接強制を求めることは許されないと判示するものもあり（上掲神戸家決平成 14・8・12），権利濫用の概念を用いて間接強制の申立てを排斥する点で共通するものの，その意味合いは異なっている。

に引き渡されることを拒絶する意思を表明していることは，直ちに……間接強制決定をすることを妨げる理由となるものではない」（平成 31 年決定の法廷意見）。また，「間接強制の申立てを受けた執行裁判所は，……履行の有無や履行の可否など実体的な事項を審査することは……いのが原則である」こと（同決定における山﨑敏充裁判官の補足意見）を踏まえれば，債務者から「子が拒絶しているから履行できない」と主張されるたびに，当該事案の経緯を踏まえて債務者に必要な行為を想定できるかを実質的に審理しなければ間接強制決定が出せないというのは，煩瑣に耐えない。したがって，間接強制申立てを却下する余地があるとしても，それはあくまで実質審理なしに権利濫用と認定しうる例外的な事案に限られると解すべきであろう。

### (3) 請求異議における主張可能性

上記(2)にみたように，裁判例には子の拒絶（あるいは子の利益・福祉）という事情は請求異議事由であると述べるものが散見される。学説でも，子が親子交流を拒絶しており，その実施が子の福祉に反するといった事情は請求異議事由にあたるとの見解が有力に主張されてきた[14]。

しかし，子の拒絶が「請求権の存在又は内容について〔の〕異議」（民執 35 条 1 項）に該当するかどうかに疑義があるほか，仮に請求異議事由と解するとしても，子の利益を扱う手続として請求異議の訴えが適切かどうかがさらに問題となる。家事審判や調停は非訟手続であり，また子の陳述聴取や家裁調査官による調査といった方法により子の意思を把握することが予定されているのに対し（上記(1)），請求異議訴訟は判決手続であり，子の意思を把握するための特別の手段をもたないからである[15]。

---

14) 中野貞一郎・民事執行法〔増補新訂 6 版〕（青林書院，2010）820 頁注 3a（ただし，その後，「〔請求異議の訴えの〕適否・範囲には，議論が残」るとしてやや消極の態度に転換している。中野貞一郎＝下村正明・民事執行法〔改訂版〕（青林書院，2021）858 頁）。

15) 釜元＝沼田・前掲注 12）42 頁〔沼田〕，野村秀敏「判批」民商 149 巻 2 号 178 頁（2013），山木戸勇一郎「判批」法学研究 87 巻 4 号 59 頁（2014），柴田義明「判解」最判解民事篇平成 25 年度 167 頁（2016）。

### 3 小　括

　家事審判等において子の引渡しや他方親との親子交流の実施を妨げない旨を命じられた債務者が，「子が引渡し等を拒絶している」ことを主張しようとする場合，再度の家事審判・調停を申し立てたうえで，家庭裁判所の関与のもとで実体判断をやり直すという方法をとることが可能であり，また適切である。この点では実務も学説もおおむね一致をみている。

　問題は，それとは別に間接強制や請求異議の手続において主張することの可否である。前者においては，実体上の事由の主張としてはもちろん，手続上の事由（申立ての要件不充足ないし権利濫用）としても基本的には顧慮されないとするのが現在の裁判実務であると評価できよう。他方，後者の請求異議手続において主張することの可否については，複数の裁判例においてそれが可能であると言及されてはいるものの，いかなる意味において請求異議事由と解されるのかという点についてはほとんど触れられていないうえ，実際に請求異議事件において子の拒絶という事情が取り上げられた裁判例もみあたらない。学説にも懐疑的な見解が少なくなく，子の拒絶を主張する手段として用いることの可否及び当否についてはなお議論の余地がある。

## Ⅲ　検　討

　以下では，子の拒絶を主張することの可否及び適否について，請求異議の訴えという手段による場合に絞って検討する。

### 1　請求異議事由該当性
#### (1) 子 の 拒 絶

　まず，子の拒絶それ自体は請求異議事由となるだろうか。仮に，実体法上，「子の年齢及び発達の程度に照らして子の意見を考慮することが適当である場合において，子が相手方に引き渡されることを拒んでいる場合，引渡しを命じてはならない」などと規定されているのであれば（子奪取 28 条 1 項 5 号参照。いわゆるハーグ条約にもとづく子の返還に関する事件についての規定であるが，返還拒否事由として子の拒絶を挙げている），子が拒んでいるという事実がそのまま引渡しの不許を導きうるため，これを請求異議事由とみることは可能であるかもしれ

ない。

　しかしながら，民法では，「子の監護をすべき者，父又は母と子との面会及びその他の交流，子の監護に要する費用の分担その他の子の監護について必要な事項」を定めるときは「子の利益を最も優先して考慮しなければならない」とされているにとどまり（民766条1項），子の意思がどうであるかという点が必要事項を定めるに際してどのような意味をもつのかについては何ら規定していない。すでに述べたように，ここでは，子の意向・心情を含めたさまざまな事情を考慮することが予定されており（Ⅱ2(1)参照），子が引渡しや親子交流を望んでいる又は拒絶しているという事実は確かに重要な考慮要素ではあるが，それだけで直ちに義務の存否を決定づけるものとまではいえない。したがって，子の拒絶それ自体を主張しても引渡し等の請求権の存在や内容を争ったことにはなりえず，これを請求異議事由と解することはできない。

### (2) 子の利益（福祉）に反すること

　次に，嫌がる子に引渡しや親子交流を強いることが子の利益に反するとの趣旨で，子の拒絶が主張される場合はどうか。子の監護について必要な事項を定めるにあたっては「子の利益を最も優先して考慮しなければならない」ことからすると（民766条1項），子の利益に反する結果を招くような引渡しや親子交流を命ずる債務名義は，内容上不当であると考えうる。その意味で，請求異議事由の主張と解する余地があろうか。

　ただ，ここでは，子の利益に反するという事情と子の引渡しや親子交流の実施を内容とする義務とをどのような関係に立つものと解するのかがさらに問題となる。①引渡し等の義務は当事者間の協議や審判において形成されて初めて具体化する義務であると解するならば[16]，子の利益に反するという事情があってもそれだけでは実体上の義務は否定されないから，審判を経ない限り請求異議事由としては意味をもたないことになる。他方，②義務の履行が子の利益に

---

16) 榮春彦＝綿貫義昌「面接交渉の具体的形成と執行」若林昌子ほか編・新家族法実務大系第2巻（新日本法規，2008）349頁注37。婚姻費用分担義務についての議論（松田亨「婚姻関係事件における財産的給付と事情変更の原則」家月43巻12号36頁（1991）。具体的権利義務は審判によって初めて形成される以上，事情変更それ自体は請求異議事由とならないとする）を参照しつつ，子の福祉を害することとなったとの主張は請求異議事由にはならないとする。

反する場合は実体上の義務そのものが否定され，それは請求異議の訴えによっても確定的に判断できるとの理解によるならば，上記①での問題は解消しうるものの，とりわけ子の引渡しを命ずる審判について看過しがたい不都合が生ずる。というのも，当該審判においては子の親権者や監護者を債権者と定める旨の判断が先行しており，子の引渡しはあくまで親権等の所在と現実の監護状態を一致させるための手段として命じられているにすぎないからである。仮に，請求異議の訴えのみによって引渡しの義務を否定して執行の不許を命ずることができると解する場合，前提たる親権や監護権に係る判断はどうなるのであろうか。これらは家事審判・調停事項であって請求異議の訴えでは扱いえないのだとすれば，法的な権利の所在と実際の監護状態が一致しない事態を放置することになってしまう。このような帰結はきわめて不都合であるから，子の引渡しの義務のみを否定するというのは望ましい方向性とは思われない。

そうすると，上記①②いずれと解するにせよ，請求異議事由と認めることはできないことになる。

### (3) 権利の濫用

明文の規定はないものの，判例は債務名義にもとづく強制執行が権利の濫用であると評価できる場合には請求異議の訴えによる救済を認めており（上掲最判昭和37・5・24参照），学説もおおむね肯定している。したがって，子の拒絶という事情から強制執行が権利の濫用であるという評価を導くことができる限りにおいて，これを請求異議事由と認めることは可能であることになる。

考えられる法的構成として，①子の引渡し等の義務を履行することが子の利益に反する場合，そのような義務の実現を図るための強制執行は権利の濫用にあたる[17]，②引渡し等の義務を履行するために合理的に必要と考えられる債務者の行為を想定するのが困難である場合，債権者の執行申立ては権利の濫用となる（平成31年決定参照），の2つが挙げられる。もっとも，前者による場合，請求異議手続の中で義務の履行が子の利益に反する旨を認定する必要があるが，本来的には審判事項であるものを判決手続で扱うことには消極的な見解もあり（Ⅱ2(3)参照），私見もそれに属する[18]。子の利益に反するかどうかは，あるか

---

17) 釜元 = 沼田・前掲注12) 42頁〔沼田〕。

ないかの存否の判断ではなく諸事情を総合的に考慮した結果としての法的評価であるうえ，ここでは法律判断のみならず子の心身及び発達の状況をも考慮した後見的予測的判断が求められる。そうであればこそ，家庭裁判所が家事事件手続において審理判断することが予定されているのである。執行場面でも子の審尋は可能である[19]，あるいは家庭裁判所調査官を活用できるとの見解もあるが[20]，審理規律の違い（手続の公開，弁論主義など）までは克服できない。そのため，①のように正面から子の利益を問うよりも，②のように債務者のなすべき行為に軸足を置く方が，請求異議の訴えの対象としてはなじむように思われる。

また，①②いずれと解するにせよ，他の手続との関係が問題となる。子の拒絶を主張する方法として再審判の申立てが可能であることに争いはなく，また②の理解による場合には間接強制の申立てを斥ける理由づけと重複する[21]。それらの手続ではなく請求異議の訴えを用いることに特段の実益がないのであれば，上述の審理規律の違いといった問題に目をつぶってまでこれを認める必要はない。この点は，次の2において検討する。

## 2 制度間の役割分担
### (1) 再審判との関係

請求異議の訴えがもつ利点として，一定の要件のもとで執行停止の仮の処分を得ることができることが挙げられる（民執36条1項）。これにより訴訟の完

---

18) 今津綾子「判批」新・判例解説 Watch26号159頁（2020）。
19) 大濱しのぶ「判批」判例秘書ジャーナル文献番号 HJ100090（2020）14頁注27（根拠として民事執行法5条を挙げる）。しかし，審尋により子の意思を把握しようとする努力は，子の利益につながりうると同時に子の心身に負担をかけるおそれもあるため（本文後述Ⅳ参照），その実施範囲を拡大することには慎重でなければならない。
20) 山本・前掲注12）2738頁注77，山田文「子の引渡しの強制執行」論ジュリ32号69頁（2020）。しかし，法定の職務（裁61条の2第2項）を解釈により拡大することに疑義があるほか，現状においてさえ人員不足といわれる家裁調査官を執行手続にまで用いることは運用上難しいように思われる（それゆえ，立法措置と予算措置〔調査官の増員や施設の増設〕を伴うのであれば，必ずしも本文にいう活用可能性を否定するものではない）。
21) 本文におけるのと意味合いは異なる（平成31年決定以前のものであり，権利の濫用という構成は用いられていない）が，請求異議事由が同時に間接強制を妨げる事由にもあたりうることを指摘するものとして，村上ほか・前掲注8）159頁〔安西〕。

結を待たず即時に強制執行を止めることができるから，債権者が今にも強制執行に着手しようとする状況でその手を止めるためにはこれが最も直截的であり効果的な手段である。もっとも，再審判の方法を選択した場合でも，審判前の保全処分により執行停止の判断を得ることが可能であると解するならば（肯定する裁判例として，東京高決令和 3・5・26 家庭の法と裁判 43 号 82 頁）[22]，請求異議の訴えに伴う仮の処分の方がつねに迅速な判断に至るという保障もない以上，双方の間に優劣はない。

　他方，請求異議の訴えの役割は執行力を排除することに尽きるから，執行を止めた後に子の監護や親子交流をどうしていくかという問題はそのまま残される。そうであれば，わざわざ請求異議の訴えを経由しなくても，はじめから再審判と保全処分を申し立てる方が合理的であり，それで足りるように思われる。ただし，次のような事案では，執行力の排除しかもたらさないことが利点となるかもしれない。すなわち，債務者が「直ちに子の引渡しや親子交流を実施することは難しいが，時間をかけて準備を進めればいずれは実現できるだろう」と考え，子の説得を続けている。他方，債権者は強硬に即時の履行を主張しており，そのまま強制執行に至れば子の反発を招いていっそう引渡し等が難航することが見込まれる。この場合に，債務名義の効力は維持しつつ，請求異議の訴えによって強制執行を一時的に阻止することができれば[23]，債務者は子を説得する時間を確保でき，最終的に任意の履行につながることが期待できるから，再審判とは別に請求異議の訴えを認めることにも一定の意義を見出すことがで

---

[22] 養育費減額審判事件を念頭に置くものであるが，最高裁判所事務総局家庭局「昭和 58 年度高等裁判所管内別家事事件担当裁判官合同概要」家月 36 巻 11 号 68 頁以下（1984）では，「一般の仮処分の方法により強制執行を停止することはできない」とする判例法理（最判昭和 26・4・3 民集 5 巻 5 号 207 頁）を意識しつつも，審判前の保全処分として執行停止を命ずることを肯定する意見が多数を占めている。岡垣學ほか編・講座・実務家事審判法 I（日本評論社，1989）50 頁〔永吉盛雄〕，榮＝綿貫・前掲注 16）349 頁注 37，野村・前掲注 15）176 頁も肯定の立場である。なお，この場合の保全処分の審判は，再審判があるまでの一時的な停止を命ずる執行停止文書（民執 39 条 1 項 7 号）と解される（山田・前掲注 20）70 頁注 23。これに対して，同項 6 号の執行取消文書とみる見解もある。山木戸・前掲注 15）59 頁，日本弁護士連合会家事法制委員会編・家事事件における保全・執行・履行確保の実務（日本加除出版，2017）285 頁〔池田清貴〕）。

[23] 本文の場合，執行停止の終期はどのように設定すればよいか。子の説得による任意履行の可能性を探るための猶予としてどの程度を見込めばよいかは判断の難しい問題であるが，事案に応じて「○か月間」，「小学校入学まで」などとすることになろうか（なお，松本・前掲注 9）388 頁では，具体的な終期を掲げず「強制執行は差し当たり許さない」との主文も可能であるとされている）。

きよう。

### (2) 間接強制との関係

　子の拒絶に直面した債務者は，平成31年決定に従い，「履行のためになしうる行為を具体的に想定することが困難である」と主張して間接強制を回避する余地がある。そうであれば，債務者としては，債権者から執行申立てがあるまでは事態を静観し，申立てがあればそれに対する防御として上に述べた主張をすることで足りるから，あえて自ら請求異議の訴えを提起する利点も動機づけも存在しないように思われる。

　もっとも，平成31年決定の帰結は，債務者にとっては好都合である半面，債務名義を獲得している債権者にとっては重大な不利益をもたらすから，その射程を拡大する方向に流れることは望ましくなく，間接強制を阻止することができるからそれ以外の主張方法は不要であるという解釈論は採用しえない。むしろ，請求異議の訴えによっても執行申立てが権利の濫用にあたることを主張できるとし，かつ，主張方法としてはこちらが基本であると解することにより，同決定の処理があくまで例外的なものであるという位置づけを明確にすべきであろう。

### 3　小　括

　子の拒絶それ自体を請求異議事由とみることは難しいが，子の拒絶がもたらす状況（履行を強制することが債務者にとって過酷であり，債権者にとっては権利の濫用にあたること）に着目すれば，これを請求異議事由と位置づけることは理論上可能である。

　もっとも，子の拒絶や子の利益という事項を扱うには，それに適する仕組みを備えた審判手続が最も望ましいから，基本的には再審判の可能性さえ開かれていれば十分であるといえる。ただ，事案によっては，再審判に代えて請求異議の訴えを用いることが有用でありうるから，請求異議の訴えを提起する可能性を一律に排除することは適切でない。また，平成31年決定の射程を限定するという意味でも，権利濫用という主張の受け皿を別に用意しておくことが有益であろう。

　以上のとおり，請求異議の訴えは「子の拒絶」の主張方法となりうる。ただ

し，それを主張しさえすればつねに強制執行を回避できるわけではもちろんなく，上記の意味での請求異議事由の存在が認められる場合に，それが存続すると見込まれる限度で，執行力を排除できるにとどまる。

## IV 結 び

　子の意思というのは，扱いが非常に難しい。そもそも「子」といっても年齢や発達段階に応じて多様であるから，一律の規制になじみにくいうえ，外部に現れた「意思」がその真意を表しているとは限らない。また，意思を表明したいと思う子ばかりではなく，意思を問われること自体に拒否感を覚える子もいよう。

　法改正に向けた近時の議論の中では，裁判所が親権者を定めるにあたっての考慮要素として，実体法の中に「子の意思」を明記すべきとの提案もなされていた[24]。しかし，この場面で子の意思や意見を問うことは「両親を競りに掛けるようなもので，両親のどちらかを選ばせるというのは非常に重すぎる，残酷な選択をこどもに迫る」ことになるとの危惧も強く示されており[25]，私見もこれに共感するところが大きい。

　翻って，手続上の扱いを考えると，子の意思は「把握するように努め」るべきものではあるが（家事65条），意向・心情調査や意見聴取に伴う心身の負担を考えれば頻回の実施はむしろ子の健康を害するおそれがあるし，紛争状態にある父母の間で悩む子に対して「あなたの意思はどこにあるのか」と質すことが適切とも思われない。また，それは裁判所の判断に際して「考慮」すべきものではあるが（同条），考慮したうえでなお裁判所が後見的見地から一定の判断をなすべき場合もありうる。そうであれば，手続上のあらゆる場面で「子の拒絶」を問題化でき，そのたびに子が手続に引きずり出されるような制度設計や運用が望ましくないことは明白である。

---

[24] 法制審議会家族法制部会第34回会議議事録PDF版26頁〔池田清貴委員発言〕（現在でも手続法上の手当はされているが，子の意見表明権を保障するうえではなお十分でないとの認識による），部会資料34-1・9頁以下参照。

[25] 法制審議会家族法制部会第35回会議議事録PDF版48頁〔水野紀子委員発言〕。同第32回会議議事録PDF版24頁〔同〕も同旨。

本稿では，請求異議の訴えという手段を通じて「子の拒絶」を主張することを一定の限度で許容する解釈論を提示したが，拒絶していることそれ自体が決定的な意味をもつわけではなく，異議の成否は債務者及び債権者の利益状況に着目して判断されるものであるという点は，改めて強調しておきたい。子に「自分のせいで執行できなかった（執行を止められなかった）」という自責の念を感じさせるような事態を招くことがないよう，上記の点が当事者にも裁判所にも共有されていくことが望まれる。


\*　水野先生には，筆者が新米教員として東北大学に赴任した当時から，温かいご指導を賜ってまいりました。学内の研究会，学外の審議会などさまざまな場でご一緒する機会を得，多くのことを学ばせていただいたほか，女性教員としてのキャリア形成，育児との両立について細やかなお心遣いとご助言をいただきましたこと，改めて感謝申し上げます。
　先生の古稀を心よりお祝いするとともに，ますますのご健勝をお祈りいたします。

＊編者紹介

| 大村　敦志 | 学習院大学教授 |
| 窪田　充見 | 元神戸大学教授 |
| 久保野恵美子 | 東北大学教授 |
| 石綿はる美 | 一橋大学准教授 |

家族法学の過去・現在・未来

2025 年 2 月 20 日 初版第 1 刷発行

| 編　者 | 大村敦志　窪田充見　久保野恵美子　石綿はる美 |
| 発行者 | 江草貞治 |
| 発行所 | 株式会社有斐閣 |
| | 〒101-0051 東京都千代田区神田神保町 2-17 |
| | https://www.yuhikaku.co.jp/ |
| 印　刷 | 大日本法令印刷株式会社 |
| 製　本 | 牧製本印刷株式会社 |
| 装丁印刷 | 株式会社亨有堂印刷所 |

落丁・乱丁本はお取替えいたします。定価はカバーに表示してあります。
©2025, A. Omura, H. Kubota, E. Kubono, H. Ishiwata.
Printed in Japan ISBN 978-4-641-23333-1

本書のコピー，スキャン，デジタル化等の無断複製は著作権法上での例外を除き禁じられています。本書を代行業者等の第三者に依頼してスキャンやデジタル化することは，たとえ個人や家庭内の利用でも著作権法違反です。

JCOPY　本書の無断複写（コピー）は，著作権法上での例外を除き，禁じられています。複写される場合は，そのつど事前に，(一社)出版者著作権管理機構（電話03-5244-5088，FAX 03-5244-5089，e-mail:info@jcopy.or.jp）の許諾を得てください。